鼎城年鉴

DINGCHENG YEARBOOK 2022

2022

<<< 总第15期

常德市鼎城区地方志编纂室 编

方志出版社
Publishing House of Local Records

图书在版编目（CIP）数据

鼎城年鉴. 2022 / 常德市鼎城区地方志编纂室编. —北京 : 方志出版社, 2022.11
ISBN 978-7-5144-5390-4

Ⅰ. ①鼎… Ⅱ. ①常… Ⅲ. ①区(城市)－常德－2022－年鉴 Ⅳ. ①Z526.43

中国版本图书馆 CIP 数据核字(2022)第 228836 号

责任编辑：罗滔
责任校对：刘玉霞
责任印制：梅中英
出 版 者：方志出版社
地　　址：北京市朝阳区潘家园东里 9 号（国家方志馆 4 层）
邮　　编：100021
网　　址：http://www.zgfzcb.cn
发　　行：方志出版社图书营销中心（010-67110500）
印　　刷：长沙市雅捷印务有限公司
开　　本：889 毫米×1194 毫米　1/16
印　　张：26
字　　数：678 千字
版　　次：2022 年 11 月第 1 版
印　　次：2022 年 11 月第 1 次印刷
定　　价：298.00 元

鼎城区地方志编纂委员会

名誉主任：朱金平

主　　任：陈　远

副 主 任：余习琼　雷建国　蒯　鹰　瞿政前　谢　梦
彭　炜　李　娟　徐建新　钟科程　黄秋云
杨　成　陈志刚

委　　员：舒　伟　李勇岗　郑安恢　葛辉琳　杨正全
杨道政　麻琦松　刘　俊　郭高文　钟伟胜
钟兴满　贺　云　雷华平　冀定辉　陈友志
刘　荣　吕　俊　黄　珊　郭芳勇　聂建平
谌玲琳　曾世平

鼎城年鉴编辑部

主　　编：陈　欣

责任编辑：金柯羽　牟志扬　向玲灿　伍成林　李　玲
郑运莲　王　胜　谭宏君

弘扬扛鼎精神　打造现代江南　建设幸福鼎城

2021 年 5 月 29 日，全国政协农业和农村委员会副主任马中平（前排中）到鼎城区草坪镇开展“推进乡村建设、改善人居环境”调研　（提供：张鹏）

2021 年 6 月 22 日，湖南省委副书记乌兰（前排中）到鼎城区草坪镇考察农村人居环境整治暨厕所革命推进工作　（摄影：张鹏）

2021 年 11 月 20 日，常德市委副书记、市人民政府代市长周振宇（前排中）到常德高新区调研园区建设、产业发展等相关工作 （提供：常德高新区）

2021 年 6 月 30 日，鼎城区举行善卷纪念公园开园暨阳明湖公园试开园活动 （摄影：张鹏）

2021 年 1 月 19 日，鼎城区 2021 年第一季度重大项目集中开工仪式在江南城区举行

（提供：区融媒体中心）

2021 年 3 月 1 日，常德高新区举行现代装备制造配套产业园二期暨 2021 年第一季度重点项目集中开工仪式

（提供：常德高新区）

2021 年 4 月，鼎城区 2021 年度招商引资项目集中签约仪式现场　　（提供：区融媒体中心）

2021 年 4 月 16 日，渐安暴动纪念暨鼎城区革命遗址遗迹标识揭牌仪式现场　　（提供：向玲灿）

2021 年 5 月 9 日，鼎城区第五届竹文化节在黄土店镇云峰竹海开幕　　（提供：区融媒体中心）

2021 年 5 月 17 日，中联重科塔机常德智能工厂二期开园投产，现场交付全球最大风电动臂塔机 LW2340-180

（提供：常德高新区）

2021 年 10 月 8 日，鼎城区(高新区)2021 年第三季度重点建设项目暨湖南千德智能电子产业园工程集中开工仪式在常德高新区举行 (提供：区融媒体中心)

2021 年 10 月 22 日，2021 工程建设行业吊装职业技能竞赛开幕式现场

(提供：常德高新区)

2021 年,常德市兴隆劳务有限责任公司开展“抓生产、保春运”“零点行动”

（提供:刘立军）

2021 年,吾悦广场　（提供:区融媒体中心）

2021 年 6 月 23 日，鼎城区庆祝中国共产党成立 100 周年歌咏比赛现场　　（摄影：张鹏）

2021 年，阳明湖公园知行广场　　（提供：丁林子）

编 辑 说 明

一、《鼎城年鉴》是常德市鼎城区人民政府主办、常德市鼎城区地方志编纂室承编的地方综合年鉴。2008年创刊，每年出版1卷，本卷为第15卷。

二、《鼎城年鉴(2022)》坚持以马克思列宁主义、毛泽东思想、邓小平理论、“三个代表”重要思想、科学发展观、习近平新时代中国特色社会主义思想为指导，坚持辩证唯物主义和历史唯物主义的立场、观点和方法，围绕“三城四区五中心”建设，全面、系统地记载2021年鼎城区自然、政治、经济、文化、社会和生态建设等方面概貌和发展情况，为广大读者了解鼎城区提供基本信息资料。

三、《鼎城年鉴(2022)》记述时限为2021年1月1日至12月31日(为保持连续性和完整性，个别事物的记述时间适当上溯或下延)，采用分类编辑法，设类目、分目、条目3个层次，条目为记述基本层次。全书设类目28个、分目184个、条目377个，配有图表7个(含示意图)。

四、本卷年鉴框架与上卷保持相对稳定，部分类目、分目作适当调整。改类目“专文”为“特载”；把类目“中国共产党鼎城区委员会”下的分目“港澳台工作”更名为“对台工作”；改类目“纪委监委”为“中共鼎城区纪律检查委员会　鼎城区监察委员会”；类目“常德市高新技术产业开发区”增设分目“应急管理”“生态环境工作”；删除类目“重要文件”。

五、类目“特载”中《在区委经济工作会议上的讲话》《常德市鼎城区人民代表大会常务委员会工作报告》《常德市鼎城区人民政府工作报告》《中国人民政治协商会议常德市鼎城区委员会常务委员会工作报告》引用原文；类目“区情概览”中《常德市鼎城区关于2021年国民经济和社会发展的统计公报》引用原文。书中某些场合确需使用非法定计量单位“亩”，例如：保费XX元/亩、万亩示范基地、亩产量、每亩经济效益。

六、《鼎城年鉴(2022)》收录范围为区属乡镇、街道、农林场，区直副科级以上行政企事业单位及中央、省、市驻区单位。年鉴所载资料由各单位安排专人撰写，经单位领导审核签字盖章，交由《鼎城年鉴》编辑部编辑。统计资料由区统计局提供，文稿中有些部门性数据，由于统计口径不同等原因，与统计局公布的可能不完全一致，请读者在查阅和引用时注意。

总　　录

目　　录

特　载

专　题

大事记

区情概览

中国共产党鼎城区委员会

鼎城区人民代表大会

鼎城区人民政府

中国人民政治协商会议鼎城区委员会

中共鼎城区纪律检查委员会　鼎城区监察委员会

民主党派·群众团体

法　治

金　融

农业·林业·水利

工 业

常德高新技术产业开发区

商贸服务业

城市建设与管理

交通·邮政·通信

教育·科技

文化·体育·旅游

医疗卫生

社会生活

乡镇·街道·场

人　物

附　录

索　引

特 载

Special Load

2022年1月13日，区委经济工作会议会场 （提供：张鹏）

在区委经济工作会议上的讲话
常德市鼎城区人民代表大会常务委员会工作报告
常德市鼎城区人民政府工作报告
中国人民政治协商会议常德市鼎城区委员会常务委员会工作报告

鼎城年鉴（2022）

在区委经济工作会议上的讲话

中共常德市鼎城区委书记 朱金平

（2022 年 1 月 13 日）

这次区委经济工作会议的主要任务是：坚持以习近平新时代中国特色社会主义思想为指导，认真贯彻落实中央和省委、市委经济工作会议精神，总结 2021 年工作，分析当前形势，部署今年工作，凝心聚力“弘扬扛鼎精神、打造现代江南、建设幸福鼎城”。下面，我讲三个方面的意见。

一、献礼“百年华诞”，新征程斗志昂扬、步履铿锵

过去一年，面对百年大局和世纪疫情带来的各种不利影响，我们始终高举习近平新时代中国特色社会主义思想伟大旗帜，在省委、市委的坚强领导下，逐梦扬帆、乘风破浪，圆满完成了各项目标任务，实现了“十四五”顺利开局，向党的百年华诞交出了满意的“鼎城答卷”。

坚定不移抓发展、强支撑，打造了一个个示范样板。精准用力招大培强，发展质量全面提升。全年新引进亿元以上产业项目 29 个，新开工 22 个，新投产 12 个，新增规模工业企业 33 家。中联建起接连下线全球最大风电动臂塔机、全球最大上回转塔机。常德高新区创建“五好”园区经验全省推介，获评全省产业高质量发展园区，入选国家级创新型产业集群试点园区，在全省省级以上园区中的综合排名上升到第 13 位。全区完成地区生产总值 419.4 亿元，增长 8.5%；一般公共预算收入 27.8 亿元，其中地方一般公共预算收入 17.8 亿元，增长 8.3%，财政收入总量仍居全市第一；规模工业增加值 71 亿元，增长 8.5%；固定资产投资增长 13.4%；城乡居民人均可支配收入分别达到 41616 元、20617 元，分别增长 8.5%、11%。统筹发力提质城乡，发展基础全面夯实。江南城区“五块一轴”空间布局基本成型，阳明湖公园开园迎客，老旧小区改造和精致小区建设深入推进。吾悦广场、长安九里等重点项目加快建设，一批优质商贸项目签约落户，常德画墙入选国家文化产业发展项目库，成为上级领导考察调研的必选之地。城乡环卫一体化顺利实施、客运一体化正在推进。巩固脱贫攻坚成果同乡村振兴有效衔接，防止了返贫发生。落实粮食安全责任制、打造“常德香米”优势特色产业和文化旅游三项工作获省政府真抓实干督查激励，十多项工作有望获市政府真抓实干督查激励。十美堂镇（油菜）获评全国“一村一品”示范村镇。“一带一片一屋场”建设全面铺开，已建成“幸福屋场”105 个，乡村振兴和人居环境整治“党建引领、镇村主导、群众主体、乡贤赞助、协会管理”的“鼎城经验”省市推介，草坪镇、谢家铺镇分别获评和入围省级全域美丽乡村示范镇。不遗余力改善民生，发展红利全面释放。城乡低保标准和特困人员保障水平不断提高，社保基金管理使用更加规范高效，残疾人无障碍设施改造工作经验全省推介，“就业超市”“农村互助幸福屋”获央视《新闻联播》宣传报道。全年教育总投入达到 8.8 亿元，教育教学条件不断改善，乡村女教师麻小娟先进事迹轰动全国。卫生健康提质扩面,“先诊疗后付费”和“一站式”结算严格落实,基层医疗机构服务能力稳步提升。精神文明建设持续深化,文明创建成效明显,赵必振研究获中央党史和文献研究院立项支持,“油菜花节”“竹文化节”等乡村旅游节庆活动精彩纷呈,鼎城健儿斩获残奥会、全运会金牌。

坚韧不拔抓落实、强执行,攻克了一个个险隘难关。深化改革紧抓不放,创新活力持续迸发。有力有序推进各类改革,营商环境不断优化,行政效能持续提升。行政审批制度改革获中央电视台报道,“第二轮土地承包到期后再延长30年”国家级改革试点工作获农业农村部推介,融媒体改革得到中央和省、市领导高度肯定,入选全国先进县级融媒体中心。生态环保常抓不懈,绿色魅力持续绽放。环保督察反馈交办问题年度整改销号任务全部完成,鏖战三年的石板滩关闭石煤矿区生态修复治理终于顺利通过验收销号。以前所未有的决心、力度、措施,集中开展打击盗采砂石“秋风行动”,非法挖砂洗砂问题得到有效遏制。沅江鼎城段入选湖南省美丽河湖优秀案例,我区获评全国绿色防控示范县、统防统治创建县和省级森林城市。安全稳定严抓不怠,治理能力持续提升。常态化抓好疫情防控,实现了“零输入”“零感染”。深刻汲取“8·30”事故教训,深入实施“三大两严一奖”行动,坚决扭转安全生产和消防工作被动局面,省应急厅专项巡查反馈问题全部整改到位。切实抓好食品药品安全监管,成功创建省级食品安全示范区县。严肃开展国有和集体资产清理整治“百日攻坚”行动,多措并举筹资化债,守住了债务风险底线。未雨绸缪抓好防汛抗旱,全年基本未发生灾害险情。不断推进基层社会治理体系和治理能力现代化,深入开展政法队伍教育整顿,推进扫黑除恶斗争常态化,综治民调保持在全省第一方阵,获评全国信访工作“三无”区县,连续8年保持“全省平安县市区”称号。

坚持不懈抓党建、强队伍,涌现了一个个表率标杆。加强思想政治建设,筑牢了坚强有力的战斗堡垒。胜利召开区第十三次党代会,选举产生了新一届区委领导班子,集思广益谋划了未来五年发展蓝图,为经济社会发展提供了坚强政治保障。牢牢掌握意识形态工作领导权,隆重庆祝建党100周年,深入开展党史学习教育,全区各级党组织政治判断力、政治领悟力、政治执行力不断增强,坚定捍卫“两个确立”,坚决做到“两个维护”。加强基层基础建设,锤炼了担当作为的先锋模范。坚持重担当、重实干、重业绩的“三重”用人导向,干部选拔任用得到广泛认可。三级换届圆满完成,乡镇班子成员35岁以下占比达到42%,村(社)主职大专及以上学历占比达到63%。24名村(社)干部进入公务员队伍、乡镇(街道)领导班子和事业站所,乡镇干部收入高于区直机关同职级人员15%以上,村(社)干部待遇持续增长,干事创业积极性充分激发。加强纪律作风建设,优化了向上向好的政治生态。压紧压实“两个责任”“一岗双责”,圆满完成巡察全覆盖,对腐败和作风问题的整治力度持续加大,反腐败斗争取得压倒性胜利并全面巩固。严格落实中央八项规定及其实施细则精神,大力纠治“四风”问题,基层减负、精文简会扎实有效。加强民主法治建设,维护了团结成事的大好局面。区人大常委会积极服务全区中心大局,设置人大代表实践站、助力乡村振兴的工作经验在全国人大座谈会上进行推介。区政协始终与区委同频共振,建好委员工作室,用活“政协云”平台,建言资政、凝聚共识的实效不断提升。区人武部在军分区拉榜排名8项工作中获4项第一,获评省军区“先进人武部”。统战工作切实维护民族宗教领域和谐稳定,爱国统一战线进一步巩固发展。工青妇等群团组织引领力、战斗力和影响力更加凸显,区工商联获评全国“五好”县级工商联。全区上下积极尊法学法守法用法,法治思维和依法办事能力持续提升。

一年来的工作带给我们深刻启示:面对机遇要决不迟疑、一抓到底。机遇稍纵即逝,当桅杆顶刚刚露出的时候就要看到趋势、并掌握住它，抓住了才叫机遇，抓不住就是失误。我们正是通过正确判断、主动抢抓，把建设粮食生产示范片的机遇运用到打造乡村振兴示范片之中，才形成了多点开花、亮点纷呈的精彩局面。*面对矛盾要从不大意、化危为机。*矛盾是普遍客观的，也是对立统一的。要敢于正视矛盾、善于解决矛盾，并创造条件促使其向有利的方向转化。我们正是通过全面动员、全力把控，狠抓石板滩石煤矿区生态修复治理和安全生产隐患问题排查整治，才迎来了破茧成蝶、涅槃重生的重大转机。*面对瓶颈要毫不畏难、主动出击。*勇者无惧，行者无疆。要发展就要破瓶颈、攻难关，跨不过去就是天堑鸿沟，跨过去了就会一马平川。要努力到无能为力，拼搏到感动自己，最后就可能扭转乾坤、反败为胜。我们正是通过放开胆子想、迈开步子争，想尽一切办法、用尽一切资源争取纳入湘鄂渝黔革命老区规划，才实现了拨云见日、柳暗花明的完美逆袭。*面对压力要绝不逃避、守正出奇。*压力检验能力，压力激发潜力。当领导干部，就是要解放思想、锐意进取，化压力为动力，化腐朽为神奇。我们正是通过科学决断、狠抓落实，在巨大的债务压力和财税压力下，把工作的重心转移到乡村振兴和城市管理上来，才赢得了上级认可、群众点赞的骄人成绩。

成绩值得肯定，问题也不能忽视：一是产业发展不够充分，主导产业下行压力较大，抵御市场波动风险的能力不足；二是城乡发展不够平衡，城市功能和品质还有待提升，乡村基础设施和公共服务还存在诸多短板；三是物质文明和精神文明发展不够协调，少数干部群众缺乏自力更生、艰苦奋斗的精气神。我们必须勇于直面问题、切实解决问题。

二、传承“百年荣光”，新赶考初心如磐、使命在肩

坚持以经济建设为中心是党的基本路线的要求，加快经济发展是走好实现第二个百年奋斗目标新的赶考之路的前提和基础，是我们解决一切问题的关键所在。

*要在推动高质量发展中彰显新担当。*面对需求收缩、供给冲击、预期转弱三重压力，党中央强调要正确认识和把握“五个重大理论和实践问题”，明确了“七大政策”，并要求“各地区各部门要担负起稳定宏观经济的责任”。作为新一届领导班子、新时代党员干部，我们必须保持定力、顶住压力，坚定不移抓发展、保稳定、惠民生，把为党分忧、为国尽责、为民奉献体现到推动高质量发展的良好成效上来，切实做到“中央有要求、我们有行动”。

*要在融入省市发展中展现新作为。*省委强调“全面落实‘三高四新’战略定位和使命任务”，市委要求“建设社会主义现代化新常德”，既为我们指明了发展方向，也为我们带来了发展机遇。鼎城既是全省农业大区、全市中心城区，又有国家级高新园区，具备承载和落实上级发展战略的广阔空间。“东风好借力，正是扬帆时”，我们必须乘势而上、借势而兴，在积极融入和全力服务省市发展大局中“干在实处、走在前列”。

要在引领县域发展中实现新突破。“鼎”，乃国之重器。鼎城叫“鼎”，鼎城是“鼎”，必须负重扛鼎、竭力问鼎。一方面，我们主要经济指标稳居全市第一方阵，一直是全市县域经济领头羊、排头兵。纳入湘鄂渝黔革命老区规划后，可以争取更多政策、资金和项目支持。另一方面，鼎城的发展正处于爬坡过坎、滚石上山的关键时期，“不进则退、慢进亦退”。我们必须迎难而上、知难而进，在引领县域经济发展中“再攀高峰、再造辉煌”。

做好今年经济工作，总体要求是：以习近平新时代中国特色社会主义思想为指导，全面贯彻落实党的十九大、十九届历次全会、中央经济工作会议精神，深入落实习近平总书记对湖南重要讲话重要指示批示精神，弘扬伟大建党精神，全面落实省、市党代会和经济工作会议部署要求，坚持稳中求进工作总基调，立足新发展阶段，完整、准确、全面贯彻新发展理念，服务和融入新发展格局，以推动高质量发展为主题，以深化供给侧结构性改革为主线，以改革创新为动力，以满足人民日益增长的美好生活需要为目的，全面落实“三高四新”战略定位和使命任务，认真落实“建设社会主义现代化新常德”部署要求，统筹疫情防控和经济社会发展，统筹发展和安全，继续做好“六稳”“六保”工作，持续改善民生，保持经济运行在合理区间，保持社会大局稳定，凝心聚力“弘扬扛鼎精神、打造现代江南、建设幸福鼎城”，以优异成绩迎接党的二十大胜利召开。

今年我区经济社会发展的主要预期目标是：地区生产总值增长7.5%以上，地方一般公共预算收入增长7%以上，规模工业增加值增长8%以上，固定资产投资增长8%以上，社会消费品零售总额增长10%以上，城镇调查失业率控制在5.5%以内，居民人均可支配收入增长7.5%以上，全社会研发经费投入增长12%以上。

这些目标大多都高于市级要求，且符合我区发展趋势和“十四五”规划，是区委、区政府综合考虑上级要求和鼎城实际，通过认真分析和科学测算，广泛征求各方面意见建议后形成的，既能够体现鼎城的担当作为，也有利于激发全区上下的内生动力。具体执行中，要根据实际情况，努力争取更好的结果。

做好今年经济工作，要坚持做到：

1. *量力而行、尽力而为。*去年我们审时度势，按照“量力而行、尽力而为”的原则安排项目建设和财政支出，为确保大局安全稳定奠定了坚实基础。今年党中央明确强调要“稳字当头、稳中求进”，我们要继续坚持这一原则，把准“稳”的基调和“进”的方向，把“好钢用在刀刃上”，把钱花在紧要处，确保强基固本、行稳致远。

2. *坚定信心、担当作为。*我们有扎实的工作基础、务实的发展蓝图和踏实的干部队伍，当前乃至今后几年内，鼎城仍处于加快发展的重要战略机遇期。换届换出了新班子、新气象，必须要换出新担当、新作为。要坚持“精益求精、严之又严、好上加好、尽善尽美”的工作高标准，积极抢抓发展机遇，坚决化解风险挑战，确保笃行不怠、攻坚克难。

3. *精诚团结、奋发有为。*鼎城有4万多名党员干部、80多万名人民群众，人人用心就是万众一心，人人尽力就是千钧之力。要团结带领广大干部群众，认真贯彻落实区委各项决策部署，凡事“说干就干、干就干好，雷厉风行、争先恐后”，做到“接受任务不讲价钱、执行任务不摆困难、完成任务不打折扣”，确保勇立潮头、创先争优。

三、接续“百年奋斗”，新蓝图厉兵秣马、蓄势待发

百年奋斗，自当铭记不忘；蓝图绘就，还需策马扬鞭。要坚持和加强党的全面领导，从百年党史和鼎城发展史中汲取奋进力量，加快推动“弘扬扛鼎精神、打造现代江南、建设幸福鼎城”的美好愿景照进现实。

*一要大力弘扬扛鼎精神，营造“做好主人翁、奋力扛大鼎”的强大声势。*扛鼎精神实质是鼎城人民在各个历史阶段积累形成的“打头阵、当先锋，夺红旗、争先进”的创业拼搏精神，也是伟大建党精神在鼎城的具体体现，必须始终坚持、不断弘扬。

以忠诚之心扛大鼎。要忠诚捍卫“两个确立”。深学笃用习近平新时代中国特色社会主义思想，持续增强“政治三力”，切实抓好意识形态工作，深化运用党史学习教育成果，自觉做“两个确立”的坚决拥护者和“两个维护”的坚定践行者，不折不扣贯彻落实好党中央和省委、市委各项决策部署。要忠诚维护全区大局。坚持和加强党对人大工作、党对政协工作的领导，提高党管武装工作水平，推动统战工作高质量发展，发挥群团组织桥梁纽带作用，确保全区上下思想合心、工作合力、行动合拍。要忠诚履行党员职责。广大党员干部要时刻牢记第一身份是共产党员，严守党的政治纪律和政治规矩，自觉接受组织的教育管理监督，坚决执行组织的决定、决议，示范带动广大群众自尊自信、自立自强。

以过硬之基扛大鼎。要把基础打得更牢。深入贯彻省委"1+5"文件精神，稳步提高村（社）基本运转保障经费和镇村干部待遇标准，继续大力从"五方面人员"中选拔乡镇领导班子成员、从村（社）干部和党建联络员中招录事业站所工作人员，推动更多政务服务事项审批权限下放，打造一支肯干事、能干事、干成事的基层干部队伍。要把班子建得更优。抓好政治建设考察，不断选优配强各级领导班子。"一把手"要不断增强驾驭把控能力，常于示范引领，敢于担当作为，善于带班带队；班子成员要充分发挥主观能动性，勤于抓小、抓细、抓实，真正形成一抓到底、狠抓落实的浓厚氛围。要把干部用得更活。鼎城的干部总体上能作为、敢作为、会作为，区委将继续坚持正确用人导向，用好用活干部，做到人岗适应，为大家干事创业给平台、搭舞台，有效激发党员干部的积极性、主动性、创造性。

以严明之风扛大鼎。要严惩腐败不懈怠。纵深推进全面从严治党，坚持"三不"一体化推进，发挥巡察"利剑"作用，持续抓好重点领域反腐败工作，深入整治"微腐败"和"隐性腐败"问题，切实维护良好政治生态。要严纠"四风"不止步。认真贯彻落实中央八项规定及其实施细则精神，坚持过"紧日子"，坚决防止"四风"问题反弹回潮。持续推进基层减负，让基层干部卸下包袱、轻装上阵。要严格监督不放松。加强对"一把手"和领导班子的监督，坚决摒弃"看客心理、打工心态、帮忙思想、怨妇思维"和"三怕六不"等不良作风，把那些挖墙脚、搞名堂、损公肥私、中饱私囊导致国有资产流失的人揪出来绳之以法，充分发挥监督保障执行、促进完善发展作用。深入推进"放管服"改革，不断优化营商环境，切实维护民营企业和企业家合法权益。

以实干之为扛大鼎。要立足当前"下实功"。围绕上级关注的大事、区委关心的要事、群众关切的难事，不断攻克工作中的重点、堵点、痛点。健全落实综合考核和容错免责机制，为实干者摇旗呐喊、撑腰壮胆，让实干者吃苦吃香、有为有位，绝不让吃苦者吃亏，一定要让争先者得更多实惠。要着眼长远"出实招"。树牢正确政绩观，坚持"三严三实"，大兴调查研究之风，持续提高做好经济工作的能力水平，防止简单化、乱作为，确保唯实惟先、善作善成。要聚焦民生"办实事"。深入开展"五个到户"，扎实推进惠民实事办理，以为民真心赢得党群同心、干群连心。充分尊重群众主体地位，相信群众、依靠群众、发动群众，以"共建共治共享"再创鼎城发展新辉煌。

二要全力打造现代江南，形成"兴现代产业、聚江南人气"的良好态势。江南城区要强化城市经营理念，努力打造"产业之城""智慧之城""善治之城""魅力之城"，让江南人更爱江南，让其他人羡慕江南。

城市建设"转角度"。要完善城市规划。合理安排生产、生活、生态空间，构建"多规合一"的国土空间规划体系，为不断做大做强做优江南城区提供有力支撑。要推进城市更新。由投资建设转为精细管理为主，坚持开发和保护并重，杜绝大拆大建，有序实施城市管道老化更新改造，稳步推进水、电、路、气、网更新提质。要提升城市功能。逐步完善教育、医疗、文化、体育等公共服务设施，突出解决好车位、厕位、梯位、岗位、学位、床位等"六位"问题，进一步提升承载力、吸引力、辐射力。

城市治理"显精度"。管理要更精细。传承江南历史文化和红色基因，积极开展各类群众性志愿服务活动，深化"创文""创卫"，推进生活垃圾分类处理示范。市容要更精致。抓好老旧小区改造和精致小区建设，以"五个一"的标准建设"街头小景"，提升住宅小区管理服务水平，打造一批绿色社区、美丽小区和完美小区，让城市既有碧水蓝天、又有鸟语花香。执法要更精准。推进"数字城市"建设，加强数据互联、平台共享、实时监控，促进城市管理信息化、规范化、法治化，有效治理交通拥堵、乱搭乱建和乱停乱放等各类"城市病"。

城市经济"升温度"。要落实"三本理念"。把"支持本地企业、选用本地产品、拉动本地消费"变成自觉行动,把"江南人看江南"活动办成增强江南人自信、激发消费活力、促进房地产市场平稳健康发展的永不落幕的节奏,把区委、区政府加快江南产业发展的协调领导小组变成促进现代江南建设的务实权威机构。要构建"四项机制"。建立健全领导小组联席机制、区级领导包联机制、成员单位会商机制、"两办"督导考核机制,凝聚"打造现代江南"的扛鼎力量。要突出"五个重点"。着重抓好产业规划编制、招商宣传推介、传统商圈提质、新兴业态植入和市场主体培育,确保工作见行见效。要聚焦"六大产业"。严格落实"江南产业发展十条"及考核办法,着力打造总部经济、商贸服务、现代物流、文化旅游、电子商务和科技金融等产业,形成阳明湖"夜游经济"等一批网红地标、城市名片。

城市人气"增热度"。要对接"旅游热"。继续抓好常德画墙建设和推介,打造省、市旅游目的地。完善提升旅游配套,更好承接"周末游""周边游"。推进全域旅游示范区创建,助力我市申办"全省旅游发展大会"。适时举办绘画艺术节。要掀起"体育热"。认真筹办好重点体育赛事和群众体育活动,积极承办国、省、市大型体育竞赛,努力打造赛事活动品牌,切实做到聚人气、出影响。要带动"文创热"。大力发展文化艺术事业和产业,充分发挥区融媒体中心优势,传承和发展花鼓戏、常德丝弦等非物质文化遗产,推动民间剧团以市场化方式组建鼎城演艺集团,推出更多文艺精品佳作,产出更多社会价值和经济效益。

三要努力建设幸福鼎城,展现"解民生之忧、增民生之福"的深厚优势。更好统筹产业发展、城乡发展、物质文明和精神文明发展,以实施"六大专项行动"为统揽,让鼎城发展更平衡、更充分,让鼎城人民更富足、更幸福。

加快打造产业发展"鼎城样板"。坚决担负起全市"项目建设主战场、产业发展主阵地"的职责使命,积极发展实体经济,争当引领发展的"产业标兵"。要大力建设"五好"园区。推动常德高新区"三生融合""三态协同",完善"两主一特"产业格局,加快建设"千亿园区、工业新城",打造国家重要先进制造业基地,力争园区规上工业总产值达到380亿元,高新技术产值占比超过75%,综合排名挤进全省园区十强。积极推进乡镇中小微工业集聚区规划建设,打造一批产业强镇。要持续推进补链强链。坚定不移招大培强,聚焦"三类500强"、行业龙头企业、产业链核心企业,强化以情招商、以商招商、以链招商,为产业发展不断注入源头活水。持续推进转型升级,开展"纾困增效"专项行动,加强自主创新和产学研用融合,促进中小企业走"专精特新"发展之路,推动"个转企、小升规、规改股、股上市"。要切实抓好落地生根。进一步理顺项目审批、建设、监管等方面的体制机制,加快签约落地、投产达效。力争全年新引进亿元以上产业项目30个,其中10亿元以上4个,实际到位内资100亿元以上;新引进项目履约率80%以上,开工率50%以上;引进总部经济、楼宇经济项目10家以上;新增规上工业企业20家以上。

巩固完善乡村振兴"鼎城经验"。继续坚持"党建引领、镇村主导、群众主体、乡贤赞助、协会管理",通过教育引导群众、组织发动群众、帮助服务群众,切实改变过去办点"越俎代庖""造盆景"的错误做法,真正实现从"群众看"到"群众干"的转变,有序推进乡村振兴,加快农业农村现代化,谱写和谐美好的"田园诗篇"。要筑牢农业"压舱石"。扛稳粮食安全政治责任,坚决遏制耕地"非农化"、防止"非粮化",保障粮食、生猪、蔬菜等主要农产品有效供给,争创全省茶油大县。深入实施"六大强农"行动,发挥国家现代农业产业园引领作用,培育优势特色农业产业集群,拓展"互联网+农业"和农村电商,促进农村一、二、三产业融合发展。要扮靓农村"高颜值"。实施乡村建设行动,补齐农田水利、安全饮水等突出短板,加强农村建房规范管理，尽快启动谢杨线规划建设，加快启动城乡客运一体化建设，争创省级“四好农村路”示范区县。支持少数民族乡村和偏远乡村建设发展。持续整治农村人居环境，全面推进“一带一片一屋场”建设，结合人大代表实践站和政协委员实践基地建设，推动“幸福屋场”提标扩面，着力打造全域美丽乡村，让广大乡村到处一片“干干净净、整整齐齐、清清爽爽、漂漂亮亮”。要鼓足农民“钱袋子”。巩固拓展好脱贫攻坚成果，坚决杜绝返贫和新致贫。扶持发展新型农业经营主体，培育壮大村级集体经济，促进农业增效、农民增收。深化农业农村改革，进一步激发农村活力。鼓励引导农村人口进城镇，促进城乡融合发展，加快提升城镇化率。

持续擦亮生态宜居“鼎城名片”。深入贯彻习近平生态文明思想和新发展理念，绘就绿意盎然的“生态画卷”。要着手于“治”。推进落实“河湖林长制”，确保守土有责、守土负责、守土尽责。切实抓好突出问题整治，不折不扣完成上级督察交办和反馈问题整改销号。要着眼于“防”。严把环境准入关，对环保不达标的建设项目实行“一票否决”，对环境违纪违法行为“重拳出击”。打好打赢“蓝天、碧水、净土”保卫战，持续改善空气质量，稳定提高水环境质量，切实守好土壤安全底线。要着力于“创”。落实好“碳达峰、碳中和”部署要求，促进资源节约集约利用和生产生活减污降碳，大力创建国家级森林城市、省级生态文明建设示范区，全面提升生态环境质量和群众满意度。

充分彰显为民服务“鼎城情怀”。深入践行以人民为中心的发展思想，扎实做好“六稳”“六保”工作，交出安居乐业的“民生答卷”。要兜牢基本民生底线。管好用好社保基金，推进低保制度城乡统筹，完善社会福利、养老托幼、护残助残和退役军人服务保障体系。要坚持就业优先导向。加强农村转移就业劳动力专项培训和创业培训，支持企业稳岗扩岗，促进劳动者多渠道就业创业。要重振鼎城教育雄风。继续实施教育振兴战略，深化教育改革，巩固“双减”成效，加快推进城区学校提质扩容和农村标准化寄宿制学校建设，推动教育优质均衡发展。要提升卫生健康水平。深化综合医改，提高区内医疗机构使用医保基金比例，落实“三孩”生育政策，集中力量建设4所服务水平高、辐射能力强的乡镇卫生院（应急医疗救治中心）。要繁荣文化体育事业。逐步落实公共文化服务体系建设五年提质行动计划，完成新时代文明实践中心（所、站）建设，办好各类文体节事活动，推动文旅融合，推进乡村旅游，促进花岩溪旅游经济高质量发展。

不断开创安全稳定“鼎城模式”。树牢红线意识、底线思维，统筹好发展和安全两件大事，筑牢坚如磐石的“安全屏障”。要持之以恒守底线。毫不放松抓好常态化疫情防控，稳步提升流调溯源、核酸检测等应急能力建设，全力打造“无疫鼎城”。持续开展“三大两严一奖”行动，严格落实科学治安、铁腕治安、长效治安的“十大措施”，全面完成安全生产专项整治三年行动任务，杜绝较大以上安全事故发生。科学谋划防汛抗旱，坚决实现“五个确保”。要千方百计化风险。继续坚持“全力抓收入、大力控支出、倾力保运转”基本思路不变，确保财政收入稳定增长，巩固国有和集体资产清理整治成果。坚持过“紧日子”、坚持厉行节约，不乱花一分不该花的钱，做到节俭办一切事情，做好“压、降、争、增、保”五字文章，切实防范化解政府性债务风险，确保资金不断链、债务不违约和舆情事件不发生。“压”，就是要压减非紧急项目和非刚性支出；“降”，就是要降低融资财务成本和债务规模；“争”，就是要抢抓国家扩大投资、拉动内需的机遇积极向上争资争项；“增”，就是要通过资产盘活、资源利用、护税协税等增加财税收入；“保”，就是要坚决保障“三保”支出和重点项目建设。要全力以赴稳大局。创新基层社会治理，加强信访积案化解，依法及时就地解决群众合理诉求。大力推进法治建设，巩固政法队伍教育整顿成果，常态化开展扫黑除恶斗争，为党的二十大召开创造平稳健康的经济环境、国泰民安的社会环境和风清气正的政治环境。

同志们，千帆竞渡勇者胜，百舸争流奋者先！让我们更加紧密地团结在以习近平同志为核心的党中央周围，全面落实“三高四新”战略定位和使命任务，认真落实“建设社会主义现代化新常德”部署要求，大力“弘扬扛鼎精神”，真抓实干、奋勇争先，谱写“打造现代江南、建设幸福鼎城”的崭新篇章，以优异成绩迎接党的二十大胜利召开！

名词解释

1. **“五好”园区**：打造规划定位好、创新平台好、产业项目好、体制机制好、发展形象好的园区。

2. **“五块一轴”**：临江新区板块、阳明湖板块、西城政务板块、东部老城板块、临港新区板块和阳明大道城市中轴线。

3. **“三大两严一奖”行动**：安全生产法规大宣传、安全生产隐患大排查、安全生产问题大整治；对非法违法生产予以最严厉的执法打击，对不履职、失职、失责行为予以最严厉的追责；对举报安全隐患问题线索的进行重奖。

4. **“六稳”“六保”**：稳就业、稳金融、稳外贸、稳外资、稳投资、稳预期；保居民就业、保基本民生、保市场主体、保粮食能源安全、保产业链供应链稳定、保基层运转。

5. **“三怕六不”**：怕困难、怕矛盾、怕压力；不理旧事、不接难事、不挑重担、不出实招、不愿创新、不争先进。

6. **“五个到户”**：党员联系到户、民情走访到户、政策落实到户、产业对接到户、精准服务到户。

7. **“五个一”**：一桩、一景、一花、一草、一沙丘。

8. **“六大专项行动”**：“五好”园区攻坚专项行动、乡村振兴提速专项行动、城镇更新提质专项行动、交通建设突破专项行动、“六位”实事惠民专项行动、政务质效提升专项行动。

9. **“三生融合”“三态协同”**：生产、生活、生态融合；规划形态、园区业态、产业生态协同。

10. **“两主一特”**：以智能装备制造、光电信息为主导，新材料为特色的产业格局。

11. **“六大强农”行动**：品牌强农、特色强农、质量强农、产业融合强农、科技强农、开放强农行动。

12. **“四好农村路”**：“建好、管好、护好、运营好”农村公路。

13. **“碳达峰、碳中和”**：“碳达峰”指我国在2030年前，二氧化碳的排放不再增长，达到峰值之后逐步降低；“碳中和”指通过植树造林、节能减排等形式抵消自身产生的二氧化碳排放量，在2060年前实现二氧化碳“零排放”。

14. **“双减”**：有效减轻义务教育阶段学生过重作业负担和校外培训负担。

15. **“三保”支出**：保工资、保运转、保基本民生。

16. **“五个确保”**：确保遇设计标准内洪水时，不溃一堤一垸，不垮一库一坝，保证重要城镇和交通干线的安全；确保遇超标准洪水时，保证城市、中型水库、重点堤垸和重要交通干线安全；确保遇暴雨山洪时，避免群死群伤；确保遇中等程度干旱时，生活、生产和生态用水安全；确保遇严重干旱时，生活用水基本有保障。

常德市鼎城区人民代表大会常务委员会工作报告

——在常德市鼎城区第十八届人民代表大会第二次会议上

（2022年2月15日）

常德市鼎城区人民代表大会常务委员会主任 余习琼

五年工作回顾

区十七届人大常委会任期的五年，是我区全面建成小康社会、各项事业实现跨越发展的五年，也是我区人大工作主动作为、开创新局、不断进步的五年。五年来，我们坚持以习近平新时代中国特色社会主义思想为指导，深入贯彻习近平总书记关于坚持和完善人民代表大会制度的重要思想，在区委的坚强领导下，守正创新、勇担使命，共召集人民代表大会会议8次，共召开常委会会议46次、主任会议62次，听取和审议专项工作报告157个，形成审议意见31件，作出决议决定83个，组织视察、调查、执法检查69次，区十七届人大历次会议确定的目标任务全面完成，为推动全区经济社会发展和民主法治建设作出了积极贡献。

——过去五年，我们以奋勇争先带全局，在屡创佳绩中树立人大形象。2018年以来，我区人大工作连续三年获全市先进，多项工作稳居全市第一，高质量组织开展人大制度理论研讨和人大新闻宣传，30篇论文在省市获奖，985篇新闻稿件在上级媒体刊登。2017年6月，在全国人大“推进县乡人大工作和建设经验交流会”上，灌溪镇人大作为全省唯一的乡镇代表，作典型发言；驻鼎城区市人大代表第一、四、五小组被评为优秀人大代表小组，12条建议被评为市人大代表优秀建议，熊春花荣获全省人大工作先进个人，吕舒荣获省十三届人大代表履职先进个人，赵金秋、王焕然、周本成、周立新等9人荣获优秀市人大代表。

——过去五年，我们以实干当先应变局，在服务发展中展现人大担当。紧扣市委、区委决策部署，在全市率先完成优化经济环境评议三年行动，实现对所有政府工作部门评议全覆盖，推动解决问题144个；五级人大代表第一时间投身疫情防控主战场，261名代表捐款捐物近千万元，区人大代表刘秋甫获评全市新冠疫情防控先进个人；常委会主任会议成员积极参与全区中心工作，带头奋战乡村振兴、产业发展的主战场。

——过去五年，我们以敢为人先开新局，在守正创新中打造人大品牌。7个月时间，建成10个人大代表实践站，成为鼎城人大的“金字招牌”，2021年6月，我区人大代表实践站建设经验在全国人大座谈会上作了汇报，并写入市人大常委会工作报告；首次以专题询问方式开展刚性监督，10家应询单位负责人现场作答，推动解决33个食品安全领域的突出问题，有力捍卫人民群众“舌尖上的安全”；在全市率先建成人大代表工作室。

五年来，我们始终把旗帜鲜明讲政治融入思想最深处、落实到工作各方面

1. 理论武装坚定信心。坚持以习近平新时代中国特色社会主义思想领航定向，把政治理论学习列为党组会议、主任会议的第一议题，认真学习党的十九大及十九届历次全会精神，习近平总书记考察湖南重要讲话精神以及关于坚持和完善人民代表大会制度的重要思想。扎实推进“两学一做”学习教育，认真开展“不忘初心、牢记使命”主题教育和党史学习教育，推动理论学习走心走深走实。

2. 自觉主动维护核心。深刻领会“两个确立”，坚决做到“两个维护”，带头维护区委总揽全局、协调各方的领导地位，严格执行重大事项请示报告制度，先后向区委专题报告工作18次。共选举任免国家机关工作人员292人次，接受辞呈53人，均圆满实现组织意图。依法依规完成2021年区乡两级人大换届选举工作，换届选举风清气正、圆满成功。

3. 主动作为融入中心。助力打赢三大攻坚战，听取和审议脱贫攻坚工作报告，开展少数民族乡、村脱贫攻坚专题调研，对40个贫困村生活饮用水进行抽样检测。主动投身乡村振兴主战场，听取全区乡村振兴战略实施报告。扎实开展环保世纪行、水污染防治行动，开展人居环境整治、农产品质量安全等多次视察，有效改变乡镇污水收集处理和垃圾中转站闲置等问题，督促我区建成了高标准农产品质量检验检测中心。护航经济稳健运行，持续监督国有资产管理、政府性债务、政府性重大项目投资等工作，集中视察常德高新区。听取“十三五”规划纲要实施中期评估，组织人大代表全程参与“十四五”规划编制，收集意见建议131条，120条纳入规划“笼子”。紧跟发展形势，先后就全域旅游发展规划、省级森林城市建设总体规划等11个全区性重大事项依法作出决议决定。

五年来，我们始终把发展质量更高、法治能力更强、群众生活更好当成头等大事

1. 依法管紧人民“钱袋子”。每年听取和审议财政预算执行、预算调整、财政专项资金绩效管理等情况，审查批准区级财政决算、区级预算调整方案。建成预算联网监督系统，财政监督实现全方位、全过程、全覆盖。强化财政绩效管理监督和审计监督，创新问题整改“五方签字”监督方式。五年来，绩效评价查出问题445个，全部督促整改到位，收回财政资金574.23万元，调增项目3个，金额370.96万元，调减项目24个，金额1458.49万元；审计查出问题240个，涉及金额56.85亿元，整改问题199个，金额42.36亿元，其他未整改到位的问题，正全程督促整改。

2. 筑牢公平正义“防火墙”。以“司法公正常德行”活动为载体，强化司法监管，努力让人民群众在每一个司法案件中感受到公平正义。打造评官、评案、评庭的“三评联动”模式，实现了届内法官、检察官履职评议全覆盖。先后组织20次200余人次人大代表参加旁听庭审评议活动。对37起涉企案件、行政类案件进行评查，督促整改问题28个。在全市率先出台《加强未成年人检察工作的决议》《综合治理从源头切实解决执行难问题的决议》。首次听取区监察委员会情况报告，首次组织五级人大代表走进公检法机关视察，首次召开司法机关、行政执法机关与企业家恳谈会，助力扫黑除恶专项斗争，助推各项司法改革任务有序完成。坚决维护法治统一，共接受报送备案的规范性文件58件，督促发文单位撤销1件、修改1件。向上级人大报送备案规范性文件8件，对200多份人大常委会拟作出的决议、决定、审议意见及主任会议交办书等进行合法性审查。

3. 着力增强群众“幸福感”。围绕老有所养，听取和审议全区居家和社区养老工作情况，推进全区医养结合，养老服务工作迈上新台阶；围绕学有所教，开展小学和幼儿园规划建设专题调研，促成常德财校原址提前移交鼎城，有效解决江南城区“大班额”问题；围绕病有所医，开展农民健康行活动，听取和审议公共卫生工作情况，督促卫生室“空白村”全面消除，听取和审议医保基金情况，督促区人民政府加大监管力度，防范化解基金风险；围绕弱有所扶，听取全区计生特困家庭综合保障工作，促进特困家庭经济帮扶精神慰藉和志愿者服务制度化、规范化。另外，持续开展民族团结进步行，专题听取民族、外事、港澳、对台等工作情况，督促22家单位为全区10个少数民族村开展办实事活动，累计投入项目资金570多万元，解决机耕道建设等53个群众反响强烈的问题。

五年来，我们始终把“尊重代表权利就是尊重人民权利，保障代表依法履职就是保证人民当家作主”的理念付诸实践

1. 提升代表履职能力。坚持“走出去、请进来”相结合，组织人大代表到全国人大北戴河培训基地、贵州省人大培训中心、浙江大学等地开展培训，全面完成代表初任培训、履职培训、专题培训。精心指导省、市、区代表小组开展集中学习、视察调研等活动300多次，定期邀请3~5名各级人大代表列席区人大常委会，参与常委会视察调研或专委会工作。大力宣传代表履职先进事迹，在微信公众号开辟“五级人大代表助力乡村振兴”专题，编印5期《代表风采专刊》，先后向国家、省、市媒体推介了65名代表的优秀事迹。

2. 创新代表履职方式。在区乡同步推行民生实事项目人大代表票决制工作，2021年区乡两级人大票决产生的62个民生实事项目全部完成，“精致小区”示范建设、城乡垃圾处理一体化、乡镇农贸市场改造等工作得到群众认可。邀请全国、省、市人大代表为区乡人大代表介绍履职经验，24名市人大代表和230名区人大代表接受述职评议。建立区人大代表履职档案，加强人大代表履职监督。以人大代表实践站为平台，63名人大代表进站入村，投身乡村振兴主战场，扎根联系群众第一线。

3. 强化代表履职实效。坚持源头把关，人大各专委、乡镇街道组织代表调研，协助把好选题关、政策关、法律关，共提出议案建议823件。创新制定《人大代表建议星级管理办法》，对建议实行分类管理和督办。采取乡镇街道各选取1件重点建议由主任会议成员领衔督办、对建议办理“大户”开展工作评议、听取人大代表议案建议办理情况、政府召开办理人大代表议案建议新闻发布会等方式，全过程跟踪督办代表建议，推动解决了阳明湖片区排水系统不完善等问题。特别是市人大代表提出的《关于加速江南中学提质改造、促进城区初中均衡发展的建议》，得到市人大常委会的高度重视，市财政专门拨付680万元解决这一问题。《关于给予鼎城政法系统业务用房建设项目财政支持的建议》得到市人民政府的高度重视。双桥坪选区人大代表提出的《关于加大对山丘区渠道疏浚建设资金投入的建议》，督促相关部门完成了83口山塘清淤和整修任务，受益群众达3万多人。

五年来，我们始终以“在一线、在状态、在路上”的精气神筑牢履职基础、提升工作效能

1. 坚持党建引领。坚持把思想政治建设摆在首位，常委会党组定期听取机关党建工作情况。充分运用“智慧党建”系统管理党员，“学习强国”学习平台开展学习，严格落实“三会一课”“双述双评”等制度，圆满完成机关党总支、机关党支部换届选举。牢牢把握意识形态工作，先后6次开展意识形态和保密知识教育，深入开展“书香人大、悦读人生”读书分享会、“青春心向党、建功新时代”演讲赛、建党100周年人大献礼等活动60余次，不断提升人大常委会机关党员干部精气神。

2. 强化自身建设。编印《区人大常委会机关管理制度》，各项工作有制可依、规范有序。认真配合省委、区委巡视巡察，扎实整改巡视巡察指出的问题。大力支持区纪委监委派驻区委办纪检监察组工作，坚决执行中央八项规定及其实施细则，严格落实过“紧日子”的要求，无论是办文、办会还是办事，都坚持一切从简、厉行节约。常态化开展警示教育，两次组织机关干部到区人民法院旁听职务犯罪案件庭审。深入开展“两同时”谈心谈话，切实营造遵规守纪、廉洁从政的良好环境。

3. 注重整体联动。先后承办全市代表工作会议、视察56次，接待省内外兄弟单位到鼎城考察交流109次。健全主任会议成员、常委会委员、各委办联系乡镇、街道片区工作机制，每季度召开一次乡镇、街道人大工作片会，交流工作、指导履职。乡镇人大工作各具特色，黄土店镇、草坪镇、谢家铺镇、镇德桥镇、灌溪镇、蔡家岗镇、花岩溪镇在人大代表实践站建设上走在前列；蒿子港镇、十美堂镇、周家店镇在票决民生实事中争当示范。

各位代表！过去五年，常委会砥砺前行、勇担使命，根本在于习近平新时代中国特色社会主义思想的科学指引，关键在于区委的坚强领导。五年成绩的取得，离不开历届人大打下的坚实基础，离不开全体人大代表的主动作为，离不开区“一府一委两院”的密切配合，离不开乡镇人大的共同努力，更离不开全区人民和社会各界的大力支持。在此，我谨代表区人大常委会表示衷心感谢！

各位代表，回顾过去五年的工作，我们也要清醒地认识到，常委会各项工作与党和人民的要求比，与宪法法律赋予的职权比，与人大代表的期盼比，还有一定差距和不足，主要是：一些促进民生改善的议题实效性不够；人大代表参与大局、服务大局的面还不够广、力度还不够深；常委会自身建设和人大干部队伍建设需要进一步加强等。为此，我们将高度重视，认真加以解决。

本届人大工作目标及2022年工作安排

各位代表，制度稳则国家稳，制度强则国家强。2021年10月，首次中央人大工作会议召开，习近平总书记讲话强调，人民代表大会制度是符合我国国情和实际、体现社会主义国家性质、保证人民当家作主、保障中华民族伟大复兴的好制度，是我们党领导人民在人类政治制度史上的伟大创造，是在我国政治发展史乃至世界政治发展史上具有重要意义的全新政治制度。60多年来，特别是改革开放40多年来的实践证明，人民代表大会制度为党领导人民创造经济快速发展奇迹和社会长期稳定奇迹提供了重要制度保障。我们要毫不动摇坚持、与时俱进完善。

今后五年，是我们迈入全面建设社会主义现代化新征程的第一个五年，也是鼎城发展的关键五年。我们要坚持以习近平新时代中国特色社会主义思想为指导，深入贯彻落实中央、省委人大工作会议精神，始终坚持党的领导、人民当家作主、依法治国有机统一，在区委的坚强领导下，围绕“弘扬扛鼎精神、打造现代江南、建设幸福鼎城”目标要求，忠实履行职责，充分代表民意、永葆务实作风，以优异成绩向党和人民交上一份满意答卷。

一、旗帜鲜明讲政治，努力成为自觉坚持中国共产党领导的政治机关

坚持政治站位和职能定位有机融合，把学习贯彻习近平总书记重要论述和指示精神作为制度坚持，把贯彻落实习近平法治思想、习近平总书记关于坚持和完善人民代表大会制度的重要思想作为长期任务，把坚持党的全面领导作为最高政治原则。坚定捍卫“两个确立”，坚决做到“两个维护”，自觉对标对表中央、省委、市委和区委重大决策部署，依法履职、积极作为。切实做到全区发展的重点指向哪里，人大工作就跟进到哪里，力量就汇聚到哪里，作用就发挥到哪里。确保区委主张通过法定程序成为全区人民共同意志，确保区委推荐人选通过法定程序成为国家机关工作人员。严格落实请示报告制度，及时向区委请示报告重大问题、重要事项、重要情况，切实把党的领导贯穿人大工作全过程、各方面。巩固党史学习教育成果，加强理论研究探讨，维护意识形态安全，切实做到政治坚定、行动自觉。加强人大及其常委会思想政治建设、纪律作风建设、组织建设和制度建设，增强人大工作力量，提高人大工作水平。

二、发展全过程人民民主，努力成为保证人民当家作主的国家权力机关

紧扣人大作为国家权力机关的民主属性，充分发挥人民代表大会制度的显著优势，不断发展全过程人民民主，依法实行民主选举、民主协商、民主决策、民主管理、民主监督；进一步完善人大常委会组织制度、会议制度、议事程序和工作机制，不断扩大人民有序政治参与，使人民依法享有知情权、参与权、表达权、监督权，真实、生动、具体地体现在人大工作各方面、各环节、全过程；坚持集体行使职权、集体决定问题，确保作出的决议决定、开展的监督工作充分体现人民意志、凝聚最大共识；持续推进人大代表实践站建设，完善人大代表工作室运行机制，总结推广民生实事项目人大代表票决制经验，全力打造具有鼎城特色的全过程人民民主实践样板。

三、依法履行职责，努力成为全面担负宪法法律赋予的各项职责的工作机关

健全人大及其常委会讨论决定重大事项制度，完善政府重大决策出台向人大报告制度，及时对事关长远性、全局性、根本性重大事项作出决议决定；紧紧围绕关系我区改革发展大局、群众切身利益、社会普遍关注的重大问题，每年向社会征集年度监督工作议题，更好汇集民智民意，提升人大监督的针对性；围绕乡村振兴、产业发展、社会民生、营商环境等精选2~3个重大议题，适时开展专题询问；认真落实国有资产管理情况向人大报告制度，加强国有平台公司监管，不断增强全口径预算决算、审计查出问题整改、防范化解重大金融风险、公正司法等监督实效；积极稳妥、依法有序推进对监察委的监督；进一步丰富监督手段，探索“视察＋评议”“审议＋询问”“决定＋督办”等方式方法，不断提升监督效能。

四、发挥代表主体作用，努力成为始终同人民群众保持密切联系的代表机关

充分尊重代表主体地位，不断优化人大代表为民用权、为民履职、为民服务的载体和机制，做到民有所呼，我有所应。探索增强代表小组活力的方式方法，支持代表通过调研、视察等活动了解社情民意，深化拓展代表参与常委会工作、联系人民群众的广度和深度。构建代表建议“提出、交办、办理、督办、评价”全过程监督闭环，从严把控建议质量，全程跟进建议办理，全面提升代表建议解决率、落实率。强化代表履职服务保障和管理，统筹开展人大代表履职培训，推行代表向原选举单位报告履职情况制度，建立健全代表履职档案，宣传代表履职先进事迹，进一步激发代表履职热情。

2022年，是党的二十大召开之年，是本届人大工作的开局之年。国务院批复的《“十四五”特殊类型地区振兴发展规划》，将常德市全境纳入湘鄂渝黔革命老区规划范围，鼎城将有可能获取更多政策支持。站在新的起跑线上，我们一定要传承好、发扬好历届人大的优良传统和宝贵经验，把五年任期当成冲刺的赛道，把区委满意、人民满意、代表满意作为冲刺的目标，全力跑好属于我们的“接力棒”。

2022年，是上级精神贯彻年，我们要大抓学习、狠抓落实。认真贯彻落实中央、省委人大工作会议精神，特别是把学习贯彻习近平总书记在中央人大工作会议上的重要讲话精神作为开局之年的首要政治任务，将其纳入区委、区人大常委会、区“一府一委两院”，乡镇党委、街道党工委理论学习中心组学习和区委党校主体班课堂。组织主流媒体，设置专版专栏，集中解读宣讲，营造浓厚氛围。提请区委适时召开区委人大工作会议，出台《关于加强和改进新时代人大工作的实施意见》，并根据省委专题督查要求，全程跟踪督导我区贯彻落实情况。

2022年，是人大履职规范年，我们要创新方式、精准发力。进一步规范行权履职的各项制度和程序。探索实施“闭环监督”模式，从议题公开征集、常委会会议审议、跟踪监督销号三个环节形成闭环。在充分调研论证的基础上，制定我区《人大讨论决定重大事项、政府重大决策出台前向人大报告的实施办法》，推动区人民政府决策民主化。建立代表提出议案建议的沟通协商机制，坚持代表建议星级管理制度，提升议案建议办理实效。今年,我们将聚焦财政监督、依法治区、民生改善,听取区级融资平台运行管理情况的报告、听取2021年度司法公正常德行和规范性文件备案审查工作情况的报告、听取和审议全区科技工作情况的报告、审议《关于开展第八个五年法治宣传教育的决议(草案)》、听取全区贯彻落实“双减”政策情况的报告、听取区人民政府关于开放型经济发展情况的报告、听取和审议区人民政府关于全区推进林长制工作情况的报告、听取2022年度全区争资争项工作的报告等,并组织视察江南城区房地产市场、创业带动就业工作、城乡垃圾一体化和乡镇污水处理厂运营情况,依法完成区人大常委会各项监督议题。

2022年,是代表工作提质年,我们要精细管理、全力保障。按照“五个好”思路推动代表工作提质增效。开展好代表培训。坚持“请进来”与“走出去”相结合,采取“综合素质大课+若干专业小课”的形式进行“订单式”培训,既提升履职基本功,又培养专业监督组;组织好代表活动。大力开展人大代表联系群众办实事活动,对各级人大代表进行科学分组,每月开展一次代表小组活动,年内每个市、区人大代表小组至少完成一个调研课题,向人大常委会递交一份高质量调研报告;督办好代表建议。年中召开人大代表建议办理评议会,年底听取“一府两院”代表议案、建议办理工作情况报告。评选人大代表优秀建议和建议办理优秀单位。全面升级代表建议办理系统,实现议案建议办理全程公开透明;完善好代表考评。完成代表履职信息化管理系统,对代表履职情况进行全程跟踪掌握,健全激励约束以及不称职代表退出机制,开展“优秀人大代表”评选表彰活动,充分激发代表履职的热情;巩固好代表阵地。稳步推进人大代表实践站建设,巩固人大代表工作室建设成效,努力打造具有鼎城特色的全过程人民民主实践样板。

2022年,是自身建设提速年,我们要对标对表、夯实基础。按照地方组织法的有关规定,界定区人大各专门委员会、常委会各工作机构职能职责,提高规范化、专业化水平。进一步健全完善人大与“一府一委两院”及政府工作部门对口联系制度,加强与上下级人大的沟通联系,深入贯彻落实《湖南省乡镇人民代表大会工作条例》,提高乡镇人大规范化、科学化水平,提高人大整体工作实效。精心组织人大制度理论研讨,全面提升新闻宣传质效,讲好人大故事,坚定制度自信,发挥制度优势。另外,严格落实全面从严治党主体责任,严格执行中央八项规定,大力整治形式主义、官僚主义,切实改进会风文风,展现鼎城人大常委会机关的新形象、新担当、新作为。

各位代表,百年风华激荡人心,千秋伟业催人奋进。新一届人大常委会担负着立足新起点、面向新征程的重大使命。我们相信,在区委的坚强领导下,区十八届人大常委会一定能够继往开来、接续奋斗,与时俱进、创新发展,不断开创鼎城人大工作新局面,为奋力谱写“弘扬扛鼎精神、打造现代江南、建设幸福鼎城”的新篇章作出新的更大贡献,以优异成绩向党的二十大献礼!

常德市鼎城区人民政府工作报告

——在常德市鼎城区第十八届人民代表大会第二次会议上

（2022 年 2 月 14 日）

常德市鼎城区人民政府区长　陈　远

一、过去五年及 2021 年工作回顾

过去五年，是抢抓机遇、攻坚克难、硕果累累的五年。五年来，我们坚持以习近平新时代中国特色社会主义思想为指导，全面贯彻党的十九大和十九届历次全会精神，抢抓新机遇、建设新江南，经济社会发展取得显著成效，三大攻坚战取得决定性成就，为开启建设社会主义现代化鼎城新征程奠定了坚实基础。

这五年，是发展质量全面提升的五年。地区生产总值接连突破 300 亿元、400 亿元大关，一般公共预算收入总量跃升并保持全市第一，综合实力稳居全市第一方阵。高新技术企业数量增长 6 倍、产业增加值突破百亿元大关。继续保持全国产粮大县、油料大县、蔬菜生产重点县、生猪调出大县称号，成功创建国家现代农业产业园，精为天、河洲甲鱼等一批龙头企业声名远播。“常德香米”“鼎城茶油”获评国家地理标志保护品牌。常德高新区晋升国家级高新区，获得国家新型工业化产业示范基地等 9 项国家级荣誉，中联建起成为继常德卷烟厂后又一“百亿航母”。社会消费品零售总额突破 200 亿元，服务业对经济增长贡献率超过 50%。

这五年，是城乡面貌焕然一新的五年。新建、改扩建城区道路 56 条、近 100 公里，沅江隧道、沅水四桥如期通车，常德画墙成为领导考察、游客观光首选地。一批城市综合体相继落户，一批高品质楼盘拔地而起，一批重大基础设施投入使用，城市建成区由 17 平方公里拓展到 23 平方公里，江南城区更加宜居宜业宜游。乡镇污水处理设施实现全覆盖，农村水泥公路实现“组组通”，38 个村分别获评国家、省市级美丽乡村，发动群众共建“幸福屋场”194 个，农村人居环境整治“鼎城经验”“草坪模式”全省推介。

这五年，是三大攻坚深入推进的五年。40 个贫困村全部出列，14055 户、43029 名建档立卡贫困人口稳定脱贫，获评全省脱贫攻坚先进集体。中央和省市环保督察及“回头看”问题全部办结，长江经济带生态环境问题全部清零。沅水鼎城段获评全省“美丽河湖”，我区获省级森林城市。强化债务风险管控，牢牢守住了不发生系统性风险的底线。

这五年，是改革开放成效明显的五年。农村集体产权制度改革经验全国推广，行政审批制度改革获央视报道，“第二轮土地承包到期后再延长 30 年”国家级改革试点工作获农业农村部推介，融媒体改革得到中央领导点赞。市场主体达 4.5 万户，“四上”企业 416 家，9 家企业进入省重点上市后备企业资源库。进出口企业、进出口总额分别是2016 年的 4.8 倍、17.3 倍。引进亿元以上产业项目 146 个，其中 10 亿元以上项目 21 个。

这五年，是民生福祉显著改善的五年。坚持七

成以上财力用于民生。改造农村危房7372户,1.3万户棚户区居民喜迁新居。新增城镇就业近3万人、农村劳动力转移就业2.5万人。教育振兴成效明显,获评全国义务教育发展基本均衡县、全省教育强区。市四医院晋升三级综合医院。新冠肺炎疫情防控坚决有力。连续8年保持全省平安县(区)荣誉,鼎城公安获评全国扫黑除恶专项斗争先进集体。

各位代表!刚刚过去的2021年,是极不平凡、很不容易的一年。面对百年变局和世纪疫情,我们坚持量力而行、尽力而为,经济社会保持了平稳发展。全区完成地区生产总值415.9亿元,增长8.4%;一般公共预算收入27.8亿元(其中,地方一般公共预算收入17.8亿元,增长8.3%,总量全市第一、全省第17位);固定资产投资增长13.4%;城乡居民人均可支配收入分别增长8.2%、10.8%。成功创建全国信访“三无”县(区)。获评全国绿色防控示范县、统防统治创建县、省级食品安全示范县(区)。区融媒体中心获评全国先进县级融媒体中心。区工商联获评全国“五好县级工商联”。区人武部获评省军区“先进人武部”。落实粮食安全责任制、打造“常德香米”优势特色产业和文化旅游等工作获得省政府真抓实干督查激励,污染防治攻坚战、商事制度改革、民生实事办理、农业农村工作、工业高质量发展、投资管理、开放强市产业立市、科技、招商引资、金融、优化营商环境、社会信用建设和民营企业中小企业清欠等工作(含常德高新区)获得市政府真抓实干督查激励。我们主要做了以下工作:

1. *聚力兴江南,城市品质稳步提升。*大力兴现代产业、聚江南人气。城市功能更加完善。江南大道等6条主、次干道建成通车,永安路等5条“断头路”相继打通。完成14个老旧小区改造,经验全省推介。市第二工人文化宫、区档案馆、区党史馆完成建设。永安硝城市排渍口工程等项目竣工验收。阳明湖公园、善卷纪念公园开园迎客,常德画墙入选国家文化产业发展项目库。吾悦广场、长安九里等项目进展顺利。全省黑臭水体治理现场会在我区召开。城市管理更加精细。城乡环卫一体化顺利实施,城市生活垃圾分类示范街道建设位居全省前列。规范共享单车管理,新增停车位680个。深入开展“十乱”整治等专项行动,“违堵占”问题有效缓解。控违拆违、城市管理考核位居全市前列。城市经济更加活跃。制定实施“江南城区产业发展十条”及配套考核办法,新增商贸业限上企业10家,引进中国平安保险、守信生物等多家公司,壮大了楼宇经济。湖南国药控股区域性总部落户江南城区。加快电商发展,源宏米粉、精为天、亲零嘴等本土品牌电商销售额近10亿元。积极开展“江南人看江南”“鼎城美食季”等活动,消费市场稳步回暖。

2. *着力强园区,产业升级步伐加快。*扎实推进“五好”园区建设。创新引领呈现新局面。完成全社会研发经费投入17.4亿元,新增国家级专精特新“小巨人”企业2家,新增高新技术企业23家。申报省市级研发平台17家,申请发明专利490件,授权专利78件。中联建起接连下线全球最大风电动臂塔机、全球最大上回转塔机。招大培强取得新成效。成功举办“迎老乡、回故乡、建家乡”暨鼎商看鼎城系列活动,新引进亿元以上产业项目29个,新开工22个,新投产12个。新增规模工业企业33家,稳居全市第一。实际引进内资102亿元。60个重大项目完成年度投资计划95%以上。落实助企纾困增效政策,新增减税降费1.8亿元。中联农机、中高端液压油缸智能制造产业园等重大项目成功落地。园区发展实现新突破。园区主要经济指标保持高位增长,完成规模工业增加值63亿元、增长10.6%,完成区级税收6亿元、增长22.2%,综合排名升至全省第13位。新晋2021年中国高新区创新能力百强园区、全省产业高质量发展园区,获批科技部创新型产业集群试点、企业创新积分制试点园区,“五好”园区创建、集约节约用地等经验全省推介。

3. 大力抓“三农”，乡村振兴全域推进。乡村换届后新班子展现新作为。乡村建设稳步推进。新建高标准农田7.8万亩、农产品仓储保鲜冷链物流设施7个、农村公路安防设施19公里，建成资源产业路56.6公里，改造危桥7座。全面推进美丽乡村三级联创及“一带一片一屋场”建设，谢家铺乡村振兴示范片成为省委党校教育示范基地。确定省市级美丽乡村创建村13个。草坪镇获评全省美丽乡村建设示范镇。人大代表实践站助力乡村振兴经验全省推广，政协委员实践基地示范效应逐步显现。现代农业稳产增效。实施粮食生产办点示范“1511”工程，粮食生产综合排名全市第一，获评全省粮食生产标兵县，谢家铺万亩示范片单产全省第一，央视《大国粮仓》专题纪录片在此专访了省政府领导。积极实施“六大强农”行动，培育市级以上农业产业化龙头企业39家，新增“二品一标”农产品5个。河洲甲鱼获“2021年广州国际农产品博览会”金奖。十美堂镇获评全国“一村一品”示范镇，同兴村获评全国乡村特色产业亿元村。石公桥镇、韩公渡镇获评全省“平安农机”示范乡镇。环境整治扎实有效。积极开展村庄清洁行动，全面建立村卫生协会常态化管理机制。改造农村户厕2250座、公厕21座。珍珠退养全面清零，禁捕退捕工作全市第一，秸秆综合利用与禁烧工作全市先进。全省农药废弃包装物回收处置、农村人居环境整治暨厕所革命等现场会在我区召开。

4. 奋力攻难关，发展底线守得更牢。统筹发展和安全两件大事，积极防范化解各类风险挑战。疫情防控精准得力。严格落实常态化疫情防控措施，实现了“零输入”“零感染”。扎实开展疫苗接种，累计接种超110万剂次。污染防治全面发力。中央、省市环保督察反馈交办的年度任务全面完成，石板滩关闭石煤矿区生态修复治理验收销号。强力开展打击盗采砂石“秋风行动”，非法挖砂取土问题得到有效遏制。深入推进蓝天、碧水、净土保卫战，大气、水、土壤环境质量稳步改善。安全稳定持续加力。深刻汲取“8·30”事故教训，全面开展“三大两严一奖”专项行动，整治隐患358项，停产、整顿问题企业18家，省应急厅专项巡查反馈问题全部整改到位。交通问题顽瘴痼疾整治深入推进，公安工作和队伍建设跃上新台阶。信访积案和突出问题得到有效化解，综治民调位居全省第一方阵。债务风险管控有力。积极开展国有和集体资产清理整治“百日攻坚”行动，增加收益600余万元。稳步推进区属国有企业整合转型，全面规范融资行为，守牢了债务风险底线。

5. 倾力惠民生，社会事业稳步发展。坚持在发展中保障和改善民生。社会保障不断加强。开展“春风行动”等招聘活动17场次，积极推进高校毕业生、退役军人等重点群体就业，新增城镇就业5957人、农村劳动力转移就业5218人。“就业超市”“农村互助幸福屋”获央视《新闻联播》宣传报道。强力推进养老保险待遇核查“回头看”，社保基金管理使用更加规范高效。发放各类救助资金过亿元，区社会福利中心一期工程投入运营。城乡低保标准和特困人员保障水平不断提高，残疾人无障碍设施改造工作经验全省推介。教育医疗均衡发展。全年教育总投入8.8亿元，农村学校建设三年行动成效显著，区一中本科上线率达99%。“双减”政策有效实施。乡村教师麻小娟事迹轰动全国，获评全省十大教育新闻人物。基本医疗保险全市范围内实现直接结算，先诊疗后付费和“一站式”结算政策全面落实。文旅事业亮点纷呈。常德花鼓戏《七里坳》参加湖南省第七届艺术节，获田汉表演奖、田汉音乐奖。索县汉代城址保护规划通过国务院审批。赵必振研究获中央党史和文献研究院立项支持，党史、地方志工作获评全省先进。全年接待游客超800万人次，实现综合收入近80亿元。区四运会、北斗智慧跑等多项赛事成功举办。鼎城健儿杨超、郭雨浩分别斩获残奥会、全运会金牌。

6. 致力提效能，自身建设全面加强。隆重庆祝建党100周年，推动党史学习教育走深走实，扎实开展“我为群众办实事”实践活动，30项省市民生实事进度全市第一，7项区级民生实事全部完成。坚持重大事项及时向区委请示报告，坚决执行区人大及其常委会决议决定，主动接受区人大及其常委会法律监督、工作监督和区政协民主监督，128件人大代表建议、87件政协委员提案全部按期办结。“一件事一次办”改革全省通报表扬。“互联网+”政务服务平台便民事项办结率达100%。干部作风持续好转，营商环境持续优化。

此外，国防动员、双拥、文联、民宗、红十字会、外侨、计生协、档案、工会、青年、妇女、科协等事业均有新进步。

各位代表!过去五年，我们遇到的困难比预想的大、取得的成绩比预想的好，我们真切体会到：必须绝对忠诚讲政治。无论是抓发展、搞建设，还是保生态、惠民生，我们走的每一步、做的每件事，都始终沿着习近平总书记指引的正确方向坚定前行，都坚决按照市委、市政府和区委决策部署狠抓落实，广大干部在全局中定位，在大局下担当，用实际行动诠释了对党的绝对忠诚。必须万众一心扛大鼎。我们牢记“幸福都是奋斗出来的”，全区上下勠力同心、风雨兼程，如期实现了全面小康梦想，不断巩固了农业大区、工业强区、核心城区地位，捧回了国家级高新区的金字招牌，实现了从“桥南”到“江南”的蝶变。必须斗志昂扬攻难关。我们坚持逆风出征、迎难而上，以“咬定青山不放松”的韧劲，锲而不舍、全力争取，成功纳入了湘鄂渝黔革命老区重点县；以“不破楼兰终不还”的决心，锚定目标、排除万难，鏖战三年的石板滩关闭石煤矿区生态修复治理顺利通过验收销号；以“松风一起知虎来”的敏锐，痛定思痛、举一反三，迅速扭转了安全生产的被动局面。必须不忘初心为人民。我们始终坚持以人民为中心的发展理念，严格自我要求、真心为民办事，对每一项工作都倾注了大量心血、付出了艰辛努力，接续接力、尽心尽力办好了137件重点民生实事，广大干部用自己的负重担当换来了千家万户的岁月静好、幸福安康。

各位代表！这些成绩的取得，是区委正确领导的结果，是区人大、区政协监督支持的结果，是全区干部群众团结奋斗的结果。在此，我代表区人民政府，向全区人民，向各位代表、委员，向所有关心支持鼎城发展的各界人士，表示衷心的感谢和崇高的敬意!

同时，我们要清醒地看到:稳增长的压力持续加大，发展实体经济任重道远，基础设施和公共服务建设欠账较多，污染防治、安全生产还存在不少风险和挑战，营商环境还要持续优化，等等。我们要在今后的工作中认真加以解决。

二、今后五年政府工作的总体要求和重点任务

今后五年经济社会发展的指导思想是：坚持以习近平新时代中国特色社会主义思想为指导，全面贯彻党的十九大和十九届历次全会精神，统筹推进“五位一体”总体布局，协调推进“四个全面”战略布局，坚持稳中求进工作总基调，坚持系统观念和底线思维，更好统筹发展和安全，立足新发展阶段、贯彻新发展理念、构建新发展格局，全面落实“三高四新”战略定位和使命任务，认真落实市委“建设社会主义现代化新常德”部署要求，深入落实区第十三次党代会精神，大力“弘扬扛鼎精神、打造现代江南、建设幸福鼎城”，推动经济平稳健康运行和社会和谐稳定，奋力书写全面建设社会主义现代化鼎城新篇章。

经济社会发展的主要目标是：地区生产总值年均增长7%以上，地方一般公共预算收入年均增长8%以上，固定资产投资年均增长10%以上，居民人均可支配收入年均增长7%以上。主要任务是：

打造现代化新江南。坚持精准规划。完善“五块一轴”城市空间格局，推进沅水五桥、七桥等重大基础设施规划建设，推动马凌航道纳入高等级航道规划。坚持精致建设。深入实施城市更新，补齐水、电、路、气、网等基础设施短板，推进5G、充电桩、智慧公交等新基建，临江棚改基本完成，吾悦广场、长安九里城市综合体建成营业，打造江南最美城市天际线。坚持精细管理。深入推进文明城市建设，做好“城市体检”，构建智慧高效的城市管理体系。坚持精明增长。依托桃花源机场发展临空产业园，建好斗姆湖物流核心区，振兴专业市场，升级现代服务业，发展总部经济、画墙经济、夜游经济。

打造国家重要先进制造业基地。在“强”上发力。以创建“五好”园区为抓手，推动常德高新区做大做强，打造“千亿园区、工业新城”。在“新”上着力。充分发挥国家级科技孵化器作用，推进“产学研用”深度融合，新转化一批科技创新成果，新创一批“国字号”品牌。在“链”上用力。以中联等龙头企业为依托，抓好建链延链补链强链，规划建设乡镇中小微工业集聚区，培育一批“领航型”企业和专精特新“小巨人”企业，构建高端高质高新现代装备制造业体系。

探索乡村振兴鼎城模式。推动农业高质高效。落实耕地保护政策，实施“六大强农”行动，建好国家现代农业产业园，积极推进农产品精深加工，不断壮大优势特色产业，大力发展乡村旅游、休闲农业。推动乡村宜居宜业。完善村庄规划，提升农村基础设施建设和公共服务水平，大力开展农村人居环境整治，让广大农村干干净净、整整齐齐、清清爽爽、漂漂亮亮。推动农民富裕富足。深化宅基地、集体产权等制度改革，培育新型农业经营主体，发展壮大农村集体经济，带动农民持续增收。加强和改进乡村治理，持续推动移风易俗，营造文明乡风。

创建省级生态文明示范区。守住生态保护红线。统筹推进蓝天、碧水、净土保卫战，持续抓好突出生态环境问题整治，落实生态环境损害赔偿制度，严惩破坏生态环境行为。推进生态修复行动。统筹山水林田湖草沙系统保护修复，认真落实河湖长制、林长制，抓好长江“十年禁渔”，争创“两山”实践创新基地。落实“双碳”部署要求。全面推进传统产业绿色转型，积极发展绿色产业，完成各类节能降耗任务，推动生态与产业协同发展。

建设更高质量幸福鼎城。始终把人民群众对美好生活的向往作为奋斗目标，落实“六位”实事惠民专项行动。强化就业优先政策，实现更加充分更高质量就业;落实“双减”政策，推动教育供给更加均衡充分;深化健康鼎城建设，促进优质医疗资源均衡供给，建设现代化疾控体系;完善养老服务、儿童服务体系;健全多层次社会保障体系，推动养老保险、医疗保险提质扩面，做好困难群众和重点群体救助;推进“平安鼎城”建设，确保社会大局和谐稳定。逐步实现劳有厚得、学有优教、病有良医、幼有善育、老有颐养。

三、2022年工作安排

今年是新一届政府履新之年，我们要坚决贯彻落实中央、省市和区委决策部署，坚持稳字当头、稳中求进，量力而行、尽力而为，深入实施“六大专项行动”，认真做好“压、降、争、增、保”五字文章，推动全区经济社会平稳发展。

经济社会发展主要预期目标是：地区生产总值增长7.5%以上，地方一般公共预算收入增长7%以上，规模工业增加值增长8%以上，固定资产投资增长8%以上，社会消费品零售总额增长10%以上，城镇调查失业率控制在5.5%以内，居民人均可支配收入增长7.5%以上，全社会研发经费投入增长12%以上。全力抓好六项重点工作:

1. 抓项目、稳增长。全力以赴争资争项。抢抓国家基础设施建设适度超前的机遇，紧密对接“双碳”“两新一重”等国省重点投资方向，开发一批优质项目，争取一批重大产业项目、基础项目、公益项目进入国家、省市计划，力争实施省市重点项目11个，新开工亿元以上项目16个、新投产亿元以上项目12个，全年争资争项突破35亿元。坚定不移招大培强。大力推进亲情招商、以商招商、产业链招商,引进亿元以上产业项目30个,其中10亿元以上项目4个,引进总部经济、楼宇经济项目10家以上,实际到位资金100亿元以上。开展“纾困增效”专项行动,降低企业综合成本。积极推进乡镇中小微工业集聚区规划建设,引导个转企、小升规、规改股、股上市,支持精为天、响箭重工、九申燃气等企业上市。持之以恒优化环境。深化“放管服”改革,深入开展优化营商环境攻坚行动,积极落实审批服务“四减”、政务服务“好差评”、证明事项告知承诺制,全面清理行政审批公示事项,规范审批流程、压缩审批时限,深入推进基层政务服务“一门式”全覆盖,为企业和群众办事提供更多便利。落实十大重点项目:(1)中联农机组建农机科技联盟;(2)建设特力液压中高端液压油缸智能制造园;(3)建设江南电商产业城;(4)争创全省茶油大县;(5)建设鼎城一中·丰彩学校;(6)规划建设谢杨线;(7)启动城乡客运一体化建设;(8)完成滨江大道、鼎城西路、红云北路等主次干道建设;(9)启动江南污水处理厂三期建设;(10)推进枉水、乌儿洲流域治理。

2. 提品质、兴江南。推进城市更新。用好项目资金,撬动市场投资,稳步完善城市基础设施,推进阳明湖水系连通工程,抓好海绵城市建设。进一步打通断头路,积极推进5G、充电桩等新型基础设施建设,加强公共设施维护,打造更多街头小景。积极推进老旧小区改造、精致小区建设,完成500户棚户区改造,既有住宅加装电梯40台。细化城市管理。推进“数字城市”建设。开展“十佳十差”社区评选,狠抓控违拆违。深入开展城区生活垃圾分类工作,完成3座垃圾中转站(含公厕)建设。加快推进停车场(位)建设,新增机动车、非机动车停车位700个。大力整治出店和占道经营。开展不规范地名清理整治行动,进一步规范小区、道路命名。繁荣城市经济。坚持不懈兴现代产业、聚江南人气。深入开展“江南人看江南”系列活动。扩大常德画墙知名度和影响力,打造大湖路“夜市一条街”、徐家巷步行街等特色商业街区,发展画墙经济、夜游经济。加快推进吾悦广场、长安九里、临江棚改等重点项目建设。稳妥推进原轻纺城、副食城地块开发。持续振兴桥南工贸、水产、副食、轻纺、茶叶、家电等专业市场。大力发展楼宇经济、总部经济,重点支持医贸物流产业园、冷链物流园发展,加快推进常德福建商会总部等项目落地。

3. 抓产业、强园区。推进集群发展。瞄准三类“500强”、行业龙头企业、产业链核心企业精准招大培强,发展壮大智能装备制造、光电信息、新材料等主导产业,前瞻性布局跨境电商、储能等新业态。全年引进三类“500强”企业4家以上,新增规上企业20家以上。强化科技创新。加强与高校院所的“产学研用”协同创新,大力创建重点实验室、工程技术研究中心等高端创新平台,提升科研成果就地转化率,新增国省级研发平台3家以上、高新技术企业15家以上、科技型中小企业入库100家以上,引进“三高”人才100人以上。深化园区改革。加快推进“去行政化、大部门制”改革,积极放权赋能,引进社会资本参与园区产业项目、基础项目以及“园中园”项目建设运营,构建园区实体化运行、市场化运作、企业化经营管理模式,力争综合排名进入全省园区十强。

4. 重三农、促振兴。发展高效农业。扛牢粮食安全政治责任,推动建立“田长制”,扎实推进高标准农田建设,坚决遏制耕地“非农化”、防止“非粮化”。争创全国棉花制种大县。依托国家现代农业产业园发展“五大优势产业”,培育专业合作社和家庭农场300家以上。建设运营好农产品加工小微企业园、鼎城优质农产品展销中心,大力开展农产品品牌营销推介,进一步擦亮“常德香米”“鼎城茶油”“河洲甲鱼”“弘富源蔬菜”等特色品牌。挖掘利用红色资源和绿色资源,大力发展休闲农业和乡村旅游,打造环城一小时休闲旅游圈。推进乡村建设。改造危桥7座,新建农村公厕30座,改造户厕1000座。建成农村公路安防工程30公里，创建省级“四好农村路”示范县（区）。加强农田水利设施建设，积极配合实施“三区饮水工程”。严格规范农村建房，持续推进农村人居环境整治和“一带一片一屋场”建设，打造草坪、黄土店、谢家铺全域美丽乡村示范带，完成38个省市区美丽乡村三级联创，开展铁路沿线美丽乡村和省级乡村振兴示范村创建。加大对少数民族聚居区和偏远乡镇支持力度。增强基层活力。巩固拓展脱贫攻坚成果，健全防止返贫致贫动态监测和帮扶机制，防止规模性返贫和新致贫。深化农业农村改革，培育壮大村级集体经济。加强和改进乡村治理，完善基层自治组织和民主管理制度，着力构建文明乡风。

5. 办实事、惠民生。完善社会保障。深入开展各类稳就业活动，新增城镇就业6000人、农村劳动力转移就业5000人。保障农民工合法权益。加强国防后备力量建设，强化退役军人服务保障。深化社保改革，强化基金安全监管。全面完成省市重点民生实事，坚决办好区级民生实事。积极应对人口老龄化趋势，完善社区居家养老服务，抓好农村养老服务体系全市试点，启动区福利院二、三期运营，新增养老床位880张。加强殡葬执法，启动草坪镇“神仙窝”人文公园运营。办好人民满意教育。新增城区中小学学位1000个，红云小学投入使用，推进斗姆湖中心小学迁址新建。不断改善农村学校办学条件，打造10所农村“家门口”示范校。持续推动“双减”政策落实，继续抓好校外培训机构专项治理。推进健康鼎城建设。严格落实疫情常态化防控措施，提升流调溯源、核酸检测、应急处置等能力，积极推进疫苗接种，加强无疫社区（村）建设。全面深化综合医改，依法实施三孩生育政策及配套支持措施，完成高新区人民医院建设，稳妥推进市四医院二期煞尾工程，积极推进乡镇卫生院改革，高标准建设4所乡镇应急医疗救治中心。发展文旅事业。完成新时代文明实践中心（站、所）建设，创新开展文化惠民工程，支持组建鼎城演艺集团。推动市第二工人文化宫投入使用，推进区图书馆建设。做好索县汉代城址、荣庄王墓等古遗址、古墓葬保护开发。办好全省第三届油菜花节、首届常德画墙壁画艺术节，支持花岩溪创建省级旅游度假区，争创省级全域旅游示范区。

6. 防风险、保稳定。防范化解金融风险。加强政府性债务预警监控，加大国有闲置资产处置力度，严控政府投资项目，推动区属国有企业市场化转型，妥善处置和化解政府性债务。强化开源节流，积极培育新财源，加强特许经营权、公共资源等收益预算管理，大力压减一般性支出，提高财政资金整合力度和使用效益。规范金融秩序，确保不发生重大涉众型金融犯罪。防范化解生态风险。持续打好污染防治攻坚战，继续开展“夏季攻势”，抓好突出生态环境问题整治。深入开展矿产资源开发利用和专项整治，加大生态保护修复力度。做好石板滩石煤矿区后期管护，推进冲柳片区水环境综合整治。全面落实河湖长制、林长制，坚决贯彻实施长江“十年禁渔”。严格落实“双碳”部署要求，推动建材、化工等高耗能、高污染企业绿色化改造。防范化解安全稳定风险。打好安全生产专项整治“三年行动”和交通问题顽瘴痼疾整治收官战，持续开展安全生产“三大两严一奖”、安全监管“强执法防事故”行动，牢牢守住安全生产底线。提升公共应急管理能力，切实抓好防汛抗旱、森林防火、消防救援、地质灾害防控等工作。保障食品、药品和农产品质量安全。做好松材线虫病防治。深化平安鼎城建设，坚持和发展新时代“枫桥经验”，稳步化解信访积案。持续推进扫黑除恶斗争常态化，不断深化禁毒人民战争，突出打击电信网络新型违法犯罪和“食药环”等民生领域犯罪，努力营造安全稳定环境。

四、切实加强政府自身建设

打铁还须自身硬。奋进新征程，新一届政府和全体政府工作人员，必须始终以优良作风、严明纪律和过硬本领，踔厉奋发、担当作为，努力做到让党放心,让人民满意。

1. 始终高举旗帜、忠诚履职。旗帜鲜明讲政治,胸怀“两个大局”、心系“国之大者”,不断提高政治判断力、政治领悟力、政治执行力,坚定捍卫“两个确立”,坚决做到“两个维护”。坚持把党的领导贯穿政府工作的全过程、各领域,加强政府系统党的建设,严明政治纪律和政治规矩,严肃党内政治生活。坚决落实中央、省市和区委决策部署,带头做到接受任务不讲价钱、执行任务不摆困难、完成任务不打折扣。

2. 坚持厉行法治、依法履职。自觉贯彻落实习近平法治思想,始终做到依法决策、依法办事。坚持依法行政,严格履行重大行政决策程序,不断完善政府法律顾问、人大代表和政协委员列席政府常务会议机制,全面推行行政执法“四项制度”,推进公正文明规范执法。全面启动“八五”普法。定期向区委、区人大及其常委会报告工作,认真执行区人大及其常委会的决议决定,加强与区政协沟通协商。依法接受区人大及其常委会法律监督、工作监督,自觉接受区政协民主监督,主动接受群众和舆论监督,强化审计监督、统计监督,办好人大代表建议和政协委员提案。

3. 带头坚守初心、担当履职。牢记“民之所忧,我必念之;民之所盼,我必行之”,尽心尽力为群众办实事、解难事。积极支持人大代表实践站、政协委员实践基地发挥作用,走稳走实新时代群众路线。永葆“闯”的精神、“创”的劲头、“干”的作风,说干就干、干就干好,坚决办好发展经济这件最大的实事,努力在区域发展竞争中体现鼎城担当、赢得鼎城优势、作出鼎城贡献。关心关爱基层干部,严格落实“三个区分开来”,理直气壮为敢于担当、干有实绩的干部撑腰鼓劲。坚决杜绝形式主义、官僚主义,真心实意为基层减负松绑。

4. 自觉严格要求、廉洁履职。从严从实抓好政府系统廉政建设,严格落实中央八项规定及其实施细则精神,驰而不息纠“四风”、改作风。着力提升行政效能,聚焦市场主体最困扰、群众办事最反感、制约发展最突出的问题,管好“微权力”,彻查“微腐败”,打通“中梗阻”。树牢过紧日子思想,勤俭办一切事情,坚持花钱必问效、无效必问责。严格规范政府行为,用心用情用力护航市场主体运营,构建“亲”“清”政商关系。

各位代表,百舸争流须破浪领航,千帆共竞当奋勇争先!让我们更加紧密地团结在以习近平同志为核心的党中央周围,全面落实“三高四新”战略定位和使命任务,认真落实“建设社会主义现代化新常德”部署要求,在区委的坚强领导下,大力弘扬扛鼎精神,全力打造现代江南、建设幸福鼎城,以优异成绩迎接党的二十大胜利召开!

名词解释

“四上”企业：规模以上工业企业、资质等级建筑业企业、限额以上批零住餐企业、国家重点服务业企业等四类规模以上企业的统称。

“五好”园区：规划定位好、创新平台好、产业项目好、体制机制好、发展形象好的园区。

“一带一片一屋场”：全区建设示范带、乡镇建设示范片、村社建设幸福屋场。

粮食生产办点示范“1511”工程：区委书记、区长分别领办1个万亩示范片，区委副书记、分管副区长分别领办1个五千亩示范片，各乡镇党委书记和乡镇长领办1个千亩示范片，各村(居)党组织书记领办1个百亩示范片。

“六大强农”行动：品牌强农、特色强农、产业融合强农、科技强农、人才强农、开放强农行动。

“二品一标”：绿色食品、有机农产品和地理标志农产品。

“三大两严一奖”行动：安全生产法规大宣传、安全生产隐患大排查、安全生产问题大整治；对非法违法生产予以最严厉的执法打击，对不履职、失职、失责行为予以最严厉的追责；对举报安全隐患问题线索的进行重奖。

“双减”：减轻义务教育阶段学生作业负担和校外培训负担。

“五块一轴”：临江新区板块、阳明湖板块、西城政务板块、东部老城板块、临港新区板块和阳明大道城市中轴线。

“六位”实事惠民专项行动：岗位、学位、床位、车位、厕位、梯位惠民行动。

“压、降、争、增、保”：压减非紧急项目和非刚性支出；降低融资财务成本和债务规模；抢抓国家扩大投资、拉动内需的机遇积极向上争资争项；通过资产盘活、资源利用、护税协税等增加财税收入；坚决保障“三保”支出和重点项目建设。

“两新一重”：新型基础设施，新型城镇化，交通、水利等重大工程。

审批服务“四减”：减材料、减环节、减时限、减跑动。

“五大优势产业”：高档优质稻、双低油菜、高效油茶、绿色有机蔬菜、生态养殖产业。

“三区饮水工程”：常德市西湖、西洞庭管理区及鼎城区部分乡镇农村饮水安全工程。

“四好农村路”：建好、管好、护好、运营好农村公路。

行政执法“四项制度”：行政执法公示制度、执法全过程记录制度、重大执法决定法制审核制度、执法决定说明理由制度。

“三个区分开来”：把干部在推进改革中因缺乏经验、先行先试出现的失误错误，同明知故犯的违纪违法行为区分开来；把尚无明确限制的探索性试验中的失误错误，同明令禁止后依然我行我素的违纪违法行为区分开来；把为推动发展的无意过失，同为谋取私利的违纪违法行为区分开来。

中国人民政治协商会议常德市鼎城区委员会常务委员会工作报告

——在政协常德市鼎城区第十届委员会第二次会议上

(2022年2月13日)

中国人民政治协商会议常德市鼎城区委员会主席　雷建国

过去五年工作回顾

过去五年,是我区抢抓机遇、攻坚克难、硕果累累的五年,也是人民政协事业在传承中创新、在创新中发展的五年。五年来,在中共鼎城区委的领导下,区政协坚持以习近平新时代中国特色社会主义思想为指导,充分发挥协商民主重要渠道和专门协商机构作用,注重建言资政和凝聚共识双向发力,为助推我区经济社会高质量发展作出了积极贡献。

——五年来,我们以科学理论武装头脑,用党建引领事业发展,牢牢把握了正确政治方向。坚决贯彻新时代党的建设总要求,把党的领导落实到各方面、全过程,确保全区政协工作始终沿着正确的政治方向前进。

不断提高政治站位。始终坚持旗帜鲜明讲政治,将政治责任贯穿于政协会议、履职活动中,教育和引导各党派团体和广大政协委员进一步筑牢增强"四个意识"、坚定"四个自信"、做到"两个维护"的思想根基。严守政治规矩,建立完善重大问题请示报告制度。五年来,共向区委汇报政协的重要会议、重要工作、重要活动60余次,做到与区委在政治上同向、思想上同心、行动上同步。区委全面加强对政协工作的领导,把政协工作纳入整体工作布局,建立了定期听取政协工作情况汇报、党政领导参加政协重要履职活动、牵头领办重点提案等工作机制。2020年5月,区委政协工作会议胜利召开,制定印发了《中共鼎城区委关于新时代加强和改进人民政协工作的实施意见》,为推进全区政协事业发展提供了根本遵循、注入了强大动力。

不断强化理论武装。坚持以党组理论学习中心组学习为引领,认真学习党的十九大和十九届历次全会精神,专题学习习近平总书记在庆祝人民政协成立70周年大会、中国共产党成立100周年大会上的重要讲话精神,深入学习习近平总书记关于加强和改进人民政协工作的重要思想和习近平总书记考察湖南重要讲话精神,开展集体学习153次,举办各类主题宣讲、研讨活动32次。组织委员集体培训5次,骨干委员专题培训2次,促进委员政治素养和履职能力双提升。深入开展"两学一做"学习教育、"不忘初心、牢记使命"主题教育和党史学习教育,切实把学习教育成果转化为坚定理想信念、忠诚履职尽责的思想自觉和实际行动。

不断加强党的建设。完善机关党组织设置,报请区委同意设立了区政协机关党组,在重要履职活动期间成立临时党组织,加快推进实现"两个全覆盖"。召开全区政协系统庆祝中国共产党成立100周年座谈会、区政协机关五十年以上党龄党员座谈会,举办区政协机关"学党史、铭初心"知识竞赛,进一步激发广大政协委员和政协干部高举旗帜跟党走的信念和决心。坚持不懈抓好党风廉政建设，认真开展巡视巡察反馈问题整改，坚决反对和纠正“四风”，进一步营造了风清气正的政治生态。创新党建工作格局，完善党建工作制度，建立中共党员委员联系党外委员制度，政协党组的政治引领作用、党员委员的先锋模范作用明显增强。2019 年 7 月，区政协党组在全省政协系统党的建设工作座谈会上作经验交流发言，高高扬起了以党建引领基层政协事业发展的风帆。

——五年来，我们以真知灼见协商议政，用实干服务中心大局，全面提升了政协履职实效。充分发挥专门协商机构作用，聚焦协商主责主业，主动融入全区经济社会发展大局，为鼎城高质量发展尽政协之责、展政协之长、倾政协之力。

*在推动改革发展中贡献了政协智慧。*区政协常委会会议、主席会议先后就推进常德高新区转型升级、推进江南城区产城融合、加强全区国有资产监督管理、加强以矿山治理为重点的生态环境修复工作、深化“放管服”改革等重点工作，开展专题协商 16 次；各专委会围绕加强破产案件审理、改革完善乡镇政府管理服务职能、学前教育发展等 20 个课题，与区直相关部门进行对口协商和界别协商，形成的意见建议得到区委、区政府重视和采纳。把履行民主监督职能与助推重大决策部署落实有机结合，围绕河长制责任落实情况、扶贫政策落实情况和优化营商环境工作，选派委员组成民主监督小组，对相关单位开展集中监督，促进工作落实、政策落地。按照区委统一安排部署，区政协主席会议成员积极参与吾悦广场等项目建设以及脱贫攻坚、临江新区、城市建设管理等中心工作，认真履行抓协调、抓调度、抓督促的责任，较好完成了区委交办的工作任务。

*在助力民生改善中发出了政协声音。*坚持履职为民工作理念。五年来，先后围绕养老服务体系建设、高中教育发展、基层医疗机构建设等 19 个民生课题开展专题协商；围绕美丽乡村建设、创建省级食品安全示范区、农村道路建设情况等 12 项民生实事开展专题视察；围绕临江棚户区改造、缓解江南城区停车难问题、农民工创业就业等 15 个民生热点开展调研，提出一批务实管用的对策建议，积极助力群众“急难愁盼”问题得到有效解决。发挥提案工作在加强民生改善中的作用，九届区政协期间，审查立案提案 518 件，经相关单位承办后，委员满意率达 99.8%。充分发挥社情民意信息“直通车”优势，共收集上报社情民意信息 137 篇，其中，《网络大病筹款平台管控问题不容忽视》的社情民意被全国政协刊用，《住宅小区供电“专”改“公”问题亟需引起高度重视》等 25 篇社情民意得到省、市领导签批，采用级别、采用条数均实现历史突破。

*在决战脱贫攻坚中展现了政协担当。*深入开展“三个一”助力脱贫攻坚行动、政协人助力巩固脱贫成果万户帮扶行动，组建 109 个帮扶小组，帮助结对帮扶贫困户解决就业、就医等实际问题。围绕“强化兜底保障工作，全面决胜脱贫攻坚战”课题开展主席会议协商，提出了“精准识别对象、切实落实政策、健全长效机制”等 9 条具体建议。区政协机关充分发挥后盾单位作用，严格落实帮扶责任，共协调筹集资金 300 多万元，帮助扶贫点村加强基础设施建设，结对帮扶的 28 户贫困家庭都已实现长期稳定脱贫。先后就“发展壮大乡村产业，推动实施乡村振兴”“围绕推进乡村振兴协商建言”等主题，组织委员开展协商、提出建议，助力脱贫攻坚与乡村振兴有效衔接。

*在疫情防控斗争中彰显了政协力量。*面对新冠肺炎疫情这场大考，区政协坚决贯彻党中央和各级党委决策部署，闻令而动、向险而行，迅速动员广大政协委员投身抗疫斗争。政协班子成员带头深入防控一线、深入企业，督导疫情防控各项措施落实，协调推动企业复工复产；机关干部下沉乡镇（街道）、村（社区）开展排查值守工

作；医卫界委员冲锋在前、奋战一线，全力做好疫情防控和服务保障工作；在乡镇（街道）、村（社区）基层防疫一线的委员，走村入户开展宣传、积极劝导；广大委员和社会各界人士鼎力支持、慷慨解囊，捐资捐物折款850多万元，生动诠释了为国履职、为民尽责的深厚情怀。区政协主席会议围绕“完善公共卫生服务体系，提高应对重大突发卫生事件能力”课题协商议政，助力做好疫情防控“后半篇文章”。

——五年来，我们以团结民主凝聚共识，用联络联谊汇聚力量，充分发挥了政协独特优势。始终坚持大团结大联合，坚持一致性和多样性统一，共同为全区经济社会发展凝聚共识、凝聚智慧、凝聚力量。

推进合作共事，同心圆越画越大。积极为党派团体在政协履职搭建平台。在召开政协全会、议政性常委会会议时，注重安排党派团体协商发言；在研究重大事项、制定重要文件时，注重广泛征集党派团体意见；主动邀请党派团体参与政协开展的调研、协商、监督等履职活动，党派团体在政协履职的渠道更加通畅、作用更加显著。五年来，各民主党派、工商联和无党派人士共提交大会参政议政发言材料14篇，提交集体和联名提案156件，反映社情民意信息53条，开展协商议政活动30余次。

深化联络联谊，朋友圈越拓越广。扎实开展“走访服务委员月”活动，重点走访非公经济代表人士和旅外委员，鼓励他们发挥优势，为鼎城建设发展献计出力。主动参与省、市、区政协工作“三级联动”，协同开展环洞庭湖生态环境治理、江南城区民生事业发展、优化园区发展环境等课题调研视察活动，借助上级政协平台助力鼎城改革发展。加强与各地政协的交流合作，接待重庆武隆、广西桂林、西藏隆子等地政协到鼎城调研考察30余批次，宣传推介鼎城，促进互学互联互鉴。

加强宣传推介，影响力越来越强。把加强政协新闻宣传工作放在突出位置，在《湘声报》等媒体以及“政协云”、微信公众号等平台发布新闻稿件500余篇，不断提升政协社会影响力，面向社会广泛传播共识。注重发挥文史资料在凝聚共识上的独特作用，促进以文化人、存史资政，编辑出版了5辑《鼎城文史》。全面反映鼎城历史文化的《鼎城文史概览》丛书正式出版发行，获评省政协“走过60年·我们的文史资料”特等奖。

——五年来，我们以创新提高履职水平，用制度规范自身建设，着力塑造了队伍良好形象。立足新时代新使命，把政协自身建设摆在更加突出的位置，抓好政协委员和政协干部两支队伍建设，不断提升政协工作水平。

创新机制，政协队伍知责的意识更加强化。修订《全体会议工作规则》《常委会议工作规则》等制度，建立提案星级管理、委员履职管理等机制，规范了专题调研、委员视察、提案办理、协商意见办理和反馈等一系列经常性工作程序。以履职质量为导向，建立健全委员联系联络机制，落实委员履职量化考核制度，引导委员不断提高“懂政协、会协商、善议政”的履职本领，增强“守纪律、讲规矩、重品行”的自律意识。五年来，评选表彰优秀政协委员47名、优秀提案57篇，委员履职热情持续迸发，担当意识不断增强。

创建载体，政协委员履责的平台更加广泛。探索政协协商与基层协商、社会治理有效衔接的新途径，建立政协委员工作室32个，斗姆湖街道委员工作室获评“湖南省示范性政协委员工作室”。把用好用活政协云作为提升政协工作实效的重要抓手，组织开展网络协商议政4次，委员线上值班活动5次，参与近两万人次，拓宽了群众表达诉求的通道。进一步完善政协云微建议协同联办工作机制，畅通办理落实渠道，拓展委员履职空间。经审查受理的150条微建议，145件办理完毕，5件在办理中，其中《严禁违规赈酒树立文明新风》《加大秸秆禁烧宣传解释力度》等建议得到相关部门高度重视、有效落实。

*创优环境，政协干部尽责的氛围更加浓厚。*坚持用制度管人管事，建立和完善办文办会、公务接待、财务管理等内部管理制度，有效推进了机关工作制度化、规范化、高效化。加大机关干部素质提升和培养力度，成立机关年轻干部读书会，定期开展主题党日活动，深入推进“书香政协”建设，不断提高机关干部综合服务水平。积极争取区委重视和支持，加强政协干部的培养、选拔、任用和交流，先后有14名同志得到晋级晋升，12名同志得到提拔重用，政协干部队伍建设充满活力。

各位委员、同志们，区政协过去几年所取得的成绩，是区委坚强领导的结果，是区人大常委会、区政府及社会各界大力支持的结果，是历届政协老领导倾情关心的结果，是广大委员、各党派团体团结奋斗的结果。在此，我谨代表十届区政协常委会，向大家致以崇高的敬意和衷心的感谢！

回顾总结九届区政协走过的历程，我们深刻体会到：

*——做好政协工作，必须坚持中国共产党的领导。*五年来，我们始终做到各项工作在区委领导下开展，履职活动围绕中心工作进行，重要安排报区委审定后实施，切实把区委的主张转化为社会各界广泛共识和自觉行动，有效促进了我区政协事业健康发展。实践证明，只有坚持党对政协工作的全面领导，把党中央和各级党委决策部署不折不扣落到实处，才能把握政协工作的正确方向。

*——做好政协工作，必须坚持聚焦党政中心履职。*五年来，我们始终把政协履职的着眼点放在区委、区政府正在谋划的重大问题上、正在实施的重要战略上、正在推进的重点工作上，切实做到了区委想什么、政协议什么，政府抓什么、政协帮什么，为全区经济社会高质量发展作出了积极贡献。实践证明，只有坚持聚焦党政中心履职，更加自觉地把政协工作放到党委政府工作大局中去谋划推进，才能发挥政协工作的独特作用。

*——做好政协工作，必须坚持践行履职为民理念。*五年来，我们将“一线使命”“一线作为”贯穿于为人民群众谋福祉的履职实践中，紧紧围绕群众关注的焦点、难点、堵点问题，主动作为、建言献策，以实实在在的履职成效赢得了各界群众的广泛赞誉。实践证明，只有坚持践行履职为民理念，切实做到人民政协为人民，才能彰显政协工作的价值追求。

*——做好政协工作，必须坚持弘扬求实创新精神。*五年来，我们坚持以改革创新理念推动政协履职工作，在协商载体创新、监督方式创新、工作机制创新、自身建设创新上下功夫，取得了事业发展的新成果。实践证明，只有坚持弘扬求实创新精神，积极探索富有时代特征、政协特点、地方特色的政协工作新路子，才能永葆政协工作的生机活力。

*——做好政协工作，必须坚持发挥委员主体作用。*五年来，我们充分尊重委员主体地位，强化委员教育培训，搭建委员履职平台，调动委员履职积极性，委员履职能力和水平不断提升。实践证明，只有坚持发挥委员主体作用，在思想上尊重委员，在工作上依靠委员，用政协事业凝聚委员，用履职实践锻炼委员，才能增强政协工作的力量保障。

回顾过去，我们虽然取得了一些成绩，但也清醒地看到工作中还有一些值得改进的地方。比如：协商议政质量还需进一步提高；凝聚共识方式还需进一步创新；界别优势和作用发挥还需进一步强化等。这些都需要认真研究，在今后的工作中切实加以解决。

今后五年工作思路

未来五年，是我区开启全面建设社会主义现代化新征程的第一个五年，也是加速发展、追赶跨越的关键五年。政协事业前景更加广阔、使命更加光荣。十届区政协工作的指导思想是:坚持以习近平新时代中国特色社会主义思想为指导,深入贯彻落实党的十九大及十九届历次全会精神和习近平总书记关于加强和改进人民政协工作的重要思想,在中共鼎城区委的坚强领导下,紧紧围绕“十四五”规划和区第十三次党代会确定的目标任务,聚焦重点难点,注重双向发力,全面提质增效,更好发挥专门协商机构作用,为助力“弘扬扛鼎精神、打造现代江南、建设幸福鼎城”作出新贡献。

一、坚持党的领导,在强化政治引领上有新提升

我们要牢牢把握人民政协是政治组织的根本属性,不断提高政治判断力、政治领悟力、政治执行力,切实把思想政治引领落实到政协履职工作各方面和全过程。要强化用党的创新理论武装头脑,健全以党组理论学习中心组学习为引领的学习制度体系,深刻学习领会习近平新时代中国特色社会主义思想和党的十九届六中全会精神,切实增进对中国特色社会主义的政治认同、思想认同、理论认同、情感认同,坚定捍卫“两个确立”、坚决做到“两个维护”。要坚持和加强党对政协工作的全面领导,严格落实请示报告制度,落实全面从严治党主体责任。要加强政协系统党的建设,充分发挥党员委员和机关党员干部的先锋模范作用,引领带动各界人士把思想和行动统一到区委的决策部署上来,不断夯实共同奋斗的思想政治基础。

二、聚焦主责主业,在主动服务大局上有新作为

我们要充分释放专门协商机构效能,紧扣区委确立的发展战略、中心工作,精选协商课题,制定年度协商计划,在服务大局中发挥人民政协的组织、人才、制度优势。要把调查研究作为议政建言的基础,坚持问题导向,围绕制约改革发展的重大问题、关系民生福祉的难点问题、影响和谐稳定的突出问题深入开展调查研究,提升建言立论的专业性和“含金量”。要大力推进政协协商民主制度化发展,进一步拓宽协商领域,丰富协商形式,增加协商密度,健全协商机制,推进政协协商向网络拓展、向基层延伸。要着力培育社会协商文化,充分激发协商智慧,努力达成协商共识,加快转化协商成果,营造社会各界人士民主协商、有序表达的良好氛围。

三、牢记初心使命,在改善民生福祉上有新成效

我们要把为民履职的工作理念落实到政协工作实践,使政治协商成为民意进入党政决策的重要渠道,使民主监督成为保障公众权益的有效方式,使参政议政成为促进群众利益实现的重要过程。要重点关注教育、医疗、养老、就业、食品安全等涉及群众切身利益的工作,通过提案、社情民意等方式,建诤言、献良策,协助党委政府把实事办实、好事办好,让改革发展成果更好地惠及全区人民。要建立健全为群众办实事、做好事、解难事的长效机制,组织经济、农业、医卫等界别的委员和专家,开展科技兴农、扶贫义诊、文化惠民、法律援助等活动,助力乡村振兴,做好新形势下的政协群众工作。

四、发挥特色优势,在广泛凝聚共识上有新贡献

我们要把凝聚共识融入履职活动中,主动做好统一思想、协调关系、化解矛盾、增进团结的工作,引导各党派团体和广大委员,坚定不移地听党话、感党恩、跟党走。要强化团结联谊,进一步加强同各民主党派、工商联和无党派人士合作共事,支持其履职尽责、发挥作用,做中国共产党的好参谋、好帮手、好同事。要全面贯彻党的民族宗教政策,维护和发展好民族团结、宗教和顺、社会和谐的良好局面。要加强与党外知识分子、非公经济人士、新的社会阶层人士的联系,协助党委政府在乡村振兴、项目建设、招商引资等重点工作上想办法、出主意,为全面建设社会主义现代化新鼎城汇智聚力。

五、坚持务实创新，在加强自身建设上有新突破

我们要加强常委会建设，进一步健全和完善常委会工作机制，提升常委会议事质量。要加强专委会建设，积极探索专委会工作的新思路、新方法，努力构建协商有序、履职有效的运行机制，更好发挥专委会联系委员和界别的作用。要加强委员队伍建设，扎实做好委员学习培训工作，探索开展定期履职评估和述职活动，强化委员履职考核和成果运用，引导广大政协委员珍惜荣誉、知责思进。要加强界别建设，以委员工作室、界别活动组为载体，进一步丰富活动形式，发挥好界别的优势和作用。要加强政协机关队伍建设，突出实干导向锻造过硬队伍，进一步提高参谋服务、统筹协调和工作保障的水平，以新面貌、新气象开启人民政协事业新征程。

2022 年工作安排

2022 年，是十届区政协彰显新作为、取得新突破、实现新成效的开局之年。我们要在区委的坚强领导下，凝心聚力、开拓创新，不断谱写新时代人民政协新篇章，努力为“弘扬扛鼎精神、打造现代江南、建设幸福鼎城”贡献力量。主要抓好以下五个方面的工作：

1. 精心组织参政议政活动。围绕“加强基层医疗机构建设，提升基层医疗服务水平”“加快建设‘五好’园区，推动产业高质量发展”“大力推进油茶产业发展”课题开展 1 次常委会会议协商、2 次主席会议协商，力求通过开展全方位、多渠道、宽领域、深层次的协商议政活动提出意见建议，为区委、区政府科学决策提供参考。实行提案办理全过程协商，遴选部分重点提案由主席会议成员领衔协商督办，搭建承办单位、提案者、政协组织三方沟通交流平台，推进提案办理落实。以专委会为依托，围绕加快平台公司市场化转型、加强常德丝弦的传承与保护、建设“四好农村路”等课题开展 3 次对口协商，充分发挥专委会专业优势。

2. 切实提升民主监督实效。更加突出重点事项监督的针对性、规范性和协商性，以“加强农田水利基础设施建设”为主题，由专委会牵头组建民主监督小组开展监督，进一步找准监督的“点”、把好监督的“度”。围绕“十年禁渔”行动、政法队伍教育整顿成果、砂石资源管理与利用等主题开展 3 次专题视察，不断拓展民主监督方式，提升监督成效。鼓励和支持委员围绕优化项目建设环境、惠民政策落实、法治政府建设等情况，通过持证监督、担任特邀监督员等形式，积极履行监督职责，提出监督意见，促进相关工作落实。

3. 积极搭建委员履职平台。以政协联络处(组)为单位，各选择 1~2 个群众关心、社会关注的课题，组织委员开展调研视察活动，形成有价值的调研成果。组织开展“立足本职促发展、当好委员作贡献”主题活动，充分发挥政协委员独特优势，努力在推进乡村振兴、招商引资、服务项目建设、维护和谐稳定等工作中显身手、当先锋。加强委员工作室建设，规范运行制度，不断推动政协履职向基层延伸。重点引导委员积极投身乡村振兴，选取示范点，建设高标准的幸福屋场和“政协委员实践基地”，打造区政协助力乡村振兴示范片，展示新一届政协委员良好风采。

4. 广泛汇聚社会各界力量。完善政情通报、座谈交流、联合调研等制度机制，为各党派团体在政协履职创造条件。加大对党派团体工作的宣传力度，扩大其政治影响力。着力构建委员联谊机制、委员联系机制、委员协作机制，激发委员履职热情，切实增进人民政协各层面、各团体、各界别的团结与联合。发挥文史资料存史、资政、团结、育人作用，编辑出版《鼎城文史》第 26 辑。争取省、市政协的指导和支持，主动参与“三级联动”，密切配合各级政协在鼎城开展视察调研等活动，宣传推介鼎城。

5. 推动政协工作提质增效。完善协商议政、民主监督、提案办理、专题调研等履职制度，增强制度落实的刚性，推动政协工作高质量发展。加强乡镇（街道）政协联络处规范化建设，进一步明确乡镇（街道）政协联络处职责职能，提高政协整体履职水平。完善界别工作制度，创新界别活动的形式载体，通过"政协云"、线上线下界别委员工作室等履职平台，拓展界别活动、延伸界别触角，推动界别工作更加生动活跃、富有成效。推动政协履职与互联网深度融合，以"政协云"为依托建立完善微建议、微提案、微监督等工作机制，切实走好线上线下群众路线。加强委员履职能力建设，分批次组织开展政协委员、政协骨干学习培训，不断提高委员政治把握能力、调查研究能力、联系群众能力、合作共事能力。强化机关党建和思想政治工作，切实提高机关干部的理论素养和业务水平，提振干部队伍精气神，努力打造一支政治过硬、能力过硬、作风过硬的政协干部队伍。

各位委员、同志们，新一届政协群贤毕至，新一届政协任重道远。"十四五"新征程是一段新的接力赛和长征路，唯有实干才能把蓝图变为实图，唯有奋斗才能把愿景变为实景。让我们更加紧密地团结在以习近平同志为核心的党中央周围，在中共鼎城区委的坚强领导下，始终保持"闯"的精神、"创"的劲头、"干"的作风，团结一心、勇毅前行，为全面建设社会主义现代化鼎城作出新的更大贡献，以优异的履职成绩向中共二十大献礼！

专题

Special

2021 年，鼎城区石板滩石煤矿区 2 号矿坑生态修复治理后 （提供：朱敏）

鼎城区石板滩石煤矿区生态修复治理
乡村振兴
江南新城建设

鼎城区石板滩石煤矿区生态修复治理

鼎城区石板滩石煤矿区生态环境问题，是中央生态环境保护督察“回头看”及洞庭湖生态环境保护专项督察反馈、长江经济带警示片披露的问题，要求限期落实整改任务。鼎城区委、区人民政府坚持以习近平生态文明思想为指导，在湖南省委、省人民政府和常德市委、市人民政府及省市相关部门的支持指导下，从2018年8月起在石板滩石煤矿区进行生态修复治理，历时3年，如期落实整改销号任务。鼎城区石板滩石煤矿区生态修复治理工作经验被上级推介，被授予市级、省级“生态环境教育基地”称号，中央电视台、中国新闻社和《人民日报》《中国环境报》等10余家主流媒体作正面典型报道。

一、基本情况

鼎城区石板滩石煤矿区位于常德市太阳山西麓，石煤资源呈南北带状分布，总长约4千米，总开采面积33.33公顷，涉及石板滩镇拾柴坡、兴隆桥、玉皇庵3个村。矿区煤矿始采于20世纪50年代末，当地群众自发原始露天开采，用作生活燃烧；至70年代末开始，原常德县开展石煤大会战，由石板滩公社组织大规模开采，用于烧制石灰和砖瓦；后于90年代由集体开采转为个人承包，经市场调节自然整合为伍房、枫拾、印山、新堰湾4家石煤矿。持续半个多世纪的粗放开采，导致植被破坏、水土流失、环境污染、道路损坏等系列“后遗症”，石煤长期自燃还产生高温和有害气体。在部分矿山企业开采期限尚未到期的情况下，2014年10月至2016年3月相继关闭石板滩4家石煤矿及60余家粉煤厂、黏土砖厂。矿山关停后，原采坑逐步积水，至2018年形成8个受污染水体（6个遗留矿坑、2个山塘），另有7处废石堆约300万立方米，污染治理和生态修复任务艰巨。

二、石煤矿区简介

伍房石煤矿（CK01号矿坑）。该矿坑位于矿区最北段，于2008年关闭，采坑逐步积水，标高+79.47，积水水体呈深绿色，pH值（氢离子浓度指数、酸碱度）4.8～5.4，无其他重金属超标情况。因矿山不规范的开采作业，致使矿区土地资源、地形地貌等遭到占用损毁和破坏。经国家、省市环保专家论证，因地制宜采用“采矿边坡生态修复＋原位中和治理＋水质监测”的方案进行综合治理。经过近两年的原位中和整治管护，水质达到地表水Ⅲ类标准。

1号矿坑治理前

1号矿坑治理中

1号矿坑治理后

（提供：朱敏）

枫拾石煤矿（CK02号矿坑）。该矿坑位于枫拾（一处为2号坑，另一处为3号坑），于2016年关闭，采坑逐步积水，标高+80.96，水体呈深褐色，pH值2.4～3.3，主要有铁、锰、铜、锌、镍等矿物元素。

由于过去粗放开采，导致系列生态环境问题。在矿坑水抽排至污水处理站达标排放后进行矿坑回填，矿坑回填土石 152 万立方米，铺种植土 7 万立方米，开垦土地 7 公顷，截排水系统建成，土地均复绿。

2 号矿坑原貌

2 号矿坑治理前

2 号矿坑治理后

（提供：朱敏）

枫拾石煤矿（CK03 号矿坑）。该矿坑位于 2 号矿坑南端，于 2016 年关闭，采坑逐步积水，水体呈黄褐色，标高 +81.2，pH 值 3.3 ~ 3.8，主要有铁、锰、铜、锌、镍等矿物元素超标。由于过度开采，造成土地资源、地形、地貌严重破坏。在矿坑水抽排至污水处理站达标排放后进行矿坑回填，计回填土石方 80 万立方米，铺设种植土 8 万立方米，开垦土地 3 公顷，完善截排水系统，并进行复绿。

3 号矿坑原貌

3 号矿坑治理前

3 号矿坑治理后

（提供：朱敏）

印山石煤矿（CK04 号矿坑）。该矿坑为印山石煤矿（CK04），位于玉皇庵村岩口组印山湾，于 2015年关闭，采坑逐步积水，水体呈红褐色，标高 +81.19，pH 值 2.5 ~ 2.9，主要有铁、锰、铜、镍等矿物元素超标。由于不规范的开采作业，形成系列生态环境问题。在矿坑水抽排至污水处理站达标排放后进行矿坑回填，计回填土石 245 万立方米，铺设种植土 12 万立方米，开垦土地 6.67 公顷。

4 号矿坑原貌

4 号矿坑治理前

4 号矿坑治理后

（提供：朱敏）

新堰湾石煤矿（CK05 号矿坑）。该矿坑为新堰湾煤矿，位于 4 号坑南端新堰湾，于 2016 年关闭，采坑逐步积水，水体呈浅绿色，标高 +86.24，pH 值 3.6 ~ 4.6，存在锌元素轻微超标。由于不规范的开采作业，造成严重生态环境问题。治理前，矿坑积水全部进入污水厂处理，并实行在线监测，达标排放。2019 年年末矿坑回填完工，回填土石 26 万立方米，铺设种植土 3 万立方米，开垦土地 1.87 公顷，2020 年种植农作物。

5 号矿坑原貌

5 号矿坑治理前

5 号矿坑治理后

（提供：朱敏）

新堰湾石煤矿（CK06 号矿坑）。该矿坑为新堰湾石煤矿 6 号坑，位于矿区最南端，于 2016 年关闭，后采坑逐步积水，水体呈浅绿色，标高 +85.31，pH 值 3.6 ~ 4.6，无其他重金属超标情况。由于过度开采导致系列环境问题。经国家、省市环保专家论证，因地制宜采用“采矿边坡生态修复 + 原位中和治理 + 水质监测”的方案进行综合治理。经原位中和治理管控后，矿区水质持续稳定，达到预期治理效果。

6 号矿坑原貌

6 号矿坑石煤自燃

6 号矿坑修复治理后

（提供：朱敏）

三、治理修复过程

鼎城区委、区人民政府把抓石板滩石煤矿区生态修复治理工作作为践行习近平生态文明思想、落实新发展理念、解决群众身边突出问题的重要政治任务，相继成立鼎城区石板滩关闭石煤矿区治理大会战指挥部、鼎城区石板滩镇石煤矿区生态修复治理工作指挥部，抽调人员组建成一线工作专班，驻治理现场挂牌办公。在尚无先例可以借鉴的情况下，落实生态环境部、华南督察局、湖南省生态环境厅、湖南省自然资源厅等上级主管部门的现场指导意见，邀请中国环境科学研究院、中国矿业大学和湖南省环境保护科学研究院、湖南农业大学、湖南省地质矿产勘查开发局四〇三队等单位专家进行现场调研，制定“一、二、三”总体方案。即坚持一个基本思路（锁水、控源、截流、治污、监控）；采取两种治理模式（CK01、CK06 号矿坑“原位中和 + 边坡复绿 + 水质实时监测”和 CK02、CK03、CK04、CK05 号矿坑“污水处理达标排放 + 弃土回填 + 生态复垦”）；打造三个基地（矿区生态修复治理示范基地、破坏生态环境警示教育基地、绿色产业发展实验基地）。分四个阶段推进生态修复治理工作，落实整改销号任务。

强力关停、集中整治。在“两山”（绿水青山就是金山银山）理论的指引下，2014 年至 2018 年 6 月，采取边关闭、边治理的方式，主要采取安全防护、固废覆盖、自燃点治理、生态复垦、污水防溢、外迁居民、道路修复、安全饮水、撇流山水、调整种植 10 条措施。2018 年 7 月至 8 月，针对矿区治理工作量大、难度高、进展不快的现状，决定采取集中整治的方式，按照标本兼治、近远结合，先急后缓、先易后难，因地制宜、科学可行的原则，加大污染治理和生态修复工作力度。2018 年 10 月开始，采取大会战的方式，按照“锁水、控源、截流、治污、监控”的基本思路，进行集中攻坚，重点推进封堵覆盖治自燃、填筑围封防外溢、安全围栏防意外、生态复垦控源头、开沟导流撇山水、溢水滤池做应急、石灰中和治酸水、巡查监测控风险8项工作。

科学论证、明确方案。2019年2月，常德市和鼎城区两级政府委托中国环境科学研究院、中国矿业大学（北京）和湖南省环境保护科学研究院、湖南农业大学、湖南省地质矿产勘查开发局四〇三队等单位，展开多方论证和实地调研，编制《常德市鼎城区石板滩镇石煤矿区生态环境修复实施方案》，于2019年4月按程序上报相关部门备案，最终确定CK01、CK06号矿坑“原位中和＋边坡复绿+水质实时监测”和CK02、CK03、CK04、CK05号矿坑“污水处理达标排放＋弃土回填＋生态复垦”的治理方案。2019年6月，根据上级关于缩短整改时限的要求，区委、区人民政府再次委托国内权威专家进行技术攻坚，重新调整编制提速方案，组织中国环境科学研究院及地矿、工程领域的专家进行评审，并将提速方案呈报湖南省人民政府。2020年6月，湖南省整改办牵头组织省自然资源厅、省发改委（省长江办）及省专家库专家现场调研石板滩石煤矿区并进行方案论证，认可调整优化后的方案。

克服困难、全力攻坚。鼎城区各级各部门会同数位国内权威专家和技术人员合力攻坚，克服各种不利因素，倒排工期、挂图作战，石板滩石煤矿区生态修复治理工作得以推进。在工期安排上，受新型冠状病毒感染的肺炎疫情和降雨等因素影响，围绕2021年9月30日之前落实修复治理任务的目标，鼎城区累计投入3.3亿元，出动机械3.8万台次、劳动力4.6万人次，实施石煤自燃区治理工程、外溢点应急处理工程、采坑高陡边坡安全防控工程、污水处理站建设工程、伍房和新堰湾石煤矿区生态修复工程、真空预压固结排水工程、枫拾和印山石煤矿区生态修复工程、西山寺水库和马蹄子湾生态修复工程、渗滤液收集导排治理工程、矿区周边道路损毁修复工程等。累计处理积水近700万立方米，真空预压固结排水区域4万平方米，回填覆土500余万立方米（含外调客土、耕作土200余万立方米），建设截排导流沟渠15.4千米（含雨污分流导流工程），修复高陡边坡2.3万平方米（植被混凝土、V形槽工艺），新建和修复道路21千米，生态复垦40余公顷（种植油茶苗、苏丹草、宽叶百喜草等）。

巩固成果、久久为功。生态修复治理主体工程完工后，鼎城区委、区人民政府及时制定《鼎城区防治石板滩石煤矿区环境风险工作方案》，组织相关部门开展环境整治“回头看”。明确从2022年开始，每年年末组织开展验收评估，并根据评估结果编制下年度《防治石板滩石煤矿区环境风险工作方案》。为深刻汲取教训、警示未来，在石板滩石煤矿区治理现场设立生态修复治理启示馆，通过文字、图片、视频和实物资料，介绍矿区受污染的成因，真实展示生态修复治理全过程，打造矿区生态修复治理示范基地、破坏生态环境警示教育基地、绿色产业实验基地。

通过综合治理，2021年9月石板滩石煤矿区生态环境问题按期落实整改销号任务，2021年12月湖南省生态环境厅发布长江经济带生态环境警示片披露问题整改验收销号的公告。石板滩石煤矿区生态修复治理经验被上级推介，2021年12月7日，常德市生态环境局印发《关于授予两家单位市级生态环境教育基地的函》，授予鼎城区石板滩石煤矿区为市级生态环境教育基地；2022年6月16日，湖南省生态环境厅印发《关于公布2021年度湖南省生态环境教育基地名单的通知》（湘环发〔2022〕50号），授予鼎城区石板滩石煤矿区为省级生态环境教育基地。生态环境部华东督察局现场复核，作为2022年长江经济带警示片正面典型向中共中央汇报，作为中央整改办生态修复治理“督查整改看成效”正面典型案例向全国推介。2022年7月17日，全国人大常委会副委员长沈跃跃率全国人大常务委员会长江保护法执法检查组，到石板滩石煤矿区视察生态修复工作并给予肯定。2021年至2022年，计3500余人次到现场考察学习。中央电视台、《人民日报》、中国新闻社、《中国环境报》、《湖南日报》、湖南卫视、红网等主流媒体现场采访并正面典型报道石板滩石煤矿区生态修复治理工作。其中：2022 年 4 月 20 日《湖南日报》04 版专版报道《鏖战石板滩：常德市鼎城区践行“两山”理论的生动诠释》；2022 年 7 月 7 日，人民网报道《湖南常德：石板滩“伤疤”变“氧吧”》、《湖南日报》全媒体报道《曾是“伤疤”，变成“氧吧”》、红网时刻报道《常德鼎城区石板滩石煤矿区：三年攻坚“伤疤”换“新颜”》、湖南卫视《湖南新闻联播》报道《鏖战石板滩：摘掉矿山环境污染“帽子”》、中国新闻社报道《(人民幸福生活)湖南常德石板滩：“伤疤”变“氧吧”村民端起“生态碗”》；2022 年 7 月 11 日《人民日报》头版报道《“咬住问题不放松”：中央生态环境保护督察成效综述之二》；2022 年 7 月 12 日中央电视台新闻频道《新闻直播间》报道《湖南常德生态环保督察整改见成效：三年生态修复攻坚战，治疗采矿“后遗症”》。2022 年 7 月 4 日，中宣部组织人民网、中新社湖南分社、《中国环境报》、《湖南日报》、湖南卫视、红网常德站等主流媒体，到鼎城区石板滩石煤矿区生态修复治理现场，集中拍摄采访“督察整改看成效”正面典型案例。2022 年 7 月 6—8 日，中央电视台到鼎城区石板滩石煤矿区生态修复治理现场，拍摄采访“督察整改看成效”正面典型案例。2022 年 7 月 12 日，澎湃新闻到鼎城区石板滩石煤矿区生态修复治理现场进行正面典型采访。

2021 年 8 月 24 日，湖南省委常委、省人民政府常务副省长谢建辉(前排右)一行到矿区考察 (提供：朱敏)

2022 年 5 月 10 日，湖南省人大常委会党组书记、副主任刘莲玉(前排左)到矿区开展环境保护“一法一条例”执法检查 (提供：朱敏)

2022 年 7 月 14 日，全国政协常委、副秘书长、民建中央副主席李世杰(前排右二)到石板滩石煤矿区调研环保工作 (提供：朱敏)

2022 年 7 月 17 日，全国人大常委会副委员长沈跃跃(中)率全国人大常委会长江保护法执法检查组，到石板滩石煤矿区视察生态修复工作 (提供：朱敏)

2022 年，鼎城区把石板滩石煤矿区后期管护工作纳入区委、区人民政府重要议事日程，将日常巡查、污水处理、生态管护、地质灾害预防、环境风险防范等经费列入本级财政预算。抓日常监管，加大生态修复力度，安排专人进行植被稀疏区复绿，并将石板滩石煤矿区纳入全区长期植树造林计划,确保矿区绿化率100%。

四、下一步工作计划

履行生态环境和资源保护的主体责任。贯彻落实习近平生态文明思想,把生态环境工作作为重要的政治任务来抓。把生态文明工作作为区委常委会、区人民政府常务会的重要议题,定期研究部署。组织相关责任单位和乡镇(街道),在全区范围内开展各类废弃关闭矿山生态环境修复治理工作完成情况的大排查,进行摸排情况登记造册,对于生态修复治理未完成、后续管护不到位的矿山,逐个交办、挂牌整改、严格验收,督促责任企业落实主体责任,迅速开展生态修复治理工作,开展废弃物无害化处理、安全隐患彻底整改、矿坑及周边土地复垦复绿,消除环境污染和安全隐患。

加大生态环境保护监督管理力度。把加强日常监管作为做好生态环境保护工作的重点,按照"三管三必须"原则,落实各职能单位、乡镇(街道)、生产主体的生态环境保护监管责任,完善生态环境保护常态化监管体系。健全生环委等全区生态环境工作议事协调联络机构,明确工作重点、要点、难点,厘清各单位工作职责、职能、职权,促进各单位协调联动、各司其职。定期组织各职能单位和乡镇(街道)排查清理全区矿山企业和尾矿库,依法取缔或者关闭破坏生态环境和不符合国家产业政策的高耗能高污染企业,打击违规开采、盗采等破坏生态环境的行为。落实《湖南省绿色矿山建设三年行动方案(2020—2022年)》,督促企业落实生态环境保护主体责任,做好开采过程中及闭矿后的生态环境保护和修复工作,建设绿色矿山。

健全矿山治理监管长效机制。对照法律法规及相关政策要求,完善矿山地质环境保护与土地复垦方案事先审批制度,由环保、自然资源、林业、水利等部门进行联合审查,对缺乏相关资质、过去存在未履行环境保护修复责任行为的企业主体,未达到相关要求前,暂停办理后续手续。将企业开采前编制矿山恢复治理和土地复垦方案、足额缴纳矿山地质环境恢复治理备用金作为前置条件。定期开展矿区环境保护检查,督促采矿权人执行经批准的矿山地质环境保护与土地复垦方案,确保"边开采、边保护",对于拒不履行义务的,立即关停整改。严把矿山关闭和采矿权到期"验收关",落实"谁损毁,谁复垦",督促矿山企业闭矿前做好土地复垦工作并按要求验收。

(区委党史研究室整理)

乡村振兴

2021年，鼎城区乡村振兴局围绕巩固拓展脱贫攻坚成果，有效衔接乡村振兴，推动农村产业发展，改善农村人居环境，发展村级集体经济带动农民增收致富，提升群众的获得感、幸福感。探索出“镇村主导、党建引领、群众参与、乡贤赞助、协会管理”的乡村振兴“鼎城经验”，获省、市主要领导肯定。

脱贫攻坚成果巩固。落实“四个不摘”，保持主要政策、资金支持、帮扶力量总体稳定，紧盯返贫红线、筑牢巩固防线、兜住民生底线，防止发生规模性返贫。选优派强驻村队伍。加强巩固脱贫成果同推进乡村振兴在规划、目标、任务等方面的衔接，从区直单位选派189名农村工作经验丰富、工作能力强的优秀干部组成69支区派驻村帮扶工作队，按照“尽锐出战”的要求，实行驻村工作队选派全覆盖。强化动态监测帮扶。围绕收入支出变化、“两不愁三保障”及饮水安全状况核心指标，定期组织帮扶责任人开展防返贫防致贫排查，落实“十查一申报”，将因刚性支出较大或收入大幅缩减导致基本生活出现严重困难的对象及时纳入监测范围，一旦发现返贫致贫风险，提前采取干预措施。对546户风险未消除监测户开展“一对一”结对帮扶，其中最困难、最需要帮扶的对象，安排区级领导进行“一对一”结对帮扶。提升保障水平。坚持“标准不降低、政策不断档、帮扶不打折”的原则，保障困难群众基本生活，采取应纳尽纳、应兜尽兜。实行签约服务应签尽签、大病救治应治尽治。落实教育助学政策，2021年，发放资助资金1272.3万元，资助学生23836人次，学生应学尽学、应助尽助。排查解决困难群众危房问题，2021年，改造286户、发放补贴资金720.36万元。开展易地搬迁后续工作。对全区77户287名搬迁对象，实行“一户一档、一户一策”，开展就业等方面指导，实现搬迁群众“搬得出、稳得住、有就业、能致富”的目标。

产业发展。推动乡村优势特色产业发展，助推产业再升级、链条再延伸。培育优势产业。以国家现代农业产业园区和基地建设作为主要载体，发展高档优质稻、高效油茶、绿色有机蔬菜、生态养殖、特色林果等优势产业。2021年，全区粮食生产总面积10.13万公顷，总产量65.6万吨，被评为全国粮食生产先进县和全省粮食生产标兵县，打造“常德香米”“鼎城茶油”“河州甲鱼”等区域优势品牌。发展特色小镇。因地制宜，推进特色小镇建设，打造农业产业强镇。2021年，十美堂镇被农业农村部认定为第十一批全国“一村一品”示范村镇、谢家铺镇被评为省级全域乡村示范镇、草坪镇被评为“中华诗词之乡”“中国民间文化艺术之乡”。壮大集体经济。从财政衔接资金中切块，设立村集体经济发展专项资金，覆盖全区292个村（社区），增强造血功能。2021年累计投入财政衔接资金1500万元，帮助91个村发展村级集体经济。如中河口镇北洲村，投入40万元自建甲鱼池用于出租，实现年租金9.9万元；周家店镇荷花村投入资金40万元，自建厂房引进电子加工企业入驻，解决当地脱贫劳动力务工需求，实现村集体年收入10万元；韩公渡镇走马岗村将资金入股运泰纸品，每年分红5万元。

打造乡村建设样板。开展38个省市区美丽乡村三级联创，以“一带一片一屋场”带动美丽乡村建设全域推进。改善农村人居环境。实施农村人居环境整治提升行动，统筹推进农村改厕、生活垃圾治理、生活污水治理和村容村貌整体提升等工作，开展村庄小微公园和公共绿地建设。推进幸福屋场建设。按“五个一”要求(一个规划、一个协会、一个产业、一个广场)推进乡村振兴示范创建,启动建设282个、建成194个。改善农村基础设施。落实“一户一宅”政策,指导群众规范建房,推动农村“幸福小区”建设。开展争资争项,推进水、电、路、气、通信、广播电视、物流等建设,改善农村基础设施条件。

提升乡村治理水平。构建以人为本、便捷高效的乡村现代治理体系,推进乡村治理能力的现代化。优化乡村治理队伍。选优配强村(社区)党组织书记,推进“导师帮带制”工作,选派293名导师、帮扶709名对象。实施“123”村级后备人才、农民大学生培养和新型职业农民培训计划,动态储备后备人才878名,为乡村振兴培养“田教授”“农专家”“土秀才”。提升乡村服务水平。实施“放管服”改革,把管理职能向农村基层下沉,变被动服务为主动服务。全区投入3亿余元,建设或改造村(社区)服务场所近300个,提质升级乡村两级办公议事、便民惠民阵地,下沉政务服务68项,破解“群众办事跑断腿”现象。树立乡村文明新风。引导群众依法依规成立各类村级协会,参与村务决策、财务监督和服务办理,村社、协会、农民并举。开展“文明家庭”“最美新乡贤”等评选活动,刘茂云、麻小娟等先进典型登上中国好人榜、湖南好人榜。草坪镇兴隆街村、花岩溪镇湖江坪村获评“第六届全国文明村镇”。

(胡 勇)

江南新城建设

常德市江南城市发展有限公司为常德市城市建设投资集团有限公司旗下子公司，由江南城发公司开发建设的临江棚改(城投·十里外滩)项目是湖南省最大单体棚户区改造项目之一。

临江棚改(城投·十里外滩)项目棚改面积近70万平方米，棚改居民近5000户。项目整体用地面积66.67公顷，建筑面积约300万平方米，总投资约200亿元。该项目占据江南城区核心滨江资源，拥揽5千米江岸线，纵穿沅江隧道，东临沅江一桥、西抵沅江三桥。作为江南城区城市更新重点，项目以城市中央商务区(CBD)为核心引擎，着力构建涵盖金融、生态、人居、商业、教育、艺术的“一城汇六芯”大格局。

2021年，江南城发公司围绕增长经营收入、突破项目重点、提升企业治理效能开展工作。至年末，公司资产规模60.59亿元，全年经营收入8.77亿元，项目投资约5.04亿元；开展地下室整改，B05、B06、B08地块竣工备案；B区回迁安置结算442套。

项目建设。城投·十里外滩项目分为10个地块，以隧道为中轴分A、B两个区，其中A区开发A02项目；B区开发B03、B04、B05、B06、B08计5个项目。具体情况如下：

A02项目(德安里小区)于2016年3月6日开工建设，2019年6月18日竣工备案。作为临江棚改首期开发的住宅地块，整体建筑外观设计是现代简约风格，强调建筑的挺拔感，整体高度比临沅路海拔高6~7米，使园林平台与江堤平齐，是常德绝无仅有的一线江景房。小区以象征“成业”阶段的五凤之一的鸑鷟为设计理念，打造一种热带滨江度假风格，采用的树种包括蔷薇科、紫薇科等热带培育植物，并拥有面积约600平方米的游泳池，泳池周边覆盖大量热带树种，在欣赏常德一线江景风光的同时更有在热带度假的体验感。A03项目完成地块前期策划设计，公安局腾房、工商银行回迁置换并进场装修。

B03项目(善荣府)于2019年10月1日开工建设，截至2021年年末总体形象进度37%。主体全部封顶，商业展示面全部打开，完成配套。项目为混合型社区，聚集数种住宅类型，打破居住群体的单一化和居住氛围的隔离感，有利于居住的多元化和社会的和谐稳定。规划以创造独具匠心具有鲜明特色的高端住宅小区为目标，精心规划布局，打造优雅、专属、静谧的居家环境。

B04项目(善和府)于2019年10月1日开工建设，截至2021年年末总体形象进度75%。主体全部封顶，商业展示面全面打开，配套完成。该项目由7栋南向北高层组成，采用人车分流，全智能化停车管理控制，星级入户大堂设计，底部商业街规划，满足品质化生活需求，产品为建筑面积94~147平方米稀缺舒阔华宅，拥有超高得房率，满足生活更多想法。项目建筑自然围合空间形成超尺度的内部花园，实现更多的人均绿化面积，提供更宽广的公园交流和活动场地，大面积花园形成良好的区域小气候，强化绿化植物的空气过滤净化功能。

B05项目(善鸿府)于2017年11月11日开工建设，2021年12月2日竣工备案。该项目属于在售产品中独一无二的平墅型豪宅产品，采用完全人车分流的方式进入小区，真正保证小区居民的安全和安静舒适的居住环境。整体建筑外观设计以现代主义简约时尚风格为主，注重以人为本，力求让人们的居住感受和建筑融为一体，提高房子居住舒适度。作为城投·十里外滩最高端的豪宅项目，以象征“成熟”阶段的凤凰青鸾为园林设计理念，小区内花草树木种类20余种，多以丛生桂花、八棱海棠等树为主景树，象征长寿、富贵、吉祥、美好的寓意。

B06项目(善瑞府)于2017年11月13日开工建设，2021年12月2日竣工备案。该项目临近沅江风光带，靠近潮流商务区，专为老年人设置有活动场所，在满足年轻人对休闲娱乐配套的同时也十分适合老年人居住。在园林打造上，更加注重园林与业主的互动功能，构建B06"双重立体园林"系统，绿化达到最高覆盖率，风景轴线在每楼栋间纵横交错，采用"木、乔、灌、花、草"五重造景法，使色彩和层次更加丰富，为每一位业主提供丰富的绿色空间体验，真正形成一步一景，步随景移的效果。

B08项目(善华府)于2016年10月9日开工建设，2021年12月2日竣工备案。该项目处在潮流商务区，整体外观设计是现代简约风格，建筑主体嵌入较大面积的通透玻璃幕墙，大气挺拔且贵气十足。业态包含精品住宅、SOHO江景公寓、精品酒店和亲子教育综合体，将城市人群的居住、商务、购物、娱乐等多种需求进行结合，达到回归城市中心的核心理念。

项目运营及招商工作。2021年，江南城发公司优化"组合招商"模式，采用专业团队+自主招商组合模式。金融一条街：对接兴业银行、广发银行、中国银行等12家银行，大地保险、华夏保险等13家类金融机构，初步形成金融一条街。主力店：签约博苑幼儿园、鸽佬汇餐饮(A02会所)、一锅一灶餐饮、全秒轻食餐饮，招商面积6045.8平方米；围绕项目"六芯"价值，打造常德网红商业步行街，举行"沅江无人机首秀暨徐家巷步行街启幕"活动，街区定位"城市家庭游憩消费目的地"，构建一街一主题、一街一规划的商业布局。

(一)勇战大环境，逆势劲销。受疫情、竞品房产冲击、国家房产政策利差信息、房产销售大环境不景气等因素影响，江南城发公司合理制定营销政策，推出针对性的营销活动，进行广泛有效的营销推广，3月、6月分别取得鼎城区销售业绩第一名、第二名。

(二)贯彻集团指示，加强回款力度，确保现金流。江南城发公司采取专人定岗、分管领导主动对接、联动集团等多种有力措施，日日汇报、日日跟进，确保完成资料审批的合同全部有序放款，落实集团保障现金流的指示要求。

(三)加速整体项目价格建模，增强当前市场应变能力。为适应市场变化，江南城发公司加强工作力度，从成本角度出发，充分结合市场价格现状，建成具有城投·十里外滩项目自身特点的整体价格模型，为更好销售助推。

(四)错位竞争，差异化求发展。及时调整推售策略，在住宅、商业的推售时间上与竞品错位销售，形成差异化，促进产品的去化。

(辛　晔)

大事记

Chronicle of Events

2021 年 5 月 27 日，鼎城区庆祝中国共产党成立 100 周年“学党史 铭初心”知识挑战赛开赛　　（提供：区委党史研究室）

1月
2月
3月
4月
5月
6月
7月
8月
9月
10月
11月
12月

鼎城年鉴(2022)

1 月

1 日 鼎城区委副书记、区人民政府区长陈远到桥南副食轻纺城和常南汽车总站，检查安全生产工作。

4 日 鼎城区举行“打造现代江南”务虚会。区委书记朱金平，区委副书记、区人民政府区长陈远出席会议。

同日，鼎城区人武部参加常德军分区开训动员暨群众性练兵比武活动，获 4 个项目中医疗救护、森林灭火项目第一名。

5 日 常德市人民政府副市长尹正锡到石板滩关闭石煤矿区，指导生态修复治理工作。鼎城区委副书记、区人民政府区长陈远陪同督导。

8 日 鼎城区举行“建设幸福鼎城”务虚会。区委书记朱金平，区委副书记、区人民政府区长陈远出席会议。

10 日 鼎城区举行新型冠状病毒感染的肺炎疫情防控工作调度会，区委副书记、区人民政府区长陈远主持会议并讲话。

同日 鼎城区委书记朱金平，区委副书记、区人民政府区长陈远分别到江南城区公安干警各执勤点和办公区，走访慰问公安民警。

12 日 鼎城区召开新型冠状病毒感染的肺炎疫情防控工作调度会，区委书记朱金平主持会议。

13 日 鼎城区委书记、区委新型冠状病毒感染的肺炎疫情防控工作领导小组第一组长朱金平主持召开区委新冠肺炎疫情防控工作领导小组扩大会议。区委副书记、区人民政府区长、区委新型冠状病毒感染的肺炎疫情防控工作领导小组组长陈远出席会议。

14 日 鼎城区新型冠状病毒感染的肺炎疫情防控指挥部举行工作调度会。区委副书记、区人民政府区长、区疫情防控指挥部指挥长陈远出席会议并讲话。

同日 鼎城区委书记、区人武部党委第一书记朱金平主持召开区委常委议军议警会议。区委副书记、区人民政府区长陈远出席会议。

同日 鼎城区“五大家”领导走访常德军分区，参观常德市国防教育长廊。

15 日 鼎城区委书记朱金平到石板滩关闭石煤矿区，调度生态修复工作。区委副书记、区人民政府区长陈远一同调度。

18 日 常德市人民政府副市长尹正锡到鼎城区石板滩关闭石煤矿区，督导生态修复工作。鼎城区委副书记、区人民政府区长陈远陪同督导。

19 日 鼎城区 2021 年第一季度重大项目集中开工仪式在江南城区举行。常德市委常委、市人民政府常务副市长罗毅君，市人民政府秘书长李正才出席开工仪式。鼎城区委书记朱金平主持开工仪式，区委副书记、区人民政府区长陈远致辞。

20 日 鼎城区委副书记、区人民政府区长陈远主持召开区人民政府常务会议，听取区人民政府办公室关于对 2020 年全区纳税总额 1000 万元以上的企业进行表彰奖励的情况汇报。

21 日 鼎城区召开区委经济工作会议，区委书记朱金平出席会议并讲话。区委副书记、区人民政府区长陈远主持会议。

同日 鼎城区举行武装工作会议，区委书记朱金平，区委副书记、区人民政府区长陈远出席会议。

24 日 鼎城区委副书记、区人民政府区长陈远到石板滩关闭石煤矿区生态修复治理现场，督导生态修复工作。

25 日 鼎城区委书记朱金平，区委副书记、区人民政府区长陈远到鼎城区第一中学等地，看望慰问部分优秀教师代表。

26 日 鼎城区举行安全生产工作电视电话会议，传达学习全国、省、市安全生产电视电话会议精神，部署安全生产、疫情防控等工作。区委副书记、区人民政府区长陈远出席会议并讲话。

同日 鼎城区委副书记、区人民政府区长陈远主持召开区人民政府常务会议，研究部署安全生产、蓝天保卫战等工作。

27 日　常德市委副书记黄清宇到鼎城区玉霞街道及许家桥回族维吾尔族乡珊瑚岗村，看望慰问退伍老兵及低保贫困户。鼎城区委副书记、区人民政府区长陈远陪同慰问。

28 日　常德市老领导、市老促会会长刘春林一行到鼎城区，调研革命老区建设工作。鼎城区委副书记、区人民政府区长陈远陪同调研。

29 日　常德市人民政府副市长尹正锡到石板滩关闭石煤矿区生态修复治理施工现场，调研生态修复工作。鼎城区委副书记、区人民政府区长陈远陪同调研。

2 月

3 日　鼎城区举行新型冠状病毒感染的肺炎疫情防控工作电视电话会，区委副书记、区人民政府区长陈远参加会议。

同日　湖南省军区副政委到鼎城区人武部检查调研全面建设工作。

4 日　鼎城区委书记朱金平到斗姆湖街道走访台资企业，看望慰问优秀社区干部家属。

7 日　鼎城区委副书记、区人民政府区长陈远到区供电公司、江南城区步步高超市、斗姆湖春运执勤岗等地，督导检查电力供应、食品安全、消防安全、春运保畅等工作。

8 日　鼎城区委书记朱金平到国网鼎城供电公司和市四医院南区，看望慰问一线工作者。

9 日　鼎城区委副书记、区人民政府区长陈远到双桥坪镇、蔡家岗镇，看望村支“两委”干部和驻村帮扶工作队队员、督导检查农村人居环境整治工作。

11 日　鼎城区委副书记、区人民政府区长陈远到武陵大桥南桥头、玉霞街道社区卫生服务中心等地，看望慰问一线值班执勤交警、环卫工人和医务人员。

16 日　鼎城区委副书记、区人民政府区长陈远到石板滩镇，调度石煤矿区生态修复治理工作。

18 日　常德市委书记、市人大常委会主任周德睿，市委副书记、市长邹文辉一行到常德高新区部分企业生产车间，调研节后复工情况，并与鼎城区、常德高新区主要负责人进行座谈。市区领导黄清宇、余怀民、朱水平、罗毅君、罗先东、李兴刚、汤祚国、朱金平、陈远等陪同调研。

19 日　鼎城区委书记朱金平到草坪镇和谢家铺镇，调研农村人居环境整治、春耕生产准备、早稻集中育秧等工作。

23 日　鼎城区安委会举行 2021 年第一次全体(扩大)会议暨安全生产工作视频会议。区委副书记、区人民政府区长陈远出席会议。

24 日　鼎城区委副书记、区人民政府区长陈远主持召开区人民政府十七届六十次常务会议，研究部署十七届五次政府全会筹备、2021 年城建方案编制等工作。

25 日　鼎城区召开全区党委系统工作会议，集中部署党办、统战、宣传和组织工作。区委书记朱金平出席会议。区委副书记、区人民政府区长陈远主持会议。

26 日　鼎城区召开政法工作会议，区委书记朱金平出席会议并讲话。

27 日　鼎城区委副书记、区人民政府区长陈远到牛鼻滩镇、韩公渡镇、十美堂镇，调研春耕生产工作。

3 月

1 日　常德高新区现代装备制造配套产业园二期暨 2021 年第一季度重点项目集中开工仪式举行。鼎城区委副书记、区人民政府区长陈远出席仪式。

2 日　鼎城区人民政府十七届五次全体会议召开。区委副书记、区人民政府区长陈远主持会议并讲话。

3 日　鼎城区学习贯彻中共十九届五中全会

精神专题研讨班开班。区委副书记、区人民政府区长陈远作动员讲话。

4日　鼎城区委副书记、区人民政府区长陈远主持召开区政府常务会议，研究部署重大项目，省生态环境保护督察“回头看”反馈问题整改等工作。

5日　鼎城区举行全区政法队伍教育整顿动员部署会，区委书记朱金平出席会议并作动员报告。

同日　鼎城区召开区委农村工作会议。区委书记朱金平出席会议并讲话。区委副书记、区人民政府区长陈远主持会议。

同日　鼎城区学习贯彻中共十九届五中全会精神研讨班开展专题报告会。区委书记朱金平作专题报告。区委副书记、区人民政府区长陈远主持报告会。

同日　鼎城区举行2021年重大项目建设调度会。区委书记朱金平出席会议并讲话。区委副书记、区人民政府区长陈远主持会议。

11日　鼎城区委书记朱金平，区委副书记、区人民政府区长陈远一行到蔡家岗镇北山林场开展义务植树活动。

13日　鼎城区举行2021年“送喜报、送新兵”活动，区委副书记、区人民政府区长陈远出席活动并讲话。

15日　鼎城区委书记朱金平主持召开区委统一战线工作领导小组2021年第一次全体会议，会议审议通过《2021年全区统一战线工作要点》。

16日　常德鼎城第七届油菜花节在十美堂镇拉开帷幕。鼎城区委书记朱金平致开幕词。区委副书记、区人民政府区长陈远出席开幕式。

18日　常德市政协主席朱水平到鼎城区开展调研活动。鼎城区委书记朱金平，区委副书记、区人民政府区长陈远陪同调研。

19日　鼎城区以视频会议形式召开全区党史学习教育动员会。区委书记朱金平出席会议并作动员讲话。区委副书记、区人民政府区长陈远主持会议。

同日　鼎城区举行党史学习教育“学史明理”专题研讨会。区委书记朱金平出席会议并作中心发言。区委副书记、区人民政府区长陈远参加学习。

22日　中共鼎城区委常委会召开（扩大）会议，学习传达中共中央政治局委员、中宣部部长黄坤明一行到鼎城区调研时的讲话精神。区委书记朱金平主持会议并讲话。

同日　鼎城区委书记朱金平主持召开鼎城区政法队伍教育整顿领导小组第一次全体会议，安排部署相关工作。

24日　鼎城区开展全区政法队伍教育整顿集中政治轮训，区委书记朱金平为参训人员授课。

同日　鼎城区委副书记、区人民政府区长陈远主持召开区政府常务会议，研究部署全区国有和集体资产清理整治及专项巡察、防汛抗旱、生态环保等工作。

29日　鼎城区开展区委理论学习中心组（扩大）党史学习教育红色教育基地（湖南红烨红色文化园）现场学习。朱金平等部分区级领导参加学习。

4月

2日　鼎城区举行迎接第二轮中央环保督察专题调度会，区委副书记、区人民政府区长陈远出席会议。

5日　鼎城区委书记朱金平到石板滩镇关闭石煤矿区，督导石板滩石煤矿区生态修复工作。区委副书记、区人民政府区长陈远陪同督导。

7日　常德市委副书记、市人民政府市长邹文辉到鼎城区石板滩镇，现场督导莫家铺天坑生态修复工作。市区领导尹正锡、李正才、朱金平、陈远陪同督导。

8—11日　鼎城区委书记朱金平到上海新城控股集团总部、中交上海航道局考察洽谈项目。

10日　湖南省财政厅党组成员、副厅长庄大力率省财政厅调研组一行到鼎城区，调研指导石板滩关闭石煤矿区生态修复工作。鼎城区委副书记、区人民政府区长陈远陪同调研。

12日 欧盟湖南商会会长、湖南北欧投资管理有限公司董事长唐勇一行到鼎城区，考察洽谈投资相关事宜。区委副书记、区人民政府区长陈远参加洽谈。

13日 鼎城区举行党史学习教育市委宣讲团宣讲报告会,部分区级领导参加学习。

同日 鼎城区举行突出环境问题整改暨第二轮中央环保督察信访投诉问题办理工作推进会。区委书记朱金平出席会议并讲话。区委副书记、区人民政府区长陈远主持会议。

14日 鼎城区委书记朱金平到谢家铺镇,督导突出环境问题整改及2021年全市水稻生产全程机械化现场会筹备工作。

15日 常德市委副书记、市长邹文辉一行到鼎城区,实地调研防汛备汛、河湖长制、粮食生产和农业保险工作。市区领导龚德汉、陈远陪同调研。

同日 湖南省军区司令员到鼎城区人武部检查调研全面建设工作。

16日 中国共产党常德市鼎城区第十二届纪律检查委员会第六次全体会议召开。区委书记朱金平出席会议并讲话。区委副书记、区人民政府区长陈远主持会议。

同日 常德市春耕生产暨早稻全程机械化推进会在鼎城区谢家铺镇举行。市人民政府副市长龚德汉出席活动。鼎城区委副书记、区人民政府区长陈远致欢迎词并介绍经验。

同日 渐安暴动纪念暨鼎城区革命遗址遗迹标识揭牌仪式在石板滩镇渐安暴动纪念园举行。湖南省老区办主任王学强，常德市老促会领导刘春林、王孝山,鼎城区委书记朱金平为“渐安暴动遗址”揭牌。

19日 鼎城区举行2021年防汛抗旱动员暨河(湖)长制工作会。区委书记、区防指政委朱金平出席会议并讲话。区委副书记、区人民政府区长、区防指指挥长陈远主持会议。

22日 鼎城区委理论学习中心组(扩大)举行2021年第四次集体学习暨党史学习教育专题学习,分别邀请省政协学习联络委副主任、市县两级政法队伍教育整顿省级驻点第七指导组组长杨金鸢,省司法厅政治部队伍建设综合指导处处长张政就“党史学习教育”及《中华人民共和国民法典》相关内容作专题辅导。鼎城区委书记朱金平主持会议并作总结讲话。

28日 2021年鼎城区劳模座谈会暨劳模助力乡村振兴现场会举行，区委书记朱金平出席会议并参与座谈。

29日 2021年常德市科技活动周启动仪式在鼎城区沅江风光带举行。省科技厅党组成员、省科学技术事务中心党委书记、主任谢春,市人民政府副市长汤祚国等出席活动。鼎城区委副书记、区人民政府区长陈远致欢迎词。

30日 第十二届中国卫星导航年会“北斗杯”全国青少年体育大赛(常德鼎城站)北斗智慧跑活动在鼎城区沅江风光带正式启动。鼎城区委副书记,区人民政府区长陈远致欢迎词。

同日 鼎城区委副书记、区人民政府区长陈远主持召开区人民政府常务会议，研究部署粮食生产、科技、生态环保等工作。

同日 鼎城区委书记朱金平到许家桥回族维吾尔族乡利民烟花爆竹有限公司、斗姆湖街道中石化加油站(花园站)和玉霞街道联华超市(桥南店)等重点行业领域和人员密集场所督导检查安全生产工作。

5月

6日 鼎城区委副书记、区人民政府区长陈远到石板滩关闭石煤矿区,实地督导生态修复工作。

7日 鼎城区委副书记、区人民政府区长陈远到阳明湖公司、江南城投公司,调研项目建设、争资争项、公司整合与转型发展等工作。

同日 鼎城区委书记朱金平到石板滩关闭石煤矿区,实地督导生态修复工作。

8日 鼎城区委书记朱金平到周家店镇、中河口镇、蒿子港镇、谢家铺镇等地，调研农业农村、防汛备汛、生态环保等工作。

9日 常德鼎城第五届竹文化节在黄土店镇云峰竹海开幕。区委书记朱金平出席活动，区委副书记、区人民政府区长陈远致欢迎辞。

10日 常德市委副书记、市人民政府市长邹文辉到鼎城区，实地督导国家卫生城市复审工作。市区领导周代惠、陈远陪同督导。

11日 鼎城区委书记朱金平到斗姆湖街道，调研农村人居环境整治、桃花源机场航空口岸建设工作，实地走访民营企业，调研生态环境保护工作。

12日 鼎城区委副书记、区人民政府区长陈远到镇德桥镇、石公桥镇，督导检查粮食生产、防汛备汛、生态环保等工作。

13日 鼎城区委书记朱金平到常德高新区，调研走访部分园区企业，并与常德高新区党工委书记杨学平就产业项目建设与发展情况进行交流对接。

同日 国家统计局湖南调查总队副总队长欧阳美嫔到鼎城区调研指导早稻生产工作。鼎城区委副书记、区人民政府区长陈远陪同调研。

同日 鼎城区委书记朱金平到双桥坪镇，督导粮食生产和人居环境整治工作。

17日 鼎城区举行集中化解城建领域信访突出问题专项行动会议，区委副书记、区人民政府区长陈远出席会议并讲话。

同日 鼎城区委副书记、区人民政府区长陈远到鼎城区供销社和红云街道办事处，调研国有和集体资产清理整治工作。

同日 鼎城区委书记朱金平到石公桥镇、黄土店镇，调研督导防汛备汛及粮食生产工作。

18日 鼎城区委副书记、区人民政府区长陈远到常德市兴隆劳务有限责任公司开展调研。

19日 鼎城区委书记、区委党史学习教育领导小组组长朱金平主持召开区委党史学习教育领导小组工作推进会，研究部署下阶段党史学习教育工作。

20日 中央党史和文献研究院中央马克思主义理论研究和建设工程咨询委员，原中央党史研究室副主任龙新民到鼎城区，调研红色资源保护与利用工作。鼎城区委书记朱金平陪同调研。

同日 鼎城区党政工作联席会议举行，研究部署经济运行、国有资产清理整顿、砂石资源规划与开采、加快江南城区产业发展等工作，区委书记朱金平，区委副书记、区人民政府区长陈远参加会议。

21日 鼎城区委书记朱金平到石板滩关闭石煤矿区生态修复现场进行调研，实地了解近期矿区生态修复扫尾工作及速生碳汇草项目落地情况。

23日 鼎城区委副书记、区人民政府区长陈远到江南城区，督导全国文明城市创建工作。

24日 鼎城区委书记朱金平主持召开鼎城区政法队伍教育整顿领导小组第三次全体会议，安排部署迎接中央督导及下段全区政法队伍教育整顿工作。

29日 全国政协农业和农村委员会副主任马中平一行到鼎城区草坪镇开展“推进乡村建设、改善人居环境”专题调研。省政协副主席易鹏飞，市区领导朱水平、洪振海、陈远等陪同调研。

6月

1日 鼎城区委副书记、区人民政府区长陈远主持召开区人民政府十七届六十五次常务会议，部署打击电信网络诈骗犯罪、生态环保等方面工作。

同日 鼎城区委书记朱金平主持召开区委财经委2021年二季度会议暨全区半年度经济工作推进、重大产业项目招大引强调度会，安排部署后段工作。区委副书记、区人民政府区长陈远出席会议。

2日 鼎城区委副书记、区人民政府区长陈远到湖南应用技术学院，调研学院建设等相关工作。

3日 鼎城区工商业联合会(总商会)第九次会员代表大会开幕。区委书记朱金平出席会议并讲话，区委副书记、区人民政府区长陈远主持会议。

6日 鼎城区委副书记、区人民政府区长陈远主持召开鼎城区新型冠状病毒感染的肺炎疫情常态化防控工作调度会，传达上级疫情防控工作指示精神并部署下阶段工作。

7日 鼎城区委副书记、区人民政府区长陈远到江南城区，调研城镇老旧小区改造和棚户区改造工作。

8日 鼎城区委书记朱金平到斗姆湖街道、许家桥回族维吾尔族乡、草坪镇等地，调研农村人居环境整治工作。

10日 常德市鼎城区2021年“传承红色经典、弘扬英模精神”红色经典故事演讲比赛在鼎城区融媒体中心演播大厅举行。区委书记朱金平现场观看比赛。

11日 鼎城区禁毒委员会举行全体会议。区委副书记、区人民政府区长、区禁毒委主任陈远出席会议并讲话。

15日 鼎城区委书记朱金平带领应急、住建、消防等单位负责人到鼎城区九申管道燃气有限公司和捌海·常德公馆小区，检查燃气行业安全生产工作。

16日 鼎城区委副书记、区人民政府区长陈远到谢家铺、石板滩等乡镇，实地督导相关突出生态环境问题整改落实情况。

17日 党史学习教育省委巡回指导第十二组组长周发源到鼎城区石板滩镇红烨红色文化园，调研指导相关工作。鼎城区委副书记、区人民政府区长陈远陪同调研。

18日 鼎城区委书记朱金平到郭家铺街道和玉霞街道，调研指导工作。

21日 鼎城区（高新区）2021年第二季度重点建设项目集中开工仪式在江南城区举行。市委常委、市人民政府常务副市长罗毅君出席并宣布项目开工。鼎城区委书记朱金平主持开工仪式，区委副书记、区人民政府区长陈远致辞。

22日 党史学习教育市委巡回指导组第一组全体成员和鼎城区委理论学习中心组成员等全体在家区级领导，到鼎城区融媒体中心、鲁易烈士生平事迹陈列馆等地，开展区委理论学习中心组（扩大）2021年第六次集体学习暨党史学习教育专题学习研讨活动。鼎城区委书记朱金平，区委副书记、区人民政府区长陈远参加学习。

23日 鼎城区庆祝中国共产党成立100周年歌咏比赛决赛在区融媒体中心举行。区委书记朱金平，区委副书记、区人民政府区长陈远等全体在家区级领导观看比赛。

24日 鼎城区举行禁毒工作会议。区委副书记、区人民政府区长陈远参加会议并讲话。

27日 鼎城区委副书记、区人民政府区长陈远开展“七一”慰问活动，并到镇德桥镇同心坝村为该村党员上党课。

28日 湖南省人民政府副省长陈文浩到常德督导检查防汛备汛工作。市区领导邹文辉、龚德汉、朱金平、陈远陪同督查。

30日 鼎城区举行善卷纪念公园开园暨阳明湖公园试开园仪式。区委书记朱金平宣布开园。区委副书记、区人民政府区长陈远致辞。

同日 鼎城区举行优秀共产党员、优秀党务工作者和先进基层党组织表彰大会。区委书记朱金平出席会议并为全区党员上党课，区委副书记、区人民政府区长陈远主持会议。

7月

1日 鼎城区委书记朱金平，区委副书记、区长陈远及全体区级领导在区委常委会议室集中收看庆祝中国共产党成立100周年大会电视直播，共庆中国共产党百年华诞。

同日 鼎城区委书记朱金平到黄土店镇部分地质灾害隐患点、山洪易发区域及沧山水库，实地督导检查山洪地质灾害防御及防汛备汛工作。

同日 鼎城区委副书记、区人民政府区长陈远主持召开防汛抗旱工作会商会。

3日 鼎城区委书记、区防指政委朱金平到八官垸防汛抗旱分指挥部，督导防汛抗旱相关工作。

4日　鼎城区委副书记、区人民政府区长陈远到灌溪镇正隆气体有限公司和蔡家岗镇启晨化工销售有限公司，督导检查安全生产工作。

5日　常德高新区举行招商项目集中签约仪式。常德市委常委、市人民政府常务副市长罗毅君，鼎城区委书记朱金平出席签约仪式。

6日　鼎城区委副书记、区人民政府区长陈远到草坪镇和黄土店镇，督导耕地抛荒治理工作。

同日　鼎城区委书记朱金平到周家店镇荷花村、大砖桥村和新时堰村，调研乡村振兴和油茶产业发展工作。

7日　鼎城区委书记朱金平到蔡家岗镇，督导检查防溺水工作落实情况。

9日　鼎城区委副书记、区人民政府区长陈远主持召开鼎城区土地管理委员会2021年第一次全会。

10日　鼎城区举行政法队伍教育整顿总结大会，区委书记朱金平出席会议并讲话。

12日　鼎城区委副书记、区人民政府区长陈远主持召开区人民政府十七届六十七次常务会议。

13日　鼎城区委副书记、区人民政府区长陈远到湖南华星物流有限责任公司，调研华星物流园项目规划建设情况。

同日　鼎城区委书记朱金平到石公桥镇和中河口镇，调研指导下段农业生产及乡村振兴工作。

14日　湖南省政法队伍教育整顿“回头看”检验验收组副组长尹南飞一行到鼎城区，听取总体情况汇报，检验验收工作成果，并进行点评指导。常德市人民政府副市长、市公安局局长余良勇出席汇报会。鼎城区委书记朱金平汇报有关情况，区委副书记、区人民政府区长陈远出席会议。

15日　鼎城区委副书记、区人民政府区长陈远到江南城区福捷江语城、碧桂园阅胜台、右岸城等项目施工现场，调研城建工作。

同日　鼎城区委书记朱金平到临江板块B08地块，调研临江板块承载、发展现代产业、新兴业态等相关工作。

16日　鼎城区委书记朱金平主持召开鼎城区换届选举、环保督察问题整改工作调度会。区委副书记、区人民政府区长陈远出席会议。

18日　鼎城区委副书记、区人民政府区长陈远到许家桥回族维吾尔族乡调研早稻收割、防溺水、幸福屋场建设、砂石防盗采等工作。

23日　国务院发展研究中心公管所书记、副所长、研究员李佐军一行到草坪镇枫林口村和三角堆村，实地考察农村改厕、农村人居环境整治和农村产业发展等情况。鼎城区委书记朱金平陪同调研。

26日　鼎城区召开区人民政府党组(扩大)会议，区委书记朱金平出席会议并讲话。区委副书记、区人民政府区长陈远宣布区人民政府班子分工安排。

同日　鼎城区委副书记、区人民政府区长陈远走访慰问烈士粟爱国家属。

27日　鼎城区委书记朱金平主持召开党代会报告征求意见座谈会。

30日　中国共产党常德市鼎城区第十三次代表大会开幕。朱金平代表中共常德市鼎城区第十二届委员会向大会作工作报告，陈远主持会议。市委指导组组长、市委老干局局长、市委组织部副部长(兼)杨文惠，市换届风气现场督导组组长、驻市人大机关纪检监察组组长王超轩出席会议。

31日　中国共产党常德市鼎城区第十三次代表大会闭幕。朱金平致闭幕词，陈远主持闭幕式。

8月

1日　鼎城区委副书记、区人民政府区长陈远主持召开疫情防控工作紧急调度会。

2日　鼎城区委书记朱金平主持召开区委常委会会议，研究部署相关工作。

同日　鼎城区委书记朱金平，区委副书记、区人民政府区长陈远到鼎城区各核酸检测点、居民小区、酒店、高速公路卡口，实地督导检查新型冠状病毒感染的肺炎疫情防控工作。

3 日　鼎城区委书记朱金平到常德高新区部分企业和高速出入口，督导检查新型冠状病毒感染的肺炎疫情防控工作。

4 日　鼎城区委副书记、区人民政府区长陈远到常德市第四人民医院南区、维也纳酒店隔离点、玉霞街道常沅社区卫生服务站和部分药店，督导检查新型冠状病毒感染的肺炎疫情防控工作。

同日　鼎城区委副书记、区人民政府区长陈远到枉水灌区管理局、区砂管办等地，调研河道采砂相关工作。

同日　鼎城区委书记朱金平主持召开新型冠状病毒感染的肺炎疫情防控工作调度会，细化、落实市委新型冠状病毒感染的肺炎疫情防控工作领导小组(扩大)视频会议部署要求。区委副书记、区人民政府区长陈远出席会议。

6 日　鼎城区委书记朱金平在区新型冠状病毒感染的肺炎疫情防控指挥部主持召开疫情防控紧急调度会。区委副书记、区人民政府区长陈远出席会议。

同日　鼎城区委副书记、区人民政府区长陈远主持召开区人民政府十七届六十八次常务会议。

同日　鼎城区委书记朱金平到红云街道社区卫生服务中心、常德市第四人民医院南区，督导新型冠状病毒感染的肺炎疫情防控工作。

9 日　鼎城区委书记朱金平到阳明湖中央公园西岸、红云小学、桃花源机场快速路南延线等项目现场，调研项目建设工作。

同日　鼎城区委副书记、区人民政府区长陈远召开抗旱会商会议。

10 日　第十三届鼎城区委理论学习中心组开展第一次集中学习，鼎城区委书记朱金平，区委副书记、区人民政府区长陈远等全体中心组成员及有关区级领导参加学习。

同日　鼎城区委书记朱金平主持召开党政联席会议。鼎城区委副书记、区人民政府区长陈远参加会议。

11 日　鼎城区委书记朱金平到鼎城区公安局、红云街道西站社区、郭家铺街道大禾场社区，看望新型冠状病毒感染的肺炎疫情防控一线工作人员，实地调研指导疫情防控工作。

12 日　鼎城区委副书记、区人民政府区长陈远到花岩溪镇调研乡村振兴工作。

13 日　鼎城区委书记朱金平到桥南市场，实地督导检查新型冠状病毒感染的肺炎疫情防控工作，并在区疫情防控指挥部主持召开工作调度会。

14 日　鼎城区委副书记、区人民政府区长陈远到十美堂镇，走访部分农业产业示范基地，调研乡村振兴、鸟儿洲申报国家重要湿地等工作。

16 日　鼎城区委书记朱金平到常德市兴隆劳务有限责任公司，与公司高管等进行座谈，了解公司经营发展情况。

17 日　鼎城区委副书记、区人民政府区长陈远到鼎城区第一中学，调研教学楼维修改造、线上教学、百年校庆及开学防疫准备等工作。

同日　鼎城区委书记朱金平到枉水河斗姆湖段，实地调研枉水河砂石开采工作。

同日　鼎城区委副书记、区长陈远到常德市第四人民医院，调研医院医疗废物处置和污水处理等相关生态环保工作。

同日　鼎城区委书记朱金平到牛鼻滩镇和韩公渡镇，调研乡村振兴、珍珠退养成果巩固、河长制等工作。

18 日　常德市委副书记、市人民政府市长邹文辉到常德源宏食品有限责任公司，调研常德米粉产业链建设工作。鼎城区委副书记、区人民政府区长陈远陪同调研。

同日　鼎城区委副书记、区长陈远到鼎城区国家现代农业产业园镇德桥镇园区、石公桥镇园区等地，调研园区建设工作。

19—20 日　十三届鼎城区委理论学习中心组开展第二次集中学习，鼎城区委书记朱金平，区委副书记、区人民政府区长陈远等全体中心组成员及有关区级领导参加学习。

20日　鼎城区委副书记、区人民政府区长陈远到长沙，拜访湖南友阿商业投资有限责任公司和湖南建工集团，对接洽谈投资、建设相关事宜。

23日　常德市委副书记、市人民政府市长邹文辉到石板滩关闭石煤矿区，督导检查生态修复工作。鼎城区委副书记、区人民政府区长陈远陪同督导。

同日　鼎城区委副书记、区人民政府区长陈远到常德高新区，调度中联重科建筑起重机械产业基地(二期)、现代装备制造产业园(二期)等重大项目建设工作。

同日　鼎城区委书记朱金平到鼎城区第一中学，调度百年校庆筹备及开学准备工作。

同日　鼎城区委书记朱金平到石板滩关闭石煤矿区，调研指导矿区后期管理和开发、碳汇草种植及下游产业建设等相关工作。

24日　鼎城区委书记朱金平到常德高新区产业工人生活配套园项目建设现场，调研项目建设工作。

25日　鼎城区委书记朱金平主持召开中共常德市鼎城区委审计委员会第三次会议。区委副书记、区人民政府区长陈远出席会议。

同日　鼎城区举行2021年全国文明城市创建工作调度会。鼎城区委书记朱金平，区委副书记、区人民政府区长陈远出席会议。

31日　鼎城区委书记朱金平主持召开鼎城区安全生产重点行业重点单位“三大两严”行动专题调度会。区委副书记、区人民政府区长陈远出席会议。

同日　鼎城区委书记朱金平到江南城区朝阳路农贸市场、阳明路与建新路路口、红云街道等地，督导检查全国文明城市创建和城市管理工作。

9月

2日　鼎城区委书记朱金平主持召开中共鼎城区委常委(扩大)会议，鼎城区委副书记、区长陈远出席会议。

4日　鼎城区委副书记、区长陈远带领区工信局、区应急管理局、区消防大队等单位相关负责人到常德高新区桥南园区、双桥坪镇等地督导检查安全生产工作。

5日　鼎城区委副书记、区长陈远主持召开区人民政府十七届六十九次常务会议，听取全区安全生产情况汇报，部署相关工作。

6日　鼎城区委书记朱金平主持召开区委常委会会议，鼎城区委副书记、区人民政府区长陈远出席会议。

8日　鼎城区举行庆祝第37个教师节座谈会，鼎城区委副书记、区人民政府区长陈远主持会议。

同日　鼎城区委副书记、区人民政府区长陈远主持召开区人民政府十七届七十次常务会议。

9日　湖南省退役军人事务厅厅长、党组书记唐勇带领调研组到鼎城区，调研退役军人事务工作。

10日　鼎城区委书记朱金平主持鼎城区十三届区委理论学习中心组(扩大)第3次集中学习。常德市委宣传部受湖南省委宣传部委托，到鼎城区开展党委(党组)理论学习中心组学习巡听旁听。

12日　鼎城区委书记朱金平到常德市第二工人文化宫、桥南副食城、仙女湖步行街，实地调研第二工人文化宫建设及江南城区商贸产业发展工作。

13日　鼎城区委书记朱金平主持召开鼎城区三季度经济运行调度会，鼎城区委副书记、区人民政府区长陈远出席会议。

14日　鼎城区委书记朱金平主持召开区委财经委第2次(扩大)会议暨加快推进江南城区现代产业发展工作会议，鼎城区委副书记、区人民政府区长陈远出席会议。

15日　全国政协委员、湖南省政协副主席、致公党省委会主委胡旭晟率调研组一行到鼎城区，调研农业面源污染、工业及城市生活污水处置情况。市区领导陈华、朱金平、韩才渊、杨成等陪同调研。

17日　鼎城区2021年度“国防教育进社区”暨“双十佳”表彰大会在陈辉公园举行，鼎城区委副书记、区人民政府区长陈远出席活动。

18日　湖南省发改委党组成员、湖南省纪委监委驻省发改委纪检监察组组长罗懿，到鼎城区石板滩关闭石煤矿区督查生态环境整改进程。常德市人民政府党组副书记徐永健，鼎城区委副书记、区人民政府区长陈远等陪同督查。

19日　鼎城区委副书记、区人民政府区长陈远到桥南农贸市场和常德市利民贸易有限公司督导检查安全生产工作。

22日　"庆丰收·感党恩"2021年中国农民丰收节鼎城分会场暨沅澧共庆中国农民丰收节活动在草坪镇三角堆村举行，鼎城区委书记朱金平，区委副书记、区人民政府区长陈远及区领导周凯、杨成参加活动。

同日　鼎城区举行人大代表实践站流动观摩会，市区领导余怀民、朱金平、陈远、王少贤、余习琼等出席。

23日　湖南省安委办副主任，省应急厅党委副书记、副厅长、一级巡视员罗德龙带领巡查组到鼎城区开展安全生产专项巡查。常德市人民政府党组副书记徐永健，鼎城区委书记朱金平，区委副书记、区人民政府区长陈远等参加汇报会。

24日　参加中国共产党常德市第八次代表大会的鼎城区代表团在驻地召开会议，市级领导余怀民、刘国龙、熊国建、张经伟及鼎城区领导朱金平、陈远等参加。

26日　鼎城区委书记朱金平主持召开会议，传达学习常德市第八次党代会精神。

同日　鼎城区委书记朱金平到大西门渡口南岸码头、金旺地桥南商业街、常德义乌国际商贸城等地，开展安全生产检查，调研指导江南城区商贸产业发展和城市管理等工作。

27日　鼎城区委书记朱金平到十美堂镇，调研指导乡村振兴工作。

30日　鼎城区委书记朱金平主持召开2021年全国文明城市创建工作调度会。

10月

8日　鼎城区举行2021年第三季度重点建设项目集中开工仪式，区委副书记、区人民政府区长陈远宣布开工，相关领导杨学平、瞿政前、曾君等出席活动。

9日　鼎城区委副书记、区人民政府区长陈远主持召开区人民政府十七届七十一次常务会议。

同日　鼎城区委书记朱金平到许家桥回族维吾尔族乡和斗姆湖街道，调研乡村振兴和民族融合工作。

12日　鼎城区委书记朱金平到鼎城区社会福利中心看望慰问中国工程院院士、中国载人航天工程总设计师周建平的母亲邹玉莲老人，开展重阳节走访慰问活动。

同日　鼎城区组织老干部开展2021年重阳节调研活动，区委书记朱金平，区委副书记、区人民政府区长陈远参加活动。

同日　鼎城区委副书记、区人民政府区长陈远到镇德桥镇调研乡村振兴工作。

13日　鼎城区委副书记、区长陈远到鼎城西路、滨江路西段拆迁现场、建新河顶管工程施工现场、拟建健康路等项目建设地，调研城建工作。

同日　鼎城区人武部民兵医疗救护连代表常德市接受湖南省军区检查考核，成绩优异。

15日　鼎城区委副书记、区人民政府区长陈远到长沙拜访国药控股湖南有限公司。

同日　鼎城区举行全区巩固脱贫成果暨乡村振兴、城市管理和文明创建工作调度会，区委副书记、区人民政府区长陈远主持会议并讲话。

20日　鼎城区委副书记、区人民政府区长陈远到江南城区远观路口和商贸城路口，实地查看交通问题顽瘴痼疾整治工作开展情况，部署下阶段整治工作。

同日　鼎城区委书记朱金平到鼎城区第十八届人大一次会议和政协鼎城区十届一次会议会场及各食宿点，检查两会准备工作。

22日　中国人民政治协商会议常德市鼎城区第十届委员会第一次会议开幕，区委书记朱金平，区委副书记、区人民政府区长陈远到会祝贺。

23日 鼎城区第十八届人民代表大会第一次会议在鼎城人民会堂开幕。

24日 中国人民政治协商会议常德市鼎城区第十届委员会第一次会议闭幕，区委书记朱金平作重要讲话。

25日 鼎城区第十八届人民代表大会第一次会议闭幕，区委书记朱金平作重要讲话。

26日 鼎城区举行全面推行林长制工作动员会，区委书记、区林长朱金平出席会议，区委副书记、区人民政府区长、区第一副林长陈远主持会议。

同日 鼎城区委书记朱金平到江南城区阳明湖板块，实地察看板块内建新河新建工程推进情况，现场调度相关问题。

28日 鼎城区委副书记、区人民政府区长陈远到江南城区地下商场金旺地、南城天街、湘西北五金机电城等地，调研江南城区现代商贸产业发展情况。

29日 鼎城区委副书记、区人民政府区长陈远主持召开区人民政府十八届一次常务会议，研究部署全区新冠肺炎疫情防控、安全生产、常德高新区创建“五好园区”等工作。

11月

1日 鼎城区委副书记、区人民政府区长陈远到桥南工业园阳园路和南方新材料有限公司，调度大气污染防治管控工作。

2日 常德市委常委、市委宣传部部长彭晛丹到鼎城区调研宣传思想文化工作。鼎城区委书记朱金平，区委副书记、区人民政府区长陈远陪同调研。

同日 鼎城区委书记朱金平到江南城区德安路、金霞路沿线，调研指导城市建设与绿地管理工作。

3日 湖南省人大常委会副主任叶红专到草坪镇芙蓉学校，视察学校建设情况。市区领导余怀民、戴君耀、周代惠、陈远等陪同调研。

4日 鼎城区委书记朱金平到湖南中烟常德卷烟厂与公司党委书记、厂长刘斌等进行沟通交流。

5日 鼎城区委副书记、区人民政府区长陈远到镇德桥镇同心坝村开展走访慰问活动，检查脱贫攻坚成果巩固拓展工作。

9日 鼎城区第四届体育运动会在区体育馆闭幕。区委书记朱金平出席闭幕式并宣布闭幕，区委副书记、区人民政府区长陈远致闭幕词。

同日 鼎城区委副书记、区人民政府区长陈远到鼎城区信访局、红云街道派出所、蔡家岗镇派出所，调研维稳和基层派出所建设工作。

同日 鼎城区委书记朱金平到江南城区长安九里·兰花悦项目、红云路、阳明湖板块金霞大桥等地，调研相关城建项目建设、文明城市常态化管理等工作开展情况。

11日 鼎城区委书记朱金平到谢家铺镇和黄土店镇，调研指导示范带基础设施完善、产业发展等工作。

12日 鼎城区委副书记、区人民政府区长陈远到区禁捕办督导检查禁捕退捕、排污治理等工作。

同日 鼎城区委书记朱金平主持召开财税收入工作调度会。

16日 鼎城区委书记朱金平带领相关区直部门负责人到江南城区部分房产项目地，调研房地产业发展工作。

17日 鼎城区召开传达学习中共十九届六中全会精神、调度乡村振兴、创先争优、招商引资等工作会议。区委书记朱金平，区委副书记、区人民政府区长陈远等全体在家区级领导参会。

同日 鼎城区2021年青干班座谈会在区委党校举行，区委书记朱金平出席会议并讲话。

同日 鼎城区人武部联合地方政府组织森林防火演练。

19日 鼎城区委副书记、区人民政府区长陈远到石公桥镇卫生院、镇德桥镇卫生院调研乡镇卫生院建设工作。

22日 鼎城区举行安全生产、维稳工作调度会，区委副书记、区人民政府区长陈远出席会议并讲话。

23日 鼎城区委副书记、区人民政府区长陈远到永安硚城市排渍口治理工程建设现场、江南污水处理厂等地,实地调研江南城区污水处理工作。

26 日 鼎城区委副书记、区人民政府区长陈远主持召开鼎城区人民政府十八届二次常务会议。

27 日 鼎城区委副书记、区人民政府区长陈远到石公桥镇和周家店镇调研乡镇垃圾中转站运行和砂石盗采整治工作。

29 日 常德市委理论学习中心组(扩大)举行2021 年第 12 次集体学习,市委副书记、市人民政府代市长周振宇主持会议并讲话,学习活动以视频会议形式开到各区县市。鼎城区委书记朱金平等全体在家的区级领导在鼎城分会场收看会议。

同日 鼎城区委书记朱金平到江南城区滨江明珠小区,调研住宅小区精细化管理试点工作。

12 月

1 日 鼎城区委书记朱金平,区委副书记、区人民政府区长陈远等全体在家区级领导在鼎城分会场收看中央宣讲团到湖南宣讲中共十九届六中全会精神报告会。

2 日 鼎城区委书记朱金平,区委副书记、区人民政府区长陈远在鼎城分会场收看全国、全省、全市城镇燃气安全排查整治动员部署会。

6 日 鼎城区委书记朱金平主持召开重点工作调度会,专题调度城区建设、招商引资,优化营商环境等重点工作。

7 日 鼎城区委书记朱金平到武陵大桥南桥头、阳明湖壹号营销中心等地,调研指导城市建设、管理、经营工作。

8 日 鼎城区召开安全生产委员会第四次全体(扩大)会议,区委副书记、区人民政府区长陈远出席会议并讲话。

10 日 常德市委副书记、市人民政府代市长周振宇到鼎城区调研“精致小区”建设、老旧小区改造等相关工作。鼎城区委书记朱金平,区委副书记、区人民政府区长陈远等陪同调研。

13 日 鼎城区举行 2021 年党外人士及非公有制经济代表座谈会,区委书记朱金平出席会议并讲话。

15 日 湖南省人大常委会党组副书记谢建辉率调研组到鼎城区实地察看谢家铺镇施家陂村老屋园人大代表实践站建设情况,调研代表联系群众工作。市区领导余怀民、朱金平、陈远、余习琼等陪同。

16 日 鼎城区第十三届区委理论学习中心组(扩大)举行第 6 次集中学习暨学习贯彻中共十九届六中全会精神专题研讨会。区委书记朱金平等区委理论学习中心组成员和全体在家区级领导参加学习。

17 日 常德市人民政府副市长周代惠到鼎城区征求《市政府工作报告(征求意见稿)》意见和建议。鼎城区委副书记、区人民政府区长陈远出席会议并提出意见和建议。

20 日 鼎城区委书记朱金平到常南汽车站等地,调研文明城市创建工作。

同日 鼎城区组织收看全市新型冠状病毒感染的肺炎疫情防控、安全生产、信访稳定工作调度会。区委副书记、区人民政府区长陈远在鼎城分会场收看会议。

21 日 鼎城区委书记朱金平主持召开打造现代江南工作领导小组第一次会议。区委副书记、区长陈远出席会议。

23 日 常德市委常委、市委政法委书记刘国龙到鼎城区调研政法和城建工作。鼎城区委书记朱金平,区委副书记、区人民政府区长陈远陪同调研。

同日 鼎城区召开 2021 年度区委常委议军会。

24 日 鼎城区委副书记、区人民政府区长陈远主持召开斗姆湖临空经济先导区规划设计座谈会。

26 日 鼎城区委副书记、区人民政府区长陈远到鼎城区自来水公司、九申燃气公司、国网鼎城供电公司和武陵大桥南桥头等地,督导检查低温雨雪冰冻天气安全生产工作。

27 日 鼎城区委副书记、区人民政府区长陈远到蔡家岗镇,调研安全生产和农业农村工作。

区情概览

An Overview of the Situation

2021 年，善卷纪念公园善卷亭　　（提供：区委党史研究室）

鼎城年鉴(2022)

地理位置

【概况】 鼎城区位于湖南省北部，洞庭湖西滨，沅水尾闾。地处北纬 28° 35′ —29° 23′ ，东经 111° 27′ —112° 11′ 。东接汉寿县，西邻桃源县，南连益阳市桃江县、安化县，北抵临澧县、津市市，东北隔澧水望安乡县。

行政区划

【历史沿革】 鼎城区在历史上有过临沅县、索县、监沅县、沅南县、汉寿县、吴寿县、武陵县、常德县等名称，先后隶属于黔中郡、武陵郡、义陵郡、建平郡、武州、沅州、嵩州、朗州、武贞军、永顺军、武顺军、武平军、鼎州、常德军、常德路、常德府、武陵道、常德专署、常德市等县以上行政机构。

秦始皇年间(前 221—前 210)，天下分为 36郡，常德属黔中郡。在黔中郡内置临沅县，为置县之始。

汉高帝五年(前 202)，在临沅县东分置索县。

新始建国元年(9)，临沅县改称监沅县。

东汉建武六年(30)，监沅县复称临沅县。建武二十六年(50)，在临沅县南分置沅南县。阳嘉三年(134)，索县改称汉寿县。

吴赤乌十一年(248)，改汉寿县为吴寿县。

西晋泰始元年(265)，吴寿县复称汉寿县。

隋开皇三年(583)，并临沅、沅南、汉寿三县为武陵县。此为武陵县名之始。

清宣统三年(1911)十月，裁县留府，县境由常德府直辖。

民国 2 年(1913)10 月，裁府复县，原武陵县改为常德县。常德县名自此而始。县境隶属湖南省武陵道管辖。

1988 年 4 月 18 日，湖南省人民政府根据国务院〔1988〕18 号函精神，颁发湘政函〔1988〕22 号文件，将常德县改称常德市鼎城区。同年 6 月 9 日，常德县第十届人民代表大会第三次会议通过《关于常德县改为常德市鼎城区后国家机关更名的决议》。县改区到此为止。

【行政区划变更】 1988 年县改区后，原区公所(县辖区，为乡级行政区)改为办事处。同年，全区有 9 个办事处。全区下辖 10 个镇、35 个乡、627 个村、2个区属场。

1989 年撤销谢家铺乡，设立谢家铺镇。

1991 年撤销灌溪乡，设立灌溪镇。

1992 年撤销蔡家岗乡，设立蔡家岗镇。

1993 年撤销韩公渡乡，设立韩公渡镇。

1994 年撤销洞庭乡、中河口乡，设立十美堂镇、中河口镇。

1995 年 11 月，全区撤处并乡。撤销蒿子港、石公桥、大龙站、河洑、牛鼻滩、斗姆湖、石门桥、黄土店、港二口 9 个办事处。保留武陵镇、蒿子港、中河口、十美堂、镇德桥、牛鼻滩、灌溪、蔡家岗、斗姆湖、黄土店 10 个镇和黄珠洲、黑山嘴、大龙站、双桥坪、长岭岗、石板滩、雷公庙、丁家港、草坪、唐家铺、沧山、钱家坪、港二口、尧天坪、长茅岭及许家桥回族维吾尔族乡等 17 个乡。将冲天湖并入石公桥镇，瓦屋垱乡并入周家店镇，断港头乡并入韩公渡镇，康家吉乡并入石门桥镇，赵家桥乡、官桥坪乡并入谢家铺镇，肖伍铺乡并入白鹤山乡。撤处并乡后，全区原 9 个办事处及 40 个乡镇变更为 33 个乡镇。同年 11 月，撤销草坪乡、港二口乡，设立草坪镇、港二口镇。

1996 年 5 月，将谢家铺的 12 个村划归石门桥镇；周家店的李家桥村和大龙站乡的富贵坡村一组划归区园艺场；韩公渡的 3 个村划归常德特种养殖总场。同时，撤销大龙站乡、尧天坪乡，设立大龙站镇、尧天坪镇。

1996 年 9 月，撤销双桥坪乡，设立双桥坪镇。

1997 年 12 月，撤销雷公庙乡，设立雷公庙镇。

1998 年 5 月，撤销石板滩乡，设立石板滩镇。同年 12 月，逆江坪乡高岩塘村泉水洞划归花岩溪旅游度假区。

2003年，全区共22个镇、11个乡，4个农、林场，74个居委会、563个村委会，6696个村民小组。

2014年1月，撤销鼎城区武陵镇，设立玉霞、红云、郭家铺3个街道。撤销斗姆湖镇，设立斗姆湖街道。

2015年11月，全区乡镇行政区划调整，十美堂镇、黄珠洲和黑山嘴2个乡成建制合并设立十美堂镇，长岭岗乡和蔡家岗、雷公庙2个镇成建制合并设立蔡家岗镇。双桥坪镇和大龙站镇成建制合并设立双桥坪镇，尧天坪镇和长茅岭乡成建制合并设立尧天坪镇，谢家铺镇和唐家铺乡成建制合并设立谢家铺镇，沧山、钱家坪2个乡和黄土店镇成建制合并设立黄土店镇，港二口镇和逆江坪乡成建制合并设立花岩溪镇，许家桥回族维吾尔族乡和丁家港乡成建制合并设立许家桥回族维吾尔族乡。蒿子港、中河口、牛鼻滩、灌溪、韩公渡、周家店、石公桥、镇德桥、石板滩、草坪不做调整。

2016年4月，全区合乡并村后，有乡镇18个、农(林)场4个，街道办事处4个、居委会76个、村委会226个、村民小组2898个。

2019年12月，全区部分村(社区)合并后，有乡镇18个、农(林)场4个，街道办事处4个、居委会83个、村委会213个、村民小组2686个。

2020年，辖乡镇18个、农(林)场1个，街道办事处4个、居委会83个、村委会213个、村民小组2686个。

2021年12月，全区部分村(社区)合并后，有乡镇18个(灌溪镇已获批复改为灌溪街道，但未正式更名挂牌)、农(林)场1个，街道办事处4个、居委会93个、村委会203个。全区总面积2340平方千米。

地理环境

【地貌】 全区地势自西南向东北倾斜，由山地、丘陵、岗地过渡到广阔的滨湖平原。南有雪峰山余脉的插角、九龙、沧山、古城、盘古诸山延伸，重峦叠嶂。西北有武陵山余脉的太阳、白云等山脉绵亘，山崖峻峭。西、南、北群山起伏，冈峦盘环；东北湖河网结，水陆间错。中部沅水曲形切割，将区境分为南北两部。南部俗称“前河”“前乡”，枉、沧二水蜿蜒而下，形成若干冲岔与沿河平地。北部俗称“后河”“后乡”，澧水绕区东北边境向东流入洞庭湖，中有渐水、冲柳、马家吉诸河流淌其间，牛屎、白芷、土硝等湖点缀其内。

全区最高点为插角山(又名插角殿)，主峰插花岭海拔716.2米；沅水两岸、澧水之西地势低平，海拔30米左右。全区地势高差686.2米，比降为1.5%。

【动物资源】 区境有野生动物365种。属国家重点保护的野生动物有24种(其中，列入国家一级保护的野生动物有梅花鹿、白鹳、灰腹角雉、穿山甲、白鹤、大灵猫、鳖7种；列入国家二级保护的野生动物有红腹角雉、灰鹤、水獭、龟、小灵猫、鸬鹚、鸳鸯、锦鸡、长脚秧鸡、小青脚鹬、鸦鹃、凤头雨燕、蓝耳翠鸟、啄木鸟、大鲵等16种)。

属湖南省重点保护的野生动物有75种。其中，列入一级保护的野生动物有白鹳、白鹤、黄腹角雉、灰腹角雉4种；列入二级保护的野生动物有穿山甲、水獭、大灵猫、小灵猫、果子狸(花面狸)、鸳鸯、鸬鹚、金鸡、灰鹤、小青脚鹬、平胸龟(鹰嘴龟)、大鲵(娃娃鱼)12种；列入三级保护的野生动物有池鹭、牛背鹭、白鹭、灰雁、野鸭、鸿雁、竹鸡、鹌鹑、环颈雉(野鸡)、苦恶鸟、小田鸡、黑水鸡、山斑鸠、华南兔、中华竹鼠、豪猪、豹猫、狐、黄鼬、鼬獾、红嘴相思鸟、刺猬、蛇、蟾、蛙25种；属于重点保护的野生动物有大鼠耳蝠、山蝠、猪獾、狗獾、野猪、小鹿、绿翅鸭、绿头鸭、中华鹧鸪、灰胸竹鸡、四声杜鹃、小杜鹃、普通翠鸟、家燕、八哥、喜鹊、画眉、乌龟、中华鳖、南草蜥、石龙子、赤链蛇、中国水蛇、银环蛇、眼镜王蛇、竹叶青蛇、中华蟾蜍、泽蛙、沼蛙、峨眉林蛙、湖南吻鮈、胡子鲶、中华田螺、中华小田螺34种。

【植物资源】 区境查明的植物有740余种。其中木本植物396种，隶属82科、205属；草本植物316种，隶属89科、258属；菌类植物28种。

属国家重点保护的野生植物有20种。其中列入一级保护的野生植物有银杏、珙桐、伯乐树(钟萼木)、南方红豆杉、香果树5种；列入二级保护的野生植物有杜仲、厚朴、花榈木、红豆杉、水青树、鹅掌楸、刺楸、观光木8种；属于重点保护的野生植物有樟树(香樟)、莲、野菱、喜树(旱莲木)、胡黄连、松口蘑(松茸)等7种。

属湖南省重点保护的野生植物有南方铁杉、铁坚油杉、罗汉松、中华猕猴桃、无花猕猴桃、八角莲、钩栲、方竹、罗汉竹、黄樟、七叶一枝花、红花木莲、芡实、银鹊树、青檀、水车前、紫薇17种。重点保护的古树（指树龄100年或胸径100厘米以上的野生树木)有125株。花岩溪镇柏叶坪村杉树坳一株古杉胸围3米，高23米，树冠10余平方米，树龄千余年。这些重点保护的野生植物，大多生长在逆江坪、花岩溪、沧山、太阳山等地。

花岩溪国家森林公园和花岩溪镇逆江坪境内有266.67公顷原始次生林。

【矿产资源】 区内发现的矿产有黄金、金刚石、锆英石、石煤、石灰岩等。为湖南省重点黄金生产县(区)，金刚石闻名全国。

黄金 区境产脉金和沙金，脉金主要分布在黄土店镇的金霞山、沧浪坪、黄土坡，花岩溪镇的南宫坪、芭蕉冲、高峰。沙金主要分布在许家桥、黄土店、花岩溪、尧天坪、草坪、谢家铺6个乡镇，探明脉金藏量为20吨。

金刚石、锆英石 主要分布在许家桥、草坪、斗姆湖等乡镇。以许家桥乡的岳王溪至杨公庵为集中产区。国营六〇一矿开采24年后闭坑。金刚石尚有藏量42万克拉，锆英石藏量1835千克。

石煤 又名碳质页岩，分布在蔡家岗镇的坛坪，石板滩镇的拾柴坡、枫树桥、大溪冲，灌溪镇的白石、唐桥等地。探明储量为3.4亿吨。固定碳含量12%～22%，最高可达30%。发热量1500卡/千克～1800卡/千克，高的达3487卡/千克。灰分一般在60%～70%，个别地段V205的含量20%。

石灰岩 分布在蔡家岗、双桥坪、石板滩、灌溪等乡镇。藏量30亿吨以上。水泥用石灰岩分布在蔡家岗镇的花园、尹家坪两村。藏量1.1亿吨。

板页岩 有青石板岩和砂板岩两种。分布在黄土店镇磨石山、双桥坪镇七姑山、蔡家岗镇龙门洞等地。藏量丰富。

高岭土 分布在谢家铺镇的白泥塘和双桥坪镇的金鸡岩等地。藏量小。

铁矿 分布在灌溪镇的铁山和石板滩镇的莫家铺。藏量小，品位低。

铝土 又名陶土，分布在周家店镇八宝湖、石门桥镇观音庵、谢家铺镇白泥塘，蔡家岗镇芭蕉堰、湖海坪等地。藏量为700万立方米。

砂石 分布于大部分山区的乡村及沅水河道。资源丰富。

黏土 资源丰富。可利用的有1500万立方米以上。

铜 分布在周家店镇蜘蛛山一带。藏量小，品位低。

矿泉水 分布在黄土店镇金霞山，为偏硅酸矿泉水。

此外，在石板滩镇兴隆桥、田家坪发现重晶石，在蔡家岗镇小溪发现汞矿。

人　口

【概况】 2021年年末，全区居民住户220945户，人口684742人，其中农村人口503740人、城镇人口181002人。全年出生3923人，迁入1453人，迁出3531人。18周岁以下101949人，18~34周岁134112人，35~59周岁288867人，60周岁以上159814人，人口自然增长率为-13.5‰。

（雷贵亮）

气　候

【概况】 2021 年，鼎城区年平均气温异常偏高，秋冬季气温偏高明显，春夏季正常；年降水量正常，空间分布为“西南高、东北低”，春季偏多，夏季正常，秋冬季偏少；年日照时数正常，空间分布为“西少东多”，秋季偏多，冬季正常，春夏偏少。入春、入夏偏早；入秋、入冬偏晚，2020 和 2021 年冬季偏短，春夏秋三季偏长。

年平均气温：18.3℃，较常年偏高 1.3℃，属异常偏高范畴，为 1961—2021 年第一高值。全年有 9 个月月平均气温高于常年同期，3 个月低于常年同期，其中 2 月和 9 月距平最大均达 4.1℃，8 月距平最小为 -0.2℃。按照月平均气温等级划分来看，2 月、9 月异常偏高，1 月、3 月、6 月显著偏高，12 月偏高，其余各月均正常，其中 2 月和 9 月平均气温均为 1961—2021 年第一高值。

主要气候事件及其影响。2021 年气温异常偏高，降水正常，日照正常。年内出现的寒潮、冰雹、雷雨大风、五月低温、暴雨洪涝、高温热浪、连阴雨和雾霾等灾害性天气，给工农业生产及人体健康等造成了一定的影响。

一、冬季暖干特征明显

根据全区平均冬季降水量和气温排序资料，对冬季冷暖干湿特征进行分类定义，分为 4 类：冷湿、冷干、暖湿和暖干。分析发现 2020 和 2021 年冬季，全市平均气温显著偏高，为 1961 —2021 年历史同期第三高值；降水量较常年同期偏少，暖干特征明显，与 1998 和 1999 年、1978 和 1979 年冬季相类似。

二、冷空气活动频繁，年末出现年内最强寒潮

2021 年鼎城区多次受到北方冷空气南下影响，1 月 6—8 日出现低温冰冻天气过程，另有 6 次达到中等强度及以上冷空气标准，分别是 2 月 25—26 日、10 月 6—7 日、11 月 6—7 日、11 月 20—21 日、12 月 15—18 日及 12 月 23—27 日。

1 月 6—8 日低温冻害：1 月 6 日始全区出现降温和小到中雪天气，为 2021 年首场降雪，冷空气过后 8 日清晨最低气温降至 -4℃左右，部分早薹油菜、露地蔬菜受冻致灾。

2 月 25—26 日强冷空气过程：25 日开始出现降温降雨天气过程，局地出现中到大雨，根据冷空气过程监测指标（QX/T 393—2017），全区达到中等强度冷空气标准。

10 月 6—7 日强冷空气过程：6 日自北往南发生明显降温，48 小时内全区最低气温平均下降 10.4℃，其间无明显降水发生。

11 月 6—7 日寒潮过程：6 日晚开始，自北向南出现降温、降雨及大风天气。全区普降中到大雨，局部暴雨，日最低气温 48 小时内平均降幅 10℃以上，达到强冷空气标准，日最低气温降至 4℃以下，达到寒潮标准，全区大部地区风力达 6~7 级，江河湖面阵风达 8 级左右。

11 月 20—21 日中等强度冷空气过程：20 日晚间开始，全区普降小雨，出现降温、大风天气。48 小时内全区最低气温平均下降 6.8℃。根据冷空气过程监测指标，该次过程达到中等强度冷空气标准。

12 月 15—18 日中等强度冷空气过程：15 日开始，全区出现小雨、降温及风力加大天气过程，极大风速 17.1 米 / 秒（7 级，17 日 2 时 28 分）。15—17 日 48 小时内最低气温降温幅度为 5.0~7.5℃，冷空气过境后 18 日早间最低气温降至 3℃左右。

12 月 23—27 日寒潮过程：23—27 日受南支槽和地面强冷空气共同影响，全区出现一次寒潮大风、低温雨雪冰冻天气过程。过程从 23 日夜间开始，全区出现液态降水，一直持续到 24 日夜间，出现降雪，24 日 20 时启动低温雨雪冰冻 3 级应急响应。25 日白天全区大部为雨夹雪或小雪天气，部分地区出现雾凇，25 日夜间至 26 日为降雪最强时段，全区出现中到大雪，并伴随道路结冰，积雪深度达到 9 厘米。该次过程达强冷空气标准，造成鼎城区部分乡镇(街道)发生低温雨雪冰冻灾害,无死亡(失踪)人员;冰冻天气造成菜心、榨菜等农作物不同程度的压倒受损,个别住房和大棚因不负积雪重压倒塌或损坏。

三、5月低温天气

5月16—23日,鼎城区以连续性低温阴雨寡照天气为主,气温偏低,降水偏多,日照偏少。日平均气温18.6℃,较历年同期偏低3.6℃。连续5天日平均气温低于20℃,达到"五月低温"标准,局地达到中度"五月低温"标准,低温导致处于分蘖期的早稻分蘖速率减缓,强降水导致部分地区农作物受淹。

四、春夏强对流天气频发,3月末出现中度雹灾

春季雷暴大风、局地冰雹和短时强降水等强对流天气频发:3月30日傍晚至4月1日上午,湘北出现2次强对流天气过程,其中30日以降雹为主,31日以短时强降水为主。30日白天出现降雨,鼎城区北部出现冰雹,主要降雹点位于蔡家岗镇、双桥坪镇、周家店镇、石板滩镇等地。该次降雹过程自西向东影响全区,且持续时间长、雹粒较大(直径约15毫米),破坏性较强,冰雹密度较大,造成部分乡镇不同程度受灾,属于中度雹灾。

5月14日20时至16日08时出现区域性强对流及强降水天气。第一阶段(14日20时至15日8时)以短时强降水为主,主要发生在常德市西北部,范围小,累计雨量大。第二阶段于15日下午从桃源县西南部发展,表现为冰雹、雷暴大风短时强降水等混合性强对流天气。

夏季午后到傍晚则频发局地短时强降水和雷暴大风等强对流天气,主要集中在7月上旬和中旬末。

五、春夏暴雨洪涝

暴雨是导致鼎城区洪涝的主要原因,主要发生在4—9月汛期内,暴雨多伴随短时强降水发生,且容易引发山洪、泥石流、城市内涝等地质灾害,给人民生命财产安全带来极大威胁。

六、夏秋季三段高温热浪,9月气温异常偏高

鼎城区大部地区在7月10—16日、7月30日至8月8日出现两段高温天气,均达轻度高温热害标准(连续5—10天日最高气温大于等于35℃)。9月1日至10月5日全区平均气温27.5℃,较常年同期偏高4.1℃,平均高温日数9.7天,较常年同期偏多8.4天,平均气温、平均高温日数居1961年以来历史同期第一位。9月21—26日出现1次区域性高温过程,鼎城区持续6天日最高气温大于等于35℃,达轻度高温热害标准。连续高温天气对晚稻孕穗、抽穗及灌浆期不利,影响花粉发育、授粉受精及灌浆乳熟,造成部分晚稻产量和品质下降。

七、春秋季轻度连阴雨天气

2021年,鼎城区春秋季出现四段持续阴雨天气过程,主要集中在3月中旬、3月下旬至4月上旬、10月中旬以及11月上旬,按照气象灾害术语和分级(DB43/T 234—2004)判定其中有三次为连阴雨天气。3月15—21日,受地面冷空气影响,出现7天的持续阴雨天气,按照等级判定,达轻度连阴雨标准。3月30日至4月7日,受冷暖气流共同影响,全区大部地区出现连阴雨天气,雨日持续9天左右。10月13—21日,受冷空气与低层切变和高空槽共同影响,全区大部地区出现连阴雨天气,雨日在8—9天,按照等级判定达轻度连阴雨标准,该次连阴雨天气缓解了前期的干旱。

八、雾霾频发

2021年,鼎城区雾、霾天气频发,对交通运输、公众出行和市民身体健康带来不利影响。2021年全区平均出现大雾40.6天,较常年同期偏多20.4天,较上年偏少6.1天。分季节看,2021年大雾天气在冬季和春季较为频繁。全年除7月、8月未出现霾天气,其他各月均不同程度出现霾天气。其中1月出现霾天气最多,12月次之。分季节来看2021年大雾天气在秋冬较为频繁。

九、气候专题影响评价

2021年,鼎城区年平均气温异常偏高,年平均降水量正常,年平均日照正常,年内出现的寒潮风

雹、暴雨洪涝、五月低温、春秋季连阴雨、强对流和高温热浪等灾害性天气给农业生产造成一定的影响。总体而言，鼎城区农业气候属于较好年景。

（蒯星龙）

常德市鼎城区关于2021年国民经济和社会发展的统计公报

2021年是中国共产党成立100周年，也是“十四五”规划开局之年。鼎城区委、区人民政府统筹推进疫情防控和经济社会发展工作，扎实做好“六稳”工作，全面落实“六保”任务，全区经济总体呈现逐步回升、稳中向好的发展态势，实现“十四五”良好开局。

一、综合

全年完成地区生产总值415.9亿元，同比增长8.4%。其中第一产业完成72.1亿元，同比增长9.7%；第二产业完成138.1亿元，同比增长6.5%；第三产业完成205.7亿元，同比增长9.2%。第二产业和第三产业占比分别上升0.87个和0.24个百分点，第一产业占比下降1.11个百分点，三次产业结构比由2020年的18.44∶32.34∶49.22调整为17.33∶33.21∶49.46，产业结构不断优化。

二、农业

农业生产质效提升。2021年，全年实现农林牧渔业总产值131亿元，比上年增长2.75%。实现增加值77.76亿元，比上年增长9.5%。

全年粮食作物种植面积10.09万公顷，比上年增长0.52%；棉花种植面积0.72万公顷，比上年下降5.73%；油料种植面积4.47万公顷，比上年增长0.6%；蔬菜种植面积2.37万公顷，比上年增长2.27%。全年粮食总产量67万吨，比上年增长5.51%；棉花产量0.93吨，比上年减产0.29%；油料产量8.59万吨，比上年减产0.81%；蔬菜产量58.46万吨，比上年增产4.49%；水果产量9.32万吨，比上年增产2.76%。

全年猪、牛、羊、家禽出栏分别为70.44万头、2.93万头、13.95万只、1260.91万羽，分别比上年增长31.69%、8.92%、13.78%、-7.77%；全年肉、禽蛋、牛奶总产量分别为7.37万吨、5.97万吨、0.28万吨，分别比上年增长16.61%、下降3.08%、增长3.7%。

全区农产品加工企业1184家，实现销售收入173.5亿元；农民专业合作社1111个，合作社成员6.6万户；各类专业大户7671个；家庭农场

图一：

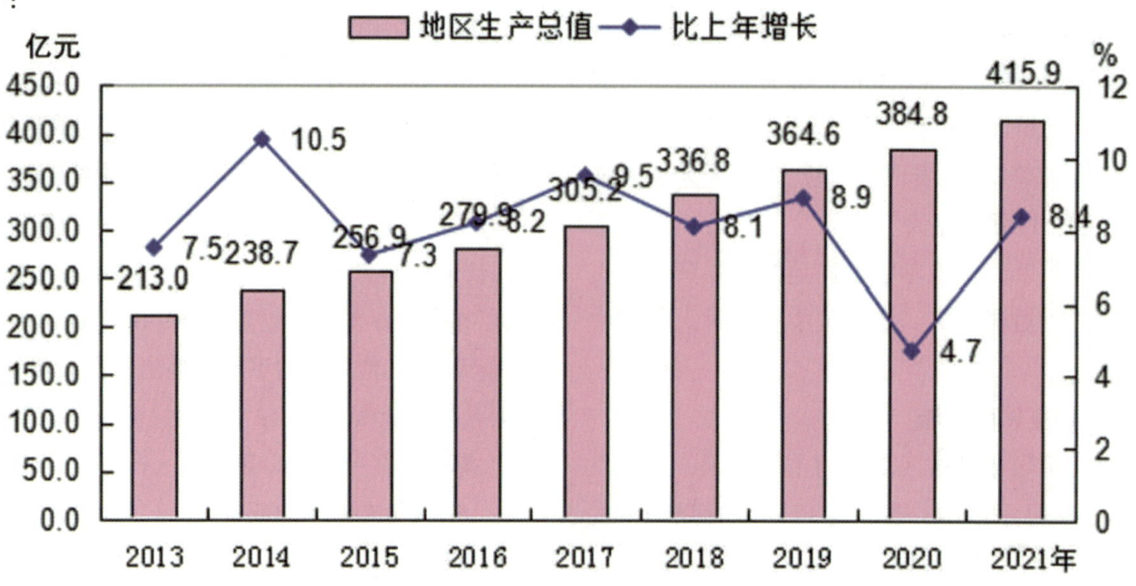

2013—2021年地区生产总值及其增长速度示意图

图二：

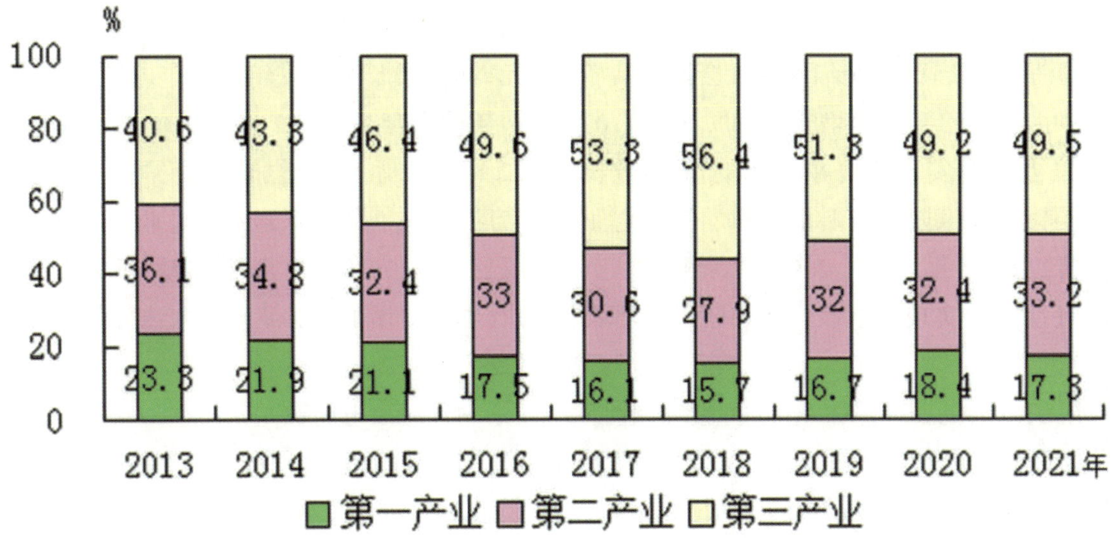

2013—2021年三次产业增加值占地区生产总值比重示意图

1098个；休闲农业经营收入3.84亿元；高标准农田建设面积7.83万亩；“两品一标”农产品个数28个，其中绿色食品认证24个、有机食品4个。

2021年全年共完成水利投资5900万元，完成水利工程土石方16万立方米，新增和恢复农田有效灌溉面积320公顷。年末全区水库蓄水总量8048.5万立方米。

三、工业与建筑业

工业运行平稳。2021年，全区工业增加值比上年增长8.1%。规模以上工业净增20家，达192家，产值过亿元企业77家，同比增加9家。规模以上工业增加值比上年增长7.2%，省级以上园区规模工业增加值增长12.2%。规模以上工业实现主营业务收入407.0亿元、比上年增长9.5%，实现利润20.8亿元、下降3.6%，实现税金及附加1.4亿元、下降1.0%。规模以上工业中，有亏损企业17家，亏损面9.8%，比上年上升1.6个百分点，亏损企业亏损额为7574万元，比上年上升60.0%。规模以上工业产品销售率为98.85%，比上年下降1.2个百分点，出口交货值4.9亿元，比上年增长240.9%。规模工业盈利能力基本持平，营业收入利润率5.11%，同比下降0.69个百分点；每百元营业收入中的成本为85.87元，同比增加3.44元。

2021年，全区资质以上建筑业企业16家，完成建筑业总产值56.3亿元，比上年增长22.8%；完成房屋建筑施工面积262.6万平方米，比上年增长22.9%；年末建筑从业人员10771人，比上年增长8%。

四、固定资产投资和房地产业

固定资产投资增长迅速。2021年，全年固定资产投资比上年增长13.4%。其中，固定资产投资（不含房地产）增长15.2%；房地产开发投资项目增长1.5%。按经济类型分：国有投资比上年增长34.8%；非国有投资比上年下降0.4%；民间投资比上年下降2.1%。按投资方向分：工业投资比上年下降14.9%；基础设施投资比上年增长51.5%；民生工程投资比上年增长55.5%。按国民经济行业分：农林牧渔业投资比上年增长53.3%；制造业投资比上年下降11%。

2021年，实施房地产开发项目34个，房屋施工面积364万平方米，比上年增长19.5%，其中住宅237.9万平方米，增长14.4%。商品房屋销售面积55.9万平方米，增长16.2%。

五、贸易和旅游

全年实现外贸进出口总额46054万美元，同比增长 48%。其中出口 45976 万美元,同比增长 48%;进口 78 万美元,同比增长 62.5%。

市场消费逐步回暖。全年实现社会消费品零售总额 216.8 亿元,比上年增长 14.3%。全年 101 家限额以上企业实现零售额 68.5 亿元,增长 20.4%,其中 84 家限额以上批发和零售业企业实现零售额 67 亿元,增长 20%;17 家限额以上住宿和餐饮企业实现餐饮收入 1.6 亿元,增长 31.7%。

在限额以上批发和零售企业中,粮油、食品零售 8.1 亿元,比上年增长 36%,饮料、零售额 1.2 亿元,比上年增长 30%。烟酒零售 0.9 亿元,增长 15%。服装、鞋帽、针纺织品类零售额 0.99 亿元,下降 50%。日用品类零售额 1.04 亿元,增长 15.5%,家用电器和音像器材类零售额 4.4 亿元,增长 14.2%。

全区国家旅游等级区 7 个,湖南省五星级乡村旅游服务点 10 家,AAAA 级旅游景区 1 个,AAA 级旅游景区 6 个,国家湿地公园 1 处,旅行社 1 家,床位数 8769 张,其中星级旅游景点床位 217 张。完成国内旅游 266.1 万人次,实现国内旅游收入 30.7 亿元。

六、交通运输和邮电

2021 全年完成公路客运量 443 万人,增长 3%,旅客周转量 11230 万人千米,同比增长 8 %。水路客运量 14.3 万人,同比下降 11%,旅客周转量 1268.5 万人千米。汽车总站每天发送旅客 1537 人次,同比下降 4 %。全区行政村客运(公交)班线通达率 100%。年末全区一级公路 14.688 千米(含市政段),二级公路 24.937 千米,三级公路 40.498 千米,四级公路 2776.065 千米(含村组道)。

全年完成邮政业务总量 8385.4 万元,同比下降 4.2%,快递业务量 162.3 万件,同比下降 25.3%,快递业务收入 1077.86 万元,同比下降 23.7%。移动业务总收入 2.14 亿元,同比增长 1.71 %;年末移动电话用户 33 万户,本年较上年减少 0.5 万户。年末互联网宽带用户 8 万户,移动电话普及率为 45 %。电信业务总收入 1.58 亿元,同比增长 9.7%;年末固定电话用户 2 万户,本年较上年减少 0.2 万户;年末移动电话用户 22.1 万户,本年新增加 0.6 万户。年末互联网宽带用户 9.8 万户。联通业务总收入 6170 千万元,同比增长 36.44%;年末移动电话用户 11.0 万户,本年新增加 1.19 万户。年末互联网宽带用户 2.23 万户。

七、财政与金融

财政收入稳定增长。全年完成一般公共预算收入 27.7 亿元,同比增长 0.3%;地方财政一般预算收入 17.8 亿元,同比增长 8.3%,其中税收收入 12.5 亿元,同比增长 6.8%,占地方一般公共财政收入的比重为 70.2%。地方财政一般预算支出 56.8 亿元,同比下降 12.8%。

金融事业平稳运行。年末金融机构本外币各项存款余额 388.3 亿元,同比增长 7.8%;年末金融机构本外币各项贷款余额 319.6 亿元,同比增长 9.1%,其中制造业贷款 14 亿元,同比增长 5.6%。全年新增本外币各项贷款 65.5 亿元,同比增长 61.7%。

八、教育与科技

教育事业扎实推进。全区共有义务教育阶段学校 143 所,其中普通高中 6 所、初级中学 32 所、小学 26 所,其他民办学校 79 所。在校学生 52671 人,其中高(职)中生 7678 人,初中生 14049 人,小学生30944 人。毕业生 11574 人,其中高(职)中毕业生2201 人,初中毕业生 4488 人,小学毕业生 4885 人;全区幼儿园在园儿童 17308 人,比上年增长 1.19%,小学适龄人口入学率 100%。小学招生 5197 人,初中招生 4981 人,高中招生 2647 人,高中阶段毛入学率 98.3%。2021 年全区共有专职教师 5142 人。其中高(职)中专职教师 691 人,初中专职教师 1473 人,小学专职教师 2003 人。2021 年参加高考人数 2183 人,本科上线人数 1504 人。

全区拥有国家工程(技术)研究中心1个,省级工程(技术)研究中心2个,国家级科技企业孵化器1个,省级科技企业孵化器1个。全年签订技术合同55项,技术合同成交金额10.02亿元,同比增长31.5%。专利授权746件,同比增长51.32%。发明专利授权86件,同比增长59.26%。有效发明专利拥有量395件,同比增长32.55%。

九、文化、卫生和体育

文化事业全面繁荣。2021年年末拥有区级文化馆1个,公共图书馆1个,藏书127995册;拥有国家级非物质文化保护遗产项目1个,省级非物质文化保护遗产项目3个,市级非物质文化遗产保护项目4个。艺术表演场所2个。民间艺术表演团体93个,区级电影放映队1个,农村电影放映队23个,放映电影3262场次,电影观众90万人次。全区现有中、短波广播发射台和转播台1个,电视台1座,广播综合覆盖人口100%,电视综合覆盖率为100%。有线电视入户数27.5万户,增长0.74%。

全区共有卫生机构800个,其中妇幼保健院1个,专科疾病医院3所,疾病预防控制中心1个,卫生监督检验机构1个,共拥有床位3850张。现有卫生技术人员3928人,其中执业医师和助理医师1894人,注册护士1550人。疾病预防控制中心卫生技术人员44人。全年甲、乙、丙类法定报告传染病发病人数2300人,同比下降28.8%,报告死亡12人。

体育事业跨越式发展。年末拥有运动场57个,体育馆1个,游泳池2个,各种训练房63个。创建村级体育活动场所296个。开展群众体育项目38场次,参与人数达25.7万人次。获得全国冠军2个,世界冠军1个。全年体育彩票发行额5227万元。

十、资源环境与安全生产

2021年末全区实有耕地面积78097公顷,基本农田5911.73公顷,批准建设用地23.4公顷,同比下降59%。辖区内已发现矿种12种,有探明资源储量5种,完成资源整合的重点矿区1个,完成资源整合的矿种1个。全年全区水质满足三类标准的断面比例达100%,城市污水处理率97.3%,空气质量达标率85.4%,地表水达标率100%,农村垃圾集中处理率100%。

全年规模工业综合能源消费量23.7万吨,同比下降4%,单位增加值能耗变动率为-12.2%。全年全社会用电量9.4亿千瓦时,比上年增长11.1%,其中工业用电1.3亿千瓦时,比上年下降4.5%,生活用电4.96亿千瓦时,比上年增长17.8%。

全年发生各类生产经营性安全事故2起,各类生产经营性安全事故死亡人数4人,亿元生产总值事故死亡人数0.009人。全年道路交通事故较2020年同期下降10%。全区食品及食用农产品抽检合格率达到94.9%。

十一、人口、人民生活与社会保障

2021年末全区户籍人口73.8万人,比上年减少1.1万人。其中:城镇人口21.7万人,比上年减少0.2万人,乡村人口52.1万人,比上年减少0.9万人。全区男性人口37.5万人,占总人口的50.8%,女性人口36.3万人,占总人口的49.2%。其中0~17岁人口11.1万人,18~34岁人口14.5万人,35~59岁人口31万人,比上年增加0.4万人,60岁以上人口17.1万人。

全年全区出生人口4349人,人口出生率为5.9‰;死亡人口12926人,死亡率为17.5‰,全年人口自然增长率为-11.6‰。全年共迁入1694人,迁出3657人。

全体居民人均可支配收入30472元,同比增长9.4%,城镇居民人均可支配收入41501元,同比增长8.2%,农村居民人均可支配收入20767元,同比增长10.8%。

2021年全区就业更加稳定,年末城镇新增就业6000人,新增农村劳动力转移就业5218人,城镇登记失业率3.3%,失业人数再就业2800人。保障更加完善,城镇基本养老保险职工人数 8.9 万人，新型农村养老保险登记参保人数 46.4 万人，参加工伤保险职工人数 49238 人，参加失业保险职工人数 34200 人，领取失业保险金职工人数 1.49 万人，农村外出就业劳动力 164011 人。城乡居民基本医疗保险参保人数 65.2 万人，同比增长 0.13%。城镇职工基本医疗保险参保人数 45388 人，同比增长 4.1%。

全区共救助城镇低保对象 12399 户 24683 人次，发放城镇低保资金 971.885 万元；救助农村低保对象 70222 户 142792 人次，发放农村低保资金 3642.0615 万元。全区共有特困供养 69258 人，其中：集中供养对象 8059 人、分散供养对象 61199 人，累计供养金 3644.4556 万元；全年共资助困难学生 127 人次，发放学生资助金 42.4 万元。

全面完成省市重点民生实事。完成 19 项省重点民生实事，累计投入资金 3.35 亿元；完成11 项市重点民生实事，累计投入资金 0.96 亿元。

（提供：鼎城区统计局）

注：1. 本公报所列数据为初步统计数。

2. 国内生产总值，各产业增加值绝对数均按现价计算，其增长速度按可比价计算。

中国共产党鼎城区委员会

Dingcheng District Commiter of the Communist Party of China

2021年7月31日，中国共产党常德市鼎城区第十三届委员会常务委员见面会会场

（提供：张鹏）

鼎城年鉴(2022)

概　述

【概况】 2021年，中国共产党鼎城区委员会辖党组织1762个，其中党委40个、党总支部311个、党支部1411个；设立党组36个、党工委10个；有党员40591人。

党的建设。召开区第十三次党代会，选举产生新一届区委领导班子。庆祝中国共产党成立100周年，开展党史学习教育，增强全区各级党组织政治判断力、政治领悟力、政治执行力，捍卫“两个确立”，做到“两个维护”。坚持重担当、重实干、重业绩的“三重”用人导向，规范干部选拔任用。开展三级换届，乡镇班子成员35岁以下占比42%，村(居)委主职大专及以上学历占比63%。压实“两个责任”“一岗双责”，落实巡察全覆盖，整治腐败和作风问题，落实中央八项规定及其实施细则精神，纠治“四风”问题，开展基层减负、精文减会。

经济发展。2021年，地区生产总值415.9亿元，增长8.4%；一般公共预算收入27.8亿元，其中地方一般公共预算收入17.8亿元，增长8.3%；财政收入总量居全市第一；规模工业增加值71亿元，增长8.5%；固定资产投资增长13.4%；城乡居民人均可支配收入分别为41616元、20617元，分别增长8.2%、10.8%。

园区建设。全年新引进亿元以上产业项目29个，新开工22个，新投产12个，新增规模工业企业33家。中联建起接连下线全球最大风电动臂塔机、全球最大上回转塔机。常德高新区创建“五好”园区经验在全省推介，获评全省产业高质量发展园区，入选国家级创新型产业集群试点园区，在全省省级以上园区中的综合排名上升到第13位。

城乡提质。打造江南城区“五块一轴”空间布局，阳明湖公园开园，推进老旧小区改造和精致小区建设。建设吾悦广场、长安九里等重点项目，优质商贸项目签约落户，常德画墙入选国家文化产业发展项目库。实施城乡环卫一体化、推进客运一体化。进行巩固脱贫攻坚成果同乡村振兴有效衔接，防止规模化返贫发生。落实粮食安全责任制、打造“常德香米”优势特色产业和文化旅游3项工作获湖南省人民政府真抓实干督查激励。十美堂镇(油菜)获评全国“一村一品”示范村镇。开展“一带一片一屋场”建设，建成“幸福屋场”105个，乡村振兴和人居环境整治“党建引领、镇村主导、群众主体、乡贤赞助、协会管理”的“鼎城经验”被省市推介，草坪镇、谢家铺镇分别获评和入围省级全域美丽乡村示范镇。

民生改善。提高城乡低保标准和特困人员保障水平，规范社保基金管理使用，残疾人无障碍设施改造工作经验在全省推介，“就业超市”“农村互助幸福屋”获央视《新闻联播》宣传报道。全年教育总投入8.8亿元，改善教育教学条件，宣传乡村女教师麻小娟先进事迹。落实“先诊疗后付费”和“一站式”结算，提升基层医疗机构服务能力。开展精神文明建设，开展文明创建工作，赵必振研究项目获中央党史和文献研究院立项支持，开展“油菜花节”“竹文化节”等乡村旅游节庆活动，鼎城健儿在残奥会、全运会上获金牌。

攻坚克难。推进改革，优化营商环境，提升行政效能。行政审批制度改革获中央电视台报道，“第二轮土地承包到期后再延长30年”国家级改革试点工作获农业农村部推介，区融媒体改革工作得到中央和省、市领导肯定，区融媒体中心入选全国先进县级融媒体中心。落实环保督察反馈交办问题年度整改销号工作，石板滩关闭石煤矿区生态修复治理通过验收销号。集中开展打击盗采砂石“秋风行动”，遏制非法挖砂洗砂问题。沅江鼎城段入选湖南省美丽河湖优秀案例，鼎城区获评全国绿色防控示范县、统防统治创建县和省级森林城市。常态化开展疫情防控工作，全年“零输入”“零感染”。实施“三大两严一奖”行动，扭转安全生产和消防工作被动局面，整改湖南省应急厅专项巡查反馈问题。抓食品药品安全监管，成功创建省级食品安全示范区县。开展国有和集体资产清理整治“百日攻坚”行动，筹资化债，守住债务风险底线。抓防汛抗旱工作，全年未发生灾害险情。推进基层社会治理体系和治理能力现代化，开展政法队伍教育整顿，推进扫黑除恶专项斗争常态化，综治民调保持在全省第一方阵，获评全国信访工作“三无”区县，保持“全省平安县市区”称号。（梁 皓）

区委办公室工作

【概况】 2021年，鼎城区委办公室坚持以习近平新时代中国特色社会主义思想为指引，围绕全区经济社会发展大局和区委、区人民政府中心工作，发挥党办牵头管总的综合协调职能，落实意识形态工作及党风廉政建设各项工作，完成全年任务，为“弘扬扛鼎精神，打造现代江南，建设幸福鼎城”作出“党办贡献”。

政治建设。把握政治关口，聚焦主责主业，落实党内重大事项请示报告制度，在政策研究、文稿服务、办文办会等日常工作中把握政治关。制定全面从严治党责任清单和任务清单，对标对表，推动全面从严治党落到实处，加强基层组织建设，严肃党内生活，建强战斗堡垒。

参谋辅政。抓党委信息工作，处理报送突发紧急信息30余次，确保党委信息“主渠道”畅通。加强以文辅政，全年完成各类文稿200余篇，在省市重要刊物上稿13篇次，宣传推介乡村振兴、“双安双创”、高质量发展等方面的“鼎城经验”。开展调查研究，在全区办公室系统组织开展“大调研”活动，围绕市委决策部署报送专题调研报告4篇。

统筹协调。加强与谢家铺镇的联系指导，推进“一带一片一屋场”建设，工作经验被省市推介。推进各级各类改革，完成年度任务，融媒体改革得到中央和省、市领导肯定，获评全市优秀改革案例展演一等奖。加强档案业务指导和行政执法，贯彻落实新修订的《中华人民共和国档案法》和《“十四五”档案事业规划》，提升档案工作质量和服务水平。开展党史研究，推进志书编纂，赵必振研究项目获中央党史和文献研究院立项支持，开展鲁易烈士生平研究。

督察督办。围绕区委区人民政府重大决策部署和中心工作、民生热点难点问题、上级专项交办抓督查。开展决策督查20余次；办结人大建议10件、政协提案8件；参与会议会风督查10次；承办市委督查室交办事项12件；办理市级领导批示件2件，办结2件；办理区级领导批示件7件，办结7件。编发《鼎城督查》8期、《督查专报》3期，下发《督办函》7件。落实环保督察反馈问题整改销号4个。

港澳台工作。贯彻落实中共中央总书记、国家主席习近平关于港澳台工作重要论述和党中央对港澳台工作决策部署，走访在鼎港澳台胞，承办“两岸同心 共话中秋”常德市台胞台属中秋联谊活动。

外事工作。贯彻落实中共中央总书记、国家主席习近平关于外事工作重要论述和党中央对外事工作决策部署，走访在鼎外籍人员。

运转保障。推进党政协同办公平台建设和推广，实现区直单位和乡镇（街道、场）全覆盖。全年处理各类公文1169份，编发会议纪要48篇，向市委报备规范性文件6份。完成重大会议、活动的接待服务工作，牵头安排中央和省、市领导到鼎城区调研等20余次重要活动，承办区党代会、区委经济工作会议等20余次全区性会议，全年全区性文件只减不增，全区性会议同比下降4.5%。落实中央八项规定及其实施细则精神，修订完善《全区党政机关公务接待管理工作规定》。加强后勤管理和服务，厉行节约，严控“三公”经费开支，推进区委机关过渡性办公用房建设。筹办全区办公室主任业务培训班，推动办公室系统“三服务”能力提升。（熊祎琳）

组织工作

【概况】 2021年，鼎城区委组织部围绕大局，突出政治，抓改革创新、抓工作落实，为“弘扬扛鼎精神、打造现代江南、建设幸福鼎城”提供组织保证。

政治建设。举办乡镇党政正职、科级干部、年轻干部、村（社）党组织书记培训班和党员冬春训，创造性设置老年大学课前5分钟微党课和每两周党史大讲堂，开展“学习贯彻中共十九届五中全会

精神 推动大力实施‘三高四新’战略”“学习贯彻中共中央总书记习近平‘七一’重要讲话精神”等网络专题培训，落实全省乡镇长专题培训、全市处级干部和科级干部调训任务，推动习近平新时代中国特色社会主义思想走深走实、入脑入心，把中共十九大，十九届二中、三中、四中、五中、六中全会精神，习近平总书记考察湖南重要讲话精神推向基层，提高全区党员干部的政治判断力、政治领悟力、政治执行力。开设鼎城组工微信公众号“百年党史天天读”，组织党员领导干部上党课，打造“三个第一”党性教育基地，举办老干部党史知识竞赛，实现基层党员群众家门口学党史知识、听红色故事，系列做法得到省委组织部全省推广。春季久雨少晴，及时启动“万名党员促春耕”活动，党员齐聚田间地头抢晴天助春耕，被《湖南日报》报道，被市委组织部在全市推广，成为学史力行的典范。老党员老干部开展“飞鸽传书”活动，帮助特殊少年儿童健康成长，湖南卫视等媒体予以报道。开展区级优秀共产党员、优秀党务工作者、优秀先进基层党组织“三个一百”表彰活动，发放“光荣在党50年”纪念章，投入60.82万元专项资金走访慰问获得功勋荣誉表彰的党员、生活困难党员、老党员、老干部、烈士遗属、因公殉职干部家属等，打造沅江风光带党建主题公园，组织抗美援朝老兵、青年学生等开展“永远跟党走”和100名新发展党员代表集中宣誓，举办百对新婚、银婚、金婚党员夫妻集体婚礼，开展红色故事演讲比赛、“我入党的那一天”征文等活动。

2021年6月，鼎城区金婚、银婚、新婚党员夫妻集体活动现场 （提供：毛蒿）

换届工作。在区乡村三级换届工作中，创新开展“1234”工作法，确保换届平稳推进、风清气正。“一个标准”重政治。通过现场看、电话问、当面谈、群众说、部门查等途径，把政治标准摆在首位，将政治建设考察延伸到边。“两项机制”明责任。推行周盘点、月调度工作机制，将工作任务落实到人、日程安排精确到天。“三个在先”降风险。坚持教育在先、警示在先、预防在先，将换届风险降到零。“四大行动”强功能。开展调研摸底守入口、严查严督补短板、全面指导抓关键、集中力量攻难点“四大行动”，实现班子结构优化、功能增强。全区村（社）“两委”班子成员平均年龄较上届下降4岁，大专及以上学历人数较上届上升26.76%。组织区委、区人大、区政府、区政协换届。

组织建设。创新举办以军事训练为第一课的新任村（社）党组织书记培训班，锤炼优良作风，提升履职能力。围绕政治理论、专业知识、实用技术、法律法规等，开展农村党员冬春训和“三会一课”、主题党日，推动党内政治生活日常化。开展“夕阳红金穗卡”老党员积分管理和未成年人道德存储卡活动，引导老党员老干部发挥余热，支持经济社会发展，帮助少年儿童茁壮成长。坚持因村派人、人岗相适原则，择优选派177名优秀干部，担任77个乡村振兴重点村第一书记和工作人员，组织岗前培训，提升驻村工作队履职能力。加强驻村工作队管理，建立健全组织部门全面管理、乡镇党委日常管理、派出单位跟踪管理机制，推动驻村工作队履职、担当作为。高标准打造谢家铺镇乡村振兴示范片，形成以点带面、点面结合、示范带动、整体推进的乡村振兴工作格局。健全“村（社）党组织—村民小组（网格）党组织—党员联系户”组织体系，打通联系服务群众“最后一步路”。面向服务基层项目人员定向招聘22名乡镇（街道）事业站所人员，16名“五方面人员”通过比选进入乡镇领导班子。通过“线上线下、事里事外、有问有答”等途径，推进“导师帮带制”。

2021 年，鼎城区新任村社党组织书记培训班开训

（提供：毛菡）

人才队伍建设。建立干部参与重点工作、作出重要贡献、发现重大问题的“干事档案”平时考核机制，用好用活成绩清单和问题清单“两张清单”干部考察法，调整干部 8 次，提拔重用干部 156 人，交流干部 200 余人次，形成能干事有舞台、有实绩会重用的导向。着眼事业发展需要，提拔 11 名“90 后”优秀年轻干部担任乡镇（街道）党（工）委副书记。加强干部选拔任用监督，建立健全干部监督信息动态台账，防止干部带病提拔。落实领导干部个人有关事项报告，开展干部人事档案遗留问题排查和问题交办，建立干部大数据管理系统，完善干部个人基本信息，为区委选人用人提供精准信息。推进参公单位重新认定，梳理上报第一批参公重新认定单位 31 家。印发《鼎城区抽借调工作管理办法》，明确抽借调要求，规范抽借调程序，严肃干部人事纪律。按照“干什么学什么、缺什么补什么”原则，分层分类开展干部培训，创新性举办乡镇党政正职培训班，区委书记带头授课，相关区领导作辅导讲座，着力补齐乡镇党政正职的知识弱项、能力短板、经验盲区。推进职务职级并行，全年晋升职级 132 人。开展老干部“五送活动”，及时把党的温暖和组织关怀送到老干部心坎，增强老干部获得感和幸福感。建立健全人才工作制度，理顺人才工作机制，凝聚人才工作合力。全年招录新公务员 21 人，面向全国公开选调全日制硕士研究生和“双一流”高校全日制本科学历人才 18 名，招聘教师 70 人、农技岗位 2 人。选聘 81 名科技特派员和 30 名市区级专家学者组成农业科技服务专家团，助力乡村产业发展。落实党委联系服务专家制度，加强领导干部与人才沟通联系，组织高层次专家健康体检，真正让人才“招得进、用得好、留得住”。

2021 年，鼎城区乡镇（街道）党政主职培训班开班

（提供：毛菡）

老干部工作。在全区老干部队伍中开展党史宣讲，在全区老干部队伍中开展党史学习教育征文活动，挑选优秀作品；组织全区老干部参加百年党史抢答赛。开展“美在金秋”老党员之家建设全覆盖，其中数家单位阵地建设 300 余平方米。走访慰问困难干部 257 人（含乡镇）、异地安置的老干部 4 人、全部离休干部 34 人、老干部遗孀 23 人，发放慰问金近 30 万元；为老干部办实事 300 余件。道德存储卡助力未成年人健康成长，将道德存储过程中出现的感人故事整编成《道德小富翁》一书，印刷出版 3000 本，分发到全区各中小学进行传阅。“飞鸽传书”加强未成年人的心理关怀，全区 126 家单位 1108 名“五老”人员、近 1000 名大学生志愿者参与到未成年人工作中，覆盖全区留守儿童、孤儿、残疾儿童、单亲家庭子女、服刑人员子女 6000 余人，开展心理辅导。2021 年 10 月，湖南卫视和湖南教育电视台对活动予以报道。（毛　菡）

宣传工作

【概况】 2021 年，鼎城区委宣传部自觉担负起举旗帜、聚民心、育新人、兴文化、展形象的使命任

务，稳中求进、稳中求新开展宣传思想工作。

党史学习教育。关键少数带头学。以关键少数带动绝大多数，推动党史学习教育全员覆盖。区级领导围绕“学史明理、学史增信、学史崇德、学史力行”主题开展专题学习研讨，谈体会、促工作；带头到基层开展宣讲124场次，受众2万余人次，带动全区党员干部学党史、悟思想、办实事、开新局。开展“五大课堂”。利用“三个第一”红色教育基地、“村村响”广播、《新时代跟着总书记讲党史故事》口袋书、沅江风光带网红打卡点、线上知识竞赛等载体，打造“实景课堂”“身边课堂”“流动课堂”“初心课堂”“指尖课堂”，落实党史学习教育。办理民生实事。开展“夜话忆初心”等活动，解决群众急难愁盼问题，全区“我为群众办实事”服务清单976条，其中37项为省、市、区重点民生实事、196个具体“我为群众办实事”项目全部完成，受益群众80余万人。

理论学习。打造学用思想模范班。以习近平新时代中国特色社会主义思想、中共十九届六中全会精神等内容为学习重点，领导带头示范，对标对表，开展区委理论学习中心组学习，将新思想转化为加快鼎城经济社会高质量发展的生动实践。建立理论宣讲专家库。选拔政治立场坚定、理论功底深厚且“接地气”的干部、专家、“五老”人员组成专家库，到田间地头、街头巷尾，宣讲党的路线方针政策800余场次，让党的声音飞入寻常百姓家。

新闻舆论宣传。媒体融合。聚焦“引导群众、服务群众”，按照“媒体＋党务＋政务＋商务＋服务”的思路，做好“融”字文章，融得有“味”、有“为”、有“位”。3月21日，中共中央政治局委员、中宣部部长黄坤明到鼎城区实地调研，并给予肯定；湖南省委常委、宣传部部长张宏森两次批示肯定，市委、区委常委会专题学习传达有关批示指示精神。融媒体改革经验入选《全国百强县级融媒体中心建设典型案例》、获评2021年全市优秀改革案例展演一等奖。对内宣传。围绕乡村振兴、城市建设、产业发展、民生保障等重点工作，开展主题宣传，策划推出《学习新思想 邀您读金句》《书记走基层》等专题专栏，弘扬主旋律，讲鼎城故事。对外宣传。加大中央、省、市主流媒体的常态报道，提升“四上”水平，央视《新闻联播》《焦点访谈》、新华社、《人民日报》等聚焦鼎城，报道推介鼎城区春耕生产、“一件事一次办”、开设“就业超市”、统筹疫情防控和经济社会发展等经验做法。全年，在中央、省、市媒体上稿1900余篇。

2021年，鼎城区融媒体中心大厅　（提供：张鹏）

文旅融合。擦亮非遗名片。开展“丝弦声声唱百年”“送戏下乡”等活动，向群众展示常德丝弦、常德花鼓戏等非遗文化的艺术魅力；将舞龙舞狮等本土特色非遗项目引入校园课堂，传承非遗技艺；挖掘、推介非遗资源，“李氏锔瓷技艺”成功入选第五批省级非物质文化遗产代表性项目。生产精品力作。围绕中国共产党成立100周年、疫情防控、乡村振兴等主题，创造优秀文化文艺作品，《碧血颂》等68个剧本被省市媒体收录和刊登，《一面墙》等3部小说在国家级、省级刊物发表，现代大型花鼓戏《七里坳》参加省第七届艺术节，广播剧《十月的歌》获马栏山杯红色视听作品大赛音频类铜奖，央广军事全剧播出，并推送到“学习强国”学习平台。打造文旅品牌。推进常德画墙、花岩溪景区、红烨景区等文旅项目建设，打造“诗情画意”文化地标、“花溪鹭乡”旅游形象、“红色文化”研学阵地等。常德画墙提质改造项目作为常德市唯一的重大文产项目，在申报中宣部国家文化产业发展项目库中。举办云峰竹海竹文化节、十美堂油菜花节，打响本土特色文旅活动品牌,整体推动文旅融合发展。

2021年12月23日,湖南省委书记张庆伟(中)到常德调研 (来源:湖南卫视)

精神文明。强化文明榜样引领。开展第七届十佳"善德公民"评选,传承善德文化,弘扬崇德向善正能量;常德市第四人民医院夏宇、善卷中学袁瑜徽、中河口镇张开秀分别获评湖南好人、湖南省新时代好少年、湖南省道德模范,刘茂云家庭授牌全国文明家庭,花岩溪镇湖江坪村、草坪镇兴隆街村授牌全国文明村。优化文明实践载体。9月,区新时代文明实践中心挂牌成立,办公地点设在融媒体中心,实现"两心相融、心心相悦",你中有我、我中有你的融合发展。建成新时代文明实践所23个,165个新时代文明实践站挂牌。利用幸福屋场开展移风易俗、乡风文明宣讲等活动,引领文明新风尚。实施江南城区"三纵三横"主干道路500余座强弱电箱美化工程,做到一箱一景,倡导文明。推进文明城市创建。践行"文明鼎城·你我同行"理念,坚持"创建为民、创建靠民、创建惠民",对照新的文明城市创建标准体系,覆盖全区各乡镇(街道)实行常态化管理。 (陈 璐)

统战工作

【概况】 2021年,鼎城区统一战线围绕鼎城区委工作中心及上级统战工作要求,引领党派、团体及统战成员聚力脱贫攻坚、助力乡村振兴。2021年,鼎城区委统战部获评常德市统战宣传信息工作先进单位,斗姆湖街道葛麻山社区获评市级同心社区,草坪镇枫林口村获评市级同心美丽乡村,许家桥回族维吾尔族乡民族村和红云街道停车场社区获评第一批全市民族团结进步示范单位,区工商联获评全国"五好"县级工商联。

凝聚政治统战共识。召开区委统一战线工作领导小组会议、庆祝中国共产党成立100周年座谈会、"铸牢中华民族共同体意识"座谈会、全区中央民族工作会议精神座谈会等,举办统战系统信息宣传工作培训班、统战理论政策专题研讨会等5次,增强"四个意识"、坚定"四个自信"、做到"两个维护",巩固统一战线共同思想基础。研究制定《关于开展党史学习教育的实施方案》,开展专题研讨4次,组织党史学习教育现场活动2次。引导各民主党派开展专题党史学习教育,班子成员为机关党支部和民主党派上党课2次。通过进入企业走访调研等方式,在非公有制经济组织开展党史学习教育座谈会。组织各民主党派、无党派人士和统战团体开展"不忘合作初心、继续携手前进"活动、"筑同心、跟党走"同心品牌实践活动,"促生产""三下乡""送温暖""创佳绩",调动统战系统单位、有关统战团体的参与主动性,为群众办实事,营造共迎百年华诞、共创同心伟业的氛围。

2021年,鼎城区统一战线"筑同心、跟党走"同心品牌活动现场 (摄影:何巍)

疫情防控。2021年初,鼎城区召开统战工作推进会,安排部署全区宗教场所疫情防控工作,实行宗教活动场所和民间信仰活动场所常态化管控,进行"日巡查",全年在宗教活动场所和民间信仰活动场所没有发现疫情。发布《致广大统一战线成员倡议书》,动员全区统一战线,投入疫情防控工作。发挥统战优势,8月12日,部分侨资企业家和留学归国创业人员，收购农户因疫情滞销的农副产品，看望慰问坚守在疫情防控一线的工作者，非公有制经济人士捐钱捐物50余万元。

多党合作事业。加强党外干部发现、培养和储备工作，开展党外干部考察走访活动，走访全区47名党外干部，做好党外人士的政治安排工作，为2021年全区换届工作提供人才支撑。配合两会召开，进行党外人士人大代表资源摸排，推荐33名党外人大代表候选人；牵头组织政协委员推荐提名工作，制定《政协鼎城区政协委员2021年人事安排工作方案》。坚持“与各民主党派月度工作沟通协商”制度，进行重点调研课题选题、加强民主党派自身建设等协商。支持各民主党派围绕乡村振兴、新乡贤等开展调研，形成调研成果报告5篇。

非公有制经济领域工作。开展区工商联换届，选举产生工商联第九届领导班子。推进商会建设、对外联络交往。制定会员发展管理办法，完善会员信息数据库。着重发展企业会员和年轻民营经济人士入会，会员总数2023个，其中企业会员905家，团体会员31个。利用换届契机，吸纳规范有序、管理成熟的行业商(协)会组织作为工商联团体会员进行管理。发起“遥寄乡情·感恩回馈”活动，为在外过年的异地商会鼎城籍儿女寄去慰问信、贺卡和家乡土特产，送去家乡的温暖。协办“迎老乡、回故乡、建家乡”招商推介会，邀请20余个异地鼎城商会代表参加。优化民营企业营商环境，开展优化营商环境调研，了解和掌握民营企业在复工复产、法律政策等方面的具体困难和问题。11月，组织区工商联90家会员企业参与省工商联营商环境测评，填报网络版调查问卷，评价当地营商环境。引导民营企业和商协会在“万企帮万村”的基础上参与“万企兴万村”，向全区民营经济人士发出《汇聚民企力量 助力乡村振兴》的倡议书。引导非公有制经济人士为乡村振兴建言献策，帮助村民制定村庄发展规划，修路修桥、整治人居环境，作出样板，带动群众积极性。

民族宗教工作。中央民族工作会议召开后，区委中心组进行专题学习，全区所有单位进行统一学习。促进少数民族乡村经济社会发展，将少数民族乡镇发展项目纳入乡镇振兴项目库，争取省市支持，到位民族发展资金40万元。以红云街道停车场作为民族团结进步创建进社区工作示范单位，推进民族团结进步创建进社区工作。开展“两种考生”资格审核工作，合格率100%。完善维稳防渗工作机制，落实维稳防渗工作责任。开展“五进五好”活动。

港澳工作。更新完善相关港澳人员信息，建立港澳同胞信息库。

侨务工作。更新完善“侨情信息三库”，开展海外华侨华人高层次人才信息库更新完善工作。联系欧盟湖南总商会会长唐勇关于北欧总部经济中心项目到鼎城区考察洽谈，邀请美国波士顿多媒体集团执行副总裁华人伍翔携美国智能制造等项目到常德高新区投资考察。联系德康金融控股(香港)有限公司联合创始人兼总裁黄大学参加招商推介会，把海(境)外人才的资源优势转化为推动鼎城经济社会发展的实际能量。举办“情满中秋·喜迎国庆”联谊活动，制作祝福微视频，加强海内外联动，喜迎佳节，共话鼎城发展蓝图，凝聚侨心。 (何 巍)

【鼎城区新的社会阶层人士联合会选举暨成立大会召开】 2021年1月20日，鼎城区召开新的社会阶层人士联合会选举暨成立大会，鼎城区委副书记王时雨，区委常委、统战部部长熊辉及市委统战部相关领导出席会议并讲话。鼎城区统战一战线领导小组相关单位、各民主党派、知联会代表、新联会会员计90余人参加会议。王时雨向区新联会的成立和第一届领导班子成员表示祝贺。他指出，新联会是区委区人民政府联系新的社会阶层人士的桥梁和纽带，是新的社会阶层人士发挥优势作用的新平台。希望区新阶联围绕“弘扬扛鼎精神、打造现代江南、建设幸福鼎城”的目标要求，立足“新”的要求，把新联会打造成为新的社会阶层人士联谊交流的“大本营”；汇聚“新”的优势，推动新联会形成服务赶超发展的“大联盟”；激发“新”

的活力，奏响新联会健康发展的“大合唱”，助力全区经济社会高质量发展。（何　巍）

2021 年 1 月 20 日，鼎城区新的社会阶层人士联合会成立大会召开（摄影：何巍）

【鼎城区党外知识分子联谊会】 鼎城区党外知识分子联谊会（简称区知联会）2008 年 5 月成立，围绕全区中心工作，发挥特点优势，开展调查研究、参政议政、建言献策、社会公益等工作。2021 年，围绕庆祝中国共产党成立 100 周年开展学习活动，以学党史促进建言献策，全年发展会员 1 名。协商议政。3 月 24 日，区政协领导走访调研云港生物、金霞印务、平向良生态农业园，了解企业的生产经营情况，听取意见建议。向区政协提交提案 9 篇，调研报告 2 篇。学习培训。10 月 15 日，组织会员到石板滩镇红烨红色文化园开展主题活动，学习传达中共常德市第八次党代会精神，展开讨论发言。11 月 5 日，组织会员开展“忆党史、铭初心”党史学习教育总结活动，到尧天坪镇参观常德文甲起义纪念园、潘振武将军故居。同心工程。2 月 21 日，组织理事会成员到同心村许家桥回族维吾尔族乡民族村进行春节走访慰问。8 月 21 日，组织理事会成员到同心村许家桥回族维吾尔族乡民族村进行捐资助学活动，资助 10 名学生 1.7 万元。12 月，到同心村进行帮扶慰问。（陈轶旻）

对台工作

【概况】 2021 年，鼎城区对台工作以习近平新时代中国特色社会主义思想为指导，贯彻落实中共中央总书记、国家主席习近平关于对台工作重要论述和党中央对台工作决策部署，落实中央、省、市对台工作会议精神，深化“一个服从、三个服务”，精准施策、主动作为，用心用情开展涉台服务。

对台宣传。4 月 8 日，区委第五次常委会会议专题听取对台工作汇报，安排部署相关工作，关于落实惠台措施、涉台疫情防控、做好对台服务等工作的要求。涉台教育纳入区委理论学习中心组和党校主体班。10 月 26 日，市委办四级调研员黄青山应邀宣讲党的对台方针政策和基层对台工作，区委理论学习中心组、其他区级领导、区直单位主要负责人、各乡镇（街道、场）党（工）委书记及 2021 年第二期科干班全体学员 280 人聆听报告。邀请台胞、台商到鼎城区参访、省亲、旅游，展示鼎城区发展变化。通过培训、参观、考察、交流等系列活动，让台商台胞台属了解政策，加强共识，促进融合。

对台服务。排查化解涉台纠纷，开展涉台慰问救助工作，发放慰问救助金近 4 万元，涉台领域整体稳定。落实台胞、台商、台企同等待遇，召开台资企业工作推进调度会 4 次，落实各项惠台措施，督促各职能部门主动作为。为台商台胞接种新冠疫苗开通绿色通道，建群共享疫情防控信息，免费为离常、返常的台商台胞提供核酸检测服务。

对台交流。利用传统节日、台胞进城办事（接种疫苗、核酸检测）等契机，组织台胞台属开展联谊餐叙活动。9 月 16 日，鼎城区承办“两岸同心 共话中秋”全市台商台胞台属中秋联谊会，参观常德画墙，感受中华文明、湘楚文化和常德本土历史文化，并到草坪镇枫林口村、三角堆村，体验环境清清爽爽、乡风向上向好、人民安居乐业的新时代乡村生活。

对台经贸。2021 年，鼎城区委常委、区委办主任现场调研台资企业 2 次，并召开专题调度会，协调解决该企业推进过程中遇到的土地流转、园区迁坟、空间规划等问题。落实该项目园区引水、供电工程及部分道路建设，土地调规在进行中。

（魏祖梅）

机构编制工作

【概况】 2021年，鼎城区委机构编制委员会办公室（简称区委编办）聚焦主责主业，坚持党建带动引领，坚持集中调研，统筹机构编制资源，开展各项工作，连续11年获评绩效考评先进或红旗单位。

机构编制业务管理。5月，鼎城区委编办到区农业农村局、区水利局、区卫健局、十美堂镇等单位调研，通过座谈交流、查阅资料、征求意见的方式调研评估各单位落实改革意见、执行部门"三定"规定和编制资源效能发挥等情况。查找薄弱环节、分析原因，征求各单位意见建议，为开展改革及相关调整创造条件。将机构改革落实等机构编制情况纳入区级层面督查检查考评年度计划，12月，联合区委改革办、区委督查室实地督查全区各涉改行政事业单位。配合开展参公单位重新申报相关工作，排查全区参公单位相关情况，落实审核上报工作。分步逐项调整改革后党政机构内设机构、人员编制等信息要素，调整完善实名制信息，开展"三定"方案的修正录入工作，梳理历史沿革数据信息，机构编制管理科学化、信息化、精细化。坚持优化协同高效原则，创新思路，提高效率，管住用好编制资源，调整有关部门机构、编制，为各部门工作运行提供保障。配合开展教育系统中小学校教师编制调整工作，保障公办幼儿园机构编制。抓全区公务员、事业单位在编人员调动用编工作，通过实名制系统下达编制使用核准通知单496人次，上下编业务1054次，编制划转使用979人次。鼎城区委编办专题调查摸底全区机关事业单位编外人员情况，至12月，全区机关事业单位使用编外人员2725人，其中行政单位使用编外人员849人、事业单位使用编外人员1876人，上报数据统计汇总及编外人员调研报告。探索编制"所有权"与"使用权"分离，集中长期闲置未发挥使用效益的闲置空余编制，建立编制周转池，向急需行业或阶段性工作岗位定向定量投放。规范周转池编制使用，设置周转期，期满后进行绩效评估，据此收回编制或重新调整使用规模。占用的编制不计入单位编制总数，实行统一管理。通过发文等形式组织学习讨论《事业单位登记管理暂行条例》和相关政策文件，借助新闻媒体围绕事业单位法人证书的法律效力、适应范围、申办程序等内容宣传。发放印制《关于做好鼎城区事业单位法人登记清理规范工作的通知》《鼎城区事业单位法人登记信息修改一览表》《中华人民共和国民法通则》《设立登记、变更登记、注销登记、年检工作流程图》等事业单位登记管理工作手册，供各事业单位法定代表人学习使用。规范、更正登记单位，到基层调研查证。年末，网上年检单位383家，办理变更手续110条，注销单位142家，新设立单位7家，网上登记单位信息完善率99%以上。全区登记的事业单位状态正常383家，均提交年度报告公示，并审核公示。开展"双随机、一公开"事业单位法人公示信息抽查工作，下发《关于开展2021年鼎城区事业单位法人公示信息抽查工作的通知》，制作《事业单位法人公示信息抽查通知书》《回执》《事业单位法人公示信息实地核查记录》《事业单位法人"双随机"核查情况表》等配套材料，12月14—23日，按照1%～2%比例抽取交通、卫生、教育、水利、农业等行业领域32家事业单位进行实地核查与调研。为存在问题的单位，下发限期整改责任书，责令限期改正。

宣传教育。通过周五主题党日、谈心谈话、案例分析会、参观警示教育基地、参观红色教育基地、观看警示教育片等形式，开展教育培训工作。管理单位微信群，建立信息上报播发管理制度，撰写信息材料73篇，分类上报（中央）省市编办、市（区）文明网、区两办、区委宣传部、区委纪委、鼎城组工（鼎城组宣）、鼎级传媒等部门。其中，中央编办、省编办采用2篇，市编办采用2篇，市文明办1篇，区级采用30篇。 （高　鑫）

【湖南省委编办调研鼎城区机构编制工作】 2021年11月2日，湖南省委组织部副部长、省委编办主任刘越高一行到鼎城区调研乡镇机构编制管理工作情况。调研组到鼎城区镇德桥镇实地考察机构改革后乡镇机构设置、职能运行、行政审批服务等情况，围绕乡镇机构编制管理中存在的困难问题及具体意见建议等方面进行了沟通交流。省委编办机构编制三处处长、二级巡视员郑江红，综合处处长邹刚毅参加调研。常德市委常委、市委组织部部长康重文，市委编办主任辛春生，鼎城区委书记朱金平、区委组织部部长黄秋云，区委编办、镇德桥镇党委政府相关人员参加调研。（娄欢欢）

2021年7月2日，湖南省委组织部、省委编办相关领导到鼎城区镇德桥镇调研机构编制工作（摄影：娄欢欢）

党校工作

【概况】 鼎城区委党校建于1959年2月，位于常德市鼎城区红云街道办事处德安社区隆阳路566号，占地面积12540平方米，建筑总面积8692.52平方米。2006年10月，经湖南省委组织部、省委编办、省委党校验收合格，确定为中专体制(机构级别为正科级)。学校领导机构为校务委员会，下设办公室、教务室、教研室、后勤室、合作培训室。核定编制35名，有在职教职工31人，其中教师14人，行政管理和后勤人员17人，配备多媒体会议室2个，大型会议室可容纳300人，中型会议室可容纳160人；小型会议室1个，可容纳40人；配备多媒体教室2间，分别可容纳60人和50人；配有学员宿舍 2 栋，可满足130人同时住宿；学校食堂可接待300人同时就餐；配备文体活动室，篮球场、羽毛球场、乒乓球场；图书馆藏书3万余册，配有专职图书管理员。

教育教学。2021年，区委党校承办中共十九届五中全会轮训班2期、党员发展对象培训班3批、科级干部培训班2期、新录用公务员培训班1期、青年干部培训班1期、乡镇(街道)党政主职培训班1期、交通局行政执法局培训班1期、纪检监察实战业务培训班1期、人大代表业务知识培训班1期，培训学员1520人。3月，鼎城区委党校派教师王静雯到湖南省委党校参加“十九届五中全会精神”专题培训班；4月，派教师王梓懿到湖南省委党校师资班培训1个月；3—6月，派3名教师到湖南省委党校参加“麓山讲坛”。6月，教育长段淑娟参加常德市委党校党史学习教育研讨班。5月，区委宣传部开展全区党史学习教育宣讲活动，党校教师为近40家单位宣讲。12月，安排教师到机关、学校、企业、乡镇等单位开展中共十九届全会精神集中宣讲20场次。

2021年10月18日，鼎城区举行2021年青干班、第二期科级干部培训班开班典礼（提供：王慧）

科研工作。鼎城区委党校申报省级课题1项，市党校系统课题4项；落实市社科联结项课题3项，全省党校系统课题2项，市委党校课题2项，协助学员开展课题研究4项。在党校系统理论研讨会中，教育长段淑娟提交的《在坚决贯彻执行党的政策中实现高质量发展》获省级三等奖。省级刊物发表文章1篇，市级刊物发表文章1篇。在“学习林伯渠革命精神”学术研讨会上，段淑娟、王梓懿撰写的文章《林伯渠的政治能力及当代价值——基于边区“三三制”政权建设的视角》一文获优秀论文。参加“我为党代会献一策”活动,上交稿件4篇,3篇被市委党校评为“优秀稿件”。坚持集体攻关,按照专业及个人兴趣,把教师分成3个科研小组,进行集体攻关、以老带新。3个科研小组分别围绕“农村一、二、三产业融合发展”“乡村文化”“乡村人才队伍建设”问题进行调查与研究。坚持教研一体,科研工作与教学工作结合,在教育中引入科研论文。对外协作,与区委组织部、区政协等部门联系合作,安排教师参与区政协“乡村人才队伍建设”“乡村文化”课题调研;安排教师与区委组织部、区委党史研究室等部门联合撰写论文《在坚持贯彻执行党的政策中奋勇争先》。

精神文明建设。组织全体教职员工集中学习中央、省、市、区全面依法治国、依法治省、依法治市和依法治区会议精神,将《习近平法治思想》《民法典解读》纳入2期科级干部培训班和1期青年干部培训班,组织教职员工和学员一起听课、评课,提高教职员工法律素质,依法治校。利用“宪法宣传周”开展系列活动,组织教职员工参加普法知识学习和考试。开展文明标兵单位复检,参加文体活动和志愿者活动。6月,组织参加市委党校“百年风华、歌声嘹亮”歌咏会演、全区“颂歌献给党,唱响新时代”歌咏比赛。7月、11月,分别组织到花岩溪镇、澧县城头山彭山开展工会活动。12月,组织职工的未成年子女开展“艾肯梦想城职业体验”活动。

设施改造。5月,鼎城区委党校启动基础设施升级改造工程,工程投入500万元,其中棚改资金330万元、采购设施设备财政投入170万元。新修篮球场,规范并施划停车场和标志标线,添置自动旗杆;进行会议楼大会议室座椅更换和地面改造,安装LED显示屏3块;宿舍楼外观全部安装玻璃墙,翻新改造卫生间,更新床铺、床柜、床品,拆除改造文化墙;开挖食堂操作间排水沟,进行食堂餐厅墙体开门,配备桌椅、板凳、桌布、椅套,采购蒸柜、冰柜、餐盘,添置大型消毒柜3个,食堂就餐采用自助餐模式。 (王 慧)

接待工作

【概况】 2021年,鼎城区接待服务中心落实接待任务82批次,指导同级单位接待工作20余次。

接待服务。接待中央党史和文献研究院、宁夏回族自治区政协、湖南省委组织部、湖南省社科联、湖南省农业农村厅、西藏自治区到湖南省挂职干部、湖南省人大常委会等到鼎城区调研、指导、考察、交流学习;接待国开行湖南省分行等投资企业到鼎城区考察洽谈;接待常德市“五大家”主要领导到鼎城区指导、调研等。重点落实为期8天的常德市委组织部到鼎城区换届干部考察、湖南省农村人居环境整治暨厕所革命现场推进会、北斗智慧健康跑和渐安暴动纪念园揭牌仪式、鼎城区第十三次党代会、湖南省人大常委会调研鼎城区人大代表实践站等重要公务活动的接待工作。12月,为规范全区公务接待工作,参与制定《中共常德市鼎城区委办公室 常德市鼎城区人民政府办公室印发〈关于进一步规范公务接待管理工作的补充规定〉的通知》。

党建工作。接待服务中心把党建工作摆在重要位置,强化政治理论学习,坚持用习近平新时代中国特色社会主义思想武装头脑、指导实践、推动工作;坚持集中学习和个人自学相结合,组织党员学习鼎城区第十三次党代会、常德市第八次党代会、湖南省第十二次党代会、中共十九届六中全会等重要精神。强化党员教育管理,开展“三会一课”、主题党日、党员志愿服务、党员积分管理等活动,通过制定党员教育管理月计划表,督促党员按月开展学习、及时交纳党费。开展党史学习教育,3—6月,围绕“学史明理、学史增信、学史崇德、学史力行”开展4次集中学习研讨。注重理论联系实际,开展红色教育,5月、7月、10月分别组织全体党员到石板滩镇赵必振纪念馆、草坪镇文甲起义策源地、桃源县翦伯赞故居开展党史学习现场教学,通过重温入党誓词、瞻仰革命遗迹、了解先辈英雄事迹,激励引导全体党员牢记革命精神、不负初心使命。

乡村振兴。派遣党员干部石道德为帮扶工作队队员,常驻牛鼻滩镇永福村,专职开展乡村振兴、驻村帮扶工作。2021年,接待服务中心全体帮扶工作人员到永福村开展实地调研和考察5次,为永福村筹集乡村振兴建设资金3.5万元。

(杜　瑶)

档案工作

【概况】 2021年,鼎城区档案馆馆藏档案256个全宗、136542卷(件)。全年接待档案查阅512人次,查阅档案1253卷,查准率98%。落实档案信息化工作任务6万余页。

资源建设。整合鼎城区委党史研究室、武陵区档案馆等相关档案资料,收集整理红色档案资料,协助镇德桥镇踏水桥村第一党支部红色革命文化馆建设;协助区档案局开展脱贫攻坚和疫情防控档案指导工作,落实两类档案进馆工作。指导51个区直单位和乡镇两类档案进馆工作,其中脱贫攻坚文书档案11845件、照片档案1028张、科技档案7017件;疫情防控文书档案1423件,照片档案52张,实物档案26件。协助区档案局开展档案执法检查工作;征集接收图书资料28本。

档案利用。开展线上线下档案查阅利用服务。线上通过"全国一体化在线政务服务平台"落实"湖南一件事一次办"政策,方便市民不出门即可通过政府网站开展档案查询利用服务。线下在接待查阅工作中全程公开办事程序和服务承诺,其中核定工龄、年龄、社保占60%,核实土地、山林权属占30%,修志占10%。

档案宣传。组织开展"6·9"国际档案日宣传活动,开展"学党史·知党恩·跟党走"宣传,展出宣传盾牌40余块,发动市民参与填写档案知识竞赛试卷50余份,发放宣传资料200余份,接受市民咨询100余人次,在鼎广电台、微信、QQ等媒体上开展宣传活动;落实常德市档案学会第24次档案学术论文《浴血奋战 为国捐躯》及国际档案日主题征文《用心服务群众 全力服务大局》。

2021年,鼎城区档案馆开展"6·9"国际档案日宣传活动
(提供:彭秋娟)

信息报送。全年报送信息43篇,国家级媒体上稿6篇,区级媒体"鼎级传媒"上稿28篇,在"鼎城组工"上稿15篇。

馆库安全。建立健全档案安全事故及灾害应急预案和应急机制。定期开展档案安全隐患排查整治,查看档案馆除湿系统、消防设施、监控系统、电气线路、供水管道、机电设备等档案保管保护设施设备情况,建立检查台账。举办消防安全知识专题培训,定期组织消防演练活动。全年安全事故零报告。

组织建设。开展党史学习教育,组织干部学习中共十九届六中全会精神。全年开展"主题党日"活动12次,召开支部委员会12次,党员大会4次,上党课2次,组织生活会2次。开展在职党员进社区服务活动4次,下基层志愿服务活动12次。上门帮扶困难党员10余次,红色教育活动1次。开展党风廉政建设和反腐败工作,组织开展党风廉政建设和反腐败专题研究会议4次,落实"两个责任",组织开展谈心谈话90余次。选派党员骨干入驻谢家铺镇港中坪村开展乡村振兴工作。班子成员开展党员干部联系服务群众"五个到户"工作,制定台账,明确责任。定期到点村入户走访调研、宣讲政策、解困帮扶。

综合档案馆新馆建设和搬迁。综合区档案馆

和党史方志馆主体工程具备竣工验收要求，拟于2022年2月末进行竣工验收。综合区档案馆室内深化装修工程完工，附属工程完工95%，拟于2022年5月投入使用。

巡察整改。4—6月，鼎城区委第四巡察组进驻区档案馆开展常规巡察工作。党支部及时研究巡察整改中指出的问题，制定整改方案，细化责任分工，抓整改落实，梳理的10个具体问题均整改。

（彭秋娟）

史志工作

【概况】 2021年，中共常德市鼎城区委党史研究室（常德市鼎城区地方志编纂室）围绕年初确定的的工作要点，开展各项工作，获评2021年度湖南省党史工作先进单位、湖南省地方志系统2021年度先进集体，获评2021年度市级文明单位，获评2021年度区平安建设先进单位、绩效考核良好单位，机关党支部被常德市委授予常德市先进基层党组织称号，《鼎城年鉴（2020）》获评第八届湖南省地方志优秀成果（年鉴类）二等年鉴。

史志编研。出版《鼎城年鉴（2021）》，该书设类目29个、分目185个、条目334个，配表格4个，成书70余万字。出版系列丛书《鼎城史鉴③（抗“疫”专辑）》，向全区发行，该书收录全区各级党政部门、各战线志愿者、部分先进典型关于新型冠状病毒感染的肺炎疫情防控工作纪实和优秀事迹等文稿106篇，成书44万余字。年末，《鼎城史鉴④》送厂印刷，该书收录“往事回眸”“史苑纵横”“党报推介”“党史讲坛”“附录”5个部分内容。出版发行《红色鼎城》，该书系统反映鼎城区党史资源的“红色家谱”，披露了部分新史料，成书60余万字，是鼎城区第一部“红色家谱”。6月30日，鼎城区举行《红色鼎城》发行暨党史“七进”活动启动仪式，为全区各级领导干部、党支部、农家书屋等单位赠送书籍。10月，区委党史研究室（区地方志编纂室）主任曾世平为全区办公室主任进行年鉴撰写知识业务授课，参加培训100余人。

2021年6月30日，鼎城区举行《红色鼎城》发行暨党史“七进”活动启动仪式 （摄影：李玲）

专题研究。赵必振研究。成功申报中央党史和文献研究宣传专项引导资金年度项目《赵必振年谱长编》，《赵必振年谱长编》从数百万字的原始材料中，提炼出50余万字的基本材料，完成复审稿。出版《赵必振译文集》四卷本（人物卷、历史卷、社会主义学说卷、哲学政治卷），收录赵必振翻译作品28部，字数（含注释）约180万字。7月9日，召开《赵必振译文集》出版座谈会，省、市图书馆派专人参会并索书收藏。发布《赵必振研究会2021—2022年度学术研究课题资助方案》，鼓励国内外专家、学者开展赵必振学术研究，保持政策的延续性。阳明文化研究。组织相关专家充实、完善、论证各类资料，开展常德阳明文化研究专著《王阳明与常德》编纂工作，年末交出版社审稿。10月29—31日，曾世平到浙江省绍兴市参加2021阳明心学大会。鲁易烈士研究。撰写研究文稿《鲁易的革命人生》《琼崖建党先驱——鲁易》，文章首次披露关于鲁易新史料，其生平研究取得进展。其他党史研究。撰写研究文稿《中共湘西特委创建初期的三次会议》，被《湘潮》杂志刊发，获“庆祝中国共产党成立100周年”主题征文优秀奖。参加“学习弘扬林伯渠革命精神”学术研讨会，撰写文章《从林伯渠的“断腿眼镜”说起——兼谈中国共产党人的自我革命精神》，获优秀论文奖。曾世平参加湖南省中共党史学会第九次会员代表大会、湖南省中共党史人物研究会第六次会员代表大会、湖南省毛泽东思想研究会第五次代表大会联席会议，当选为省中共党史学会第九届理事会理事；参加湖南省博物馆学会2021年会暨“博物馆与红色文物保护利用”专题学术研讨会，当选为省博物馆学会党史馆专业委员会常务委员。

2021年10月，鼎城区地方志编纂室主任、常德阳明文化研究中心主任曾世平(中)与常德阳明文化研究中心特聘研究员梁颂成(左)、邓声斌(右)，参加全国2021阳明心学大会　(提供：牟志扬)

史志宣教。微信公众号“鼎城史志”关注量升至1000余人次，推出《新时代跟着总书记讲党史故事》《红色鼎城》等新栏目。向国家、省、市、区等各类媒体推送信息70余条，其中，中央党史和文献研究院官网采用7条，湖南省委党史研究院官网采用19条。全年区党史陈列馆接待参观人员300人次。开展党史宣讲，围绕庆祝中国共产党成立100周年活动，推出“百年风云：历史视域中的中国共产党”“中国共产党的成功密码”党史宣讲专题2个；围绕区委十二届八次全会关于“弘扬扛鼎精神、打造现代江南、建设幸福鼎城”的决策部署，推出“从历史视角看‘扛鼎精神’”宣讲专题；围绕中共十九届六中全会推出“‘数’读历史决议——学习党的十九届六中全会精神”宣讲专题。协办鼎城区庆祝中国共产党成立100周年“学党史 铭初心”知识挑战赛，提供党史知识题库。5月25日，全区107个单位组队参加初赛，36支参赛队伍晋级复赛，挑战赛贯穿全年；联合区委党校、区政协文史委以“口袋书”的形式编印《新时代跟着总书记讲党史故事》，全书约4万字，收录党史故事100个。3月2日，曾世平为鼎城区2021年度村(社区)党组织书记培训班宣讲地方党史，全区296名村(社区)党组织书记参加培训。全年宣讲党史12场次，听众1000余人次。

2021年3月11日，鼎城区消防救援大队参观区党史陈列馆　(摄影：牟志扬)

业务指导。区委党史研究室在推动乡村振兴、城市建设中出谋划策，发挥独特优势。为渐安暴动纪念园的建成提供文化支撑，5月，渐安暴动纪念园开园，该纪念园是以鼎城革命遗址遗迹标识为主题，集革命历史教育、党员党性教育和群众爱国主义教育于一体的红色教育基地；支持郭家铺街道开展鲁易生平事迹陈展工作，6月22日，“鲁易生平事迹陈列馆”开馆，该馆面积约150平方米，展出相关图片、史料156件。6月，协助区委组织部为中国共产党成立100周年网红打卡点党史牌提供文字内容。利用方志成果，提升江南城区文化品位，指导将善德文化、阳明文化等方志文化元素，植入善卷纪念公园、阳明湖公园、建新河治理水系

2021年5月20日，中央党史和文献研究院、湖南省委党史研究院相关领导到鼎城区调研“鲁易生平事迹陈列馆”建设情况　(提供：向玲灿)

工程等城市建设项目中。全年，召开党史联络组座谈会2次，组织区党史联络组到石板滩镇红烨红色文化园、草坪镇枫林口村文甲起义策源地纪念广场，尧天坪镇田坪村文甲起义遗址、常德文甲起义纪念碑等地调研革命遗址保存现状、红色资源保护利用情况及相关红色教育基地的建设情况。

中心工作。平安创建。区委党史研究室组织到红云街道花船社区、黄土店镇友谊社区走访调研，向居民宣传科学防疫、综治民调、防范电信诈骗、法治法规等常识。干部职工到紫薇佳园（二期）小区开展“联居民创满意”活动2次，下班后进行扫楼式的入户走访，建立民情台账，收集社情民意，排查矛盾纠纷。文明创建。参加“潇湘家书”“道德模范”等评选活动，开展“我们的节日”“学雷锋月”“道德讲堂”“义务植树”“无偿献血”“养老院慰问”等系列活动，履行社会责任，增强单位整体文明素质。乡村振兴。区委党史研究室是石公桥镇三堰口村联点组长单位，派专人驻村开展乡村振兴工作，支持指导三堰口幸福屋场建设。12月9日，鼎城区第一座村史馆——三堰口村史馆建成，充实乡村振兴文化内涵。（李 玲 牟志扬）

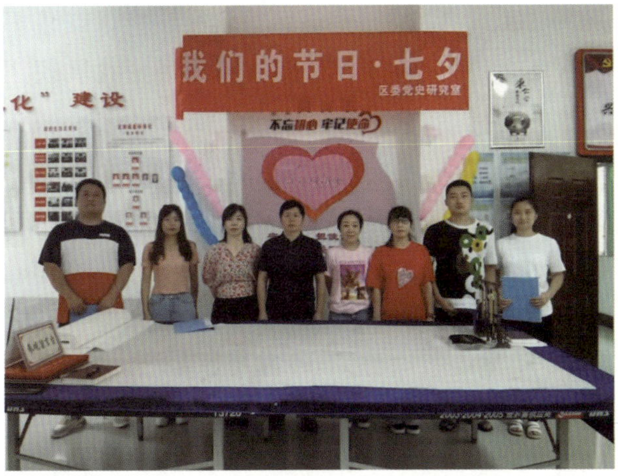

2021年8月13日，鼎城区委党史研究室开展“我们的节日·七夕”诗歌朗诵活动（提供：牟志扬）

【《湘潮》杂志刊发曾世平党史研究文稿】 2021年3月，《湘潮》杂志2021年第2期（总第543期）刊发鼎城区委党史研究室主任曾世平的党史研究文稿——《中共湘西特委创建初期的三次会议》。该文2500余字，被收录于“史事风云”栏目，文稿披露了关于河洑山会议、草鞋洲会议、七姑山会议的新史料，充实了常德党史研究的有关内容。

（向玲灿）

【鼎城区举行渐安暴动纪念暨革命遗址遗迹标识揭牌仪式】 2021年4月16日，渐安暴动纪念暨鼎城区革命遗址遗迹标识揭牌仪式在石板滩镇红烨红色文化园举行。揭牌仪式由鼎城区委、鼎城区人民政府主办，湖南省老区办主任王学强、常德市老促会会长刘春林、常德市老促会副会长王孝山、常德市委党史研究室主任郑文廷等省、市领导，朱金平、王时雨、王少贤、韩才渊、杨学平、李娟、宋雨泓、王直华等鼎城区领导，鼎城区相关单位负责人约80人参加仪式。常德市委组织部、市委宣传部分别为红烨红色文化园颁发“常德市党性教育现场教学点”“常德市爱国主义教育基地”牌匾。

（向玲灿）

【鼎城区首个党史主题公园开园】 2021年6月22日，鼎城区首个党史主题公园开园。该公园由鼎城区委组织部策划建立，鼎城区委党史研究室协助建成，位于江南城区沅江风光带中心区域。园内设置“鼎城党史”“红船模型”“群众打卡”3个区域。

（向玲灿）

2021年6月22日，鼎城区委理论学习中心组在党史主题公园开展党史学习教育现场教学（提供：向玲灿）

【《赵必振年谱长编》编研项目获批中央党史和文献研究宣传引导资金年度项目立项】 2021年6月，2021年度中央党史和文献研究宣传专项引导资金项目评审结果公布，鼎城区委党史研究室申报的“赵必振年谱长编”作为重点项目予以立项，批准号为YDZJ20212021。中央党史和文献研究宣传专项引导资金项目是中央党史和文献研究院为了加强地方党史与理论研究、党史宣传教育、文献资料征集工作，于2019年设立的引导资金项目，归口管理部门为各省委党史研究院，每年各省立项项目原则上不超过3个。 (李 玲)

【鲁易生平事迹陈列馆建成】 2021年6月，鲁易生平事迹陈列馆建成。陈列馆位于郭家铺街道鲁易社区服务中心三楼，面积约150平方米，展出相关图片和史料156件。陈列馆以“我们更需要革命家”为主题，分为“确立革命信仰”“投身革命工作”“为革命献身”三大部分，按时间顺序展示鲁易烈士英勇斗争的革命生涯。同月，鼎城区委宣传部确定鲁易生平事迹陈列馆为“鼎城区爱国主义教育基地”，并举行授牌仪式。 (向玲灿)

2021年6月，鲁易生平事迹陈列馆建成
(提供：向玲灿)

【《赵必振译文集》出版】 2021年7月，由鼎城区委党史研究室和常德市鼎城区赵必振研究会编辑的《赵必振译文集》公开出版。该书为国家社科基金项目“赵必振翻译日文版社会主义著作的搜集、整理与研究”的成果之一，收录赵必振翻译作品28部，分为社会主义学说卷、人物卷、历史卷、哲学政治卷四卷，字数(含注释)约180万字，由九州出版社出版。 (向玲灿)

【中央电视台专题报道常德文甲起义策源地】 2021年8月23日，中央电视台中文国际频道(CCTV-4)《中国新闻》栏目“奋斗百年启新程”专题以《昔日文甲起义策源地 今朝乡村振兴新地标》为题，聚焦常德市鼎城区枫林口村，用5分钟的时长报道该地通过挖掘红色资源、传承革命精神，助推乡村振兴的事迹。文甲起义策源地纪念广场于2020年11月建成，占地面积约7万平方米，总投资166万元，包含文甲起义策源地标志碑、初心广场、纪念亭等。 (向玲灿)

【鼎城区上线红色资源虚拟现实(VR)全景“红色地图”】 2021年8月，鼎城区策划推出全区红色资源VR全景“红色地图”，用VR全景形式展现区内红色地标。“红色地图”选取鼎城区党史陈列馆、赵必振研究基地、文甲起义纪念碑、镇德桥镇党史陈列馆、渐安暴动纪念园等12处红色地标建筑，通过定点拍摄现场取材，后期加工处理，制作成360度全景图。用户只需通过手机或电脑打开链接，点击相应图标进入VR场景后，可查看更多视角，聆听地标背后的红色故事。

(向玲灿)

鼎城区人民代表大会

People's Congress of Dingcheng District

2021 年 10 月 23 日，常德市鼎城区第十八届人民代表大会第一次会议会场

（提供：张冰）

鼎城年鉴(2022)

概　　述

【概况】 鼎城区人民代表大会常务委员会（简称区人大常委会）有正科级办事（工作）机构 2 个：区人大常委会办公室（区人大常委会信访办公室）、区人大常委会选举任免联络工作委员会。区人大设正科级专门委员会 7 个：区人大民族华侨外事委员会、区人大监察和司法委员会（区人大法制委员会与其合署办公）、区人大财政经济委员会（区人大常委会预算工作委员会与其合署办公）、区人大教育科学文化卫生委员会、区人大环境与资源保护委员会、区人大农业与农村委员会、区人大社会建设委员会。区人大常委会办公室设正股级公益性事业单位 1 个，即区人大常委会新闻中心；区人大财政经济委员会设副科级公益性事业单位 1 个，即区人大预算联网监督事务中心。2021 年，鼎城区人大代表 287 人，其中，非中共党员代表 106 人，妇女代表 113 人，少数民族代表 19 人。有市人大代表 59 人，其中非中共党员代表 23 人，妇女代表 26 人，少数民族代表 6 人。有省人大代表 8 人，其中非中共党员代表 5 人，妇女代表 1 人，少数民族代表 1 人。有全国人大代表 1 人，女性，党员，汉族。2021 年，区人大常委会党组坚持以习近平新时代中国特色社会主义思想为指导，贯彻落实中央、省委人大工作会议精神，坚持党的全面领导，落实全面从严治党主体责任，发挥党组作用。召集人民代表大会会议 1 次，召开常委会会议 13 次、主任会议 8 次，党组会议 12 次，支委会会议 12 次，支部党员大会 4 次，开展党小组学习讨论及主题党日活动 23 次。开展党史学习教育，开展专题学习研讨 4 次，发放学习教材、资料 80 余套，80 余人次作交流发言。组织机关党员干部接受党性（革命传统）教育 3 次。举办人大业务知识培训班 4 次、业务知识闭卷测试 2 次。组织“一府一委两院”、乡镇街道人大及人大代表开展人大制度理论研讨活动，收集论文 57 篇，报送 10 篇，7 篇在全市获奖。开展讲好人大故事，展现代表风采，全年在上级媒体上稿 241 篇，位居全市第二。 （施睿　张冰）

重要会议

【鼎城区人民代表大会会议】 2021 年 10 月 22—25 日，鼎城区召开第十八届人民代表大会第一次会议。余习琼当选为区十八届人大常委会主任。 （张　冰）

【鼎城区人民代表大会常务委员会会议】 2021 年 1 月 15 日，鼎城区十七届人大常委会第三十六次会议举行。会议听取 2020 年度司法公正常德行和规范性文件备案审查工作的情况报告、区人民检察院关于内设机构改革的情况报告；会议审议表决区人大常委会关于接受李卫民、王直华辞去鼎城区人民政府副区长职务的议案；会议投票表决有关人事事项，决定任命雷建国、陈志刚为鼎城区人民政府副区长，熊照文为鼎城区科学技术局局长。

3 月 22 日，鼎城区十七届人大常委会第三十七次会议举行。会议听取 2021 年度全区政府性重大工程项目投资情况、全区涉砂情况的报告；听取审议区人民政府关于 2020 年度全区城建项目和城建资金计划执行情况及 2021 年建设项目计划安排（草案）情况、2020 年度全区环境状况和环境保护目标完成情况的报告；听取审议《鼎城区人大常委会关于动员全区各级人大代表助力乡村振兴的决定（草案）》、区人民政府关于进一步规范江南城区地名管理的议案；会议通过代表资格审查报告，并进行相关人事任命。

4 月 25 日，鼎城区十七届人大常委会第三十八次会议举行。会议听取审议区人民政府关于粮食产业发展情况的报告，接受相关辞呈，并进行相关人事任免。

6 月 4 日，鼎城区十七届人大常委会第三十九次会议举行。会议听取审议全区公共卫生体系建设工作和区人民政府、区人民法院关于行政诉讼相关工作的情况报告；听取区人民政府关于劳动就业工作、全区农村面源污染治理工作的情况报告；依法确定各乡镇新一届人民代表大会代表名额，并进行相关人事任免。

6月28日，鼎城区十七届人大常委会第四十次会议举行。会议审议关于提请任命区、乡镇(街道)选举委员会组成人员的议案和关于确定各乡镇人民代表大会主席团名额的议案。

8月13日，鼎城区十七届人大常委会第四十一次会议举行。会议听取和审议2020年度区级财政预算执行和其他财政收支的审计情况、财政决算报告(草案)及2021年1月至7月财政预算执行情况的汇报；会议听取区人民政府关于人大代表票决民生实事项目工作进展情况的汇报。

9月1日，鼎城区十七届人大常委会第四十二次会议举行。会议审议通过鼎城区第十七届人民代表大会常务委员会代表资格审查委员会《关于鼎城区第十八届人民代表大会代表资格的审查报告(草案)》和《鼎城区人大常委会公告(草案)》。

9月29日，鼎城区十七届人大常委会第四十四次会议举行。会议决定于2021年10月22—25日在江南城区华邦大酒店召开鼎城区十八届人民代表大会第一次会议。会议表决通过《区十七届人大常委会代表资格审查委员会组成人员补充名单(草案)》，接受相关辞呈。

10月20日，鼎城区十七届人大常委会第四十六次会议举行。会议听取区人民政府关于区十七届人大八次会议人大代表议案、建议办理情况的报告，审议区十八届人民代表大会第一次会议的有关事项，并进行相关人事任免。

11月18日，鼎城区十八届人大常委会第一次会议举行。会议听取审议区人民政府关于2021年财政预算调整方案(草案)情况的报告，区人民政府关于公安派出所、交警大队执法规范化建设情况的报告。会议接受相关辞呈。

12月17日，鼎城区十八届人大常委会第二次会议举行。会议听取区人民政府关于区扶贫开发办公室机构调整有关情况的备案报告，区人民政府关于提请决定任命罗立杰等职务的议案，区监察委员会关于提请任命葛振林等职务的议案。区委常委、区委组织部部长黄秋云就人事事项作说明。会议进行相关人事任命。 (张　冰)

2021年12月17日，鼎城区十八届人大常委会第二次会议会场 (提供：张冰)

【鼎城区人民代表大会常务委员会主任(扩大)会议】 2021年1月14日，鼎城区人大常委会主任王少贤主持召开区十七届人大常委会第五十五次主任(扩大)会议。会议听取区委组织部和区人大常委会联工委有关人事事项的报告，讨论区十七届人大常委会第三十六次会议日程安排(草案)。

3月16日，鼎城区人大常委会主任王少贤主持召开区十七届人大常委会第五十六次主任(扩大)会议。会议听取区人大常委会办公室关于区人大常委会2021年工作要点(草案)的情况汇报及区人大常委会联工委有关人事任免的情况报告，讨论区十七届人大常委会第三十七次会议日程安排(草案)。

4月20日，鼎城区人大常委会主任王少贤主持召开区十七届人大常委会第五十七次主任(扩大)会议，讨论研究区乡人大换届选举相关事宜、“水污染防治，人大代表在行动”主题活动方案(草案)、筹备召开区十七届人大常委会第三十八次会议等工作。

6月3日，鼎城区人大常委会主任王少贤主持召开区十七届人大常委会第五十八次主任(扩大)会议。会议听取区人民检察院关于人事任免有关事项的报告、区人大常委会联工委关于重新确定各乡镇新一届人民代表大会代表名额的议案(草案),讨论区十七届人大常委会第三十九次会议日程安排(草案)。

7月29日,鼎城区人大常委会主任王少贤主持召开区十七届人大常委会第五十九次主任(扩大)会议,听取区乡人大换届选举工作及区人大常委会主任会议成员督导乡镇街道换届选举等工作情况汇报,讨论研究区十七届人大常委会第四十一次会议有关事项。

10月13日,鼎城区人大常委会主任王少贤主持召开区十七届人大常委会第六十二次主任(扩大)会议。会议听取区十八届人大第一次会议筹备工作情况汇报,讨论研究区十七届人大常委会第四十五次会议有关事项。

11月15日,鼎城区人大常委会主任余习琼主持召开区十八届人大常委会第一次主任(扩大)会议。会议讨论区十八届人大常委会第一次会议召开的相关事宜。会议决定,于11月中下旬召开区十八届人大常委会第一次会议。会议拟听取审议区人民政府关于2021年财政预算调整方案(草案)、公安派出所、交警大队执法规范化建设等情况报告。

12月16日,鼎城区人大常委会主任余习琼主持召开区十八届人大常委会第二次主任(扩大)会议。会议听取区人民政府关于请求将区扶贫开发办公室机构调整的备案报告以及区人民政府、区监察委员会有关人事任命的议案列入区人大常委会会议议程的报告,讨论区十八届人大常委会第二次会议日程安排(草案)。 (张 冰)

重要活动

【概况】 2021年2月25日,鼎城区人大代表助力乡村振兴工作调度会在黄土店镇云峰山村召开。当日,区人大常委会主任王少贤一行实地察看云峰山村人大代表实践站建设情况,提出关于幸福屋场建设、村容村貌综合整治、乡村旅游发展等意见建议。座谈会上,区人大常委会副主任王志新部署云峰山村人大代表实践站的筹建工作,与会代表发表意见和建议,表示:充分发挥自身技术、产业、专业等优势,通过文艺下乡、法治进村、红色旅游、教育帮扶、资金支持等方式,助力云峰山村乡村振兴。

3月10日,湖南省人大常委会办公厅二级巡视员文显科带领省人大常委会联工委一行到鼎城区调研区乡人大工作和建设情况。常德市人大常委会党组副书记、副主任王先蒙,区人大常委会主任王少贤、副主任刘运华陪同调研。调研组一行到草坪镇枫林口村、三角堆村,实地察看人大代表实践站,了解实践站建设和人大代表开展实践活动情况。在黄土店镇人民政府,调研组实地察看该镇贯彻《湖南省乡镇人民代表大会工作条例》(简称《条例》)、民生实事项目人大代表票决制、人大代表履职风采等宣传展板及“两代表一委员”工作室,并听取该镇负责人关于贯彻落实《条例》的情况介绍。

3月17日,湖南省沅江市人大常委会主任雷越毅带队到鼎城区考察交流乡镇人大工作。其间,雷越毅一行到黄土店镇、草坪镇、红云街道、常德画墙进行实地考察,参观黄土店镇和红云街道“两代表一委员”工作室及草坪镇枫林口村、三角堆村人大代表实践站,了解鼎城区贯彻落实《湖南省乡镇人大工作条例》及民生实事票决制工作情况。

3月25日,常德市人大常委会党组书记、副主任余怀民和鼎城区委书记朱金平共同为黄土店镇云峰山村实践站揭牌,鼎城区首个偏远村人大代表实践站正式挂牌运行。

3月26日,2021年全市区县(市)人大常委会主任座谈会在鼎城区召开。市人大常委会党组书记、副主任余怀民出席会议并讲话。与会的市人大常委会主任会议成员,各区县(市)人大常委会主要负责人,市人大各专门委员会、常委会各工作机构主要负责人、常委会副秘书长围绕2021年各自工作重点，就《湖南省乡镇人民代表大会工作条例》贯彻落实情况、民生实事项目人大代表票决制工作、关于换届工作的意见建议进行交流发言。

4月1日，鼎城区人大常委会机关召开党史学习教育动员会，区人大常委会党组书记、主任王少贤及部分常委会领导出席会议，区人大常委会党组副书记、副主任刘运华主持会议，机关全体干部职工参加会议。会上，区人大常委会党组成员、机关党总支部书记、办公室主任周跃华宣读机关党史学习教育实施方案，区人大常委会党组成员、区总工会主席沈国华作动员讲话。

4月8日，鼎城区人大常委会机关组织全体党员干部到韶山和长沙花明楼开展“铭记党史，缅怀领袖”党史学习教育现场学习。区人大常委会主任王少贤，副主任刘运华、钟泽英、王志新、刘志平，区人大常委会党组成员李湘建，区人大常委会党组成员、区总工会主席沈国华出席活动。

4月26日，常德市人大常委会党组书记、副主任余怀民带队到鼎城区开展农林秸秆再生利用工作调研。市人大常委会秘书长李绍霞，鼎城区人大常委会主任王少贤，副主任王志新陪同调研。调研组一行到斗姆湖街道办事处视察蓝天卫士秸秆禁烧监测系统，在斗姆湖街道南阳社区常德淘发源生物科技有限公司，余怀民了解该公司生物颗粒机、环保节能木炭机等设备生产情况，生物颗粒、机制炭等产品生产工艺和销售使用情况。

2021年4月26日，常德市人大常委会党组书记、副主任余怀民(中)到鼎城区开展农林秸秆再生利用工作调研 （提供:张冰）

5月18日，常德市人大常委会副主任杨新辉及市人大教科文卫委一行到鼎城区开展教育专项调研。区人大常委会副主任钟泽英、区人大教科文卫委、区教育局负责人陪同调研。调研组一行到斗姆湖幼儿园、小学及中学实地调研，现场察看教学场地、学生食堂、学校操场及校园环境等，并召开座谈会。座谈会听取了有关工作情况汇报，了解斗姆湖小学和公办幼儿园的基本情况和现实困难。市、区两级人大及教育局分别就斗姆湖小学和幼儿园迁址新建建言献策，提出关于争取项目资金、改善办学条件的可行性建议。

6月1日，常德市人大常委会副主任杨易及市人大民侨外委一行到鼎城区许家桥回族维吾尔族乡，实地走访少数民族活动场所及部分村组，调研乡村振兴和民族团结进步工作。区人大常委会主任王少贤，副主任刘志平陪同调研。杨易在许家桥回族维吾尔族乡民族村清真寺，了解该乡少数民族人员构成、民族工作开展及政策落实等方面情况，到许家桥回族维吾尔族乡珊瑚岗村实地调研东干渠建设情况，并召开座谈会听取许家桥回维乡乡村振兴工作的情况汇报。

6月7—11日，鼎城区人大常委会组织人大代表、人大工作者50余人，到贵州省贵阳市、遵义市开展履职能力提升和换届选举业务知识培训。

6月15日，常德市人大常委会党组书记、副主任余怀民带领市七届人大代表鼎城代表团第一小组全体成员开展“水污染防治，人大代表在行动”活动，监督检查鼎城区乡镇相关排污口。余怀民一行实地察看石公桥镇柳垱机埠、周家店镇污水处理厂、蒿子港镇污水处理厂，了解各排污口水污染防治工作及排出水质是否达标等有关情况。

6月22日，常德市人大常委会党组书记、副主任余怀民一行到鼎城区蔡家岗镇花园村调研乡村振兴工作。区人大常委会党组书记、主任王少贤，区委常委、常务副区长雷建国参加调研座谈。会上，余怀民听取蔡家岗镇花园村乡村振兴2021—2023年工作规划，各相关单位负责人作表态发言。

7月15日，常德市人大常委会党组书记、代理主任余怀民到鼎城区调研指导区乡两级人大换届选举工作。余怀民一行到鼎城区镇德桥镇踏水桥人大代表实践站、草坪镇兴隆街村人大代表实践站、草坪镇三角堆村人大代表实践站调研，了解人大代表通过人大代表实践站平台创新履职、助力乡村振兴有关情况。

7月21日，湖南省人大常委会副主任彭国甫到鼎城区草坪镇，调研文化建设等工作。彭国甫一行到草坪镇枫林口村、三角堆村，实地察看人大代表实践站、村级产业发展和红色文化资源保护传承等工作。市、区领导邹文辉，余怀民，杨新辉，朱金平，王少贤，刘运华及部分人大代表陪同调研。

8月30日，常德市人大常委会党组书记、副主任余怀民带队到鼎城区开展医养结合养老服务工作视察。市人大常委会全体组成人员、市人大社会委负责人参加视察，鼎城区委副书记、区人民政府区长陈远，区人大常委会主任王少贤、副主任李三葆，区人民政府副区长杨凡等陪同。视察组一行实地察看鼎城区社会福利中心，了解该中心医养结合养老服务工作建设情况。

9月15日，湖南省人大监察和司法委主任委员龙朝阳率调研组一行，到鼎城区司法局调研《中华人民共和国社区矫正法》贯彻实施情况。常德市人大常委会副主任戴君耀、鼎城区人大常委会主任王少贤、区人大常委会副主任李三葆陪同调研。调研组参观了社区矫正大楼、文明之窗、社区矫正工作局，视察了社区矫正对象现场报告演示。

9月22日，鼎城区人大常委会组织全体驻站人大代表、区人大常委会机关干部职工等到灌溪镇白马岗等7个人大代表实践站现场观摩，由驻站代表解说，介绍人大代表为村庄带来的新变化、新面貌和新风尚。市区领导余怀民、朱金平、陈远、王少贤、余习琼、杨凡、杨成等出席活动。

2021年9月22日，鼎城区人大常委会组织全体驻站人大代表、区人大常委会机关干部职工等到灌溪镇白马岗等7个人大代表实践站现场观摩 （提供：张冰）

11月3日，湖南省人大常委会副主任叶红专一行到鼎城区草坪镇芙蓉学校，视察调研学校建设情况。市、区领导余怀民、戴君耀、周代惠、陈远、王时雨、余习琼等陪同调研。

11月4日，常德市人大常委会副主任宋云文带队到鼎城区开展绿色发展暨“十四五”规划实施情况专题调研。鼎城区人大常委会主任余习琼、副主任李国忠，区人民政府副区长杨成等陪同调研。调研组一行到谢家铺镇人大代表老屋园实践站、草坪镇三角堆村实地调研，听取情况汇报，了解乡村特色产业发展、人居环境整治、美丽乡村建设等工作情况，并召开座谈会。

11月10日，湖南省人大常委会党组书记、副主任刘莲玉带队在常德调研期间到鼎城区，视察调研人大代表实践站建设。刘莲玉一行到谢家铺镇施家陂村、草坪镇枫林口村，实地察看人大代表老屋园实践站、娄家咀实践站，听取情况汇报，了解鼎城区人大代表实践站的建设、运行情况。视察草坪镇中路提质改造工程、芙蓉学校，观看鼎城区人大代表实践站专题片。

2021年11月10日，湖南省人大常委会党组书记、副主任刘莲玉（前排右一）到鼎城区视察调研人大代表实践站建设　　（提供：张冰）

11月19日，湖南省人大常委会委员、联工委主任程水泉带队到鼎城区视察调研人大代表实践站建设。程水泉一行先后到谢家铺镇施家陂村、草坪镇枫林口村，实地察看人大代表老屋园实践站、娄家咀实践站，观看鼎城区人大代表实践站专题片。常德市人大常委会党组书记、代理主任余怀民，市人大常委会秘书长李绍霞，鼎城区人大常委会党组书记、主任余习琼，区人大常委会一级调研员王少贤等陪同调研。

12月15日，湖南省人大常委会党组副书记谢建辉带队到常德调研期间到鼎城区，视察调研人大代表实践站建设。谢建辉一行到谢家铺镇施家陂村，实地察看人大代表老屋园实践站，了解该实践站建设、运行情况；视察谢家铺镇谢阳线改造工程项目现场。市区领导余怀民、朱金平、陈远、余习琼等陪同调研。　　（张　冰）

审议与任免

【概况】 2021年，鼎城区人民代表大会常务委员会（简称区人大常委会）开展环保世纪行、农产品质量安全行、农民健康行、民族团结进步行动、司法公正常德行活动。听取审议环境状况和环境保护目标完成情况、全区公共卫生服务体系建设工作情况等。听取审议关于行政诉讼案件相关工作情况。听取审议预算执行、预算调整、财政专项资金绩效管理等情况报告。听取审议《鼎城区人大常委会关于动员全区各级人大代表助力乡村振兴的决定（草案）》，作出《关于号召全区各级人大代表助力乡村振兴的决定》，历时7个月，建成10个人大代表实践站。任免国家机关工作人员88人次。鼎城区在全市率先启动换届选举工作，选举产生市人大代表59名、区人大代表297名，乡镇人大代表1292名，区级国家机关领导人员18名，人大常委会委员35名，实现换届选举“风清气正、圆满成功”的工作目标。12月17日，区人大常委会依法完成政府工作部门负责人的随届任命。

（施睿　张冰）

依法监督

【概况】 2021年，鼎城区人民代表大会常务委员会（简称区人大常委会）树立区委目标导向就是人大工作方向的理念，做到议事谋事紧贴区委意图、工作安排紧跟区委部署。对接年初区委经济工作会议精神，精选26个人大常委会议题，跟踪监督全区环保、城建及涉砂问题专项清理整顿、政府性重大工程项目投资、粮食产业发展、产业项目推进等工作，支持和助力全区发展。开展“水污染防治、人大代表在行动”“五行”活动等，针对规范江南城区地名管理等重大事项依法作出决议决定。开展依法行政建设、执法司法公开见证、保障退役军人合法权益等活动，强化司法监督实效。专题调研全区公共卫生服务体系建设情况，维护人民群众生命安全和身体健康。开展医养结合养老服务工作视察，让老年人老有所养、老有所医。开展《中华人民共和国社区矫正法》贯彻实施情况调研。开展绿色发展暨“十四五”规划实施情况专题调研，促进鼎城区绿色产业持续、健康发展。

（施睿　张冰）

表1　2021年鼎城区优秀人大建议案一览表

建议标题	领衔代表
关于采取综合降镉措施从源头确保粮食质量安全的建议	彭长秀

鼎城区人民政府

Dingcheng District People's Congress Standing Commitee

2021年3月2日，鼎城区人民政府十七届五次全体会议会场
（提供：区融媒体中心）

概述
政府办公室工作
招商促进事务工作
重点工程
民政工作
行政审批服务工作
信访工作

鼎城年鉴（2022）

概　述

【概况】 2021年，鼎城区地区生产总值415.9亿元、同比增长8.4%，一般公共预算收入27.8亿元（其中，地方一般公共预算收入17.8亿元，同比增长8.3%，总量排全市第1位、排全省第17位）；固定资产投资增长13.4%；城乡居民人均可支配收入同比分别增长8.2%、10.8%。成功创建全国信访“三无”县（区）。获评全国绿色防控示范县、全国统防统治创建县、湖南省食品安全示范县（区）。区融媒体中心获评全国先进县级融媒体中心，区工商联获评全国“五好县级工商联”，区人民武装部获评湖南省军区“先进人武部”。落实粮食安全责任制、打造“常德香米”优势特色产业和文化旅游等工作获湖南省人民政府真抓实干督查激励，污染防治攻坚战、商事制度改革、民生实事办理、农业农村工作、工业高质量发展、投资管理、开放强市产业立市、科技、招商引资、金融、优化营商环境、社会信用建设和民营企业中小企业清欠等工作（含常德高新区）获常德市人民政府真抓实干督查激励。

城市建设。建成江南大道等6条主、次干道并通车，打通永安路等5条“断头路”。改造老旧小区14个。建设市第二工人文化宫、区档案馆、区党史陈列馆，永安硚城市排渍口工程等项目竣工验收，建设阳明湖公园、善卷纪念公园并开园，常德画墙入选国家文化产业发展项目库，建设吾悦广场、长安九里等项目。全省黑臭水体治理现场会在鼎城区召开。开展规范共享单车管理，新增停车位680个。开展“十乱”整治等专项行动，缓解“违堵占”问题。控违拆违、城市管理考核位居全市前列。新增商贸业限上企业10家，引进中国平安保险、守信生物等数家公司，湖南国药控股区域性总部落户江南城区。源宏米粉、精为天、亲零嘴等品牌电商销售额近10亿元。开展“江南人看江南”“鼎城美食季”等活动。

园区产业。推进“五好”园区建设。全社会研发经费投入17.4亿元，新增国家级专精特新“小巨人”企业2家，新增高新技术企业23家。申报省市级研发平台17家，申请发明专利490件，授权专利78件。中联建起接连下线全球最大风电动臂塔机、全球最大上回转塔机。举办“迎老乡、回故乡、建家乡”暨鼎商看鼎城系列活动，引进亿元以上产业项目29个，新开工项目22个，新投产项目12个。新增规模工业企业33家，位居全市第一。实际引进内资102亿元。60个重大项目完成年度投资计划95%以上。落实助企纾困增效政策，新增减税降费1.8亿元。中联农机、中高端液压油缸智能制造产业园等重大项目落地。园区主要经济指标保持高位增长，规模工业增加值63亿元、增长10.6%，区级税收6亿元、增长22.2%，综合排名升至全省第13位。新晋2021年中国高新区创新能力百强园区、全省产业高质量发展园区，获批科技部创新型产业集群试点、企业创新积分制试点园区，“五好”园区创建、集约节约用地等经验在全省推介。

乡村振兴。新建高标准农田5200公顷、农产品仓储保鲜冷链物流设施7个、农村公路安防设施19千米，建成资源产业路56.6千米，改造危桥7座。推进美丽乡村三级联创及“一带一片一屋场”建设，谢家铺镇乡村振兴示范片成为省委党校教育示范基地。确定省级、市级美丽乡村创建村13个，草坪镇获评全省美丽乡村建设示范镇。人大代表实践站助力乡村振兴经验在全省推广，提升政协委员实践基地示范效应。实施粮食生产办点示范“1511”工程，粮食生产综合排名全市第一，获评全省粮食生产标兵县，谢家铺万亩示范片单产排名全省第一。实施“六大强农”行动，培育市级以上农业产业化龙头企业39家，新增“二品一标”农产品5个。河洲甲鱼获“2021年广州国际农产品博览会”金奖，十美堂镇获评全国“一村一品”示范镇，十美堂镇同兴村获评全国乡村特色产业亿元村。石公桥镇、韩公渡镇获评全省“平安农机”示范乡镇。开展村庄清洁行动，建立村卫生协会常态化管理机制,改造农村户厕2250座、公厕21座。开展珍珠退养清零工作,开展禁捕退捕、秸秆综合利用与禁烧工作。

风险防控。落实常态化疫情防控措施,实现“零输入”“零感染”,开展疫苗接种110万余剂次。落实中央、省、市环保督察反馈交办的年度任务,实施石板滩关闭石煤矿区生态修复治理验收销号。开展打击盗采砂石“秋风行动”,遏制非法挖砂取土问题。推进蓝天、碧水、净土保卫战,改善大气、水、土壤环境质量。开展“三大两严一奖”专项行动,整治隐患358项,停产、整顿问题企业18家,整改省应急厅专项巡察反馈问题。整治交通问题顽瘴痼疾,化解信访积案和突出问题,综治民调工作位居全省第一方阵。开展国有和集体资产清理整治“百日攻坚”行动,增加收益600余万元。推进区属国有企业整合转型,规范融资行为,守牢债务风险底线。

民生保障。开展“春风行动”等招聘活动17场次,推进高校毕业生、退役军人等重点群体就业,新增城镇就业5957人、农村劳动力转移就业5218人,“就业超市”“农村互助幸福屋”获央视《新闻联播》宣传报道。推进养老保险待遇核查“回头看”,规范社保基金管理使用。发放救助资金1亿余元,建设区社会福利中心一期工程并投入运营。提高城乡低保标准和特困人员保障水平,残疾人无障碍设施改造工作经验获全省推介。全年,教育总投入8.8亿元,开展农村学校建设三年行动,鼎城区第一中学本科上线率99%。实施“双减”政策。乡村教师麻小娟获评全省十大教育新闻人物。实行基本医疗保险直接结算,落实先诊疗后付费和“一站式”结算政策。常德花鼓戏《七里坳》参加湖南省第七届艺术节,获田汉表演奖、田汉音乐奖。索县汉代城址保护规划通过国务院审批。赵必振研究获中央党史和文献研究院立项支持,党史、地方志工作获评全省先进。全年,接待游客800余万人次,综合收入近80亿元。举办区四运会、北斗智慧跑等赛事。鼎城籍运动员杨超、郭雨浩分别斩获残奥会、全运会金牌。

自身建设。庆祝中国共产党成立100周年,推进党史学习教育工作,开展“我为群众办实事”实践活动,30项省市民生实事进度排全市第一,落实区级民生实事7项。坚持重大事项及时向区委请示报告,执行区人大及其常委会决议决定,主动接受区人大及其常委会法律监督、工作监督和区政协民主监督,按期办结人大代表建议128件、政协委员提案87件。开展“一件事一次办”改革并获全省通报表扬。办结“互联网+”政务服务平台便民事项,办结率100%。

(刘吕鸣)

表2　　2021年鼎城区人民政府常务会议议题一览表

会议届次时间	议题内容
鼎府十七届五十八次（1月20日）	区人民政府区长陈远在区人民政府101会议室主持召开区人民政府常务会议,听取区人民政府办公室彭龙关于对2020年全区纳税总额1000万元以上的企业进行表彰奖励的情况汇报
鼎府十七届五十九次（1月26日）	区人民政府区长陈远在区人民政府101会议室主持召开区人民政府常务会议,听取区工信局马庆云关于国药控股常德有限公司资产整体置换工作情况汇报和关于草坪镇“管线杆”整治工程情况汇报,区司法局刘荣关于原区法制办转隶后工作情况汇报,区市场监管局徐晓斌关于全区食品药品安全工作情况汇报,区应急管理局王成猛关于安全生产、乡镇(街道、场)应急能力建设等工作情况汇报,区信访局陈洪涛关于全区当前突出信访问题情况汇报,市生态环境局鼎城分局郭高文关于鼎城区2021年特护期第一阶段蓝天保卫战情况汇报
鼎府十七届六十次（2月24日）	区人民政府区长陈远在区人民政府101会议室主持召开区人民政府常务会议,听取区人民政府办公室刘德关于区人民政府十七届五次全体会议筹备工作情况汇报,区住建局李国忠关于2020年城建项目和2021年城建方案编制工作情况汇报,区水利局钟伟胜关于阳明湖公园灯光秀建设工作和阳明湖水系综合治理(一期)PPP工程项目大湖东、西(会议博览区)修筑离岛情况汇报,区交警大队郑立军关于交通问题顽瘴痼疾集中整治工作情况汇报,市生态环境局鼎城分局张立兵关于水生态环境保护工作情况汇报

续表 2

会议届次时间	议题内容
鼎府十七届六十一次（3月4日）	区人民政府区长陈远在区人民政府101会议室主持召开区人民政府常务会议，听取区招商促进事务中心杨亮关于2021年度鼎城区重大项目情况汇报，市生态环境局鼎城分局郭高文关于省生态环境保护督察“回头看”反馈问题整改工作情况汇报
鼎府十七届六十二次（3月24日）	区人民政府区长陈远在区人民政府101会议室主持召开区人民政府常务会议，听取区国资中心刘先春关于全区国有和集体资产清理整治及专项巡察工作情况汇报，区医保局胡建新关于区医保局办公场所相关问题情况汇报，区水利局钟伟胜关于鼎城区2021年防汛抗旱、农村安全饮水、河湖长制工作情况汇报，市生态环境局鼎城分局郭高文关于当前区生态环保问题情况汇报，区住建局李国忠关于常德市鼎城九申管道燃气有限公司申报上市工作情况汇报
鼎府十七届六十三次（4月30日）	区委副书记、区人民政府区长陈远在区人民政府101会议室主持召开区人民政府常务会议，听取区统计局蒋志斌关于做好迎接国家统计督察前期工作情况汇报，区农业农村局钟兴满关于粮食生产、耕地“非粮化”排查、耕地抛荒治理、耕地质量评价、农村改厕、高标准农田建设及化肥减量工作情况汇报，区科技局熊照文关于科技工作情况汇报，常德市鼎城江南新城投资开发有限公司（简称江南新城公司）李兆勤关于湘运地块开发建设情况汇报，常德阳明湖投资开发有限公司（简称阳明湖公司）欧阳雁关于阳明湖板块杨家港区域二次深化设计、灯光秀工程、智能交通系统建设工作情况汇报，市生态环境局鼎城分局郭高文关于当前区生态环保工作情况汇报，区国资中心刘先春关于区属平台公司及部分区属国有企业整合转型工作情况汇报
鼎府十七届六十四次（5月11日）	区委副书记、区人民政府区长陈远在区人民政府101会议室主持召开区人民政府常务会议，传达学习5月10日全市深化工程建设项目招投标突出问题专项整治工作会议精神，听取区农经站谭长青关于开展农村土地第二轮承包到期后再延长三十年国家级试点工作情况汇报，区交通运输局李仕民关于2021年省市重点民生实事项目交通基础设施建设情况汇报，区市场监管局周伟建关于食品安全监督抽检和知识产权工作情况汇报，区民政局李书跃关于社会救助工作情况汇报，区行政审批服务局朱剑伟关于落实《湖南省2021年深化“放管服”改革优化营商环境重点任务分工方案》情况汇报，区司法局朱建林关于行政复议体制改革情况汇报
鼎府十七届六十五次（6月1日）	区委副书记、区人民政府区长陈远在区人民政府101会议室主持召开区人民政府常务会议，听取区纪委监委舒伟关于深化工程建设项目招投标突出问题专项整治工作情况汇报，常德画墙建设工作领导小组刘运华关于“中国常德画墙”建设工作情况汇报，市公安局鼎城分局李新民关于鼎城区公安机关警务辅助人员情况汇报，市公安局鼎城分局毕涛关于打击电信网络诈骗犯罪及区缅北窝点人员劝返工作情况汇报，区住建局李国忠关于江南污水处理厂扩建项目（三期）情况汇报，市生态环境局鼎城分局郭高文关于省市污染防治攻坚战会议精神及中央第二轮环保督察信访投诉问题办理整改情况汇报，区畜牧水产事务中心张胜保关于禁捕工作情况汇报，石板滩镇人民政府樊政国关于石板滩石煤矿区生态修复治理程序不完善的工程结算工作情况汇报，区医疗保障局郑军关于医保基金工作情况汇报
鼎府十七届六十六次（6月11日）	区委副书记、区人民政府区长陈远在区人民政府101会议室主持召开区人民政府常务会议，听取区发改局冀万喜关于成立常德市鼎城区人民政府投资项目概算评审中心情况汇报，常德好润佳置业有限公司赵传俊关于常德好润佳置业有限公司捐建学校工作情况汇报，区林业局雷绘玻关于林业重点工作情况汇报，区自然资源局李军华关于绿色矿山建设情况汇报
鼎府十七届六十八次（8月6日）	区委副书记、区人民政府区长陈远在区人民政府101会议室主持召开区人民政府常务会议，区人民政府办公室刘德传达学习《中共湖南省委办公厅、湖南省人民政府办公厅印发〈关于全面推行林长制的实施意见〉的通知》（湘办〔2021〕20号），听取区疫情防控指挥部林新忠关于全区新冠肺炎疫情防控工作情况汇报，市生态环境局鼎城分局史道广关于出台《常德市鼎城区生态环境保护工作责任规定》情况汇报及关于加强区生环委机构建设情况汇报，区公路建设养护中心陈友志关于实施国省道养护专项切块资金小修工程和干线大中修工程情况汇报

续表 2

会议届次时间	议题内容
鼎府十七届六十九次（9 月 5 日）	区委副书记、区人民政府区长陈远在区人民政府 101 会议室主持召开区人民政府常务会议，听取区应急局杨珂关于全区安全生产“三大两严”专项行动开展情况汇报、《鼎城区安全生产事故隐患举报奖励暂行办法》情况汇报及《鼎城区依法治安、铁腕治安、长效治安九条措施》情况汇报，区人民政府办公室李勇岗传达学习《关于深刻汲取草坪镇“3·19”事故、双桥坪镇“8·30”事故教训的通知》
鼎府十七届七十次（9 月 8 日）	区委副书记、区人民政府区长陈远在区人民政府 101 会议室主持召开区人民政府常务会议，区安委办杨珂传达学习《习近平总书记关于安全生产重要论述》及《中华人民共和国安全生产法》（最新修订版），区司法局朱建林传达学习《中共湖南省委关于印发〈湖南省法治社会建设实施方案（2021—2025 年）〉的通知》，听取区砂管办李湘建关于蒿子港砂石集散中心建设情况汇报，区人民政府办公室李勇岗关于扶持江南城区现代产业相关情况汇报，区水利局钟伟胜关于“三区”农村安全饮水工程建设情况汇报，区畜牧水产事务中心张胜保关于修改区人民政府规范性文件《常德市鼎城区人民政府关于沅江、澧水鼎城段水域实施常年禁捕的通告》（常鼎政通告〔2020〕2 号）和发布《常德市鼎城区人民政府关于规范禁捕水域垂钓行为的通告》的情况汇报，区禁毒办胡南顺关于全区禁毒工作情况汇报，区林业局雷绘玻关于林业工作情况汇报，区农业农村局钟兴满关于鼎城区国家现代农业产业园、受污染耕地安全利用和区农业综合行政执法局危房改造情况汇报，区财政局刘俊关于财源建设工作情况汇报，区债管办刘砾关于鼎城区地方政府性债务风险应急处置预案情况汇报，区森林公安局严豫军关于发布《常德市鼎城区人民政府办公室关于印发〈常德市鼎城区生态环境损害赔偿制度改革实施方案（试行）〉的通知》情况汇报
鼎府十七届七十一次（10 月 9 日）	区委副书记、区人民政府区长陈远在区人民政府 101 会议室主持召开区人民政府常务会议，区人民政府办公室刘德传达中共常德市第八次党代会主要精神，区司法局朱建林传达中央依法治国委员会第四次会议精神、省委全面依法治省委员会第四次会议精神、省委全面依法治省委员会第五次会议精神、市委全面依法治市委员会第三次会议精神，听取区住建局郭高文关于江南污水处理厂扩建项目（三期）建设情况汇报，区生环分局史道广关于落实第二轮中央生态环境保护督察反馈问题整改任务情况汇报，区安委办、区应急局杨珂关于安全生产工作情况汇报，区招商促进事务中心杨翠文关于《鼎城区引进江南城区产业项目考核暂行办法》的情况汇报，区行政审批服务局朱剑伟关于推进行政审批服务“三集中三到位”改革的情况汇报，区司法局朱建林关于法治政府建设工作情况汇报，区教育局涂华军关于义务教育阶段“双减”工作情况汇报
鼎府十八届一次（10 月 29 日）	区委副书记、区人民政府区长陈远在区人民政府 101 会议室主持召开区人民政府常务会议，会议观看《生命重于泰山——学习习近平总书记关于安全生产重要论述》电视专题片，区安委办（区应急局）杨珂传达省、市安全生产百日大会战会议精神，区司法局朱建林传达《中共湖南省委关于印发〈法治湖南建设规划（2021 年—2025 年）〉的通知》（湘发〔2021〕20 号）精神，会议听取区司法局朱建林关于规范性文件清理工作情况汇报，区卫健局陈友志关于全区新冠肺炎疫情防控工作情况汇报，区安委办（区应急局）杨珂关于全区安全生产有关情况汇报，常德高新区管委会刘霞初关于常德高新区创建“五好”园区工作情况汇报，区财政局刘俊关于调整鼎城区 2021 年财政收支预算方案情况汇报及关于 2022 年部门预算编制方案情况汇报，区国资中心刘先春关于全区国有和集体资产清理整治及专项巡察整改工作情况汇报及关于鼎城区自来水公司公司制改革方案情况汇报，区工信局雷华平关于中小微工业聚集区选址情况汇报及关于推进桥南工业园安全环保隐患整治工作情况汇报
鼎府十八届二次（11 月 26 日）	区委副书记、区人民政府区长陈远在区人民政府 101 会议室主持召开区人民政府常务会议，会议听取区人民政府办李勇岗关于重点民生实事和真抓实干工作情况汇报，市公安局鼎城分局李新民关于打击治理电信网络诈骗犯罪和跨境突出犯罪工作情况汇报，区计生协罗朝霞关于计生协改革工作汇报，区民政局钟伟胜关于民政工作情况汇报，区人社局尹国平关于养老保险待遇核查“回头看”整改工作情况汇报，区工信局雷华平关于能耗双控和今冬明春迎峰保供工作情况汇报，区乡村振兴局杨建初关于全区乡村振兴工作情况汇报，区农业农村局钟兴满关于 2021 年度区级美丽乡村评选情况汇报，区自然资源局汪其明关于开展全区砂石土矿非法开采行为综合整治工作情况汇报，区市场监管局卢曙光关于强化食品安全监管、巩固示范创建成果情况汇报
鼎府十八届三次（12 月 15 日）	区委副书记、区人民政府区长陈远在区人民政府 101 会议室主持召开区人民政府常务会议，会议听取了区财政局刘俊关于 2022 年财政预算安排情况汇报，市生环局鼎城分局史道广关于鼎城区 2021 年度生态环境保护工作情况汇报，区分流安置办袁军关于湖南有线鼎城网络有限公司事业单位编制人员分流安置工作情况汇报

表 3　2021 年鼎城区人民政府全会会议议题一览表

会议届次时间	议题内容
十七届五次（2 月 25 日）	贯彻落实中央、省委、市委、区委经济工作会议，省、市两会精神，部署 2021 年政府工作；通报 2020 年区人民政府工作要点完成情况，分解 2021 年区人民政府工作要点
十七届六次（9 月 26 日）	学习贯彻中共中央总书记习近平在庆祝中国共产党成立 100 周年大会上的重要讲话精神，贯彻落实省委全会、省人民政府全会、市委全会、市党代会、市人民政府全会、区党代会精神，分析 2021 年前三季度经济形势，安排部署下一阶段工作

政府办公室工作

【概况】 2021 年，鼎城区人民政府办公室落实全面从严治党各项决策部署，推进办公室规范化建设，发挥“坚强前哨”“巩固后院”的作用，为鼎城区高质量发展作出贡献。

全面从严治党。把学习贯彻习近平新时代中国特色社会主义思想、中共十九大及中共十九届历次全会精神作为重大政治任务，第一时间组织学习传达贯彻中共中央总书记、国家主席习近平的重要讲话、重要文章和指示批示，开展党组集中学习达 27 次。开展党史学习教育，组织开展专题学习 11 次，推进“我为群众办实事”实践活动。落实“三会一课”、民主生活会和组织生活会、民主评议党员和主题党日等制度，召开党组会议研究部署党建工作 16 次，开展党建工作督促检查 14 次，开展周五主题党日活动近 50 次、道德讲堂 4 次，开展党员干部大学习大讨论活动 40 余场。落实党风廉政建设“一岗双责”，开展“两同时”谈话，支持纪委、监委开展工作，配合区第二巡察组巡察，整改巡察反馈问题。

服务中心工作。开展疫情防控工作，与群众共同奋战、共克时艰，开展指挥部运转、统筹协调、物资筹备、志愿者服务等工作。落实乡村振兴工作，帮扶镇德桥镇同心坝村，发挥后盾单位作用，开展驻村帮扶和走访帮扶，投入资金和力量，完善基础设施建设，帮助发展优质稻、葡萄等特色产业，壮大村级集体经济，带动群众致富。开展污染防治攻坚，发挥政府办统筹协调的作用，落实督导检查、举报投诉反馈、工作调度部署、数据收集整理、向上汇报等工作。

以文辅政。围绕区委区政府中心工作，优化文稿服务，为改革出思想、为发展出思路、为推动工作出举措。全年，撰写政府全会报告、政府工作报告等各类材料 500 余篇，其中大型讲话材料 100 余篇。组织开展乡村振兴、疫情防控、经济运行分析、民生实事、粮食生产、产业扶贫、项目建设、禁捕退捕、全域旅游等调研活动 20 余次，形成调研材料 20 余篇。上报各类信息 1700 余条，被上级采用 200 余条，编发《鼎城政报》6 期。组建“鼎城信息报送”群，落实各线块信息报送责任，并将各项重点工作进展情况、过程中的特色经验做法在全市信息工作群中展示，日均发布信息 2 条以上。落实精文减会要求，以区人民政府、区人民政府办公室名义发文 118 件，比 2020 年同期下降 10%以上。举办政府大型会议 9 次，与 2020 年持平。

机关工作。突出区委、区人民政府主要工作，围绕安全生产、生态环境保护、民生实事办理、省市区重大工作落实等方面开展严格督导检查，开展专项督查、综合督查 45 次。办结 128 件人大代表议案建议、87 件政协提案，见面沟通率、办结率、满意或基本满意率均 100%。承办 37 项民生实事，考核得分排全市第一。金融工作获常德市人民政府真抓实干督查激励。值班室、区长热线办实行 24 小时专人值班，及时回复和处理各类政策咨询、举报投诉、舆情交办。提升机关食堂、会议中心、公车平台等管理水平，创建“文明院落”。探索搭建全市第一个“互联网 + 金融超市”服务平台“鼎城金融”，区内 22 家金融机构全部入驻。牵头推进文体广新、医药卫生、教育等社会事业体制改革，加快恢复生猪生产，稳定全区粮食生产。优化经济发展环境，落实“稳企十条”，推荐8家企业进入省、市2020年重点上市后备企业资源库，位居全市第一。开展响箭重工等4家企业上市服务工作，引导云港生物、佳鸿机械在省区域性股权市场挂牌。

（刘吕鸣）

招商促进事务工作

【概况】 2021年，鼎城区招商促进事务中心围绕高质量发展主题，转变思路，创新方法，持续推进招大培强、项目建设、产业发展工作。开放强市、产业立市工作获常德市人民政府真抓实干督查激励奖励。区招商促进事务中心获评区级文明单位、区平安建设优秀单位、区纪检监察优秀单位。

招商引资。项目引进。2021年，全区（含高新区）新引进亿元以上产业项目29个，其中10亿元以上项目6个、三类“500强”项目5个、外商投资项目1个。引进中国平安保险、湖南桐欣阁医药、守信生物等楼宇经济实体10余家。省外境内到位资金113.58亿元，人均实际使用内资15105元。市级重大项目履约26个，履约率89.6%，开工21个，开工率80.8%；省级重大项目履约率100%、开工率100%、资金到位率54%。招商活动。坚持“走出去”与“请进来”相结合，参与省市组织的粤港澳大湾区贸易洽谈周等重大招商活动，清明节期间举办“迎老乡回故乡建家乡”暨鼎商看鼎城系列活动；11月，在上海、东莞举办鼎城专场招商推介会，推介发布招商项目10余个。全年对接到鼎城考察洽谈的企业、商会50批次，北欧投资管理公司、华厦伟业、东旭集团、中国水利水电第十四工程局、中海外建设集团、中建五局等央企、民企或行业领军企业到鼎城区投资考察。招商基础工作。出台《鼎城区江南城区现代产业扶持奖励办法》《鼎城区引进江南城区产业项目考核暂行办法》，策划包装工程机械制造、光电信息、商贸物流、生态旅游等领域项目10余个，编印《鼎城区招商推介投资指南》，发布招商项目15个；搜集、整理鼎城籍在外优秀儿女信息，分乡镇和城市编印通讯录，开展招商礼仪等业务培训，提升招商队伍素质。

2021年9月24日，招商礼仪培训活动现场

（摄影：贺子嘉）

项目建设。实施项目预审。建全项目预审机制，会同相关职能部门按照项目预审程序到湖南北欧投资、东方希望、花溪鹭谷、守信医药、蔚蓝航校总部、华星物流总部、海乘职业学校等项目进行现场选址踏勘并召开预审会议，形成初审意见。推进项目调度。召开全区重大项目调度会，交办全区重大项目60个，每个项目均安排一名区级领导包联，一个单位具体负责，由调度指挥部管总、各项目包联领导主推、征拆指挥部主拆、行业板块及相关部门协同推进。现场调度双桥坪镇中晟农牧生态养殖场、蔡家岗镇汽车零部件制造生产、牛鼻滩镇兴阳渔光互补光伏发电等项目近30次。实施项目监督管理。把重点推进的60个项目纳入全区重大项目建设管理系统，组织项目联络员进行专题培训，制定项目年度推进计划，明确各项工作任务时间节点，定期通报全区重大项目进展情况。全年列入全区重点调度项目60个，其中省重点项目1个、市重点项目14个、区重点项目45个，总投资298亿元，年度计划投资83.6亿元，全年累计投资68.97亿元，占年度计划的82.5%，其中中联重科建筑起重机械产业基地（二期）、丰采长安九里、城投十里外滩建设项目B05地块、B06地块、B08地块等25个项目（含子

项目)落实年度推进计划。

产业立区。发展现代产业,扶持商贸物流、电子商务、信息技术、医药健康、文化创意、服务咨询等现代服务业,发展总部经济、楼宇经济。打造优势产业链,制定全区优势产业链建设方案,确定智能塔机制造(升降机)、混凝土设备、新型建筑材料、智能终端、药品化妆品和医疗器械、新型储能材料、常德好粮油、水产养殖加工、健康养老、蔬菜生产及加工、生态环保专用设备及应用、休闲食品等优势产业链13条,由区委、区政府主要领导担任总链长,其他区级领导分别担任产业链链长。完善链长办工作机制,建立链上企业库,抓产值税收调度。调研产业链重点企业、重点项目、重点平台、关键共性技术、发展瓶颈等情况,编制鼎城区“两图”“两库”“两报告”。围绕智能塔机制造产业链引进长电机械设备制造、塔机起重机关键零部件生产线等上下游链条项20家目,投资额60.28亿元,新开工亿元以上产业项目22个,新投产亿元以上产业项目17个。 (金 刘)

【“迎老乡、回故乡、建家乡”招商推介会暨鼎商看鼎城活动】 2021年4月1—2日,鼎城区和常德高新区共同主办的2021年鼎城区“迎老乡、回故乡、建家乡”招商推介会暨鼎商看鼎城系列活动在江南城区举行。100余名回乡在外鼎城籍优秀儿女及鼎城区和常德高新区相关领导应邀参加。推介会由鼎城区委副书记王时雨主持,鼎城区委书记朱金平出席会议并讲话。会上,中共鼎城区委副书记、区人民政府区长陈远通报鼎城区及常德高新区经济社会发展情况。原广东省军区政委蔡多文、湖南南华乐器有限公司总经理邹建全作为嘉宾代表发言。常德高新区管委会主任曾君、鼎城区人民政府副区长蒋宏武分别作招商推介。签约国信恒基中南大数据中心、中高端液压油缸智能制造产业园、高端油缸冷拔管生产基地、汽车零部件制造生产、乐器产业园、长电机械设备制造项目6个,投资额60.1亿元。4月2日,举行鼎商看鼎城活动,与会嘉宾参观江南城区、常德高新区、草坪镇。 (金 刘)

2021年4月1日,鼎城区“迎老乡、回故乡、建家乡”招商推介会会场 (摄影:全新胜)

【鼎城区招商促进事务中心创建区级文明单位】 2021年,鼎城区招商促进事务中心搬入新址,中心实施“亮洁”工程,建设“无烟机关”,建成图书室、阅览室、体育活动室等功能室。组织开展“讲、学、做”道德讲堂教育活动,湖南好人、善德公民、文明家庭推荐评选活动;通过“学习强国”学习平台开展知识挑战赛和“百年党史”知识竞赛;建立志愿者服务队,注册志愿者16人,开展志愿者下基层,关爱困难群众、空巢老人、留守儿童、残疾人,乡村振兴,马路劝导,疫情防控等工作。全年开展志愿服务活动近100人次,到社区宣讲政策10余次,走访慰问困难群众15次,首次获评“区级文明单位”。 (金 刘)

重点工程

【概况】 鼎城区纳入常德市重点考核项目10个,年度投资74亿元,超额落实年度投资任务。全年竣工项目4个(科创大楼、牛鼻滩镇兴阳80兆瓦渔光互补光伏发电项目、尧天坪生猪养殖项目、乐享农牧生态养殖场工程),续建项目4个。争取上级投入资金32亿余元。储备2022年政府专项债项目20个,其中13个通过国家发改委审批。 (杨 婷)

民政工作

【概况】 2021年，鼎城区民政工作坚持“民政爱民，民政为民”宗旨，以“弘扬扛鼎精神、打造现代江南，建设幸福鼎城”为总目标，围绕“一个中心、两支队伍、三个精准、四项转变、五社服务”开展各项工作。

社会救助。集中开展社会救助专项治理工作，为各乡（镇）低保对象进行集中复核，复核率100%，至12月，取消城乡低保对象300户759人，新增符合条件对象378户746人。重点清理残疾等级不达标、死亡不报、法定义务人有履行义务能力、重新获得生活来源及应保未保等行为，通过自清自查，信息比对抽查，取消特困供养对象179户200人，新增符合条件对象64户82人。规范完善特困对象相关台账和家庭档案管理，按照“一户一档”要求，为5244户在保供养对象重新建立家庭档案。农村低保保障标准4800元/年，月人均救助标准246元；城市低保月人均救助标准391元；残疾人两项补贴每人每月75元。年末，全区农村低保月人均救助水平253.83元，超考核标准7.83元。城市低保月人均救助水平391.74元，考核达标。城乡特困人员保障标准分别为8892元/年(城市)、6240元/年(农村)，失能、半失能特困人员发放护理费标准分别为6000元/年、3000元/年。供养标准和护理费标准均达标。为低保对象和特困供养人员购买意外伤害保险508.44万元。残疾人两项补贴标准75元/月。

社会福利。鼎城区社会福利中心三期工程完工并通过预验收。规划布局乡镇中心敬老院，提高乡镇养老服务机构服务质量，黄土店镇中心敬老院建设项目被纳入省市重点民生实事工程，韩公渡镇中心敬老院、蔡家岗镇中心敬老院被纳入“十四五”重点项目。黄土店镇中心敬老院建设项目主体工程完工，新增床位150张。引导社会资本投入养老服务事业，常德乐尊国际康养城项目被纳入发改部门城企联动普惠养老项目。至年末，全区80—89岁低保老人、贫困高龄老人468人，每人每月补贴50元；90—99岁高龄老人1974人，每人每月补贴100元；100岁以上高龄老人26人，每人每月补贴600元。上半年发放高龄老人生活补贴138万元。拟定居家和社区养老方案及试点定点，有试点项目90个；以谢家铺镇农村互助幸福屋为区级试点在全区进行推广，周家店镇娥公桥村抱团养老市级试点运行良好。

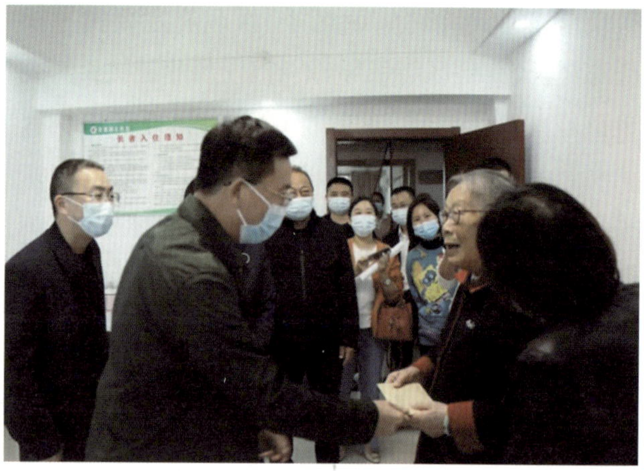

2021年，鼎城区相关领导到区社会福利中心看望慰问老人
(提供：夏锋)

社会治理。开展江南城区地名管理工作，提请区人大常委会审议通过《关于进一步规范江南城区地名管理的决定》，清理居民区、大型建筑物、道路、街巷存在的“大、洋、怪、重”等不规范地名。开展村(居)规民约法制审核及评选活动，指导村(居)依法修订村(居)规民约，把扫黑除恶、红白理事、移风易俗、消防安全等内容写进村(居)规民约，联合区司法局进行法制审核。全区296个村(居)修订村(居)规民约，修订率100%。开展“最美村规民约”评选表彰活动，推荐花岩溪镇栖凤山村等8个村的村规民约参加省委宣传部组织的优秀村规民约评选表彰活动。

社会事务。新建经营性墓地、殡仪馆，满足城区居民殡葬服务需求。开展殡葬专项整治活动，遏制农村乱埋乱葬势头。参加违建墓地专项整治工作现场会议，明确工作职责、整治办法。落实殡葬惠民补贴政策，发放补贴资金 7.14 万元。开展流浪乞讨人员救助管理和流浪未成年人救助保护，按政策要求予以施救，协调公安、卫生等部门处置突发事件，化解矛盾纠纷。开展疫情常态化防控工作，落实救助政策。开展婚姻登记工作，实行结婚登记费用全免。全年登记结婚 3770 对，登记离婚 1128 对。

社会组织。全区有依法登记注册社会组织 200 家，其中社团 78 家、民办非企业单位 122 家；备案社区社会组织 1946 个。全年注销登记社会组织 14 家，变更登记 19 家。业务范围涉及科教、文化、卫生、劳动、民政、体育、农业及农村发展、培训学校、幼儿园、公益事业等领域。动员引导社会组织发挥组织优势，参与区委、区人民政府组织的活动中。引导社会组织发挥专业优势，多渠道筹集爱心资金，开展爱心帮扶；引导社会组织发挥行业优势，解决实际困难和问题，打造品牌项目；引导社会组织发挥技能培训优势，提供致富技能培训；引导社会组织到贫困村户开展调查研究，分析贫困原因、谋划发展思路、找准富民产业。监管打击整治非法社会组织，开展社会组织非法集资专项清理整治工作。（夏　锋）

【鼎城区启动《中华人民共和国未成年人保护法》集中宣传暨未成年人保护协调机制】 2021 年 5 月 30 日，由鼎城区民政局举办，常德市恒德社会工作服务中心承办的鼎城区《中华人民共和国未成年人保护法》（简称《未成年人保护法》）集中宣传暨未成年人保护协调机制启动仪式在江南沅江风光带举行，区未成年人保护领导小组各成员单位主要负责人、社工组织、志愿者、爱心企业（组织）、困境儿童代表和现场社会公众参加。该次活动制作有关《未成年人保护法》的签名留言墙和宣传展牌，由专人负责宣传讲解，进行文艺会演、困境儿童结对慰问、相关知识现场有奖问答等。（邹　蓉）

2021 年 5 月 30 日，江南城区市民到活动现场学习宣传内容（提供：邹蓉）

【常德市人大常委会调研鼎城区医养结合养老服务工作】 2021 年 8 月 30 日，常德市人大常委会党组书记、代理主任余怀民带队到鼎城区，调研医养结合养老服务工作。在鼎城区社会福利中心，调研组实地查看中心医疗区、安定疗护中心及养护区，了解机构基础设施建设、运营管理等情况。鼎城区社会福利中心一期由常德鼎太养老服务有限公司负责建设和运营管理，是一家专业从事老年人、残疾人养护服务的养老服务机构，下设鼎太康养院和鼎太医院，实行“医养结合”。鼎太医院有医护人员 12 名，开设相关科室和安宁疗护中心，配有医疗设备，是常德市首家开展安宁疗护服务的养老机构。（夏　锋）

【“点燃希望·民政、慈善助学”活动】 2021 年 7 月 1 日，鼎城区慈善总会发布《常德市鼎城区 2021 年度“点燃希望·民政、慈善助学”公益项目实施方案》，在全区进行宣传、发动，通过申请、调查、核实、公示等程序，127 名应届大学生获资助。8 月 28 日，发放助学金 42.4 万元。受助学生中，3 人获大学四年定向资助。（高正平）

【湖南省老区办到鼎城区调研老区建设资金管理和使用情况】 2021 年 12 月 21 日，湖南省老区调研组到鼎城区石板滩镇红烨红色文化园，调研老区建设资金管理和使用情况。在红烨红色文化园，调研组参观了渐安暴动纪念园、初心广场等场所。鼎城区收到转移支付资金5000余万元，区委、区人民政府利用资金在全区296个村(社)建成风格统一，功能完备，融党务、村务、商务于一体的服务平台，新建、维修道路425千米，整修山塘21口。扶持农村中小型产业发展项目76个，建成革命纪念设施10余处，标识革命文物保护单位25处，编印《常德市鼎城区革命老区发展史》《常德老区·鼎城专辑》《红色鼎城》等书籍，打造"三个第一"：即"中国译介马克思主义第一人——赵必振"，"湘西北土地革命战争第一枪——常德文甲起义"，"抗日战争时期常德第一个农村基层党支部——踏水桥党支部"。全年，湖南省民政厅为红烨红色文化园拨付资金40万元，用于园内道路建设。调研组肯定了鼎城区老区建设资金管理和使用情况，要求保护、维护、宣传"红色文化场馆""红色文化遗址"，做好红色文化精品，做好红色文化传承。鼎城区领导雷建国、杨凡等陪同调研。（刘友军）

2021年12月21日，湖南省老区调研组到鼎城区石板滩镇红烨红色文化园，调研老区建设资金管理和使用情况
（提供：刘友军）

行政审批服务工作

【概况】 2021年，行政审批服务局组织45家区直涉改单位、23个乡镇(街道)和296个村(社区)开展省平台"三化"事项的维护工作，行政许可事项承诺时限平均压缩比为65.4%，平均材料数5.9项，平均跑动数0.85次，四级办理深度占比22.03%。政务服务中心办理各类服务事项132.3万件次，其中，线下办理17.5万件，线上办理114.8万件，梳理发布帮代办服务事项68项目录。

行政审批制度改革。推行"一枚印章管审批"工作。集中力量编制出台《常德市鼎城区"一枚印章管审批"工作实施方案》，选择黄土店镇、镇德桥镇、石板滩镇进行前期试点，截至6月中旬，三个试点单位开展便民办件服务48项，涉及行政许可、民生服务等八大类项。办件合格率、群众满意率、社会认同率均100%，并得到中央、省、市、区四级媒体的宣传报道。从7月初开始，"一枚印章管审批"工作在全区23个乡镇(街道、场)进行普及推广，所有乡镇将原有站所印章予以封存(取消)，启用新刻制的"行政审批专用章"，由乡镇行政审批办进行首批试点的6个事项审批。开展乡镇和村社赋权事项服务无差别受理流程编制工作，完成第一批无差别受理流程编制事项15项，经市局审核验收合格率100%，完成第二批无差别受理流程编制事项16项，交由市局审核验收中，培训合格流程编制员8名。根据省政务局的工作要求开展以规范化、标准化、便利化为特征的"三化"业务培训，全区受训人员364名，为后期跟进推广无差别受理完成人才储备和工作经验的积累。落实行政审批事项清理和梳理工作，梳理完成依申请类行政权力事项2476项，公共服务事项1078项(均包含业务办理项)，并将其依标准归类分成8个类别，并逐项编制项目、权责清单和配置到"互联网+政务服务"一体化平台，经省、市级系统机检合格率100%。抓事项配置优化，完善"一体化"平台建设，组织区乡两级人员针对全区5407项行政审批事项的"三个清单"逐项进行梳理比对和优化，优化审批与服务事项2015项，消除办理深度在三级以下、承诺时限大于法定时限、事项名称不规范检索不过关等各类问题3873个。

政务服务。清理入驻政务大厅的行政权力事项，形成综合受理、集中审批、自助服务三个集成服务区，由各相关单位将新的授权委托书递交区政务中心，做到行政权力清单外无审批。加强政务服务效能监察，全区所有业务办件均纳入行政效能监察范围，政务服务事项监管覆盖度100%。开通区政府电子政务外网，实现"互联网+政务服务"一体化平台区、乡镇(街道)、村(社区)三级信息共享。区、乡镇(街道)、村(社区)三级政务服务大厅统一设置"一件事一次办"无差别受理综合窗口。打通相关部门数据，全区实现人口、车管、不动产、婚登、财政等信息共享。提升政务服务事项网上办理水平，城乡居民办理的事项下沉乡镇(街道)131项、村(社区)64项。群众办理频次较多的营业执照、老年证、生育证、住房公积金的提取等均实行"一网通办"。

政务公开。主动公开政府信息，优化网站专栏，整合形成"魅力鼎城、新闻资讯、政府信息公开、解读回应、政务服务、互动交流、政务专题"七大领域的架构，2021年发布各类政府信息11243条。开设"解读回应"专栏，公开解读重要政策，全年发布解读回应67条。处理依申请公开政府信息，受理办结依申请公开事项8件。加强信息公开平台建设，发挥区政府门户网站信息公开的第一平台作用，利用鼎广电台"阳光政务"嘉宾访谈栏目，与老百姓互动解答群众关心的热点难点问题，回应社会关切，全年举办嘉宾访谈节目23期。政务大厅设立政务公开窗口，在郭家铺街道和石板滩镇试点建立乡镇级政务公开窗口。利用鼎城区政府微信公众号和政府官方微博"两微"平台，用微信公众号发布信息52条，用政府官方微博发布信息78条。

2021年，郭家铺街道政务公开窗口 (提供：熊兰君)

大数据工作。抓政务数据应用工作，全区53个部门实现数据归集，其中归集目录121个，数据372万条。畅通和拓宽政务数据归集和共享通道，做到能共享的数据必须共享，新增归集信息46.2万条。通过"互联网+监管"平台实施清单监管事项总数为768项，行政检查项总数为830项，实施清单应填报数为790，现实施清单发布数为790，发布率100%，翔实度100%。严肃规范信息化工程项目的技术评审和验收工作，从严规范信息化工程评审、验收，杜绝工程建设的随意性。全年评审项目25个，无一出现误差。

一门式基层政务服务。全区形成区、乡、村三级政务服务中心体系，22个乡镇(街道)设立政务中心，296个行政村(社区)设立便民服务中心。

(陈臻炜)

信访工作

【概况】 2021年，鼎城区信访局贯彻落实中央、省、市关于做好信访工作系列决策部署，坚持用群众工作统揽信访工作，从源头上预防和减少信访问题发生，健全完善领导干部接访机制，畅通规范群众诉求表达渠道，就地解决群众合理诉求，化解矛盾纠纷和信访突出问题。

基础工作。全年，受理群众来信来访1457批1599人次，分别比上年同期下降42.25%、41.17%。反映的问题主要集中在征拆领域、农业农村、民生保障、涉法涉诉等方面。区委、区人民政府主要领导主持召开信访工作会议，交办信访问题436件。全年未发生1起群体性事件、极端个人事件、因信访问题产生的网络舆情事件。

队伍建设。完善基层信访网络，配齐配强信访干部，提高基层就地化解信访问题能力。在乡镇一级建立综治、司法调解和信访"三位一体"的工作机制，开展创"三无"(无集体上访、无越级上访、无信访积案)活动，引导群众逐级信访；建设信访干部队伍，组织10批350人次信访干部开展业务培训，提高信访干部政治业务素质，维护群众合法权益。

专项治理。开展专项整治活动，排查信访老户，研究治理方案，明确工作要求，落实工作责任，围绕反复、越级、集体信访等信访人，落实责任，限期查明上访原因，妥善处理，信访人反映问题办结率100%；执行法律和政策的原则，根据不同对象，采取不同措施，开展疏导教育工作；发挥基层组织和群众作用，采取组织调解，把问题解决在基层，解决在内部，解决在萌芽状态。明确国家、省、市交办的82件信访积案包案领导、责任单位、具体责任人和化解时限，全部办结。专项排查整治全区信访积案，明确处置时间，按期上报处理情况。结合排查出的疑难复杂信访事项，由区信访局整理汇总后提交区信访工作联席会议办公室召开会议集中研究。全年，召开全区信访工作联席会议12次，集中研究疑难复杂信访事项82件，结合政策制定解决方案及办法措施，化解疑难复杂信访事项。

领导接访。实行工作日有1名区领导在信访服务中心接待来访市民。下半年，由区委、区人民政府领导依次进行接访，保证接待群众工作不出现空档，重点敏感时期实行领导干部“无节假日接访”。区级包案领导每月定期到各乡镇（街道）及分管部门与上访群众进行座谈，沟通思想、解释政策，探讨解决问题办法和思路。

法治信访。区信访局下发《关于推进法定途径分类处理信访投诉请求工作方案》，信访信息系统连通单位及有信访事项的单位上报常见信访事项法定途径清单，梳理依法行政所依据的现行法律法规、规范性文件，对应法定途径清单，列出符合条件的法定途径清单，明确法定途径适用的条件、主体、时限、操作程序和法律依据，指导依法分类处理信访事项，明确信访事项办理结果、程序与指向。推行诉访分离，引导市民通过法律渠道解决需求。

（任　哲）

中国人民政治协商会议鼎城区委员会

Dingcheng Committee of the CPPCC

2021年10月22日，中国人民政治协商会议常德市鼎城区第十届委员会第一次会议开幕会会场（提供：马先杰）

概述

重要会议

鼎城年鉴(2022)

概　述

【概况】 2021 年，中国人民政治协商会议鼎城区委员会坚持把党的建设摆在突出位置，把握新时代党的建设总要求，树立党建主责主业意识。坚持旗帜鲜明讲政治，将政治责任贯穿于政协会议、履职活动中。全年，向区委作专题汇报 5 次，确保政协工作与区委工作部署同频共振。以庆祝中国共产党成立 100 周年为契机，召开全区政协系统庆祝中国共产党成立 100 周年座谈会、区政协机关 50 年以上党龄党员座谈会，举办区政协机关“学党史、铭初心”知识竞赛。协助区委把握新一届政协委员人选的政治关、素质关，10 月 21—24 日，召开政协鼎城区第十届委员会第一次会议，选举产生新一届政协领导班子，完成政协各界代表人士的新老交替。发挥区政协党组在政协组织中的领导作用，强化理论武装，组织开展区政协党组或党组理论学习中心组集体学习 13 次，机关党支部专题学习 8 次，政协委员集中培训 3 次。开展党史学习教育，采用“集中学习 + 自学”方式，真组织 4 个阶段的专题研讨活动，激发机关党员干部学习热情。坚持把凝聚共识作为履职工作的中心环节，3 月，集中 1 个月时间开展以“关注民生、反映民意、为民办事”为主题的委员走访活动，密切与委员的联系，凝聚思想共识、增进感情交流、激发委员履职热情。贯彻落实《关于新形势下党内政治生活的若干准则》，组织召开民主生活会 2 次，组织生活会 2 次。坚持政协党组成员以普通党员身份参加支部组织生活、党组书记带头讲党课等党内政治生活制度，增强党内政治生活的政治性、原则性。落实党风廉政建设责任制，落实区政协党组党风廉政建设主体责任清单 30 项，党组书记“第一责任人”清单 24 项，党组成员、主席会议成员“一岗双责”责任清单 24 项，班子成员按要求开展谈心谈话 12 次以上。修订完善会务管理、财务管理、车辆管理等制度，强化制度刚性约束。

2021 年，鼎城区政协党史学习教育动员会会场

（提供：马先杰）

服务发展。发挥人民政协专门协商机构作用，找准政协履职与全区中心工作的衔接点、结合点，在助力全区经济社会发展和民生改善中履行政协职能、彰显政协作为。围绕助力推进乡村振兴、完善公共卫生服务体系课题召开议政性常委会、主席会议，征集意见建议，为区委、区人民政府决策提供有益参考。围绕创建平安鼎城、推进江南城区老旧小区改造、创建省级食品安全示范区、国家现代农业产业园建设等工作开展对口协商、专题视察，推动政协履职常态化、规范化。坚持提案星级管理，探索建立重点提案办理预协商机制，要求承办单位做到与提案人办前、办中、办复“三见面”，通过沟通协商，达成共识。健全完善区政协履职成果报送交办、协商督办、考核落实等工作机制，4 月，由区政协党组成员、主席会议成员领衔，区政协各专委会承办，对区政协党组确定的《关于“坚持创新引领，促进高新区转型升级”的建议案》等 5 个建议案、协商意见办理落实情况进行再调研、再协商、再监督，提升重点履职成果转化实效。探索政协协商与基层协商、社会治理有效衔接的新途径，把用好用活政协云作为提升工作实效的重要抓手，引导委员通过移动履职平台互动交流、提出建议。通过政协云发布政协理论知识、重要工作动态、委员履职经验等 130 余条，使政协云成为委员知情明政、开展学习、提升能力的重要载体。完善政协云微建议协同联办工作机制，畅通办理落实渠道，拓展委员履职空间，经审查受理委员微建议

22 条,办理回复 20 条。发挥社情民意信息“直通车”优势,收集上报社情民意信息 29 篇,其中省政协刊用 3 篇、市政协刊用 6 篇、区级刊发 5 篇。顺应统战对象变化新特点,拓展工作领域,密切与工商联、无党派人士、非公有制经济人士、新的社会阶层人士的联系沟通,鼓励他们发挥优势,为鼎城建设发展献计出力。发挥工商、经济、特邀等界别委员优势,重点安排参加政协各类协商会议和各类视察调研等履职活动,鼓励撰写提案、大会发言材料和社情民意信息等。主动参与省、市、区政协工作“三级联动”,协同开展农村饮水安全、江南城区民生事业发展、优化园区发展环境等课题调研视察活动,借助上级政协平台助力鼎城改革发展。加强与各地政协的交流合作,接待外地政协来鼎城调研考察 6 次,宣传推介鼎城,促进互学互鉴。

自身建设。强化基层党组织的堡垒作用,发挥党员干部和党员委员的示范引领作用,提振政协队伍干事创业的“精气神”。完善区政协机关党组织设置,报请区委同意设立区政协机关党组。建立和完善专委会履职工作规则,规范考察调研、协商议政、座谈交流等履职活动,推动政协工作提质增效。突出委员的界别作用,打造“术业有专攻”的“专家型”咨询队伍。加强政协班子建设,发挥政协党组成员示范作用,重视党外班子成员意见建议,坚持有事好商量。加强专委会和乡镇(街道)政协联络处建设,实行政协机关党总支、各专委会和乡镇(街道)政协联络处向区政协党组报告工作制度,按要求进行专委会绩效考核,进行乡镇(街道)政协联络处年终考评。建设委员队伍,修订完善《政协委员管理办法》《政协委员履职评价办法》等制度,明确和强化政协委员的责任,以履职质量为导向,落实委员履职量化考核,教育引导委员提高履职能力。

制度建设。修订完善常委会会议、主席会议议事规则,修订完善政协联络处(组)目标管理办法、专委会分组联系委员制度、提案督办工作制度及机关管理各项制度,推进政协工作规范化、制度化、程序化。贯彻落实中央八项规定精神及省、市、区委各项具体要求,做到令行禁止。主动接受监督,支持区委关于区政协机关的巡察工作,重视巡察反馈意见,主动指导、督促机关党总支整改措施的制定及整改工作的推进。4—6 月,区委第一巡察组巡察区政协机关党总支,落实巡察反馈意见的整改工作。

提案工作。区政协委员、政协各参加单位提出提案 137 件,经审查,确定立案 95 件。通过网上提案系统实行预交办,会同区委、区政府督查部门召开交办会,针对超越单位职责、综合性较强、涉及部门较多的提案进行协商讨论,明确提案承办单位,做到精准交办。重点提案实行五星级管理,请区委、区人民政府主要领导批示办理意见和要求,明确领衔办理的区级领导、领衔督办的区政协党组成员或主席会议成员、负责督办的专委会,将办前预协商、办中专题协商、办后跟踪回访列为重点提案办理的必有程序,延伸协商工作链。发挥重点提案办理协商的示范引领作用,要求承办 3 件以上提案的承办单位召开办理协商会,加强提、办双方“面对面”互动交流,帮助委员了解办理情况,提高办理效率,在协商中凝聚共识。至年末,所有立案提案均办复。其中:A 类提案 36 件,占 37.9%;B 类提案 54 件,占 56.8%;C 类提案 5 件,占 5.3%。委员对提案办理的满意率 100%。

(高振君　杨　胜　马先杰　朱玉瀚)

2021 年,鼎城区政协重点提案办理协商会会场

(提供:马先杰)

表 4 2021 年鼎城区政协重要提案一览表

序号	提案人	案 由
1	李佩辉、史道广、钱宗侠	关于深化农村土地制度改革，激发乡村振兴发展活力的提案
2	区政协社会法制和民族宗教委	关于加强品牌建设，助推鼎城经济高质量发展的提案
3	周刚、周代、杨胜军、杨俊	关于加强老年代步车规范管理的几点建议
4	史道广、孙湘杰、李科、熊华、李年群、兰蓉	关于加大监管力度，提升国资效益的提案
5	梁佑恩、杨善军、李科、杨胜	关于规范农村建房，助推乡村振兴的提案
6	裴泽敏、刘优群、杨大武、郭峰、欧阳仁辉、王兆基	关于明确责任，加强对鼎城区廉租房小区管理的提案
7	区政协提案委	关于保障乡镇污水处理厂有效运行的提案
8	卫健系统政协联络组、区政协文教卫体和文史委	关于完善公共卫生服务体系，提高应对重大突发卫生事件能力的提案
9	黄国权	关于加强乡镇站所人才队伍建设的提案
10	葛勇、钱宗侠	关于强化承接能力，推动基层公共服务“一门式办理”的提案

【鼎城区政协开展网络协商议政】 2021 年 7 月 27 日，鼎城区政协召开议政性常委会，围绕实施推进“乡村振兴”开展议政协商。该次常委会会议协商通过政协云手机 APP 和鼎级传媒进行全程同步视频直播，组织委员和社会各界人士开展交流互动。直播过程中有 1.6 万余名市民进入直播平台收看现场直播，并进行留言、提出意见建议，收集到有效意见建议 100 余条。 （马先杰）

【鼎城区政协委员工作室建设工作推进会召开】 2021 年 7 月 13 日，鼎城区政协委员工作室建设工作推进会召开。会议贯彻中共中央总书记、国家主席习近平关于加强和改进人民政协工作的重要思想和“政协委员要更好联系和服务所在界别的群众”的指示要求，根据省、市政协有关委员工作室建设的指导意见，安排部署全区政协委员工作室建设工作。政协委员工作室的建立，为委员搭建起推动学习、加强交流、沟通信息、反馈社情、了解民意、履行职能的平台。至年末，建立政协委员工作室 25 个，各委员工作室开展专题调研和微协商 35 场次，上报社情民意和微建议 40 余条，助力解决疫情防控、脱贫攻坚和产业发展等问题 33 件次。

（马先杰）

重要会议

【鼎城区政协全体会议】 2021 年 10 月 21—24 日，政协鼎城区十届一次会议在常德市江南城区召开。听取政协鼎城区委员会换届工作情况报告；协商区人民政府区长、副区长，区监察委员会主任、区人民法院院长、区人民检察院检察长候选人建议名单；选举政协鼎城区第十届委员会主席、副主席、秘书长和常务委员等。雷建国当选鼎城区政协主席，林新忠、蒋利荣、胡小芳、雷绘玻、向兰当选区政协副主席，戴芳当选区政协秘书长，王勇等 49 人当选区政协常务委员。 （马先杰）

【鼎城区政协常委会】 2021 年 2 月 26 日，鼎城区政协召开九届二十二次常委会会议，审议通过区政协常委会 2021 年工作要点。区政协领导韩才渊、涂国祥、梁正凡、周伟建、蒋利荣、胡小芳，秘书长戴芳出席，全体政协常委、政协联络处(组)负责人参加。

7 月 27 日，鼎城区政协九届二十三次常委(扩大)会议举行，围绕实施推进“乡村振兴”开展议政协商。鼎城区委副书记、区人民政府区长陈远，区委副书记、区委统战部部长王时雨，区政协主席韩才渊，区人民政府副区长杨成，区政协领导涂国祥、罗旺甫、梁正凡、周伟建、蒋利荣、胡小芳，秘书长戴芳参加会议。

10 月 9 日，鼎城区政协召开九届二十四次常委(扩大)会议，审议通过关于举行政协鼎城区第十届委员会第一次会议的有关事项，会议决定政协鼎城区第十届委员会第一次会议于 2021 年 10 月 21—24 日在江南城区举行，会期 4 天。区政协

领导韩才渊、涂国祥、罗旺甫、梁正凡、蒋利荣、胡小芳,秘书长戴芳参加会议。（马先杰）

【鼎城区政协主席会议】 2021年1月15日,鼎城区政协九届四十九次主席(扩大)会议召开,专题协商《鼎城区2021年区本级城建方案(草案)》。区政协主席韩才渊,区人民政府副区长钟科程,区政协领导涂国祥、罗旺甫、梁正凡、周伟建、蒋利荣、胡小芳,秘书长戴芳,区政协各专委会主任,部分区政协常委、委员及区住建局负责人参加会议。

2月22日,区政协召开九届五十次主席(扩大)会议,研究部署有关工作。区政协主席韩才渊主持会议并讲话,区政协领导涂国祥、罗旺甫、梁正凡、周伟建、蒋利荣、胡小芳,秘书长戴芳出席会议,区政协各专委会主任列席会议。

5月12日,区政协召开九届五十二次主席会议,专题视察乡镇污水处理厂建设与管理工作。区政协主席韩才渊,区人民政府副区长陈志刚,区政协领导涂国祥、罗旺甫、梁正凡、周伟建、蒋利荣、胡小芳,秘书长戴芳参加视察。

6月2日,鼎城区政协召开九届五十三次主席会议,专题协商"完善公共卫生应急体系建设,提升应对突发公共卫生事件能力"课题。区政协主席韩才渊,区人民政府副区长杨凡,区政协领导涂国祥、罗旺甫、梁正凡、蒋利荣及区政协课题调研组成员、相关单位负责人参加会议。

9月8日,鼎城区政协举行九届五十五次主席会议,专题视察"创建省级食品安全示范区"。区政协主席韩才渊,区委常委、区人民政府副区长李娟,区政协领导涂国祥、梁正凡、周伟建、蒋利荣、胡小芳,秘书长戴芳参加视察。

9月24日,鼎城区政协举行九届五十六次主席会议,专题视察鼎城区国家现代农业产业园建设工作。区政协主席韩才渊,区人民政府副区长杨成,区政协领导涂国祥、罗旺甫、梁正凡、蒋利荣、胡小芳,秘书长戴芳参加视察。

10月8日,鼎城区政协召开九届五十七次主席(扩大)会议。协商讨论政协鼎城区第十届委员会第一次会议相关筹备工作。区政协主席韩才渊、涂国祥、罗旺甫、梁正凡、蒋利荣、胡小芳,秘书长戴芳参加会议。

12月13日,区政协十届一次主席会议召开,听取二次全会筹备情况汇报。区政协主席雷建国,副主席林新忠、蒋利荣、胡小芳、向兰,秘书长戴芳出席。

12月14日,鼎城区政协举行十届二次主席(扩大)会议,专题协商全区2022年度财政预算预安排工作。区政协主席雷建国,区委常委、常务副区长瞿政前,区政协领导林新忠、蒋利荣、胡小芳、向兰,秘书长戴芳参加。

12月22日,鼎城区政协召开十届三次主席会议,专题协商建新河、大湖区北岸岸线治理工作。区政协主席雷建国,区委常委、政法委书记钟科程,区政协领导林新忠、蒋利荣、胡小芳、向兰,秘书长戴芳参加。（马先杰）

中共鼎城区纪律检查委员会
鼎城区监察委员会

The CPC Dingcheng District Commission for Discipline Inspection
Dingcheng District Supervision Commitee

2021年7月31日，中国共产党常德市鼎城区第十三届纪律检查委员会第一次全体会议会场 （提供：张鹏）

纪检监察工作

巡察工作

纪检监察工作

【概况】 2021年，鼎城区纪委监委落实管党治党政治责任，推进全面从严治党、党风廉政建设和反腐败斗争，发挥监督保障执行、促进完善发展作用。

政治监督。突出政治责任。督促各级党组织同党中央精神对标对表，做到“两个维护”，推动政治监督具体化、常态化。在全区党政主职、科级干部、青年干部、新任村(社区)党组织书记等培训班授廉政党课，督促推动各级党组织和党员干部扛牢政治责任。护航换届选举。在区、乡、村三级换届选举过程中，落实“十个严禁”换届纪律要求，成立18个换届风气监督组、5个巡回督查组进行现场监督和明察暗访，纪律审查换届选举候选人和代表委员5590人次，提出否决性廉政意见5人次。深化政治巡察。落实十二届区委巡察全覆盖任务，第十轮巡察发现问题175个，整改率100%，移送线索5条。届内发现问题2588个，移送线索334条。针对全区74家单位的国有和集体资产专项巡察整改工作进行“百日攻坚”回头看，约谈单位“一把手”9人，发出整改函74份，移送问题线索9条，办结4条，给予党纪政务处分7人，组织处理16人。

利益保障。梳理信访疑难举报线索10件，均由区纪委班子成员挂牌督办，召开专题座谈会听取意见3次，积案化解率90%以上。开展“3·19”案件调查追责工作，追责8人，其中给予党纪政务处分3人；协助常德市纪委开展“8·30”案件调查追责工作。开展落实常态化疫情防控工作监督检查，印发督查通报14期，约谈30余人次。查处发生在民生资金、“三资”管理、征地拆迁、教育医疗、生态环保等领域的违纪违法行为。查处群众身边的腐败和作风问题23起，给予党纪政务处分39人，推动整改问题9个，建立完善制度6个。开展“15+1”专项整治，共监督检查213次，发现问题204个，涉及112人次，涉及违规金额580余万元，整改问题194个，组织处理83人。围绕惠民惠农财政补贴资金“一卡通”管理、资金发放等方面存在的突出问题开展专项监督检查，追回16家单位83个项目中虚报冒领、违规享受的148.8万元补贴。开展巩固拓展脱贫攻坚成果同乡村振兴有效衔接专项监督，发现并处置相关问题线索5件。开展“清廉医保”专项监督检查，发现并整改问题66个，重点查处6件医保基金领域违纪违法案件，立案1人，组织处理18人，追回违规资金33.35万元。

2021年11月1日，鼎城区纪委、区监委领导到许家桥回族维吾尔族乡调研乡村振兴工作　（提供：刘静）

正风肃纪。落实主体责任。督促各单位制定并落实主体责任清单、任务清单，发现轻微违纪问题线索及苗头性、倾向性问题，及时提醒、督促整改。进行综合研判，把有关线索办理情况每月寄送至各乡镇(街道)“一把手”，实行“三色预警”。压实优化营商环境主体责任，落实护航营商环境容错免责制度。盯住关键少数。制定《区纪委监委贯彻落实“十必严”任务分解表》，建立任务清单及落实措施23项。监督“一把手”落实全面从严治党主体责任、执行民主集中制和“三重一大”集体决策制度、依规依法履职用权等情况，建立台账。开展日常监督。开展作风建设监督“一月一督查、全年全覆盖”，从严查处顶风违纪者，并实名曝光。检查单位130家，发现问题97个，下发整改交办函62份。查处违反中央八项规定精神问题7起，给予相关人员党纪政务处分。发挥谈心谈话的预防、教育和警醒作用，全年全区领导干部开展谈心谈话2万余人次，其中区级领导4319人次，实现区级领导和乡镇(街道)、区直单位党政负责人全覆盖。

反腐倡廉。协助湖南省纪委监委、常德市纪委监委查处彭某、肖某、赵某某、陈某某、毕某某、熊某等重大案件，追缴违纪违规资金近2000万元。查办区商务局原四级调研员何某某严重违纪违法案件。协同开展政法队伍教育整顿，给予党纪政务处分13人，移送司法机关1人，组织处理79人，9名政法系统干部主动向纪检监察机关讲清问题或投案。全年，收到信访举报线索344件，立案查处违纪违法案件153件，党纪政务处分102人，移送司法机关2人，其中乡科级干部20人。坚持行贿受贿一起查，开展行贿人信息库建设试点工作。抓“互联网+监督”平台运用。实行线索督办、通报、限时整改制度，发出纪律检查建议书和监察建议书15份。在干部提拔使用、单位和个人评先评优等关键环节把关，全年出具党风廉政意见116份，涉及单位305个，审查人员8605人次，提出暂缓使用意见4人次。建设网站、微信公众号，开展廉洁文化宣传，全年在央媒上稿5篇、省市媒体上稿207篇。拍摄“党史话廉”系列短片，自拍廉政警示教育片《贷价》、宣传短片《关于酒驾这些事你要知道》。

自身建设。注重学习提升，开展党史学习教育，进行全员培训、干部轮训，分批次开展纪检监察干部座谈会。提升政治素养、业务水平、心理素质。注重典型引领，形成以干事创业为根本的选人用人导向。2名干部被常德市纪委评为先进个人，10名干部得到提拔重用，9名干部得到交流任用。注重内部督查，执行纪检监察干部十二条“负面清单”。健全涉案人员处置及财务管理、请示报告、内部督查等制度，防控廉政风险。全年收到打听干预案情报告13件次，办结反映纪检监察干部问题线索7件次，组织处理2人。出具涉纪检监察干部的廉政审查意见5人次。（刘　静）

【鼎城区第十三届纪律检查委员会举行第一次全体会议】 2021年7月31日，中国共产党常德市鼎城区第十三届纪律检查委员会举行第一次全体会议。市委指导组组长、市委老干部局局长、市委组织部副部长(兼)杨文惠到会指导。谢梦、舒伟、郑安恢、鲁尤全、廖晓岚、葛振林、钟科轩、吴代峰、李先德当选为区纪委常委。谢梦当选为区纪委书记。舒伟、郑安恢、鲁尤全当选为区纪委副书记。

（刘　静）

2021年7月31日，中国共产党常德市鼎城区第十三届纪律检查委员会第一次全体会议会场　（提供：刘静）

巡察工作

【概况】 2021年，鼎城区委巡察办把握政治巡察定位，发挥区委巡察工作政治“探照灯”“显微镜”“传感器”作用，为鼎城区发展提供坚强政治保障。把优化营商环境、安全生产、粮食生产、征地拆迁、村社项目资金等纳入巡察内容，专门开展市级涉粮领域交叉巡察和区级社区集体经济管理、村级项目拨款专项巡察，将纯业务检查上升到政治巡察高度，巡察被巡察单位是否立足职责使命、贯彻落实党的路线方针政策和上级决策部署情况。

常规巡察。3月，启动十二届区委第十轮巡察。10月，启动十三届区委首轮巡察。集中巡察期间，巡察组通过查阅资料、下发调查问卷、走访座谈、谈心谈话等方式查找发现问题线索，部分问题要求相关单位立行立改。巡察办按要求联系督查各巡察组，主要查看巡察组日常考勤、问题线索、周统计表填写及巡察日志记录等情况，针对相关问题给巡察组提出意见和指导，并帮助协调解决其他问题及困难，做好后勤保障服务工作。第十轮巡察发现被巡察单位问题175条。其中，责成被巡察单位立行立改9条，发现党员干部涉嫌违纪线索5条，要求整改并进行相关责任人组织处理的问题49个，向区委、区政府提出巡察建议4条。

2021年10月28日，十三届区委首轮巡察工作动员部署会会场 （提供：杨欣蓉）

巡察配套工作。巡察“后半篇文章”。2月，区委巡察办开展巡察整改“回头看”，督导检查前七轮巡察的57家被巡察单位整改情况。采取上门督导、发函督导、通报督导，督促被巡察单位党组织提高政治站位，正视问题、彻底整改。督导指导第九、十轮巡察整改，提供“整改方案”“民主生活会方案”等模板，联系纪检室和组织部对于整改方案、报告进行把关，指导被巡察单位结合单位实际，综合运用“方案模板”整改巡察指出的问题。当前，第九、十轮被巡察单位全部完成整改。开展国有和集体资产“百日攻坚”。2020年8月，鼎城区委派出12个巡察组，用近2个月的时间，针对全区153个占有、管理、使用国有和集体资产的乡镇人民政府、街道办事处、区属农林场、区直相关单位及集体组织开展专项“政治体检”。2021年上半年，参与区国有和集体资产专项巡察整改工作的督导，进行74家单位的国有和集体资产的专项巡察整改工作“百日攻坚”，约谈单位一把手9人，发出整改函74份，移送重要问题线索10条。对于各单位自清自查及巡察查找出来的问题，实行“一案一策一台账”靶向治疗、销号管理，约谈问题整改不力的相关单位负责人，指导督促相关单位制定《鼎城区村（社区）财务管理办法》《关于进一步加强全区经营性国有资产管理的暂行规定》等制度，完善管理机制，堵塞漏洞，把权力关进制度的笼子里。党史学习教育。开展“我为群众办实事”实践活动，通过巡察督促区残联、区交警大队等单位为残疾人解决停车难问题，被省纪委官网官微、市纪委官网官微予以宣传推介，并得到市委党史学习教育巡回指导组的肯定；开展“纪检干部促春耕”活动，为牛鼻滩镇白洋湖村群众送上春耕生产和生活物资。推动解决城区自来水供水问题。领导干部带头参加党史学习教育，制定个人学习清单，完成自学书目，撰写心得体会。4月15日，区委巡察办组（含全体抽调人员）到丁玲公园开展“学史增信”现场教育活动，向烈士雕像献花祭礼，参观丁玲纪念馆，重温入党誓词，坚定理想信念。6月25日，组织巡察办组全体干部在太浮山武装斗争纪念碑开展红色教育，开展党史学习教育“学史明理”“学史增信”“学史崇德”专题讨论会，学习中共中央总书记、国家主席习近平在福建考察期间、在广西考察期间的重要讲话精神，4个巡察组临时党支部按要求分别自行开展党史学习教育。组织单位全体党员参与“鼎级传媒”APP党史知识在线答题，及时报送工作动态信息，全年报送动态信息稿13篇。联合区纪委监委组成联合队在全区“学党史 铭初心”党史知识挑战赛和“颂歌献给党 唱响新时代”歌咏比赛中分别获二等奖、三等奖。 （王观音）

2021年6月25日，鼎城区委巡察办组织开展“学史力行”专题现场体验活动 （提供：杨欣蓉）

【鼎城区启动十三届区委首轮巡察工作】 2021年10月28日，十三届鼎城区委首轮巡察工作动员部署会举行。会议通报十二届区委第十轮巡察工作情况，宣读十三届区委首轮巡察工作分组安排。十二届区委第十轮巡察组织专题座谈22次，个别谈话265人次，下发调查问卷419份、收回390份，接受来信来访4件次，查阅各种资料3378份，收集整理各类问题175条，其中责成被巡察单位立行立改9条，发现党员干部的涉嫌违纪线索5条，要求整改并对相关责任人进行组织处理的问题49个。十三届区委首轮巡察即日起开始进行，拟分为4个巡察组，巡察鼎城区23个单位和社区在优化营商环境、社区集体经济管理等方面工作。鼎城区委常委、区纪委书记、区监委主任、区委巡察工作领导小组组长谢梦，鼎城区委常委、组织部部长黄秋云出席会议。 （王观音）

【鼎城区启动村级项目拨款专项巡察工作】 2021年11月17日，鼎城区举行村级项目拨款专项巡察动员部署会，全面规范鼎城区村社项目拨款资金的管理使用。会议宣读《鼎城区村级项目拨款相关单位专项巡察方案》《关于鼎城区村级项目拨款相关单位专项巡察的授权决定》。该轮巡察设专项巡察组1个，采取“一托二”的方式，全面掌握被巡察村社近3年项目拨款资金来源及管理使用情况，重点查找被巡察村社是否存在专款未专用，贪污挪用、截留私分、优亲厚友、挥霍浪费项目资金等违反财经纪律方面的问题，发现被巡察村社其他在项目资金管理使用方面存在的不正之风和腐败问题。区委常委、区纪委书记、区监委主任、区委巡察工作领导小组组长谢梦出席会议。

（王观音）

【常德市第二中学到鼎城区委巡察办开展实践活动】 2021年11月，常德市第二中学高二年级师生到鼎城区委巡察办开展实践学习活动。活动中，师生们参观了区委巡察办档案室、办公室等地，了解学习区委巡察办的工作环境及具体办公情况。在座谈会上，区委巡察办的主要负责人为大家介绍巡察办的成立时间、各项工作职能，阐述巡察工作的重大意义。鼎城区委巡察办坚持“发现问题、形成震慑，推动改革、促进发展”的巡视工作方针，坚持“严”的主基调，把发现问题作为巡视巡察工作的生命线，把推动解决问题作为落脚点，强化上下联动纽带作用，助推监督利剑直插基层。确保巡视巡察工作横向全覆盖、纵向全链接、全区“一盘棋”，推动形成系统集成、协同高效的巡视巡察监督工作格局。 （王观音）

民主党派·群众团体

United Front&Mass Organization

2021年7月16日，鼎城区总工会到常德高新区为企业一线职工开展“送清凉”慰问活动　（提供：龚婷）

中国国民党革命委员会常德市委员会鼎城总支委员会
中国民主同盟常德市鼎城区委员会
中国民主建国会常德市委员会鼎城区工作委员会
中国民主促进会鼎城区支部委员会
中国农工民主党常德市鼎城区总支委员会
中国致公党常德市鼎城区工作委员会
九三学社常德市鼎城支社委员会
鼎城区总工会
共青团鼎城区委员会
鼎城区妇女联合会
鼎城区科学技术协会
鼎城区归国华侨联合会
鼎城区工商业联合会
鼎城区文学艺术界联合会
鼎城区残疾人联合会
鼎城区红十字会

中国国民党革命委员会常德市委员会鼎城总支委员会

【概况】 2021年，中国国民党革命委员会常德市委员会鼎城总支委员会(简称民革鼎城总支)履行参政党职责,投身鼎城区经济社会建设,开展政治学习,提升综合素质,开展各项社会活动。

换届工作。在民革常德市委和中共鼎城区委统战部的指导下,选举产生以唐松山为主委,韩亚琦、彭力、铁红旗、康凯为副主委的新一届民革鼎城总支委员会。

2021年,相关领导和民革鼎城总支全体党员合影
(摄影:梅贵)

政治学习。根据总支年初安排,5月中旬,组织集体学习中共百年党史活动。党员唐松山以《学党史 悟思想 争当一名优秀政协委员》为题在区政协举行的中国共产党成立100周年纪念大会上发言,在民革市委网站发表《学党史 悟思想 做好参政党的一份子》。开展"学党史 颂党恩"征文活动,总支党员孙金蓉、蒋鸥的征文《回家》和《忆百年峥嵘·起幸福之航》,获民革湖南省委三等奖,王勇的征文《当您一百了》获优秀奖。10月15—16日,组织全体党员在澧州政治讲习所、王家厂武装暴动纪念馆等地,开展"学习百年党史 凝聚奋进合力"学习实践活动,市委统战网以《学习百年党史 凝聚奋进合力》为题予以报道。学习市党代会精神等活动,组织党员骨干开展学习讨论。总支党员王勇、娄灵婕的学习体会《不忘初心忆往昔、催人奋进再出发》《学思悟透聚合力 笃力奋楫绘新图》被民革常德市委网站采用发表。

2021年10月16日,民革鼎城总支全体党员在王家厂武装暴动纪念馆,开展"学习百年党史 凝聚奋进合力"学习实践活动
(摄影:姚伟胜)

参政议政。开展调研活动,履行民主党派的职责。党员王勇撰写的《关于推广婚宴自助抵制婚宴浪费的建议》、铁红旗撰写的《关于发挥学校教育优势与"电子海洛因"争夺青少年的建议》《浅谈从两件刑案看"少捕慎诉慎押"之必要的建议》等在市统战网登载。铁红旗撰写的社情民意《关于全区推进数字乡村建设 助力乡村振兴的建议》,上交区政协并得到相关区领导的签批重视。

社会活动。开展关爱抗战老兵活动,春节前、端午节前和中秋节前等特殊节日,慰问抗战老兵,为老兵办实事。购买慰问品,送去慰问金,上门进行慰问;春节期间到老兵家里3次,为他们维修、更换电视机和照明灯具等。7月4日,抗战老兵向家财94岁生日,委派党员代表到石公桥镇为向家财送上生日祝福。12月15日,上门到老兵幸存者家中看望,为他们送去新年的祝福。组织或参加统战部统筹开展的系列活动,为草坪镇的村民送化肥,为蔡家岗镇湖海坪村的村民送医药,在斗姆湖街道开展资助贫困家庭学生活动。 (唐松山)

中国民主同盟常德市鼎城区委员会

【概况】 2021年,中国民主同盟常德市鼎城区委员会(简称区民盟)有支部8个,盟员94名。民盟鼎城区委被民盟常德市评为2021年度先进基层组织。

组织建设。胡蓉当选常德市政协委员，成小兵、唐丁尖当选民盟常德市第八届市委委员，彭放当选鼎城区第十八届人大代表，成小兵、胡玉兰、刘清华、刘思静、石明、王兆基6名盟员分别当选鼎城区第十届政协常委、委员。胡蓉、李鑫、熊玲、肖丽、裴媛5名盟员参加民盟常德市委举办的2021年盟员议政建言论坛暨履职能力提升培训班。成小兵参加常德市委统战部举办的全市民主党派基层组织能力建设研修班。培养入盟积极分子3名，发展盟员1名。

参政议政。在市、区两会上，上交政协提案15份，人大建议案2份，区政协全会分组讨论中，有12人次发言，《关于我市实施教育“双减”政策落实落地的两点建议》《关于消除交通安全隐患，确保学生通行安全的提案》《常德4.8亿元诈骗大案凸显出急需从严治党》等提案获区委、区人民政府领导重视。向区人大、区政协及民盟常德市委提交社情民意10篇，向区委统战部、民盟常德市委报送信息稿件15篇，发表12篇。

活动开展。4月22日，民盟鼎城区基层委员会主委成小兵等4名盟员参加区委统战部组织“2021年鼎城区统一战线 筑同心 跟党走 走进三角堆村‘学党史、颂党恩、聚同心、促生产’活动”，为产业大户及村民发放化肥、农膜、插秧软盘、慰问金等。6月26日，民盟鼎城区基层委员会到蔡家岗镇湖海坪村参加“迎百年、跟党走、聚同心、三下乡”主题活动，为村民进行文艺演出，送去党史学习教育抢答纪念品、科技种植及农艺书籍，为残疾人开展免费义诊服务，为困难学生发放爱心教育金等。9月25日，民盟鼎城区基层委员会到斗姆湖街道参加“聚同心、跟党走、助燃希望”金秋助学活动，为31名考入重点本科的高中毕业生、考入鼎城区第一中学的初中毕业生及家庭困难学生发放助学金计3.3万元，民盟鼎城区基层委员会捐赠1万元。

（成小兵）

中国民主建国会常德市委员会鼎城区工作委员会

【概况】 中国民主建国会常德市委员会鼎城区工作委员会（简称民建鼎城区工委）成立于2000年12月20日。2021年末，有民建会员46人，其中市政协委员4人，区政协委员和政协常委7人，区人大代表和常委2人，副处级干部1人，科级干部12人。年度发展会员2名。

参政议政。会内区政协委员、人大代表针对全区政治经济社会发展问题开展研究，提出针对性、操作性强的建议案和提案6份。

会员自身建设。促进会员企业源宏食品、亲零嘴食品公司、云港生物等的发展，会员刘明高、陈明洁、杨凌被常德市委评为2021年度优秀会员。“民建会员之家”建设。2021年，在会员之家举行集中学习5次，提升鼎城民建会员的凝聚力向心力。

领导重视。3月23日，鼎城区政协党组副书记涂国祥、区政协副主席胡小芳等一行走访民建鼎城区工委。民建鼎城工委主委杨善军等6名会员参加走访。涂国祥一行参观了民建会员企业常德市源宏食品有限公司、湖南惠源农牧有限公司、湖南亲零嘴食品有限公司3家会员企业，并到民建会员之家进行座谈。

活动开展。参加区委统战部组织的党史学习教育系列活动。4月22日，民建鼎城工委联合鼎城新阶联、鼎城知联会在草坪镇三角堆村举行“学党史、颂党恩、聚同心、促生产”活动。鼎城区委统战部部务委员鲁彪、各党派主委、草坪镇三角堆村村民代表参加活动。各党派及三角堆村推出精彩节目在百姓大舞台上演，设立“筑同心、跟党走”有奖知识问答环节。慰问老党员和贫困户代表，为种粮大户捐献化肥2500千克、地膜5000米、插秧软盘1万个，助力三角堆村春耕生产。民建鼎城工委参加在蔡家岗镇、斗姆湖街道由其他民主党派主办的系列活动。

（杨　凌）

2021 年，民建鼎城区工委到草坪镇三角堆村参加"学党史、颂党恩、聚同心、促生产"活动 （提供：杨凌）

中国民主促进会鼎城区支部委员会

【概况】 2021 年，中国民主促进会鼎城支部有会员 29 人(新发展 1 人),其中教育界 13 人,科技、文化界 2 人,律师界 1 人,行政事业 11 人,非公有制经济 2 人。区政协委员 8 人(常委 3 人),人大代表 2 人。中国民主促进会鼎城区支部委员会 2021 年度被民进常德市委评为先进基层组织"明星支部"。

社会服务。组织开展送教下乡、送戏下乡、送文化下乡及"金秋助学"等社会服务活动。鼎城区统战部"筑同心、跟党走、聚同心、三下乡"活动第二场,在蔡家岗镇湖海坪村举行,中国民主促进会鼎城支部发挥主人翁意识，组织文艺会演，有独唱、合唱、朗诵等节目,穿插 3 次党史知识有奖抢答。关注人民群众的精神文化需要与乡风文明建设,为湖海坪村图书室捐赠图书 100 余册,现场举行捐书仪式。在许家桥回族维吾尔族乡中堰村开展"金秋助学"活动,为考上本科学校的贫困学生每人发放 2000 元助学金,计 6000 元。为蒿子港镇养老院的 25 名孤寡老人送保暖衣,为脱帽贫困村兴国寺村筹措资金 1 万元用于村级基础建设。开展抗击疫情、爱心捐赠活动,支部会员向市委捐款 2700 元。

参政议政。民进鼎城支部在湖南省民进网发表《民进鼎城支部会员政协会上展风采》《民进鼎城支部召开会员大会》《精神振奋开两会、民进会员展风采》3 篇报道,在市委统战平台、市政协网及市民进平台等发表文章 10 余篇,向民进市委提交社情民意 5 篇。 （沈亚力）

2021 年,中国民主促进会鼎城区支部委员会开展"金秋助学"活动 （提供:沈亚力）

中国农工民主党常德市鼎城区总支委员会

【概况】 2021 年，中国农工民主常德市党鼎城区总支委员会(简称农工党鼎城总支)学习贯彻中共十九届六中全会精神,履行参政党职能,围绕中共常德市第八次党代会精神,凝心聚力、开拓进取。2 月 3 日,开展农工党鼎城总支换届工作,选举产生新一届组织领导班子 7 名。经党员推荐、个人申请、组织考察等程序,发展党员 3 名。2021 年,农工党鼎城总支被农工党常德市委评为"参政议政工作"先进集体。总支主委蒋斌被农工党中央评为"脱贫攻坚先进个人",文毅、姚建明、胡有福等 6 人被农工党常德市委评为"优秀党员"。

培训学习。配合参与中共党史学习活动,开展"不忘合作初心、携手继续前进"主题教育、学习中共十九届六中全会、中共常德市第八次党代会精神活动。1 月,学习《统一战线工作条例》;4 月,总支副主委李科参加农工省委组织的基层组织主委培训班。

参政议政。农工党鼎城总支有省市区各级人大代表、政协委员 10 名,他们围绕中心、联系群众、建言献策。在区人大、政协会议上,均有重点提案和建议纳入大会发言或书面发言。蒋斌撰写的社情民意“基层反映让数据多跑路遭遇玻璃门”呈报传达市委、市人民政府主要领导签批,李科撰写的“精准施策 确保‘双减’政策落实落细”的建议,被列为鼎城区政协十届二次全会发言内容,受到区委、区人民政府主要领导肯定。

社会服务。开展社会服务活动,参加全区统一战线开展的“送科技、送健康、送文化”活动,开展义诊医疗活动 4 次,免费义诊 405 人次,为五保孤寡老人及困难群众赠送米、面、油,日常药品及过冬棉被等物资,折合人民币 3 万余元。（蒋　斌）

中国致公党常德市鼎城区工作委员会

【概况】 2021 年,中国致公党常德市鼎城区工作委员会(简称致公党鼎城工委)以习近平新时代中国特色社会主义思想为指导,学习贯彻落实全国两会和中共十九届六中全会精神,围绕区委、区人民政府中心工作及致公党常德市委会工作安排,各项工作稳步推进。2021 年,致公党鼎城支部被致公党常德市委评为市级先进支部,3 名党员获评市级优秀党员。

参政议政。在政协鼎城区第九届委员会第七次会议上,区政协委员、致公党鼎城区工委主委蒯建英代表致公党鼎城工委围绕“加强品牌建设,助推鼎城经济高质量发展”作大会参政议政发言。3 月 16 日,鼓励引导委员发挥界别和优势,围绕促进鼎城经济高质量发展和民生事业改善建言献策,鼎城区政协党组副书记涂国祥一行走访致公党鼎城工委。9 月,蒯建英参加致公党湖南省委到常德开展的洞庭湖民主监督活动,为优化洞庭湖生态环境出谋划策。10 月,工委政协委员参加鼎城区政协全会,建言献策。

社会服务。2 月 7 日,工委骨干党员到斗姆湖街道机场社区开展春节慰问活动,走访看望社区 10 户困难家庭,送去春节慰问金及米、油、棉被等生活用品。6—7 月,开展“凝心聚力乡村行”系列活动,参与承办在草坪镇、蔡家岗镇的主题活动。第一季度,在草坪镇三角堆村开展“学党史、颂党恩、促生产、聚同心”主题活动,进行送农资、助学、帮困;第二季度,在蔡家岗镇湖海坪村开展“迎百年、跟党走、聚同心”“三下乡”主题活动,进行送文化、送医疗、助学帮困。9 月 23 日,工委联合常德市歌舞剧院到镇德桥镇乔家岗村,开展“学党史、悟思想、办实事、开新局”主题实践活动,活动内容包括文化惠民、“金秋助学”、党史知识抢答等。

（蒯建英）

2021 年 9 月 23 日,致公党鼎城工委联合常德市歌舞剧院到镇德桥镇乔家岗村,开展“学党史、悟思想、办实事、开新局”主题实践活动（提供:蒯建英）

九三学社常德市鼎城支社委员会

【概况】 九三学社是以科学技术界高、中级知识分子为主的具有政治联盟特点的政党,是接受中国共产党领导、同中国共产党通力合作的亲密友党,是中国特色社会主义参政党。九三学社常德市鼎城区支社成立于 2005 年 9 月,当前有社员 19 名,具有正高职称社员 1 名,副高职称社员 4 名,中级职称社员 13 名。2021 年,九三学社常德市鼎城区支社被九三学社常德市委评为目标考核社会服务工作先进单位,陈伟被九三学社湖南省委评为组织工作先进个人,杨胜、韩丽芳、曾义被九三学社常德市委评为优秀社员。

学习教育。支社把思想建设作为首要工作来抓，组织全体社员开展实时政治学习，4 月，围绕“读一段党史 悟一片初心”主题，开展党史学习教育活动，社员叶刚分享党史故事——一盏小马灯的故事；6 月，支社召开社务工作会议暨党史学习培训会，开展庆祝中国共产党成立 100 周年参观鼎城区党建主题公园活动；10 月，杨胜、叶刚分别参加区委组织部组织的为期 1 个月的科干班、青干班培训；11 月，陈伟参加市委统战部组织的为期 5 天的 2021 年民主党派基层负责人组织能力建设研修班；12 月，召开全体社员会议，学习中共十九届六中全会精神和举行党史学习实践活动。

参政议政。九三学社常德市鼎城区支社有区政协委员 6 人，区人大代表 1 名，其中，区政协常委 2 名，区人大常委 1 名，市政协委员 1 名。围绕中共鼎城区委、区人民政府中心工作，履行职能，参政议政，建言献策。提交议案提案、社情民意 9 篇。支社主委陈伟撰写的《关于乡镇污水处理厂运营管理的建议》在区政协主席团专题视察活动中作协商发言；杨胜以《改善农村人居环境 建设美丽宜居乡村》为题在区政协常委会上作口头发言，以杨胜牵头撰写的集体提案《规范农村建房，助力乡村振兴》被列为重点提案。曾潜向区政协提交《关于秸秆资源循环利用》的提案，得到满意回复；曾义担任镇德桥人大代表实践站的代表，为乡村发展出谋划策，捐赠物资、现金等，助力乡村振兴。11 月，支社配合和参与社市委组织的关于鼎城区交警部门行政执法工作开展情况课题调研活动。陈伟、叶刚撰写提案《关于加强全区党政协同办公平台监管和运用的建议》《关于进一步加强矛盾纠纷调解的问题》提交到鼎城区政协提案办理系统；《关于实施乡村振兴战略“筑巢引凤”的提案》以联名提案的方式，提交到提案办理系统。

组织建设。鼎城区支社注重宣传工作，2021 年，支社向社市委和区委统战部投稿 20 余篇。支社发展积极分子 1 名，被提拔晋升社员 3 名，其中正科级实职 1 名、副科级实职 2 名。

社会服务。2 月，支社主委陈伟等一行到斗姆湖敬老院，为老人送去春节祝福及慰问品。4 月，支社参加鼎城区统一战线“筑同心、跟党走”活动，活动以“学党史、颂党恩、聚同心、促生产”为主题，在草坪镇（鼎城文化之乡）同心美丽乡村三角堆村举行。6 月，鼎城区委统战部组织全区统一战线在蔡家岗镇湖海坪村举办“迎百年、跟党走、聚同心、三下乡”活动，支社主委、副主委及部分社员参加活动。8 月，支社主委组织机关干部职工到鼎城区恒华国际小区实行 24 小时轮班“对口”包联，展开“三查一问”工作，帮助小区、业主解决封闭期管控问题，并为一线疫情防控工作人员赠送防护口罩、瓶装消毒酒精及便携喷雾、艾条等防疫物资。8 月，鼎城区侨联组织开展“防疫送凉 爱心助农”活动，支社副主委、侨联兼职副主席曾义为抗疫人员捐送湖南福祥天茶业有限公司提供的绿茶及价值 6500 余元的物资。8 月，鼎城区统一战线开展“聚同心、跟党走、助燃希望”为主题的“金秋助学”活动，活动现场 31 名学子接受捐助 3.3 万元，其中九三学社鼎城区支社捐资 1 万元。

2021 年 12 月，九三学社常德市鼎城支社到斗姆湖街道新农社区开展慰问活动 （提供：陈伟）

同心工程。指导同心社区创建点斗姆湖街道新农社区，制定“同心社区”创建实施方案，与相关部门单位衔接为社区基础设施建设争取项目支持,向4名家庭贫困学生开展爱心助学活动,发放助学金3000元,鼓励学生努力学习,回报家乡,感恩社会。12月,为弘扬中华民族尊老爱老的传统美德,支社到斗姆湖街道新农社区开展慰问活动,为五保户、困难户送大米、食用油等生活物资。

(陈　伟)

鼎城区总工会

【概况】 2021年,鼎城区总工会获评2021年度常德市总工会工作目标管理“优秀单位”、2021年度区级平安建设“优秀单位”、2021年度全区落实党风廉政建设“红旗单位”、“常德市文明单位”;城市困难职工解困脱困工作在全省工会系统中获评“先进集体”;工会“小三级”规范化建设工作被纳入优秀案例,在全省工会系统中作经验分享;总投资2.2亿元的常德市第二工人文化宫项目建设建成80%,拟于2022年6月投入使用。

组织建设。全区新建基层工会组织33家,发展会员1485人(其中发展农民工会员892人)。推动会员实名制录入工作,截至12月末,实名制录入工会组织492个,会员65092人。按“十有”“五个一”的要求,实行联点企业,培育3家高新区企业为工会工作规范化建设示范点。10月13日,区总工会党组书记、副主席胡新军在全市新就业形态建会入会集中行动暨“小三级”规范化建设现场经验交流会上作交流报告,申报周家店镇工会联合会为“小三级”工会规范化建设示范点。2021年,区总工会申报创市级模范职工之家2家(常德市第四人民医院工会委员会、常德市佳鸿机械有限责任公司工会委员会),创市级模范职工小家1家(鼎城区周家店镇大砖桥村工会小组)。1月上旬至2月中旬,开展“快递从业青年服务月”活动;1月29日,区总工会在鼎城区隆腾物流园开展“2021年鼎城区关爱快递员‘暖蜂行动’”慰问活动;11月25日开展新就业形态劳动者入会活动,活动中快递员入会103人,货车司机入会46人。推进民主管理工作,组织开展“聚合力促发展”全省优秀职工代表提案征集推荐活动,8月报送职工代表提案2个;推荐鼎城区阳明中学为全市开展厂务公开民主管理先进单位。

劳动竞赛。组织选手参加2021年常德市职工职业技能竞赛数控车工竞赛,1名选手获三等奖。开展鼎城区2021年职工职业技能竞赛——中式烹饪及餐饮服务技能竞赛,全区多家餐厅酒店的选手参赛,为提高鼎城整体烹饪水平和餐饮服务质量作出新的探索。10月,2021年常德市职业技能竞赛砌筑工竞赛在武陵区举办,鼎城区组织4名选手参赛。

劳模管理。落实全国五一劳动奖和工人先锋号推选工作,鼎城区获全国表彰荣誉2个,常德市兴隆劳务有限责任公司现场三部精包班获全国工人先锋号,湖南常德牌水表制造有限公司设备维修班班长杨建国获全国五一劳动奖章。申报市级劳模助力乡村振兴示范基地1个,市高技能领军人才师徒结对优秀对子32对,高技能领军人才师徒结对优秀组织单位1个(湖南响箭重工科技有限公司)。推选常德市最美优秀班组7个、常德市最美优秀班组长5个。春节期间区总工会分别走访慰问何学高、杨桂元等全国、省部级劳模34名,并送去慰问金和劳模低收入补助金计30余万元;慰问市级困难劳模29名,发放慰问金3.52万元。组织省部级以上劳模疗(休)养2次。4月28日,在区委201会议室召开鼎城区五一劳动座谈会暨劳模助力乡村振兴现场会,交流探讨在乡村振兴工作中的奋斗经历和工作感悟,并为鼎城区发展建言献策。

维权帮扶服务。开展送温暖和帮扶救助工作。其中:帮扶建档困难职工27人,下放帮扶资金3.15万元;大病帮扶62人,发放帮扶资金12万元;助学帮扶6人,发放助学金1.2万元;省级生活帮扶9人,发放生活补助金1.8万元。1月29日,开展“爱心超市”送温暖活动,现场慰问490名困难职工,发放物质折合人民币14.5万元;7月16

日，开展“夏送清凉”活动，慰问一线户外劳动者400名，发放物资折合人民币8万元；8月9日，开展“高温抗疫、关爱有我”送清凉活动，慰问防疫一线人员419名，发放慰问物资8万余元；11月25日，开展“工会进万家·新就业形态劳动者温暖行动服务月”活动，慰问老会员438人、新会员149人，发放慰问物资折合人民币5.88万元。开展“一户一产业工人”培养工作。其中：高新区产业工人技能培训200人次，联合小背篓培训学校开展育婴师培训500人次，投入培训资金11万余元。开展“尊法守法·携手筑梦”服务农民工公益法律服务行动，聘请律师现场为职工解答生活、工作中涉及的法律问题，开展法律宣传活动2场，发放宣传资料1000余份。5月28日，区总工会干职带着文具用品和绘本图书到斗姆湖小学，为留守儿童庆祝“六一”儿童节。开展“我为职工办实事”湖南省百优食堂推选工作，区总工会推荐4家非公有制企业参选，投入资金5万元。动员开展第十期医疗互助工作，参加单位218个19645人，收缴补助金1375150元，落实医疗互助补助申报工作。

女职工服务。开展女职工维权月活动。提高女职工法律意识，利用新媒体平台，宣传《湖南省女职工劳动保护特别规定》等法律法规。组织全区女职工线上收听“抗疫防疫，我们在一起”女职工微课，并开展网上有奖竞答。开办女职工公益大讲堂，提高女职工综合素质。6月8日，区总工会在区委党校举办女职工素质提升公益大讲堂活动，推动女职工综合素质提升；7月20日及11月4日，配合市总工会女职工芙蓉课堂送课下基层活动。关心关爱女职工生活。采用两节“送温暖”“金秋助学”等形式帮扶单亲女职工、女农民工及“两癌”女职工，帮扶金额数万元；联合团区委开展“吾心悦之，因缘相会”主题相亲交友会，为女职工构建交友平台。开展“芙蓉标兵岗”“芙蓉百岗明星”申报工作，推荐市级“芙蓉标兵岗”1个（中共常德市鼎城区委党校教研室）、市级“芙蓉百岗明星”2名（常德市鼎城区武陵小学陈星星，常德市佳鸿机械有限责任公司总经理、支部书记铁美珍）。（龚　婷）

【全国五一工人先锋号——常德市兴隆劳务有限责任公司现场三部精包班】 常德市兴隆劳务有限责任公司现场三部精包班组建于2005年，有工人321人，均为女职工，平均年龄37岁，其中中共党员2名，主要工作是在湖南中烟常德卷烟厂二车间从事高档、精品卷烟手工包装工作。该班在班长杨金霞的带领下，从最初的2支装、5支装、10支装高端产品，到当前手工包装的20支和人机结合生产的精品手工烟。10余年来，从未收到一起社会质量反馈信息。该班组员工敢于创新，数次向用工方提出工艺、操作流程、包装等方面合理化建议，提高手工包烟的质量和生产效率，保证产品质量。得到常德卷烟厂车间工艺品质办和设备办认可，工艺被采纳推广。在第八轮女职工“芙蓉杯”竞赛活动中，班组组织理论学习、业务学习、专题学习，有2人通过自学取得大专文凭，通过参加劳动竞赛，技术比武，有60%以上员工获评公司“岗位业务能手”“岗位技能标兵”。2019年，该集体获湖南省五一巾帼奖状，被授予湖南省工人先锋号；2021年，被授予全国五一工人先锋号。（龚　婷）

共青团鼎城区委员会

【概况】 2021年，共青团常德市鼎城区委员会明确“党的助手和后备军”的角色定位，把准“党旗所指，团旗所向”的行动方向，掌握“党有号召，团有行动”的工作方法，践行“请党放心，强国有我”的承诺，引领凝聚青年、组织动员青年、联系服务青年、围绕中心服务大局、深化改革创新破局、严守纪律端正作风。

组织建设。建立社会领域团组织数个，非公领域团组织数个。严格入团标准和程序，落实推优入团、评议入团制，把思政课考评优良、8学时团课学习合格、志愿服务时长等作为入团必备条件。完善编号档案管理，按照全国统一12位数字编号发放,线上在“智慧团建”系统上传《入团志愿书》。在全区各中小学中成立学校少工委，全区计建立少先队大队数个、少先队中队数个,覆盖少先队员数万名。在现有学校团组织基础上,巩固班级团支部基本设置,确保班班有支部,选好团支书,建好支委会。实施团代表联络站及中学团校建设,实现全区 35 所中学全覆盖。全年,鼎城青年公众号发布信息 91 篇,阅读量 44766 人次,转发量近 1 万次。开辟《扛鼎·青年说》《青春向党·奋斗强国》《战疫青春·你我同行》《团团有约》《青年大学习》专栏。

队伍建设。注册成立常德市鼎城区青年志愿者协会，招募固定会员 50 余人、临时会员近 200 人,打造“鼎城青年”品牌特色志愿者队伍,组织参与全区疫情防控、关心关爱留守儿童、文明创建、“暖冬行动”等活动。建设青年突击队,成立区消防救援大队青年突击队、区税务局青年突击队,区税务局是市青年文明号集体。建设农村青年致富带头人队伍，注册成立常德市鼎城区农村青年致富带头人协会,会员 55 人,会员覆盖全区所有乡镇,在“百企联百村”、农产品直播带货、青年创业培训等活动中发挥重要作用。

2021 年,鼎城区税务局青年突击队队员指导市民办理业务 (提供:赵晗)

活动开展。组织开展庆祝中国共产党成立 100 周年系列活动。在“智慧团建”系统中“党史学习教育”模块上传学习教育情况,实现全区团支部全覆盖。全区少先队大队、少先中队开展“六一”“红领巾心向党”主题队日活动、学习中共中央总书记、国家主席习近平重要讲话精神、学习全国少工委理论文章等系列活动,开展观看党性教育视频、手抄报比赛、参观爱国教育基地等活动。关爱困难青少年。开展“一元捐”助学,困难团员、少先队员慰问,芙蓉学子等扶优帮困关爱行动,为全区 50 余名困难青少年提供慰问金、助学金,帮助他们缓解生活难题,坚定学习信心。选树青年典型。开展“鼎城区向上向善好青年”评选活动,通过单位推荐的方式,全区近 50 人报名参与评选,评选出 9 名“鼎城区向上向善好青年”人选。开展“红领巾奖章”争章活动,落实《“红领巾奖章”实施办法》,完成一星级奖章评选及二星级奖章评选，申报个人三星章 50 个、集体三星章 10 个。中高考心理减压。在中高考前夕,通过“鼎城青年”公众号发布考试须知、注意事项、心理辅导等实用内容,帮助考生在考前释放压力。开展“七彩假期”活动。组织乡镇(街道)、中小学开展“圆梦工程·七彩假期”暑期关爱少年儿童活动,抓青少年防溺水工作,发动乡镇(街道)团委志愿者,建立防溺水联络台账,进行防溺水及自救知识的宣传教育，常态化的定期组织志愿者上门家访,确保留守儿童的安全;构筑家庭、学校、社会和政府四位一体齐抓共管的防溺水安全体系,杜绝溺水事故的发生,确保青少年儿童的生命安全;乡镇(街道)将防溺水工作列入例会关注重点,每周到危险水域、学生易去游玩的山塘、水库、河流、港汊等进行巡查,及时劝阻禁止中小学生在水域游泳。承办“同心向党·相约百年”活动。团区委配合区庆祝中国共产党成立 100 周年系列活动之一“同心向党·相约百年”100 对党员夫妻集体婚礼活动,全体干部投入筹备工作。筹备改革创新大赛。经过初赛,选出 4 个预赛方案,最终永安小学提交的《“道德银行”引导学生争做新时代道德好队员》议案代表鼎城区在常德市参赛,获决赛三等奖。

青年学习。“红领巾爱学习”网上主题队课。团区委、教育少工委坚持将开展“红领巾爱学习”作为各级少先队组织开展党史学习教育的重要抓手,实现少先队学习全覆盖。“青年大学习”网络学习。开展“青年大学习”进学校、进机关、进农村，每期学习均按时按量布置督促，开辟青年大学习微信公众号专栏，通过公众号、微信群发布最新学习消息，让全区团员青年及时开展学习。《习近平与大学生们》学习活动。通过线上诵读会的形式，引导全区团员青年开展学习活动。（赵　晗）

【“五四”镇德桥团校参观学习】 2021年5月4日，共青团常德市鼎城区委员会组织全区团干部代表到镇德桥团校进行参观学习，为20名“鼎城青年五四奖章(个人)”获得者和6个“鼎城青年五四奖章(集体)”单位颁发荣誉证书、奖牌。

（赵　晗）

2021年5月4日，共青团鼎城区委组织全区“五四青年奖章”获得个人和集体代表到镇德桥镇团校参观学习

（提供：赵晗）

【鼎城区2021年度青年创业大赛】 2021年9月27日，共青团常德市鼎城区委员会联合区创业孵化中心举办鼎城区2021年度创业大赛，组织青年创客网络直播专训营、青年创业指导培训、青年乡村振兴培训营等培训活动。该次大赛推选全区优秀企业参加第八届“创青春”湖南省青年创新创业大赛，获全省第9名。（赵　晗）

【鼎城区“百年正青春”青少年主题对话活动】 2021年12月10日，共青团常德市鼎城区委员会到区检察院开展“百年正青春”青少年主题宣讲对话活动，活动组织鼎城区青年讲师团队伍，以区委党校青年教师、区委党史研究室干部为主体，涵盖全区各行业优秀讲师，开展巡讲23场，覆盖2000余人次。

（赵　晗）

2021年12月10日，鼎城区“百年正青春”青少年主题对话活动现场（提供：赵晗）

鼎城区妇女联合会

【概况】 鼎城区妇女联合会(简称区妇联)围绕鼎城区委、区人民政府中心工作，打造红色妇联、实干妇联、为民妇联、素质妇联、品牌妇联，服务妇女儿童，团结凝聚各界妇女促进巾帼建功。2021年，鼎城区妇女联合会获湖南省妇联系统宣传工作“先进单位”称号、作品《镇德魂》获评全省“潇湘巾帼心向党”朗读比赛“优秀奖”、百名“鼎城妈妈”牵手百名留守儿童项目获评常德市2021年最佳志愿项目。

红色主题宣传。“巾帼红色讲堂”定期推送巾帼红色故事；组建巾帼宣讲团，以宣讲、“屋场会”等形式，将中共十九届六中全会及省市区党代会精神等送到企业、村社及家庭。以“巾帼初心耀三湘”“学党史、颂党恩，永远跟党走”为主题，到文甲起义红色教育基地探寻革命红色足迹，到鲁易烈士纪念馆参观先烈故事；推选“初心梦想 亲子共叙”主题优秀征文23篇、征集“颂党恩 跟党走”线上朗读视频15个。以“奋斗新征程·绽放她力量”为主题，开展优秀事迹宣讲、女支部书记座谈等，线上线下参与活动近万人次。“汲取巾帼奋斗力量，做好新时代妇女儿童工作”妇建课程纳入区委党校干部主体培训班课程。

女性素质提升。开展“乡村振兴巾帼行动创业就业宣讲”进乡村活动23场次。举办首期“巾帼创客专训营”,120名女性报名,其中5名直播达人与鼎城融媒签约。授牌4家巾帼创业就业示范基地,定期组织女企业家、优秀创业者座谈交流。选树“三八红旗手”17个、“三八红旗集体”9个、“巾帼建功标兵”21个、“巾帼建功标兵集体”10个、“巾帼文明岗”5个,其中市级“三八红旗手(集体)”、巾帼建功标兵各1个。组织开展“我是妇联执委,我为群众办实事” 全区各级妇联执委领办妇女儿童公益项目活动,征集公益项目23个,直接受益家庭1000余个、受益群众2500余人。“周六课堂”获市妇联执委领办妇女儿童公益项目专项引导资金。组织公益布偶微剧场进村社,受益儿童500余人。建设“湘妹子能量家园”,注册人数2291人,开展积分活动39场次,参与积分活动1465人次,兑换积分商品154人次。组织开展“出手吧姐姐——温暖2021”活动,募集捐款12.9万元,救助贫困母亲319人。

妇女儿童关爱。全区1万名农村适龄和城镇低保妇女接受民生实事项目“两癌”免费检查,48名“两癌” 农村贫困妇女获救助金48万元。实施“把爱带回家·点亮微心愿” 关爱儿童行动, 组织“鼎城妈妈在身边”活动,走访慰问困难留守儿童200余名。婚姻家庭纠纷调解成功率83.3%。《中华人民共和国反家庭暴力法》走进区委党校科干班。开设“呵护花蕾”儿童权益保护和预防儿童意外伤害知识公益讲座47场,受益儿童4340人。建成高标准未成年被害人“一站式”办案基地,具有专业资质的妇联执委轮班开展心理辅导和亲职教育,最大限度地实现关于未成年被害人的特殊保护。

2021年,鼎城区未成年被害人“一站式”办案基地成立
(提供:刘俊妤)

妇联活力提升。实现100%的妇联主席进入村(社区)“两委”班子,女性村党组织书记、村委会主任比例比上一届提高;“两委” 成员中女性比例37.39%,村委会主任中女性比例12.3%。推进“领头雁”工程,1343名新任村社妇联执委落实“履职第一课”。

家庭家教家风。承办组织部“同心向党·相约百年”百对党员夫妻集体婚礼活动,展示全区党员家庭引领时代风尚的进取精神和向上向善婚姻家庭生活的美好氛围。《湖南省家庭教育促进条例》走进《阳光政务》,通过专家解读、听众互动,打通学习宣传的“最后一米”。开展寻找“最美家庭”活动,选评区级最美家庭30户,省市最美家庭8户。“好家庭好家风”公益巡讲进机关、进村社20场受众1000余人,开设线上线下父母公益课堂,推送“家有讲堂”微课13期。

2021年,鼎城区“同心向党·相约百年”百对党员夫妻集体婚礼
(提供:刘俊妤)

志愿服务。建立妇女先锋队200余支,2000余名巾帼志愿者投身到基层防疫一线。建立防溺水“代理妈妈”巾帼志愿服务队伍,全区1034名巾帼志愿者结对帮扶2640名留守儿童,“代理妈妈”履行职责,助力筑牢防溺水安全防护网。

(刘俊妤)

2021 年，鼎城区十美堂镇紫流村志愿者为留守儿童讲解疫情防控知识（提供：刘俊好）

鼎城区科学技术协会

【概况】 鼎城区科学技术协会（简称区科协）是鼎城区科学技术工作者的群众组织，是区委领导下的人民团体，是区委、区人民政府联系科学技术工作者的桥梁和纽带，是全区推动科学技术事业发展的重要力量，成立于 1958 年 12 月。全区科协代表大会和它选举产生的全区科协委员会是区科协全区领导机构，第六次全区代表大会选举委员 35 名、常务委员 17 名、正副主席 3 名。2021 年，区科协机关人员编制 11 名，下辖正股级事业单位鼎城区科普中心。区科协组成单位有区级学会（协会、研究会）13 个，乡镇(街道)及管理处科协 23 个，村（社区）科协 296 个、企业科协 4 个。

科普活动。开展科普信息化队伍建设。按照湖南省科协下发的《“科普中国”湖南行动实施方案》《“科普中国”湖南行动 2021 年工作要点》，发动乡镇（街道）科协、各学（协）会，联合教育系统发动全区教师、学生及家长注册科普中国、传播分享科普知识。6 月，完成“科普中国”注册及传播分享任务，全区注册总人数 5 万余人，传播分享总数 420 万余次，居全市第一方阵，获国家、省、市部门的通报表彰。3 月，为提高农民科学素质、培养新型农民、助力乡村振兴，开展送科技下乡，进行农民群众农业科技培训，普及现代农业知识，到田间地头面对面辅导和现场示范。活动期间，开展科普宣传 10 余次，展出展板 200 余块，举办各种技术培训班 3 场、科普讲座 6 场，培训农民 3000 余人次；发放科普图书 1500 余册，印发科普资料 3 万余份。4 月 29 日，湖南省“科技活动周”启动仪式在沅江风光带举行。活动期间，区科协组织科技志愿者发放宣传资料 1 万余份，展出以“循环经济、节能减排”“科学防灾、保障生命安全”“食品安全消费”等为内容的科普展板 200 余块；开展春季常见病防治的科普宣传；举办“科普讲解大赛”等科普系列活动。5 月 12 日，区科协与区地震局、区消防救援大队、区应急局、区教育局等单位联合组织开展“防灾减灾日”主题宣传活动。活动期间，科技志愿者为群众讲解“防灾减灾”安全知识，演示相关救助工具的使用，提高安全意识和自救能力。5 月 30 日，为庆祝“全国科技工作者日”，区科协发动乡镇（街道）科协，组织科技志愿者 10 名，到基层一线走访慰问老科技工作者及家属，赠送生活必需品，与他们座谈交流。9 月，区科协发动全区各单位开展“全国科普日”活动，受到社会各界的好评，被授予“湖南省全国科普日优秀组织单位”称号。10 月，区科协组织全区公民参与“湖南省第五届科学素质网络竞赛”，参与人数和答题次数均居全市第一。

青少年科学素质。重视青少年科技创新工作，1 月，组织科技辅导教师在城区集中培训，通过培训学习，为科技辅导员之间的相互学习和交流搭建平台，增强开展青少年科技活动的理论知识和本领，明确青少年科普工作和各类科技活动的总体要求。6 月，组织 5 个市级金奖获得者参加第四十届湖南省青少年科技创新大赛，获银奖 1 项，铜奖 4 项；10 月，表彰和奖励 2020 年鼎城区青少年科技创新大赛获奖作品和参赛者，并组织开展鼎城区 2021 年青少年科技创新大赛，选出 400 余件作品参加常德市青少年科技创新大赛。江南小学、永安小学被市科协授予常德市科技活动示范校称号。组织五大学科知识竞赛，在鼎城一中、淮阳中学选拔 22 名尖子生参加全省高中理、化、生物竞赛并获 4 项银奖、12 项铜奖。区科协到校园向青少年宣传食品安全、清洁乡村,美化家园、节约粮食和防震减灾等科普知识,发放宣传资料3万份。开展“科普大篷车进校园”系列活动,3—4月,邀请常德市科普大篷车到鼎城区永安小学、沧山中学、草坪中心小学等学校进行科普宣传活动。

助力乡村振兴。4月,区科协指导区优秀的农村专业技术协会、科普示范基地及示范社区,申报市科协科普惠农兴村项目,通过争取项目资金支持,培养、扶持、打造可复制、可推广农业现代化发展新通道,辐射并带动周边村(社区)找到适合当地发展的产业项目。通过普及推广新型农业实用技术,带动农民实现增产增收,促进农业产业发展。7月,在常德市科普惠农兴村计划项目评选中,草坪镇益农优质稻协会被评为市级科普示范基地,红烨山庄法人田正立被评为市级科普带头人。

学会建设。定期召开乡镇科协主席和学会秘书长会议,建立学会联乡镇、联产业、建基地的内部管理制度,按照学术性学会、产业协会和企业科协等不同类型实行分类管理,在会员中贯彻执行党的路线方针政策和区委关于科协工作领导的意见,及时传达区委、区人民政府的工作部署与要求。指导科协所属团体及农村专业技术协会,依法登记,按时年检,依法活动,按照章程民主管理内部事务,确保组织健全、活动正常。10月,召开全区学会工作会议,表彰奖励2021年度优秀学会代表。引导所属团体顺应形势,创建工作特色,结合自身性质与特点,开展服务会员、服务经济和服务社会的活动。通过选拔,区医学会会长刘红英被推选为湖南省科协十一大代表委员。开展学术交流,增强学会凝聚力,促进学术创新和繁荣。组织学术优秀论文评选,把举办自然科学优秀论文评选工作,作为学术交流活动的重要品牌,涉及工业、农业、医学等各个领域,提高科技工作者的参与热情。推进学会改革,按照《关于进一步推进学会改革的意见》精神,引导学会走自主活动、自身发展、自我创新的道路,2021年,新成立区级学会——鼎城区国际税收研究会。 (关　军)

鼎城区归国华侨联合会

【概况】 2021年,鼎城区有海外华人华侨、归侨及其眷属近2万人。其中,海外华人华侨,以科研领域中的专家、学者居多,主要分布在美国、澳大利亚、加拿大、法国、英国、西班牙、日本、新加坡等18个国家和地区;海外留学及归国留学人员1000余人。有规模侨资企业9家,包括联嘉机械、响箭重工、林宇科技、同达机械、张家山庄、鼎兴布艺、福祥天茶业、申友农林等,涉及机械制造业、农林业、销售和加工业、布艺软装业等行业。

涵养优质侨务资源。鼎城区归国华侨联合会(简称区侨联)发挥党委政府联系归侨侨眷、海外侨胞的桥梁纽带作用,以春节、端午节、中秋节等中国传统节假日为契机,联系87名涉及生物医药、生命科学、医疗器械、电子信息、金融贸易等行业和领域的鼎城籍重点海外专家、学者、高科技人才、侨商侨领、港澳居民及他们在区内的眷属,增进侨界人士与党委政府的感情,厚植家国情怀。

服务经济社会发展。跟进服务欧盟湖南总商会会长唐勇拟落户常德高新区的芬兰寒克雅奇CES循环经济产业园项目,邀请唐勇就北欧总部经济中心项目到鼎城区考察洽谈。邀请美国波士顿多媒体集团执行副总裁华人伍翔携美国智能制造等项目到常德高新区投资考察,联系德康金融控股(香港)有限公司联合创始人兼总裁黄大学参加“迎老乡、回故乡、建家乡”招商推介会,引进2家益丰大药房落户鼎城。

海外侨胞心理援助。针对因海外疫情造成心理问题的侨胞、留学生,区侨联通过“海外亲帮亲”的方式,对接当地侨团侨领中的鼎城籍侨胞和大学教授,向需要帮助的侨胞和留学生给予面对面心理疏导,消除焦虑和恐惧心理。

侨法宣传。制作“涉侨政策法规系列图解”专栏,通过鼎城区委政法委平安办推送至全区1400余个平安网格微信群。联合鼎城区司法局将《中华人民共和国归侨侨眷权益保护法》及其《实施办法》纳入区“宪法宣传周”活动内容，让侨法进乡村、进社区、进万家。

侨界人士联谊慰问。2021 年 1 月 20—28 日，鼎城区归国华侨联合会开展“温暖进侨家”春节走访慰问活动。9 月 15 日，举办“情满中秋·喜迎国庆”联谊活动，制作“月是故乡明·云端寄相思”鼎城籍华侨华人祝福家乡人民微视频。走访慰问全区重点工作对象。

参政议政。向鼎城区人大、政协推荐侨界人大代表和政协委员人选。围绕党委政府工作重点及在为侨服务工作中发现的问题，组织侨界人大代表和政协委员开展调查研究，撰写《关于新形势下做好学生思想引领工作的建议》《关于进一步做好海外人才引进工作的建议》等建议、提案及侨情专报。

团结引领侨界群众听党话、跟党走。组织侨界群众学习中共中央总书记、国家主席习近平考察汕头重要讲话精神、中共十九届六中全会、湖南省第十二次党代会、常德市第八次党代会、鼎城区第十三次党代会精神。7 月 22 日，区侨联参加湖南省侨联系统“颂百年党史 展时代新风”庆祝中国共产党成立 100 周年党史及党内法规知识竞赛，代表常德市代表队获全省第 2 名。

“我为群众办实事”实践活动。开展“书香伴成长·悦读润心田”送书下乡活动、“帮助你·成全我”侨联委员助学活动；开展“金秋开学季·关爱促成长”助学活动，促成鼎城区困难家庭学生与海内外

“帮助你·成全我”活动现场，侨联委员向学生赠送“微心愿”礼物 （摄影：林雨霏）

爱心人士成功结对并达成长期帮扶；对接省、市侨联为残疾家庭争取助残资金，为患有重大疾病的侨眷争取红十字会博爱救助金。助学助残物资和资金近 15 万元，受益的群众和学生 100 余人。

（林雨霏）

【鼎城区归侨侨眷“情满中秋·喜迎国庆”联谊活动】 2021 年 9 月 15 日，鼎城区侨联举办鼎城区归侨侨眷“情满中秋·喜迎国庆”联谊活动，鼎城区委常委、区人民政府副区长李娟，区人大常委会副主任刘志平，区人民政府党组成员、副区长边巴次仁，区政协党组副书记涂国祥，区政协副主席、区工商联主席胡小芳等出席活动。会上，全体与会人员观看“月是故乡明·云端寄相思”鼎城籍华侨华人在海(境)外向家乡人民发送的祝福微视频。代表们发言，为家乡的发展给予高度肯定并寄予无限憧憬，表示要做矢志不渝的爱国者、鼎城形象的传播者，为“弘扬扛鼎精神、打造现代江南、建设幸福鼎城”添砖加瓦，贡献侨界智慧力量。

（林雨霏）

2021 年 9 月 15 日，鼎城区归侨侨眷、港澳同胞“情满中秋·喜迎国庆”联谊活动现场 （摄影：白星）

鼎城区工商业联合会

【概况】 2021 年，鼎城区工商业联合会(简称区工商联）以习近平新时代中国特色社会主义思想为指导，落实中共中央关于新时代民营经济统战工作部署，开展工商联换届和深化改革为主线，推动

工商联工作创新发展。获评全国“五好县级工商联”,全市工商联绩效考核优秀单位。

组织建设。区工商联换届。筹备区工商联(总商会)换届工作,严格程序,规范标准,6月2—3日,举行会员代表大会,选举产生主席(会长)1名、专职副主席(副会长)2名、兼职副主席6名、副会长12名、执委125名、常委55名。按照《中国共产党统一战线工作条例》及综合评价标准,坚持“凡进必评”,推选11名会员代表和执委候选人出席常德市工商联第七届会员代表大会。推荐8名市、区人大代表候选人,11名工商联界政协委员候选人,全区48名、44名非公有制经济人士分别列为市、区人大代表和政协委员推荐人选,开展市、区党代表、人大代表及政协委员人选联合审查。工商联人才库建设。梳理区民营企业及民营企业家相关评比、认定、表彰等工作,通过函询、走访等形式,协调发改、科技、工信、农业农村、市场监管等行业主管部门,收集民营企业表彰方面的标识及各类优秀民营企业和民营企业家名单信息。全区民营企业、民营企业家正面标识12类,入库企业250余家。

商会建设。壮大会员队伍。制定会员发展管理办法,实行会员发展长远规划和动态管理。收集整理非公有制经济人士信息,完善会员信息数据库。发展企业会员和年轻民营经济人士入会,会员数2023个,其中企业会员905家、团体会员31个。利用换届契机,吸纳6个行业商(协)会组织作为工商联团体会员进行管理。扩大对外交流。春节前,发起“遥寄乡情·感恩回馈”活动,为在外过年的异地商会鼎城籍儿女寄去慰问信、贺卡和家乡土特产。4月,与招商促进事务中心合作,协办“迎老乡、回故乡、建家乡”招商推介会,邀请20余个异地鼎城商会计200余名代表参加,签约项目投资60.1亿元。参加郑州、武汉、东莞常德商会的成立庆典,到深圳、广州、东莞商会开展“发挥异地商会作用,助力经济高质量发展”课题调研,扩大商会对外联络交往渠道。7月,向全区会员企业发出号召为河南郑州捐款捐物40余万元。

会员服务。部门联动。保障惠企政策落地实施,联系区人民检察院、司法局、人社局、工信局、税务局等部门,与农商行等商业银行开展银企对接,构建企业与相关职能部门之间的日常沟通和恳谈平台。建立区级领导与非公有制经济人士联系交友制度,帮助企业降成本、拓市场、解难题。优化民营企业营商环境。开展优化营商环境调研,及时了解和掌握民营企业在复工复产、法律政策等方面面临的具体困难和问题,帮助民营企业共克时艰、共渡难关。上半年集中开展民营企业社会责任、年轻一代民营经济人士思想政治状况、民营企业参与“一带一路”、规模企业调研等一系列调研活动。11月,组织区工商联90家会员企业参与省工商联营商环境测评,填报网络版调查问卷,评价当地营商环境。联合区总工会出台《关于鼓励优先使用消费本地名优产品(企业服务)的倡议书》,帮助民营企业克服疫情影响,提高产品知名度。重点课题调研。推荐考察市、区政协委员的,配合开展区人大、政协换届,鼓励引导民营企业中的“两代表一委员”聚焦企业发展中的“痛点”“难点”,围绕区委、区人民政府中心工作,民营经济领域面临的重大现实问题,反映社情民意,为党委政府提供决策参考,凝聚力量支持。胡小芳在市政协大会上作“发挥异地商会作用,助力经济高质量发展”大会发言。

(刘　勋)

鼎城区文学艺术界联合会

【概况】 2021年,鼎城区文学艺术界联合会(简称区文联)贯彻落实中共中央总书记、国家主席习近平关于文艺工作重要论述,开展各项工作。《朗州》杂志出版发行1期,总第72期。《朗州》编辑部开展多形式创作活动,引导全区文艺爱好者参与红色体裁主题文艺创作,开辟庆祝中国共产党成立100周年主题作品专栏,集中刊发。专栏收录小说、曲艺、诗歌、散文、美术、音乐、书法、摄影等作品70余篇(幅),在彩页方面进行扩容。“鼎城文艺”公众号推送信息 15 期。

活动开展。3 月，区文联邀请全市 30 余名文艺工作者到鼎城区沅江风光带、草坪镇等地开展“学党史感党恩·庆祝中国共产党成立 100 周年”创作采风活动；区摄协、区作协、区美协、区音协组织青年艺术家 120 余人次到常德高新区、镇德桥镇、草坪镇、黄土店镇、韩公渡镇等地进行主题采风活动，创作《文甲农民武装起义》《踏水谣》《只要主义真》《秋秋》等作品；区朗协、区音协、区京协组织近 100 名文艺工作者到学校、田头、社区进行文艺演出和创作活动 48 场次。开展书法进乡镇、进校园、进机关、进社区、进园区等基层书法培训工作，连续 3 年举办书法公益培训班。4 月 1 日，鼎城区书法家协会到草坪镇，开展学党史感党恩·庆祝中国共产党成立 100 周年书法联谊活动，举行鼎城区书法家协会创作基地授牌仪式。4 月 24 日，鼎城区作家协会组织骨干作者到湖南应用技术学院文化传媒学院开展“庆祝建党 100 周年”青年作者创作交流活动。许玲、周磊、王建国、鄢海兰、张晓凌、邓英、麻建明、张付华、曾龙等作家现身说法，为青年写作者上创作课。5 月 20 日，鼎城区朗诵演讲协会与共青团湖南应用技术学院委员会联合举办“重温红色经典、共抒爱国情怀”经典诵读会，表演了《致先辈——不忘初心》《吹号者》《为有牺牲多壮志》《请铭记·雾重庆》《祖国颂》等 10 余首诵读作品及《走进新时代》《神州大地颂党恩》等歌曲。11 月 17 日，鼎城区音乐家协会组织骨干成员 10 余人到韩公渡镇城址村开展“助力乡村振兴，走进索县城址”创作采风活动，观看索县城址宣传纪录片，参观陈列展馆、城址所在地。围绕“助力乡村振兴，走进索县城址”，创作原创音乐作品。

2021 年 5 月 20 日，鼎城区朗诵演讲协会与共青团湖南应用技术学院委员会联合举办“重温红色经典、共抒爱国情怀”经典诵读会 （提供：龚超颖）

文艺成果。年初，区文联召开全区各协会负责人座谈会，安排布置文艺创作活动工作目标，下达文艺创作任务。全年，各协会会员创作文艺作品 800 余篇（幅），其中，中短篇小说 35 篇，戏曲 87 部，诗歌 85 首，报告文学、纪实散文、红色游记等 250 余篇，书法 93 幅，美术 82 幅，摄影 128 幅。许玲创作的《一面墙》等 3 部小说在《中国作家》《湖南文学》等国家级、省级刊物发表，小说《较量》获《湘江文艺》杂志社 2021 年度最佳小说奖；帅泽鹏创作的《只要主义真》、黄士英创作的《一张站票》等 5 部戏曲作品参加省委宣传部、省文联等部门主办的湖南红色故事会曲艺原创作品展演，黄士英创作《谷酒飘香》参演湖南省第七届艺术节；陈乾松创作的《文甲农民武装起义》等 6 幅美术作品参加湖南省美术书法摄影展。区音乐家协会获评 2020 年度全省音协系统先进单位；3 月，十美堂镇被授予“中华诗词之乡”称号，镇文联组织诗友创作诗词作品 90 余篇，成员皮国繁等作者在《中华诗词》等国家级刊物发表作品 20 余篇。5 月，区文联组织专家、学者开展文艺创作情况总结、评比，评出合格作品 108 件。其中，文学类优秀作品 37 件，戏曲类优秀作品 24 件，摄影类优秀作品 12 件，美术类优秀作品 10 件，音乐、诗词、民间文艺类优秀作品 14 件，书法类优秀作品 11 件。作品涵盖文学、音乐、美术、书法、摄影、戏曲、民间文艺、古诗词 8 类，在国家级刊物发表或展览的作品 16 篇（幅），加入中国作协等国家级协会会员 6 人，加入省级协会会员 31 人。 （龚超颖）

鼎城区残疾人联合会

【概况】 2021 年，鼎城区残疾人联合会（简称区残联）以习近平新时代中国特色社会主义思想为指引，紧盯残疾人全面小康各项重点指标，被评为全市残疾人工作绩效考核红旗单位。

康复服务。全年，区残联为残疾人免费发放各类辅助器具2126件。全部建档立卡办证残疾人均签约家庭医生服务，服务率100%。免费为1167名精神残疾人送药，建档立卡贫困户发放比例100%。完善各乡镇卫生院康复站建设工作，建立多功能社区康复服务站，免费为240名残疾人开展残疾人功能训练和盲人定向行走培训，鼎城区社区康复中心免费服务2000余人次。残疾儿童康复救助省重点民生实事项目超额完成，119名适龄儿童参加康复训练，适龄儿童服务率全市排名第一。

2021年8月16日，鼎城区残联开展儿童康复训练（提供：梁明珠）

教育就业。落实《湖南省残疾人大学生及贫困残疾人家庭大学生子女资助管理办法》《湖南省高中阶段残疾学生和高中阶段贫困残疾人家庭子女资助管理办法》，资助残疾家庭和残疾大学生17名，资助残疾家庭和残疾高中生104名，发放助学金18.8万元。为70名残疾人开展以岗前培训、电子商务、扶志教育为主要内容的职业技能培训。发放创业扶持资金18.8万元，为43名从事种植、养殖、加工业的农村残疾人创业户进行资金扶持。推进残疾人就业保障金征收及年审工作，开展残疾人就业服务，全年收取残疾人就业保障金1150万余元，为区财政增收300余万元。

2021年10月20日，鼎城区2021年残疾人职业技能培训班开班典礼现场（提供：梁明珠）

维权保障。开展“两项补贴”对象精准认定工作，为7354名重度残疾人和3781名困难残疾人审核发放护理补贴和生活补贴。联系医保、人社等部门，为7443名重度残疾人代缴医疗保险，4690名重残人员代缴残疾人基本养老保险。为200名精神、智力和重度肢体残疾人提供居家购买服务。为739名残疾人打卡发放机动轮椅车燃油补贴。超额完成困难残疾人家庭无障碍改造省重点民生实事项目建设，为180户困难残疾人家庭开展高规格、个性化需求的无障碍设施改造。

组织建设。12月8日，鼎城区肢残人协会成立大会召开，鼎城肢残人协会正式挂牌成立，将为全区8000名肢残人提供服务。开展党史学习教育，结合“我为群众办实事”“夜话忆初心、服务送上门”等实践活动，为残疾人上门办、换证129人次，班子成员通过察民情、访民意活动，走访残疾群众60余人次，解决各类实际问题20件次。残疾人基本服务状况和需求信息数据动态更新工作在全市领先，调查17934人次，入户调查率96.44%，APP采集率96.78%。抓舆论引导，在中残联、省、市、区等各类媒体上稿65篇。在第十一届全国残运会上，鼎城籍4名运动员获4枚金牌、3枚银牌、2枚铜牌，在第十六届东京残奥会上，运动员杨超获男子10米气手枪P1-SH1级金牌。（梁明珠）

2021年8月31日，运动员杨超（中）在东京残奥会颁奖现场（提供：梁明珠）

鼎城区红十字会

【概况】 2021年,鼎城区红十字会以“三救三献”为工作重点,开展纪念“5·8”世界红十字日、红十字“博爱送万家”活动,开展发挥人道救助领域助手作用。

人道救助。开展集中慰问活动,鼎城区相关领导及部门负责人到南城残疾人日间照料中心、韩公渡镇先锋村、十美堂镇同心村集中走访慰问,为慰问对象送去慰问物资和现金,慰问物资折价94210元。开展红十字“博爱送万家”活动,1—2月,筹措资金60万元,慰问困难户、五保户等特殊人群262人,发放人道救助金51.3万元。全年争取省市人道救助18人次,争取小天使人道救助5例。6月7日,下发《关于开展2021年度“博爱满人间”募捐活动的通知》。开展红十字总会转赠牛奶发放工作,向全区40个建档立卡的区级贫困村困难家庭儿童、8个留守儿童之家的留守儿童免费发放惠氏营养奶粉497件2982罐,价值72.16万元。7月,携手爱心企业和志愿者开展疫情防控工作,将常德市顺沅房地产有限公司捐赠的20万元防控资金拨付到玉霞街道及城区卫生服务中心。将常德市红十字会转赠的湖南恒昌医药集团股份有限公司价值86254元的13万只口罩,赠送各街道、城区卫生服务中心、区政务服务大厅、常南汽车总站、区教育局红十字志愿者等单位。落实民族团结进步行动活动,11月,围绕“中华民族一家亲,同心共谋新发展”活动主题,联合区卫健局、计生协会在许家桥回族维吾尔族乡民族村和谢家铺镇边山铺村走访慰问少数民族困难家庭。

2021年1月19日,鼎城区红十字会开展“博爱送万家”活动
(提供:肖佳英)

改革工作。8月19日,区委常委会会议专题听取区红十字会改革工作情况汇报,审议改革方案,原则同意设立党组和监事会,同意补充人员,落实区委常委会和政府常务会听取红十字会汇报的工作制度,救护培训费和监事会工作经费由区财政保障,改革方案以两办的名义行文下发。协调财政、编办、审计、组织、宣传等部门支持改革工作,明确各乡镇、区直单位建设红十字会组织,支持红十字会的人道救助和有关公益性工作。筹措资金4.6万元,支持常德市第四人民医院现场救护第一目击者行动救护用人体教学模具一批,用于开展各种自救互救知识培训。协调组建常德市蓝天救援队鼎城行动组,筹资3万元为鼎城行动组捐赠绳索等救援设备,填补鼎城区民间救援队伍空白。

宣传培训。开展集中宣传活动6次,5月6—8日,制作宣传条幅、盾牌、宣传折页,联合区卫健局、区计生协会在斗姆湖街道墟场开展“5·8”世界红十字日宣传活动,向群众免费发放无偿献血、生殖健康等各类宣传资料5000份。9月13日,联合区教育局组织永安小学红十字青少年参与中国红十字会总会举办的2021年红十字应急救护知识竞赛。5月7—14日,在区卫健局、常德市第四人民医院和基层医疗单位利用宣传盾牌、电子显示屏,集中宣传红十字知识。5月12日,联合区应急局、住建局、人防办、水利局等单位开展应急救灾宣传一条街活动,向市民讲解防灾减灾等应急救护知识,免费发放《中华人民共和国红十字会法》和红十字宣传折页等宣传资料5000份。8月27日,联合区计生协会开展“救在身边社区讲堂”活动,邀请常德旭日未成年人健康成长帮扶中心指导师蔡文瑛讲解心理健康、应急救护等内容,各乡镇计生协会会长、学生115人参加,发放红十字宣传折页等宣传资料200份。9月8日,联合区教育局在永安小学开展“救在身边、校园守护”急救培训活动。

为1400名师生授应急救护知识培训课,现场发放红十字宣传折页等宣传资料2000份。开展人道救助对象的申报,申报小天使基金2例、省级人道主义救助对象9例,成功救治对象8例,送检造血干细胞捐献者高分辨检查1例。上门走访郭家铺街道三叉湖社区、灌溪镇敬老院2例志愿者自愿签收《捐献遗体自愿书》。省、市、区救助285人,筹集募捐资金86万余元,其中疫情防控捐款22万元(全部转拨至实际参与疫情防控的基层医疗单位)。

2021年9月8日,鼎城区红十字会联合区教育局在永安小学开展"救在身边、校园守护"急救培训活动

(提供:肖佳英)

【鼎城区第一期应急救护员培训班开班】 2021年5月8日,鼎城区第一期应急救护员培训班开班,培训以"关爱他人、救在身边"为主题,鼎城区红十字会组织全区相关消防救援人员、社会公开招募人员、公共场所等人口密集型场合工作人员68人参加培训。

(肖佳英)

2021年5月8日,鼎城区第一期应急救护员培训班现场

(提供:肖佳英)

【鼎城区开展"防溺水"安全教育进乡村活动】 2021年7月20日,鼎城区红十字会联合部分志愿者到牛鼻滩镇濠州村开展"防溺水"安全教育进乡村活动,为127名居民宣传防溺水安全知识,培训溺水救护基本技能,免费发放《中华人民共和国红十字会法》、红十字知识等宣传资料3500份。

(肖佳英)

法 治

Nomocracy

2021 年 12 月 3 日，鼎城区人民法院组织全院干警举行升国旗暨宪法宣誓仪式

（摄影：宋才华）

鼎城年鉴(2022)

概　述

【概况】 2021年，鼎城区政法工作坚持以习近平新时代中国特色社会主义思想为指导，贯彻落实上级精神，坚持中国共产党对政法工作的绝对领导，坚持以人民为中心的发展思想，坚持依法治国基本方略，围绕工作重点、突出务实创新，以“扛鼎精神”推动政法工作高质量发展，保持“全省平安区县”称号，平安建设群众满意度高于全省平均分0.25分，位于全省第一方阵，获评全市平安建设工作先进区县，实现特护期“零进京、零登记”、全年零非访的工作目标。

党管政法。2021年，把政治建设放在首位，推进党史学习教育和政法队伍教育整顿，创新开展“传承红色经典·弘扬英模精神”演讲比赛，得到省市督导组肯定。全区主动向组织说明问题的干警266人，处理处分违纪违法88人，制定完善制度机制85项，政法队伍管理实行常态长效。贯彻执行《中国共产党政法工作条例》。

社会稳定。2021年，调处矛盾4177起，化解上级交办信访积案78件，稳定风险评估24起，成功处置突发事件45起，无一起升级演变。

社会治理。2021年，鼎城区民调工作排名位于全省前列，培育协会组织370个，发展平安志愿者2.6万人，开展“万人百日大巡防”和“19”众创平安等活动，发展蔡家岗镇“平安星家”谢家铺镇“老年幸福互助屋”灌溪镇“众创平安志愿服务队”“家校委员会” 等共建共治共享鼎城品牌。

服务中心工作。2021年，贯彻“常德政法护企惠企20条”，开展“法律服务进企业”活动15次，审结涉企纠纷2339件，审理破产案件5件，依法为企业挽回经济损失1.9亿元，增强企业发展动能。依法为民企负责人不捕、不诉20人，为28家重点企业配备法律顾问，降低企业经营的法律风险。

公平正义。2021年，区公安局立刑事案件1418起，采取刑事强制措施1270人。区检察院办理移送审查起诉案件677件1015人，区法院审结各类案件9820件，区司法局在全市范围开展社区矫正人员队建制改革。区交警大队查处各类交通秩序违法22万余起，其中酒驾、醉驾、毒驾539起。区森林公安侦办破坏生态环境刑事案件18起。区委政法委开展案件评查、循案深查483件次，整改问题207件次。（梅　超）

【“千名干警大走访，法律知识进万家”活动】 2021年3月下旬至4月末，鼎城区开展“千名干警大走访，法律知识进万家”活动，全区710名干警下沉至1338个村(社)网格，开展大宣讲(召开“警民恳谈会”，宣传推介政法工作、反电诈常识，收集群众意见建议等)、大走访(对于重点人员开展入户走访)、大排查(排查涉黑涉恶、涉黄涉赌等治安问题线索)、大服务(将群众建议意见集中记录并反馈处置)活动，计组织20余万名群众召开户主会、屋场会，发放宣讲手册6.5万册，收集、处理、反馈群众意见建议1270条，走访、帮教重点人群583人，提升群众关于政法工作的了解度、理解度、认同度和满意度。（梅　超）

公　安

【概况】 常德市公安局鼎城分局有编制458个(其中政法专项编390个、农机移交事业编52个、其他事业编制16个)，有在岗人员458人(含交警81人、森林公安14人)，其中民警439人、职工19人。全局通过劳务派遣的协辅警492人(含交警118人、森林公安12人)。有内设机构17个，区看守所、治安拘留所等直属机构2个，派出机构21个。其中城区派出所4个，驻区农场派出所1个，乡(镇)派出所16个。2021年，鼎城区公安局各项业务指标在全市排名前列，数项工作受到中央、省、市认可。在全省公安机关网技工作务虚会议、全省公安法制工作会议、全市政法领域全面深化改革推进会、全市公安局局长会议上作典型发言。

安保工作。启动江南城区常态化巡逻防控工作,抓获现行违法犯罪嫌疑人38人,调解各类矛盾纠纷230余起。定期开展党政机关、水电油气等重点场所部位安全检查,发现、整改隐患问题60余处;联合教育部门摸排全区218家中小学、幼儿园,形成《鼎城区校园安全检查隐患清单》,逐一督促整改到位;抓旅馆、机修等行业实名制登记管理,开展巡查60余次,处罚整改不力的旅馆6家;抓危爆物品管理,检查相关单位18家150人次,下发整改通知书21份。整治交通问题顽瘴痼疾,排查整改隐患路段135处,查处各类交通违法行为14.77万起。

破案打击。打击电信诈骗等跨境犯罪,破获电信诈骗案件80起,刑事拘留288人;破获盗抢骗刑事案件94起,其中2起跨省、1起跨市系列盗窃案,移送起诉145人;破获涉赌刑事案件32起、行政案件94起,刑事拘留49人,移送起诉35人,行政处罚410人;破获涉黄刑事案件12起、行政案件19起,刑事拘留25人,移送起诉9人,行政处罚113人;涉毒移送起诉126人,刑拘待起诉12人,落实拔钉追逃任务数1人,缴获毒品冰毒17.5克,合成大麻素0.9千克,强制隔离戒毒73人,全区社区戒毒(康复)执行率99%以上;破获涉枪爆刑事案件2起,移送起诉10人,行政拘留17人,缴获非制式猎枪4支、非制式气枪19支、铅弹7440发。

基层基础。落实基础工作,推进“一标三实”、指纹补采,新增录采集实有人口15193人、实有房屋3744栋、实有单位2033家,新补采指纹7.6万人;推进刑事技术“四项破案会战”,利用指纹、DNA比中15人,利用足迹串并案件20串,落地抓获嫌疑人15名,直破案件47起,人像有效作用率9.83%。开展规范执法,排查2018年至2021年案件,整改问题,执法顽瘴痼疾整改率99.59%。推进“雪亮工程”建设,新建监控摄像机、车辆抓拍微卡、人脸识别摄像机。服务“三高四新”战略,走访企业单位108家,化解涉企矛盾纠纷70起;抓网上服务,湖南公安服务网上办件办结率100%、满意率99.98%;配合落实养老保险待遇核查工作,核实、录入上级下发风险社保卡数据2.2万余条均录入系统,协助追缴多发多领社保金312.7万余元。

队伍建设。健全完善《警务辅助人员管理办法》,提升辅警队伍职业化和专业化水平。维护执法权益,督办维护民警执法权威案件15起,慰问被侵害民辅警10余人次,发放慰问金2万余元。培树推介典型,呈报省、市表彰奖励民警121人次,69人被省公安厅、市公安局记功嘉奖,17个二层单位、18名个人获公安部、省公安厅、市公安局及区委区人民政府表彰,刑侦大队民警戴贝贝获评“全国公安机关成绩突出青年民警”。开展正面宣传引导,分别在中央、省、市媒体宣传上稿18篇、214篇、70篇。

教育整顿。鼎城区公安局围绕“学习教育”“查纠整改”“总结提升”3个环节开展队伍教育整顿工作,“学习教育”环节创新开展“三个三”活动,经验做法被《人民日报》刊载,22项评估项目和日常管理12项评估项目均落实。“查纠整改”环节开展自查自纠和线索核查,发现问题线索215件,查否124件,查实81件,总办结率99.5%,核实“乱收费”问题1起,辞退涉事辅警1名。“总结提升”环节制定完善《队伍管理“五个规定”》、《作风建设责任连带追究办法》、涉案财物管理、案件评查、《抽(借)调人员管理办法》等制度,压减队伍发生问题的空间。

(雷贵亮)

【鼎城区风险防控工作被推介】 2021年9月18日,常德市防范化解县域安全稳定风险工作现场推进会在鼎城区公安局召开,鼎城区风险防控工作经验被全市推广。9月28日,鼎城区人民政府副区长、区公安局局长罗立杰在全省公

安机关新一轮县域警务工作推进会上作典型经验发言。（雷贵亮）

2021年9月18日，常德市防范化解县域安全稳定风险工作现场推进会在鼎城区召开（提供：雷贵亮）

【鼎城区反电诈中心建成运行】 2021年6月，鼎城区打击治理电信网络新型违法犯罪中心（简称鼎城区反电诈中心）建成运行，该中心办公区建设总面积175平方米，投入100万元，有“合成作战中心”“协外接待区”“网安工作室”3个功能区，配备民警12名、辅警2名、电信运营商派驻专干3名及电诈案件信息采集设备、“反电诈智能化平台”等智能化设备。（雷贵亮）

2021年7月29日，常德市打击治理电信网络新型违法犯罪工作暨反诈中心建设现场推进会在鼎城区召开（提供：雷贵亮）

【鼎城区启动素质强警工程】 2021年10月15日，鼎城区公安局举行“素质强警”启动仪式。至年末，开展专题培训9次，常态化体能集训30余次，参训民警2200余人次，开展评选活动1次，评出“素质强警之星”12名。（雷贵亮）

2021年10月22日，鼎城区公安局开展“素质强警”体能训练（提供：雷贵亮）

森林公安工作

【概况】 鼎城区森林公安局在岗民警11人、辅警13人、执勤室辅警8人。2021年，区森林公安局党支部获评“鼎城区先进基层党组织”；区森林公安局获评“优化民营企业发展环境先进单位”“监察和司法宣传工作先进单位”；1名民警获省级表彰，5名民警、1名辅警获市、区级表彰。

执法打击。全年侦办破坏生态环境刑事案件18起，刑事拘留17人，移送检察机关审查起诉25人，出警处警1300人次，罚款及追缴没收违法所得近500万元，鼎城区打击非法采砂经验做法在全省森林公安系统推介。在“昆仑2021”专项行动中，打击破坏生态环境、打击非法采矿专项警务考核工作均排名全市第一。

2021年11月，鼎城区森林公安局在许家桥回族维吾尔族乡双冲村查扣违法取土挖机（提供：何娟）

为民办事。开展“我为群众办实事”活动，3月、9月，区森林公安局组织全体党员民警集中开展大走访活动2次，尧天坪镇、花岩溪镇、谢家铺镇等乡镇，与村民召开恳谈会，征求意见，宣传打击违法犯罪成果，发放民意调查问卷，集中开展反宣传资料。

2021年3月，鼎城区森林公安局民警到花岩溪镇黄壁坪村开展“反电诈宣传”等走访活动　（提供：何娟）

乡村振兴。4月，鼎城区森林公安局党支部到十美堂镇小茅村，为农户送去农药、化肥等农资，与10余户农户代表召开“屋场会”，询问农户春耕准备情况及春耕生产中存在的困难，为农户送去近2万元农资物品。　（何　娟）

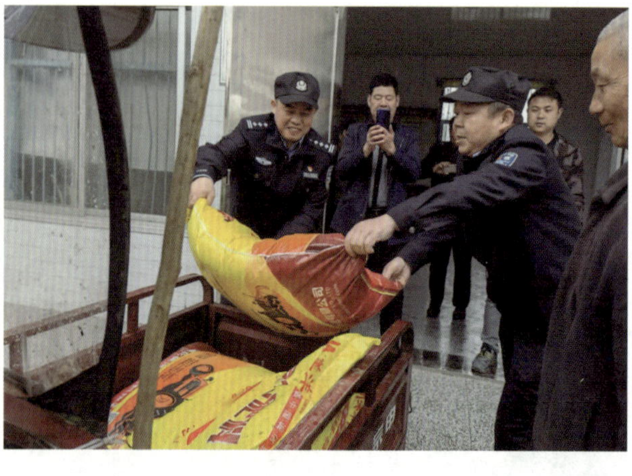

2021年4月1日，鼎城区森林公安局为十美堂镇小茅村农户送春耕物资　（提供：何娟）

交　警

【概况】 2021年，鼎城区公安局交警大队在编在岗民警82人（其中职工6人），交通辅警130人。下设8个机关股室、2个城区中队、6个农村中队，计16个二级单位，辖区国省主干道及县乡村公路通车里程近5000千米，机动车拥有量11.7万辆，机动车驾驶人16.5万人。2021年，鼎城区公安局交警大队获评省级文明单位、常德市公安交警系统绩效评估优秀单位、常德市公安交管业务工作优秀单位，大队法制股、四中队、五中队获评常德市交警系统清廉示范窗口（中队）。胡兴舟获评全省公安交警系统中国共产党成立100周年大庆交通安保工作成绩突出民警，肖继丰获评全省公安交警系统第一批“县域警务之星”，彭伟获评2021年全省公安机关春运交通安保工作成绩突出民警，贾伟获评全省公安交警系统中国共产党成立100周年大庆交通安保工作成绩突出警务辅助人员。

队伍建设。抓队伍建设，开展政法队伍教育整顿、“全警实战大练兵”等活动。10月，组织大队党总支、机关党支部、前河片党支部、后河片党支部进行换届选举。开展党史学习教育专项工作，全年全队未发生1起民警违法违纪事件。

2021年12月31日，鼎城区交警大队民警检查客运车辆　（提供：黄窈慧）

交通秩序。开展减量控大、三车集中整治、县域警务、顽瘴痼疾交通秩序整治行动。2020年12月至2021年11月，查处各类交通秩序违法224184起，其中查处现场违法58137起，查处酒驾、醉驾、毒驾共计539起。

2021年8月22日，鼎城区交警大队进行摩托车、电动车非法安装伞具执法 （提供：黄窈慧）

事故预防。预防道路交通事故发生，通过采取定期开展事故研判工作，危险路段整改工作，为事故当事人进行安全宣传与教育，开展事故减量控大工作。开展县域警务、顽瘴痼疾整治，推进道路交通安全隐患风险降级。结合"开学季""六一儿童节""安全生产月""零酒驾创建示范村居（单位）"等主题活动开展交通安全宣传教育。在危险路段、事故多发路段，增设限速、禁行、测速标牌120块，完善城区红绿灯20处（德安路8处、江南大道4处、永安路2处、阳明大道1处、西站路5处），在江南城区增补道路标线1.5万余平方米，预防事故发生。

执法服务。投入20余万元迁移改造交通违法处理中心，增设违法处理窗口，添置驾驶人自助体检机2台，在便民区放置交通违法自助处理机，专人指导"12123"网上交管业务办理，优化各项便民服务，减少市民往返。投资增添机动车查验OBD（车载自诊断系统）软件，完善机动车查验音频、视频监管系统，盯住机动车准入关，把住机动车登记源头。添置启用学员考试人脸识别闸机系统，完善科目一考场硬件设施的规范化建设。办理机动车注册登记970台，转移登记2241台，变更登记330台，抵押登记1179台，注销登记4599台，转入业务727台，车辆年检6954台，其他机动车业务6235台。驾驶证初领316人，增驾申请890人，补证换证9502人，满分学习1245人，注销登记83人，驾驶证转出13人。全年办理电动自行车牌1253块，互联网业务11810起，重点驾驶人降级122人次，取消校车驾驶资质30人次。 （黄窈慧）

消防救援

【概况】 鼎城区消防救援大队开展重大安保、火灾防控、灭火救援、疫情防控等工作，以防火、灭火为重心，全区火灾形势和队伍内部双稳定。2021年，大队获评"常德市五四红旗团（总）支部""鼎城青年五四奖章先进集体"，红云站原副站长彭俊捷获"鼎城青年五四奖章"，并获评常德市消防救援支队"优秀共产党员"；消防员刘素玉获评"常德市优秀共青团员"称号；消防员刘章、郑涛代表常德消防救援支队参加湖南总队尖兵技能比武，获团体操法第一名。

落实责任。全年，鼎城区委、区人民政府召开常务会议、专题会议11次研究消防工作，解决消防工作发展瓶颈问题；出台《消防安全五项工作机制》等文件，确定每月19日为"消防工作区长巡察日"，每月最后一天为"消防工作区长调度日"。定期召开联席会议，协调解决湖南省人民政府挂牌督办的新日义乌商贸城重大火灾隐患销案、桥南市场周边"多合一"场所整治、乡镇专职队达标创建等消防难点问题23个，分别向区级领导、乡镇街道及相关行业部门发送工作建议函28份、工作交办函65份。

环境优化。排查整治社会面隐患，调动部门资源、整合社会力量，探索消防安全治理新模式。抓"关键点"，联合行业部门按照有部署、有检查、有台账、有考评、有通报、有反馈的"六有"要求，重点在高层建筑、电气火灾、重大火灾隐患、多合一、厂房和仓储物流、电动自行车等领域寻求突破，保证关键节点和关键部位安全稳定。抓"高危点"，落实"一单四制"机制，整治重大火灾隐患，全区新立重大火灾隐患12家，召开隐患单位负责人约谈会，进行实地督导、现场办公 12 次。落实 10 家重大火灾隐患单位的摘牌销号。

2021 年 1 月,鼎城区消防救援大队到江南城区人员密集场所开展夜间消防安保工作 (提供:黄勇)

能力提升。开展夏季、冬季练兵活动,针对辖区灾害事故类型,联合应急、人武部、水利、民政、医院、航空、车站等部门,组织 500 余人开展消防救援、森林灭火、车辆事故救援等演练。全年,大队接警出动 386 起,其中火警 251 起、抢险救援 59 起、社会救助 66 起,抢救被困群众 155 人,疏散被困群众 795 人,挽回经济损失 1060 万余元,全年未发生较大影响火灾。

2021 年 12 月 6 日,鼎城区消防红云救援站实施灭火救援现场 (提供:黄勇)

消防宣传。成立消防宣传服务队,开辟移动消防"大课堂",走机关、下农村,奔学校、进社区,串街道、跑企业、进家庭,向市民传授防火、灭火和逃生自救技能。开展"走出去"活动 1000 余人次,"请进来"活动 100 余次,发放宣传资料 5000 余份,受教育市民 1 万余人。利用网络、报刊媒体开展消防宣传工作。在各类媒体发表消防宣传稿件 382条,其中国家级媒体 26 条、省部级媒体 32 条。 (黄　勇)

2021 年 3 月 24 日,鼎城区开展消防站开放日活动 (提供:黄勇)

检　察

【概况】 2021 年,鼎城区人民检察院围绕"讲政治、顾大局、谋发展、重自强"工作要求,开展政法队伍教育整顿,抓班子、带队伍、育亮点、促发展,服务大局,履行法律监督职责,为建设鼎城区提供司法保障。鼎城区人民检察院获评"全省检察机关 2020 年度信息工作表现突出集体""市级文明单位""全区党风廉政建设先进单位""全区先进基层党组织""全区三年禁毒工作先进单位"等,30 名干警受到区级以上表彰奖励。

2021 年 10 月 17 日,鼎城区人民检察院 4 名干警获评先进工作者 (摄影:马欣)

保障民营经济发展。依法惩治串通投标、非法经营、合同诈骗等扰乱市场交易秩序犯罪,办理破坏社会主义市场经济秩序案件 27 件 60 人。落实"少捕、慎诉、慎押"司法理念,不批准逮捕 3 人、不起诉17人。落实与区工商联联合出台的《服务非公经济驻会检察官工作机制》，举办“护航民企发展”检察开放日、送法进企业等活动4次。保护知识产权，办理田某等4人侵犯著作权案入选湖南省打击侵犯知识产权和制售假冒伪劣商品典型案例、常德市“双打”行动十大典型案例。

专项行动。推进“断卡”行动，铲除电信网络诈骗犯罪的滋生土壤，批准逮捕76人，起诉108人。打击抢劫、抢夺、盗窃、诈骗等多发性侵财犯罪，批准逮捕79人，起诉151人。发挥检察职能，保护知识产权，受理侵犯知识产权案件审查逮捕1件4人，批准逮捕1件3人，不批准逮捕1人；受理审查起诉2件6人，起诉2件5人，不起诉1人。

刑事检察。依法履行批捕、起诉职能，受理提请批捕案件356件474人，批准逮捕256件340人，不批准逮捕99件136人；受理移送审查起诉案件682件1023人，提起公诉469件687人，不起诉165件236人，追诉5人。监督撤案7件，追捕9人，追诉5人，纠正侦查活动违法36件次，纠正审判活动违法3件次。维护在押人员合法权益，依法办理羁押期限审查案件17件17人，向看守所存在的食堂卫生管理不规范、携带违禁品进监室等安全隐患发出检察建议36件；办理重大案件侦查终结前讯问合法性审核5件5人；监督执行不符合子监外执行条件的矫正人员3人，依法监督收监执行2人，办理社区矫正执行工作档案管理不规范等违规案件2件；向公安和法院发出检察建议5件，向看守所存在的混关混押问题提出书面纠违1件。

2021年5月20日，鼎城区人民检察院到草坪镇开展行政争议实质性化解工作 （摄影：马欣）

民事行政检察。办理各类民事行政案件102件，比上年同期上涨117%，其中民事案件53件、行政案件49件。开展虚假诉讼监督，办理虚假诉讼案件3件，发出再审检察建议1份。联合法院、公安、人社等部门建立农民工讨薪工作协作机制，保护农民工权利，支持农民工起诉7件，采纳7件。探索“检察+N”多元化解行政争议机制，办理土地违法查处、养老保险纠纷领域的行政案件2件，行政争议均得到实质性化解。4月30日，鼎城区人民检察院行政检察工作在全省行政检察业务学习研讨视频会议上作经验发言。

2021年9月3日，鼎城区人民检察院开展食品安全检察公益诉讼专项监督活动 （摄影：马欣）

公益诉讼检察。收集各类公益诉讼线索138条，立案106件。针对元桂水库等饮用水源一级保护区内存在畜禽养殖、违规垂钓等现象，向相关职能部门发出检察建议16份，并督促整改到位。联合区市场监督管理局开展“构筑食品防火墙，撑起健康保护伞”专项行动，现场监督检查辖区大型商超、农贸市场、学校食堂等场所，发现公益诉讼线索80件，均督促整改到位。参与石板滩镇石煤矿区生态损害赔偿前期工作，为促成诉前磋商提供协助调查和法律咨询服务。

2021年9月29日，鼎城区人民检察院干警下乡走访调解矛盾纠纷 （摄影：马欣）

为民办事。关爱特殊人群，办理司法救助案件5件，申请发放司法救助金13万元。联合法院、公安、人社等部门建立农民工讨薪工作协作机制，支持农民工起诉33件，帮助追回“血汗钱”约60万元。开展“群众来信件件有回复”工作，落实“检察长接待日”、首次信访案件领导包案制度，接待群众来信来访35人次，实行领导包案案件18件，7日内程序性回复、3个月内实体性答复率100%。开展检察听证工作，召开司法救助、拟不起诉、行政公益诉讼等各类案件听证会11次。落实少捕慎诉慎押刑事司法政策，调解轻微刑事案件31件，不起诉犯罪情节轻微、社会危害性不大、当事人达成和解的刑事犯罪45人。落实认罪认罚从宽制度，适用722人，适用率92.66%，排名全市第一。提出量刑建议451人，法院采纳率96.51%。

呵护青少年成长。坚持“未成年人利益最大化”司法理念，先后办理未成年人犯罪案件20件32人，为3名未成年犯罪嫌疑人作出附条件不起诉决定。深入贯彻落实最高人民检察院“一号检察建议”，指派检察官兼任法治副校长，分别到尧天坪镇中心小学、淮阳中学等地开展法治宣传。办理未成年人邹某被遗弃案，建议属地民政部门为其变更监护权，并申请司法救助3万元。

政治建检。贯彻落实《中共中央关于加强新时代检察机关法律监督工作的意见》，落实重大事项请示汇报制度，开展“三会一课”、主题党日活动，把党风廉政建设与检察业务同谋划、同部署、同考核，层层签订党风廉政建设责任状，开展专项督查、日常检查等，落实“两个责任”，开展谈心谈话288人次。区人民检察院获评“2020年度全区落实党风廉政建设先进单位”。

教育整顿。开展4个月的政法队伍教育整顿，通过院领导上党课、参观红色教育基地、旁听职务犯罪案件庭审、学习先进典型事迹、政治轮训等方式开展学习教育60余场次。组织填报《政法干警自查事项报告表》150余份，有7人主动向组织说明违纪违法问题，院党组依纪依规分别给予谈话提醒、通报批评、责令检查等组织处理。修订完善《关于检察官离任后从事律师职业和法律服务、法律咨询工作管理规定》等规章制度11项。

接受监督。开展检察开放日、公开听证等活动，邀请代表委员、人民监督员、各界民众120人次到检察机关为检察工作“把脉”。运用“两微一端”，实时动态发布检察信息，推送“鼎城检察”微信82期。落实案件信息查询、诉讼权利义务告知和办案结果告知等制度，接待律师辩护代理127次，公开程序性信息2013条，法律文书1242份。

（沈绍刚　方　珍）

【常德市首例羁押必要性审查听证会在鼎城区召开】 2021年11月17日，鼎城区人民检察院组织召开常德市首例羁押必要性审查听证会。听证会邀请1名人民监督员、2名律师担任听证员，侦查人员及辩护律师参加听证。参会人员围绕有无必要继续羁押议题进行提问、陈述、发表意见。最后，3名听证员经独立评议，从法理、情理等层面发表听证意见，一致同意为魏某变更强制措施。会后，该院根据查明的案件事实和证据，结合听证评议意见，依法向区公安局发出羁押必要性审查意见书，建议变更魏某的强制措施，并说明变更强制措施的理由和依据。11月18日，鼎城区公安局采纳建议，将魏某的强制措施变更为取保候审。

（沈绍刚　方　珍）

【鼎城区人民检察院、区公安局“侦查监督与协作配合办公室”揭牌启用】 2021年12月29日，鼎城区人民检察院、鼎城区公安局联合设立的侦查监督与协作配合办公室正式成立。参会双方一致认为要发挥侦查监督与协作配合办公室平台作用，履行办公室组织协调、监督协作、督促落实、咨询指导等职责，形成工作合力，提升办案质量、监督质效。

（沈绍刚　方　珍）

【鼎城区人民检察院聘任行政机关专业人员兼任检察官助理】 2021 年 10 月 27 日，鼎城区人民检察院举行行政机关专业人员兼任检察官助理聘任仪式，4 名来自市场监管、人社、自然资源、生态环境等领域具有专业技能知识的人才成为该院首批兼任检察官助理。聘任行政机关专业人员兼任检察官助理，创新了辅助检察官办案模式，拓展与行政机关开展干部交流、案件协作等渠道，有助于干警专业化办案能力提升。

（沈绍刚　方　珍）

法　院

【概况】 2021 年，鼎城区人民法院受理各类案件 9677 件，结案 9321 件，结案率比 2020 年同期上升 4.6%，案件结收比位列全省一类法院、全市基层法院第一；执行结案 3647 件，执行到位金额 2.99 亿元。

依法办案。全年，审结刑事案件 449 件 662 人。其中，惩处“黄赌毒”63 件 118 人，打击贪污、贿赂职务犯罪 3 件 3 人，惩处电信诈骗犯罪活动等犯罪 12 件 24 人。审结民商事案件 4666 件；成立专班开展破产积案攻坚，办结破产案件 7 件。营造法治化营商环境，推动建立企业破产处置府院协调机制，设立企业破产援助资金 50 万元。优化涉企案件“绿色通道”机制，实现繁简分流、快慢分道，审结涉企纠纷 1899 件，平均审理周期 44 天，调撤率 60%。处理土地承包等生产经营案件 34 件；审理退养还耕等环保资源类案件 8 件 23 人。审结行政案件 411 件，执结非诉行政执行案件 96 件。推动行政机关负责人出庭应诉，出庭应诉率提升 50%，从 10%提升至 60%。在 3 个县级法院设立巡回审判点，促进行政争议有效化解，减轻民众诉累。建立府院联席会议制度，建设重点项目，带动征拆户签约 126 户，发送司法建议书 7 份。执行结案 3647 件，执行到位金额 2.99 亿元。实施分段集约化执行改革，网络查控各类财产信息 2684 次，网络司法拍卖 262 件，变现资产 2077.54 万元；实行失信联合惩戒，限制高消费 1161 人次，纳入失信名单 429 人次，采取罚款、司法拘留等强制措施 21 人次，审结拒执犯罪 2 件 2 人。

作风建设。院党组专题研究党风廉政建设和反腐败工作 2 次，组织全院干警观看警示教育片 3 次，聆听三级法院院长、区纪委书记(监委主任)廉政教育报告会 4 次，编印警示录 1 册 8 个案例，组织职务犯罪庭审观摩 1 次，开展谈心谈话 311 人次，开展院内督查 15 次，发布督查通报 9 期。整治顽瘴痼疾。摸排六大“顽瘴痼疾”，制定《顽瘴痼疾专项整治方案》及 11 项子方案，对照方案边整边改、以整促改。开展庭审和诉讼服务作风纪律专项督查，将庭审、诉讼服务作风纳入日常审务督察范围，发布督查通报 6 期，发现问题 11 人次，分别给予提醒谈话、批评教育、书面检查等处理。修订党风廉政建设相关制度 5 条。接受区人大、区政协及社会各界监督，向区人大常委会主动汇报执行攻坚等工作，完善代表联络平台信息，邀请各级代表进法院 16 人次，向省高院推送代表联络信息 11 篇；向区政协汇报破产案件办理等工作 2 次，走访省市政协委员 5 人次；接受检察机关法律监督，回复检察建议 24 份。细化审判权力清单，修订完善《法官及辅助人员职责和权限清单(试行)》。抓司法工作监督，健全专业法官会议与合议庭评议、审判委员会讨论工作衔接机制。

2021 年 3 月 25 日，鼎城区人民法院组织庭审观摩

（提供：吴威）

司法公开。向区人大及其常委会汇报工作 5 次，接受区人大调研 2 次，办理区人大交办、转办

案件，走访座谈各级代表委员 35 人。接受区政协工作调研 1 次，完善代表委员联络平台信息，邀请代表委员旁听庭审 100 余人次，回复检察建议 7 份。通过官方微信、微博、网站、抖音等平台发布工作动态，至年末，互联网庭审直播 342 件，生效文书上网率 70.64%，审判流程信息公开率 99.72 %。落实陪审员实质参审，随机分配陪审案件，实现普通程序案件全覆盖和所有陪审员 100%参审。

从严治院。组织干警填写自查事项报告 2 轮，向基层组织发出意见征求函 31 份，收集意见建议 6 条；开展涉黑涉恶案件倒查，收集问题线索 51 条。制定下发《鼎城区法院顽瘴痼疾专项整治方案》等涵盖 11 项内容的 12 个方案。区纪监委诫勉谈话 6 人，警告处分 2 人，教育检讨 2 人。建设“四项机制”，修改制定《常德市鼎城区人民法院个人事项报告制度》等 16 项制度。围绕“学史明理”“学史增信”“学史崇德”“学史力行” 四个专题，制定党史学习教育计划和流程图，每周下发指导学习内容及条目，每周开展集中学习 1 次，每月开展学习研讨 1 次。组织干警参加《中华人民共和国民法典》、法官大讲堂视频课 16 期，培训 1000 余人次。开展政治学习、道德讲堂、红色教育、英模宣讲等培训活动，实现干警全覆盖。组织干警，分 6 批次到 7 个乡镇 52 个村社，进行反电信诈骗、民调、禁毒知识宣讲、慰问困难群众、召开新闻发布会等活动。落实司法责任制，实施人员分类管理，推进以审判为中心的刑事诉讼制度改革，开展刑事案件跨部门办案平台试点改革，推进执行工作改革、立案分案改革等。全年法官晋升 20 人，法警晋升 2 人，招录公务员 6 名、辅警 10 名、书记员 6 名。推进要素式审判改革、刑事认罪认罚从宽制度改革、裁判文书改革等，开展诉源治理工作，推动多元解纷及执行联动协作情况纳入区平安建设考核。调整组建速裁、破产团队。实行陪审员调解机制，8 名陪审员驻院坐班调解。

2021 年 3 月 9 日，鼎城区人民法院队伍教育整顿动员部署会会场　（摄影：吴威）

司法为民。建设“一站式”诉讼服务平台，建成在线音视频调解室 2 个，开辟律师“一码通”快捷通道，依法登记立案 8929 件。在区民政局、人社局、交警大队挂牌成立诉前调解站 3 个，诉前调解案件 2783 件。调解撤诉案件 2189 件，调撤率 29.09%。回应民生诉求，审结商品房买卖、物业服务、劳动争议案件 454 件。开展民生专项执行 3 次，到位金额 969.14 万元，召开执行兑现大会，兑现农民工工资 24.15 万元。运用“道交一体化”处理案件，推动交通事故纠纷一站式解决。为 22 名当事人减免缓诉讼费 519609 元，为 12 人发放司法救助金 15.6 万元。专题汇报诉源治理工作，将一站式多元解纷和诉讼服务机制建设情况纳入平安建设考核内容，诉前调解成功率 71.2%。依托乡村外派法庭，开展巡回法庭、送法进基层、进校园、进社区等活动 11 场。探索建立司法辅助机制，委托司法公证机构辅助办理案件 669 次。　（吴　威）

2021 年 11 月 18 日，鼎城区人民法院开展“执行案款集中发放日”活动　（摄影：吴威）

司法行政

【概况】 2021年，鼎城区司法局开展司法行政业务建设、基层基础建设、队伍建设，被中华全国人民调解员协会评为人民调解工作“全国先进单位”，获评鼎城区“扫黑除恶专项斗争先进集体”、获评区级平安建设优秀单位。

法治政府建设。推进行政复议体制改革，完善信函、电传、口述、网络等申请方式，引导当事人通过行政复议解决矛盾纠纷。全年，办理行政复议案件31件，收到行政应诉案件25件，其中申请人民检察院检察监督2件。行政应诉案件结案23件，无败诉案件。区人民政府聘任的4位法律顾问出具法律建设意见20余次。审核区人民政府及区人民政府办公室制发的规范性文件7件，备案部门规范性文件7件；审查各类政府合同44份；审查区人民政府常务会会议纪要及政府专题会会议纪要162份，审查一般文件179份。完善执法监督机制，开展行政执法案卷评查2次，抽查13个单位60本行政执法案卷，其中行政许可8本、行政处罚52本。开展新修订《中华人民共和国行政处罚法》专题培训，6月18日首场培训在区市场监督管理局举办，其他行政执法部门开展培训，参训行政执法人员1300余人次。

人民调解。开展基层矛盾纠纷排查化解专项行动，发挥人民调解在预防、排查和化解矛盾纠纷中的作用。在全区范围内健全“三调联动”有机结合的矛盾调处网络，拓展人民调解工作平台，各乡镇以司法所为依托，指导乡镇调解委员会，充实矛盾纠纷信息员队伍。建立健全“企业法律顾问”制度，为重点企业配备法律顾问。依托企事业单位设立行业性人民调解组织，完善道路交通事故调解委员会、医疗纠纷调解委员会等行业性、专门性人民调解组织，构建多元化的调解格局。各级人民调委会和人民调解员积极工作，推广“枫桥经验”。2021年，计调处矛盾纠纷4177件，调处成功率99%以上，全区未发现涉及该系统的矛盾纠纷，未发生因调解不当或调解不及时而引发的“民转刑”、群信群访事件。

社区矫正。清查区2011—2021年所有社区矫正工作档案1385件。8月，率先在常德市范围内开展社区矫正工作队建制改革，执行“日定位、周听声、月见面、季走访、年考评”，借助湖南智慧矫正系统实行社区矫正对象分级处遇，严管、普管、宽管。全区在册社区矫正对象数人，无一人漏管、脱管和重新犯罪。

普法依法治理。启动“八五”普法。指导各级各部门开展法治宣传活动，宣传《中华人民共和国长江保护法》《中华人民共和国农业法》《中华人民共和国土地管理法》《中华人民共和国森林法》《中华人民共和国物权法》《中华人民共和国劳动合同法》《中华人民共和国交通安全法》《中华人民共和国治安管理处罚法》等法律法规。通过设立宣传展板、悬挂宣传标语横幅、组织流动法律咨询台的方式向农民群众宣传《中华人民共和国宪法》《中华人民共和国民法典》等涉及民生的法律法规，免费向农民群众发放《中华人民共和国社区矫正法》《公共法律服务手册》《保障农民工工资支付条例》、扫黑除恶、打击电信诈骗、防范非法集资等法治宣传资料1.2万余册，悬挂横幅标语30余条、摆放法治宣传展板30余块、参与群众6000余人，开展第十批“湖南省民主法治示范村（社区）”创建等工作。抓领导干部学法用法工作，开展以《中华人民共和国宪法》为核心、现代法治精神为重点的全民法制宣传教育活动。4月，联合区委宣传部组织区委理论学习中心组（扩大）学习《中华人民共和国民法典》，并邀请湖南省司法厅政治部队伍建设综合指导处处长张政在华邦国际会议厅就《中华人民共和国民法典》相关内容作专题辅导，区司法局会上发放《中华人民共和国民法典》600余本。

2021 年，鼎城区司法局进企业开展普法宣传活动

（提供：吴欣融）

2021 年，鼎城区司法局社区矫正第二执法中队挂牌成立

（提供：刘又源）

法律服务与管理。落实法律援助经济困难免审制，实行法律援助经济困难告知承诺制，办理法律援助案件 403 件，占任务数的 134%。开辟法律援助"绿色通道"，农民工、军人军属(包括退役军人)等特殊群体申请法律援助实行当天受理、当天指派。根据"法润三湘"公共法律服务活动的相关要求，开展"法援惠民生 助力乡村振兴""法援惠民生 助力农民工""司法公正常德行" 及送法下乡等活动。推动实体、网络、热线三大平台无缝连接与一体化建设，实行服务资源、服务数据、服务渠道相互融合，共享网上公共法律服务资源，实现"数据多跑路、群众少跑腿"。2021 年，接待窗口法律咨询 495 人次，办理法律援助案件 392 件，办理公证 1534 件，司法鉴定 392 件。

（何海花 臧华民 曾 崴 张 章 李小芬 刘又源 郑碧湘）

【鼎城区司法局社区矫正"队建制"改革】 2021 年 8 月，鼎城区司法局社区矫正工作局率先在常德市范围内开展社区矫正工作队建制改革，社区矫正工作局下设 3 个执法中队，分别管辖城区片、前河片、后河片社区矫正对象。为矫正局配备专用警车 1 台，用于社区矫正各类工作事务，中队配备手提电脑、移动打字机、执法监督仪等，专职社区矫正工作，负责社区矫正对象的学习教育、公益活动等，不再参与司法行政的其他工作。

（刘又源）

【行政复议体制改革】 根据法治政府建设的总体部署，2021 年，鼎城区司法局推进行政复议体制改革。11 月末，完成行政复议体制改革工作。完善行政复议工作机制，制定《行政复议体制改革实施方案》《关于行政复议体制改革的公告》。为尽可能从宽、便捷地受理行政复议案件，完善信函、电传、口述、网络等申请方式，引导当事人通过行政复议解决矛盾纠纷。形成以"一个窗口"对外，形成稳定、专业的行政复议队伍和统筹科学的行政复议体制。全年，办理行政复议案件 31 件，收到行政应诉案件 25 件，其中申请人民检察院检察监督 2 件。行政应诉案件结案 23 件，无败诉案件。在办理过程中，实行规范办案，公平、公正、规范调查取证工作，严格审理、依法决定，维护办案的公正性，未发生缠诉和越级上访事件。

（臧华民）

2021 年，鼎城区人民政府行政复议办公室在鼎城区司法局挂牌

（提供：臧华民）

军 事

Military Affairs

2021 年 6 月 10 日，鼎城区人武部组织基干民兵开展防汛抗洪训练

（提供：周龙）

人民武装

武警内卫

退役军人事务

鼎城年鉴(2022)

人民武装

【概况】 2021 年,鼎城区人民武装部(简称区人武部)坚持以习近平新时代中国特色社会主义思想和习近平强军思想为指导,以争创“全面过硬一流”人民武装部为目标,突出政治引领、聚力主责主业、从严正规管理、抓工作落实,在军分区拉榜排名 9 项工作中,获 5 项第一、2 项第二、2 项第四。鼎城区人民武装部被湖南省军区评为“先进人武部”“军事训练先进单位”;部机关党支部被湖南省军区表彰为先进党支部;刘海军立三等功,徐建新被湖南省军区评为“征兵工作先进个人”,周龙被湖南省军区评为“军事训练先进个人”,孙放华被湖南省军区评为“省军区系统参与脱贫攻坚先进个人”,计 10 人次被湖南省军区通报表彰。

政治思想。学习中共中央总书记、国家主席习近平“七一”重要讲话和中共十九届六中全会精神,在学原文、悟原理中强化信仰信念。开展党史学习教育,精读指定书目、组织专题党课、见学党性教育基地,召开组织生活会和专题民主生活会。开展民兵思想调查研究,组织民兵思想教育,融合推进“民兵学习宣讲”活动,创新组织“我在青年民兵之家开讲啦”,参加常德市“民兵学习宣讲主题故事会”获一等奖、参加湖南省政治教员比武获三等奖。开展新闻舆论宣传,全年在中央级媒体上稿 34 篇、省级媒体上稿 56 篇、湖南省军区要讯上稿 11 篇,“顺应时代发展、聚力强军兴武,推动新时代党管武装工作高质量发展”经验被湖南省军区以专刊形式转发。

2021 年 12 月 23 日,鼎城区委常委议军会议会场
(提供:周龙)

2021 年 4 月 20 日,鼎城区人武部组织党史学习教育
(提供:周龙)

练兵比武。联合区委、区人民政府向民兵发出倡议,参与疫情防控、助力粮食生产、水上搜救等急难任务,发挥主力军作用。参加常德军分区群众性练兵比武,获 5 个单课目第一、团体第二名;参加湖南省军区群众性实战化练兵比武,获主官调制略图课目第二名、参谋动员计算课目第三名、参谋军事理论课目第五名,是全省参赛选手最多、名次最好的人武部。有 2 项研究课题在湖南省军区“三打三防三战”战法创新活动评比中分别获三等奖、优秀奖。

2021 年 5 月 14 日,鼎城区人武部承办相关科目演示
(提供:周龙)

国防动员。组织国防动员潜力调查,走访行业系统和企事业单位,组织 5 轮数据会审。军地合力组织体格检查、政治考核,选送优秀青年应征入伍,提高大学生和大学毕业生入伍比例,征兵“五率”考评全市第一,“发挥党管武装优势,推动征兵工作高质量发展”经验在全省交流。依托西洞庭管理区承办全市新兴园区武装阵地规范化建设观摩

活动，开展武装部基层武装部星级达标建设,2个单位武装部被评为“五星”武装部。

2021年1月14日,鼎城区区级领导到常德军分区参观国防教育长廊 （提供:周龙）

内部管理。贯彻落实安全管理条例,拓展运用“规范化、经常性、责任制”管理方法,常态落实“月检查、季讲评”制度,开展“学法规、用法规、守法规”活动和“百日安全活动”,全年无政治性等问题发生,安全稳定无事故。强化“预算即法规”意识,科学编制、执行年度经费预算,提升经费使用效益。开展资产清查等工作,应对输入性新冠肺炎疫情,进行封闭管理,实现“零感染、不失守”目标。

党管武装。将“国防课”纳入区党委中心组理论学习、党校培训、新任支部书记培训内容,以理论武装助推思想认识深化。组织党管武装绩效考查,指方向、教方法、提要求,归正管武、建武、强武导向。以“进学校”“进社区”为引领开展全民国防教育，全区2600余名高一新生现场接受国防教育。在国家公祭日等时间节点,开展集中纪念、悼念活动,激发人民群众、在校学生爱国热情、强国担当。以“荣誉礼赞、荣耀启程”为主题集中组织“送喜报、送新兵”活动,军地领导为功臣家庭送喜报、光荣牌匾,革命英雄为新兵颁授入伍通知书、赠送纪念书籍。军地联合组织“十佳现役军人家庭”“十佳退役军人”评选,走访慰问抗击疫情、维和及表现优秀现役军人家庭。协调解决问题,维护军人军属合法权益。

（周　龙）

2021年6月17日,鼎城区相关领导为功臣家庭送喜报 （提供:周龙）

2021年9月17日,鼎城区组织“国防教育进社区”活动暨“双十佳”表彰大会 （提供:周龙）

武警内卫

【概况】 2021年,武警鼎城中队开展“传承红色基因,担当强军重任”主题教育、党史军史教育、安全管理专题教育,参加组织各类文体活动竞赛、汇报表演。全年,中队协同鼎城区看守所开展武装押解12次，中队协同鼎城区公安局担负武装巡逻18次,成功处置持械伤人事件1起。

军事训练。抓教练员培养,经常性组织中队干部骨干研读大纲,熟记要求标准。抓军事训练,按照新大纲要求,巩固体能训练基础,开展擒敌术、刺杀术等科目训练,常态进行消防器材演练,提升中队应急处突能力。

政治工作。注重经常教育,开展党团课、条令知识学习、主题教育、纪律教育辅导及配套活动,常态性抓官兵思想工作，注重仪式激励，结合“五四”“七一”“八一”“十一”等时机，组织官兵开展重温入党誓词、军人誓词。落实党支部组织生活制度，抓议事质量，找准薄弱环节，组织中国共产党成立100周年专题组织生活会，抓党员考察、培养、发展工作。

后勤保障。修订相关方案，补充物资，开展官兵培训复训工作，落实伙食搭配、营房维修、卫生保障、军械保养、车辆维护。常态化开展疫情防控工作，通过党委政府帮助、自购等方式，补充各类防疫物资，抓营区日常防护，落实体温监测、环境消杀、营门查验及休假、在外人员管理制度，确保零感染。 （董炎钊）

退役军人事务

【概况】 2021年，鼎城区退役军人事务局坚持以服务退役军人为中心，谋长远、打基础、抓重点，开展各项退役军人事务工作，注重强基固本，突出工作重点，提升退役军人事务工作精细化服务和管理水平。

服务体系。建章立制、提升业务水平。借助“枫桥经验”，参照示范型退役军人服务中心（站）创建标准，开展创建示范型退役军人服务中心（站）等工作，在全区范围内打造一批模范标杆单位，其中尧天坪镇退役军人服务站入选湖南省首批百家红色退役军人服务站。按照“五有”（有机构、有编制、有人员、有经费、有保障）要求，开展深度自查，确保服务中心（站）实体化运行。创建退役军人志愿服务队伍，开展志愿活动。引导退役军人有组织、有计划、有步骤、有目标地开展志愿服务活动，全区各乡镇街道、村社居成立退役军人志愿服务队320支，志愿者近2000人，开展为老兵悬挂光荣牌、应急救援、便民服务、爱心探访、疫情防控、植树造林、特殊家庭帮扶、文明交通引导等志愿者活动，通过实际行动吸引更多退役军人和党员群众加入志愿者队伍行列，扩大志愿者行动的参与面和覆盖面。

阳光安置。落实军转安置政策，开展军队转业干部和符合政府安排工作条件退役士兵接收工作，按照量化排名、择优选岗的方式安置转业干部、转业士官，落实安置对象各种待遇，发放待安置期间生活费，开展医保社保补缴等工作。联合区人武部接收送达现役军人立功受奖喜报、发放奖励金。开展适应性培训、职业技能培训和学历教育等培训工作，帮助自主就业退役士兵提升职业技能；开展退役军人就业创业指导和服务，线上组织退役士兵适应性培训1次；开展军人军属招聘会3次。

2021年，鼎城区委书记朱全平（右一）为功臣家属送功臣匾并与其现场视频交流 （提供：徐蓉）

优抚慰问。采集优抚对象信息，抓人员动态化管理，及时更新人员数据信息，全年更新数据数条，全区年度审核率99.87%。开展优待抚恤工作，全年为享受国家抚恤补助的优抚对象发放定期抚恤金约7790万元；资助重点优抚对象参保参合、门诊补助、二次医疗报销、优抚医疗解困等，涉及解困资金约172万元，受益对象数人；开展“送医送药送健康”活动，赠送价值药品约42万元，推荐40人参加短期疗养工作；出台《鼎城区优抚对象医疗补助工作暂行办法》，实现优抚对象普惠、“优待＋叠加”惠民政策。开展褒扬纪念工作。走访采集核实烈士纪念设施361处，在“八一”、春节期间，走访慰问退役军人，走访慰问烈士“三属”、老复员军人、伤残军人、“两参”人员、困难退役军人、常态化联系人员和边海防现役官兵家庭。开展双拥共建。组织开展首届

“十佳模范退役军人”“十佳模范现役军人家庭”评选表彰活动，授予20名退役军人和现役军人家庭为“十佳模范退役军人”“十佳模范现役军人家庭”称号；退役军人吴焕全被评为“常德市最美退役军人”。“八一”、春节期间，组织区主要领导开展走访慰问活动，发放慰问物资折合人民币25万元。

2021年10月，鼎城区退役军人事务局开展“送医送药送健康”活动（提供：徐蓉）

军休工作。启动军休所一期项目建设。规划建设面积3451.64平方米，投资1500万元。建设文化体育阵地，开设图书阅览室，完善健身场所器材，丰富军休人员文体生活内容。落实两项待遇，采取结对帮扶、“五勤五访”服务活动，为部分身体有缺陷和年龄较大的军休人员实行助餐配餐服务。成立军休党支部，规范党内组织生活制度。通过走访看望、节日慰问、健康体检、建档立卡和重症跟踪等服务，兑现军休人员政治和生活待遇。

（徐　蓉）

【鼎城区首届“十佳模范退役军人”“十佳模范现役军人家庭”评选活动】 2021年7月6日，鼎城区召开2021年退役军人事务工作推进会，解读《鼎城区2021年“十佳模范退役军人”“十佳模范现役军人家庭”评选活动方案》，部署首届“十佳模范退役军人”“十佳模范现役军人家庭”评选活动相关工作。9月17日，鼎城区人武部、鼎城区退役军人事务局联合举行2021年度“国防教育进社区”暨“双十佳”表彰大会，经评选初审、综合审查、社会公示，揭晓20人获选名单。该次“十佳模范退役军人”“十佳模范现役军人家庭”评选活动由区委退役军人事务工作领导小组主办，区文明办、区退役军人事务局、区人武部承办，分别面向鼎城籍或居住、工作、生活在鼎城区的退役军人和家庭成员中一人为鼎城籍的现役军人家庭。（徐　蓉）

经济监督管理

The Economic Supervision Management

2021 年 12 月 26 日，鼎城区市场监督管理局执法人员在城区超市进行价格和索证索票检查

（提供：陈雨薇）

发展改革与物价管理
自然资源管理
市场监督管理
应急管理
环境保护
审计
统计

鼎城年鉴（2022）

发展改革与物价管理

【概况】 2021年，鼎城区地区生产总值415.9亿元，增长8.4%；规模工业增加值、固定资产投资分别增长9.3%、13.4%；社会消费品零售总额216.8亿元，增长14.3%；城乡居民人均可支配收入分别增长8.2%、10.8%；地方一般公共预算收入17.8亿元，增长8.3%。

价费监管。制定2021年春季、秋季教育收费文件，禁止教育乱收费行为。完善价格监督体系，实施收费目录清单管理，落实62种与群众生活密切相关的重要民生商品和服务价格的监测工作，并将信息及时向社会公开，落实周报制和日报制。根据《湖南省定价成本监审目录》的相关规定，清理成本监审项目。

社会信用体系建设。推行信用核查制度，核查社会投资项目信用信息6批50家企业，核查政府投资项目8个24个中标候选企业，情况良好；引导当地4371家企业入驻常德市金融超市，开展“信易贷”，占当地企业总数的52.64%；加强涉企行政许可和行政处罚信息的归集共享，上报共享“双公示”信息9829条、典型案例14个；推行信用承诺制度，引导市场主体签订信用承诺书，主动遵守法律法规，履约践诺，年度签订信用承诺书102份；推进信用修复工作，对于被处罚的主体依法进行整改并符合要求的进行信用修复，撤销其行政处罚决定，5家企业主动开展信用修复。

粮食安全。实施粮食品牌工程，夯实粮食收储基础，开展粮食政策的宣传解释工作，及时回应群众反映强烈，社会关注度高的涉粮事件。抓粮食收储企业执行国家粮食收购政策情况和政策性粮食出库的监管，监督指导各政策性企业落实收储各环节的工作。2021年，鼎城区粮食日常监管工作获评全省先进，落实粮食安全省长责任制获省真抓实干奖励。 （杨　婷）

自然资源管理

【概况】 2021年，鼎城区自然资源局围绕省、市、区重点目标任务，坚持保障与保护并重、服务与监管并举，突出为民办实事。全年土地出让纯收益5亿元，国土空间规划编制工作在全省“国土空间规划优秀案例展评”比赛中获一等奖，启动并落实征地拆迁补偿项目29个。区自然资源局获评“常德市城区征地拆迁控违拆违‘春雷行动百日会战’先进单位”；获评市级文明单位。

保发展。抓国土空间规划。调研并制定鼎城区国土空间规划大纲及初步方案，编制鼎城区国土空间总体规划大纲，划定全区最新生态保护红线，面积8287.89公顷，划定16个乡镇城镇开发边界，规模面积1001公顷，划定中心城镇开发边界规模4322公顷，划定永久基本农田68582.46公顷。抓用地保障。拿回建设用地批文5宗，面积23.46公顷；开展征拆，启动征地拆迁补偿项目29个，征地46.82公顷，拆迁房屋188户，拆迁面积5.8公顷。启动入户调查、落实预算编制项目7个。抓基准地价更新和制定。启动城镇基准地价、城镇标定地价、农用地基准地价、集体建设用地基准地价的更新和制定工作。四项地价均形成成果并组织听证，待区人民政府常务会审议通过后申请省市验收。抓土地出让。招拍挂出让土地成交47宗，成交面积60.3公顷，成交总价款148261万元，签订土地出让合同40宗。

保资源。抓耕地保护。全年，鼎城区建设项目占补平衡补充耕地面积17.45公顷，其中水田面积12.43公顷、旱地面积5.02公顷。开展永久基本农田核实整改补足工作，全区永久基本农田面积60775.73公顷。省厅下发2020年10月至2021年12月动态监测扣减冻结耕地指标图斑887个，扣减冻结耕地数量指标265.86公顷，整改图斑465个，耕地数量指标134.51公顷。抓土地开发。实施市级农村土地整治项目3个，落实合同约定工程量。2019年度土地开发项目7个，建设总规模56.53公顷，拟新增耕地50.83公顷，项目进入工程审计阶段。抓增减挂钩及空心房改造。2020年度鼎城区增减挂钩及空心房改造亮点项目进度90%以上；鼎城区空心房遗留问题项目投资185.57万元，预算施工费166.13万元，项目涉及4个乡镇，项目进度80%以上。抓执法监察。立案52起，移送公安8起，移送纪委5起，收缴罚款190.13万元，拆除1宗，拆除面积0.335公顷；发现和制止自然资源违法行为60余起；组织砂场取土场动态巡查90余次，出动执法人员180余人次，立案查处非法挖砂取土案件8起，移送公安4起。抓矿山管理。关闭采矿许可证过期矿山14家，其中，自然复绿矿山5家，组合为新矿权郑湾矿区矿山5家，编制生态修复方案矿山4家。

惠民生。抓登记优化。办理不动产登记业务16646件(发放不动产权证书6056本、不动产登记证明10590本)。推行一窗受理，限时办结。在区政务中心大厅设置由国土、税务等部门组成的综合受理窗口5个，将林权登记纳入一窗受理范围。抓地灾防治。组织地质灾害点进行拉网式排查，为重点村镇进行切坡建房知识培训，组织地质灾害演练。执行汛期24小时双人双岗值班制度，督导各乡镇值班值守情况，全年未发生地灾伤亡事故。抓房地一体。开展权籍调查登记农村宅基地149253户、集体建设用地516宗，落宗149253宗。抓权籍调查和确权登记。收回国有土地使用权10宗，面积7.8公顷，开展土地确权4宗，权籍调查落宗1221宗，通过国家级核查和数据库质量检查。

(张　珊)

【鼎城区自然资源局执法监察大队】 2021年，鼎城区自然资源局执法监察大队开展土地卫片执法，配合开展省级例行督察和国家耕地保护督查6次，进行资料对上举证23次，上报违法39宗(重复上报6宗)，监测面积9.15公顷，整改12宗。依法查处自然资源违法案件，立案52起，移送公安8起，移送纪委5起，收缴罚款190.13万元，拆除1宗，拆除面积0.335公顷。开展自然资源动态巡查，组织出动巡查480余人次，出动车辆160余台次，发现和制止自然资源违法行为60余起。处理举报案件线索，接收各类举报件60件，调查回复60件。处置已供土地闲置问题，下发闲置土地9宗，收回闲置土地处置2宗，立案查处1宗，调查取证6宗。开展违建别墅整治"回头看"专项行动，防止死灰复燃。查处"大棚房"问题"回头看"反弹问题，依据省厅下发的问题图斑与区农业部门进行排查，查出疑似图斑11个，1个不符合要求，10个为设施农用地且办理设施农用地备案手续，拆除蔡家岗镇樟脑油厂并恢复原状。配合征地领域限期腾地，申请法院强制执行2起，拆除2起。打击挖砂取土违法行为，组织动态巡查90余次，出动执法人员180余人次，制止非法挖砂取土事件10余次，立案查处非法挖砂取土案件8起，移送公安4起。开展乱占耕地核查，省市下发图斑42个，整改到位42个，遏制耕地非农化。现场核查疑似占耕地建房图斑238个，发现3宗地不符合土地利用总体规划并毁损基本农田，线索移交区农业农村部门、纪检部门处理，查处违法占用基本农田建房的相关责任人。

(张　珊)

【鼎城区不动产登记中心】 2021年，鼎城区不动产登记中心办理不动产登记业务16646件(发放不动产权证书6056本、不动产登记证明10590本)。落实新日世纪城、鼎卫豪苑、名郡国际、宏泽佳园、恒华住宅楼、湘西北五金机电城、天泓嘉瑞、忆江南畅安佳苑等楼盘项目房产办证首次登记及部分业主分户登记；解决南园小区、金属水暖市场、图吉小区、紫薇佳园二期等建设项目不动产分户登记办证难问题。落实"一件事一次办"改革工作，与省厅"互联网+不动产登记"在线申请平台对接，开通不动产登记业务在线办理并实现外网申请。开展与银行合作服务，推行"不动产登记"电子证明使用。开展延时服务和上门服务，为有特殊要求的企业和市民开展延时服务、提供上门服务；推行一窗受理，限时办结。在区政务中心大厅设置由国土、税务等部门组成的综合受理窗口5个，将林权登记纳入一窗受理范围，推行前台一窗受理、后台并行办理、限时办结、一站式服务的模式。

（张　珊）

2021年4月27日，鼎城区自然资源局不动产中心工作人员为市民提供不动产登记上门服务　（提供：李权）

【鼎城区土地开发整理中心】 2021年，鼎城区土地开发整理中心开展土地开发整理工作，落实耕地占补平衡和补充耕地任务，抓内部管理，落实各项工作任务。实施市级农村土地整治项目3个，项目投资310万元，至12月30日，落实合同约定工程量；土地开发项目7个，建设规模56.5329公顷，拟新增耕地50.8302公顷，投资2491.26万元，预算施工费1564.85万元，项目进入工程审计阶段；2020年度鼎城区增减挂钩及空心房改造亮点项目建设规模208.7公顷，至年末项目进度90%以上；鼎城区空心房遗留问题项目投资185.57万元，预算施工费166.13万元，项目涉及乡镇4个，项目进度80%以上。

（张　珊）

【鼎城区自然资源事务中心】 2021年，鼎城区自然资源事务中心启动并落实征地拆迁补偿项目29个。至年末，征地46.82公顷，拆迁房屋188户，拆迁面积5.8公顷；启动入户调查、进行预算编制实施或拟实施项目7个。自然资源事中心获评鼎城区2020年度征地拆迁安置工作先进单位，获评“常德市城区征地拆迁控违拆违‘春雷行动百日会战’先进单位”。

（张　珊）

【鼎城区自然资源储备中心】 2021年，鼎城区自然资源储备中心履行工作职责，求真务实、开拓创新，开展各项工作。甄选优质地块，充实土地储备，选择阳明湖板块基础设施配套较完善的地块进行储备。批回经营用地13.67公顷，另有6.2公顷经营性用地处于组卷报批阶段。开展土地推介，实现土地收益，开展土地推介工作，邀请上海禄渊集团、中海外建设、湖南汉班建筑工程服务有限公司等企业进行地块现场考察。挂牌出让储备地块13宗，面积35.4公顷，实现土地价款8.529亿元。支持乡村振兴，发挥后盾作用，联系尧天平镇官坊湾村开展乡村振兴工作，从人力、物力、财力等方面支持驻村工作队开展乡村振兴工作。结对帮扶人到官坊湾村走访调研，与镇、村干部交流探讨乡村工作和发展规划，看望慰问脱贫监测对象，为他们排忧解难。

（张　珊）

【城乡规划管理】 2021年，鼎城区空间规划和信息事务中心抓责任落实，强化督查督办，简化审批流程，开展各项工作。完善规划编制。制定鼎城区国土空间规划大纲及方案，编制鼎城区国土空间总体规划大纲，划定全区生态保护红线面积8287.89公顷，划定16个乡镇城镇开发边界，规模面积1001公顷，划定中心城镇开发边界规模4322公顷，划定永久基本农田68582.46公顷。改进审批环节。统一思想抓落实，精简规划审批流程，保证职能到位、责任到人。提升服务水平。办理建设项目规划条件36份，核发建设用地规划许可证44本，审批建设项目规划方案24个，核发建设工程规划许可证151本，核发建设工程规划核实合格证184本。为新城控股集团有限公司开发的吾悦·广场、吾悦·和府等重点项目规划审批及批后跟踪建设执法监察工作服务。优化规划巡查。针对经批准的工程实行放线、验线及验收制，覆盖建设全过程，发现问题及时整改，减少建设单位工程竣工后再行整改的损失。规划执法跟踪监察项目27个，下达《责令停止建设通知书》13份，回复违法认定告知函等16份，规划验收项目26个，跟踪监察并督促整改福捷华中城一期一区、滨江新城、湘西北国际五金机电城等建设项目，落实区政府下达的规划验收工作。落实安全生产。坚持稳中求进，深化项目方案实施、防范业主在项目方案实施后有不符相关要求，随意变更方案施工，改革创新安全工作批后监管方式，建立健全城乡规划监管制度，推进重点行业领域安全专项巡查整治，安全生产总体形势稳定。（张　珊）

【鼎城区召开土地管理委员会第一次会议】2021年7月9日，鼎城区委副书记、区人民政府区长陈远主持召开鼎城区土地管理委员会2021年第一次全会。会议听取鼎城区动态监测扣减冻结补充耕地指标整改方案、关于耕地开发项目乡镇奖励资金政策延续方案、卫片执法有关问题、江南城区土地开发建设有关问题等方面情况汇报，并研究部署相关工作。（张　珊）

市场监督管理

【概况】鼎城区市场监督管理局于2019年2月28日成立，是鼎城区人民政府工作部门。区市场监管局主要负责市场综合监督管理、市场主体统一登记注册、组织和指导市场监管综合执法工作、协助上级开展反垄断执法工作、产品质量安全监督管理、特种设备安全监督管理、食品安全监督管理、计量和标准化管理、认证认可管理、知识产权保护、消费维权、药品及医药器械监管等职责。2021年，鼎城区获"湖南省食品安全示范县（市、区）"称号，鼎城区市场监管局被评为全省食品安全工作A级（先进）单位、全省特种设备安全监察优秀单位、区级平安建设优秀单位、区级安全生产和消防工作优秀单位、区级妇女工作优秀单位，鼎城区消费者权益保护委员会被评为市级消保委组织工作红旗单位。

工商行政管理。截至2021年年末，全区实有市场主体45205户，其中内资企业8656户、个体工商户36549户、农民专业合作社972户。全年，新登记市场主体5426户，其中内资企业1096户（全程电子化登记959户），个体工商户4330户，农民专业合作社75户，注销登记内资企业697户，注销网办率39%以上，简易注销404户，占比58%。抓"放管服"改革。在常德高新区针对涉及市场监管的24项行政审批事项实施"证照分离"改革，提升企业注销便利度，简易注销的注销期压缩至20天、一般注销的注销期压缩至45天，企业注销网办率39%以上。推进行政许可服务便民化，对湖南粤港模科实业有限公司、湖南蓝蝶福途智能技术有限公司、湖南省希母生物科技有限公司等企业实行容缺办理。压缩企业登记审批时限，设立登记事项承诺时限压缩至1个工作日，注销、备案等简易事项即时办结。推进首套公章零费用工作，降低企业开办成本。开展投诉举报工作。2021年，"12315"平台收到消费者投诉举报案件2016件，规定时间内办结率100%。抓年报工作。全区各类市场主体通过湖南省市场主体信用信息公示系统公示2020年年报信息的34681户，其中企业公示5768户，年报率82.26%；个体工商户公示28275户，年报率85.9%；农民专业合作社公示638户，年报率69.8%。清理吊销僵尸企业140户。

食品药品安全监督管理。食品安全。实行集体聚餐监管。落实295名村级协管员职责，开展农村赈酒的登记报备及专业厨师队伍的指导管理工作，倡导公筷制、分餐制，控制聚餐规模等，防止发生农村赈酒引发的群体性食物风险，农村集体聚餐备案736起，疫情防控期间劝止农村聚餐赈酒187起。落实十美堂镇油菜花节、中考、学考、高考、人大及政协会议的食品安全保障任务。"五一"期间在花岩溪旅游景区开展快检活动，守住食品安全底线。实行野生蘑菇防控。落实关于农贸市场、农村集市、食品超市、餐饮单位、农家乐等食品经营加工环节的监管，实行关于学校、建筑工地、养老机构、农村宴席等集中聚餐场所的监督检查，严禁采购、经营加工野生有毒蘑菇及其制品，防止野生蘑菇流入市场和餐桌。出动执法人员700余人次，检查农贸市场70余家次、各类食品生产经营单位2000余家次，发现售卖来源不明蘑菇事件2起，就地销毁来源不明蘑菇5千克。针对7月5日石板滩镇和8月17日双桥坪镇村民误采误食野生蘑菇中毒事件，所属乡镇第一时间启动应急预案，并按照规定和程序第一时间报告。卫健部门组织救治患者，将伤害和不良影响减少到最低程度，误食中毒村民均痊愈出院，无死亡病例。开展食品安全抽检。2021年度，全区食品安全监督抽检计划4批次/千人，鼎城区承担3批次/千人(2512批次)，市级承担1批次/千人。至年末，落实2512批次，完成率100%，其中不合格127批次，不合格率5.06%，核查处置80批次，47批次待核查处置。全年，接到市级交办和外省转办食品监督抽查不合格处理24起，办结13起，办理中11起。涉及抽检不合格的企业，责令停产整改。开展食品相关产品生产企业监督抽查，完成辖区内14家企业28个批次的产品抽检工作，抽检结果全部合格。打击食品违法犯罪。2021年，通过关于食品和食用农产品监督抽检，发现食品违法线索166条，向外地市场监管部门移交4起，向公安机关移送食品非法添加等涉刑案件4件。推进"雪亮工程"智慧监管。推进全区食品安全智慧监管建设，对接大中型生产企业、大型超市、农贸市场、学校(含托幼机构)、高风险食品生产经营单位、场所视频资源接入区"雪亮工程"平台，接入121家学校、3家生产企业、1家农贸市场、3家大型超市。开展冷链食品疫情防控工作，按照市、区防控要求，抓冷链食品闭环管理，要求冷链食品经营单位及时登记报备、索证索票，"一单三证"(海关报关单、检疫合格证明、核酸检测合格证明、消杀证明)齐全，并上报"湘冷链"系统，建立进销货台账。在好润佳超市、朝阳路农贸市场等开展现场实操培训，加快"湘冷链"追溯平台的推广和运用，截至2021年年末，"湘冷链"注册企业119家。配合区疾控中心定期为辖区63家农贸批发市场、超市、冻库和6家食品加工企业自建(备)冷库的冷鲜产品进行核酸检测。全年开展统一检测8次，检测结果均为阴性。

2021年，冷链食品核酸检测现场　　(提供：陈雨薇)

药品安全。办理药品零售企业变更、换证、新开办现场核查35家，办理三类医疗器械零售企业变更、换证、新开现场核查15家，办理二类医疗器械备案62家。实行药品安全日常监管，监管覆盖率100%，全年出动执法人员3000余人次，检查药品经营、使用单位1200余家次，下达整改文书151份，立案查处15起，整改风险隐患263条。开展药品、化妆品不良反应及医疗器械不良事件的监测工作，监测890份(药品630份、化妆品50份、医疗器械210份)。

质量技术监督管理。改善农资市场经营秩序，开展2021年农资产品质量专项整治行动。检查农资经营户12家，配合市级监督抽查28批次，立案查处不合格产品1批次。排查危险化学品产品质量安全隐患，监督抽查54家100批次成品油，其中4批次不合格，核查处置。配合鼎城区应急管理等部门关停8家未取得成品油经营许可证的加油站，取缔1家加油站，立案查处其中3家4批次不合格成品油。抓质量发展工作，组织4家企业申报市长质量奖，邀请省、市专家指导企业争创"优秀质量班组""优秀QC小组"；协调落实质量强区和实施标准化战略工作。开展农资打假专项执法行动，查处2起肥料标识不符合标准案。开展建材市场专项整治行动，重点针对砂厂、砖厂进行监督抽样40余批次,其中有3批次建筑型材样品不合格,10批次建设用砂不合格,4批次普通烧结砖不合格,当前17起不合格案件正在办理之中。开展"CCC"认证产品执法检查,查处3家电动车销售商无3C认证案件。开展纤维制品质量执法检查,查处1家制衣厂生产、销售的学生服夏装经检验不合格案件。开展燃油加油机计量专项执法,进行燃油加油机主板监督抽检,抽样10批次,不合格3批次,立案3起。开展日用化妆品的执法检查,查处1起冒用他人厂名、厂址生产、销售的洗衣粉案件,查获侵犯商标专用权的商品29种,货值金额40余万元,该案移送公安局。开展特种设备安全监管执法,落实监管责任,开展特种设备日常监督检查。上报重大安全隐患13处,重大安全隐患整改销号12处,立案调查14起,封停设备60台。开展液化石油气瓶专项整治,针对全区15家气体充装单位进行4轮全覆盖检查。落实气瓶扫码充装工作,全区气体充装单位追溯系统建设覆盖率100%,提升气瓶安全监管信息化水平。

价格监督执法。检查常德伟华物业管理有限公司等6家公司进行转供电价格执行情况,其中4家公司将转供电价格整改到位,多收部分退还经营户。对于2家公司未按规定将优惠金额全部传导至终端用户行为进行立案调查,未落实优惠金额全额收缴并处罚款。

知识产权工作。推动知识产权工作。召开全区知识产权工作推进会,形成工作合力。培育"亲零嘴""河洲甲鱼"2个品牌争创中国驰名商标。湖南亲零嘴食品有限公司申请中国驰名商标保护于2021年11月11日启动,年末完成前期申报工作。组织近60家企业召开服务企业知识产权座谈会,增强企业关于知识产权工作的重视度,近100家企业成立知识产权管理机构或研发团队并安排专人负责知识产权工作。申请发明专利的企业突破100家,年末拟完成450件发明专利申请量任务。指导企业制定高质量发明专利申请计划,防止非正常发明专利申请情况出现,推动发明专利申请从数量向高质量方向转变。"常德牌水表"2020年申请发明专利69件,2021年制定30件申请计划,转为高质量挖掘。 (陈雨薇)

【鼎城区获湖南省食品安全示范县(区)称号】 鼎城区经过2019年、2020年、2021年3年开展湖南省食品安全示范县(区)的创建,完成创建基础工作任务,于2021年6月获"省级食品安全示范区"称号。鼎城区连续20年未发生较大以上食品安全责任事故。 (陈雨薇)

2021年6月,鼎城区参加湖南省食品安全示范县(区)授牌仪式 (提供:陈雨薇)

应急管理

【概况】 2021年,鼎城区应急管理局树立"人民至上、生命至上、安全发展"理念,建设应急管理体系,监管安全生产、开展防灾减灾救灾工作。

制度建设。落实"党政同责、一岗双责、齐抓共管、失职追责"责任体系,区委区政府结合全区重点行业领域的安全生产现状,明确牵头单位的安全生产责任,杜绝监管"真空"。区安委办联合区委办,以"四不两直"方式督查乡镇及相关区直单位落实安全生产工作,实行一日一调度一总结。区直部门、乡镇(街道、场)主要负责人签订安全生产责任承诺,防范事故发生。监管部门执行"三个一律"(凡是存在重大隐患的生产经营单位一律依法责令停产停业整顿,凡是存在重大隐患拒不整改的生产经营单位一律依法提请区政府依法予以关闭查封，凡是在关停整改期间违法组织生产的企业负责人一律依法从严追究责），违法必究，倒逼企业落实安全生产主体责任。实行安全责任挂牌公示制度，全区所有企业在大门口或在醒目位置张挂告示牌，明确区级领导、部门监管单位、属地政府、村(居)及企业证照和相关资质，每个企业的监管责任落实到具体领导、具体部门、具体人员，向社会公示，接受群众监督。

隐患排查。整治工贸、非煤矿山行业隐患。全区纳入年度计划执法重点工贸企业20家(工贸企业停产1家、非煤矿山企业停产1家)，年末，20家重点工贸企业均实现执法检查全覆盖，开展执法检查56次，立案查处10起，责令企业停产停业整改1起。开展“粉尘防爆和有限空间作业专项整治行动”，至年末，检查涉粉尘防爆、有限空间作业企业7家，立案查处5起，责令停产停业整改1起。排查危险化学品、烟花爆竹领域隐患。整改销号危化企业上级交办隐患9起，出动执法人员106人次，检查危化领域企业133家次，危化年度计划执法单位覆盖17家，下达执法文书50份，立案10起，罚款10万余元，取缔非法经营甲醇火锅燃料窝点4个，行政拘留4人。安委会成员单位联合行动，取缔非法违法储存经营成品油窝点2处，行政拘留1人。联合开展油气长输管线专项检查2次，参与山峡燃气组织的应急处置演练。开展烟花爆竹专项整治行动4次，出动执法人员63人次，检查烟花批发公司、零售店160家次，检查年度计划执法单位3家，下达执法文书15份，立案3起，罚款4万余元，联合乡镇取缔非法经营点13个，行政拘留5人。组织集中销毁烟花爆竹1次，销毁货物600余件，注销烟花批发公司1家。安全生产专项整治三年行动。部署“大排查、大管控、大整治”百日行动、“三大一严”“三大两严”专项整治行动。建立“日跟踪”“周调度”机制，开展地毯式、全覆盖的安全隐患自查自纠，通过现场检查、群众举报、部门移交、上级交办，以安委办名义交办隐患147处，整治112处。开展安全生产专项整治三年行动，抓3个专题，8个专项整治行动，大西门渡口、铁路沿线、城区烟花爆竹零售店等15处重大安全隐患实现整改销号。

监管执法。开展“强执法防事故”行动。规范安全监管执法，防范和遏制事故发生。改全员执法为综合执法，落实行政执法公示制度、执法全过程记录制度、重大执法决定法制审核制度、执法决定说明理由制度。乡镇(街道、场)实行每月一排名，警示约谈倒数3名乡镇(街道、场)的主要负责人，1—11月，鼎城区开展现场检查记录3156次，一般程序立案36起，简易程序处罚456次，罚款68.086万元。开展“打非治违”专项行动。至年末，开展检查97次，检查零售店211家，查处非法储存5起，取缔关闭5家，责令无证经营停产停业整顿68家，取缔关闭55家，交办乡镇13起，行政拘留3人，不定时巡查全区8个重点单位。

重点整治。汲取事故教训，开展“三大两严”行动(安全生产法规大宣传、安全生产隐患大排查、安全生产问题大整治、对非法违法生产进行最严厉执法打击、对失职失责失察行为予以最严厉追责问责)，相关责任单位一律取消休息日，每天报送安全生产工作情况，区委督查室、区政府督查室、区安委办联合组成2个督查组进行督导检查。在行动期间全区各单位会议部署298次，领导带队检查2354人次，检查企业5574家，排查整改隐患2600余处，打击非法违法行为143起；停产停业整顿企业数69家；取缔关闭企业数39家；行政拘留11人次。印发《鼎城区依法治安、铁腕治安、长效治安十条措施》，遏制事故发生。聚焦道路交通、“多合一”等人员密集场所消防安全、非煤矿山、危险化学品、烟花爆竹、建筑施工、特种设备、文化旅游、市场商贸、学校安全、农业农村、马路市场、森林防灭火、工业企业等重点领域，抓重点区域、重点部位、重点环节，杜绝各类事故的发生。开展专项部署、专项排查、专项督查，实行重点部位精准布控，实现重点部位零事故。

安全宣教。开展安全生产“五进”宣传活动，提升全民安全意识和自我防范能力。6月16日,区安委办组织34个安委成员单位开展安全生产咨询日活动,以“落实安全责任,推动安全发展”为主题发放各类宣传资料6万份,举行安全生产有奖知识竞赛,参与市民3万余人;在安全生产月期间,各单位依据安全生产特点组织各类应急救援演练20余场。落实全员安全生产教育培训,区安委办聘请专业讲师分类分批为区直单位、乡镇(街道、场)分管领导和危险化学品、烟花爆竹、非煤矿山、工贸企业主要负责人进行专门培训教育,实行进门考、出门考,不合格的再培训再考核,仍不合格的,提请常德市应急管理局行政许可部门建议暂扣安全生产合格证。开展创建安全生产发展示范乡镇活动,全区年末有省级安全生产发展示范乡镇6家、市级安全生产发展示范乡镇10家。推进乡镇(街道、场)应急能力建设,拟落实9个乡镇建设达标任务并给予5万元的财政保障。开展企业安全生产标准化建设,开展危险化学品和尾矿库安全风险监测预警,消防部门牵头开展将“智慧消防”纳入“智慧城市”建设工作。危险化学品、烟花爆竹、非煤矿山企业均达标,工贸企业创建达标。

防灾减灾。编制下发《鼎城区救灾资金管理办法》《鼎城区救灾物资管理办法》《救灾应急、自然灾害灾情信息管理和救灾捐赠工作规程》等文件。转发预警预报信息,根据预警信息的级别落实防灾、减灾、救灾的日常备勤和处置准备,根据灾情展开自然灾害综合风险评估与减灾能力调查评估,至年末计转发国家、省、市、区气象预警预报信息471条。灾害发生后准确收集灾情并赶赴灾区指导堪灾、核灾、救灾,会同减灾委成员单位核实受灾人口、灾损数据。合理分配中央、省、市、区调拨的救灾款物并按要求和时间节点打卡发放至受灾群众手中,检查、抽查、督查资金的使用情况。筹划灾害信息员队伍建设,破解灾情管理方面存在的重点难点问题,开展培训2场,参训98人次,联合通信部门落实灾害信息员通信优惠套餐等相关政策。

(谭全亍)

【第一次全国自然灾害综合风险普查】 2021年,鼎城区全编制《鼎城区第一次自然灾害综合风险普查实施方案》《鼎城区第一次省自然灾害综合风险普查宣传方案》,指导全区各成员单位风险普查工作方向。通过线下“一对一”方式专项培训各参与部门工作人员、23个乡镇普查员计131人次,收集风险普查数据1514条,编制历史自然灾害资料13册。(谭全亍)

【隐患整改“百日大会战”】 2021年10月29日,鼎城区委副书记、区人民政府区长陈远主持召开政府常务会议,研究部署安全生产百日大会战工作。鼎城区应急管理局制定下发《鼎城区落实企业安全生产主体责任集中培训工作方案》,分批次培训相关人员。邀请常德市安全培训中心专家、常德市消防救援支队领导授课,培训危险化学品、烟花爆竹、工贸企业生产经营单位主要负责人和安全员472人次。在安全生产执法中,关停建材厂1家、环保砖厂1家;挂牌督办存在隐患的建材厂1家;查处非法储油点1处;拆除非法经营加油站1处;联合草坪镇、中河口镇、韩公渡镇、花岩溪镇、石板滩镇、镇德桥镇等12个乡镇取缔非法违规储存、经营烟花爆竹行为55处。(谭全亍)

环境保护

【概况】 2021年,常德市生态环境局鼎城分局抓污染防治攻坚工作,推动减污降碳,紧盯污染防治重点领域和关键环节,改善生态环境质量,制止和惩处破坏生态环境行为,整改中央和省生态环保督察交办问题。

环境质量。全年,江南城区环境空气质量优良天数287天、优良率85.4%。PM2.5、PM10平均浓度分别为41微克/立方米、54微克/立方米,环境空气质量综合指数3.75,年度目标任务达成(约束性指标为PM2.5年度均值43微克/立方米以下、优良率83%以上、重度及以上污染天气4天以下)。全区1个国控断面(陈家河断面)、4个省控断面(沅北水厂、新兴咀、高水、冲天湖)、4个市控断面(马家吉新河闸上游1000米、枉水鼎城区入经开区、新渐河鼎城区入武陵区、老渐河鼎城区入花山河)均达到年度考核目标;城区集中式饮用水水源地水质优良比例100%。全区受污染耕地安全利用和污染地块安全利用任务均落实。

大气污染治理。完善国控站点点位长责任制,防止人为干扰数据。综合整治挥发性有机物"一企一策",开展云港生物、景云塑业、双豹粮机、金标粮油、林宇科技5家公司挥发性有机物治理整改工作,落实重点时段重点挥发性有机物企业错峰生产;要求辖区内砖瓦企业安装在线监测设施并督促开展环保验收;落实每月100台柴油货车尾气检测工作,配合交警部门和交通部门进行路查路检、入户检测及执法处罚;精准管控扬尘污染,江南城区内执行施工过程"六个100%"要求,出台《"五佳五差"建设工地评选细则》并按月评比;开展常态化联合监管执法,打击超标排放等违法行为,推进非道路移动机械上牌工作;管控道路扬尘,督促落实"三车作业";抓乡镇人民政府和街道办事处秸秆禁烧工作,出台《"五佳五差"秸秆垃圾禁烧乡街评选细则》,并每月配合区蓝天办组织评选;启动空气质量网格化自动监测监控系统建设,管控国控站点周边重点区域和江南城区主干道污染源;落实市蓝天办应急响应指令,实施精准精细管控,重点治理管控江南城区扬尘、粉尘、烟尘及VOCs(挥发性有机化合物)等污染。

水污染防治。整改销号饮用水水源保护区环境问题11处;划定许家桥回族维吾尔族乡永寺山为饮用水水源保护区,年末鼎城区划定集中式饮用水水源保护区81处。落实国控省控断面应急减排方案编制备案工作,通过专家评审;冲天湖、枉水三期水环境综合整治项目通过验收并销号;配合市排查全区81处饮用水源保护区,落实年度整治任务。常德市生态环境局鼎城分局被湖南省生态环境厅授予2021年乡镇级千人以上饮用水水源地生态环境整治先进单位。

土壤污染防治。落实石公桥镇堰五联镉污染农田治理与修复示范项目整体验收,鼎城区原湘北电镀厂污染地块治理修复项目完工,鼎城区(拦马口村、金霞山村)镉污染农用地治理修复试点项目年度任务完工。开展全区5家涉镉污染源企业排查,建立排查清单。为辖区内农村环境质量监测点位进行核查及布点采样。监管土壤环境重点监管企业,指导企业开展年度自行监测、污染隐患排查及问题整改。开展"绿盾"行动,整改花岩溪自然保护区违规建设的搅拌站,现场拆除并复绿。

环评审批。行政审批服务工作持续推进"放管服改革",优化营商环境服务市民。全年受理权限内建设项目环评审批33件,配合受理辖区市级权限建设项目环评审批10件,否决23个不符合环境准入条件、存在环境制约因素、选址不合理的建设项目;落实排污许可证申领、变更事项初核23件次,配合省、市开展"排污许可证质量核查三年行动计划"2021年度排污许可证质量核查工作,督促排污单位按证排污、守法排污。

监管执法。全年受理信访舆情571件,办理办结567件,4件正在办理中;查处有关大气污染案件数28个,全年立案处罚36起,处罚金额近108万元,案件数比上年增长63%。

环境宣传。全年,在"新湖南"及"鼎级传媒"上稿79件。6月4日,开展以"红色引领,绿色崛起——人与自然和谐共生"主题环境宣传活动,通过图文、视频、横幅、知识展板、宣传手册等方式向市民普及生态文明重要思想和环保法律法规。组织召开鼎城区非工业危险废物专项集中整治工作推进会、危险废物产生单位规范化管理的培训及新《中华人民共和国固体废物污染环境防治法》宣讲和宣传。开展鼎城区生态文明示范创建工作,花岩溪镇茄子冲村获常德市第二批市级生态镇(村)命名。在湖南省生态环境厅组织的全省美丽河湖优秀案例征集和推广宣传活动中,沅江鼎城段获评"2020年度美丽河湖优秀案例"。

争资争项。蔡家岗镇农村生活污水整治项目

于8月下达中央农村环境整治资金600万元，谢家铺镇农村生活污水治理项目上报至湖南省生态环境厅，申请中央农村环境整治资金1600万元。鼎城区南干渠水系水环境综合整治项目、常德市冲柳高水水环境治理项目进入市级山水林田湖草沙项目库，老渐河水环境综合整治项目计划争取资金3000万元。

污染防治攻坚战及突出生态环境问题整改。全年鼎城区污染防治攻坚战暨“夏季攻势”任务57项，均落实销号，进度排名全市第一，获市级真抓实干激励奖励。第二轮中央环保督察交办信访件30件，均办结；第二轮中央环保督察反馈问题27件，落实年度销号任务8件。全年中央、省、市交办鼎城区生态环境问题及工作任务165件，9月，常德市人大常委会交办生态环境保护整改任务13件，均落实年度销号任务。

“大环保”格局。鼎城区将中共中央总书记、国家主席习近平关于生态文明建设的指示精神纳入中心组学习，邀请生态环境部政策法规司、生态司原司长彭近新在区委理论学习中心组第五次集中学习中授课。将习近平生态文明思想纳入区委党校培训内容，常德市生态环境局鼎城分局党组书记、局长史道广应邀为鼎城区2021年青干班、2021年科干班学员集中授课，讲授习近平生态文明思想。进行生态环境保护职责分工，区委、区人民政府下发《常德市鼎城区生态环境保护责任规定》《区直及驻区有关单位生态环境保护责任清单》，完善生态环境保护委员会机构建设，建立“四办合一”的组织机构。（胡　蕾　李若瑄）

2021年11月15日，鼎城区生态环境局领导为区2021年青干班、科干班学员集中授课　（提供：胡蕾）

【石板滩关闭石煤矿区生态修复】 2021年，鼎城区继续巩固石板滩石煤矿区生态修复成果。区委、区人民政府成立修复治理工作指挥部，主要领导领衔挂帅，实行“日调度、周会商、月考评、季结账”，总投资3.3亿元，消除污染隐患，恢复生态环境。至年末，省级相关单位验收认定销号。

（胡　蕾　李若瑄）

审　计

【概况】 2021年，常德市鼎城区审计局落实上级审计机关工作部署，围绕中心工作提升审计监督效能。局机关党支部获评市级“先进基层党组织”，行审股获评区级“五四青年奖章(集体)”。

审计监督。法治建设。健全法治建设领导小组，履行推进法治建设第一责任人责任，落实“八五”普法规划部署及“谁执法谁普法”“谁服务谁普法”责任制，制定工作方案，规范审计业务。审计监督。依法开展审计工作，全年落实审计项目30个，审计查出问题金额16.51亿元（其中违规金额0.28亿元、管理不规范金额16.23亿元）；提交审计信息66篇；提交审计建议79条，采纳率100%；审计移送处理事项4件；报送的2个审计项目分别获市级优秀审计项目一等奖、三等奖，其中1个审计项目获全省优秀审计项目三等奖。财政预算执行审计。重点关注存量资金、政府性债务情况等，客观分析评价政府财务及运行情况，落实重大政策措施，提升财政管理和服务水平。运用大数据审计平台，实施审计6个区级预算单位。经济责任审计。聚焦领导干部权力运行和责任落实，如实反映问题，准确界定责任，客观做出评价，激励干部履职担当作为，实施经济责任审计项目11个。政府投资审计。跟踪审计投资额2000万元以上的区重点工程，保证财政资金使用绩效。工程造价结算审计项目97个，审减金额2.47亿元，审减率14.45%。民生审计。结合审计职能，开展水环境保护政策资金、乡村振兴资金、领导干部自然资源资产离任

（任中）审计。审计全区水环境保护及水污染防治等资金；开展基本农田保护等乡村振兴项目资金审计调查。

2021年9月28日，鼎城区人大常委会到区审计局走访调研 （摄影：张友明）

成果运用。总结推进审计整改的方法、措施，积累经验，完善推广。建立完善审计整改工作机制，推动审计查出问题整改工作的制度化、长效化。抓未整改到位问题的后续整改工作，开展跟踪检查，实行绩效考核，限期整改问题。

队伍建设。完善干部管理制度，开展业务技能培训，有7名青年干部考取审计、会计等专业技术资格，参考率通过率均为全市第一。抽调2名干部参加区委巡察工作，选派1名业务骨干参加市审计局组织的政府建设项目招投标专项治理工作。

乡村振兴。开展结对帮扶，选派1名骨干到中河口镇东北湾村担任乡村振兴工作队队长，为中河口东北湾村投入乡村振兴资金7万余元，组织区农教办、华融湘江银行等后盾单位合力帮扶，并筹措资金、争取项目，帮助该村发展葡萄、草莓、优质稻种植、小龙虾养殖等产业，硬化亮化村道3千米，疏通沟渠1.5千米，新建闸口1个。（张友明）

统　　计

【概况】 2021年，鼎城统计局迎接全国统计督察，开展统计分析研判等工作，为鼎城区经济社会发展提供统计保障。

综合统计。拟实现地区生产总值419.4亿元，增速8.5%，2年平均增速6.6%。规模以上工业增加值71.3亿元，预计增速8.5%，2年平均增速7.8%；社会消费品零售总额208.1亿元，比上年同期增长15.5%，2年平均增速6.5%；固定资产投资比上年同期增长13.4%，全市排名第四，2年平均增速15.6%；全区规模以上服务业增速6.1%，2年平均增速5.5%；实现地方财政一般预算收入17.8亿元，比上年同期增长8.3%，2年平均增速5.8%；园区规模工业增加值63亿元，预计增速10%，2年平均增速11.1%。

业务培训。开展业务培训，每月召开各项指标分析会议，提升人员统计分析研判能力，分析研判各项指标。4月20—27日，鼎城区统计局联合区发改、工信、商务、常德高新区分专业组织业务学习8场次，参训人员500余人次，系统学习统计法律法规等内容。

统计执法。全年，区本级执法单位10家，推进“双随机”抽查、内部稽查、重点检查和专项检查“四位一体”的统计执法监督机制。利用统计执法“双随机”抽查的方式，重点进行“四上”企业和各专业单位抽查，全年区级直接执法检查单位数量10家；围绕落实统计督察工作规定，针对性地开展统计执法监督，杜绝出现重大统计违法案件；落实上级转办、领导批示、受理举报和业务科室移送等统计违法案件的执法检查和案件处理工作；根据《常德市统计局统计数据质量评估管理办法》及各专业统计数据评估办法相关要求开展各专业的内部稽查。7月，联系发改、工信、商贸、高新园区等单位展开“千人进企业 服务提质效”专项行动。

（伍海龙）

【鼎城区召开统计法律法规暨业务知识培训会】 2021年4月27日，为进一步强化全区工业企业统计工作规范化建设，提高工业企业统计人员法律知识和业务能力，夯实统计基础工作，鼎城区召开统计法律法规暨业务知识培训会，区工信局、区统计局相关部门负责人及41家乡镇规模工业企业统计员参加。会上,区工信局党组成员、总经济师任红霞作动员讲话。区统计局法规、工业、投资等专业人员分别围绕相关文件、统计法律法规、统计指标解释、报表注意事项和台账的建立等方面进行传达学习和知识讲解。（伍海龙）

2021 年 4 月 27 日,鼎城区统计法律法规暨业务知识培训会会场（提供:伍海龙）

【国家统计局湖南调查总队到鼎城区调研指导早稻生产工作】 2021 年 5 月 13 日，国家统计局湖南调查总队副总队长欧阳美嫔到鼎城区调研指导早稻生产工作，针对粮食面积落实及大田作物长势、抛荒耕地复耕复种等情况进行了解。调研组一行到韩公渡镇早稻区级示范片、镇德桥镇早稻万亩示范片、抛荒复耕复种和育秧大棚等建设现场，了解早稻生产等有关情况。位于韩公渡镇的早稻区级示范片和镇德桥镇的早稻万亩示范片，面积分别为 333.33 公顷（5000 亩）、666.67 公顷（1 万亩),两地示范片“统一优良品种、统一种植模式、统一播栽时期、统一田间管理、统一指导服务”,实行全过程标准化生产,示范片区域机耕、机防、机收、机烘等机械作业率 100%,机插作业率 85%。鼎城区是全国的产粮大县,2021 年,鼎城区落实维护粮食安全责任,以稳粮保供、增质增效为主线,把住粮食安全主动权。至 5 月,全区落实早稻抛栽面积 41333.33 公顷,大田长势均衡;落实中(一季)稻面积 1.5 万公顷,落实晚稻面积 42533.33 公顷。截至 5 月 7 日,全区复耕面积 130.93 公顷、复种面积 92.51 公顷。鼎城区委副书记、区人民政府区长陈远,鼎城区人民政府副区长杨成陪同调研。

（伍海龙）

财政·税务

Pubilc Finance & Taxation

2021年，鼎城区税务局工作人员为市民宣传缴费政策　（提供：区税务局）

财政
国有资产经营管理
住房公积金管理
税务

财　　政

【概况】 2021年，鼎城区财政局落实过“紧日子”措施，组织财政收入，抓财政监管，防控债务风险，财政运行和预算执行平稳。

一般公共预算收支。全区一般公共预算收入277445万元，比上年同期增加715万元，增长0.26%。其中：地方一般公共预算收入177789万元，增加13571万元，增长8.26%；上划收入99656万元，减少12856万元，下降11.43%。地方一般公共预算收入中，税收收入124671万元，增加7895万元，增长6.76%；非税收入53118万元，增加5676万元，增长11.96%，占地方一般公共预算收入的29.88%。全区一般公共预算支出567084万元，减少84056万元，下降12.91%（主要原因是市县权责发生制改列收付实现制因素导致）。剔除上级指定专门用途的专项和上年结转支出226878万元，地方可用财力安排的支出340206万元，为调整预算的91.30%（主要原因是市县权责发生制改列收付实现制因素导致）。

收支平衡情况。地方一般公共预算收入177789万元，加上级补助收入367110万元，加地方政府一般债券转贷收入62299万元，加上年结转收入28067万元，加调入预算稳定调节基金43026万元，加调入资金（从政府性基金预算和国有资本经营预算调入）64726万元，一般公共预算收入总计743017万元。一般公共预算支出567084万元，加地方政府一般债券及其他一般债务还本支出46099万元，加上解支出11829万元，加安排预算稳定调节基金18286万元，一般公共预算支出计643298万元。收支相抵，年终滚存结转下年支出99719万元。

政府性基金预算收支。全年，政府性基金预算收入156236万元，加上级补助收入4137万元，加地方政府专项债券转贷收入86800万元，加上年结转收入2373万元，政府性基金预算收入计249546万元。政府性基金预算支出173624万元，加上解支出162万元，加调出资金（调出到一般公共预算）63423万元，政府性基金预算支出计237209万元。收支相抵，年终滚存结转下年支出12337万元。

国有资本经营预算收支。国有资本经营预算收入1303万元，加上级补助收入37万元，加上年结转收入9万元，国有资本经营预算收入计1349万元。国有资本经营预算支出9万元，加调出资金（调出到一般公共预算）1303万元，国有资本经营预算支出计1312万元。收支相抵，年终滚存结转下年支出37万元。

社会保险基金预算收支。社会保险基金收入87041万元，其中保险费收入36484万元、财政补贴收入48305万元；社会保险基金支出75059万元，其中社会保险待遇支出73631万元、转移支出646万元、其他支出630万元。收支相抵，当年结余11982万元，加上年结余67740万元，年终滚存结余79722万元。（许艺耀）

【农业资金管理】 鼎城区财政年初预算安排农林水事务支出4.08亿元，区级财政支农资金重点用于农田水利基础设施建设、现代农业生产发展、美丽乡村建设和油茶产业发展。安排农村环境整治资金1012.8万元推行城乡垃圾一体化处理模式（分类减量、统一清运、办点示范、长效保洁）；安排区级资金369.22万元实施整村推进农村改厕2万余个；安排资金200万元用于长江流域十年禁捕工程，重点落实牛鼻滩、蒿子港等9个乡镇责任，鼎城区境内沅水、澧水各60千米为禁止捕捞水域，实行十年禁捕；禁食野生动物后续工作，为配合开展禁食野生动物退出的养殖户给予奖励；整合资金300余万元创建省级森林城市，抓秀美村庄、绝色庭院、森林乡村建设，打造“多彩鼎城”，开展采砂治理整治和乌儿洲湿地公园生态修复，遏制破坏森林资源、生态环境的违法违规行为。争取国家级现代农业产业园项目4000万元、高标准农田建设项目12131万元、生猪调出大县项目资金412万元、耕地轮作试点项目资金1084万元、早稻集中育秧补助项目资金300万元、中央财政油茶低产林改造项目资金500万元、省级农业综改资金田园综合体项目1000万元、省级美丽乡村建设项目资金600万元。（周辉华）

【教科文资金管理】 教育工作。拨付高中、义务教育学校、学前公用经费近6000万元，拨付各项资助资金1000万元，按工程进度拨付学校建设资金6000余万元，拨付乡村教师人才津贴350余万元、班主任津贴近197万元，拨付校车安全管理经费458万元。现场调研农村学校有建设需求的食堂、塑胶运动场、教师周转房，按预算资金额度，统筹上级资金，规划确定全年建设项目，落实常德市人民政府下达的教育三年行动计划建设任务。实地调研江南中学、江南小学分校，确定提质改造项目，参与红云学校建设资金的筹措，筹措资金1.2亿元，学校主体工程完工。争取上级奖励资金3000万元，其中省级芙蓉学校建设资金500万元、市级奖补资金2500万元。文化体育旅游广电工作。安排拨付鼎城区四运会和常德市八运会经费240万元，保障运动会开展；拨付农村文化建设资金和文化引导资金300万元，改善农村文化阵地建设和设备添置。拨付惠民演出和农村电影放映补助资金110万元，丰富农村文化内容。其他工作。向上级科技和财政部门争取奖补资金和研发资金3200万元，为企业科技创新提供资金保障。调研区档案馆搬迁工作，参与建设资金协调工作，拨付资金500万元。（蒋宏斌）

2021年11月9日，鼎城区2022年部门预算编制工作布置会会场（提供：蒋宏斌）

【经济建设资金管理】 2021年，上级专项指标下达38082万元，其中保障性安居工程配套基础设施建设、高标准农田建设、社会服务兜底线工程建设等中央预算内基建资金22900万元，交通运输领域资金4700万元，城建资金2900万元，地质灾害防治、土地综合整治、农村环境保护等资环类资金约4700万元；至12月末拨付20920万元，整合资金3962万元，预算执行进度65%。保障交通领域为民办实事项目实施，全年新增农村安防工程19千米，需配套资金300万元，新增5座危桥改造，需配套376万元，新增旅游资源产业路提质改造13.929千米，需配套1200万元，新增乡镇通三级公路提质改造3.541千米，需配套300万元，安排区级专项资金1300万元，不足部分均纳入2022年预算；保障春运工作，拨付资金1000万元，向上级争取剩余补助资金500万元，不足部分均纳入2022年预算，常德南收费站改扩建工程完工。安排城建城维资金5000万元，用于市政基础设施建设、园林绿化、路灯电费、市容市貌管理等。（高　进）

【预算绩效管理工作】 2021年，鼎城区作为全省预算绩效管理工作示范区，列入重点区县建设三年计划。完善绩效管理制度，联合审计部门协同落实预算绩效管理，保证财政资金安全，制定年度工作计划，确定评价项目，减少重复检查；新增审计专家成员2名，参与重点绩效评价报告点评；9月，区审计局联合印发《关于建立全面预算绩效管理工作协同联动机制的意见》，制定、修订财政资金绩效指标，协助审计部门收回资金、扣减预算、暂停拨款、中止项目。拓展绩效目标管理覆盖面，各预算单位申报绩效目标401个，其中申报部门整体绩效目标112个，申报区级财政专项资金绩效目标288个，增加社保基金绩效目标申报，目标管理覆盖三本预算。申报区级专项资金118699万元，占区级项目支出预算的100%，比上年缩减23.8%。审核绩效目标，将绩效目标审核任务分解到5家会计师事务所，绩效目标审核覆盖率100%。监控绩效运行，实施区级专项支出项目运行监控2次，6月，实施全区279个项目全面运行监控，11月，重点监控区级预算100万元以上的专项123个，监控总金额118699万元，绩效监控覆盖率100%。4月，组织召开同级审及财政绩效评价集中进点会，安排评价任务16个（4个乡镇、2个区直单位的整体评价及10个专项评价）；采取现场及书面点评相结合方式，开展内部专家点评4次，通过采取专家评审、第三方工作质量不达标扣减工作经费及末位淘汰等措施，提升绩效评价质量；开展2018—2020年政府专项债券绩效评价，评价8个项目，资金额度10.15亿元，通过评价了解政府专项债券资金“借、用、管、还”全生命周期管理情况。应用绩效评价结果，在预算编制大力压减一般项目支出基础上，2022年预算编制应用建议6条，调减及取消资金预算470.24万元。（罗红英）

【财政信息化管理工作】 2021年，全区信息化工程评审，预算评审工程23个，评审金额6838.44万元，审减金额1910.47万元，审减比例27.94%。推进综合治税工作，采集41个单位数据，采集数据650余万条，查补税款2154.46万元。开展预算一体化工作，至年末，纳入预算一体化系统上线单位139家。保证全区网络通畅，主干网络全年无故障，信息办每天24小时保障网络畅通，保障局部网络故障在24小时内得以解决，保障全区各单位财政工作，为全区财政工作提供办公平台。

（曾凡杰）

【企业资金管理】 宣传各项财政政策，为123家企业申报专项资金额度约1.45亿元。落实菜籽油大县、棉花大县、招商引资、农贸市场建设、应急专项、冬春生活救助等资金申报工作，申报专项资金额度约0.93亿元。开展产粮产油绩效评价工作，保证鼎城奖励资金资格，全年收到转移支付资金4619万元。抓区级储备粮和外贷管理，不定期检查监督常德储备库，保证区级储备粮数量、质量，开展区级储备粮轮换工作；收取外贷项目（法开署）本息。

（李　军）

国有资产经营管理

【概况】 2021年，鼎城区国资中心落实国有企业改革三年行动计划，推进国有和集体资产清理整治工作，制定全区平台公司整合转型方案，推进平台公司市场化转型。整改巡察交办问题，交办问题2547个，整改问题2375个，占比93.2%。落实经营性资产统一监管工作，全年接管、发租到期资产217宗，租金收入421万元，同比增长26.8%。2021年，鼎城区国资中心获评全市国有资产监督管理先进单位和国有资产统计工作先进单位。

国企监管。成立党委，落实党员的关系转接，完善智慧党建系统党员信息的录入，规范党费收取，制定并下发《国资中心基层党组织支部“五化”建设细则》，督促各支部建立“一账一档一系统”，落实“三会一课”制度。到企业开展党建检查和调研5次，开展业务培训3次，指导系统内1个党委、1个总支和17个支部按照要求及时进行换届，并开展支部书记专题述职述廉活动。国有企业改革。结合鼎城区实际，制定国企改革三年行动计划任务清单32项，2021年落实27项，完成进度85%。牵头拟定自来水公司改制方案，经区人民政府常务会和区委常委会讨论通过，推进并于12月完成鼎城区自来水有限责任公司的改革。平台市场化转型。5月13日，区委召开常委会会议专题听取平台整合工作的情况汇报，区国资中心聘请专业机构编制平台公司市场化转型工作方案4套，牵头组织座谈会12场，制定区属平台市场化转型工作方案。规范区属国有企业监管。2021年，服务全区疫情防控工作大局，开展防控志愿服务，累计参与服务300余人次，服务时长240余小时；筑牢安全生产防线，推进安全生产“三大两严”专项行动，全年区属监管企业未发生一起安全生产事故，兴隆公司连续2年获评全市"平安企业"。以管资本为主推进职能转变，制定出资人监管清单12项;实行企业投资项目备案审批把关,参与并组织开展企业投资项目论证7次，下达江南城区地下管网、阳明湖片区加油加气站等5个项目备案批复。防范债务风险，完成鼎力公司AA+的评级工作，全年平台公司注资25.2亿元，开展容缺办证30余宗,价值3.7亿元。全区未发生1起债务风险事件。制定《区属国有企业争先创优工作方案》,在国有企业系统开展先进工作和人员评选,以国资系统组队参加中国共产党成立100周年红歌会。

国有和集体资产清理整治。清理整治背景。摸清全区国有和集体资产的底数，整治国有和集体资产管理的乱象。将全区行政事业单位经营性资产、国有企业资产、大宗闲置可转化经营的资产、矿产资源和特许经营权等纳入国资中心统一监管范畴。清理整治内容。清理整治工作分为自查自纠、集中整治、全面接管和整章建制阶段,围绕国有经营性资产、矿产资源、保障性住房、集体资产领域,清理整治产权不清、被侵占、出租出借和闲置问题。清理155个(含教育、卫健、水利系统下属单位)区属单位的5816宗国有和集体资产,发现问题2547个,其中经营性资产1315个、保障性住房615个、集体资产548个、矿产资源69个,清理出应报未报的国有资产183宗，呈现重点线索91条,移交巡察办10条。清理整治成效。2021年,以新版合同为范本,改签、废除重签国有和集体资产出租出借合同1200余份,出租年限较长合同整改后的截止年限全部都控制在2025年12月31日前;按现行标准重新确定租金、约定价格年度增长机制,扭转租期长、租金低的现象。针对280宗闲置的国有和集体资产制定看护使用方案，通过重新确权的方式明晰产权160宗，收回被侵占的资产21宗。全年国资中心接管、发租到期资产217宗，接管的资产租金收入421万元，同比增长26.8%;公开处置鼎盛公司粮店、部分乡镇闲置院落等资产,处置收益3.5亿元,其中国有企业购买鼎盛公司资产3.3亿元，向社会公开处置资产0.2亿元。建立长效管理机制。为巩固清理整治成果，2021年起,区委常委会会议决定全面推行国资管理"七个纳入"制度,即把党政主职履行国有资产管理情况纳入人大监督(人大咨询)、政协民主监督、常规巡察、离任审计、干部考察任用、检察监督(诉前检察建议书)和单位绩效考核范畴。 (杨 冬)

住房公积金管理

【概况】 2021年，常德市住房公积金管理中心鼎城管理部(简称鼎城公积金管理部)归集资金4.34亿元,完成年度归集任务的101.91%;新增缴存人数2951人,完成年度目标任务的245.92%;发放贷款2亿元，完成年度目标任务的100%；贷存比87.73%,贷款逾期率为零;提取住房公积金2.71亿元,占全年归集额的62.39%。

内部管理。修订完善《2021年度党风廉政建设工作计划》等制度。抓党建工作,年初,部署全年党建计划,党支部每月至少召开一次专题会议,落实党建各项工作,全年研究党风廉政建设4次。开展党史学习教育,落实干部教育培训网络及"学习强国"学习平台学习,党支部在职党员参与"学习强国"覆盖率100%,平均学分22383分,平均新增学分11315分,在市中心"强国达人"活动评比中连续2个季度进入前三名;抓理论学习,每月至少集中学习1次,每月组织政治、业务学习各1次。开展党风廉政教育工作,召开党风廉政建设工作计划会议,明确责任,细化任务,把党风廉政建设的责任落实到每一位党员身上;强化干部考勤纪律,加强作风监督,严肃工作纪律;开展干部职工廉政教育，组织观看廉政教育视频2次。每月坚持开展"两个同时"谈心谈话,全年开展谈心谈话12次。

归集扩面。开展政策宣传、归集调研。到缴存单位、民营企业、街道社区、楼盘项目开展公积金政策宣传,针对已有缴存单位分类、分批开展调查研究，针对未建缴企业进行催建催缴。抓归集龙头，建立民营企业走访台账，及时掌握企业情况，强化单位依法缴存意识，有针对性地开展催建催缴行动，整治和纠正单位不建、不缴或少缴住房公积金的违规行为。截至12月31日，鼎城区新增住房公积金开户单位38家，新增缴存职工2879人。其中新开户10人以上民营企业14家，新增缴存820余人。

房贷发放。全年发放公积金贷款568户。到楼盘走访调研，为楼盘负责人提出的公积金贷款等问题进行政策讲解，现场发放公积金政策宣传单，培训楼盘负责办理公积金贷款业务的工作人员。恢复办理住房公积金异地贷款业务，通过贷款新政的宣传，为疫情防控期间的房地产企业注入资金活力，发放异地贷款64户，发放资金2305万元。开展征信宣传3次，到红云街道停车场社区、福捷华中城、乐尊国际等重点社区和大型楼盘，采用集中座谈和各个对点的方式，向客户宣传二代征信报告快速解读的方法、权益维护途径及云闪付征信查询小程序，让客户现场体验通过APP注册即可申报查询的便捷服务。

资金提取。全年办理购建房、退休、租房等临柜提取业务3087笔。开展网上业务办理，退休提取、月对冲还贷、结清公积金贷款实行网上自助办理；强化业务审批人员和前台工作人员的安全意识和责任心，坚持"纸质资料、电子档案资料"双重审核标准，通过网上查询银行贷款信息、增值税发票真伪、婚姻登记等情况，建立提取业务回查机制，每月末定期开展自查自纠，建立骗提清册台账和失信人员黑名单。

调研宣传。撰写新闻稿件，全年在湖南省公积金研究会上稿4篇，在市级媒体《常德日报》上稿12篇，在常德市公积金中心内外网上稿18篇。撰写《关于赴娄底市住房公积金管理中心学习的调研报告》《鼎城管理部2021年贷款工作分析报告》《2021鼎城区乡镇非公企业住房公积金归集扩面调研》。 （朱华君 丁时秀）

【"为民办实事 公积金服务进楼盘"专场活动】 2021年7月17日，为推进"我为群众办实事"实践活动，让住房公积金服务走出窗口走进基层，常德市住房公积金管理中心鼎城管理部部长、副部长带领工作人员到鼎城区新开楼盘金侨·芳华府开展"为民办实事 公积金服务进楼盘"专场活动。活动现场，管理部在售楼部大厅摆放公积金业务办理指南宣传册、宣传盾牌，悬挂"公积金服务进楼盘"横幅标语，设立公积金贷款便民站，张贴站点联系人宣传牌，将联系人姓名、服务内容、联系电话予以公示，实行24小时服务；贷款业务工作人员现场办理贷款业务初审，并向客户宣传公积金贷款政策；召集楼盘销售人员开展业务培训，就公积金新政策、办理贷款所需材料、贷款额度测算、开发商网厅资料录入等内容向楼盘销售人员进行讲解，推广开发商网厅，为实现"让客户只跑一次，业务一次办理"打基础。 （朱华君 丁时秀）

2021年7月17日，鼎城公积金管理部到金侨·芳华府开展"为民办实事 公积金服务进楼盘"专场活动

（提供：丁时秀）

【"四季同行 雷锋家乡学雷锋·诚信季"征信宣传志愿服务活动】 2021年11月18日，鼎城公积金管理部在停车场社区开展"四季同行 雷锋家乡学雷锋·诚信季"宣传志愿服务活动，在社区大厅前悬挂"征信知识进社区 百姓身边话诚信"横幅，在社区大厅外屏滚动播放宣传标语，志愿者助力社区服务，为办事群众宣传金融知识，结合公积金

贷款政策，手把手教他们如何线上线下申办征信查询及如何快速读懂个人征信内容，在社区窗口留放征信宣传折页和服务热线。

（朱华君　丁时秀）

税　务

【概况】 国家税务总局常德市鼎城区税务局（简称鼎城区税务局）由原常德市鼎城区国家税务局、湖南省常德市鼎城区地方税务局合并组成，于2018年7月20日正式挂牌成立，内设13个股室、1个事业单位，下设3个税务分局、2个税务所。鼎城区税务局负责全区18个乡镇、4个区属农林场和常德市高新区的税费征管工作。2021年区税务局获评湖南省文明标兵单位、鼎城区平安建设优秀单位。区税务局团支部被评为常德市五四红旗团（总）支部。区税务局干部骆云被评为全省税务系统个人所得税改革先进个人，干部李德泉被评为全省税务系统社保费征收体制改革先进个人，干部曾凡英、王瑛被评为常德市2021年度“最美税务人”。

组织收入。守住“落实税收优惠政策、依法征税应收尽收、坚决不收过头税”三条红线，依法组织收入，推行“动态信用＋动态风控”管理机制，全年，全口径收入387210万元，其中税收收入225023万元，同比减少7025万元，下降3.03%；社保费收入148203万元，同比增加79982万元，增长117.24%；其他各费13984万元，同比增加4400万元，增长45.9%。区级税收126638万元，同比增加8073万元，增长6.81%。协调鼎城区43个相关职能部门，搭建鼎城区综合治税信息平台，获取558万条涉税信息，通过该平台实现入库税款5429万元。开展各类涉税风险的实时防控，落实全区100户企业的税收调查工作，针对22户重点税源企业，分月采集和比对分析，及时掌握重点企业税源变化情况。

减税降费。利用鼎级传媒、“村村响”广播、电子显示屏等开展宣传，发挥网格群、社区村组群、小区群的传播作用，宣传推广税收优惠政策、便民缴费方式等，开展“我为群众办实事”实践活动60余次，推动政策惠及面延伸到每家每户；按照规定实施减税降费优惠政策和税收优惠举措，1—11月落实新增减税降费17686万元。其中2021年新出台的政策减税降费12345万元，2021年展期实施优惠政策减税降费4817万元，2020年年中出台政策在2021年的翘尾新增减免社保费524万元。

2021年，鼎城区税务局税务人员到企业开展税惠政策专项辅导　（提供：许潇潇）

法治建设。推行行政执法“三项制度”，落实“谁执法谁普法”责任制，规范税务行政审批和重大案件审理；强化法治培训，抓学法用法工作，组织干职参加普法学法考法，合格率100%；扛牢主体责任，坚持重要节点强化廉政提醒，加大为税不廉、执法不公、违纪违规、“八小时之外”等问题的专项治理，查找各类问题148人次（含非职务违纪违法问题10起）；推进依法治税，应用“互联网＋监管”方式，强化联合惩戒；加强法治文化建设，创建全省税收普法教育示范基地，打造具有税务特色的普法阵地，促进税法遵从。

办税服务。成立青年讲师团，组建政策服务小分队，开展“便民办税春风行动”“惠苗政策进万家”等宣传活动；联合市场监督管理部门进行“套餐式”服务，落实“一户一策”税收解决方案，为“小巨人”“专精特新”企业实施重点服务；落实2021“放管服”改革年任务清单，推进灵活就业人员社保费缴纳，在305个村组（社区）投放智能POS机，设立集中缴费服务点54个，促进灵活就业社保缴费渠道多元化；推进发票电子化，扩大线上自助即时办结涉税费事项范围，推广“非接触式”办税缴费，打造鼎城路智能办税服务厅，突出智能化、精细化、个性化、便捷化服务；延伸服务举措，深化银税互动开展精准放贷，帮助企业降低融资成本，助力企业发展。

2021年，鼎城区税务局工作人员为市民进行电子办税辅导 （提供：许潇潇）

队伍建设。落实局领导班子和中层骨干队伍的消超工作，落实科级领导干部、分局长和中层骨干队伍的选拔任用及普通干部的轮岗交流工作；推荐3名分局长，提拔任用6名正股级干部、6名副股级干部，108名干部进行轮岗交流，交流覆盖面41.86%；以组织绩效带班子，按季组织召开绩效点评会，夯实绩效管理工作基石；以个人绩效抓队伍，形成个人绩效管理办法；开展青年导师讲党课等活动，加强人才梯次培养，运用“学习强国”“学习兴税”等平台，拓展“互联网＋教育培训”模式，提升队伍能力素质；统筹发挥工青妇等群团组织优势，开展各类文体竞赛、看望慰问活动，厚植向上向善税务文化。

纪检监督。开展“以案明纪”活动，到红色基地草坪镇开展纪检日活动，全年开展“三最纪检日”活动38场次；丰富区局“红黑馆”阵地内容，接待系统内外人员参观15批次，发挥“全省基层廉政文化建设示范点”效能；坚持党委每半年听取纪检组的专题汇报，召开2021年下半年专题会商会议，推动“一案双查”及纪律作风长效机制建设；推出纪检再监督创新项目，监督检查代开作废发票4115份；联合市局第二稽查局，开展“一案双查”联动工作，处理问题线索39条，办理退税50.2万元，补缴税款89万余元。 （牟 勇 许潇潇）

【鼎城区税务局开展“春雨润苗”专项行动】 2021年，鼎城区税务局与高新区科技和产业局联系，调研园区9家专精特新中小企业（包括1户国家级“小巨人”企业和2户省级“小巨人”企业），为“小巨人”企业建立“一户一档”，实施“一户一策”分析，确保各项税费优惠政策落实，为企业提供精细服务、税费直通服务、点对点服务。推动信用结果应用，开展“银税互动”，帮助解决中小微企业融资难题。联合鼎城区金融办及相关金融机构在《阳光政务》频道进行“银税互动”宣传，组织5场次信用贷款产品纳税人推介会，与辖区内13家银行业金融机构签订合作协议，累计向375户小微企业、民营企业发放信用贷款2.1亿元。 （牟 勇 许潇潇）

2021年，鼎城区税务干部走访调研高新技术企业 （提供：许潇潇）

【灵活就业人员社保费缴费宣传】 2021年，鼎城区税务局通过制作宣传短片、印发宣传资料、实地走访宣讲等方式，向群众介绍灵活就业人员养老保险的参保范围、缴费途径、缴费标准、缴费年限、待遇发放等。10月，鼎城区税务局联合鼎城区人社局社保服务中心，到鼎城区斗姆湖、红云等街道及乡镇开展实地走访和宣传，发放宣传资料5000余份，解答群众咨询300余人次。全年，鼎城区税务局在辖区21个银行服务网点、305个村组（社区）服务中心投放宣传资料2万余份，利用鼎级传媒、“村村响”广播、电子显示屏等开展宣传，发挥网格群、社区村组群、小区群的传播作用，将灵活就业人员的社保缴费宣传深入千家万户。

（牟　勇　许潇潇）

【鼎城区税务局开展税收违法“黑名单”宣传】 为引导社会树立诚信纳税意识，打击税收违法失信行为，2021年11月，鼎城区税务局开展税收违法“黑名单”宣传活动。鼎城区税务局采取“一对一”走访入户、“面对面”宣传讲解、“线下线上”联合等方法，向纳税人宣传《重大税收违法案件信息公布办法》，着重讲解税收违法“黑名单”公布标准、联合惩戒措施、信用修复制度等。该局组织税务人员到企业开展走访宣传，向企业宣讲税收违法“黑名单”制度，在办税服务厅LED电子显示屏循环播放相关宣传内容，进一步扩大税收违法“黑名单”传播度和影响力，帮助纳税人形成诚信纳税共识；到社区和群众中开展宣传活动，安排专人现场宣讲《重大税收违法案件信息公布办法》相关规定，并详细解读重大税收违法失信案件标准、信息公布内容、“黑名单”惩戒措施等重要内容；通过税企联系微信群、短信提醒、电话沟通等渠道向纳税人推送税收违法“黑名单”、联合惩戒、信用修复等相关制度，帮助纳税人明晰“一处失信、处处受限”的闭环式惩戒机制，鼓励纠正违法失信行为，推进纳税信用体系建设。

（许潇潇）

【常德市鼎城区国际税收研究会召开第一届会员代表大会】 2021年12月28日，常德市鼎城区国际税收研究会第一届会员代表大会召开。会议审议通过《常德市鼎城区国际税收研究会章程》，选举产生常德市鼎城区国际税收研究会第一届理事会理事和领导班子成员。会议由鼎城区税务局党委委员、副局长蒋蓉海主持，鼎城区税务局党委书记、局长罗志宏发表讲话。新当选的常德市鼎城区国际税收研究会第一届理事会会长丁斌作表态发言。

（许潇潇）

2021年12月28日，常德市鼎城区国际税收研究会召开第一届会员代表大会　（提供：许潇潇）

金融

Finance

2021年，鼎城区金融机构“3·15”金融消费者权益保护日宣传活动现场

（提供：伍红）

概述

中国人民财产保险股份有限公司常德市鼎城区支公司

中国人寿保险股份有限公司常德市鼎城支公司

中国工商银行股份有限公司常德鼎城支行

中国农业银行股份有限公司常德鼎城支行

中国银行股份有限公司常德市桥南支行

中国邮政储蓄银行股份有限公司鼎城区支行

中国建设银行股份有限公司常德鼎城支行

常德农村商业银行股份有限公司鼎城支行

概 述

【概况】 2021年,鼎城区有金融机构24家,从业人员900余人,营业网点74个。全区引进政策性银行、国有商业银行、股份制商业银行、城市商业银行、农村商业银行14家,分别是农发行鼎城支行、中国银行桥南支行、农业银行鼎城支行、工商银行鼎城支行、建设银行鼎城支行、建设银行桥南支行、交通银行鼎城支行、农商行鼎城支行、邮储银行鼎城支行、长沙银行鼎城支行、兴业银行鼎城支行、华融湘江银行鼎城支行、广发银行鼎城支行、民生银行桥南支行;引进保险公司8家,即中国人民财产保险、人寿财险、太平洋财险、中华联合保险、平安财险、人寿保险、平安人寿、人民人寿。引进证券公司1家,即方正证券股份有限公司鼎城分公司;引进小额贷款公司1家,即华丰小贷公司。

金融规模。截至年末,全区14家银行业金融机构各项存款余额388.34亿元,比上年同期增长7.77%,各项贷款余额319.61亿元,比上年同期增长9.07%。全区8家保险公司保费收入11.08亿元,赔付支出3.68亿元,增长7.14%。区内华丰小贷公司第四季度贷款余额0.56亿元。全区融资担保行业在保余额2.05亿元,在保业务445笔,2021年新增担保额3380万元。

资本市场。精为天、九申燃气等9家企业进入2021年湖南省重点企业上市后备资源库。中旺环保、天地农耕、常德水表、瑭桥科技在湖南股权交易所挂牌。九申燃气、精为天、响箭重工、佳鸿机械分别与券商签订上市合作协议。引导成立4亿元的常德鼎合科创产业投资基金,服务高新园区中小企业,与湖南坎德拉、常德蓝天、德迪机械、湖南蓝蝶合作,投资3.02亿元。

金融创新。开展"双创"(创新创业)示范户评选及金融产品创新活动,推动美丽乡村建设和金融普惠工作。全年评选"双创"示范户4044户,授信4.62亿元,用信13.68亿元。发放乡村振兴系列贷有效户数16户,用信133万元。推广"常德金融超市"。年末,全区注册金融超市企业4466家,申请贷款企业1141家,获得授信企业266家,授信总额13.8亿元,放款企业239家,放款金额11.4亿元。

金融环境。防范与处置"一非三贷",规范金融市场秩序。以宣传、摸排、监测预警、科学处置为工作重点,建立防范处置"一非三贷"长效工作机制,打击"一非三贷"等非法金融行为,重点落实投资行业、寄卖行专项整治工作,开展宣传教育和风险排查工作,防范各类非法金融风险。优化金融生态环境,推进社会信用征信体系建设;健全联合惩戒机制,改善金融法治环境。发展普惠金融,提升农村普惠金融服务站覆盖率,打造农村综合性服务平台,引导政策性金融、商业性金融机构加大部分地区信贷倾斜力度。引导金融回归本源,支持实体经济发展。引导区内金融机构,围绕回归本源、服务实体经济开展金融服务,加快业务创新、优化信贷流程,丰富信贷服务手段,提高金融服务实体经济水平。搭建政银企对接平台,建立政府协调引导、部门联系扶持、金融机构主动服务、企业诚信发展的"四位一体"联动长效机制,政银企对接常态化、制度化、规范化。 (星雨霏)

【鼎城区开展"3·15"消费者权益保护日宣传活动】 为加强消费者权益保护和相关教育宣传工作,增强金融消费者的自我保护意识和风险意识,构建和谐的金融消费环境,2021年3月15日,鼎城区金融办组织辖内14家银行、7家保险业金融机构在吾悦广场集中开展以"守护安全、畅通消费"为主题的"3·15"消费者权益保护日宣传活动。该次宣传主要针对退休干部职工等重点人群,以播放金融宣传短视频、展示展板、发放宣传手册、开展现场咨询、现场宣讲等方式,宣传防范非法集资等涉众型非法经营活动、保险知识、人民币防伪识别、征信法规政策、反洗钱、支付结

算等内容。（伍　红）

【鼎城区举办“5·15”打击和防范经济犯罪宣传日活动】 2021年5月，鼎城区金融办联合区公安局经侦大队，在江南城区桥南市场、德安社区、康福莱颐养院等宣传点，开展以“与民同心，为您守护”为主题的“5·15”打击和防范经济犯罪宣传日活动。该次活动通过发放资料、悬挂横幅、张贴海报等宣传方式，向过往市民宣传《防范和处置非法集资条例》，普及法律知识，介绍经济犯罪手段和特点，并以经典案例剖析提升社会公众对经济犯罪的认识，提高防范非法集资和其他经济犯罪的意识。（蒋　芳）

中国人民财产保险股份有限公司常德市鼎城区支公司

【概况】 中国人民财产保险股份有限公司常德市鼎城区支公司成立于1996年12月，位于常德市玉霞街道善卷路，公司在全区设有中心乡镇“三农”营销服务部7个、非中心乡镇“三农”保险服务站24个、村级保险服务点295个，公司员工48人、“三农”体系服务人员288人。设有综合部、财产险部、车险部、农险部、责任意外险部、续保业务部和中介业务部7个部室。2021年，保费收入13725万元，同比下降4.91%；支付各险种保险赔款8011万元，赔付率83%，利润2063万元，上缴税收1100万元。

业务发展。2021年，鼎城支公司贯彻落实集团公司“百年奋斗、再启征程”工程战略，突出目标导向、问题导向和效果导向，提出“三改变、三创新”的经营战略，拓展保源，打好常德市分公司提出的“创新发展、成本管控、客户服务、依法合规、文化建设”五大攻坚战，发挥地处城乡接合部、农业生产发达的区位优势和经济特点，抓城市市场、农村市场、政府合作等重点工程。借助农业保险基层服务体系平台和协保员队伍建设，整合各乡镇专兼干的力量，突出“三农”商业保险发展，全年三农常规业务保费收入1500余万元。2021年公司获评全省先进单位和优秀基层党组织。

政策性农业保险工作。以《中共中央、国务院关于2016年促进农业稳定发展农民增收的若干意见》《关于印发湖南省2015年农业保险实施方案的通知》文件为依据，按照“政府引导、市场运作、自主自愿、协同推进”的原则组织实施。开展水稻种植业保险和能繁母猪及育肥猪等养殖业保险等。政策性惠民农业保险主要承保政策如下：(1)水稻(含早、晚稻)保险费率和基本保费。水稻保险费率为4%，保费20元/亩·季。(2)棉花保险费率为8%，保费24元/亩。(3)油菜保险费率为6%，保费9元/亩。(4)能繁母猪保险费率为6%，保费90元/头。2021年中央、省、市、区财政对农业保险费用的补贴标准：(1)种植业保险为中央财政补贴40%，省财政补贴25%，市财政和区财政补贴10%，另外25%的保费由农户、龙头企业和农村专业合作经济组织承担。(2)养殖业(能繁母猪)保险为中央财政补贴50%，省财政补贴30%，另外20%的保费由养殖户、养殖企业和农村专业合作经济组织承担。育肥猪由财政补贴20%，养殖户、养殖企业和农村专业合作经济组织承担80%。由于2021年的自然灾害“非洲猪瘟”，公司在养殖险部分整体赔付超2020年500余万元。

（杨薇薇）

中国人寿保险股份有限公司常德市鼎城支公司

【概况】 中国人寿股份有限公司常德市鼎城支公司设有综合管理部、客户服务部、培训部、营销部、收展部、银保部、团险部，营销部、收展部、团险部在常德经济技术开发区、西洞庭管理区及鼎城区范围内设有服务网点12个；银保部在全区8家银行机构设立网点41个，为办理个人业务、团体业务、银行业务的客户提供保险保障。至年末，公司有在职员工 31 人。业务主要涵盖个人营销、个人收展、银行保险、团体业务 4 个板块,保险保障涵盖普通寿险、意外伤害险、健康保险、分红保险等领域,公司有专业营销人员 500 余人。保费收入 20688 万元,其中,新单首年期交保费 4062 万元,续期保费 16626 万元,短期险保费 2580 万元,短期险赔款 1475.98 万元,向当地税务部门上缴各项税费 120.66 万元。

乡村振兴。配合乡村振兴工作,选派专人长驻尧天坪镇朱家冲村进行联点帮扶。公司为驻点村结对人员提供帮扶资金及慰问金,妥善解决驻村人员工作经费及相关补助。结对帮扶困难家庭 5 户 26 人,全年向村部投入帮扶资金 3 万元,发放物资及慰问金 2 万元。

活动开展。公司参与综治民调、扫黑除恶、防电信诈骗等中心工作宣传;开展"3·15"消费者权益日活动、"6·15" 防范非法集资集中宣传日活动,为市民宣传讲解非法集资危害及如何防范非法集资。

民生服务。配合稳岗就业,公司通过社会招聘、校园招聘等方式为近 500 人提供就业岗位。建成爱心驿站,为户外劳动者提供休息、热饭、饮水、避雨等便民服务项目,帮其解决实际困难。参与民生服务,公司大短险保费收入 2580 万元,仅团险部保费收入 1630 万元,涵盖但不限于五保户护理、安葬费用保险,低保特困人员护理及意外伤害保险,为超龄不能购买普通保险而提供的老年人保险等,为市民提供保障。 (彭 东 谭艳平)

2021 年,爱心驿站 (提供:谭艳平)

中国工商银行股份有限公司常德鼎城支行

【概况】 中国工商银行股份有限公司常德鼎城支行有营业网点 3 个,在职员工 46 人。2021 年,营业收入 10242 万元,其中利息净收入 7936 万元、手续费及佣金净收入 232 万元、拨备前利润 8941 万元。

业务发展。至年末,两项存款余额 20.22 亿元,其中,对公存款余额 4.96 亿元,储蓄存款余额 15.26 亿元,对公存款较年初减少 1.53 亿元,储蓄存款较年初增加 1.58 亿元。两项贷款余额 27.88 亿元。其中:公司贷款余额 15.25 亿元,较年初减少 3600 万元;个人贷款余额 12.63 亿元,较年初增加 7900 万元。融 e 行净增 4789 户,企业手机银行动户 172 户。信用卡有效发卡新增 489 张,分期 1451 万元,三方绑卡新增 721 户,商户二维码 643 户。个人不良贷款余额(不含信用卡)350 万元,信用卡不良资产 209 万元,无公司不良贷款。

内部管理。层层签订责任状,实行"一票"否决,逐级传导压力。抓案防警示等系列教育,制定《鼎城支行案件防范工作责任制实施细则》,召开案防暨员工思想行为动态分析会 6 次,传达省市分行案防会议精神。坚持领导轮流值班制,定期进行安全检查及夜巡。

队伍建设。落实党风廉政建设责任制,召开反腐倡廉党课,由支行党支部书记进行讲课,召开反腐倡廉学习专题会 2 次、警示教育专题会 2 次。支行开展管理人员、关键岗位人员集体廉政谈话,召开党风廉政建设专题会 2 次。坚持正确用人导向,坚持好干部标准,把政治过硬作为选拔高素质专业化干部第一位的要求,吸收入党积极分子、预备党员。全体党员投票向市分行推荐优秀党员 1 名、优秀党务工作者 1 名,并在全行发文予以表彰。

企业文化。组织晨训、班后学习、面授培训等活动,组织参加网上(在线)及其他各种在岗学习考试,提高员工队伍素养和业务技能。开展送温暖

活动，看望和慰问生病入院员工6次。（陈胜宇）

中国农业银行股份有限公司常德鼎城支行

【概况】 2021年，中国农业银行股份有限公司常德鼎城支行（简称中国农业银行常德鼎城支行）有营业网点12个，分别为蒿子港分理处、石公桥分理处、灌溪分理处、石门桥分理处、黄土店分理处、玉霞路分理处、善卷分理处、南门分理处、桥南支行、西洞庭支行、德山支行、支行营业部。在职员工146人，离退休老干（含内退）120人。该行是区域主要的综合性金融服务提供商之一，致力于建设经营特色明显、服务高效便捷、功能齐全协同、价值创造能力突出的一流商业银行，凭借全面的业务组合、庞大的分销网络和领先的技术平台，向客户提供各种公司银行和零售银行产品和服务。

2021年，中国农业银行常德鼎城支行下属网点黄土店分理处开业（提供：李倩思）

业务发展。2021年年末，支行各项存款余额67.2亿元，其中储蓄存款57.07亿元、对公存款余额10.13亿元。各项贷款余额51.06亿元，公司贷款余额28.05亿元，个人贷款中非农个贷余额21.22亿元，其中经营贷款余额为3.06亿元；消费贷款余额为5454万元；惠农e贷余额1.79亿元，其中新增农户信息建档贷4899万元，新增农户信息建档户数994户，其中移动端建档900户，新增模式贷1351万元。中间业务收入3617万元。

产品简介。企业信贷产品。纳税e贷：是以企业涉税信息为主，综合企业及企业主的结算、工商、征信等内外部信息，运用大数据技术进行分析评价，对诚信纳税的优质小微企业提供的在线自助循环使用的网络融资产品。最高100万元，最长1年，采用借款企业和企业主作为共同借款人模式，借款企业作为授信主体。办理使用快捷，贷款额度一次核定、循环使用，随借随还，根据借款人使用的贷款金额按日计息。抵押e贷：是指以农业银行认可的优质房产抵押作为主要担保方式，对符合条件的小微企业办理的在线抵押贷款业务。额度最高1000万元，额度有效期最长10年，单笔贷款期限最长3年。采用共同借款人模式，即由小微企业和企业主最为共同借款人，共同承担还款责任。借款人或抵押人提供符合农业银行要求的房地产抵押作为担保方式，根据贷款金额按日计息，根据贷款期限确定还款方式。个人信贷产品。网捷贷：面向有公积金连续缴存记录的公务员、机关事业单位员工、国企及优质行业单位员工等。最高30万元，最长12个月。信用方式，免抵押或担保，利率低；线上自助申请、自助授信、自助用款；额度有效期内可循环使用，按月还息，到期还本，可随借随还，根据借款人使用的贷款金额按日计息。商户e贷：是为从事经营活动达24个月、年经营收入不低于50万元、收入来源较稳定、个人信用状况良好的优质商户发放的个人自助小额经营贷款。最高50万元，最长12个月。信用方式，免抵押或担保，利率低；额度有效期内可循环使用，按月还息，到期还本，可随借随还，根据借款人使用的贷款金额按日计息。农户信贷产品。惠农e贷：是面向农户、从事涉农生产经营的非农户自然人、居住在乡村的个体工商户及企业主、涉农个私企业主，包括在乡、返乡、下乡创新创业人员。主要为借款人家庭生产经营和发展产业，也可合理用于消费。信用或担保方式单户贷款额度起点为3000元，最高1000万元。手续简化，实行优惠利率，节约利息支出；循环使用、随借随还，按实际使用天数计息。

（李倩思）

2021 年,中国农业银行常德鼎城支行助力乡村振兴活动
(提供:李倩思)

中国银行股份有限公司常德市桥南支行

【概况】 2021 年,中国银行股份有限公司常德市桥南支行围绕年初工作目标,坚持以客户为中心,推进各项业务指标发展,实现"规模与效益、数量与质量"同步提升。

主要业务。支行加大营销力度,取得碧桂园、新城控股、中梁集团在鼎城区 4 个新建楼盘项目的批复,与开发商保持密切沟通。与湖南应用技术学院保持业务合作关系,通过公私联动,开展业务合作,与学校达成银校合作意向,2021 年 6 月 7 日,取得银校项目批复,12 月,取得公司授信总量年审批复。与学校进行固定资产分批采购及公司贷款提款沟通,拟开展校园场景建设,实现代发薪、手机银行、银行卡、理财产品等业务交叉营销。7 月,全省开展社会保障卡核查"回头看"工作,涉及乡镇20 余个,核查卡片数 9383 张。因涉及的人数及乡镇较多,时间紧任务重,关键时刻全行上下勠力同心,分工协作,行长及客户经理对接乡镇街道,柜员及大堂驻行电话核实,经过一个月加班加点,终于交出一份满意的答卷,在规定时间内完成 9383 张社保卡的核查工作。

宣传工作。3 月 15 日,中国银行桥南支行到湖南应用技术学院,开展"人民币知识宣传进学校"活动。引导教职员工、学生了解人民币,爱护人民币,维护人民币形象,提高防范假币能力。开展"6·26"禁毒反洗钱宣传进校园、进社区活动,在湖南应用技术学院开展"珍爱生命,拒绝毒品"主题宣传教育活动。结合实际案例,通过悬挂横幅、发放宣传资料和现场答疑等方式进行禁毒反洗钱主题宣传,向师生宣传毒品及洗钱犯罪的危害。6 月 15 日,中国银行桥南支行参与金融机构防范非法集资宣传日活动,在鼎城吾悦广场开展"学法用法护小家,防非处非靠大家"主题宣传教育活动,为市民普及《防范和处置非法集资条例》,宣传防范和打击非法集资相关知识。9 月,中国银行桥南支行组织员工到乡村振兴点斗姆湖街道葛麻山社区进行金融知识进社区宣传活动 2 次。通过放置宣传盾牌、发放宣传折页、现场扫码有奖答题的方式向社区干部及居民进行"反电诈""反假币""反法廉洁""存款保险"等知识宣传。 (孙 婷)

中国邮政储蓄银行股份有限公司鼎城区支行

【概况】 2021 年,中国邮政储蓄银行股份有限公司鼎城区支行推进国家普惠金融政策,服务实体经济,支持民营和小微企业发展,深化"三农"金融服务,助推乡村振兴战略发展,强调风险防范和内控管理,倡导合规文化建设,开展业务结构调整,提升服务能力。全年,支行有邮储营业网点 22 个,辐射全区。

经营指标。截至 2021 年年末,各项存款结余 7.64 亿元,各项贷款结余 17.4 亿元。

内控管理。2021 年,支行在贯彻落实防范金融风险、巩固"内控提升"活动的基础上,确保支行人身、资金和财产安全,增强支行的内控风险、合规管理意识,保障各项工作有序运营。全年无安全生产事件。业务发展。邮储银行的主要业务包括个人银行业务、公司银行业务及资金业务。个人银行业务:邮储银行向个人客户提供产品和服务,包括本外币存款、贷款、银行卡，以及本外币结算、代收代付、外汇、理财、代理保险、基金、国债和贵金属销售等中间业务产品与服务。公司银行业务：邮储银行为公司银行客户提供多元化的金融产品和服务，主要包括公司贷款、票据贴现、公司存款，以及结算、票据管理、现金管理、投资银行、托管及公司理财等中间业务产品与服务。资金业务：邮储银行的资金业务主要包括市场交易、投资、同业融资及票据转贴现等金融市场业务和资产管理业务。

（田　杰）

中国建设银行股份有限公司常德鼎城支行

【概况】 中国建设银行股份有限公司常德鼎城支行，是常德市城区旗舰型支行，在岗员工18人。2021年，中国建设银行股份有限公司常德鼎城支行获常德市分行旺季营销活动先进集体第三名、营业网点服务营销大赛团体三等奖，获评全市内保工作先进单位。

业务指标。至2021年12月31日，全口径存款时点余额32.22亿元，其中，居民存款新增2.15亿元。各项贷款余额总计20.11亿元，其中公司类贷款余额11.31亿元、个人类贷款余额9.8亿元。

业务发展。营销优质大中型企业贷款。支持区内上市股份企业发展，综合审批授信19亿元，其中信用额度10.5亿元；拓展票据业务，全年签发区内股份企业银行承兑汇票6.65亿元，支持区内高等院校发展，授信额度2亿元，其中流动性贷款5000万元、固定资产贷款1.5亿元；支持区内医院的医改工作，发放医院供应链贷款1.1亿元；支持中小微企业的升级，发放技改贷款0.5亿元；审批支用中小企业贷款53户0.62亿元。精细化个人类贷款管理。发放住房金融类贷款新增0.75亿元，为地方企事业单位、院校、医院授信11家，授信金额3.7亿元；拓展支持乡村金融2个行政村，金额260万元；压缩逾期贷款，诉诸法院不良个贷43笔，金额1747万元；核销不良贷款9笔，金额321万元，资本证券化9笔，金额292万元；帮助客户排忧解难，盘活郎泰阳明湖1号在建工程抵押变更。发展机构业务。搭建居家养老平台、农村集体合作组织平台。与鼎城区住房保障服务中心合作，开发住房类资金缴交、住房租赁补贴发放平台系统。配合区人力资源和社会保障局社保卡“回头看”，下派22人到全区乡镇利用一周时间，与村委会人员核对建行所发社保，入户核查社保卡的真实性和合法性。发展大个金业务。AUM(银行管理的个人资产规格)5万元以上客户分配率100%，VIP客户保有率87.2%，维护人员联系计划覆盖率98.3%，个人存款新增2.17亿元。金融生态圈项目上线2个，可复制推广；每月坚持2场以上驻村发卡，支持乡村振兴工作。开展由央行主导的数字钱包推广应用，开通个人钱包数量5082户。“建行生活”APP注册727户，入驻商户数22户。

2021年，中国建设银行股份有限公司常德鼎城支行开展金融服务送下乡，为十美堂镇上河口村村民上门发卡（提供：张秦）

2021年，中国建设银行股份有限公司常德鼎城支行到乡村宣传反电信诈骗断卡行动　（提供：张秦）

提升核算内控质量。控制稽核差错、COS-T(集中后台处理业务)差错和集中授权差错,提高核算水平,渠道与运营考核排名提升,提升服务效率,优化劳动组合,创新服务机制,压缩等候时间,提升客户满意度;有计划开展员工轮岗,提升员工的综合服务能力。把创五星级网点和会计达标网点作为营运管理的重要工作目标,早训晚练,规范服务。2021 年,自查积分 10 人次,总积分 41 分,全过程规范每一笔交易。支行采取双人大堂值守,从智慧柜员机到自助存取款机,全方位确保硬件和软实力到位、到岗。 (张 秦)

常德农村商业银行股份有限公司鼎城支行

【概况】 常德农村商业银行股份有限公司鼎城支行(简称常德农商行鼎城支行),系常德农村商业银行一级支行,履行辖内二级支行管理、协调、服务、督导等职能。设综合办公室、业务督导部 2 个职能部室;有营业网点 36 个,占全区金融机构网点总数的 48%,其中二级支行 22 个,分理处 14 个;有工作人员 342 人,其中,正式员工 316 人,劳务派遣工 26 人,有大专以上学历 310 人,占员工总数的 90.64%,有各类专业技术职称人员 189 人,占员工总数的 52.63%。至年末,存款 1402072 万元,较年初增加 177364 万元;贷款余额 474695 万元,较年初增加 11521 万元;全年收入贷款利息 31870 万元,比上年减少 1163 万元;清收不良贷款 2372.27 万元;有余额贷款客户 55342 户,较年初净增 1706 户。

普惠金融。创新信贷产品,丰富普惠金融服务载体。常德工商行鼎城支行推出粮食贷、油茶贷、生猪贷、农机贷、乡村振兴车间贷、个人汽车抵押分期贷款和工业厂房按揭贷款,为城乡居民提供资金支持,为企业提供可持续发展的信贷支持。2016 年至 2021 年年末,辖内支行历年累计发放小额扶贫贷款 4375 户,金额 21353.5 万元,当年发放小额扶贫贷款 427 户 2096.5 万元,有贷款余额 4984.23 万元,到期贷款逾期率为零。历年累计评选"双创示范户"4130 户,累计授信 47151 万元,全年评选 694 户,授信金额 6662.5 万元。支行与鼎城区自然资源局签订不动产登记服务点合作协议,开通鼎城支行营业部、红云支行、郭家铺支行和斗姆湖支行 4 个网点的不动产抵押登记服务。减少部分客户手续流程和跑腿时间。7 月,常德农商银行推出"福祥·惠生活"积分商城,至年末,积分商城平台有 900 户商户入驻,其中,餐饮美食类 189 家,生活服务类 626 家,酒店住宿类 28 家,其他类 35 家,线下扫码支付订单 26947 笔,交易金额 54.07 万元。

社保卡服务。1 月,鼎城支行营业部和郭家铺支行开通即时制卡服务,参保人员到网点采集社保信息、拍照、制卡,即可现场办理手续,当场取卡。配合鼎城区人民政府、区人社部门,在辖内开展全省养老保险待遇核查"回头看"专项工作。与区委、区人民政府、金融办、社保局等部门进行协调,争取党政部门支持。抽调 1 名青年骨干专门负责对接区人社部门,汇总核对数据,全员参与基层支行核查工作;通过上门核实、电话核实、微信视频核实等方法,排查清理问题,开展冒领、多发待遇资金退回工作,核查社保卡 577072 张。

乡村振兴。4 月,支行组织全体党员干部开展扶贫工作回头看,为脱贫村民开展产业发展提出跟进方案。5 月,作为十美堂镇教育村的乡村振兴工作后盾单位,支行选派精干力量驻村开展乡村振兴工作。6 月 23 日,组织全体党员干部职工到十美堂镇教育村,与教育村工作人员和其他后盾单位开展工作交流。

2021 年 6 月 23 日,常德农商银行鼎城支行到十美堂镇教育村开展乡村振兴工作 (提供:刘锐)

综治工作。落实新冠肺炎疫情各项防控工作，督导员工及时接种新冠疫苗和加强针；落实辖内22家支行平安建设工作，督导辖内支行定期开展自查，及时处理存在的安全隐患；开展反电信诈骗宣传，要求员工下载安装“国家反诈中心”APP。常德农商银行鼎城支行被区人民政府评为“平安企业”。（刘 锐）

2021年8月13日，鼎城区领导到支行督导疫情防控工作（提供：刘锐）

【常德农商行鼎城支行启动“整村授信”工作】2021年1月6日，常德农商银行启动“整村授信”工作，1月15日，常德农商银行与鼎城区人民政府办联合印发《鼎城区加快推进“整村授信”服务乡村振兴工作实施方案》的通知，成立“整村授信”工作领导小组，明确“政银合作、多方联动、整体推进、全面覆盖”的工作思路。通过开展“整村授信”，扩大普惠金融覆盖面，联动农村地区信用、信息、信贷。至12月末，辖内22家二级支行建成首批授信村275个，占应授信村数的95%，授信户数41604户，授信金额17.96亿元。（刘 锐）

2021年1月5日，常德农商银行召开2021年“开门红”誓师动员暨“整村授信”工作启动大会（提供：刘锐）

农业·林业·水利

Agriculture & Forestry & Water Conservancy

2021 年,冲柳苏家吉排洪枢纽　　（提供:区委党史研究室）

农业农村工作
养殖业
农业机械化管理
农村经营管理
农民教育培训
农村能源服务
气象
林业
水利
枉水灌区管理

农业农村工作

【概况】 2021年，鼎城区被农业农村部种植业司命名为第一批全国农作物病虫害绿色防控示范县和统防统治百强县。区农业农村局打造优势特色千亿元产业工作、落实粮食安全省长责任制真抓实干督查激励工作受省农业农村厅表彰，2021年全省粮食生产标兵县工作受中共湖南省委农村工作领导小组表彰，2021年创建粮食生产万亩示范片工作、区县(市)委书记示范片工作受中共常德市农村工作领导小组表彰。区农业农村局被市农业农村局评为耕地抛荒治理、植保植检、农作物秸秆综合利用与禁烧先进单位，被区委、区人民政府评为平安建设优秀单位、安全生产和消防工作优秀单位。

粮食生猪发展。抓“米袋子”“菜篮子”“油瓶子”，实行粮食生产“双组长”制，实施办点示范“1511”工程，推进粮食面积、产量“双增加”。全年，粮食播种面积10.09万公顷，总产67万吨，分别比上年增加0.052万公顷和3.5万吨。棉花种植面积0.689万公顷，油菜种植面积4.367万公顷，蔬菜种植面积1.079万公顷，播种面积2.427万公顷(复种指数2.25)，总产约100万吨，总产值约12亿元。推进生猪规模养殖，落实疫病防控措施，发展生猪138.25万头，出栏82.12万头，存栏56.13万头。

2021年4月15日，常德市委副书记、市人民政府市长邹文辉(左二)在鼎城区谢家铺镇调研粮食生产工作
(摄影：刘丽平)

农业产业。推进“六大强农行动”，重点扶持粮油、畜禽、蔬菜、水产4条优势产业链发展，新增绿色食品认证13个，新建农业科技示范基地6个、优质特色农产品展销中心1个，培育高素质农民400人，品牌农产品及龙头企业实行“身份证”管理。精为天有限公司、河洲水产有限公司、天地农耕、勇福、弘富源5家企业参加“2021年广州国际农产品博览会暨广州国际森林食品交易博览会招商活动”签订购销合同1.5亿元，河洲甲鱼获“2021年广州国际农产品博览会”金奖。建设鼎城区国家现代农业产业园，打造优势特色千亿元产业，打响“常德香米”“常德米粉”品牌。申报省级联合体4家，净增规模以上企业4家，精为天有限公司、河洲水产有限公司被纳入全市“打造优势产业链三年行动计划”项目库，产业园整体建设进度95.5%以上，累计投资10.5亿元，其中中央财政投资0.71亿元。

2021年，常德市鼎城区农产品质量检测中心新址
(摄影：周波)

农村生态。开展“一拆二改三清四化”(拆除空心房、改水改厕、清垃圾清沟塘清粪污、硬化绿化美化亮化)村庄清洁行动，谢家铺镇匡家桥村、周家店镇荷花村被评为全省2021年村庄清洁行动先进单位。建立健全农村生活垃圾贮运“户分类、村收集、乡镇集中、区转运处理”处理体系，31个乡镇垃圾中转站全部投入使用，274个村(社区)全部成立村(社区)级爱卫协会，全年清理农村生活垃圾8.5万吨，生活垃圾无害化处理率100%。坚持“首厕过关”制，突出整体规划设计、整体组织发

动、整村推进实施，强化建后管护，落实2021年2250座户厕和21座公厕改(新)建任务，农村卫生厕所普及率100%。全省农村人居环境整治暨厕所革命现场会将草坪镇作为主要参观现场，获省领导肯定。抓化肥农药减量、受污染耕地安全利用、农业投入品废弃物回收利用等农业面源污染治理。建立化肥减量监测点160个，推广测土配方施肥10.773万公顷、专业化统防统治33.217万公顷、绿色防控面积18.541万公顷；落实0.313万公顷轻中度污染耕地安全利用、0.004万公顷重度污染耕地管控工作任务，种植绿肥1.400万公顷。

2021年4月19日，谢家铺镇鹿角坪村爱卫协会配备的专职保洁队伍 （提供：程曼琳）

乡村建设。2021年，全区建设高标准农田0.522万公顷，2011年至2021年累计建成高标准农田6.8万公顷，高标准农田覆盖率69.8%。确定省级美丽乡村创建村3个、市级10个、区级25个，推进省、市、区美丽乡村三级联创。草坪镇被评为全省美丽乡村示范镇，谢家铺镇入围省级全域美丽乡村示范镇(乡)创建名单。草坪镇、谢家铺镇作为全省美丽乡村建设培训班主要现场，受到省、市领导肯定。推进"一村一幸福屋场"建设，2021年，全区计规划建设村社幸福屋场282个。草坪镇获评"中国楹联文化镇"，谢家铺镇施家陂村获评省级集体经济发展百强村。 （程曼琳）

【农业综合行政执法】 2021年，鼎城区农业综合行政执法局加大"种植、畜牧、渔政、农机"工作上的执法力度，出动执法车辆383台次、执法人员1043人次，开展执法检查509次，下达整改通知书51份，立案查处各类涉农违法案件26件，追缴和拟追缴违法所得近100万元。 （陈雪斌）

【鼎城区获评"第一批全国农作物病虫害绿色防控示范县与统防统治百强县"】 2021年10月25日，农业农村部种植业管理司发文，鼎城区获评"第一批全国农作物病虫害绿色防控示范县与统防统治百强县"，常德市仅鼎城区同时获得两项荣誉，湖南省仅3个。2021年，鼎城区坚持"预防为主，综合防治"的植保方针，以农作物重大病虫害防控为中心，推进农作物病虫害专业化统防统治与绿色防控，促进农药减量控害和农业绿色发展。 （孙华明）

【湖南省人民政府副省长隋忠诚在鼎城区接受中央电视台专访】 2021年10月16日，湖南省人民政府副省长隋忠诚到鼎城区调研粮食生产工作，考察鼎城区谢家铺镇湖南亿泽生态农业科技有限公司、鼎城区谢家铺镇港中坪村国家现代农业产业园常德香米万亩示范基地，了解晚稻收割情况，常德香米产业发展情况。10月17日，隋忠诚在谢家铺镇"区委书记万亩示范片"现场接受中央电视总台《中国粮仓》系列报道"走进湖南"专访。 （程曼琳）

2021年10月17日，湖南省人民政府副省长隋忠诚(右一)接受中央电视台采访 （提供：刘丽平）

【机构改革】 2021年6月1日，常德市鼎城区农业综合行政执法局在区农业农村局挂牌，实行"局队合一"体制。区农业综合行政执法局贯彻落实中央、省、市、区关于农业执法工作的方针政策、决策部署和具体要求，以区农业农村局名义依法统一行使兽医兽药、生猪屠宰、种子、化肥、农药、农机、农产品质量、动物卫生监督、植物检疫、渔政、农业资源保护等行政执法职责（包括行政处罚权以及与行政处罚相关的行政检查、行政强制权）。

（程曼琳）

养殖业

【概况】 2021年，鼎城区维持生猪调出大县生产水平，生猪存栏46.01万头，出栏82.04万头，能繁母猪4.25万头，猪肉产量6.15万吨。水产品起水产量8.7万吨（含西洞庭管理区、贺家山原种场），超额落实全年计划指标5.07%。以河洲甲鱼为主要品牌的推广养殖面积3133.33公顷，稻渔种养面积3666.67公顷。

禁渔工作。开展法律政策宣传，发放政策宣传资料4000余份、张贴宣传海报600余份，树立永久宣传盾牌50块，推送短信、新闻20余次。开展违规渔具收缴，全区渔政执法人员和乡镇禁捕队员收缴清理迷魂阵、布围子、地笼网等违规网具162张，回收网具2万千克，拆毁“三无”船舶25艘，收缴违规钓鱼竿206支，没收渔获物475千克。开展执法巡查打击。区渔政部门建立“5+2”“白+黑”24小时巡查值守制度，开展各类执法行动1241次，出动执法人员2401人次、船艇1144次、车辆127次，行政处罚立案21起、移送8起。

2021年2月19日，鼎城区开展渔政执法，启动禁渔仪式
（提供：陈平）

动物防疫。全区重大动物疫病免疫应免章、尽免章均达100%。5月25日，动物疫病防控工作接受湖南省农业农村厅、湖南省畜牧水产中心的专题考核检查，获肯定。2月下旬和8月下旬，分别启动春季和秋冬季畜禽集中免疫行动，及时召开乡镇分管领导、动防站站长、大型养殖场业主等人参加的全区重大动物疫病防控工作会议，部署各项措施。召集乡镇防疫员、村级防疫员、养殖业主等，开展防疫技术培训，累计培训720人次。全年，储备猪口蹄疫疫苗25万毫升、牛羊口蹄疫疫苗4万毫升、羊小反刍疫苗1.5万头份、高致病性禽流感疫苗100万毫升、消毒药40吨，并及时下拨到基层和大型养殖企业。在全区261个生猪规模养殖场、73台备案生猪运输车辆、无害化处理收集中心、惠源农牧生猪定点屠宰场等重点场所开展“大清洗、大消毒”活动，消毒面积300余万平方米。监测非洲猪瘟等血清样、环境样4400余份，未发现疑似阳性样品。

食品安全。全区畜牧水产品质量安全“零事故”。巡查畜禽水产养殖户（企业）520余家次，发放养殖档案近500本，发放水产养殖用药明白纸120份，培训养殖户300余人次。巡查兽（鱼）药经营企业120家，责令整改4家。移送1起无证经营违法线索。开展水产苗种抽样15批次，抽检鸡（鸭）、蛋、肉品、饲料、牛奶、水产品等各种畜禽水产品960批次，开展猪牛羊等大型牲畜尿液“瘦肉精”检测2万余份。检测合格率100%。打击生猪违规调运，组织行动15次，出动执法人员75人次，行政立案（结案）1起，罚款4320元。打击“私屠乱宰”，开展农贸市场日常巡查，联合区商务局、市场监管局、城管局到江南主城区8家农贸市场实行全覆盖巡查，收缴“白板肉”20余千克。

（尤建国 陈双林 陈 平 王建忠）

农业机械化管理

【概况】 鼎城区农机事务中心是全额拨款的正科级事业单位，负责全区农机新技术和新机具的引进与推广、农机培训、农机安全生产监督管理等职能。

农机装备及作业水平。2021年,鼎城区推广抛秧机25台,高速插秧机22台,拥有各种农业机械12.62万台(套)。水稻生产耕种收综合机械化率88.42%,比上年同期增长1.5%。其中机插机抛面积60533.33公顷(早稻25333.33公顷、中稻9200公顷、晚稻26000公顷),机械化栽种率61.4%;机耕面积98533.33公顷(其中早稻41000公顷、中稻15000公顷、晚稻42533.33公顷),机械化耕作率100%;早稻机收面积41000公顷,机械化收割率100%。

2021年3月26日,鼎城区谢家铺镇春耕生产机械化作业现场 (提供:梁晨晨)

农机购置补贴和农机报废更新补贴。全年,鼎城区农机事务中心发放补贴申请表545份;受理补贴机具598台(套),其中,耕整地机械287台,收获机械123台,动力机械83台,种植施肥机械56台,连栋钢架大棚4102.5平方米。打卡发放农机购置补贴资金1363.732万元,受益农户387户。报废老旧农机321台,发放农机报废补贴资金252.225万元。

智慧农机服务体系健全。鼎城区农机事务中心引进推广无人驾驶插秧机、无人植保飞机等智慧农机,利用智慧农机构建大数据平台,将区域内所有装有北斗卫星的农机具进行大数据集中管理,后台监控作业面积和农作物长势。4月,鼎城区承办全市农业生产暨春耕生产全程机械化现场推进会,现场展示智慧农机、演示智能化机械操作技术。

2021年4月5日,鼎城区智慧农机演示会现场 (提供:梁晨晨)

机械化推广项目。鼎城区农机事务中心落实水稻机抛面积2666.67公顷,占湖南省指标任务136.72%。水稻耕种收综合机械化水平由87%提升至88.42%,其中机耕、机收水平达100%。推广智能水稻有序抛秧机25台、高速插秧机22台、植保飞机20台、谷物烘干机18台、联合收割机110台、大中型拖拉机81台、履带式旋耕机220台。

“三个市场”监管服务。鼎城区农机事务中心抓“三个市场”监管服务,清理并登记造册全区农机维修点,以鼎弘、瑭桥、联鑫、天成、风林、明强等农机维修示范窗口为依托,规范化建设全区农机维修点,全区220家农机维修服务主体为农机户提供农机维修保养服务3万余台次;出动车辆20台次,出动打假执法人员55人次,查处假冒伪劣农机产品及配件60台件,货值近35万元,打击制售假冒伪劣农机产品及零配件违法行为,维护农机产品及零配件维修经营的市场秩序;组建农机作业服务队18个,核发跨区作业证52份,出台农作业指导价格,设立投诉举报电话。

农机培训。以服务“三农”为核心,全年培训拖拉机、收割机、旋耕机等技术人员173人,培训汽车驾驶员650人,高素质农民教育培训200人。

农机社会化服务体系建设。在新建农机合作服务组织(专业合作社)过程中,鼎城区农机事务中心注重各服务组织的经营管理、节本增效、维护修养和操作适用,给予全方位指导与服务,使区农机作业服务组织逐步向组织化、市场化、企业化、社会化方向发展。全区有农机合作社146家、社员1390人、总资产2.93亿元，拥有各类农业机械7810台，农机原值1.97亿元。全区有综合农事服务中心1家；省级示范社21家、市级星级社17家、区级星级社21家；带动全区合作社作业服务面积7.5万公顷。

农机安全生产。全年，年检农业机械1189台，年检率75.8%；复训驾驶员2580名，复训率98.5%，比上年分别提高2个百分点和3.5个百分点。全区有变型拖拉机1194台，注销851台，注销比71%；报废变型拖拉机63台，其中，提前一个年度报废21台。与机手签订农机安全责任险2035份，缴纳保费80.63万元，位列全市第一、全省第二。鼎城区农机安全生产工作在全市排名第一，连续7年获评全省先进，农机安全生产“监理大队—中队—乡镇—农机专管员—农户”五级监管体系在全省推广，农机宣传进校舍、到田间地头的做法在全省推广。（梁晨晨）

【鼎城区举办春耕备耕暨水稻机抛秧技术培训班】2021年3月11日，鼎城区农机事务中心举办春耕备耕暨水稻机抛秧技术培训班，农机合作社代表、种粮大户、机手60余人参与学习。农技专家、培训员分别讲解育秧注意事项、惠农政策、水稻机抛秧的工作原理、优点及抛秧机技术推广等内容。技术人员现场演示育秧技术、水稻机抛技术。

（梁晨晨）

【鼎城区整治拖拉机顽瘴痼疾】2021年10月至年末，鼎城区农机事务中心出动监理车辆80余台次，监理人员2100余人次，到鼎城区18个乡镇、4个街道、50余个村（社）进行变型拖拉机摸底排查，摸排变型拖拉机1194台。监理人员分成7队，以片区为主、各队辖区为辅，为机手进行拖拉机拆解服务，中心出台补贴政策，每台追加补贴300元，鼓励群众自愿进行报废拆解。全年变型拖拉机注销比例71%，拆解变型拖拉机63台，工作进度在全市排名第一。（梁晨晨）

农村经营管理

【概况】2021年，鼎城区农村经营服务站获评全省农村土地确权先进单位称号，获评农村经营管理工作全市综合先进单位。农村土地承包管理、农村土地纠纷调解仲裁、农村村民建房管理、农村集体产权制度改革、家庭农场高质量发展、农村社会化服务六项单项工作名列全市第一，获评全区平安创建先进单位，落实疫情防控、美丽乡村建设工作。

农村土地承包管理。2021年，鼎城区被确定为二轮延包到期后再延长30年国家级试点县（区），区农村经营服务站完善阵地建设，组建15人工作队，开展入户摸底，出台鼎城区土地延包重大问题处置办法及政策解读；调解农村土地承包纠纷216起，其中仲裁开庭1起（郭家铺孔家溶社区土地纠纷），全市各区县仲裁办到鼎城区进行仲裁现场观摩学习。实行农村土地流转规范管理，组织全区村会计培训班，进行土地流转规范管理业务培训，全区土地流转率71.5%。

新型农业经营主体规范发展和政策扶持。发展农民合作社1069家、家庭农场1098家。突出开展示范创建，2021年创建区级示范社12家、家庭农场15家、市级示范社8家、省级示范社8家、家庭农场10家；开展省级家庭农场示范县（区）的创建工作，探索组建以“小蜜蜂”牵头的家庭农场联盟，入盟家庭农场12家；启动农村社会化服务项目，确定村集体经济组织和新型经营主体35个，各级项目引进资金1000余万元。

完善农村集体产权制度改革。部署农村集体经济组织换届工作，全区农村集体经济组织选举产生293个新的理事会、监事会和成员代表；完善产改档案工作，乡、镇、街道、场均集中保管；进行集体经济组织财务独立核算试点；开展专题调研，与农业银行合作，建立“三资”管理服务平台，在蒿子港镇、石公桥镇、灌溪镇启动。

农村集体资产专项清理整治。通过乡村自查和区委巡察，核实农村集体资产管理问题454起，涉及22个乡、镇、街道、场。整改销号435起，增加集体经济收入600余万元，缩短所有承包合同期限到2025年12月31日前。

农村宅基地审批和村民建房管理。印发《致农民朋友一封信》，通过电台、电视台进行专题宣传。执行全程公示制度，遏制超面积建设和“批东建西”的现象发生。建立健全区、乡、村三级网络管理体系，开展违法占用耕地建房专项整治行动，查处草坪镇、周家店镇等村民违法建房案件，涉嫌违规建房图斑128起，拆除违法建筑5宗。实行村级网格日巡查、签订责任状管理模式，被省市推介。 （卢凡冰）

农民教育培训

【概况】 2021年，鼎城区农民教育办公室根据常德市农民教育培训工作目标管理考核办法的通知精神，以提高农民的整体素养和幸福指数为目的，按照“围绕主导产业，培养专业农民，进村办班指导”的工作思路，结合“三农”工作的实际，结合“乡村振兴”“农业标准化建设”“现代农业示范园区建设”等，围绕品牌农业、特色农业、观光农业和园区农业，开展各类实用技术培训，使农民教育培训与特色产业开发、与旅游观光相结合，重点针对从事农业和农村生产经营服务的职业农民，开展系统的职业技能培训，优化劳动力素质和结构，增强农民在农业领域和农村就业的能力与生产经营服务水平，推动农业生产经营专业化、标准化、规模化、集约化发展，推进农村第二、三产业健康发展。结合农时、应对寒潮暴雪、干旱、低温冷害等灾害给农业生产带来的不利影响，开展各种适时应用的技术指导，开展专项重点培训活动，把不利影响降到最低。根据棚膜蔬菜生产特点，下到田间地头，走进蔬菜大棚，进行适时技术跟踪指导服务。培养适应现代农业发展需要的新时代的高素质职业农民。全区开展新型经营主体带头人培训、实用技术培训及其他各种技术技能培训141期，培训12850人，培训务农农民工及其他技术技能人员6350人、农业经营主体带头人6500人。其中区农民教育办公室举办培训82期，培训8220人，包括培训专业大户10期1100人、农民合作社7期820人、法治建设20期2000人、农业产业化龙头企业1期100人、高素质农民教育1期100人、农村实用技术培训43期4100人。参训农民普遍学到1~2门农村实用技术。参加农民合作社经营主体培训的学员全部成长为农民合作社骨干、水稻种植大户、生猪养殖大户、栽培大户和家庭农场主，为农业经营主体的发展注入新的活力。 （张学勇）

农村能源服务

【概况】 鼎城区农村能源服务中心在职人员9人（其中二级机构农村能源技术服务中心1人，提前离职1人），退休人员8人。机构设置为单独设置，内设“一室（综合办公室，含财务室）、两股（工程建设管理股含行政审批办、行业发展服务股）”，主管单位常德市鼎城区农业农村局。2021年，鼎城区农村能源服务中心以党建为引领，组织开展“学史明理、学史增信、学史崇德、学史力行”专题研讨会和“我为群众办实事”等系列党史学习教育。以争创“常德市文明单位”为目标，组织文明志愿者进行“联社区包路段”文明行为劝导服务等相关创建活动。开展农村沼气安全工作，制定《2021年农村沼气生产责任清单》《2021年农村能源服务中心安全生产工作方案》，下发《关于开展全区农村沼气安全生产大排查的通知》《关于开展农村沼气安全生产隐患大排查大整治的紧急通知》《持续推进农村沼气安全生产工作“三大两严”指导意见》，强化乡镇属地管理责任，以乡（镇）、村为单位登记辖区内沼气池及其使用情况，做好建档立卡工作。

沼气安全隐患整改。全区户用沼气池基数

25432口，正常使用的4258口，需要整改维修的9994口，废弃沼气池11180口，大中型和联户沼气工程7处。2021年，维修户用沼气主池601口，更换管道425口，更换灶具450口。分类处理废弃停用的沼气池，分类施策，盘活沼气池670口，签订后续服务合同916户；整改大型沼气工程，针对7处需要整改的大型沼气工程抓输气管道、脱硫设备、阀门更换、主体维护等工作。落实区安委办交办的重大安全隐患原畜牧良种场大型沼气工程的拆除工作，杜绝沼气安全事故的发生。

沼气安全知识宣传。组织技术人员在蔡家岗镇泉垱村、石公桥镇李家桥村、黄土店镇新桥村开展沼气安全知识培训。全年制作安全警示标识牌500余块、宣传立牌50块、户外条幅300余条，出动宣传车27趟，开展沼气安全生产技术培训3场，培训人数300余人。发放《安全使用挂图》《致沼气用户一封信》《农村沼气安全生产手册》。

（丁胜伟　肖全兵　聂祚飚）

2021年9月29日，鼎城区农村能源服务中心在黄土店镇新桥村开展沼气安全知识培训　（摄影：聂祚飚）

【鼎城区畜牧良种场800立方米大型沼气工程】 鼎城区原畜牧良种场800立方米沼气工程，因政策性退养后处于闲置状态。2020年，区畜牧良种场改制隶属区农投公司，按照区农业农村局沼气安全隐患整改决定，研究拆除方案。2021年6月3日，区农村能源服务中心组织专业技术施工队，进行拆除施工。6月16日，工程完工。

（肖全兵　聂祚飚）

气　象

【概况】 决策气象服务。开展元旦、春节、两会、清明节、“五一”、高考、国庆节等重大节会期间专题服务预报任务。2021年发布决策服务材料102期，累计启动三级、四级应急响应7次，发布《重大气象信息专报》7期、《气象专题报告》95期、预警信号106次、强降水实况监测警报62次18838人次，地质灾害风险临近预警57次33494人次，乡镇强降雨靶向预警6次120651人次。

为农气象服务。在灌溪镇中心村的湖南省优质稻现代农业示范区和长岭岗油茶生产基地建立资源条件和生态条件具有代表性的农田作为农业气象服务的两块示范田，常年分别种植双季优质稻、优质油茶，进行农田小气候和农作物生长发育的观测。发布《农业气象情报》，包括《农业气象旬月报》35期、《春耕春播气象服务专报》7期、《夏收夏种气象服务专报》4期、《秋收秋种气象服务专报》7期，《农业气象灾害预警评估》2期、《农气产量趋势与定量预报》12期，计67期。

专业气象服务。与农业、水利、国土、环保、交通等部门合作，为全区12家单位提供气象基础资料。为涉及气象灾害相关单位、专业合作社及个人开具气象证明50余份。开展与油茶、水蜜柚等特色产业大户的合作。

防雷安全监管。组织防雷安全生产专项检查，联合区教育局针对高、中考考点中小学校防雷安全进行执法巡查，要求组织开展学校防雷安全工作。开展“大排查大管控大整治”百日行动，参与全区“强执法防事故”行动，落实企业安全生产主体责任。开展世界气象日、防灾减灾、科技活动周、安全生产月等气象科普知识宣传。

重点项目建设。经各部门实地调研与会商，在国道浓雾团雾高发路段和易结冰桥梁、路段，桃花源大桥、国道319线1556千米处、国道207线2841千米处3个站点安装交通气象监测站，2021

年6月建设完工,已投入运行使用。

人工影响天气工作。8月中旬,出现干旱,组织工作人员驻守在各人工降雨点,主要蹲守在北部庆丰水库、红旗水库及南部跃进水库,伺机作业10余次,消耗人工降雨弹56枚。（蒯星龙）

【防灾减灾日主题宣传活动】 2021年5月12日,鼎城区安委办在鼎城区体育馆举办以“防范化解灾害风险,筑牢安全发展基础”为主题的防灾减灾日宣传活动,按要求制作宣传盾牌4块,围绕气象行业涉及民生的事项进行介绍,如暴雨(雪)、雷电、大风、大(浓)雾、连阴雨、霜冻等灾害的防御。印制6类宣传手册和气象知识周边产品,主要为关于气象灾害防御方面的读本和印有气象知识的宣传册。（蒯星龙）

2021年5月12日,鼎城区气象局在区体育馆开展气象知识宣传（提供:蒯星龙）

林　业

【概况】 2021年,鼎城区发放林木采伐许可证1087份,涉及采伐蓄积75545立方米(包括花岩溪林场、森华公司、茂源公司),出材量52805立方米。常德市互联网+一体化平台办件653起。受理临时征占用林地7宗,面积10.73公顷;永久使用林地20宗,面积53.43公顷。全区公益林保护面积18227.67公顷,其中国家级14998.67公顷、省级3229公顷。全区森林病虫害发生面积1300公顷,实施无公害防治1233.33公顷。湿地面积29186.67公顷(含西洞庭与贺家山),湿地保护面积23100公顷,湿地保护率79.15%。全区人工造林2100公顷、封山育林2000公顷、退化林修复1333.33公顷、森林抚育5000公顷。其中,实施新建丰产油茶基地166.67公顷、低产林改造453.33公顷;省级生态廊道建设人工造林100公顷、中央财政造林补助2000公顷、森林抚育补助473.33公顷;珍贵树种培育和木材储备林建设133.33公顷。多种尽责方式折算义务植树162万株,义务植树尽责率达92%,义务植树成活率90%。培育珍贵树种苗木5万株、优质油茶苗38万株、杉树苗60万株,存圃优质油茶苗381万株。全年调取山林承包经营合同纠纷3起,受理涉林来信来访9次,答复相关政策咨询58次。至年末,全区林地面积71333.33公顷,森林覆盖率32.15%,活立木蓄积量306.48万立方米。有省级林业龙头企业14家、市级林业龙头企业8家,林业总产值37亿元。

开展国土绿化。全年,鼎城区人工造林2100公顷,封山育林2000公顷,退化林修复1333.33公顷,森林抚育5000公顷,计划任务落实率均100%。

义务植树。绿化公路里程81.8千米,绿化村道里程62.5千米,生态修复面积4.83公顷,组织各单位义务植树捐资30余万元,以认种认养的形式抢救复壮花岩溪镇千年古樟、许家桥回族维吾尔族乡苏家大枫树等4株古树。全区义务植树任务162万株,尽责率92%。

2021年3月11日,鼎城区委书记朱金平(右一)参加义务植树活动（提供:牟吉奎）

创建省级森林城市。建设湖南省绿色村庄(森林乡村)155个,新建、改造彩色街道57千米;建设林荫停车场12.7公顷;新建、提质花岩溪森林公园、乌儿洲湿地公园、天骄农林森林公园、黄土店镇云峰竹海等郊野公园9处,面积5273.3公顷;在19个乡镇种植22个苗木品种7万余株。利用广播、电视、村村响、户外液晶屏等推送创森专题、小视频、标语飞字、创森知识和《致全区人民的一封信》,全区布置大型户外广告及墙体广告宣传50余处,机关院落和主要交通路口宣传展板1000余个,树木科普牌和绿地花草牌5000余块,张贴宣传海报1万余张。

资源林政管理。9月,发放434.94万元生态公益林补偿资金,3月,发放169.92万元"三山"保护资金。监督检查各审批单位是否依法依规开展限额采伐管理工作,维护资源林政管理秩序的公正性。落实湖南省人民政府批准的"十四五"采伐限额,在确保森林蓄积量达到相关指标要求的前提下,依法编制下达年度限额计划146135立方米,并及时公示。把握征占用林地审核审批关,杜绝乱占林地行为。开展新一轮林地保护利用规划(2021—2035年)编制工作,按照时间节点落实。

森林督查工作。上级交办问题图斑731个,至10月,外业调查工作结束。通过外业调查,初步判断违法图斑24个,涉及永久使用林地、临时取土场、修建乡村道路、集中迁坟、超审批面积使用林地、农户集中建房等违法情况,林业执法大队按程序开展查处工作,按照案件查处、林地回收、责任追究"三个到位"标准,彻底整改问题。涉及上年度的17个违法图斑,移交区林业局执法队查处16个,移送区森林公安局查处1个,全部查处到位,达到销号标准。打击毁林专项行动工作交办图斑55个,其中西洞庭管理区2个、德山经开区1个、鼎城区实际图斑52个。打击毁林专项行动工作发现违法小斑2个,查处到位。

打击涉林违法行为。巡查监管全区采砂、取土场及林地,全年查办涉林行政案件18起;打击破坏森林资源违法行为,遏制非法采砂、取土乱象。

林业有害生物防治。3月,落实2020年度8857株松材线虫病疫木除治任务,通过省级清枯除治验收。开展松材线虫病的春季普查与日常监测,普查面积2666.67公顷,普查率100%,普查新发生枯死松木58株,并进行清枯补充除治作业;委托湖南虎创生态科技有限公司采取无人机遥感监测与人工踏查相结合的方式开展松材线虫病的秋季普查,普查面积近4000公顷,查清该区松材线虫病发生区域小斑及危害程度。

林木种苗生产。清查清理近三年油茶重点项目造林良种使用情况,联合市种苗站和区林业局执法队监管种苗市场,数次在全区集镇墟场进行种苗生产和经营相关法律法规宣传,劝导违规经营户。制定育苗指导计划,存2年至3年生油茶苗381万株,湖南省健坤林业发展有限公司新育苗50万株。开展良种穗条的调剂和采集监管,定点采购管理湖南省健坤林业发展有限公司所育油茶种苗所需穗条,全部定点在张家界市慈利县采穗圃采购,品种为湘林"210"。

林业产业发展。全年林业总产值37亿元。实地考察省、市级龙头企业,了解经营状况、帮助恢复生产,克服发展中面临的困境。推荐竹林道建设和特色花卉产业园项目,由2家从事竹产业的省级龙头企业建设、1家从事花卉苗木产业的省级龙头企业实施。常德市天地农耕发展有限公司的"鼎城茶油"系列产品经营获《中国森林认证 森林经营》(GB/T 28951—2012)、《中国森林认证 非木质林产品经营》(LY/T 2273—2014)认证,产销监管链获《中国森林认证 产销监管链》(GB/T 28952—2018)认证。全年建成高效油茶产业基地6300公顷(含农开项目区新造面积366.67公顷),其中年度新建面积620公顷(新造166.67公顷,低改453.33公顷),2019年、2020年续建面积5680公顷(新造1840公顷、低改2304公顷)。对花岩溪林场、花岩溪镇的竹笋和土壤各进行5次取样送检工作;抽查送检油茶小作坊50家。

安全生产。9月,开展安全生产"三大两严"行动,针对森林防火、自然保护地、林产工业企业、机关下属单位及取土场等方面与部位,各班子成员带领相关股室开展排查，保证不漏一家企业、不留一处盲区、不放过一个死角。

野生动植物和湿地保护。利用"世界湿地日""爱鸟周""世界野生动植物日""国际生物多样性日""世界环境日""世界水日"等主题宣传活动，开展宣传活动。结合"清风行动""春雷行动"等专项行动，巡查和清理整顿酒店、市场，防范各类违法经营行为发生。开展湿地修复。实施沙潮河南湾湿地修复项目，投入近100万元，修复总面积约230公顷。（牟吉奎 梅馨丹）

【林权管理服务中心】 抓森林防火。林区各乡镇场分别召开森林防火动员会，制定森林防火工作方案，成立领导班子工作专班，落实值班值守制度。开展设卡巡查工作。谢家铺镇在主要进山路口设立森林防火宣传警示牌，安排有镇、村干部专门值守；尧天坪镇在进山主要路口均设置检查点；周家店镇组织巡查队伍开展巡查，重点部位有专人值守；石板滩镇安排镇村干部值班值守，禁止火源进山；蔡家岗镇实施镇干部包村、村干部包组、党员包山头的工作责任制，禁止一切野外用火和火源进山。开展乡镇林业站"一站式、全程代理服务"工作，推进乡镇林业站从管理型向服务型转变，深化"一站式、全程代理服务"改革成果，实现林业审批事项不出乡镇。开展森林保险工作。协助中华财险开展全区森林资源的投保和理赔工作，全区18253.33公顷生态公益林，39333.33公顷商品林于10月投保，收取保费122.18万元。处理农村林地承包经营合同纠纷，全年受理涉林来信来访来电8次，答复相关政策咨询8次。发展林下经济，引导扶持林下经济专业合作社建设。鼎城区竹香食用菌种植农民专业合作社获国家农民合作社示范社；常德市奇田公司、震坤公司等企业、合作社种植林下中药材380公顷，种植品种有决明子、白芷、玉竹、玄参、迷迭香、竹荪等，全年产值2650万元，带动周边农户就业1500余人，就近增加农民务工收入300余万元。鼎城区林下经济涵盖林下种植、林下养殖，林下产品采集加工、森林休闲旅游四大类型，开发森林旅游、森林康养、林粮、林禽、林畜、林蜂、林药、林菌等林下经济发展模式，林下经济总产值近5亿元。（姜大清 李 曼）

【鼎城区部署创建省级森林城市迎检工作】 2021年9月10日，鼎城区人民政府副区长杨成主持召开鼎城区创建省级森林城市迎检动员大会。会议通报前期督导检查相关情况，交办存在的问题。会议指出，要明确任务"下单子"。指挥部要细化分解各项户外宣传任务，交办到单位、到地点、到内容。要扩大影响见影子。发挥区融媒体中心的宣传作用，安排专门时段持续播出"创森"专题片和"创森"宣传广告，各乡镇场、各街道、各单位要展示各自工作亮点。要全民动员"进房子"。开展"创森"科普知识进机关单位、进酒店、进小区、进校园，制作"创森"宣传栏。（牟吉奎）

【湖南省林业局核验鼎城区创建省级森林城市情况】 2021年11月17—18日，湖南省林业局核验鼎城区创建省级森林城市情况，评估鼎城区城市森林网络、城市森林健康、城市林业经济、城市生态文化、城市森林管理5个方面的建设情况及工作推进情况。核验组实地考察沅江风光带、阳明湖公园、善卷纪念公园、杜鹃湖、三角堆村、枫林口村、花岩溪森林公园等地，肯定鼎城区省级森林城市的建设成果。（牟吉奎）

2021年11月，湖南省绿委办湿地考察鼎城区省级森林城市建设情况 （提供：牟吉奎）

【义务植树活动】 2021年3月11日，鼎城区开展义务植树活动，该次活动在蔡家岗镇的北嘉山全民义务植树基地种植金丝楠木、罗汉松、银杏、樱花、红叶李、紫薇等苗木品种，植树1500多株，植树节前后，各区直及驻区单位、19个乡镇农林场和4个街道办，组织开展义务植树162万株。

（龚明霞）

【花岩溪榨笋】 花岩溪榨笋相传起源于常德花岩溪国家森林公园的仙池古寺，山民们的祖先东晋时期因为战乱南迁于该地，寺庙里的僧人在接济之外，传给他们榨笋之法，让食粮不足的他们得以熬过最困难的时期，在山林中繁衍生息。2021年，鼎城区笋下用林面积1.44万公顷（竹林面积2万公顷），主要分布于常德花岩溪国家森林公园、花岩溪镇、黄土店镇、尧天坪镇、谢家铺镇，涉及农户1万户左右，3万～5万人受益，每亩竹林出产毛竹笋2～3吨。花岩溪榨笋主产于常德花岩溪国家森林公园。至2021年末，常德花岩溪国家森林公园及周边乡镇有从事榨笋产业的相关专业合作社3家，榨笋生产企业1家，主要加工、生产、销售花岩溪榨笋。每亩笋林经济效益3000～5000元，毛竹笋收购价2元/千克。

地理坐标。常德花岩溪国家森林公园位于常德市鼎城区南部，北纬28°37'41"～28°42'59"、东经111°30'56"～111°35'29"，总面积7500公顷。属中亚热带向北亚热带过渡的湿润季风性气候区，气候温和，四季分明，光照充足，境内山峦起伏，森林茂密，具有山地气候和森林小气候特征。年均气温16.8℃，年均日照时数1500小时。常德花岩溪国家森林公园地处雪峰山余脉，土壤以第四纪红土发育的红壤和板页岩母质发育的黄红壤为主，土壤有机质3.8%，全氮0.15%，全磷0.06%，全钾0.12%，速效氮127.93ppm（百万分比浓度），速效磷1.76ppm（百万分比浓度），速效钾66.53ppm（百万分比浓度），土壤pH值（氢离子浓度指数、酸碱度）4.5～6.5，质地疏松。

制作工艺。花岩溪榨笋在工艺上追求自然、环保。制作流程分为挖笋、削笋、煮笋、漂笋、落榨、干制六大工艺。挖笋：在清明节前后开始挖笋，边挖边剥壳边去根须。削笋：鲜笋洗净堆放在篾席上，用刀背将根刮平。煮笋：煮锅用食用油等煎煮、洗净，加水煮沸，放入鲜笋，锅内鲜笋塞实，加盖用猛火煮2～3小时。漂笋：将笋桶3只，排放在灶旁，桶内清水不断流入锅中，将淘桶锅内的熟笋叉出，放在中间一个桶内，漂后随即将笋捞起，用铁杆自笋尖直戳到笋头，使笋节戳穿，将笋再投入左右两个桶中，漂凉一夜，笋凉透。落榨：将榨围排好，放在榨桥或垫木上，圈下用板垫好，板上用清洁的大叶茅草或箬皮垫底，再把凉透的笋装入，盖上盖板和枕木，压上榨梁，进行压榨；逐步加压，开始几天勤加压，一般一天加压两三次，以后几天加压一次，压榨时间大约为1个月；压榨结束后封榨待用，看准天气开榨。干制：立秋前后晒笋最为适宜，开榨后，取出压扁的笋，一片片摊在篾席或石块上；第一天晒出后，不动它，晚间不收，到第二天中午将笋翻晒；以后每天中午翻晒一次，晚上仍不收；到第五天，或笋半干时，将笋脑（头）压在笋尖上晒，每晚收进，并将头、尖交错叠成长方形，再盖上木板；晒到九成干时（7～8天），收进屋内，如上述方法堆放，用板压放两三天，使其回潮；再晒四五天，使笋完全晒干。

特征价值。花岩溪榨笋具有特定的营养价值和药用价值。口感脆而不腻，富含纤维素、氨基酸、高蛋少脂、低糖多维、养心健脑，老少皆宜，是现代营养学普遍认同的“第七营养素”，为绿色时尚首选之佳品；含有蛋白质、氨基酸、脂肪、糖类、钙、磷、铁、胡萝卜素、维生素B1、维生素B2、维生素C；具有低脂肪、低糖、多膳食纤维的特点，且有助食、开胃之功效；增进食欲、防便秘、清凉败毒，人称“保健蔬菜”，是减肥佳品，具有防癌、抗癌作用；在药用上具有清热化痰，益气和胃，治消渴，利水道，利膈爽胃等功效。

参展历程。2015年，花岩溪榨笋通过常德市非物质文化遗产名录项目申报。2015年9月,在四川成都举办的“第五届中国成都国际非物质文化遗产节”上,花岩溪榨笋作为常德市级非物质文化遗产亮相,常德花岩溪国家森林公园管理处成为常德市唯一应邀参加该届非遗节的单位。2016年,花岩溪榨笋被列入第四批“常德市非物质文化遗产名录”。2018年6月,由中共常德市委宣传部、市文体广新局主办的常德市“文化和自然遗产日”系列活动在常德市大小河街举行,“花岩溪榨笋”被应邀参展。花岩溪榨笋及其历史文化、工艺传承宣传片被展示在常德市非物质文化遗产保护中心展览厅,每年开展常德市餐饮业协会与花岩溪榨笋对接。2021年,鼎城区委、区人民政府开展花岩溪榨笋培育申报国家级地理标志证明商标和保护产品工作。

(区委党史研究室整理)

水　利

【概况】 防汛保安。开展防汛抗灾工作。2021年,鼎城区整体呈现前涝后旱的特点,降雨集中在7月上旬,中旬开始涝旱急转,出现旱情。实施责任规矩制度化,建立健全“行政、技术、管理”三位一体的防汛抗旱责任体系,调整民主垸蒿子港站设防水位,4月召开防汛动员会议,部署年度重点工作。实施教育培训体系化,组织开展全区山洪灾害防御转移演练、防汛抗旱业务知识培训、抢险大队前线模拟演练。实施值班备勤日常化,落实24小时值班值守制度,领导带班、专人值班,确保信息上传下达规范有序。实施物资储备充足化,区级储备编织袋31.42万条、编织布5.42万平方米、砂石5.02万立方米、块石1.9万立方米,专业化的防汛抢险器材,与各单位签订商储协议。各分指、乡镇均根据实际备足各类防汛物资。实施科学调度,派出6个督查组,督查各分指、乡镇(街道)防汛抗旱工作开展情况,按照“发现一处、交办一处、整改一处”的原则督导问题整改落实,所有问题均整改。实行2月5日前下闸蓄水保水,助力春耕生产。重点调度冲柳高低水,确保湖区生活生产用水供给有序,分类、科学为水库下达蓄水指标,电排泵站强降雨前及时开机,抢排底水,保障水情平稳。制定五溪、超美、跃进水库联合用水方案,按照“分乡镇、分片区、分时段”的原则供水。实施水利建设项目。2021年度,鼎城区实施中央及省级投资项目10类,年度投资9452.48万元。建设水库项目,投资247万元维修养护小型水库并开展验收;投资1330万元实施7座小型水库除险加固项目并进行完工验收。投资454万元,实施枉水河道兴垸段治理项目。投资871万元,实施鼎城区石公桥灌区续建配套与节水改造2021年项目。投资1600万元,用于白芷湖堤防改造加固。投资50万元,实施中河口镇北洲村节制闸、冲柳垸高水张家阵堤段水毁修复。实施山洪灾害防治项目,投资300万元,实施黄土店镇中溪冲村重点山洪沟防洪治理项目。投资34.48万元,实施山洪灾害防治项目,提升山洪灾害监测预警能力,并进行山洪灾害补充调查评价。投资300万元,用于各乡镇实施渠道疏浚、机电排灌设备更新改造等项目。投资1078万元实施小水源供水能力恢复工程,用于恢复全区210处小水源供水能力。投资982万元,新建石板滩白龙潭水厂,改扩建钱家坪水厂,改造双桥坪龙丰水厂等3处水厂供水管网,改造周家店梁家冲水厂、黑山嘴打鼓水厂等8处水厂水源。投资2206万元实施谢家铺镇金陵村、蔡家岗镇五里溪村、黄土店唐家溪村等97个移民村基础设施升级改造。

惠民工程。投资576.21万元,用于实施农村饮水安全巩固提升工程项目,巩固和新增农村通自来水人口1.46万人,涉及石板滩白龙潭水厂新建、钱家坪水厂改扩建、双桥坪龙丰水厂管网改造、周家店梁家冲水厂应急水源4处农村饮水安全提质工程。

生态水利。落实河湖长制。建立区、乡、村三级河长制组织体系,乡村“一办两员”全覆盖,全区设立区、乡、村河湖长677名,一河一湖警长23名,监管全区71条河流、19个湖泊、171座中小型水库。完善河长制"六项制度",明确各级河长的具体职责,规范履职程序。强化专项巡查、日常巡查、联合巡查,建立巡河台账。全年,各级河湖长巡查巡河1592次,部门间开展联合巡查10次、专项巡查7次、日常巡查近300次,发现、解决河湖问题82处。治理江南城区永兴河、杨家港等6处黑臭水体;建成乡镇污水处理厂16个并投入试运行,区级34处饮用水水源地水质全部达三类标准;实施十美堂乌儿洲19.87公顷小微湿地试点建设、落实马家吉河鼎城段13.9千米水生态修复工程验收;启动冲天湖、西洋陂水库、花岩溪水库水污染治理;落实区管11条流域面积50平方千米以上河流、常水面面积1平方千米以上9个湖泊的划界工作;清理小水电2座、整改小水电7座;沅水、澧水干流实行十年禁捕并建立健全长效管理机制;落实洞庭湖生态环境整治"五结合"(黑臭水体治理、沟渠清淤清污、农业面源污染治理、人居环境改善和湿地生态保护修复)工程11处、农药包装废弃物回收处置点建设任务1个;排查并入库辖区内规模以上河流"四乱"(乱占、乱采、乱堆、乱建)问题。以鼎城沅江样板河和石板滩镇堆子岗民间河长样板河为引领,全区打造样板河(湖)20余条。实施水保水资源管理。为全区98户取水户下达取用水计划,取水许可颁证落实电子化管理,按要求完成取水计量检测设施安装。开展节水宣传2次,提升居民节水意识,节水型社会通过省级现场评估。开展水土保持监督检查6次,审批建设项目水土保持方案28处。

行业管理。规范化管理排管泵站,落实开停机申报制度,审核电费清单,节约运行成本。开展堤防考核4次,发现并整改问题10处,基本实现"岸绿堤美"。水库管护落实"三个责任人"制度,水库管护员履职尽责。完成《"十四五"水安全保障规划》《水安全战略规划》编制任务,争取上级建设项目资金5781万元,固定资产投资计15亿元。

(刘姿廷)

【善卷垸】 善卷垸位于沅水南岸,北临沅水,东抵枉水,有临洪大堤33.5千米,沿大堤穿堤建筑物27处,总集雨面积91平方千米,保护斗姆湖街道、红云街道、玉霞街道、郭家铺街道、德山镇、许家桥回族维吾尔族乡等及省市区属450余个党政机关、企事业单位近16万人的生命财产安全,桃花源机场、桥南市场、319国道、207国道,常张、常吉高速公路及11万伏、22万伏、50万伏高压输电线路等基础设施坐落在垸内,保护固定资产总值100余亿元。

防汛保安。开展汛前检查,汛前进行病险涵闸专项维护,集中修复闸门栈道护栏,维修和保养交通涵闸辅助工器具(千斤顶、发电机)。开展清基保洁工作,全垸33.5千米堤防进行7次清基保洁工作,投入资金22.6万元。划分责任堤段到人,落实防汛值班,随时关注雨水情。实施城区房产开发基坑管理。针对新开发的项目按文件要求下发除险通知,督导建设业主编报度汛预案、防洪补救设计方案,落实应急抢险措施。建设期间派专人负责,督促施工进度和质量,抢在汛期前完成正负零以下工程,确保安全度汛。

堤防管理。坚持有责任堤段的干职每周一、三、四开展堤防涵闸巡查,副股长每周2次除本职工作以外开展堤防巡查督导,股长每周开展堤防巡查督导1次,分管领导每月最少2次堤防巡查督导制度,对照堤防管理要求,逐项落实,发现问题及时解决。

(谢华胜)

【八官崇孝垸】 八官崇孝垸属于沅澧垸,处于沅澧水尾闾的冲积平原之上,是洞庭湖水系的西洞庭湖部分。该垸四面环水,垸内地势较为平坦,地势西北略高于东南,防汛堤段总长99.639千米,穿堤建筑53处,有电排机埠12处。该垸面积2.13万公顷,辖牛鼻滩镇、韩公渡镇、原区特养场、贺家山原种场,30个行政村,总面积221.8平方千米,总人口10.26万人,其中城镇人口1.54万人、农村人口8.72万人,耕地1.32万公顷,地区生产总值12.8亿元,固定资产总值15.5亿元。是洞庭湖畔粮、棉、渔、油及珍珠生产的重要基地之一,是湖南省确保垸之一。

防汛保安。八官崇孝垸是全区降雨集中的地区之一,是省级重点确保垸之一。3月,组织业务技术力量针对三堤及沿线的穿堤建筑物、险工险段,进行汛前安全检查,建立问题台账并将汛前检查中发现的问题和2020年汛期出现的隐患问题进行处理。更换拦马口泄洪闸闸门和启闭设施、更换黄腊溪进水硒止水橡皮和拦物栅、更换赵家冲机埠闸门和启闭设施、牛鼻滩电排出水管断裂堵渗、更换渔码头机埠闸门和启闭设施。编制和修订防汛预案,上报区防指备案。按照区防指的要求落实防汛岗责,建立险工险段及穿堤建筑物台账,落实防守行政责任人、技术负责人和防守人员。5月17日,召开2021年度八官垸防汛抗旱动员会,在会上分析防汛工作总的形势,结合实际情况提出防汛抗灾的工作任务,将防汛抗旱岗位责任制落实到各乡镇,并在会后重点督查各乡镇防汛岗责落实情况、防汛抢险队伍的组建情况及防汛物资储备情况等。

堤防管理。细化责任并分工到人,制定堤防及河道保洁管理考核细则,每个人到各自所管辖的堤段进行定期巡堤查勘,排查隐患,及时发现及时处理。进行责任堤段内部考核评比,一日一次小结,一周一次总结,将日结、总结结果上传至工作群,由区水利局直接进行核查裁定。在全区堤防管理4次检查中,该垸一线大堤均位居第一名。

水政执法。进行水法宣传,实行水政监察,维护水事秩序。按照纵向到底横向到边的管理要求,查处河道非法采砂的违法行为,及时发现、及时制止、及时处理。全年组织巡河40余次,发现和查处违法采砂3起并移交区水政执法大队、协助武陵区水政监察大队查获非法盗采船只1艘、处理汉寿采区越界采砂事件2起,驱离河道船舶乱靠乱停事件2起、乱开码头1起、三堤乱栽乱种事件2起,处理群众举报4起,均结案。组织学习《中华人民共和国水法》《中华人民共和国防洪法》《湖南省河道采砂管理条例》及在办案、执法中经常涉及的相关法律条文,对典型的涉事违法案件进行剖析、讨论,总结经验教训。开展"世界水日""中国水周"宣传活动,围绕主题,通过制作宣传片、宣传标语等在网络、广播中进行宣传,促进法律条文知识的普及。

农村安饮。牛鼻滩水厂以安全生产、水质达标、优质服务为中心,围绕年初下达的生产目标,开展工作。将负荷设备,机泵功率进行合理调配,消除故障隐患,保障设备正常使用。开展机泵设备维护检修和供水管网巡查,处理水管维修500余处,遏制漏水情况,降低水厂成本。抓水质达标,夏季每个月清洗清水池和水处理系统1次,冬季每两个月清洗清水池和水处理系统1次,清除沉淀物和附着物,减少水质浑浊度;按照上级要求,供水24小时加药(加氯,控制微生物指标),取水时曝气池加药絮凝,减少微生物和杂质;定期更换过滤沙料。每两年更换一次过滤沙料,根据水质变化必要时添加部分沙料,控制金属含量指标。

(葛慧峰)

【民主阳城垸】 民主阳城垸位于洞庭湖滨,澧水尾闾,属澧水水系。东隔澧水尾闾洪道与安乡相望、南临汉寿西湖管理区,西南接八官崇孝垸,西连冲柳垸,北临津市西毛里湖垸。全垸集雨面积343.29平方千米,占沅澧大圈集雨面积的24.7%。垸内防洪保护人口17.3万人,保护耕地面积19210公顷,是鼎城区粮、棉、油、渔主产区。各类堤防总长98千米。其中澧水一线大堤长33.12千米,大堤16处穿堤建筑物,其中进水闸4处,交通闸1处,排污管1处,电排出水管6处,电排总装机容量8245千瓦。

防汛抗旱。坚持"常抓不懈,有备无患"的方针,立足于"防大汛、抗大旱、救大灾",实行早准备、早检查、早落实。落实各级首长责任制,5月11日召开全垸2021年防汛抗旱工作会议。根据区防指要求,及时调整充实防汛抗旱指挥部组成人员,编制并印发防汛工作手册，落实防汛抗旱责任制。3月，开展大堤、间堤、两湖渍堤汛前安全大检查，完善防汛预案的修订，对在检查中发现的问题及时进行汛前除险地段的上报与预算工作。4月，协调与调度牛屎湖的煞尾工作，赶在汛前完成，保障水利建设工程的度汛，进行信阳湖电排出水管除险加固，翻筑漏水处，进行伸缩缝漏水补漏处理；进行汪家洲电排出水管伸缩缝补漏，出水管与压力水箱与土堤结合部土方进行翻筑处理。5月，除险加固牛望咀620千瓦电排出水管，更换抗旱闸门，更换启闭丝杆，进行止水压铁止水处理。针对澧水麻河堤段采用帷幕灌浆防渗处理。实行王家当进水闸汛前除险更换启闭机及丝杆，整修输电线路；实行沙河口大电排出水管闸门除锈上漆，整修消力池。修订完善民主阳城垸防洪应急预案，王家垱进水闸、罗家铺闸等澧水大堤和间堤穿堤建筑物防汛预案，澧水大堤信阳湖堤段、高水间堤建丰至崇河堤段防汛预案，修订蒿子港千吨级码头工程度汛预案。年初单位组织工程、财器、办公室人员清理防汛物资，开展补充储备。向上级报告，争取支持，为安全度汛提供保障。执行防汛纪律，坚持24小时领导带班和值班制度，加强信息报送，确保防汛抗旱信息上传下达，确保政令畅通。进行防汛抢险知识培训，按区防指要求督导蒿子港镇、十美堂镇抢险应急队开展实战演练。

堤防管理。按照每人1500～2000米的管理责任落实到人，实行动态管理。一线大堤从3月开始，进行5次长杂草清除，逐日清除堤身垃圾，做到堤身无长杂草无垃圾、坡面无雨沥沟，堤顶防汛公路无坑洼。二线堤进行2次清除长杂草工作，做到堤身无长杂草、无垃圾堆放、堤顶公路畅通。

水政执法。3月2—28日，借助“世界水日”“中国水周宣传日”，组织水法宣传，挂横幅16条，张贴公益广告标语34幅，印发宣传小册130余份。水政人员每周不少于1次查处河道非法采矿行为，全年出动车辆26次、船19次、人员126人次。抓“清四乱”等河湖长工作，水政中队督导芦苇场2020年行洪区栽种行为，对近266.67公顷复栽欧美杨进行督导和砍伐。 （雷光华）

【冲柳垸】 冲柳垸位于鼎城区中部，东与民主阳城垸交界，南与八官崇孝垸隔河相望，西南与柳叶湖管委会接壤，北抵津市八宝湖，省道306线贯通全垸。垸内所辖镇德桥镇、石公桥镇、周家店镇、区园艺场、原区特养场，64个行政村，总人口9.6万人。垸内总集雨面积366平方千米，耕地面积1.77万公顷，经济以农业为主工业为辅，是鼎城区粮、棉、油及鲜鱼生产的主要基地之一。垸内防洪大堤长109千米，其中高水81.12千米、低水27.88千米。沿堤穿堤建筑物76处，其中外排装机23处/43台/5055千瓦，外排主干渠387千米。垸内有小(1)、小(2)型水库24座，撇流渠道25条65千米。

防汛抗灾。召开防汛抗旱工作会议，从人员岗责、防汛预案、物资筹备、行动方案上进行总体要求和部署。各乡镇召开防汛抗旱工作会议，成立领导班子，明确岗责，制定各种预案。汛期期间，所有干职及工程技术人员采取电话抽查和现场督查的方式到所管辖堤段、涵闸、水库进行数次拉网式排查，发现问题及时整改，不能整改的按要求制定预案并及时上报，分指指导各分所防汛抢险突击队员集训演练，按岗责调阅巡查记录，清点备份商储、民储点所储物资。开展防汛工作纪律督查5次。汛期后组织防汛抗旱工作回头看，按岗责组织巡查，重点是险段，涵闸、水库。落实抗大旱准备工作，整修抗旱机电排灌设备，修复、疏通抗旱渠道。制定合理用水方案，实行一库一策，科学调度、合理用水。

农村饮水监管。成立以“一把手”为组长，支部成员为副组长，股室负责人和各水厂业主为成员的冲柳垸安全生产领导小组，下设2个工作小组。贯彻执行《常德市农村饮水安全集中供水工程运行管理办法》，履行监管工作职责。垸委会采取定期或不定期针对辖区水利工程建设及水厂安全生产进行现场检查、发现问题及时整改,并将检查结果作为年终考核的重要依据。 (陈志勇)

【冲柳排水工程管理处】 冲柳排水工程管理处主要职能是负责沅澧大圈冲柳地区1164平方千米的防洪、排涝、抗旱和沅水防汛水位观测任务。受益范围包括鼎城、武陵、津市、汉寿4个区县市和柳叶湖度假区、西洞庭、贺家山农场,受益面积4.5万公顷,人口50万人。该工程主要作用是将上游丘岗入湖的山水和湖区垸内渍水按照"先自排,后提排"的原则从苏家吉水闸和泵站注入沅水。苏家吉排洪站与苏家吉水闸,冲柳新(老)五甲拐水闸联合统一协调运行,解决冲柳地区排渍机埠被迫停排的威胁,减轻冲柳地区渍涝抢排的防汛压力。

防汛抗灾。贯彻落实"安全第一,预防为主,常备不懈,全力抢险"的防汛工作方针,落实责任制,修订完善各类应急预案与方案,开展防汛队伍建设及物资储备等工作。实行防汛应急响应,强化值班值守,坚持领导班子成员带头防汛值班制度,确保24小时信息畅通;落实雨情、水情、工情的观测、监控及数据资料分析、统计上报,为上级主管部门科学决策汛情提供可靠依据。根据区防汛抗旱指挥部调度指令,加强苏家吉排洪站、苏家吉水闸、新老五甲拐水闸、南昏水情观测站5处水利工程调度与管理工作。为确保冲柳高、低水大堤安全及人民群众生命财产安全,5月22—26日,苏家吉排洪站开机4次,安全运行220台时,排洪水量3091万立方米,静态降低高水河水位2.36米。

安全生产。按照工程安全管理规范要求,成立单位安全生产领导小组,完善和落实安全生产管理规程、制度、责任清单,按照"管业务必须管安全、管生产必须管安全、管人必须管安全"的工作职责,落实"党政同责、一岗双责、齐抓共管"的安全生产责任制度,构建"一把手"负总责、分管领导在职责范围内各负其责的安全管理责任体系,强化安全生产"红线"意识,层层签订安全生产目标管理责任书,建立安全生产"日报平安"机制,每季度召开安全生产工作会议1次,分析、研究和解决问题,定期为单位管理人员进行安全生产知识培训与宣传,每月进行排洪站、水闸、水文观测站机电机械设备设施、穿堤建筑物等部位隐患排查、处置和整改,保存文字、图片、数据永久档案资料,确保安全检查工作全方位无死角、工程管理规范化和制度化,贯彻落实省、市、区关于安全生产专项整治三年行动集中攻坚和安全生产及维稳工作电视电话会议精神,杜绝事故发生,营造安全稳定环境。根据区安委指示,组织人员在苏家吉、五甲拐水利工程点集中开展查隐患、消隐患、防事故、庆"七一"、保安全大排查大整治行动,进行拉网式安全生产检查,并形成完整的文字图片档案资料。

工程管理。落实2020年的秋冬修施工煞尾工程及2021年的应急除险施工,落实苏家吉排洪站4台电机轴瓦更换,4台齿轮箱设备、液压拍门及缓冲装置、水泵调节机构维修,水泵内壳及钢屋面除锈防腐施工,新五甲拐水闸5扇闸门止水橡皮更换、老五甲拐水闸3扇闸门除险加固及闸室两边八字基础灌浆施工任务。 (曾 祥)

【五里溪水库管理所】 五里溪水库属中型水库,控制集雨面积50.25平方千米,相应水位59.20米,以水库为总水源,以渐河为总干渠组成五里溪中型灌区,灌溉面积3526.67公顷,受益乡镇包括蔡家岗镇、石板滩镇、灌溪镇及武陵区河洑镇白合、洪流、南湖等村及丹洲乡部分村。

防汛。开展动员部署,4月29日,五里溪分指召开2021年度防汛抗旱工作会议,分析防汛抗灾的形势,部署防汛抗灾工作,分指与五里溪水库管理所及所辖乡镇签订责任状,现场交办险工险段的防守与涉河工程防汛工作等问题。开展汛前检查。从3月末着手准备,抓蓄水少、有利检查的时机,于4月初开展检查,查看五里溪分指范围内的水库、堤防，穿堤建筑物、险工险段。汛前，会同各乡镇重点排查，登记造册。汛前督导各乡镇开展水库、山塘、堤防的自查工作，汛期督促乡镇按度汛计划控制水位，落实值班值守，并及时上报雨情水情。4月18日分指组织各乡镇开展防汛应急演练。开展防汛器材储备工作，储备碎石500立方米、块石500立方米，实施“以船代仓、以车代仓”形式落实防汛物资保障工作。

河(湖)长制工作。设立河长制办公室，聘请专业队伍每月实施一次水库大坝砍草除杂，聘请专人保洁员，全天候清除垃圾，制止乱丢乱扔现象，确保水库大坝外观整洁、无高秆杂草。安排专人每周巡查水库周边2次，发现问题及时上报及时处理。3月，结合水法宣传，采取走村入户发资料、流动宣传车广播、“村村响”播放、设置盾牌标语等形式宣传河长制政策和环境保护的相关法律法规。协助五里溪水库、渐河、朱家岗河河长开展日常巡河工作，及时登记巡河台账。（杨小峰）

【牛鼻滩电排管理站】 牛鼻滩排涝泵站改造位于常德市鼎城区沅澧大垸西部的八官崇孝垸，东临汉寿西湖垸，南临沅水，西接护城丹洲垸，北界冲柳垸，东北与属民主阳城垸的西洞庭农场及同心障相邻，四面环水。垸内总面积255.28平方千米。

机电检查。成立督查组，排查各个泵站设备，与各个机长签订责任状，确保不漏工程、不漏部位、不留死角，存在的问题登记造册，建档立卡备案，研究解决处理方案，能及时处理的问题汛前处理，不能及时处理的问题制定临时措施。进入汛期前查看机组运行情况，涵闸启闭设施，找出隐患。省财政投入954万元用于牛鼻滩排区7处小型泵站更新改造。安排专人管理各泵站运行人员，开、停机及电费抄表。栏马口泵站和谈家河电排实行峰谷开机（23:00—7:00）；电表抄录须电业局人员、站监督人、机长三方到场才认可。各机长和当地灌长协调，实行涵闸的管理，关注天气预报，合理调度泵站开、停机。配合水利局进行渠道疏浚配套工作。

水政执法。以巡查鹰湖（河长办）渠道、堤岸、水闸为主，做到污水无直排、水域无障碍、渠道无违建建筑、更新和维护“鹰湖”公示牌，进行水法宣传。（曾祥保）

【沙河口电排管理站】 沙河口排涝工程所处堤垸为民主阳城垸。

防汛抗旱。开展汛前机务大检查，保障全站机组运行安全。春节假期过后，组织召开全站骨干会议，部署汛前机务大检查和机组开机调试工作，检查所有机组、电气设备、涵闸、穿堤建筑物，发现问题及时处理，组织资金购买部分急需的备品备件、约请生产厂家的技术人员到站检修问题设备，进行开机调试运行，保证无病机死机。2021年，2次集中特大降雨和干旱没有淹、干现象，为全年的防汛抗旱工作提供安全保障。按照区防办及局排灌站的要求，各分站、办公室值班人员通过培训，熟练地将各类水情、雨情信息和开停机情况及时上报，落实灌区所属涵闸及取水口的基本信息收集及整理上报，为防汛抗旱科学调度、合理安排提供精准数据。

水利工程管理。根据上级相关要求及实际情况，站机电股制定涵闸管理责任制度，每处涵闸安排专人负责管理，制定管理实施细则和管理人的具体职责，安排联络人员，负责两大水厂相关工作。（高立峰）

枉水灌区管理

【概况】 为民办实事。2021年，鼎城区枉水灌区管理局结合党史学习教育工作，开展“我为群众办实事”主题活动，实行清单化管理，办实事20件，受益群众300余人。助力乡村振兴，推行党员结对帮扶、“第一书记”下乡驻村等举措，为帮扶群众引资修桥，商定村集体产业发展规划，开展送医送药送温暖活动，每月召开驻村帮扶联席会议，保障驻村队生活条件,年内帮扶82户。

防汛抗旱。制定灌区用水管理调度方案、水库防汛预案及水库联合用水调度方案等，检查灌区的水库管养工作情况,排查急需处理的险工险段,相关问题向区领导及时汇报,争取资金40万元用于除险加固。3—5月,对于辖区水库进行2次汛前检查。在主汛期,落实值班备勤制度,定期和不定期进行督导检查,了解掌握防汛形势,科学调度,解决防汛和抗旱的矛盾。

招商引资。挖掘社会资源,引入湖南桐欣阁医药公司投资落户鼎城区。在湘西北五金机电城租赁办公和库房约4000平方米，一期投资约2000万元,正常运营后可解决就业50人,年增加税收约300万元。

管理体制。根据水利部相关文件要求,开展灌区标准化和规范化管理创建工作，补充和完善相关制度和工作流程,如:工程建设管理、安全管理、组织管理、供用水管理、人员培训计划等。

项目建设。由国家投资的灌区水价综合改革项目,总投资248万元,7—12月完成招标、实施工作,拟于2022年3月完成竣工验收。3月至10月,实施"十四五"枉水灌区续建配套与现代化改造项目的规划设计,编制《枉水灌区续建配套与现代化改造总体规划》,规划总投资近3亿元。8—10月，制定枉水灌区工程改造与水价综合改革项目的实施方案。4—11月,落实2008—2019年枉水灌区续建配套与节水改造项目后评价工作,12月落实国家审计处2008—2020年枉水灌区续建配套与节水改造项目的抽查工作,10—12月落实枉水灌区2012年、2014年、2015年、2017年的续建配套与节水改造项目档案验收工作。12月,落实枉水灌区2018年度总投资426万元的新增量测水设施建设项目、枉水灌区2018年度总投资264万元的续建配套与节水改造省补资金项目、枉水灌区2019年度总投资195万元的续建配套与节水改造省补资金项目的审计工作。

（李属芬）

【枉水灌区管理局沧山管理处】 2021年，枉水灌区管理局沧山管理处落实上级工作部署，防汛抗旱、水利工程管理各项工作。党支部年初谋划制定学习计划,组织集中学习16次,学习贯彻习近平新时代中国特色社会主义思想、习近平总书记系列重要讲话及庆祝中国共产党成立100周年系列相关会议精神,开展革命形势教育,巩固主题教育成果。党支部落实管党治党主体责任、意识形态工作责任。年初进行研究、安排、部署。利用会议、"学习强国"、微信群等平台,从"四个意识""四个自信""两个维护"方面进行思想政治教育宣传。单位涉及人财物、工程项目的重要事项经民主决策、决定。支委会成员带头学习并遵守党章党纪党规,落实"一岗双责",利用党课、会议、微信、"学习强国"学习平台等方式进行廉洁教育。

党史学习教育。制定实施方案、学习计划,成立工作班子，召开动员会，每月开展集中学习研讨。举行读书会等学习活动,督促党员开展个人自学,为党员准备学习书籍、学习资料。6月下旬,组织党员到浯溪河战役旧址进行现场教育，向红军先烈敬献花篮,党员重温入党誓词,学习红军先烈的革命事迹。制定学党史办实事的计划,从集体和个人层面分别落实行动。申报争取项目，筹资17万元处理主干渠道4处险工险段,解决行水不通、群众用水难的问题。党员进行助春耕疏通渠道、义务植树、慰问困难群众、清理垃圾保护环境、保障群众饮水安全等实事活动。组织党员开展志愿者服务,进行政策宣传、公益事业、帮困扶贫、平安创建等活动。落实区委乡村振兴工作任务,联点花岩溪高峰村,派驻1名工作队员,组织党员骨干进村入户开展结对帮扶工作。

防汛抗旱。开展汛前安全大检查,工作人员分成两块6个组,检查水库大坝、主干渠道、硚管涵闸、险工险段,分门别类登记造册并上报,制定重点隐患临时度汛措施。汛初,明确工作人员防汛岗责,修订防汛预案,落实防汛责任,增储防汛物资,加强调度管理。在汛期24小时值班制基础上,扩展到全年实行24小时值班制，下班后、节假日均有2人以上在单位值守，保持信息畅通。完善防汛预案，修订完善水库防汛预案、抗旱方案、片区山洪灾害防御方案等。按要求增储“三石”600立方米、2万条编织袋等防汛抢险物资及信息增强设备。开展防汛督查，根据上级防汛指挥部门安排，到黄土店、谢家铺两乡镇进行3次防汛工作检查，督促落实工作任务。合理运用保灌溉，在保证工程安全的基础上，前期保持水库适度蓄水，保证抗旱灌溉水源充足。在抗旱工作中，召开工作会议4次，研究安排落实抗旱工作任务。检查主干渠道，到村组调查研究，掌握情况和抗旱需求，协调处理灌溉供水问题。7月，按预案合理调度抗旱用水，协调灌区内各乡镇抓行水管理。8月，按区指和枉水分指要求，派出工作组到乡村指导抗旱，统筹兼顾上下游，确保农田正常灌溉。督促水厂抓生产和维护抢修，确保人畜饮水安全。

工程建设管理。明确岗责，枢纽大坝、灌区主干渠道都明确岗位，确定人员，明确职责；重要的水闸工程，渠首由工作人员直管，其他的工程委托当地责任心强、有防汛抗灾经验的群众进行管理，督促其随时、及时进行启闭。开展工程巡查2次，要求责任管理人员及时巡查，发现问题立即报告、处置。春节后主汛前，配合区水利局完成水库除险加固施工建设煞尾工程任务。

安全生产管理。检查所辖工程、水厂、电站，落实安全生产任务。完成河长制工作任务，抓水库环境整治，进行禁渔禁钓常态化管理，工作人员每日巡查水库及周边，劝阻、制止捕鱼钓鱼等危害水库生态环境的各类行为，协调黄土店镇政府及派出所及时处置禁渔纠纷3起，处理河道、渠道工程涉水违章建筑2起。

水源保护与生态治理。根据《中华人民共和国水法》《中华人民共和国渔业法》《中华人民共和国环境保护法》《中华人民共和国水污染防治法》及《关于规范水库渔业利用加强水库水质保护的意见》（湘政办发〔2016〕31号）等法律政策精神，开展水源保护、生态治理工作，拟定工作目标：通过相应生态治理与保护措施，确保水库水质稳定在三类基本标准，争取5年内达二类水质标准。实施禁渔，向周边村落、社会群众进行宣传，在水库开展常年日常巡查，劝导、制止群众非法捕捞、钓鱼，并联合公安部门整治捕鱼钓鱼行为。引进专业公司进行治理，经市守水护渔协会引荐，委托专业公司进行水源保护、生态治理管理，通过投放鲢、鳙滤食性鱼类净化水质、平衡生态链，辅以其他生物措施；库中鱼类适时轮放轮捕，保持在合理密度；物理治理，常年人工打捞水体中的垃圾物，辅以吸藻、改底、灭菌等物理措施。清理水面垃圾30吨，水质改善至三类标准（可饮用水）。 （张 鹏）

2021年，凉水干渠3组决堤地段应急抢险（提供：熊大江）

2021年，枉水灌区管理局沧山管理处工作人员实施清理水面垃圾，保护水源环境 （提供：熊大江）

【柽水灌区管理局跃进管理处】 2021年，柽水灌区管理局跃进管理处围绕服务“三农”总要求，发挥水利工程效益，履行单位各项职能，从政治学习、作风建设、业务开展等方面，规范内部管理，开拓创新，落实上级党组织交代的各项工作任务，发挥基层党组织战斗堡垒作用，实现防汛保安全，抗旱保丰收的年度总目标。

防汛抗旱。树立常备不懈的思想，克服麻痹侥幸心理，增强忧患意识和责任意识，反复教育职工，宁可信其有，不可信其无。根据气象专家预测，开展防汛检查，按照区水利局汛前检查要求突出重点，严格把关，根除各种隐患，保障设施设备正常运行。落实防汛责任制，明确行政主要领导为防汛第一责任人，责任科局负责人为具体责任人。实行24小时值班不脱人，遇到特殊天气所有值班人员全部到位，保证上情下达，下情上报，政令畅通。抓抗旱工作，合理调度，制定抗旱调度方案，配合乡镇，开展水量分配和矛盾协调等工作，确保灌区农田大面积的需水要求。

河长制工作。成立河长制办公室，明确专人负责日常工作，每座中型水库和河流明确1名班子成员牵头负责，按照河长制的要求，开展日常巡河工作，每月至少巡河1次，建立巡河台账，将巡河发现的漂浮物等问题及时反馈至责任乡镇限期处理。

水利工程维修与维护。自筹资金，建设陡山和大洋湖水闸的自动化监测系统，建设干渠穿孔等险情应急除险工程4处，渠道清淤扫障8处，规范站所工作管理制度，建立大坝、渠道、闸门等巡查制度，针对水库枢纽和灌区的启闭机、闸门、丝杆等工程设施进行防锈、上机油等保养与维护工作，为4座水库大坝清基除杂3次。派出工程技术人员，针对五溪、超美水库除险加固工程进行现场指导和施工环境的协调，工程于2021年4月末完成主体工程的施工任务并关闸蓄水。

2021年，柽水灌区管理局跃进管理处组织疏通五溪干渠许家桥回族维吾尔族乡段尾水渠道淤泥及杂草等 （提供：章廷珍）

督导乡镇的业务工作。根据区水利局和柽水灌区管理局的要求，负责管辖范围内许家桥回族维吾尔族乡、尧天坪镇、花岩溪镇、草坪镇、花岩溪管理处5个单位的水情、雨情、汛情、险情的收集和上报、防汛与抗旱工作，水利建设和小型水库管养等业务工作的指导，按照年初制定的规章制度和有关技术要求，采取日常巡视和突击检查相结合方式进行相关的业务指导。 （章廷珍）

2021年，柽水灌区管理局跃进管理处指导处置五溪干渠渠堤硚管抽筒、穿孔险情 （提供：章廷珍）

工 业

Industry

2021年，湖南粤港模科实业有限公司研发大楼　（提供：区工信局）

概述

工业企业选介

电力

鼎城年鉴（2022）

概 述

【概况】 2021年,鼎城区工信局继续保留“全省经信系统规范行政执法示范单位”称号;获评湖南省工业经济运行监测协调工作先进单位、湖南省“湖湘精品”中小企业品牌能力提升工作先进单位、湖南省中小企业技术创新“破零倍增”工作先进单位;获常德市真抓实干工业高质量发展激励奖;获评鼎城区平安建设优秀单位、党委办公室工作优秀单位。全年,工业总产值452亿元,比上年增长12%;工业增加值100亿元,增长9%;工业入库税金9.8亿元,比上年下降4.7%。规模工业总产值403.56亿元,比上年增长12.8%,规模工业增加值71.26亿元,增长9.3%;规模工业入库税金8.4亿元,比上年下降11.3%。新增规模工业企业33家。新开工亿元工业项目17个,新投产亿元项目14个。

企业培育。建立“小升规”企业后备库、“小巨人”后备企业培育发展库。提前谋划、持续发力,推进企业入规,全年新增新建成投产规模工业企业33家。

争资争项。抓项目编报,把握资金投放重点,向上对接协调,帮助企业争取上级财政扶持资金。全年为企业争取中央、省级专项资金近5000万元。

品牌推介。举办鼎城区名优产品推介会,畅通产品销售渠道,开展主流媒体宣传报道。组织企业参加常德市首届电商主播大赛,帮助企业塑造品牌形象,培育孵化电商主播团队,源宏食品主播获抖音组季军。开展“湖湘精品”行动,服务中小企业100余家,推出10余家“湖湘精品”样板企业。

惠企稳企。推进服务企业零距离,以中小企业服务中心为桥梁纽带,实现园区企业少跑路、不跑路。开展政策宣传,向企业推送各类惠企政策,保证政策逐项落实,逐条兑现。缓解企业融资困难,通过财鑫担保为企业解决流动资金贷款2000万元;降低企业转贷资金周转成本,通过市工业投为企业解决过桥资金5380万元。开展“破零倍增”进企业公益咨询活动,聘请专家为企业提出技术指导性建议。落实湖南省中小企业“两上三化”三年行动计划,召开中小企业“上云上平台”工作推进会,引导企业向数字化、智能化、网络化发展。组织“创客中国”大赛,激发企业发展活力,5家企业进入市级复赛,斯盛新能源获湖南省“创客中国”大赛企业组三等奖。常态化开展清理拖欠民营企业中小企业账款工作。

安全生产。落实行业安全生产责任,8月31日至9月30日,开展为期1个月的安全生产“三大两严”行动,成立专项行动工作领导小组,研究《鼎城区工信局安全生产“三大两严”专项行动实施方案》。鼎城区工信局全体班子成员带队,分成5个组,开展全区园区外规模工业企业和烧结砖瓦企业拉网式安全生产隐患大排查。带队检查13次,出动检查工作人员52人次,检查一般规模工业企业28家,发现隐患33处,整改6处。开展安全生产宣传活动,发放安全生产资料30余份。通过企业负责人带头讲、安全专干深入讲、一线人员互动讲相结合方式,落实安全生产宣传教育工作,督促企业组织工作人员尤其是生产一线工人观看警示教育片、安全宣传片等。要求企业开展“一月一警示”活动,通过典型事故案例剖析,警示教育,防止事故发生。建立领导班子联系乡镇制度,落实安全生产工作责任。年度排查的工业企业安全隐患均整改到位并销号。 (曾紫雯)

2021年,鼎城区工信局开展全区园区外规模工业企业和烧结砖瓦企业拉网式安全生产隐患大排查

(提供:曾紫雯)

绿色发展。支持企业发展绿色制造,建设绿色工厂,全区单位规模工业增加值能耗年均下降

7.5%。湘沅实业、荣泰机械等8家企业通过自愿性清洁生产审核；中联建起、响箭重工创建绿色工厂；特力液压、精为天通过两型企业认证；中联建起、新金顶建材的产品获批国家绿色设计产品。

【鼎城区开展中小微工业集聚区规划工作】 2021年，鼎城区工信局、区自然资源局及规划设计技术单位相关负责人到蔡家岗镇、周家店镇、谢家铺镇、许家桥回族维吾尔族乡4个规划区调研，听取关于中小微工业集聚区的选址意见。调研组一行实地勘察中小微工业集聚区规划选址地块，逐一进行要素比对，确定4个中小微工业集聚区的选址及区域范围，待上级批准后进行技术指标落实。

（曾紫雯）

【鼎城区工信局开展"两上三化"工作】 2021年6月21日至7月8日，鼎城区工信局联合中国电信鼎城支公司、中国联通鼎城支公司、中国移动鼎城支公司，分组到常德高新区和相关乡镇的工业企业开展政策宣讲、信息化调研和推进工作，走访企业67家，其中11家企业与3家通信运营商分别开展合作。鼎城区拟按照湖南省工信厅《湖南省中小企业"两上三化"三年行动计划(2021—2023年)》，在全区中小企业中开展"两上三化"咨询、诊断、培训等服务活动，以"一企一策"的方式，为企业提出具体的工作建议和解决路径，推动中小企业"上云上平台"，实现"数字化、网络化、智能化"转型。

（曾紫雯）

2021年，鼎城区工信局调研常德辰州锑品有限责任公司"两上三化"工作 （提供：曾紫雯）

【鼎城区到益阳市安化县考察学习工业互联网平台工作】 2021年7月13日，鼎城区工业和信息化局主办、中国联通鼎城公司承办，组织部分企业法人代表到益阳市安化县考察工业互联网发展先进企业。考察组一行参观考察安化黑茶产业互联网平台，参观生产车间、仓储基地、展销大厅等黑茶生产、储存、销售线，了解安化黑茶智能仓配一体化、供应链协同、产业电商、5G运用、数据精准营销、黑茶文旅等方面情况。通过考察学习安化黑茶产业互联网平台，为鼎城区粮食加工、米粉生产、中药饮品等行业提供借鉴学习经验。

（曾紫雯）

表5 2021年鼎城区规模工业企业基本信息一览表

序号	企业名称	法人代表	地址
1	中联恒通机械有限公司	杨学清	灌溪工业园
2	湖南常德牌水表制造有限公司	李发银	灌溪工业园
3	常德国力变压器有限公司	张家跃	灌溪工业园
4	常德芙蓉烟叶复烤有限责任公司	候 军	灌溪工业园
5	湖南鑫文天生物科技有限公司	邓小兵	灌溪工业园
6	常德湘沅实业有限公司	易建平	灌溪工业园
7	常德市广汇气体有限公司	沈正湘	灌溪工业园
8	常德市鼎城区奥兴机械有限公司	李必顺	灌溪工业园
9	常德市景云塑业有限公司	刘景云	桥南工业园

续表 5

序号	企 业 名 称	法人代表	地址
10	湖南常德航力服饰有限公司	李　敏	桥南工业园
11	常德市鼎城胜利冷气配件有限公司	龚浩然	桥南工业园
12	常德三友机械制造有限公司	陈和清	桥南工业园
13	常德宜利管道制造有限公司	杨朝晖	桥南工业园
14	湖南常德南方新材料科技有限公司	邵明福	桥南工业园
15	常德市粉之源食品有限责任公司	李　红	桥南工业园
16	常德市源宏食品有限责任公司	孙　权	桥南工业园
17	常德金果园科技食品有限公司	罗方浩	桥南工业园
18	常德市鼎城东方恒康竹业有限公司	徐诗刚	桥南工业园
19	常德众鑫机械有限公司	李建念	桥南工业园
20	常德市北方饲料有限公司	程祥福	桥南工业园
21	常德津沅食品有限公司	贺胜义	桥南工业园
22	常德定海金铸建材有限公司	陈克学	桥南工业园
23	常德市运达废弃油脂再生资源有限公司	严海军	斗姆湖街道
24	常德市鼎城区自来水公司	刘　怿	红云街道
25	常德东鼎动力机械有限公司	高克松	灌溪工业园
26	常德市先玉网具有限责任公司	陈先玉	桥南工业园
27	常德顶兴混凝土制品有限公司	向建新	石板滩工业园
28	湖南常德德山表业有限公司	陈　勇	桥南工业园
29	常德质中电通讯设备制造有限公司	黄跃贤	桥南工业园
30	常德市联嘉机械有限公司	王建忠	桥南工业园
31	常德市鼎城金标粮油工业有限公司	徐建明	桥南工业园
32	湖南佳达电线电缆有限公司	林义祥	灌溪工业园
33	常德市佳诚机械有限公司	罗　益	桥南工业园
34	湖南福祥天茶业有限公司	曾　义	桥南工业园
35	常德市金佰特节能环保科技有限公司	赵克军	灌溪工业园
36	常德顺心食品有限公司	白建政	桥南工业园
37	湖南林宇科技发展有限公司	郑发元	桥南工业园
38	常德同达机械制造有限公司	杨开新	桥南工业园
39	常德市鼎城区新顺杰包装有限公司	周菊霞	桥南工业园
40	常德辰州锑品有限责任公司	彭德淼	桥南工业园
41	湖南善德堂中药饮片有限公司	熊中平	桥南工业园
42	湖南润田农机装备科技股份有限公司	贺胜浩	蒿子港镇
43	常德市鼎城区南盛木业有限公司	陈南友	中河口镇
44	常德中旺环保科技有限公司	陈南友	中河口镇
45	常德天富生态农业发展有限公司	李　军	中河口镇
46	常德市煦琴新型建材有限公司	雷新华	十美堂镇
47	常德市弘富源农业发展有限公司	李小玲	十美堂镇

续表 5

序号	企 业 名 称	法人代表	地址
48	常德市勇福农业发展有限公司	熊桂华	十美堂镇
49	湖南中豪防护工程设备有限公司	江　华	牛鼻滩镇
50	精为天生态农业发展有限公司	彭长秀	石公桥镇
51	常德智诚农业开发有限责任公司	李　杰	镇德桥镇
52	湖南省希母生物科技有限公司	邓　飞	周家店镇
53	常德市天地农耕发展有限公司	彭冬初	周家店镇
54	常德市兴隆建材有限公司	唐天忠	周家店镇
55	常德正发建材制品有限公司	程小英	周家店镇
56	常德市鼎城区振鹏新型建材厂	高世明	双桥坪镇
57	常德天厦建材有限公司	姚　飞	双桥坪镇
58	湖南昊宇幕墙门窗有限公司	谭　军	灌溪工业园
59	常德市振东机械有限公司	江　帆	灌溪工业园
60	常德市中凯机械工业有限公司	陈跃明	灌溪工业园
61	常德鹏达机械加工有限公司	赵　鑫	灌溪工业园
62	常德市鼎城奕通机械制造有限公司	吴桃英	灌溪工业园
63	常德市鼎城区跃湘钢结构有限公司	郑冬春	灌溪工业园
64	湖南南华乐器有限公司	邹建全	灌溪工业园
65	常德市东越机械制造有限公司	唐志明	灌溪工业园
66	常德苏通力原工程机械有限公司	王东平	灌溪工业园
67	常德巨工机械制造有限公司	杨　智	灌溪工业园
68	湖南沃晟凯科技有限公司	朱四文	灌溪工业园
69	常德晟亿锦科技发展有限公司	丁时进	灌溪工业园
70	湖南方园新材料科技有限公司	黄子萱	灌溪工业园
71	常德佳成明辉机械制造有限公司	宁爱民	灌溪工业园
72	湖南和畅(常德)食品科技有限公司	王昌宏	灌溪工业园
73	湖南旭宸环保科技有限公司	唐菱浠	灌溪工业园
74	常德市飞泓光电科技有限公司	胡炳初	灌溪工业园
75	湖南特力液压有限公司	芦晓岚	灌溪工业园
76	常德迪格机械制造有限公司	张春华	灌溪工业园
77	常德市鼎城区宏博机械有限公司	石　波	灌溪工业园
78	湖南玉道环保科技有限公司	张　颖	灌溪工业园
79	常德市金恒机械有限公司	熊建明	灌溪工业园
80	常德市三金结构件制造有限公司	周　亮	灌溪工业园
81	常德市华胄机械锻压有限公司	罗　俊	灌溪工业园
82	湖南擎达机械制造有限责任公司	赵　鑫	灌溪工业园
83	湖南宏源机械制造有限责任公司	胡　静	石板滩工业园
84	湖南品六生物科技有限公司	伍　勇	灌溪工业园
85	常德市中明机械制造有限公司	谭艾明	灌溪工业园

续表 5

序号	企 业 名 称	法人代表	地址
86	常德瑞立新建材有限公司	夏正炜	灌溪工业园
87	湖南瑞泓混凝土有限公司	谭华力	灌溪工业园
88	常德佳致钢化玻璃有限公司	黄国政	灌溪工业园
89	常德铭饰家木制品有限公司	宋清平	灌溪工业园
90	湖南贯通新材料科技有限公司	杨长松	灌溪工业园
91	常德科锐新材料科技有限公司	肖志才	灌溪工业园
92	常德市旺达门窗有限公司	刘建辉	灌溪工业园
93	湖南瑭桥住工科技发展有限公司	姚松岑	灌溪工业园
94	湖南星科液压有限公司	施海洋	灌溪工业园
95	湖南天晟源消防科技有限公司	陈 宏	灌溪工业园
96	湖南粤港模科实业有限公司	叶诚志	灌溪工业园
97	常德政友机械工程有限公司	陈 蓉	灌溪工业园
98	湖南瑭桥科技发展有限公司	官昌友	灌溪工业园
99	常德市鼎城区中义机械有限公司	熊建明	灌溪工业园
100	常德市鼎城区联友机械有限公司	铁光红	灌溪工业园
101	湖南武陵机械制造有限公司	伍明辉	灌溪工业园
102	湖南响箭重工科技发展有限公司	阎 军	灌溪工业园
103	常德立欣电子科技股份有限公司	邬书郎	灌溪工业园
104	常德市格佳机械有限公司	毛国英	灌溪工业园
105	常德市佳鸿机械有限责任公司	谭宇岐	灌溪工业园
106	常德市恒天纺织机械有限公司	曾再新	灌溪工业园
107	湖南欧旭机械有限公司	冯祥旺	石板滩工业园
108	常德荣胜机械制造有限公司	华荣晟	灌溪工业园
109	湖南翔拓新创实业有限公司	邱 超	灌溪工业园
110	湖南旭昱新能源科技有限公司	刘 海	灌溪工业园
111	湖南中联重科建筑起重机械有限责任公司	滕明友	灌溪工业园
112	常德蓝天智能科技有限公司	张 勇	灌溪工业园
113	湖南中芯半导体有限公司	朱能煌	灌溪工业园
114	湖南浩天翼航空技术有限公司	吴东标	灌溪工业园
115	常德市捷芯微电子科技有限公司	林建宁	灌溪工业园
116	湖南凯盛钢结构有限公司	童科寰	灌溪工业园
117	湖南德迪机械有限公司	郑国栋	灌溪工业园
118	湖南省斯盛新能源有限责任公司	林 泳	灌溪工业园
119	常德瑞齐隆科技发展有限公司	刘孝华	灌溪工业园
120	常德恒磊机械制造有限公司	龚亚平	灌溪工业园
121	常德中建西部建设有限公司	袁 辉	石板滩工业园
122	湖南天成展示制品有限公司	王胜利	灌溪工业园
123	常德远大建筑工业有限公司	刘 政	灌溪工业园

续表 5

序号	企业名称	法人代表	地址
124	湖南亲零嘴食品有限公司	刘志伟	灌溪工业园
125	湖南申鑫能源科技有限公司	刘伟恒	灌溪工业园
126	湖南新湘达门窗有限公司	刘连财	灌溪工业园
127	常德市鼎城区正荣机械制造有限公司	代正荣	灌溪工业园
128	湖南百特随车起重机有限公司	郑　斌	灌溪工业园
129	常德富贵铸造有限公司	唐必来	灌溪工业园
130	常德市鼎城武陵水泥有限公司	杨启贵	灌溪工业园
131	常德隆程建材科技有限公司	刘立云	蔡家岗镇
132	湖南湘北水泥有限公司	赵金秋	蔡家岗镇
133	常德市佳峰混凝土有限公司	杨　峰	石板滩工业园
134	常德市东悦翔石业有限公司	向爱军	蔡家岗镇
135	常德七一水泵制造有限公司	谢　芳	草坪镇
136	常德瑞安混凝土有限公司	余　雄	草坪镇
137	常德市鼎城区宏广新型建材厂	余　红	谢家铺镇
138	常德宝来建材有限公司	张华初	谢家铺镇
139	湖南亿泽生态农业科技有限公司	陈运秋	谢家铺镇
140	常德市鼎城区依林建材有限公司	杨加新	尧天坪镇
141	常德市博亿新能建材有限责任公司	陈景新	尧天坪镇
142	常德市鼎城区天野竹业有限公司	唐启瑞	花岩溪镇
143	常德华利烟机配件有限公司	宁艳华	石板滩工业园
144	常德市鼎城区富昌顺机械制造有限公司	蔡谷初	石板滩工业园
145	常德天工机械有限公司	刘冬顺	石板滩工业园
146	常德市金艺机械制造有限公司	倪正富	石板滩工业园
147	常德市新金顶新型建材有限公司	文先华	石板滩工业园
148	常德市鼎城永欣机械制造有限公司	刘孝华	石板滩工业园
149	常德市荣程机械有限公司	朱四文	灌溪工业园
150	湖南科伟泰机械制造有限公司	张建伟	石板滩工业园
151	常德鑫芙蓉环保有限公司	倪正富	石板滩工业园
152	湖南常德南方水泥有限公司	全必刚	石板滩工业园
153	常德鼎城荣泰机械制造有限公司	周小军	灌溪工业园
154	常德湘联木业有限公司	程度文	石板滩工业园
155	常德市欣欣外墙节能保温材料厂	苏文福	石板滩工业园
156	湖南海盛环保建材有限公司	汪建强	石板滩工业园
157	湖南天泽建材有限公司	黄政国	石板滩工业园
158	常德永盛液压机械有限公司	龚德梅	石板滩工业园
159	常德市鼎城盛祥混凝土有限公司	汪哲屹	石板滩工业园
160	湖南鼎联金属制品有限公司	曾明正	石板滩工业园
161	常德市振华沥青混凝土有限公司	伍文华	石板滩工业园
162	常德金煜机械有限公司	宁志珍	石板滩工业园
163	常德长岭机械制造科技有限公司	袁付华	灌溪工业园

续表 5

序号	企 业 名 称	法人代表	地址
164	常德牛牛米业有限公司	姜大新	许家桥回族维吾尔族乡
165	常德羽闻环保建材有限公司	刘明高	许家桥回族维吾尔族乡
166	常德鑫蓝建材有限公司	皮昌桂	许家桥回族维吾尔族乡
167	常德市天鹏混凝土有限公司	周 磊	许家桥回族维吾尔族乡
168	常德市鑫鹏建材有限公司	杨 辉	许家桥回族维吾尔族乡
169	湖南诚曜生态农业发展有限公司	刘建平	尧天坪镇
170	常德市敬佩粮油有限公司	丁时来	周家店镇
171	湖南泓立隆科技有限公司	罗文兵	灌溪工业园
172	常德博源机械制造有限公司	梅红波	石板滩工业园
173	湖南韦闻机械有限公司	张 伟	灌溪工业园
174	湖南和润欣食品有限公司	张 勇	灌溪工业园
175	湖南欣和压缩机有限公司	孙 建	灌溪工业园
176	湖南周信密封技术有限公司	刘 纯	灌溪工业园
177	常德市鼎城区灌溪镇岗市建大机械厂	周爱胜	灌溪工业园
178	常德市中嘉机械制造有限公司	贺宁宇	灌溪工业园
179	湖南科达制动科技有限公司	袁付华	灌溪工业园
180	长沙正坤液压设备有限公司	李一骥	灌溪工业园
181	湖南金弘精密五金制造有限公司	刘 珑	灌溪工业园
182	常德市润泰纸品包装有限公司	肖志辉	玉霞街道
183	常德市淘发源生物科技有限公司	陈实行	斗姆湖街道
184	常德市鼎城区鼎冠商品砼有限责任公司	高少岗	十美堂镇
185	湖南泰东防水科技有限公司	刘承东	牛鼻滩镇
186	常德市神凤禽业有限公司	陈 泽	石公桥镇
187	湖南省三毛生态农业科技发展有限公司	彭 建	蔡家岗镇
188	常德铭顺建材有限公司	李 青	谢家铺镇
189	湖南鑫惠源肉类机械制造有限公司	肖义广	郭家铺
190	常德市鼎城区通威新能源有限公司	冷 刚	韩公渡镇

工业企业选介

【湖南特力液压有限公司】 湖南特力液压有限公司创建于2004年，注册资金1.8亿元，是专业从事液压油缸、液压阀的研究、设计、生产、销售的新型制造企业，公司产品用于各类混凝土输送机械、工程起重机械、环卫机械、挖掘机械、建筑机械、桩工机械、路面机械、盾构机械、冶金机械、水利机械、煤矿机械及特种车辆等，处于全国液压油缸行业一流水平。公司投资规模15亿元，占地面积32.33公顷，建筑面积9.6万平方米，配备自动化加工设备60余台(套)，油缸制造、测试设备30余台(套)；拥有实验中心，能满足不同型式液压油缸的研发、试验需求，如缓冲机理探寻及优化、细长活塞杆稳定性分析、液压油缸密封系统研究等。公司实施精益化管理，秉承制造精品的理念。获“产品安全信誉标志企业”“湖南质量功勋企业”“高新技术企业”“AAA等级企业”等荣誉。带动周边机械加工产业的蓬勃兴起，配套企业数十家，形成一套完整的产业链。

(曾紫雯)

【常德辰州锑品有限责任公司】 常德辰州锑品有限责任公司始建于1992年,1995年建成投产,是湖南辰州矿业有限责任公司投资兴建的锑品深度加工企业。公司位于鼎城区,地理位置优越,交通便利。公司以“锑品为主,规模经营,调整结构,深度延伸”为发展战略,经过技术创新与开拓发展,其生产工艺领先,设备先进,检测手段完备,具备年产氧化锑3万吨的生产能力,为国内第二大三氧化二锑专业生产企业。公司拥有纳米级氧化锑、火法氧化锑、三氧化二锑母粒、湿法氧化锑等四大系列17个品级的氧化锑系列产品,产品畅销国内外,能满足各类客户的需求。2021年1—10月,产值6.8亿元,税收480万元。（曾紫雯）

【精为天生态农业发展有限公司】 精为天生态农业发展有限公司成立于2005年3月,注册资本为1.36亿元,注册地址鼎城区石公桥镇,是一家集粮油基地、粮食收储、食品加工、进出口贸易、“互联网+”和开设放心粮油社区店的混合所有制企业。公司获“国家级农业产业化重点龙头企业”“中国绿色食品”“全国放心粮油加工示范企业”“中国驰名商标”“国家高新技术企业”“湖南省上云标杆企业”“湖南省100个重大产品创新企业”“中国好粮油示范引领企业”等称号,2021年10月,公司被评为湖南省民营企业100强,拥有胚芽糙米茶企业标准和国家专利企业。2021年1—10月,企业产值7.7亿元,税收31万元。（曾紫雯）

【湖南常德南方水泥有限公司】 湖南常德南方水泥有限公司位于湖南省常德市鼎城区石板滩镇荷花堰村,成立于2009年8月,是中国建材集团南方水泥旗下湖南南方水泥集团有限公司投资新建的全资子公司,注册资本1亿元。公司企业类型为有限责任公司,经营范围为水泥用石灰岩露天开采、水泥熟料及水泥制造、研发与销售;商品混凝土制造与销售。有一条4500吨/日熟料新型干法水泥生产线、配套装机容量9兆瓦的纯低温余热发电系统,年产新型干法水泥200万吨。有员工206人,大专以上学历人数占53%,高级职称2人,中级职称23人,各类专业技术人员130余人。公司生产的水泥品种有普通硅酸盐水泥、复合硅酸盐水泥、砌筑水泥等。产品应用于铁路工程、公路工程、桥梁工程、机场隧道、民用工程等。公司秉承中国建材“善用资源、服务建设”的核心理念,贯彻“创新、绩效、和谐、责任”的企业文化,一直保持高效稳定运行。公司实行生产自动化、控制智能化、管理信息化,生产的“南方”牌水泥通过GB/T 19001—2016质量管理体系认证,并获国家产品认证证书,通过GB/T 45001—2020职业健康安全管理体系认证、GB/T 24001—2016环境管理体系认证及ISO 50001：2018能源管理体系认证。2021年1—10月,产值48003万元,税收3766万元。（曾紫雯）

【湖南响箭重工科技股份有限公司】 湖南响箭重工科技股份有限公司成立于2008年7月,注册资本5000万元,位于湖南省常德市鼎城区灌溪镇国家高新区临岗公路与富强东路交会处,主要从事混凝土智能装备、氢能源储运装备的研发生产,是国家级“专精特新”小巨人企业,获得国家道路机动车辆生产资质、世界制造识别代号证书、ISO 9001质量管理体系认证、GB/T 29490—2013知识产权管理体系认证、3C强制认证、欧盟CE认证等。主导产品混凝土泵车市场占有率排行业第四,销往墨西哥、新西兰、欧盟以及“一带一路”沿线10余个国家和地区。2021年1—10月,产值3.35亿元,税收967.3万元。（曾紫雯）

【佳达电缆有限公司】 佳达电缆有限公司成立于2001年,注册资本11800万元,地址位于湖南省常德市鼎城区灌溪镇常德高新技术产业开发区岗中西路001号,主要从事电线电缆的生产销售,主导产品是生产低烟无卤电力电缆、架空绝缘电缆、控制电缆、聚氯乙烯绝缘电线电缆,特种电缆等,

1000 余种规格，是常德市工业企业的骨干企业。生产的电线电缆系列产品得到市场认可，市场覆盖湖南、湖北、广东、广西、江西、贵州、四川等 20 多个省（自治区）。2021 年 1—10 月，产值 31260 万元，税收 825 万元。（曾紫雯）

【中联恒通机械有限公司】 中联恒通机械有限公司成立于 2011 年，注册资本 10800 万元，是中联重科的成员单位。公司是从事工程机械等装备研发、制造、营销的规模企业。公司在专用越野底盘、起重举升、伴随保障、整装整卸装备等方面积累了专利技术和研制经验，承担数项国家和省部级重大项目，数次获国家科技成果奖等奖项。中联恒通作为国家高新技术企业、湖南省重点智能装备制造示范企业、国家应急交通工程技术研究分中心，取得科研生产相关资质证书，通过 GJB 质量管理体系认证、环境管理体系认证、职业健康安全管理体系认证，产品的技术指标和实际效果得到客户好评。截至 2021 年底，公司获授权专利 80 余项，其中发明专利占 20%以上，获得“国家科学技术进步奖二等奖”等奖项，获中联重科“最佳服务奖”“联盟合作单位”称号。“中联恒通智能装备产业园”总投资 11 亿元，占地面积 33.53 公顷，占地 17.2 公顷的一期项目投产，二期在建设中，基本形成以常德为主要生产基地，以长沙为主要研发中心的跨区域快速发展模式。公司贯彻落实“三高四新”战略，秉承“恒以精业、通为融和”的发展理念，围绕“百亿园区”的发展目标，打造 21 条优势产业链，创建全省智能装备制造示范产业基地。（曾紫雯）

电 力

【概况】 2021 年，国网湖南省电力有限公司常德市鼎城区供电分公司（简称鼎城区供电公司）推进“四个一流”建设，全年售电量 9.41 亿千瓦时，比 2020 年同期增长 11.12%；电网最高负荷 303.66 兆瓦，比 2020 年同期增长 4.5%；综合线损率 5.85%，比 2020 年同期下降 1.53%。

电网建设。推进“政企合作，共建电网”模式，加强与鼎城区委、区人民政府及相关部门的汇报沟通。编制金霞北网格电力设施布局专项规划，并纳入全区国土空间总体规划，从源头解决电网项目站址廊道落地难题。推进主网建设，220 千伏报国变电站输变电工程于 2021 年 4 月 9 日投运，3 条 10 千伏配套线路按期投产，迎峰度夏期间缓解 110 千伏桥南变电站及其 10 千伏线路负荷压力。落实 110 千伏临安变项目前期工作，在进场施工中。推进配网建设，落实 10 千伏及以下配电网改造项目及业扩受限配套工程项目计 44 个，合计单项 259 个。推进甲鱼养殖“煤改电”业扩受限项目，投资 1887 万元，改造台区 87 个，新装三相用户 1216 户，新增用电容量 8512 千瓦。争取电网投资，上报 2022 年需求 82 个单项，投资规模 7000 万元，用于 35 千伏尧天坪变、220 千伏报国变配套 10 千伏出线建设、金霞北示范网格项目及线路、台区改造。

2021 年，电力工人实施 10 千伏线路故障抢修作业

（提供：周颖）

安全生产。坚持“安全第一、预防为主、综合治理”的安全工作方针，强化安全责任意识。抓安全基础管理工作，定期进行监督检查，开展安全教育培训，提升营销专业安全管理水平。开展各类专项活动，以防人身事故和责任性事故为切入点，抓关键环节，重点排查人身事故隐患和设备安全隐患，

统筹开展多条线路集中检修，开展通道治理百日攻坚战，扫除竹树障碍隐患，清理树木。管控生产秩序，加强现场安全管控，反违章，公司稽查各类现场，处罚习惯性违章违纪。坚持疫情常态精准管控，保持"双零"目标。应对夏、冬两季负荷高及秋季长晴高温挑战，落实防汛工作任务，实现"保民生、保安全、保重点"目标。

优质服务。落实《优化营商环境条例》的23条措施，推进"阳光业扩"工程，强化业扩新装增容业务线上办电、客户满意度的管控，线上办电率100%、客户满意度99.03%。开展电价专项核查，贯彻落实相关涉农政策要求，集中开展涉农政策执行排查，全年为低保和五保户减免电费。配合政府部门开展转供电清理，核实一般工商业转供电红码2户，并提交市场监管部门处理。

(周　颖)

2021年，供电所电力工人实施迎峰度夏红外测温作业

(提供：周颖)

常德高新技术产业开发区

Changde High-tech Industrial Development Zone

2021年9月17日，常德市金融生态建设办公室暨常德高新区“信用企业”授牌仪式现场

（提供：常德高新区）

鼎城年鉴(2022)

概　　述

【概况】 常德高新技术产业开发区（简称常德高新区）位于常德市城区西北部，2021年，建成区面积1500公顷。全年，常德高新区以“五好”园区创建为主题主线，推进“千亿园区、工业新城”建设。

经济增长。工业总产值513亿元、同比(下同)增长16.1%，规模工业总产值348.3亿元、增长16%，规模工业增加值63亿元、增长10.6%；一般公共预算收入11.4亿元、税收11亿元，其中地方一般公共预算收入6.3亿元、增长19.6%，税收收入6亿元、增长22.2%、占比93.8%；新晋国家新型工业化产业示范基地、科技部重大成套设备制造产业创新型产业集群试点、科技部企业创新积分制试点园区、2021中国高新区创新能力百强园区、全省产业高质量发展园区、绿色园区；获湖南省园区综合评价营商环境先进园区通报表彰，获常德市真抓实干“推动高质量发展成效明显地区”等表扬激励8项。

产业发展。坚持将产业发展放在重中之重，用项目的大建设推动产业的大发展。围绕智能塔机升降机等5条优势产业链，推进中介招商、定向招商、资本招商、以商招商，全年新引进亿元以上项目31个，其中“三类500强”项目4个、10亿元以上项目7个。固定资产投资98亿元、增长12%，新开工亿元以上工业项目17个、新投产亿元以上工业项目14个。新增市场主体501家，外贸进出口总额3.89亿美元、内联引资62亿元。发展装备制造、光电信息、新材料“两主一特”产业，新增规上企业23家、总计144家。规上企业中，产值增长的有100家、增长69.5%，税收增长的有52家、增长36.1%。

创新活力。加大重点项目培育申报，争取上级预算投资2.26亿元，瑞齐隆科技、荣程机械获批湖南省重大科技创新项目立项，常德水表、佳鸿机械、长岭机械、联嘉机械等获批国家级、省级专精特新“小巨人”企业，响箭重工获评云上平台标杆企业和湖南省工业品牌培育试点企业，粤港模科模块化产品进入北京冬奥会舞台等。申报省市研发平台9家，浩天翼与湖南文理学院共建省重点实验室，常德水表成功创建省水计量信息工程技术研究中心，瑭桥科技获评省工业设计中心。科锐新材料、南方新材料、联科科技等获批高新技术企业，园区高新技术企业总数79家，入库“科小”企业91家、孵化器入孵项目22个。研发费用投入14.3亿元、增长18.5%。申请发明专利405件，授权77件、达到340件。引进“三高”人才180余人。成功举办或承办第一届“创业行”、第四届高新技术交流会等创新创业活动。

服务企业。办结全部受理办事事项19805件，在全市率先实现项目供地“四证齐发”“交地交证即开工”。破解瓶颈难题，解决用工缺口4550人次，为42家企业获取融资1.93亿元，常德水表、瑭桥科技湖南股交所挂牌交易，全年批回项目用地145.15公顷，征拆土地69.03公顷。建成标准化厂房30万平方米，推进高新大道等7条市政道路、工程机械配套产业园二期、高新区人民医院等重点项目。园区城市管理工作总分排全市第一，推进污染防治攻坚战，市人大代表、政协委员建议、提案办结满意率100%，推进公安、应急、党管武装、桥南园区管理、疫情防控、工会、妇联等工作，保持鼎力投公司健康发展，维护园区社会大局安全稳定。（罗　伟）

办公室工作

【概况】 2021年，常德高新技术产业开发区办公室贯彻执行各项工作部署，围绕中心工作服务、协调。开展队伍能力提升、文稿起草、综合协调、督促检查、后勤接待、审计等工作。

能力提升。开展读书会。每月开展1次读书会，分管负责人讲授业务知识，青年干部交流业务工作和材料撰写心得。开展各类学习。订购《党政机关公文写作处理:规范方法和范本》,通过个人学、集体论、全员练提升办公室常用公文处理能力。派出3名干部分别到省、市相关单位脱产跟班学习,派出审计人员到西安交通大学等地参加培训。编撰学习资料。组织编纂《经济术语100问》《政治术语100问》《中国共产党党史知识汇编》,自学与集中学结合,提升干部综合能力。

政治建设。坚持用党的要求管人。结合党史学习教育,时刻要求办公室全员对党忠诚、对事业忠诚,始终坚持用习近平新时代中国特色社会主义思想武装头脑,贯彻落实上级和党工委、管委会的安排部署,确保各项工作落地见效。坚持按党的规矩办事。严守党的政治规矩,严守党工委、管委会各项制度规定,修订完善廉政建设、内务管理、奖惩激励等各项制度。坚持以党的纪律理财。贯彻政治纪律、廉洁纪律,严守财经管理各项规定,树立过"紧日子"的思想,开展节约型机关创建,压缩非生产性支出,完成市委巡察组巡察财务问题整改。

队伍建设。发挥办公室综合协调作用,确保机关高效运转。抓日常工作不松懈。扎实开展机关疫情防控工作,机关单位人员零感染、零确诊。接待各省、市重要客户30余次,服务招商引资大型项目接待10余次。统筹安排各类会议700余场次,其中组织落实党工委会议18次、业务培训及宣讲会议15次、重大项目调度会议40次。审核各类文件450余份,登记、处理各类文件1945份。落实党工委会议纪要18件、主任办公会议纪要1件、项目调度会议纪要11件,发文112件。入库档案1000件,档案数字化率80%以上。所有单位安装协同办公平台,使用办公平台14404次,使用功能模块10个。履行参谋助手职责,为上级决策提供服务。发挥以文辅政作用,起草重大项目引进情况汇报等各类文稿500余篇。开展党史学习教育文稿起草,完成简报63篇。落实市长热线转办事项217件,完成率99.1%。推进审计工作服务上级决策,印发《关于深入推进审计全覆盖的实施方案》。配合财政局、纪检委开展财政财务收支自查自纠,配合财政局开展招商引资合同履约情况清理。发挥督查职能,推动各项工作贯彻落实。以"踏石留印、抓铁有痕"的力度开展督查工作,落实上级领导指示件、交办件、党工委会、主任办公会等明确事项任务督查,开展重要督查5次,发布督查通报3期。其中围绕党工委会议,书记、主任调度会议安排部署的重点工作,开展专项督查2次。牵头落实省市真抓实干激励措施、民生实事、重大政策推进、高质量发展绩效考核等工作。 (林 勇)

党群工作

【概况】 2021年,常德高新技术产业开发区党群工作部以推动园区高质量发展为目标,围绕全年中心工作落实各项工作任务。

开展党史学习教育。组织机关及各企业党支部按照时间节点,以"三会一课"的形式开展专题研讨活动,做好产业发展有机融合的"结合文章",解决民生事项40件。开展中国共产党成立100周年系列活动。开展"唱红色歌曲""诵红色诗歌""讲红色故事""看红色电影""参观红色教育基地"等系列活动,参与或组织省、市、鼎城区及园区优秀共产党员、优秀党务工作者和先进基层党组织的推荐评选表彰工作,40名对象获省、市、区及园区"两优一先"表彰。为"光荣在党50年"的党员、老党员和生活困难党员及机关困难党员、优秀党员、退休干部代表,送去组织的关怀和温暖。

基层党组织建设。从机关选派党建指导员指导非公有制企业党建工作,严肃党内政治生活,开展党支部"五化"建设。举办发展对象培训班,发展党员数名。加强公务员平时考核,严格管理和科学评价使用干部,激发队伍新活力。严格党费收缴管理,确保应收尽收。把握党员档案审核关,细化党组织关系转接工作。组织部分老党员和新发展对象在石板滩镇渐安暴动纪念园开展入党宣誓活动,参观马克思主义中国化的光辉历程展示馆等红色教育基地。抓换届工作,财政局党支部、自然资源和规划分局党支部重新选举支委，按时开展换届工作。开展党建工作宣传推介，用党建助推园区发展，典型经验做法获央级媒体推介。其中，《产业链上党旗飘》获《人民日报》推介，《湖南常德高新区：创出发展新动能》在人民网推介，《常德高新区：党史学习教育走进浯溪河大捷旧址》获“学习强国”学习平台推介。《“红色引擎”激活力》获《湖南日报》头版头条推介。

开展市委巡察整改工作。巡察期间，安排专人对接工作组，部门全员配合。根据选人用人、机构编制巡察组交办的10个立行立改的巡察整改问题，进行梳理，主要负责人对相关责任人进行谈话提醒，要求相关人员加强业务学习，并组织部门全体工作人员集体学习业务知识和相关法律法规，提高业务水平和工作能力。将10个整改问题逐个研究，进行细分，责任到人，对标对照，开展整改。经巡察组审核，形成整改资料，全部销号。

机构编制工作。拟定园区“三定”方案。落实第二次全国机构编制核查工作，按照“机构清、编制清、领导职数清、实有人员清”的要求，开展机构编制自查自纠，未发现有重大机构编制问题。向常德市委编办汇报争取人才专项编，2021年核增10名人数控制数。

人事管理。全年，新增编制内人员21人。开展2020年度全市机关事业单位工作人员年度考核及园区绩效考核工作。针对园区非领导职务在编在岗的公务员每季度进行一次考核。严格管理干部人事档案，针对2020年新进人员的人事档案进行专审，针对事业单位中层及以上管理人员和具有副高职称人员进行档案审核，查漏补缺档案56份。落实职员等级晋升工作，针对2022年拟实施的县以下事业单位管理岗位职员等级晋升制度，开展人员数据统计、资金测算、疑难问题整理及反馈等各项准备工作。落实干部职工社保工作及工资待遇调整工作，按要求完成人员异动工资申报审批及公务员年度晋级晋档和事业单位人员晋升薪级等工作；与财政、税务、人社等部门对接，落实新进及调出人员社保转接及2021年度机关社会保险基数申报工作。

人才工作。推行领导干部联系服务专家制度。园区领导班子成员，结合职责分工，重点联系服务1～2名专家，定期开展联络服务，帮助专家解决实际问题。开展人才申报推荐工作。开展人才申报工作，获“三高”人才补贴29人。参与省、市人才推荐工作，推荐“全国专业技术人才”1名、湖南省引进关键人才2名、湖南省“百万人才”计划1人。抓人才服务工作。园区为机关引进的高层次人才配备20套人才公寓，解决人才后顾之忧；开展企业人才慰问活动，慰问专家人才及劳模41人；摸底园区人才的引进和流失，更新完善人才数据库，园区共引进高学历人才207名、高职称人才28名、高技能人才638名。（杨智全）

纪工委监工委工作

【概况】 2021年，常德高新区纪工委监工委贯彻落实省、市纪委监委部署要求，抓政治建设，强化能力建设，加强作风建设，严明纪律规矩。

监督。贯彻落实中共中央总书记、国家主席习近平考察湖南重要讲话精神。围绕“三高四新”使命要求，对照市纪委监委20项具体部署，梳理任务清单15条，一周一汇总，一周一调度。聚焦关键少数。组织园区领导和部门负责人集中观看《迷航》，学习省纪委十一届六次全会、市纪委七届六次全会等重要会议精神；严格干部管理监督，针对个别单位“一把手”违纪问题，向党工委递交纪检监察建议书，建议重要单位一把手定期交流任职；严格日常监督，及时更新完善干部廉政档案，严把廉政审查关卡，定期开展财务清理，加强关于“一把手”管理“人财物”的监督。推动“两个责任”落实落地。制定并下发《关于进一步贯彻落实谈心谈话制度》，规范谈话内容，明确谈话重点，将党风廉政建设抓在平时。至年末，党工委班子成员累计开展谈心谈话152人次，其中日常廉政谈话134人次，任前廉政谈话17人次，提醒谈话1人次。

“清廉园区”单元建设。聚焦主责主业，整治营商环境突出问题，通过134名驻企联络员将市纪委监委《关于围绕中心服务大局立足职能职责护航营商环境的意见》精神传达到企业。畅通企业反馈信息渠道，列出正面清单10项、负面清单12项，设置5家企业为营商环境监测点，同以支部为单位明确营商环境监督员。抓责任落实，对照《常德高新区2021年领导和部门联系项目招商工作方案》《常德高新区优化营商环境2021版》工作方案，联合社会事务局抽调9名工作人员，成立3个联合督察组，走访园区74家企业，重点检查政策落实不到位、行政审批不规范、干部履职不廉洁、企业执法“一刀切”等问题。发现损害营商环境相关问题3个，立行立改问题13个，集中谈心谈话2次，查处损害营商环境问题1人。

反馈问题整改。关于机关办公用房使用不规范、婚丧喜庆事宜报备不及时及公务用车不规范方面的问题，协调制定立行立改方案，并提请党工委会议研究通过，落实整改到位。注重整章建制，开展廉政风险排查防控工作，督导部门厘清权力清单，排查廉政风险点，强化风险防控措施。查办问题线索，对于巡察组反馈的21条违纪违规问题进行核实，查办处置。接收处置市纪委移送的巡察问题线索7条，抽调3名干部参与市纪委第一监督检查室的案件调查。

专项治理。建立专人专班。由纪工委副书记牵头，纪检监察室负责日常工作，10月12日，关于“洞庭清波”专项行动挂牌督办常德水表厂雨污分流不彻底、管网破裂的问题销号。开展督导检查，督促各部门履行主体责任和企业监管责任，联合建设管理开展工程建设项目招投标突出问题自清自查，发现4个项目存在施工人员或监理人员变更的情况，并要求相关管理部门、业主单位、监理公司及其工作人员提供情况说明。坚持快查快办严查严办。由领导带头包案市纪委移交的2条“一人多证”问题线索，经过问题初步核实查否，在规定时间内提前办结将结果上报市纪委专治办。配合市纪委开展“协同政法队伍教育整顿”工作，将办案中发现的1条问题线索移交市纪委。

纠治“四风”正风肃纪。清理整改办公用房12间，清退违规报销“三公”经费17848元，清退违规报销专项经费17252元，清退违规收受礼品礼金14.5万元。整治形式主义、官僚主义。对于疫情防控不到位、安全生产监管不到位、违反日常工作纪律的行为，谈话提醒2人、发布督查通报2期、集体约谈8人次。纠治享乐主义、奢靡之风。传达学习省纪委“十严禁”、市纪委重申的“七严禁”整治违规吃喝纪律，制定并下发《常德高新区整治违规吃喝问题工作方案》，聚焦重点节假日，开展关于干部违规公款吃喝、接受管理服务对象宴请、出入隐蔽场所等情况的专项督查，对于上级转办的1条涉嫌违规吃喝问题线索查否。精准运用“四种形态”，责令2个有关单位作出书面检查，批评教育7人，谈话提醒14人次，党内警告处分2人。

自身建设。抓队伍建设。针对问题线索多、人员不足的实际情况，由纪工委书记牵头，以办公室、纪检监察室为依托，成立2个审查调查组，交叉进行案件审理，提升线索处置效率。提升干部素养。组织开展《纪检监察干部廉政负面清单》《中华人民共和国监察官法》《监察法实施条例》等专题学习；强化基层组织党风廉政建设责任，组织17名纪检监察干部和机关党支部纪检委员，参加市直五区纪检监察业务培训，开展廉洁文化教育。加强工作交流，执行纪检监察工作纪律，以审结案件为蓝本，组织干部探讨交流，指出工作过程中发现的问题，提出改进意见，提升业务能力。

（江堇婷）

科技和产业发展

【概况】 2021年，常德高新技术产业开发区科技和产业发展局落实党工委、管委会决策部署，克服经济下行、机械制造行业周期性下滑等不利因素，保增速、推项目、优服务。全年，规模工业总产值347亿元，规模工业增加值63亿元，实缴税金7.9亿元，分别增长16%、10.6%和5.6%。固定资产投资98亿元，比上年同期增长12%。新增规上企业23家、累计144家，高规模企业20家、累计79家。新增注册企业213家，累计1289家。

重点工作。根据2020年度工作短板和2021年度目标计划，制定重点工作任务清单，对标对表，定期调度相关工作，全年新开工亿元以上工业项目17个，超过目标任务1个，新投产亿元以上工业项目14个，超目标任务数4个，均位于全市前列。争取中央、省预算投资项目40个，累计到位资金2.26亿元，超年度目标任务5000万元，园区80余家企业得到国省资金支持。获批科技部重大成套设备制造创新型产业集群试点园区、科技部企业创新积分制第二批试点园区（第二批湖南省唯一）、科技部2020年度火炬统计工作先进单位等国家、省级荣誉，国家高新区排位前进10位、位居136位，实现全省园区前20强的目标，当前排名13位。围绕智能塔机、航空航天等9条优势产业链，出台打造优势产业链行动计划，实行链长制，明确发展目标和重点。开展“五好”园区创建，创建方案通过党工委会研究决策颁行，明确各成员单位职责分工，实施对上衔接与工作开展。

日常工作。按照“不叫不到、随叫随到、服务周到、说到做到”原则，协调解决企业各方面难题，成立常德市装备制造产业促进中心、低成本运营中心，服务园区企业发展，发放科技贷、“银政担贷”1.93亿元，累计支持企业42家，降低综合融资成本30%以上，完成“科小”入库91家，增长23%，财政科技支出11955万元，增长114.68%，增速排全市第一，规上工业企业研发投入14.3亿元，比上年同期增长18.5%，承办湖南省、常德市创新创业大赛，组织常德高新区第四届高新技术交流会，申报省市级研发平台9家，规范政府投资项目可研评审程序，在线审批备案项目58个，全部当天办结，累计资金72.7亿元，协助中联建起、百特随车、中联恒通开展国省预算资金项目督查验收工作。按时落实园区统计月报、年报工作，分析各项指标的逻辑性、延续性，确保统计数据质量，得到火炬中心的好评和表彰，获评全国高新区火炬统计工作先进单位，组织在统企业统计员培训2次、火炬统计培训2次。建立健全《数据质量控制制度》《统计数据安全管理制度》《统计学习制度》《统计资料保存管理制度》等统计相关制度。（宋一鸣）

【湖南省科技厅到常德高新技术产业开发区调研科技创新工作】 2021年7月8日，湖南省科学技术厅党组书记、厅长童旭东一行到常德高新技术产业开发区调研科技创新工作。常德市委副书记、市人民政府市长邹文辉，市人民政府副市长汤祚国等参加调研。童旭东一行到常德新锐新材料科技有限公司、中联恒通机械有限公司、湖南特力液压有限公司，实地考察科技创新、科技成果应用、技术研发等科技领域工作。常德高新技术产业开发区党工委书记杨学平，党工委副书记、管委会主任曾君陪同。（宋一鸣）

2021年7月8日，湖南省科学技术厅主要领导到常德高新技术产业开发区调研科技创新工作

（提供：宋一鸣）

招商合作工作

【概况】 2021年，常德高新技术产业开发区招商合作局按照园区规划，围绕“智能装备制造、光电信息为主导，新材料为特色”的产业格局开展招商

引资工作，调整招商思路，拓宽招商领域，创新招商方法。全年新引进亿元以上项目25个，占年度任务的100%，新引进“三类500强”项目4个，占年度任务的100%，新注册“三类500强”企业1个，占年度任务的100%；10亿元以上项目6个，占年度任务的150%。内联引资全年任务为56.2亿元，实际完成内联引资额62亿元，占全年任务的110%。实际全年外贸进出口总额3.89亿美元，占全年目标任务的120%。对外承包工程和劳务工作累计200.3万美元，实际利用外资106万美元。

工作机制。抓机制健全，构筑招商引资工作体系，出台《常德高新区招商引资工作管理制度》，明确项目准入条件、招商工作流程及要求；完善规范招商引资项目合同文本，结合招商引资相关政策文件要求，强化项目方履约责任；提升档案管理水平，要求从获取项目信息开始，到考察洽谈、初评初审、合同审定及签约，全程做信息记录，包括现场影像、会议记录、基本结论、审核记录等信息，签约结束后统一存档管理；严格项目审核，在项目引进程序和内容上把关，重点关于投资方基本情况、经济实力、发展特点，项目的投资强度、税收、产值及能耗环评是否符合国家政策等，所有的项目经过项目前期初评、部门联合预审及提请工委会研究通过等环节后引进。抓责任落实。采取项目跟踪责任制，明确每个项目由1个招商小组负责全程跟踪服务，成立4个招商小组，每个小组由1名副局长牵头负责，成员2~3名，根据不同特点，各小组工作重点有所侧重；坚持月工作例会制，每月初各招商小组向全局通报责任项目最新情况，共同讨论下一步计划安排；建立任务考核制，建立考核奖惩制度，根据引资项目数量、签约率、投产率等情况实行综合考核，并通报奖惩。抓队伍建设。开展集中业务学习10次，传达各级政府、部门优惠政策，讲解招商引资技巧发布最新产业发展信息等。

攻坚推进。研究“两主一特”产业发展需求，针对“大湾区”“长三角”“京津冀”等产业转移区域，通过分组调研，排摸重点项目，筛选出投资意向性大的项目作为重点攻坚对象，进行针对性接洽。全年，外出走访企业108家，接待来访客商235批次。围绕主导产业寻找合作契机，重点瞄准世界500强和行业龙头企业，2021年重点跟踪对接中高端液压油缸智能制造产业园、东旭常德产业园、中国工程机械配套产业园、镁合金新材料及镁合金轻质车厢深加工产业园、某机动平台产业化项目以及湖南智能农机产业园等6个项目，各项目完成签约。华能集团、德赛集团等“三类500”企业在对接过程中。加强与中科院、中国航天科工集团、深圳大学、中南大学等科研机构对接，注重引资与引才相结合，搭建合作平台，推进园区、企业、科研院所三方互动互补。

2021年4月1日，由鼎城区和常德高新区共同主办的2021年“迎老乡、回故乡、建家乡”招商引资推介会暨项目集中签约会举行　（提供：刘茜）

招商引资。以商招商。调动园区企业招商积极性，发挥企业的带动作用，利用其合作关系或品牌知名度招引新企业、延伸产业链。如新引进的湖南智能农机项目（项目总投资10亿元）是中联重科集团下属的中联农机负责投资；通过翔拓实业，引进千德（常德）智能电子产业园项目（项目总投资2亿元）；通过昊宇幕墙门窗，引进新型环保建筑材料产业园项目（项目总投资2.7亿元）。通过湖南品六生物公司，与日化行业龙头企业有美集团洽谈湖南有美医大健康产业园项目（项目拟投资5.3亿元）。推动资本招商。利用产业资金搭建跨境电商平台，出台跨境电商优惠政策，组建平台团队，与7家企业进行洽谈。引进拥有大屏直播牌照的北京智驿，其与小米、创维及当地企业品六达成合作意向，截至10月，完成产值3000万元。与中金资本、市财鑫投等搭建10亿元基金，与兴湘集团洽谈成立基金事项，并通过基金对接华光源海、肇观电子、国志激光、雅达电子等优质项目。利用外来资本获取资源。利用中金资本、兴湘集团、省财信投、高新区创投、市财鑫投等，对接高质量项目20余次，超级电容电池、烟叶初烤智能设备生产基地项目签约，申亿五金、能链充电桩项目拟落地。借力各类活动影响。利用参加第四届中国国际进口博览会等大型招商活动机遇，挖掘项目资源，推介常德高新区投资环境。组织多个项目在各类招商活动参与集中签约，湖南·粤港澳大湾区投资贸易洽谈有3个项目参与签约；2021中国民营500强峰会1个项目参与签约；2021年“迎老乡回故乡建家乡”招商引资推介会共6个项目参与签约；第二届湖南（岳阳）口岸经贸博览会1个项目参与签约。

招商环境。提高项目服务针对性及含金量，建立“投资咨询、政策解读、战略规划、考察选址、审批陪同、后续拓展”等全流程服务规范，实行项目及重点客商的“一对一”“亲娘式”服务。如与中联农机成功签约后，安排专人帮助企业进行过渡厂房选址、员工宿舍申请、工商备案变更、扶持政策申报等后续服务工作。在符合法律法规及相关政策的前提下，针对一些大项目、龙头项目、产业链项目、外资项目，积极争取，帮助企业享受更多优惠政策。 （刘 茜）

建设管理

【概况】 2021年，常德高新技术产业开发区建设管理局围绕全年工作目标，落实“三高四新”战略定位和使命任务，推进项目建设，强化建设领域安全生产监督管理，落实“放管服”改革，优化营商环境。获2021年度全市住房城乡建设优秀单位、全市人民防空工作优秀单位、全市建筑业管理优秀单位、全市城市基础设施运行管理优秀单位。

2021年6月23日，常德高新技术产业开发区召开住建领域安全生产工作推进会 （提供：欧阳旭丹）

项目建设。树立“项目即产业，项目即发展”理念，推动中联建起二期、巨工下料中心、瑞齐隆、沃晟凯、晟亿锦、方园门窗等13个产业项目主体工程建成，部分企业在生产或在进行设备安装调试，科创大楼、生活配套园星级酒店、110千伏岗中变电站主体及供电所附属用房等4个产业配套项目主体竣工。现代装备制造配套产业园二期（13.33公顷）标准化厂房、中联农机（20公顷）智能工厂、博申金属、华益机械、千德电子等12个产业项目开工建设；太阳大道、高新大道、富强西路等7条市政道路在施工中。品六生物、永盛液压、宏源机械、中义机械、消防站与战勤保障站、茶油生物6个项目启动征拆。建设产业配套项目，高新区自来水加压泵站于2021年4月投入运营，改造和新建5G基站10余座。高新区人民医院住院楼，医技楼，急诊楼，感染楼，门诊楼均进入主体施工阶段。

优化服务。推进工程建设项目审批制度全流程、全覆盖改革。2021年办理施工许可证20项，建筑总面积44.31万平方米、工程费15.85亿元，收缴城市基础设施配套费1100余万元；施工图审查备案18项，支付施工图审查费68万元；商品房预售许可7项，预售面积10.98万平方米。办理竣工验收备案5项，竣工验收面积8.27万平方米，联合验收时间为7个工作日。推进园区绿色建筑和装配式建筑的普及率，推动园区新建公共建筑和住宅项目全部纳入绿色建筑审查，园区新开工的浦沅棚改、高新区人民医院等建筑均按照绿色建筑标准建设；在园区推广装配式建筑的应用，2021年园区新开工建筑面积33.97万平方米，其中装配式建筑14.98万平方米，占比44.1%。引导开发企业强化项目评估，合理确定价格区间，避免出现价格虚高后的大折扣降价，造成房价大起大落。联合高新区财政局出台短期购房契税补贴措施，发放购房契税补贴78万元。其中，销售住宅542套，商业757套，成交面积9.05万平方米，成交金额4.84亿元。每月针对全市在建工程项目开展施工质量安全隐患排查，实时发布排查通报，排查中发现的问题要求限时整改，检查发现安全隐患152处，下达停工整改通知书19份，责令整改告知函24份，所有隐患均在规定时间整改完毕；组织开展园区燃气安全检查和宣传，检查企业43家，发现安全隐患点62处，均整改到位，组织燃气安全使用宣传活动，发放宣传传单1000份，营造园区燃气安全使用生产生活氛围。加强房地产项目预售资金监管，把关劳务实名制通道设立，抓农民工工资专用账户设立、工程款支付担保工作，要求关键岗位人员到岗，以制度落实保民工工资支付；协调民工工资纠纷38次。开展工程领域根治欠薪冬季专项检查行动。

环保工作。推进污水提质。加强企业及建筑工地排水管网接入验收核验，遏制管网私接、乱接、混接；修复园区部分区域淤积、破损雨污管。开展大气污染防治。到园区所有在建工程项目开展日常巡查115次，发现问题155处，均进行整改。开展扬尘防治专项检查11次，检查在建项目107个（次），查找问题88条，下达《停工整改告知函》12份、《责令整改告知函》42份，警示约谈施工建筑公司8家。

（欧阳旭丹）

社会事务

【概况】 2021年，常德高新技术产业开发区社会事务局突出主职主业，开展支部建设、平安建设、疫情防控、职业病预防、知识产权、营商环境、人民武装等工作。

平安园区建设。信访接待将矛盾化解在园区。1—11月，受理信访件184件，接访280余次380人。其中涉及农民工工资信访件54件，涉及人数416人，计追讨农民工工资350万余元。开展全民国安日专项宣传活动、反电诈专项宣传活动、反间谍法专项宣传。定时查看园区“雪亮工程”探头在线率及视频监控情况。投入150万元，新建设高清摄像头接入“雪亮工程”平台。开展民调宣传工作，向企业发放民调问卷1万余份。开展为期4个月的“戴帽工程”专项行动，采取宣传教育和集中整治相结合的方式针对未佩戴头盔的市民进行安全引导和宣讲，为市民发放安全头盔200顶。组织园区干部职工开展普法考试。

疫情防控和职业病预防。关注疫情形势，摸排管控，加强宣传引导。坚持每日摸排、每日报告、持续跟踪，根据健康码提示风险，通过大数据、问询等方式摸清行动轨迹，精准实施管控，降低疫情传播风险；及时转载、发布防疫政策及要求，提高机关、企业人员自警自觉意识，引导相关人员上报风险区旅居史，配合落实核酸检测、居家健康监测和集中隔离等管控措施。开展宣传发动，鼓励企事业单位人员进行疫苗接种。对接灌溪卫生院和浦沅职工医院，在孵化器及园区企业内设置临时接种点，为企业提供疫苗接种服务；关注接种点疫苗到货情况，通知未接种人员接种。截至年底，接种3123人。组织核酸检测，按照“早发现”原则，进行风险人员核酸检测。摸排园区冻库库存、开展常态化监管，联合灌溪市场监管所进行园区企业冻库冷库常态化巡查督导，做好冻库进库出库及库存记录，对园区食品生产企业、机关及企业食堂、餐饮门店、快递物流等场所进行常态化监管。走访调查，摸清职业病预防底子。通过电话调查和重点走访摸底园区企业职业病防治工作开展情况，现场查看工作场所危害隐患和职业病防治相关资料，针对存在的问题提出意见，促进企业规范开展职业病防治工作。举办职业病预防工作培训讲座，聘请专家授课，为企业职业卫生专(兼)职人员进行培训，提高企业职业病防治法律意识，督促企业落实主体责任。

知识产权。聘请第三方专业服务机构运营常德高新区知识产权综合服务分中心和湖南省知识产权信息服务中心建设园区特色产业专题专利数据库，会同综合服务分中心，组织知识产权业务培训3期。组织策划常德高新区知识产权宣传周活动，现场为企业提供政策质询、业务指导。落实政策鼓励科技创新，园区企业知识产权质押融资2000余万元。走访企业开展指导服务，完善企业知识产权联络人名单及企业“一企一策”知识产权档案，针对企业具体需求提供帮助指导，与常德市科技局一同为湖南源宏食品有限公司关于常德米粉精深加工及保鲜技术突破提供指导。为园区企业拥有的近300件有效发明专利年费缴纳情况建档，及时督促、指导、帮助企业进行发明专利年费缴纳。截至2021年底，常德高新区有国家知识产权示范优势企业2家，2021年常德高新区申请发明专利405件；截至11月，园区企业授权专利332件，其中发明专利71件，实用新型235件，外观设计26件；当前园区企业有效发明专利335件。

营商环境。制定《常德高新区2021年优化营商环境工作方案》，并征求各责任单位意见，形成正式文件。每个月督促各单位对照163项工作任务将工作落实情况统一报送至优化科。对照有关标准列出的10项正面清单、12项负面清单，设置5家企业为营商环境监测点，安排10余名营商环境监督员，定期到企业明察暗访，畅通企业反馈信息渠道。由园区纪工委监工委牵头，联合社会事务局抽调9名工作人员，成立3个联合督察组，走访园区74家企业，重点检查政策落实不到位、行政审批不规范、干部履职不廉洁、企业执法“一刀切”等问题。

人民武装。常德高新区人民武装部于2021年7月21日正式挂牌成立，落实武装部办公室、资料室、国防教育室、器材室、文化宣传走廊等武装阵地建设工作。（余孝野）

【湖南省市场监管局到常德高新技术产业开发区调研知识产权工作】 2021年5月11日，湖南省市场监管局知识产权促进处四级调研员阮书相一行到常德高新技术产业开发区调研知识产权促进、运用和保护工作。常德高新区党工委委员、管委会副主任袁成宇陪同。座谈会上，袁成宇汇报园区知识产权工作开展情况，专家组成员与相关部门负责人交流讨论。（余孝野）

2021年5月11日，湖南省市场监管局知识产权促进处到常德高新技术产业开发区调研知识产权促进、运用和保护工作 （提供：余孝野）

应急管理

【概况】 2021年常德高新技术产业开发区应急管理局贯彻执行国家、省、市关于安全生产工作的系列文件精神，树立“以人为本、安全发展”理念，落实企业安全生产主体责任，开展隐患排查治理，促进园区安全生产。

安全生产制度建设。制定安全生产隐患排查工作方案、安全生产整治行动方案等文件，开展工贸企业、特种设备、有限空间、消防安全、建筑施工、道路交通等领域隐患排查整治，推进安全生产专项整治三年攻坚行动。

监管执法。针对园区企业进行安全生产大检查，出动执法人员612人次、专家150人次，发现问题隐患782处，其中重大隐患32处，出具隐患诊断报告150余份，针对发现的隐患问题，分别进行3次交办；联合建设管理局并聘请第三方专家为园区内25栋标准化厂房进行消防设施隐患排查并进行交办；联合公安、交警、市场监督管理局、消防针对园区企业开展大督查大整顿大排查行动10余次。

宣传教育。组织企业开展落实主体责任、特种设备、消防安全等知识的培训，组织企业安全人员参加学习铝加工和有限空间培训、全省工贸行业视频培训、邦普“1·7”燃爆事故警示教育会。邀请市局专家进行安全生产讲座，园区企业安全生产负责人计141人参加培训。组织召开新安全生产法和职业病防治培训会议，园区各职能部门主要负责人和企业负责人160人参加。全国防灾减灾日期间，组织开展灾害防护宣传活动，现场设立展板20余块，参加人员100余人。10月16—17日，邀请市安全生产教育培训中心专家在园区举办安全员管理证培训班，60家企业负责人参加培训。协助企业开展应急演练和教育培训95场，参加人员978人；邀请相关专家进行安全教育培训42场，参加人员1051人；开展学习观看《生命重于泰山——学习习近平总书记关于安全生产重要论述》活动104场，计2510人参加。6月16日，安全生产咨询日设立4个咨询台累计向企业职工发放《中华人民共和国安全生产法》《中华人民共和国特种设备安全》《中华人民共和国消防知识》等宣传手册1000余份，摆放宣传展板50余块。

（邓明向）

2021年6月3日，常德高新技术产业开发区中建西部建设有限公司开展“安全生产月”消防安全应急演练

（提供：邓明向）

财政工作

【概况】 2021年，常德高新技术产业开发区财政部门贯彻落实省委、省人民政府关于牢固树立过“紧日子”的思想、压减一般性支出的要求，扣住“三高四新”财源建设目标，落实党工委、管委会重大决策部署，增强责任意识、全局意识，为园区经济社会发展提供财力保障。全年，地方一般公共预算收入63632.44万元（调整预算数，下同），比2020年增加10430.23万元，增长19.6%。其中，地方税收收入60050.73万元，比2020年增加10888.08万元，增长22.15%；非税收入3581.71万元，比2020年减少457.85万元，下降11.33%。

资金统筹。一般公共预算支出安排123655万元，为工资、机构运转、招商专项、产业扶持、宣传、公安、市政、环卫、工业用地报批及征拆、隐债还本付息、基础设施建设等支出给予保障。发挥财政资金撬动经济发展的杠杆作用，为稳定经济运行贡献财政力量。全年安排科技创新能力发展专项1000万元、促进高质量发展专项1500万元、各类产业扶持专项1.8亿万元、融资担保费及企业电费补助305万元，用于鼓励科技创新、招商引资、人才引进，为辖区培育新动能、保障企业发展要素提供支持。

重点工作。探索支出标准体系建设。基本支出预算按照确定的定额标准进行测算。项目支出预算分类实施标准化管理，将法律法规及财政已明确的支出标准归为“法定标准”，按照标准测算编制支出预算；将部门、行业已有支出标准，但财政尚未统一规范出台标准的归为“固有标准”，协商财政同意按照该标准进行项目测算；暂时难以测算的归为“暂定标准”，由财政结合财力统筹核定项目规模，由部门根据核定规模完善支出内容。推进预算绩效管理。根据预算绩效管理有关精神及市财政考核任务，制定《常德高新区预算绩效管理暂行办法》《常德高新区预算绩效管理工作实施方案》等相关管理制度，印发《关于安排2021年预算绩效管理工作任务的通知》；组织专项培训，便于各单位熟悉预算绩效管理有关政策及规定，掌握实际操作技能及各项表格填报；聘请2家中介机构开展关于上年度8个项目支出重点绩效评价、2个单位开展整体支出重点绩效评价，开展关于2021年度15个项目绩效运行重点监控。把握支出审核关。修订《关于明确预算单位财务报账规定的通知》，厘清支付业务中预算单位和财政部门的职责，规范财务报账行为，严肃财经纪律。控制"三公"经费，细化支付凭证审核，针对违规支出、超预算支出进行事前控制；联合纪工委开展财务检查，配合市委巡察组工作，落实整改检查及巡视发现的财务问题。规范政府采购。常德高新区财政性资金购买货物、工程、服务，按照政府采购政策，限额以上的全部实行政府采购，限额以下的全部在电子卖场采购。2021年市财政下达园区采购任务3000万元（其中，采购当地产品1000万元），实际落实任务3416万元（其中，采购当地产品2200万元），占年度任务113.8%。园区所有预算单位均在湖南省政府采购网乡村振兴馆注册，落实采购任务20万元；开展金融服务。举办政银企对接会2次，推进数字服务平台常德市"金融超市"的应用，注册企业245家（注册率64%），企业融资在"金融超市"上申请，金融机构主动上门服务，加强金融机构与企业的联系，园区推出的"银政担贷"业务，为35家企业获得1.53亿元的流动资金融资，为高新区企业产值和税收的增长提供保障。以"银政担贷"业务为纽带，加强企业与银行的联系，为企业实行"一企一策"融资，申报企业上市后备资源省级库的企业6家（响箭重工、常德牌水表、中联恒通、佳鸿机械、粤港模科、瑭桥科技）。引导推动常德牌水表在湖南股交所科技创新专板挂牌，瑭桥科技和浩天翼航空科技在先进制造业专板挂牌。实行投资评审。全年，各类工程和征拆项目预、结算评审及经费审核项目381个，送审金额20.91亿元，审定金额18.73亿元，净审减金额2.18亿元，综合审减率为10.43%。

争资争项。向上级部门汇报，争取专项债限额支持，及时跟进国家政策变化，把握债券发行范围和要求，2021年发行专项债4亿元。以"市政和产业园区基础设施"作为主要重点申报储备项目，把握专项债窗口期，将4个项目在财政、发改入库。争取上级专项补助资金2.6亿元，为园区建设及企业发展提供财力支持。

防范平台债务风险。兼顾融资需求与财政承受能力，多环节入手筑牢债务风险防范"篱笆墙"。落实防范和化解重大风险要求，加强平台债务管理，防止平台公司债务风险传导财政引发财政资金风险，厘清支出责任，严格资金管理，实行平台公司债务余额动态监控。 （欧阳章龙）

综合行政执法

【概况】 2021年，常德高新技术产业开发区综合行政执法局围绕"服务园区发展，提升城市品质，规范文明执法"工作主线，推进城市管理精细化、行政执法人性化，抓队伍和机制建设，强化考核、协调和结果运用。

工作机制。成立高新区城市管理委员会及城管委办公室，明确各成员单位工作职责，实行每日巡查、即时交办、定期调度、每月通报的工作机制；根据全市每月城市管理考核前三周暗检、第四周明检的工作特点，以问题为导向，定期会商解决城市管理中的易发多发问题，分析、调度每月考核目标任务；针对外包业务，制订考评细则，明确标准、明晰责任，开展平常巡查，督导问题整改，制订渣土管理考核考评办法，每月评选渣土管理"最佳工地"和"最差工地"，该做法被全市推介；建立城市管理工作、智慧城管案件交办群，及时通报问题。

执法服务。完善城市配套。规划环卫设施建设，落实临时垃圾中转站建设、主次干道果皮箱安装，推进共享单车进入园区，对接市级部门、行业协会、运营企业，确定运营投放公司，落实投放数量和点位。建成园区“智慧城管”平台，在园区重要节点安装可视监控，依托市城市综合管理服务平台，通过数据互联、实时监控、信息共享，推动园区城市管理工作向数字化、智能化发展。服务园区。为20余家企业开展机械化清扫保洁、临水停水期间洒水车送水、垃圾分类及清运指导、企业路灯及设施维修维护、园林绿化养护等；落实“一件事一次办”，简化办事流程，推行“上门办”“现场办”“代理办”，贯彻“721工作法”，主动对接项目建设。开展为民办实事。调研“车位、厕位”问题，坚持节假日和夜间值班巡查，处理各类路障、井盖破损或缺失、倒伏树木、桥面冰雪等隐患；落实市政设施、园林绿化普查及信息录入，为推进城市管理精细化、数据化打基础；开展慰问企业困难职工、送农资助春耕、植树造林、扫尘除污志愿者活动。

整治提升。按照创建全国文明城市工作标准和要求，发现、交办、整改各种问题。规范整治市容秩序。开展市容专项整治活动，采取劝导和宣传教育的方式，整治出店堆码、占道经营、游商小贩、施工不围挡等问题，以《温馨告知书》的方式劝离人行道违停车辆，整治“六乱”行为，清理打击“牛皮癣”“小广告”。渣土运输管理。推行“守门员”制度、采取创新作业方式和流程、优秀工地观摩、最佳最差工地评选、打击黑车参运等方式，减少渣土运输“抛撒滴漏”现象。城市事务管理。全天候实施路面、绿地清扫保洁，加大垃圾清收和公厕保洁力度，定期打捞、清理园区河道和湖面垃圾，定期开展重要场所、重点区域、重大设备环境消杀。实施提质绿化亮化，落实日常绿化管养作业，开展修剪、除草、防病除虫、洒水等，维护市政路灯，进行检修、更换损毁的管线、灯具，亮灯率提高到99%以上，每周开展1次夜查亮灯率，及时发现并交办修复，联合建设管理局开展市政设施边查边改，排除窨井盖、人行道、路缘石、下水道等市政方面突出问题90余处，解决“灯不亮、路不畅”问题。 （杨德富）

创新创业服务

【概况】 2021年，常德高新技术产业开发区创新创业服务中心围绕建成“全省标杆性国家级孵化器”的工作目标，推进孵化器建设发展。截至12月末，在孵企业51家、新增知识产权80项、高新技术企业2家、“科技型中小企业”10家，孵化器被授予市级“三创基地”，绩效考核排名从C类（合格）晋升为B类（良好），税收490万元（除开联科、京东），比上年同期增长157.9%。

空间清理。依据企业入孵合同和入孵企业的实际运行情况开展入孵企业摸底，建立动态台账管理综合评判，腾退入孵企业20家、办公面积2226.6平方米。

政策扶持。出台《常德高新区鼓励创新创业发展十条措施》，按国家级孵化器标准完善《常德高新区科技企业孵化器场地管理细则》等企业入孵、管理、退出全流程制度8项。至年末，中试车间新引进企业3家，其中1家完成CMA（检验检测机构认定）省级资质申报，1家完成30万欧元中药材出口业务，1家拟于2022年年初启动GMP（药厂生产）车间建设。

项目招引。创新引进方式，推进与青商会、青创会、留联会等常德当地重要创新创业载体的对接联系，与北京中关村天使投资协会、北京清创慧智、长沙柳枝行动等平台机构开展业务合作，围绕园区主导产业，开展链条招商，对接洽谈项目103个，其中签约入孵项目22个、使用物理面积5262平方米（含中试车间）。

活动带动。主办第一届“创业行”活动、第四届高新技术交流会等创新创业活动，收录技术创新论文36篇，自装卸车视觉定位辅助系统项目等数个创新项目转化为现实生产力。 （何 岸）

【湖南省人大常委会副主任叶红专率调研组到常德高新技术产业开发区调研】 2021年4月12日，湖南省人大常委会副主任叶红专一行到常德高新技术产业开发区开展新侨和留学人员回国到湘（常）

创新创业政策环境专题调研。调研组一行实地考察湘联木业、湖南常德牌水表等企业，详细了解园区新侨和留学人员归国创新创业的有关情况。叶红专指出，归国新侨和留学人员是创新创业的一支重要力量，要进一步贯彻落实好新侨和留学人员回国创新创业政策。要继续加强工作领导，为新侨和留学回国人员创新创业营造良好的发展环境，形成各方支持的合力，推动经济社会高质量发展。要抓实平台建设，整合资源，大力支持海归创新创业基地的建设，注重建立海归人才库，组建“智囊团”，发挥好留学生联谊会的作用，搭建动态建言献策交流平台和科技创新平台，激发新侨和留学人员回国回乡创业激情。也希望广大新侨和留学人员抢抓机遇，把爱国之情、强国之志、报国之行统一起来，找准自身专业优势和经济社会发展的结合点，找准先进知识和现代化建设的结合点，在主动融入新发展格局中多作贡献，真正使创新创造落地生根、开花结果。常德市人大常委会党组书记、副主任余怀民，市人大常委会副主任杨易，市人大常委会秘书长李绍霞，常德高新区党工委书记杨学平，高新区党工委副书记、管委会主任曾君陪同调研。（何　岸）

2021 年 4 月 12 日，湖南省人大常委会副主任叶红专（中）一行到常德高新技术产业开发区开展新侨和留学人员回国到湘(常)创新创业政策环境专题调研　（提供：何岸）

人力资源服务

【概况】 2021 年，常德高新技术产业开发区人力资源服务中心主(承)办线上线下招聘会 25 场次，1 名博士研究生、48 名硕士研究生、4397 名普工和技能人才入职园区企业，落实用工奖补 30.81 万元。

宣传活动。通过招聘会、上门及培训等方式，宣传省市人社部门惠企暖企政策，发放宣传资料近 3000 份、法律图书 150 份。制作招聘信息二维码在飞机场、火车站、高速路口集中宣传开展扫码关注活动，定期更新二维码的招聘信息内容。创新思路在万达等市内商圈举办现场招聘会和信息发布活动。利用报纸、微信公众号、网络等媒体拓展对外宣传渠道，围绕企业招聘、园区招商、提供就业政策公益咨询服务等方面开展正面宣传报道，被国家、省、市级媒体宣传推介 19 篇次。

企业招聘。主动对接市人力资源中心，组织园区企业参加常德市、石门县、汉寿县、武陵区的现场招聘会；联合鼎城区每月举办 1 期线上招聘会和 4 场“点对点”普工缺口较大的重点企业现场招聘会；到湘潭大学、南华大学等省内高校引才。

2021 年 3 月 15 日，常德高新区举办“点对点”供需见面会

（提供：钟雅琴）

就业培训。针对园区企业技能人才紧缺的现状，引导中联建起、中联恒通、特力液压等与常德技师学院、常德职业技术学院等签订战略合作协议，实行按需招生、订单培训。培训企业急需技能人才。2021 年，该中心自主培训 95 人，联合企业培训 60 人，全部入职园区机械装备企业；引导企业吸纳市内大型培训机构焊工班等学员近 300 人。组织中联恒通、常德远大、武陵机械开展为期 1 年的中级焊工新型学徒制培养，参培人员 132 名。举

办劳动关系业务知识培训班2期，组织园区67家企业，113位人事负责人参加。

劳动关系。重视劳动关系和谐稳定，成立三年行动计划领导小组，出台《常德高新区劳动关系“和谐同行”能力提升三年行动计划实施细则(2021—2023年)》。重点为7家企业进行政策宣传及业务指导，为2家用工规模大的企业开展用工监测，定期摸排劳动关系风险隐患。联合建设局、社会事务局调解劳资纠纷，受理劳资纠纷170件(其中移送鼎城区人社局劳动监察大队12起)，追回工资总额460万元，涉及职工670人。

典型选树。通过“模范和谐劳动关系企业”“金牌劳动关系协调员”“全省最美农民工”选树工作，调动企业和个人参与创建和谐劳动关系、争当最美农民工的积极性。2021年，中联恒通机械有限公司王飞鹏被评为湖南省最美农民工，湖南常德牌水表制造有限公司被评为市级模范和谐劳动关系企业，常德市佳鸿机械有限责任公司人力资源部部长刘力斌被评为市级金牌劳动关系协调员。（钟雅琴）

政务服务

【概况】 2021年，常德高新技术产业开发区政务服务中心落实“放管服”改革工作要求，推进简政放权，提升政务服务水平，优化营商环境，受理办事事项19805件，办结19805件，办结率100%。

园区赋权。关于新下放的第二批170项管理权限，组织协调各单位与赋权部门对接，指派业务骨干学习赋权事项相关的法律法规、政策文件、办事指南和操作规程，签订涉及16个市直部门和11个园区部门的《赋权事项交接书》《行政执法委托书》。

“互联网+政务服务”。网办深度在二级以上的政务事项达到95%以上，所有事项均进入一体化平台系统，并进行所有清单事项整理和完善，关涉工程建设项目的事项均通过湖南省工程建设项目审批系统实现全程网上办理；办理发票领用和代开、纳税申报、税费缴纳等涉税、缴费业务通过登录湖南省电子税务局系统线上办理。

服务流程。以便民利民、优质高效为原则，简化办事程序，缩短办事时限，提高工作效率，方便服务对象。组织引导相关职能部门梳理政务服务事项，清理委托下放的事项，已经承接到位的事项进行流程优化，精简申报材料，形成统一规范的办事指南，不动产首次登记压缩到3个工作日，产业投资项目从立项到竣工验收的审批时间控制在50个工作日内，所有事项即时办结、当日办结、在规定时限办结，并做好解释工作；推行“六个办”，即“线上全程办、预约错时办、特事秒批办、容缺承诺办、专人辅导办、主动帮代办”，优化办理服务。

政务公开。完善政务公开指南，确保政务公开工作常态化、正规化运行；推动常德政策服务平台建设，梳理规范性文件及其他相关政策并及时上传到常德政策服务平台，完善政策数据库，增强政策平台服务能力；在政务服务大厅按照“有场地、有标识、有设备、有指引”的标准设立政务公开专区，提供咨询、申请、查阅等政务公开服务。

“亲娘式”专项服务。在政务大厅设立复印窗口，为办理业务的企业、群众提供免费复印证件和资料等服务。企业、群众到政务大厅办事，对于当场无法获取的证照证件和批复结果等，按照自愿的原则选择免费邮寄服务，窗口工作人员对于需要送达的材料和资料进行揽收，并负责包装、信息填写和投递。对于新开办企业必需的行政公章、财务专用章、合同专用章、发票专用章、法人私章提供免费刻制服务。针对新开办企业注册设立商事登记服务平台，以政府购买服务的形式，引进第三方机构实行新开办企业服务全程免费代办，为园区91家企业商事登记进行全程免费代办服务，提供各类政策咨询服务400余次。（何　为）

宣传信息中心

【概况】 常德高新技术产业开发区宣传信息中心落实“三高四新”战略定位和使命任务，履行“举旗帜、聚民心、育新人、兴文化、展形象"职责,坚持守正创新,弘扬时代正能量、唱响时代主旋律、筑牢舆论主阵地、当好企业服务员、架起群众连心桥,为"奋力拼搏又三年、力争挤进省十强"提供思想保证和社会舆论环境,被常德市委通报表彰为"全市宣传思想工作先进单位"。

党史学习教育。组织开展"青年读书会""永远跟党走" 青年主题演讲比赛、"党史线上答题"竞赛、党史知识"快问快答"等活动,引导园区党员干部读党史、知党史、懂党史。开展"慎终追远、缅怀先烈"活动,结合清明节,到林伯渠故居,浯溪河大捷旧址、石板滩渐安暴动纪念园等红色基地开展清明祭英烈活动。开展庆"七一"系列表彰活动宣传,举行"两优一先"表彰大会,讲授专题党课。开展"永远跟党走"文艺演出活动,举行"颂党恩、跟党走"诵读红色经典诗歌比赛,组织开展"永远跟党走"文艺演出活动。解决园区企业"急难愁盼",重点围绕40项实事清单,开展"我为群众办实事"实践活动,办结40项民生实事。其中解决项目区相关社区居民安全饮水问题、加快推进5G网络基站建设等重点民生工程问题,协调金融机构为企业融资1.4亿元,开展"扫尘除污"暨城乡接合部环境整治义务劳动,开展校企活动之未成年人网络安全培训,开展安全生产进企业,开展"一户一产业工人"技能培训等民生实事。推进学习研讨。机关和企业各支部党员结合指定书目和专题学习要求,开展集中学习和个人自学。专题研讨被"学习强国"学习平台、新湖南、红网、《常德日报》等中央和省市媒体报道。采取线上线下相结合的宣讲形式,开展专题宣讲。开展企业党支部书记培训班,结合企业实际,制定学习方案,推动各项重点任务落地落实。注重抓"五个宣传",在微信公众号每日发布"党史天天读"系列文章,转发党史学习教育相关内容,同步开设"党史课堂"专栏。征订党史学习教育指定学习书目,《毛泽东、邓小平、江泽民、胡锦涛关于中国共产党历史论述摘编》《论中国共产党历史》《习近平新时代中国特色社会主义思想学习问答》《中国共产党简史》等重点学习书目。与中央电视台《发现之旅》频道合作拍摄大型电视记录专题片《美丽园区行》之《常德高新区 筑梦高新之巅》,在中央电视台、香港卫视、常德发布、常德全媒等媒体转发。与市委宣传部、《常德日报》联合主办"高新区杯·发现常德之美"摄影大赛,推出44期作品。常德高新区联合中国移动湖南分公司,定制党史学习教育视频彩铃。

新闻报道。坚持党管媒体原则,在《人民日报》、新华社、中央广播电视总台、《科技日报》、《湖南日报》、湖南卫视、《常德日报》、常德电视台等中央、省、市媒体发布稿件595篇,园区官网、微信公众号等网络平台发布信息3687条。1月中旬,园区企业为就地过年外省员工发放加班补贴的做法在《常德日报》《常德晚报》报道,被《人民日报》、新湖南等媒体报道。1月26日,《经济日报》以《"响箭重工"离弦不虚发》报道常德高新区企业"响箭重工"成长为工信部确定的第二批专精特新"小巨人"企业的事迹。5月24日,《人民日报》推出《奋斗百年路 起航新征程》湖南篇专版,第11版综合稿《湖南以高质量党建促进高质量发展　产业链上党旗飘》中《党员勇挑创新重担,攻克产业发展难关》章节,报道常德高新区"作为湖南省重要的装备制造产业基地,充分发挥共产党员先锋模范作用,党员在产业链中勇挑担,打头阵,做表率,攻克一个个'卡脖子'的技术难题,科技创新跑出了加速度"的经验做法,《湖南日报》6月8日以头版头条进行推介。《湖南日报》9月1日整版推介常德高新区新进步、新做法、新经验。8月中旬,科技部公布2021年度创新型产业集群试点,湖南常德重大成套设备制造创新型产业集群等4个产业集群入选,湖南卫视新闻联播、《常德日报》进行报道,在新华财经推出并获得43万余人次的阅读量。10月中旬,聚焦园区主导的常德重大成套设备创新产业集群,中央和省市媒体编发原创稿件20余条,在重要版面、重要时段播出。5月19日,《人民日报》客户端报道《中联重科塔机常德智能工厂二期开园》,其网络浏览量13.6万余人次，成为当天进入全省关注度10万余人次前三名的新闻信息。10月25日，中联重科全球最大上回转塔机在园区下线，《人民日报》、新华社、《科技日报》等重要媒体报道。12月下旬，常德高新区作为典型在制造强省大会发言，经验做法在中央及省市媒体推介。将每月发生的新闻信息整理编辑成册，形成12期《常德高新区每月新闻信息》、5期《航拍高新城》。

精神文明建设。培育和践行社会主义核心价值观，推进园区机关、企业单位精神文明建设上新台阶，确保机关市级文明标兵单位保牌，推进全域文明创建，开展非公有制经济组织创建市级文明单位申报工作、省级文明窗口单位推荐工作，以弘扬优秀传统文化为基础，开展春节、元宵节、清明节、端午节、七夕等传统节日主题活动。结合文明创建、主题党日及党员志愿者活动等，开展红色教育、结对帮扶、主题征文、志愿服务等活动。园区党工委、机关各支部分批次到浯溪河大捷旧址、石板滩渐安暴动纪念园等地开展红色教育，到石门县开展结对帮扶现场招聘会，开展道德模范和身边好人推荐活动，组织机关干部和企业职工开展募捐活动。选派志愿者进行驻企防疫志愿服务，开展无偿献血、政策宣传、园区清扫等志愿服务活动。通过奖励帮扶督导等方式，区分先进、一般、后进党支部，表彰优秀共产党员11名、优秀党务工作者4名、先进基层党组织4家，并由领导干部讲党课。对照全国文明城市测评指标体系和任务分解要求，履行创建工作责任，推进文明城市创建工作。开展爱国卫生活动，贯彻落实单位门前区域“三包”责任制落实，执行单位内部卫生管理制度。组织干部职工开展大扫除，督查室不定期进行督察，无脏、乱、差现象出现。利用宣传栏、电子显示屏、横幅、公益广告等宣传工具，开展宣传教育引导，以公共广场、建筑围挡、政务大厅为“点”，以交通主干道沿线为“线”，以企业为“面”策划设计与园区相融合的公益宣传广告，在交通主干道沿线、公交站台、公共广场、政务大厅、建筑围挡等位置新增公益广告72处，悬挂宣传标语60余条，电子屏宣传广告119条。

（向　波）

桥南园区管理

【概况】 桥南园区是常德高新区三个园区之一，主要是以发展轻工业食品、装备制造类企业为主。拥有规模以上企业23家，年产值过亿元的8家，云港生物、联嘉机械、双豹粮机迁入德山经开区，2021年规模以上企业工业总产值31亿元，入库税金3682万元。2021年，桥南园区办主要围绕疫情防控、安全生产、环境保护、企业搬迁、企业提质改造等方面开展工作。

疫情防控。围绕“外防输入、内防反弹”的总体防控策略，落实防控措施，与相关部门的密切配合，通过悬挂宣传条幅、发放宣传单、微信群等，及时发布相关信息。协调郭家铺卫生院开通2次专场为园区企业员工开展疫苗接种工作。

安全生产。组织企业相关人员到高新区参加安全生产工作会议，及时传达上级的通知精神和要求。配合鼎城区人民政府制定桥南工业园综合整治行动方案，牵头协调市生态环境局鼎城分局、区工信局、区市场监管局、区住建局、区城管局、高新区应急局开展关于桥南园区企业的安全和环保大排查、大整治。排查涉及产权企业59家及租赁生产企业厂中厂70家，排查出有生态环境问题企业35家，其中有明显环保问题的25家，无环评手续但没有对生态环境造成影响的10家。区环保分局针对20家企业下达生态环境执法意见书；排查出有安全生产隐患企业48家，高新区应急局针对48家企业下达事故隐患整治任务交办单，全部整改到位并销号；园区办针对涉及环保、安全需整改企业下达综合整治提醒函。9月，配合鼎城区工信局、应急局、消防救援大队、生环分局、住建局、市场监管局等相关职能部门进行安全生产隐患排查整治。形成日常管控机制，联合区工信局、郭家铺街道定期巡查，督导企业落实主体责任，重点清除

"三合一场所"人货混居的问题。协助区环保分局进行大气污染整治,实行涉气企业错峰生产,开展环保巡查238人次。

企业搬迁。对接搬迁办和相关被征收企业,主动沟通,至11月上旬,完成11地块9家企业的签约征收工作,拟于2022年年初所有征收企业全部腾房交地。

企业服务。到21家规模企业开展"反电诈宣讲活动",向企业员工揭露电信网络诈骗常见作案手法、作案特点及识别、防范的技巧,提醒员工注意保护个人隐私,不要轻信来历不明的电话、短信等。到企业党支部指导党建工作,了解企业生产经营状况和党员部分职工生活情况并主动帮助解决实际问题和建议。11月,联合区工信局到每家企业宣传区人民政府关于桥南工业园的相关政策调整、收集企业面临的问题,形成材料上报区人民政府。

(李向民)

自然资源和规划工作

【概况】 2021年,常德市自然资源和规划局高新区分局统筹谋划空间规划编制,打击违法用地违章建设,推进城市片区开发,保证土地收益,保障项目用地,抓队伍党风廉政建设,优化经济环境。

空间规划编制谋划。配合常德市自然资源和规划局开展国土空间规划编制项目工作,落实生态保护红线、永久基本农田保护线、城镇开发边界线编制工作。争取城镇开发边界规模,范围34.17平方千米,其中集中建设区29.17平方千米。依据湖南省自然资源厅《关于抓紧组织开展城乡规划成果自查自检完善工作的通知》,为实现高新区产城融合一体化发展,打造国家产城融合创新示范区,开展高新区空间布局适应性调整优化。启动电力、给水、排水、道路交通、停车场、绿地系统、产业发展和水资源保护与利用专项规划与园区整体城市设计规划项目的编制工作。高新区管辖范围内需编制村庄规划行政村21个,2021年村庄规划编制任务9个村,其中石板滩镇2个行政村、灌溪镇7个行政村,年末,落实动员培训会、底图底数分发、现状基础调研、初步方案成果和方案咨询论证工作。

违法用地违章建设行为打击。开展巡查252次,下达停工整改通知书17份,现场处置违法行为12宗,后期跟踪监管5宗,组织开展联合执法行动6次,拆除违章建构筑物近6500平方米;立案查处土地违法案件11宗,收缴罚款22.5万元,没收非法建构筑物11053平方米,申请鼎城区人民法院强制拆除5宗(4032平方米);查处矿产案件2宗,没收非法矿产品1316吨及收缴罚款4.2万元;移交移送鼎城城管综合执法局、环境保护局、乡镇人民政府各类违法线索24宗,涉及土地面积4816平方米。10月,国家自然资源督察武汉局进驻常德,针对全市2019年12月31日"三调"确定的可长期稳定利用耕地保护工作开展专项督察。交办高新区3宗问题,涉及土地面积3.15公顷,耕地面积2.83公顷,基本农田面积1.82公顷。按整改时限要求落实工作任务,通过验收。

项目用地保障。2021年,批回9个批次(32个项目),合计面积145.15公顷;入窗审查批次项目1个,用地面积0.28公顷。组卷批次6个(20个项目),总面积71.25公顷,其中3个批次发布拟征地公告、安置补偿公告和组织报卷资料,另3个批次拟落实"两公告"发布、报省厅审查。按省厅月清"三地两矿"要求,完成高新区辖区2009—2015年、2016—2018年度批而未供项目的划拨供地手续。落实高新医院、高新大道、塔铁西路、富窑西路、岗中西路、岗中变电站、灌溪供电所、常德市公安局监管中心(一期)项目、岗中东路、富强东路等项目划拨供地手续。完成石板滩中学地块、灌溪供电所地块、浦沅变电站闲置地块、原铁山变电站地块、中联重科地块、鼎盛粮食集团石板滩粮站土地收储工作。启动调查预算项目23个,总面积77.53公顷108户。启动征拆项目22个,征地拆迁并交地的项目21个(含2020年未交地项目),面积69.03公顷,拆迁房屋107户。

闲置土地处置。2021年,供地18宗,面积

83.82公顷，其中商居用地3宗，面积11.14公顷；工业用地15宗，面积72.68公顷。处置疑似闲置土地41宗，总面积168.61公顷，经现场巡查，均已动工建设，办理施工许可证和建设工程规划许可证，在土地动态监测与监管系统中销号；通过延期开工、收回等措施处置9宗闲置土地，均销号。收回盘活原粤港模科、德迪球笼项目已出让未开工8公顷土地，确保振东机械、翔拓电子等优质项目的用地需求。引进占地34.69公顷的常德高新区教育综合体项目，引进上海卓越集团出让商住地块10公顷，拟完成土地价款2.55亿元，土地纯收益1.78亿元，契税1020万元。2021年，出让工业用地26.53公顷，土地价款7065万元，收缴契税282.6万元；收缴存量地块土地价款2.54亿元，其中顺沅房产2.28亿元，鼎力公司2600万元；为鼎力公司出让7宗地59.55公顷，其中工业用地56.44公顷，住宅用地3.11公顷。

项目净地交付"四证"同发经验推广。开辟新建项目"拿地即开工"审批绿色通道，推行"关联事项一次办""串联事项并联办"，采取减环节、减材料的办法，将多个审批股室的单个事项整合为"一件事"联合办理，新建工业项目审批实行"一次告知、并联办理、一次办好"。产业项目实行先审规划设计方案，再供土地的倒置审批模式，在土地出让合同签订5个工作日内，完成用地批准、建设用地规划许可、不动产登记、建设工程规划许可等涉及分局内部职能的审核审批服务事项。加强外联沟通，与住建部门协调，以函的形式告知住建部门容缺受理，实行"施工图审查承诺制"特别措施，提前进行施工图审查和初步设计审查，让企业同步取得建筑工程施工许可证。推行"标准地+承诺制""四证齐发""交地交证即开工"等改革措施，提升项目审批速度、服务企业效率，推动招商引资、项目建设和实体经济发展。审批常德高新区人民医院等16个项目建设用地规划设计方案，为鼎荣智能装备等21个项目核发65本建设工程规划许可证，为恒天纺织等5个项目办理规划验收手续。核发用地预审及选址意见书项目8个，核发建设用地规划许可证项目12个。受理不动产登记业务1500件，发放不动产证书340本、证明1160本。完成兴发安置小区一、二、三期首次登记，按照市政府要求进行分户登记。（杜　翔）

【常德市自然资源和规划局高新区分局正式挂牌成立】 2021年1月15日，常德市自然资源和规划局高新区分局正式挂牌成立，常德高新区党工委副书记、管委会主任曾君和常德市自然资源和规划局党组副书记、常务副局长杨文平共同为市自然资源和规划局高新区分局揭牌。（杜　翔）

2021年1月15日，常德市自然资源和规划局高新区分局挂牌成立（提供：杜翔）

公安工作

【概况】 2021年，常德市公安局高新分局落实常德市公安局、常德高新区工委管委工作部署，以"护稳定、抓打击、严防范、优服务、强队伍"为使命任务，确保"五个不发生"工作底线。

教育整顿。开展集中学习、日常学习、专题学习、交流学习，组织"每周一课"，开展政治轮训及党纪党规培训16期400余人次，组织聆听廉政党课讲座、英模事迹报告会4次。组织民辅警政治理论学习。建立例行调度、交办督办等工作机制和学习教育、查纠整改、总结提升任务清单。《常德高新公安推进公安队伍教育整顿走深走实》《在从严治警中锤炼精兵强将》在《人民日报》《人民论坛》刊发。开展“全警实战大练兵”，落实政治练兵、法律练兵、技能练兵、体能练兵、专业练兵、协同练兵等任务要求，实行周训练、月考核、季督导，聚焦体能、技能、理论的提升。全年在中央、省、市媒体宣传上稿33篇。注重从不同岗位、基层一线、重大任务中挖掘典型，全年呈报民警个人立功5人次、个人嘉奖10人次，其他奖励8人次。落实《湖南省公安机关警务辅助人员奖励实施办法》，呈报辅警个人立功1人次、嘉奖13人次，其他奖励3人次。

专项警务工作。对于各类违法犯罪保持高压严打态势，保障辖区社会安定、人民安宁。案件破案率100%。打击武器弹药违法犯罪，打击妨害国(边)境管理犯罪。查纠交通违法行为5693起，执行交通保畅任务54次。完善园区道路交通基础设施建设，落实交通问题顽瘴痼疾整治，全年排查风险隐患路段40处，整改率100%。推进“戴帽工程”，提升电动车戴盔率。分局业务技术用房、石板滩派出所项目立项，项目纳入全市2021年“十四五”规划内容。

警务服务。优化园区经济发展环境、保障产业项目建设，发挥服务经济发展“排头兵”作用，服务“三高四新”战略大局。开展“百千万”联企护航行动，全年走访企业131家，为项目企业解决困难实事66件，整治涉企问题35个。关注企业内部人防、物防、技防、制度防措施落地见效，开展企业内部安防指导，警企互动。局班子成员带队开展3轮次上门听取市人大代表、企业家代表的意见建议。坚持涉企突发事件第一时间响应，涉企案件优先受理、快侦快破，从快从严打击侵犯企业合法权益的违法犯罪。全年处理涉企矛盾纠纷1357起，调处成功率达95%以上，无民转刑案件发生。破获涉企刑事案件15起、治安案件21起，刑事拘留16人、行政拘留19人，为项目企业挽回经济损失621万元。注重政务服务、治安、交警等单位涉企服务提质增效，落实园区管委会要求，实行企业行政处罚首单免罚，开通涉企“绿色通道”等便民利企服务，80%政务服务事项实现“一次办、一窗办”，企业群众满意率100%，人口与出入境工作专项考核“五小分局”排名第一。

（廖仁海）

生态环境工作

【概况】 2021年，常德市生态环境局高新区分局落实各级决策部署，改善园区生态环境质量、推进污染防治攻坚战、整改突出生态环境问题，以“项目为王、企业为大、服务为本”为理念，助力“五好”园区创建。

污染防治攻坚。落实省市污染防治攻坚战暨“夏季攻势”工作部署和安排，召开生环委全会4次、其他专题会议11次，制定生态环境保护工作相关规定，落实工作责任。园区2021年污染防治攻坚战“夏季攻势”任务23项具体任务，其中共性问题11个，个性问题1个，推进项目落实2个(10家重点企业涉挥发性有机物治理项目和工业园区第三方治理)，所有问题全部整改销号。

蓝天保卫战。召开党工委会、主任办公会5次。联合建设管理局、综合行政执法局等单位，加大关于园区建筑工地、道路施工、取土场的管控。开展臭氧管控期间的错峰生产，督查落实情况。为园区涉VOCs(挥发性有机物)的10家重点企业核算产排量，督促指导制定“一厂一策”和整治方案，开展综合治理，申请中央资金。督促9家商砼企业指导企业落实各项环保措施。组织12家重点焊烟排放企业座谈学习，开展非道路移动机械检测上牌工作，核准163台非道路移动机械，实际检测上牌171台。发现处理突出环境问题6件，下达整改通知书65份，第三方大气巡查发现问题线索518条、99个点。

水环境管理。配合市局开展《中华人民共和国水污染防治法》的专项检查，核实市人大交办的问题，检查污水处理厂、特立液压、南方水泥3家企业；开展入河排污口的规范化管理，编制排污口汇总资料。监督污水处理厂、和润欣、喜刷刷、和畅的污水处理,下发督办函7份。开展污水排放突击检查3轮,针对疑似存在污染的5个点位的排水进行取样检测,下发督办函11份,涉改企业11家。落实省级地下水监测井施工3个,公开监测数据,自行监测企业22家。

土壤污染风险管控。开展涉镉等重金属企业排查,经排查和核实,辖区范围内无受污染地块,无涉镉企业。

危险废物管理。全区涉危险废物单位61家,其中产废单位60家,经营单位1家。根据《国家危险废物管理名录》及相关规定,组织开展排查行动3轮,排查企业次数75次,排查产废单位47家、经营单位1家,排查覆盖率78.7%,发现问题76次,下达督办函28份,掌握危废产生的单位及种类、数量、储存、处置等情况,登记1931.03吨。指导31家企业落实2021年危险废物管理计划备案,5月29日,组织开展固体废物规范化管理培训。

制度落实。组织开展"6·5"环境日宣传活动,发放宣传手册240余份。修订公布《常德高新区突发环境应急预案》,开展园区应急演练,添置环境应急救援物资33种,督促7家企业开展应急演练,为6家企业进行自主验收备案。探索第三方治理的创新方式,组织学习考察2次,加强与上级沟通交流,实施分园区治理方式。落实园区自评估报告上报及省级现场检查,被评为环保合格园区。加强舆情引导和应对,及时依法依程序受理环境信访投诉34件,坚持"污染消除、生态恢复、群众满意"的原则,处理率、满意度均100%。

服务发展。立足自身职能职责,坚持生态优先、绿色发展理念,服务地方经济发展。办理环境影响评价审批项目14个。按照优化营商环境和简政放权工作要求,结合常德市排污许可制与环境影响评价制度有机衔接改革试点工作,推动落实"告知承诺制",受理符合环境影响评价审批正面清单承诺制的建设项目2个,按要求及时受理并予以审批。排污权证核发登记单位132家。为27家企业(7家省级、20家市级)开展环境信用评价。承接湖南省主要污染权有偿使用费缴款业务49家,计40余万元。 (张高峰)

【常德高新技术产业开发区开展2021年度突发环境应急预案演练】 2021年11月25日,常德高新技术产业开发区在特力液压有限公司组织开展2021年突发环境应急预案演练,实地模拟油漆泄漏引发的环境问题处理流程,演练真实还原运输叉车因车身颠簸导致油漆倾泻的现场。 (张高峰)

2021年11月25日,常德高新技术产业开发区在特力液压有限公司组织开展2021年突发环境应急预案演练

(提供:张高峰)

企业党委、工会联合会工作

【概况】 企业党委。开展摸底排查,选派党建指导员。2021年3月,常德高新技术产业开发区企业党委开展"学党史"办实事、选派党建指导员工作。下发《关于选派党建指导员联系指导企业党建工作的通知》。为已建非公有制企业党组织,选派优秀领导干部作为党建工作指导员分配到各非公有制企业党组织,指导企业日常党建活动,为暂不具备组建党组织条件的企业,明确党建工作联系人。开展"双亮双比"活动。针对非公党组织进行党员亮身份、亮承诺,基层党组织比作风、比贡献活动。非公党组织设立"党员示范岗""党员示范责任区"。开展党史学习教育。为党组织发放党史学习书籍

2400套,每月发布工作提示,各支部按要求自主开展学习,企业党支部组织企业干部职工瞻仰参观红色教育基地。发挥党支部模范带头作用。进行2021年省、市、区级标杆企业党组织推荐工作及“两优一先”推荐工作。常德高新区企业党委专职副书记李明辉被评为省“两新”工委“优秀党务工作者”,常德市荣程机械有限公司党支部书记朱四文被评选为省委“优秀党务工作者”;常德市佳鸿机械有限责任公司党支部被评为市委“先进基层党组织”;常德瑞齐隆科技发展有限公司总经理刘孝华被评为鼎城区“优秀共产党员”,常德市广汇气体有限公司党支部书记胡爱武等2人被评为鼎城区“优秀党务工作者”,常德市同达机械制造有限公司党支部被评为鼎城区“先进基层党组织”;中联恒通科技股份有限公司制造部副部长徐峰等11人被评为常德高新区“优秀共产党员”,常德市佳鸿机械有限责任公司党支部书记铁美珍等4人被评为常德高新区“优秀党务工作者”,湖南常德南方水泥有限公司党总支等4家党组织被评为常德高新区“先进基层党组织”。开展特色活动。4月28日,开展“常德高新区首届职工混合拔河比赛”,机关、企业12支队伍参与。组织开展红色电影进企业活动,周边企业100余人观看。6月10日,开展常德高新区校企联谊活动,为灌溪中心小学30名留守儿童提供思想疏导、学业辅导、言行引导、生活帮助。6月29日,开展常德高新区庆祝中国共产党成立100周年“永远跟党走”文艺演出活动。开展“党建引领、助力千企”行动。根据省、市委统一部署,确定发展优、党建强的常德市荣程机械有限公司等11家企业,在联企驻点、结对帮扶、人才暖企、红色引领等方面进行重点帮助与支持。12月15日,常德高新区组织开展“法律服务进园区”“法律助企”活动,其中法人代表、支部书记、工会主席、部分行管人员约100人参加。向企业普及签约履约相关法律知识,为企业解答生产经营方面法律问题,并合理提出意见建议,助力企业健康发展。开展“双百工程”。打造15家标杆党组织,常德国力变压器有限公司党支部等9家党支部获评市级标杆党组织,常德海仑实业有限公司党支部等6家党支部获评区级标杆党组织,常德瑞齐隆科技发展有限公司党支部书记、总经理刘孝华等5人获评常德市“两新”党建领军人才称号。

工会联合会。推进范化建设。打造常德牌水表厂、天成展示2家工会组织为示范工会,打造1家劳模工作室,完善相关制度和阵地建设,发挥工会的桥梁纽带作用。开展常德市格佳机械有限公司工会等4家工会组织换届。实施技能提升工程。4月,组织园区企业工人参加常德市职工技能竞赛数控车工竞赛,参赛单位有湖南特力液压有限公司、常德永盛液压机械有限公司、常德市佳鸿机械有限责任公司。举办2021年常德高新区工会主席培训班。培训内容涉及大病医疗互助、工资集体协商、模范职工之家创建等业务知识。依托专业培训机构,分2期在企业举办产业工人技能提升培训班,培训职工160余人,实行现场教学与理论教学相结合,将产业发展与技能培训相结合,提高产业工人技术能力和工人技能素质,满足企业用工需求。发挥先进模范带头作用。湖南常德牌水表制造有限公司杨建国获“全国五一劳动奖章”称号。推进维权服务工作。坚持以维护职工合法权益、共谋企业发展为基本出发点,以建立和谐稳定劳资关系为基本准则,以实现企业效益和职工收入最大化为落脚点,指导湖南响箭重工科技有限公司等10家企业开展工资集体协商,助力企业度过招工难、用工难等难题,解决企业计薪方式不规范、工时计算不合理等问题。开展送温暖活动。开展夏日送清凉活动,慰问东鼎动力、常德牌水表厂、天成展示、高新物流、南方水泥一线职工。开展冬送温暖活动,慰问企业困难职工近200人,发放帮扶物资。开展第十期医疗互助活动,有16家企业1000名工会会员加入。

(廖柯洁)

【湖南省总工会到常德高新区送温暖】 2021年1月19日,湖南省总工会副主席刘鸿翔带队到常德高新技术产业开发区开展慰问活动，走访慰问困难企业、困难职工、劳模和学科带头人，为他们送去党和政府及工会组织的温暖和节日祝福。刘鸿翔一行到中联恒通，详细了解该单位的生产情况及困难职工的生活情况，并向该单位送上慰问金5万元，慰问35名困难职工，慰问省级劳模杨学清等人。

（廖柯洁）

2021年1月19日，湖南省总工会副主席刘鸿翔(右)带队到常德高新技术产业开发区开展慰问活动 （提供：廖柯洁）

常德市鼎力投资开发有限公司

【概况】 常德鼎力投资开发有限公司成立于2010年3月，系国有独资企业。注册资金5亿元，公司地址位于常德国家高新技术产业开发区中联大道1号楼。2015年5月升级为市级投融资平台，信用等级为AA。公司内部设行政部、人力资源部、融资投资部、财务部、工程部、前期工作部、内审部7个部门，在职员工43人。下设5个全资子公司：常德市鼎宏资产管理有限公司、常德鼎力酒店管理有限公司、常德鼎华城建投资开发有限公司、常德鼎丰新能源科技有限公司、常德市科技企业孵化器有限公司。2021年，公司被常德市守合同重信用企业协会和湖南省守合同重信用企业协会分别评为2020年度"常德市守合同重信用企业"和"湖南省守合同重信用企业"。

资产经营。全年增加标准化厂房三期1号—10号、生活配套园公寓1号—10号等经营性资产，截至12月31日，收取租金7500.99万元。

项目建设。2021年完工项目8个：标准化厂房三期12号—14号主体工程、标准化厂房三期12号—14号配套工程一标段、生活配套园24号酒店亮化工程、浙安北路(杭瑞、恒通段)道路及绿化工程、东旭新材料产业园土地平整、高新区消防站土地平整、岗中东路新建工程、铁山九组明沟改造项目；在建及新开工项目7个：富强东路、金丹路、高新大道、兴工路、富强西路、岗中西路、标准化厂房四期。

2021年，园区建设全景图 （提供：宋朋霖）

资本运作。至12月，公司总资产305亿元，净资产175亿元，融资176.479亿元。主要负责常德高新技术产业开发区内的项目建设投资。

（宋朋霖）

商贸服务业

Business and Trade Services

2021 年 2 月 20 日，济南市场开市　（提供：区融媒体中心）

商贸服务
供销合作社
桥南市场
桥南商贸城
桥南副食轻纺城
市场服务中心
物流产业

商贸服务

【概况】 2021年，鼎城区商务局发挥商务工作职能，贯彻“三高四新”战略，以打造现代江南、建设幸福鼎城为目标，凝心聚力，主动作为，落实各项工作任务。鼎城区商务局获评2021年度全省商务工作先进单位。

商务经济。利用外资147万美元(其中高新区136万美元)，增速全市排名前5，引进外资企业3家；外贸进出口45407万美元（其中鼎城区7300万美元、高新区38107万美元）。对外劳务收入6700万美元，境外投资合同额426万美元，全市排名第2；社会消费品零售总额208.1亿元，累计增速10.1%，新增限上企业9家。

商贸流通。发展现代商贸流通业，制定“十四五”商贸业发展规划，推动吾悦广场、长安九里等城市商贸综合体建设。发展电子商务鼎级商城、源宏米粉、精为天、亲零嘴等电商平台农特产品销售，组织企业参加2021年中国电子商务博览会及电商大会。制定2021年鼎城消费促进活动实施方案，举办鼎城美食季活动，促进重点行业、重点区域、重点企业、重点节庆消费加速增长，激活商贸流通、繁荣消费市场。激发市场主体活力，盘活商业资产。牵头摸底南城天街、仙女湖步行街、桥南副食轻纺城等闲置资产，拟引进符合各市场发展的新业态。

安全稳定。全区有大型生活超市、农贸市场、加油站、专业市场、商场等商贸流通生产企业147家，区商务局落实城区农贸市场、专业市场、商场、大型生活超市等商贸流通企业疫情常态化防控，帮助企业开展新冠疫苗接种工作，全区商贸流通领域未发生一例疫情。在全区商贸流通领域开展安全生产专项整治三年行动、“查隐患、消隐患、防事故、庆‘七一’、保安全”行动、安全生产“三大两严”行动、安全生产活动月及安全生产相关工作，发现安全隐患32项，立行整改30项，限时整改2项，牵头整改桥南市场152间经营门面消防安全隐患。规范成品油零售市场管理，落实69家加油站年检，为30余家加油站进行用地测绘，办理用地出让手续。

（卢 敏）

【鼎城区参加2021中国国际电子商务博览会】 2021年4月11日，2021中国国际电子商务博览会暨数字贸易博览会在义乌国际博览中心开幕，鼎城区商务局随常德市商务局代表团一行参加，湖南吉盾贸易有限公司参展。参加该次博览会，明确了鼎城区电商发展、乡村振兴及社交新零售等领域的方向，鼎城区拟落实电商销售农产品零售额目标任务，继续培育农特产品业绩5万元以上的示范网店，以电商发展带动鼎城区经济发展。

（卢 敏）

2021年4月11日，鼎城区商务局参加2021中国国际电子商务博览会 （摄影：熊艳萍）

【2021“味道湖南·常德味道”美食季启动仪式暨鼎城美食周开幕】 2021年9月9日，2021“味道湖南·常德味道”美食季启动仪式暨鼎城美食周开幕式在江南城区南城天街举行。该次美食季活动从9月持续到12月，以“百香千味进万家”为主题，以挖掘常德美食、品味常德文化、做强常德餐饮产业、繁荣城乡消费为目标，拟评选出市民最喜欢的区级道地名菜、名厨、名店、名优食材各10个，由区县、市、省开展地方美食品牌推选和宣传推广活动。

（卢 敏）

2021 年 9 月 9 日，鼎城美食周开幕式现场　（摄影：卢敏）

供销合作社

【概况】 2021 年，鼎城区供销合作社实施供销系统综合改革，提升为农服务能力。在农业农村发展、乡村振兴等方面发挥作用。制定工作计划，落实各项工作。开展党史学习教育，突出学党史、悟思想、办实事、开新局，到党性教育基地开展红色教育活动，开展“我为群众办实事”实践活动，解决原钱家坪供销社拍卖未办证和原大龙站供销社、装饰公司职工买断金、集资款问题，解决机关门面租赁户反映的门面漏雨进水问题。开展庆祝中国共产党成立 100 周年主题活动，组织党员重温入党誓词，开展“万名党员促春耕”活动，宣传优秀共产党员先进事迹，走访慰问生活困难党员、老党员、老干部。

综合改革。解决归口问题。供销合作社由商务口统筹管理，2021 年 5 月，供销合作社综合改革，供销职能转向农村，各地供销社由商务口转到农业口。8 月 31 日，深化鼎城区供销合作社综合改革领导小组会议明确区供销社负责食用菌、茶叶产业发展，成立区食用菌办、区茶叶办，办公室设在区供销社。改造基层社，发展为农服务组织。规范化发展基层社，改造蔡家岗、牛鼻滩 2 个薄弱基层社，完善组织体系，提升为农服务能力。建设中河口供销惠农服务有限公司，完备功能、齐全设施、健全机制、强化区域综合服务能力。根据区深化供销社综合改革工作领导小组办公室下发《关于进一步推进“四有”乡镇供销社和“三有”村级供销社建设的通知》文件要求，实现鼎城区“四有”乡镇社和“三有”村级社 100%覆盖，打造基层社成为党委政府抓得住、用得上的为农服务力量，发挥为农服务综合性合作经济组织功能作用，整合资源。发展农业社会化服务，提升为农服务能力。开展土地托管服务，开展配方施肥、统防统治、农机作业等农业社会化服务，全区乡镇托管土地面积 8320.73 公顷，农业社会化服务面积 36996.87 公顷，服务农民 1.38 万人，构建区、乡、村惠农综合服务体系；开展农产品产销对接服务，拓展农产品线上线下销售渠道，依托社有企业、基层社、专业合作社等主体，发展大米、食用菌、蔬菜等农产品订单农业，解决农产品“卖难”问题。创典型示范，壮大社有企业。建设十美堂、中河口、草坪、花岩溪、石公桥、尧天坪 6 个“乡镇示范社标杆社”，月亮洲、放羊坪、三角堆 3 个规范化村级社，十美堂、中河口、花岩溪、谢家铺、石公桥镇 5 家乡镇土地托管服务中心，社办企业 4 家，其中省级企业 3 家、市级企业 1 家；镇德桥镇乔家岗村为“党建、村建、商建”三建结合、“党务、村务、商务”三务合一样板工程，两次迎接省委组织部考察验收。创新经营服务模式，推进“两个到户”。按合作制要求和自愿原则吸纳农户入社，与农民社员利益联结，线下联结到户；发挥村级供销社组织优势，收集农户需求信息，建立为农服务信息数据库，运用信息化手段联结村内农户，线上联结到户；至 2021 年年末线上线下联结到户覆盖率 40%。

2021 年 8 月 31 日，鼎城区深化供销合作社综合改革工作领导小组会议会场　（提供：姜友义）

国有资产清查。国有资产巡察发现有闲置、租赁合同签订不规范、租金收入部分不入账问题，供销社立行立改，清缴2021年门面仓库租金301400元；维修国有资产，整改5间闲置货物仓库，装修门面，出租率100%。补签合同21份，按国资办统一合同文本要求签订2021年租赁合同，处理7个门面仓库租金老欠户问题；制定《机关资产出租管理办法》。

综治工作。成立众创平安、信访等工作领导小组，落实众创平安、信访责任，区供销系统22家改制破产企业下岗职工6000余人，存在历史遗留问题。制定分组包干负责制度，签订包保责任状，开展安全生产“三大两严”工作和安全生产大排查、大整治行动。2021年信访量下降，两会、“两节”及疫情防控期间零上访。

服务乡村振兴。推进产业融合，助力乡村产业。立足当地特色产业，发展农产品生产基地，布局农产品加工和冷链物流，发展多种形式产销衔接，推进农业与旅游、养生、养老等产业融合，完善供销合作社产业链条，促进服务业态升级。整治农村人居环境，建设美丽乡村。发挥农资和再生资源网络优势，参与农村生活垃圾治理、农业生产废弃物资源化利用，减少农业面源污染，保护农村生态环境，促进乡村生态宜居。发挥合作经济组织作用，参与乡村治理。加强与村“两委”合作，形成强村固基、富民兴社机制，促进乡村善治。

社有资产管理。强化责任，分管到人，履行社有资产监督管理职责；完善机制，成立社有资产管理委员会，建立健全基层社资产监管制度，制定《社有资产管理办法》，调动管理者和经营者的积极性。

宣传工作。抓文字宣传，上报各类文字信息55条，受采纳信息35条。报送党委信息4条，《党报头条》发布1篇，财政部《当代农村财经》发布1篇，中华全国供销总社发布1篇，湖南省供销合作总社《湖南合作经济》发布1篇、网站2篇。在市社网站和鼎城组工、鼎级传媒发表20余篇。

（姜友义　唐玲）

【鼎城区供销社第三次社员代表大会召开】 2021年9月30日，鼎城区供销社第三次社员代表大会召开，区人民政府区长陈远，区委常委、区委办主任周凯，区人大常委会副主任钟泽英，区人民政府副区长杨成，区政协副主席罗旺甫等领导参加会议。会议总结2017年至2021年全区深化供销社综合改革工作情况，部署下一段时期工作任务，审议通过《鼎城区供销合作社章程》《鼎城区供销社第三次代表大会选举办法》，选举理事会理事11名、监事会监事5名，健全理事会、监事会和社员代表大会制度。

（姜友义）

2021年9月30日，鼎城区供销合作社第三次代表大会召开　（提供：姜友义）

桥南市场

【概况】 桥南市场地处玉霞路、车站路、鼎城路交会处，占地面积约6.67公顷，建筑面积12万平方米，有经营门面4351个，拥有服装、鞋帽、百货、日化、文化用品、床上用品、小家电、电子通信系列品牌等十大强势专业。从业者3万余人，固定资产值10亿元以上，商品年成交额达30余亿元，辐射湘、鄂、川、黔、渝等90余个县市，是湘西北地区重要的物流、信息集散中心。2021年，桥南市场管委会坚持“筑牢基层打基础，健全制度促规范、完善机制抓落实，注重制度添活力”的思路，推进政治思想、组织纪律、党风廉政建设。3月，非公党总支被列为“标杆引领”市级示范点。9个党支部制定全年工作计划、“周五主题党日”计划、“三会一课”计划，组织开展民主生活会、组织生活会、民主评议党员等活动。开展党史学习教育、党员志愿者服务、在职党员进社区；走访慰问困难党员，发放慰问金3600元；为光荣在党50年的3名老党员颁发纪念章并发放慰问金3000元。

疫情防控。桥南市场工委科学部署新冠肺炎疫情防控工作，进行全方位、无死角消毒；采取制作盾牌、悬挂横幅、滚动播放广播、推送公众号信息等方式宣传疫情防控常识；协调区妇幼保健院、桥南市场消防救援站点设立临时接种点，落实2700人次新冠肺炎疫苗接种工作；开展经营业主、相关人员排查并建立台账。桥南市场干部职工、经营业主、从业人员无一人感染。

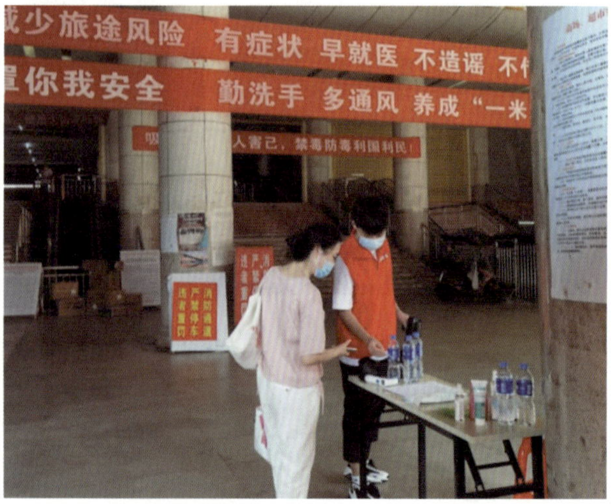

2021年，桥南市场志愿者开展疫情防控工作
（提供：胡立鼎）

安全管理。消防安全管理。桥南市场工委把市场消防安全放在首要位置，实行人防、物防、技防相结合，推行三大举措，防范安全事故发生。针对市场消防安全管理，出台一系列规章制度和操作规程，确保相关要求落实到位；增强工作人员和经营业主的消防安全意识，组织消防培训530人次；实行日巡查、周检查和月整改制，对照标准开展排查，发现隐患及时整改，清理整改各类管线隐患，查处使用大功率电器19起、禁用厨具12起，处罚违规用电5起，拆除违规广告牌97个、雨阳棚62个，处罚私拉乱拉电源门店5个。市场秩序管理。整治市场管辖区域经营秩序，重点针对市场小南门(五运坪南面出口)货运车辆占道、乱悬乱挂、货物出店、私拉乱接、三轮车无序停放、游商小贩乱窜等问题，通知业主自行整改取缔，不听劝告未整改到位的，依规下达整改通知书，联合工商所、司法所、派出所等部门督促整改。为市场进出口安装道闸系统，解决停车难的问题。劝导市场内人员禁止抽烟49人次，针对违规停放的小汽车、三轮车、摩托车进行锁车60次。物业设施管理。维护保养物业设施、电力设备，加大投资力度，联动测试市场内报警系统、水系统、喷淋系统、消火栓、发电机、卷帘门、灭火器、排烟系统、应急照明系统，检查排除检修故障123起，改造末端排水系统，废除老旧排水系统，新增末端排水28处。（胡立鼎）

桥南商贸城

【概况】 2021年4月20日，经鼎城区委、区人民政府研究决定，撤销桥南商贸城总公司并入桥南管委会，改为管委会下设的二级机构，干部职工的保障不变，待遇不变、身份不变。桥南商贸城围绕党建工作要求，落实“三会一课”“周五主题党日”活动，开展党史学习教育，组织撰写心得体会，进行学习研讨发言；开展批评与自我批评、谈心谈话等活动；组织干部职工参加“学习强国”学习平台学习。

中心工作。参加“创卫”“创文”“疫情防控”“志愿者服务”等工作，克服人员少，任务重的困难，落实各项中心工作。

市场管理。管理市场经营秩序，开展市场巡查、疫情防控、消毒冲洗、卫生保洁、降噪降尘等工作，针对大型车辆进出频繁，每天增加洒水降尘次数，保障周边居民生活质量。全年收取各项收费用43.7万元。

综治维稳。开展包保工作，推进社会综合治理，落实民调工作。全年接待上访人员30余次，及时调

查处理回复信访诉求，辖区安全稳定。（蒋　健）

桥南副食轻纺城

【概况】 桥南副食轻纺城是常德市、鼎城区两级人民政府重点建设工程，是鼎城城区扩容提质的重点项目，位于桃花源大桥南段，江南新城区桥头堡，北临鼎城路，南靠花溪路，西至西站路，东达桃花源大桥。15分钟车程可达桃花源机场，20分钟车程可达常德火车站，城市主干路网合围。市场总投资5亿元，占地3033公顷，建筑面积5万平方米。2021年，有门店336个、商户208户。配送中心1.7万平方米，地下停车场设有货梯，车辆出入便捷，经营、配送相对分离。集副食品、纺织品交易、存储、配送、展销、信息服务、电子导购、结算汇兑为一体，是大型副食品、纺织品批发市场。

疫情防控。桥南副食轻纺城成立疫情防控工作领导小组，细化安排、科学防治、精准施策、分类管控，抓各项防控措施落实。开展疫情防控值守工作，督促干部职工、经营业主搞好个人防护。落实上级疫情防控指挥部下达的管控措施指令、要求、措施，保障市场安全平稳运营。

市场管理。桥南副食轻纺城坚持市场运营法则，以市场稳定、健康、可持续发展作为工作中心；以消费者满意、商户盈利作为工作基本点；提供规范、高效、优质服务；尊重市场发展规律，开展业态优化、区位优化、品牌优化、商户优化工作；统一规划，统一招商，统一推广，统一运营，统一管理。

（刘　燕）

市场服务中心

【概况】 鼎城区市场服务中心成立于2000年7月，属正科级事业单位，主要职责是负责江南城区农贸市场的长效管理，下设朝阳路农贸市场管理所。朝阳路农贸市场始建于1985年，占地面积8016平方米，建筑面积10860平方米。其中门面80间，小菜摊、猪肉摊、牛肉摊、鱼摊、南杂摊计66个，经营户90余户，经营品种有肉食、水产、蔬菜、南杂、鸡鸭、海鲜、冷冻食品等，商品销往广州、上海、湖北、贵州、四川、云南等地。

工会活动。开展全民义务植树活动，在断港头镇先峰村义务植树350株。3月8日，组织工会会员在花岩溪林场开展爬山和党史学习教育活动，为17名女职工购买“关爱湘女保”重疾保险。组织观看爱国主义教育影片《守望相思树》《长津湖》等。关心困难职工，开展困难职工、困难党员慰问活动，全年慰问困难职工20人次、困难党员10人次。

创建工作。国家卫生城市复审和文明城市测评工作中，工作人员到江南城区8个农贸市场，整顿市场经营秩序、车辆按序停放，整治市场卫生保洁、清垃圾除杂物。

疫情防控。设立体温检测点，为进出市场人员查码验温，督促经营户及进入市场人员佩戴好口罩。按照疫情防控常态化要求，到市场进行“日消毒、周冲洗”，落实周边环境卫生工作。

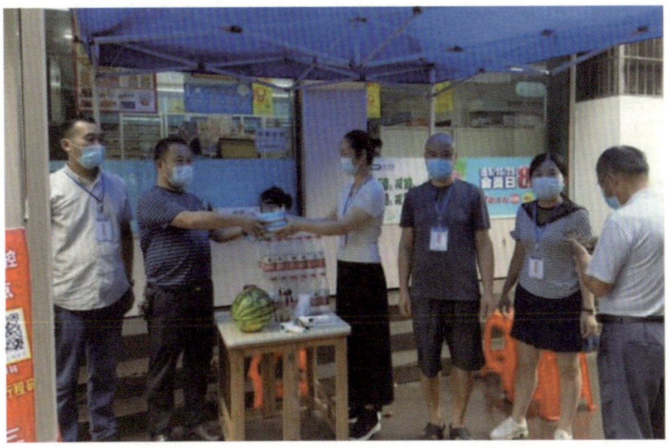

2021年8月10日，区市场服务中心党委成员慰问疫情防控工作人员　（提供：林长芬）

安全生产。着力市场消防安全，消除安全隐患。排查市场内消防隐患，定期检查消防灭火器材是否到期及消防栓是否有水，清除市场内明火做饭和使用液化气钢瓶行为，杜绝市场内私搭乱接电线等不安全行为。

长效管理。贯彻落实《常德市鼎城区农贸市场长效管理考核办法》，实行市场内卫生、秩序、出摊占道、车辆停放常态化管理。年初制定长效管理细则,设立智慧城管终端案件基数,按交办案件数实施奖惩。以文明城市创建、卫生城市测评为契机,整治市场内卫生保洁、出摊占道经营,在每月一次的市容市貌考核和城市考评中均获高分或满分,全年赢得考评奖金7万余元。（林长芬）

【朝阳路农贸市场升级改造】 2021年12月25日,区市场服务中心针对朝阳路农贸市场进行升级改造,封闭市场,置换漏水的顶棚、除锈保养锈蚀钢架,重新规划功能区,铺设火烧板。工程投入改造资金300余万元。（林长芬）

2021年,改造后的朝阳路农贸市场 （提供:林长芬）

物流产业

【概况】 鼎城区物流办发展领导小组办公室（简称物流办）,其前身为鼎城大桥南联托运有限公司。2014年9月,根据鼎城区人民政府第十七次常务会议纪要精神正式成立。于2016年10月搬入郭家铺永富路办公。其人员组成为桥南管委会8人、区交通运输局货运所全体工作人员10人组成。主要职责:制定、修改、完善全区物流发展规划;对物流业进行行业管理;打击非法、保护合法;调解物流运输纠纷、处理各类物流投诉,听取各方意见及建议。协调各职能部门对物流业的管理以及上级机关交给的各项工作任务。物流办管理的物流企业主要集中在桥南隆腾物流园、桥南市场周边以及停靠在郭家铺建材市场的零担班车,2021年,有物流企业130家,零担班车150辆,货运线路辐射全国所有行政区县及常德市所有乡镇。

安全管理。区物流办单独或联合公安、安监、消防、交通、商务、郭家铺街道等职能部门定期组织消防演练和消防知识培训,不定期开展消防和安全大检查、大排查、大整治,对查出的隐患按职责权限进行处罚。优化、整改、完善消防基础设施,利用超大显示屏和区内广播系统不间断播放违禁品、危爆物品清单,增加门岗检查,减少违禁品、危爆物品入园。拆除经营户私自加装的阁楼、隔断;整改老化、私拉乱接的电路;实行除吸烟室外全面禁烟;协助有关部门全面清理问题楼盘,处理隆腾物流园债权债务长期困扰企业的难题。

2021年,区物流办联合相关部门开展消防检查

（提供:王敏）

行业管理。区物流办依托鼎城区交通运输局货运所交通行政执法职能,开展入园车辆和货物不定期检查1000余次,扣缴易燃、易爆、危险及有毒化学物品1500余件。查处超限运输车辆,全年检查车辆1000余次,强制卸货20次,查处违反禁烟规定100余起。

日常工作。实行网格化管理,每日巡查物流企业至少2次,检查物流企业按章经营、消防安全及有无违禁品等情况。协调处理纠纷和货运矛盾100余起。

（陈　斌）

城市建设与管理

Urban Construction Administration

2021 年，阳明湖公园　（提供：丁林子）

住房和城乡建设
城市管理和综合执法
城市环境卫生
常德市鼎城江南新城建设投资开发有限公司
常德市鼎城区现代农业农垦投资开发有限公司
常德阳明湖投资开发有限公司
城市供水
常德画墙

住房和城乡建设

【概况】 2021年，鼎城区住房和城乡建设局(简称区住建局)围绕“弘扬扛鼎精神，打造现代江南，建设幸福鼎城”战略目标，发展民生保障事业，开展城市建设，推进城乡建设和人民防空事业发展。

城市建设。实施阳明湖板块建设。开工项目9个，完工4个，分别是永富路（红云南路—大湖路)、永安路(德安路—阳明大道)、工业园路(桃花源路—德安路)、永兴河片区污水提质增效工程；其余5个项目在推进中，江南大道(滨江大道—善卷路)，滨江大道至阳明大道段竣工验收，善卷路至阳明大道开工建设，年末项目形象进度65%；德安路(金霞大道—丰家湾路)、金霞大道至杨家港路竣工验收，杨家港路至丰家湾路段形象进度70%；阳明湖水系综合治理工程(湖面生态治理工程）形象进度85%，年末正进行大湖西岸景观工程；阳明湖水系综合治理工程(建新河工程)形象进度50%；文娱商贸区进场施工。实施西城政务板块建设。开工项目3个，完工建新路(桃花源路—滨江大道)建设；滨江大道西段、北段未连通部分正进行征拆工作。实施临江板块建设。开工项目2个，常德画墙第一批、第二批壁画安装上墙计72幅；红云北路(滨江大道—临沅路)在征拆中。住建局负责实施项目建设。开工项目7个，完工3个。建成红云路(金霞路—福广路)改建工程并通车，完工乡镇污水处理厂续建项目，改造老旧小区12个，其余4个项目正在推进，健康路、善池路、鼎城路开工建设，推进江南污水处理厂扩建项目前期工作。

城市提质。日常城市维护。维修人行道板8500平方米，更换井盖610余套，维修车行道9500平方米，维修路灯、灯具2200余盏，处理智慧城管维修案件约7000件，案件处理率100%。排水防涝工作。投入600万元实施江南城区主排水箱涵管道闭路电视检测系统(CCTV)检测和清淤工作，进行大湖路、永丰路、善池路、花溪路等路段的城区主排水箱涵清淤、检测，确保城区排水畅通。推动污水治理提质增效和排水防涝工作的开展，启动地下管网信息GIS系统建设。开展淤堵较严重的道路管网清淤，针对隆阳路周边、鼎城西路、迎宾小区周边等道路进行排水管网临时清淤疏通。城市污水提质增效工作。实施永兴河片区污水提质增效工程。结合管网普查成果，聘请专业检测机构启动永兴河周边排水管网进行CCTV检测，检测范围为金霞路以南、善卷路以西、杨家港路以北、阳明大道以东合围区域内全部排水管网，重点排查进入永兴河的排水管。摸清排水管网和市政排口的现状情况，针对错接混接、老旧破损、倒灌溢流等问题进行截污与修复。

2021年8月25日，湖南省住建厅领导到鼎城区考察指导污水处理提质增效工作 (提供：朱小敏)

建筑行业管理。把握质量关口。截至12月末，鼎城区在建工程项目37个（其中新开工项目18个)，总建筑面积245万平方米(新开工85万平方米)。竣工验收项目19个，建筑面积105.2万平方米。质量安全评价情况为合格、竣工验收一次性通过的项目19个，一次性验收合格率100%。检查全区在建工程126处482次，发放限期整改通知书115份，排查质量安全隐患467条，发放停工整改通知书17份，上报个人严重不良行为记录3个，责令在建项目停工整改17个。规范审批程序。全年核发施工许可24个，线上办理率100%，报建建筑面积138万平方米，施工合同金额23亿元；网上受理消防设计审查22件，办结22件。受理消防验收15件，办结15件；办理竣工验收备案项目21

个，竣备面积123万平方米；牵头组织完工项目联合验收6个，受理消防验收备案4件，备案4件；入库3275卷纸质档案，启动16795卷历史纸质档案电子信息化。实行执法监察。检查在建工地26个，出动执法人员800余人次，巡查工地240余次，下发执法文书82份（整改告知函25份、停工通知书33份、停业告知函2份、安全隐患移交函22份），开展“打非治违”专项整治行动30余次，检查在建工地关键岗位人员的到岗、履职和项目合同的签订情况，督促企业关键岗位人员履职尽责，针对存在的问题做询问笔录50余份。全年，立案36起，处罚款120万余元，警示约谈21起。

建筑业和房地产市场。新增劳务企业5家、总承包企业2家，总承包企业专业资质增项7家，工程项目评价评优申报奖项4个。全区建筑业企业产值33.99亿元，创税收1.43亿元。江南城区房地产开发企业发展至43家，计开发项目117个，总建筑面积（计容）749.43万平方米。2021年，房地产固定资产投资45亿元，同比增长8.33%；新增（核准商品房预售许可）商品房供应面积80.87万平方米；销售商品房面积57.28万平方米，销售额32.31亿元，创税收4.2亿元。

非税收入和争资争项。全年，非税收入1.06亿元，其中城市基础设施配套费4708.68万元、人防易地建设费4587.57万元、污水处理费1138.7万元及罚款120.59万元。到位补助资金8000余万元，发行棚改专项债1.8亿元。

人民防空。人防工程面积人均占比全市排名第一。实施区人防指挥中心项目建设主体工程，完成室内装饰装修。周家店镇人防疏散演练基地建设于11月揭牌并正式投入使用。全年，指挥通信拉练训练2次，群众防空疏散演练2次，人防军事训练2次，由市人防组织完成跨区综合演练2次，维护和保养警报器，组织全局（办）干部职工开展为期4天的人防准军事训练，组织人员参加桃花源机场大型警戒防卫演练。

村镇建设。全区排查农房133462户（不含社区），复核疑似危房350户，其中经营性房屋18户，全部整治到位，其他危房对象拟在完成审批后启动危房改造。实施危房改造286户并录入全国危房改造信息管理系统，发放资金720.36万元。实施在线监测设备的政府采购招标和安装调试；完成厂区运营的挂网招标，选定2家当地企业第三方运营机构开展运营。开展房屋建筑和市政设施普查，普查任务统计全区房屋图斑466848处（含西洞庭、柳叶湖旅游风景管理区、德山经济开发区），当前排查图斑463860处。（朱小敏）

【鼎城区住建领域第一个“不见面开标”项目开标】 2021年8月5日，在常德市公共资源交易中心第二不见面开标大厅，阳明公馆·梅园项目营销策划推广服务项目开标，是鼎城区首个“不见面开标”项目。“不见面开标”是湖南省招投标专项治理项目成果，取消了纸制招标文件，各投标单位只需在交易网站上下载招标文件，编制投标文件；提高了建设工程招投标信息化水平，实行电子投标、电子评标和电子监管，实行招投标信息公开和共享；规范招投标行为，防止不正当竞争，隔离投标人之间的串联，将人为干扰因素降到最低，促进招投标工作公开、公平、科学、择优的发展。（朱小敏）

【湖南省城市污水治理提质增效暨海绵城市建设现场推进会与会人员到鼎城区观摩考察】 2021年12月6日，湖南省城市污水治理提质增效暨海绵城市建设现场推进会与会人员到鼎城区，观摩考察杨家港河水综合治理工程建设。杨家港河水综合治理工程是阳明湖水系综合治理重点工程之一，因南岸常德水产市场未进行雨污分流，造成污水直排河道，河道底泥淤积，沿岸居民生活垃圾和水产市场的死鱼死虾随意倾倒等原因，导致水体黑臭。该项目采用控源截污、内源治理、生态修复、文化植入、景观打造等整治措施开展治理。经过整治，杨家港河水体自净能力增加，水质明显改善，水体消除黑臭，河道泄洪和调蓄能力增加。（朱小敏）

城市管理和综合执法

【概况】2021年，鼎城区城市管理和综合执法局贯彻落实中共中央总书记习近平考察湖南重要讲话精神，以“弘扬扛鼎精神、打造现代江南、建设幸福鼎城”为目标，担当尽责，攻坚实干，推进各项重点工作。第三季度控违拆违工作获全市第一，城市管理考评成绩位列全市第一方阵，在全省垃圾分类示范街道检查考核中位居前列，获2016—2020年湖南省依法治理创建活动先进单位，局机关党委被评为先进基层党组织，在党史知识竞赛获优秀组织奖，在“颂歌献给党 传唱新时代”歌咏比赛中获优秀演唱奖。

市容市貌管理。制定“日巡夜查”工作制度，集中整治主次干道、市场、学校、车站等难点痛点部位，规劝出店占道经营，取缔游商小贩。规范人行道停车秩序，在临沅路、善池路、鼎城路等街道施划680个非机动车停车泊位，通过“（公司）减量、加人，（城管执法）扣车”倒逼共享单车公司优化管理。开展私自圈占公共停车位和人行道停车秩序专项整治行动，推进“带帽工程”整治，规范城区交通秩序。优化城市空间环境秩序，更换墙体公益广告1050平方米，拆除破损公益广告1279平方米，拆除不规范的落地广告牌、灯箱、过街横幅等，普查、整治牌匾52处，查处门脸装修100余处，拆除广告牌281块920平方米。

控违拆违工作。通过开展“春雷行动”“夏日风暴”、“三建三拆”及小区顶楼平台“圈地占用”等行动，规范城市建设秩序。加强“区、街（镇）、社区”三级整体联动，强化日常巡查发现与处置，抓重点区域集中整治，突出规划审批项目内重大案件查办，遏制新增违法建设、依法拆除存量违法建设，将全部新增违法建设“控在准备时，拆在正负零”，实现“新增违建零增长，存量违建负增长”的工作目标。全年，拆除违法建设104宗，面积41554平方米。其中第三季度全市控违拆违考核排名第一。

园林绿化管理。按照“300米见绿500米见园”的要求，建设城市绿地，完成林荫路、绿道规划及建设，将重点街道街区打造成绿化景观带。进行城区渠化岛草花养护及提质改造，铺设桩景36株、景观石36块、白鹅卵石260平方米，草皮1500平方米。落实中国共产党成立100周年绿化景观工程建设工作，建设区委、区人民政府、区人大、桥南商圈渠化岛（4个景点）绿化景观，美化改造沅水三桥出入口、德山三滴水景点绿化景观。提质改造江南体育休闲广场、陈辉公园及南苑小区，解决黄土裸露、大面积积水等问题。更换和维护江南城区各渠化岛及路口的宣传牌。

环卫清扫保洁。在主次干道、重点区域实行24小时保洁和机械化作业，进行站厕地管理及垃圾清运，清洗主次干道、垃圾桶、公交站台及电线杆，清理废弃家具等500余件、死角垃圾200余吨，更换更新垃圾收集容器1800余个，新增电动快速垃圾收集车40余台、斗车200辆。推进餐厨垃圾应急处置工作，投放厨余垃圾桶600余个，签订台账合约700余份。提升厨余垃圾处置能力，确保每天50吨废水、20吨废渣得到有效处理，清理厨余垃圾3307.59吨。

城市管理考核。加强城市管理考核力度，发挥考核督导作用，2021年城市管理考评成绩位居全市前列。落实“十佳十差”社区评选工作，常沅社区、王家铺社区被评为市“十佳”社区。规范化运行“城管执法进小区”，打通城市管理为民服务“最后一公里”。发挥智慧城管高位监督、综合协调的作用，及时发现处置各类城市管理问题，上报事件类、部件类案件215913宗，立案202413宗，结案199635宗，结案率98.62%。

行政审批服务。2021年，办理行政许可60项，办理城区临时占用街道两侧和公共场所审批及户外广告设置审批备案670项，接待市民来访咨询810次，办结率和群众满意率均100%。开展审改工作，进行政务服务事项“三化”攻坚行动，为企业群众办实事、办好事。

法治建设工作。完善执法程序、规范办案流程,制定《鼎城区城市管理行政处罚自由裁量权实施基准》,规范使用执法办案区(室)和执法记录仪采集站,加强行政执法制度保障。常态化开展队伍法治培训,执法队伍法治教育全覆盖。巩固住建部“强基础、转作风、树形象”专项行动成效,打造“规范、高效、清廉、智慧”的城管执法队伍。加强市容监察员巡查纪律建设,落实“整点出巡、徒步执法、仪容端正、履职尽责”的巡查工作要求,提高见员率。

渣土管理。管控项目建设建筑垃圾,严格执法保障,把握渣土“准入关”“途中关”“消纳关”,规范办结渣土行政许可,净化渣土市场秩序。推进建筑垃圾资源化利用工作,建设建筑垃圾资源化利用处置场。严格监管和指导装饰装潢秩序,清理各类装修垃圾 201 吨。

生活垃圾分类。开展生活垃圾分类宣传,利用江南城区户外电子显示屏、宣传栏、立柱广告位及区管公交站台开展宣传,打造亮点宣传巷,设置 13 块宣传橱窗,开展生活垃圾“进机关”“进校园”“进小区”宣传活动。为江南城区统一配备生活垃圾分类设施设备,张贴规范的生活垃圾分类标志标识,江南城区 60 个公共机构院落、100 余家公共机构均实施生活垃圾分类工作,红云街道成为试点街道。启动“小区”带动街道模式,利用新建小区优势,设置带有正确标志标识的生活垃圾分类设施设备,以示范小区为标杆推动街道生活垃圾分类工作,明确小区示范片区各点位责任人,由督导员、分拣员“现身说法”引导居民正确投放。规范示范片区分类投放、收运时间,推行“定时定点投放”“误时定点投放”双管齐下,提高生活垃圾分类投放正确率。推进垃圾分类基础设施建设,启动 3 座垃圾中转站(含公厕)建设项目。在 2021 年度全省垃圾分类示范街道检查考核中,红云街道位居全省前列。

(彭佳倩)

2021 年,垃圾分类宣传　　(摄影:陈美龄)

【国庆佳节城市美化】 在国庆节前夕,为营造欢度国庆的节日气氛,鼎城区城管局在城区主要景观节点、主次干道设计装点,全方位扮靓市容环境,为城市增色添彩。在三桥桥头、城区各主次干道绿化带、渠化岛等位置栽植时令草花 5928 平方米,约 30 万株。在区委、区人大、区人民政府摆放三角梅、比利时杜鹃等多品种花卉计 4500 余盆。在桥南大圆盘、三滴水等地设置植物立体雕塑景点。园林绿化工作人员配合养护公司,在城区开展各类垃圾杂草,树周、树池、绿化带渣土,乱牵乱挂乱晒等专项清理整治工作,提升江南城区绿化景观效果,营造节日氛围。

(彭佳倩)

2021 年,国庆节绿化景观　　(摄影:周桂芳)

城市环境卫生

【概况】 2021年，鼎城区环境卫生服务中心负责实施城区环境卫生的具体管理工作，按照城市建设总体规划和市容环境卫生管理需要，统一设置和管理城市公用环境卫生设施，并参与环境卫生设施的规划和设置；承担城区主次干道的清扫保洁工作，收集、运输和处理城市生活废弃物；为居民户环境卫生提供有偿服务的清扫单位进行统一管理；协助区城市管理监察部门开展市容环境卫生管理监察工作。

迎检复审。开展迎接全国文明城市、国家卫生城市周期性复审工作，召开迎检工作调度会，制定迎检工作方案，成立迎检工作领导小组，落实责任分工，营造宣传氛围。单位机关院落进行搬家式大扫除，进行办公区域病媒生物体防治，张贴爱卫宣传标语，完善禁烟标识。配合社区及相关单位出动压缩式垃圾车20台次，清理废弃家具等500余件，清理死角垃圾200余吨。成立80人的突击队伍，临时聘请清扫保洁人员500人次，更换更新塑料垃圾桶800个，更换果皮箱内胆1000余个，新增电动快速垃圾收集车40余台、斗车200张。每天增加4台人机结合清洗车清洗街道，每天出动2台清洗车清洗塑料桶、公交站台及电线杆，增加3台前端垃圾收集车进行垃圾清理。开展普扫保洁巡查，国检期间全员上岗、责任到人，实行主次干道、重点区域24小时保洁；小街小巷、社区保洁时间不低于12小时；社区安排专人值守，清理积存垃圾及杂物165吨，投放两分类垃圾桶400个，更换果皮箱内胆300个。实施机械化作业，冲洗城区主次干道。完善基础设施配备，配齐垃圾投放、收集容器，清洗垃圾收集运输车辆，及时处理垃圾。规范管理中转站及公厕，延长工作时间至夜间11时30分；及时清运中转站垃圾，保持室内干净整洁；升级滨江路公厕设备，采用人脸识别技术，实行智能化管理，打造智慧、景观公厕。完善站厕除害设备，投放饵料，补充站厕缺失的标志标牌、职责牌、制度牌。生活垃圾处理率90%以上，垃圾日产日清，清运率100%。

餐厨垃圾应急处置。组织专业人员到宾馆、餐馆及产生厨余垃圾的业主部门，进行宣传指导，投放厨余垃圾桶600余个，签订台账合约700余份，与业主协商300余次。定时、定点、定人安排收集厨余车辆进行上门收集，与业主进行台账核实，产生厨余垃圾7741.2吨，收集处置率100%。落实清洁消毒制度，及时维修或更换老化的线路、锅炉、消防器材和设备，资源化处理废水日均8.5吨、废渣日均7.5吨。督导检查收运、处置工作，落实长效管理机制。

环卫收费。班子成员协调城区各机关单位、学校、市场、建筑工地等落实收费工作，至年末，收费320万元(其中渣土收费42.8万元)，占全年收费任务的102%。

环卫管理。增加清扫保洁力量，增加清扫人员100余人，精细化管理桥南商圈、吾悦广场周边环境卫生，打造样板。抓前端收集，增添收集车辆和电动快速收集车，减轻一线工人劳动强度，提升保洁效率。增添洒水车、扫地车、管养车，提高作业频次和作业率，城区道路机械化作业率90%以上。针对城中村、城郊接合部等管理薄弱部位积存垃圾和废弃家具，进行定点堆码、定时清理，清除死角积存垃圾5000余吨、600余车，清理大型废弃家具4500余件，压缩近200车次。结合城市管理考核细则，修订完善江南城区环卫市场化作业考核制度，完善部门联动机制，联系主管单位、街道社区等部门处理乱泼乱倒、乱扔乱甩等行为。常态化开展新冠肺炎疫情防控工作，开展清扫保洁和垃圾清运工作，增加道路机械化保洁频次，实施主次干道冲刷、清洗、吸扫联合作业；向商场、超市周边等重点区域和场所增派保洁人员数量，及时清理重点区域垃圾杂物，抑制病毒生存，减少病毒滋生、传播。抓环卫设施日常消杀管理，实行垃圾站卸料口、墙体、地面、压缩设备每2小时消杀一次，严禁生活垃圾滞留在中转站或盛放垃圾的容器内。抓公共厕所管理，每天实施公厕地面、蹲位、门把手、水阀等内部设施和周边环境消毒处理。出动雾炮车到城区主次干道及各疫情防控隔离区、医院连续开展喷雾消毒作业。组织单位和一线工人落实防护工作，购置消毒液、医用口罩等防护物资，为单位职工和一线工人发放口罩2万余只。动员698人进行核酸检测，组织单位在职人员、退休人员和城区环卫工人计579人进行新冠疫苗接种清零工作。协助相关小区落实防控措施，出动近100人次配合物业进行管控。

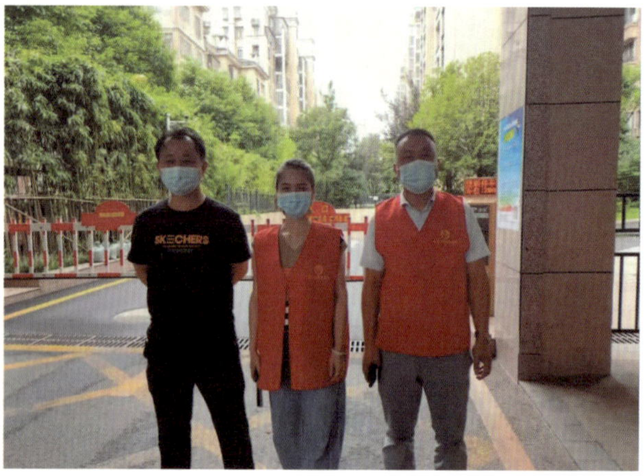

2021年，鼎城区环卫中心工作人员在包联小区开展疫情防控值守　（提供：贺用心）

环卫基础设施升级改造。投入约150万元用于环卫基础设施建设，采购前端收集容器600个，更换果皮箱内胆1400个，添置塑料垃圾桶1200个，为城区9座中转站进行墙面改造（莱茵站进行设备升级改造）；在城区所有公厕和中转站安装监控设备，打造景观式公厕2座。

乡村振兴。区环卫中心牵头负责许家桥回族维吾尔族乡五宝山村乡村振兴工作，选派1名工作队队长进驻五宝山村。入户走访脱贫户72户，摸排家庭基本情况633户，纳入国家监测系统进行帮扶的家庭2户，开展幸福屋场选址前期工作；该村有光伏发电站2座、入股分红的大型养猪场1个。　（贺用心）

【城乡环卫一体化改革】 2021年3月31日，鼎城区环境卫生服务中心与中科华宝股份有限公司、中洁城服（深圳）环境科技有限公司联合签约，4月1日，鼎城区城乡环卫一体化政府购买服务项目正式实施。该项目包含城区412万平方米区域保洁、9座中转站和15座公厕的运营管理，1587个果皮箱的清洗维修，蓝天保卫战、城区生活垃圾收转运、农村垃圾的转运工作等。年末有清扫保洁人员545名，清扫作业车辆23台，前端收集及清运车辆9台，侧挂式压缩车5台，勾臂车9台。　（贺用心）

2021年3月31日，鼎城区城乡环卫一体化项目合同签约仪式现场　（提供：贺用心）

常德市鼎城江南新城建设投资开发有限公司

【概况】 常德市鼎城江南新城建设投资开发有限公司（简称江南城投公司）成立于2010年，注册资本1.1亿元，由朗州城投公司逐步发展壮大，为市国资委、鼎城区委和区人民政府共同管理的市级融资平台，下设全资子公司朗泰住房建设开发有限公司、朗州城市建设投资开发有限公司、朗鑫实业发展有限公司和朗盛砂石开发经营有限公司。公司注册业务涵盖市政基础设施建设、保障性住房及房地产开发、资产经营、砂石矿产开发经营等。2021年，公司有员工55人，其中高管7名、中层骨干11人，设有综合管理部、项目管理部、财务融资部、资产经营部、风险控制部5个工作部门。

项目建设。根据《鼎城区2021年度城建方案》

和各级调度会议精神，公司开展城市基础设施项目10个，总投资16.35亿元，年度投资1.9亿元。在项目建设中，公司以目标为导向，以风险防控为重点，以创新方法为手段，把握风险关、质量关和安全关、建立项目绩效考核体系，提高综合效率。

融资筹资。2021年还本付息16.5亿元(其中还本12.1亿元，付息4.4亿元)，支付工程款9.76亿元(含湘运地块土地款3.35亿元)。年末，融资到账金额14.55亿元、隐债置换2.72亿元，合计到账17.27亿元。

自主经营。谋划自营项目，年末5个房产项目处于建设中，滨江新城完成结算审计及不动产证栋证办理，正进行各业主分证办理及土地增值税申报；兴发安置小区(三期)完成结算审计资料的整理并报送市财评审计部门；清湖苑完成项目备案、附属工程审计结算，项目移交至安置办；阳明湖壹号完成主体外装饰、地下室土方回填，启动附属工程建设。2个砂石场项目(善卷垸砂石场、芷湾砂石场)开工建设；蒿子港砂石场正在调规中，后期建设节奏按砂管领导小组工作安排。城区道路停车收费、写字楼租赁、农商行股权投资收益、场地租赁等经营收入1142万元。抓资产注入工作，开展华邦国际门面31间、乡镇中小学9所、粮管站21宗、原六医院闲置院落等地块注资工作，合计注入资产约15.9亿元。

风险防控。2021年，公司开展整章建制工作，通过分析预警、评价考核，强化管理，建立风险防控预警机制。进行岗位风险排查，在工程款支付、税收缴纳、费用报销、政府隐性债务、融资举债的合法合规性及综合利润的合理性方面进行重点检查和防控，在项目的造价控制、推进进度、安全文明施工、签证变更及建设项目的前期审批程序是否到位等方面进行重点排查，在项目调研论证、项目可行性研究、项目决策、项目绩效责任考核等方面进行重点排查。抓廉洁作风建设，梳理廉洁风险点，提醒公司员工严守底线、不碰红线。

安全生产。2021年8月31日至9月30日，开展为期1个月的安全生产法规大宣传、安全生产隐患大排查、安全生产问题大整治，进行非法生产问题最严厉执法打击、失职失责失察行为最严厉追责问责的安全生产“三大两严”行动。（邹 师）

【常德市总工会授牌江南城投公司“工人先锋号”】2021年5月18日，常德市总工会党组书记、副主席覃志云一行6人在鼎城区总工会党组书记、副主席胡新军陪同下，到江南城投公司举行“工人先锋号”授牌仪式。江南城投公司获“2020年度全市重点建设项目劳动竞赛优秀组织单位”称号，项目管理部获“常德市工人先锋号”称号，员工路丽虹获“2020年市重点建设项目优秀个人”称号。（邹 师）

【阳明湖壹号项目】 阳明湖壹号项目是江南城投公司开发建设的一个综合性高档住宅小区，位于德安路与福广路交叉西北角。地理位置优越，东侧是阳明湖公园、正北面是常德市第四人民医院(南区)、正西面是善卷中学、周边配套资源丰富，能满足居民生活、娱乐、购物、出行等各项要求，是一个集高端居住、休闲园林、高端会所、风情商业街于一体的江南大家府邸。该项目总用地面积64014.56平方米（约96.02亩），建筑建筑面积197468.82平方米，其中住宅面积133464.1平方米，商业建筑面积12442.37平方米，项目总投资约78000万元。2021年，阳明湖壹号项目主体工程全部封顶、地下室土方回填，并启动附属工程建设，项目总体进度80%。（邹 师）

常德市鼎城区现代农业农垦投资开发有限公司

【概况】 2021年，常德市鼎城区现代农业农垦投资开发有限公司(简称区农投公司)有员工31人，其中班子成员5名，成立桥南分公司、园艺场分公司，设综合办公室、财务部、工程部、资源开发管理部、社会事务部5个工作部门。公司于2021年11月24日成立常德市鼎城区农欣建设开发有限公司子公司，并于2021年12月6日由原园艺示范场搬迁至江南城区红云街道隆阳路518号。

党建工作。开展迎庆活动，举办“建党百年历程，践行初心使命”主题演讲比赛，集中观看《榜样6》《学习贯彻省第十二次党代会精神党员教育宣传片》等，组织党员干部到赵必振研究基地、渐安暴动遗址、镇德桥党史陈列馆等红色教育基地参观学习，走访慰问园艺场老党员、退伍军人、贫困户。

2021年，鼎城区农投公司党支部到赵必振研究基地参观学习 （提供：罗箪丹）

项目建设。枉水采砂河道项目。枉水采砂配套工程（斗姆湖道路、黄市港桥涵、草坪道路、斗姆湖堆场）完工，投入使用；实施枉水河道采砂信息化工程建设项目的报批报建，迁改枉水河道采砂斗姆湖黄市港采区及草坪一标电力杆线及通信光缆；围绕枉水河道采砂项目的安全生产、矛盾协调、数量及技术管理等开展相关工作，分别向3个采区派驻现场管理人员，管理采区现场安全生产、文明环保施工、开采数量；配合区砂管办及乡镇开展枉水河道采砂现场矛盾协调工作。鼎城区国家现代农业产业园智慧农业建设项目。鼎城区国家现代产业园办公大楼占地0.07公顷，7月，工程验收结算评审结束，已实施该项目大数据中心、园区提质改造、基础设施升级等工作，拟整合资源要素，创新技术应用，推进常德香米与国家现代农业产业园总部基地对接。生态修复治理项目。综合整治石公桥镇西洋陂村历史遗留取土采砂场及非法盗采砂石行为形成的天坑、陡峭，5月，工程竣工并通过验收。加强石板滩镇石煤矿区生态修复治理，推进全区生态文明建设与碳达峰、碳中和（零碳）区创建工作，在石板滩镇石煤矿区实施“碳汇草”种植项目，5—6月，在石板滩矿区2号矿坑进行“碳汇草”栽种近4公顷。镉污染农用地治理与修复项目。实施黄土店镇金霞山村、牛鼻滩镇拦马口村等乡镇镉污染超标农用地的治理与修复，治理修复示范面积166.67公顷，上级专项资金及地方财政估算总投资820.25万元，该项目进行规划、编制、造价、招投标等前期工作，进入具体实施阶段，年末工程进度85%。分公司产业发展。从事优质特色水果和农产品种植开发，年度种植西瓜红红薯4.67公顷，总产量85吨；种植油菜4.67公顷；实施3公顷黄桃园的中耕除草、整枝、施肥、冬季病虫害防治等后期培管工作及1.2公顷黄桃树的移栽。固定资产投资入库。全年固定资产入库任务数7亿万元，至11月末，落实“枉水河道采砂配套交通工程”“鼎城区谢家铺镇河图冲村生态修复治理工程”“鼎城区石板滩石煤矿区碳汇草种植生态修复项目”“鼎城区沅水支流枉水河道水环境综合治理（一期）建设项目”等10个项目的入库投资，计86848万元，入库进度额57614万元，入库率131.5%。争资争项工作。落实1750万元的争资争项任务，落实率107.89%。水环境综合治理建设项目：常德市鼎城区沅水支流枉水河道水环境综合治理（一期）建设项目由湖南省发改委挂网通过并报国家发改委审批，总投资5700万元；沅水支流草坪段环境综合治理绿色发展项目，由省发改委挂网通过并报国家发改委审批，总投资7000万元。融资工作。拟融资区高标准农田建设项目3亿元、区乡村振兴项目5亿元融资贷款、北京银行1亿元的质押担保。年末，区高标准农田建设项目及区乡村振兴项目已落实所有基础工作，待银行审批；区乡村振兴项目处于完善相关报批手续阶段。国有资产经营、清查及整治工作。开展国有资产清理整治工作，规范和完善资产管理机制，制定《关于清理、整治园艺场不合理土地承包关系暨私占土地的实施方案》，开展招商引资工作，保障国有资产保值增值，带动园艺场经济发展。年末，与北京商会对接园艺场200公顷耕地招租工作，杜绝耕地非粮化、非农化，盘活土地经济。取土场项目。农投公司在前河、后河片区根据市、区重点项目建设需要设置临时取土场，该项目由社会事务部负责经营与管理，落实前期选址，并征求拟设取土场属地乡镇、村意见，取得其同意与支持，拟开展相关审批工作。

2021年，鼎城区农投公司在石板滩镇石煤矿区实施“碳汇草”种植项目 （提供：罗箪丹）

综治维稳。开展民调、反诈骗及禁毒宣传工作，学习《中华人民共和国安全生产法》，落实“三大两严”“百日大会战”等相关安全生产工作，分别开展总公司、分公司、枉水河道3个标段采砂现场安全隐患大排查、大整治。拆除桥南分公司1处具备安全隐患的废弃沼气池，并已做好回填工作。开展矛盾纠纷排查化解工作，化解原园艺场历史遗留问题。

2021年6月9日，鼎城区农投公司桥南分公司拆除存在安全隐患的弃用发酵池 （提供：罗箪丹）

乡村振兴。农投公司作为中河口镇乐安村乡村振兴工作后盾单位，组织班子成员开展走访慰问，面对面进行政策宣讲，了解帮扶对象的家庭情况、收入情况，解决帮扶对象的困难。推进脱贫攻坚与乡村振兴衔接，选派1名党员驻中河口镇乐安村任乡村振兴工作队第一书记。

疫情防控。农投公司配合所辖街道疫情防控工作，科学精准施策，组织农投公司全体员工到园艺场社区卫生院进行疫苗接种，坚持疫情防控和生产经营“两手抓”，确保农投公司安全平稳运行。 （罗箪丹）

常德阳明湖投资开发有限公司

【概况】 2021年，常德阳明湖投资开发有限公司围绕区委、区人民政府“弘扬扛鼎精神，打造现代江南，建设幸福鼎城”的总体部署，推进阳明湖板块高质量发展。

阳明湖板块水系治理。常德市阳明湖水系综合治理(一期)PPP项目为城市中心区水系综合治理的民生项目，项目总投资15.13亿元，经2020年区人民政府常务会议调整建设范围后，项目建设范围包含大湖区、杨家港、永兴河、红云泵站、建新河、大湖北(文娱商贸区)6个子项目。红云泵站、永兴河、杨家港分别于2020年4月、2020年5月、2021年2月通过验收并进入运维；大湖区包含大湖面及大湖西岸景观工程，当前，大湖面完成工程验收，大湖西岸景观工程除与远观酒店用地问题未解决的部分外，其余景观工程基本完工，拟于2022年1月1日正式开园；建新河于2020年11月动工建设，2021年年末，完成桃花源路以西水利建设部分，以东部分正在施工中，拟于2023年4月竣工验收；大湖北(文娱商贸区)于2021年11月动工建设，正在进行湖区开挖、淤泥外运，拟于2022年4月完成水利部分的工程建设，2023年4月完成景观部分的竣工验收。

2021 年,建设期的大湖西岸景观工程 (提供:丁林子)

阳明湖板块路网建设。落实永安路(德安路—阳明大道)、永富路(红云路—大湖路)、德安路(金霞路—丰家湾路)、江南大道(滨江大道—阳明大道)、工业园路(桃花源路—德安路)5 条道路全线的竣工验收及通车工作。

永富路(红云路—大湖路) (提供:丁林子)

自建工程项目。落实永安硚城市排渍口治理项目工程、冲天湖水环境治理工程、永兴河片区地下管网提质增效 3 个环境治理项目的竣工验收;永安湖修复工程完成岸上景观工程。

永安硚城市排渍口治理项目及永安湖修复工程效果图 (提供:丁林子)

自主经营性项目。阳明公馆房产项目分四期开发建设,第一期建设规模 49909 平方米,于 2021 年 8 月 1 日正式开工建设,拟于 2022 年 1 月完成营销中心装修,启动项目认筹工作;合作开发位于区委党校的新能源充电桩,投入使用;竞拍到 2 个 F 形广告牌经营权,于 2021 年 12 月完成户外广告建设及招商工作。 (丁林子)

城市供水

【概况】 2021 年,鼎城区自来水公司全年供水 1348 万吨,供水用户 8 万余户。供水管道总长约 239 千米,管网水质合格率 99%,管网抢修及时率 100%,全年无一例安全生产事故发生。

供水基础设施建设。投入近 800 万元建设 DN300 管道 292 米、DN200 管道 146 米、DN150 管道 362 米、DN100 管道 1170 米;投资 35 万元改造取水泵船、二泵房 0 号供水机组设施;投资 123 万元采购次录酸钠消毒设备;投资 35 万元升级改造净水剂(聚合氯化铝)的自动投加系统。

供水设备 (提供:詹万军)

供水环境整治。截至 12 月 30 日,实施临江棚改 B03 地块、B04 地块、学府春天、江南名苑、徐家巷、江南大道三标、善池路等 80 余个给水工程项目,配合区住房保障中心完成鼎城一中宿舍、棉麻公司宿舍、建行宿舍、市场监督管理局宿舍、卫生局宿舍等老旧小区的给水管网改造工程,并分表到户,解决市民共用一块水表、平摊费用高的问题,全年安装水表 10645 户。供水维修人员 24 小时待命,出现问题随时抢修,落实花溪路主管、善卷路过街管等2648处抢修维修任务。及时处理热线投诉，并进行电话回访，智慧城管派单356处。为单位用户DN40及以上水表更换超声波水表。完善工程安全管理制度和应急预案，强化施工现场安全管理，定期检查施工人员安全帽和施工防护、围挡等情况，将工程和安全管理制度全部上墙，按照规章制度进行工作，统一安装人员着装。

2021年，鼎城区自来水公司开展供水管道施工
（提供：詹万军）

供水技术创新。提议并建立水表GIS定位系统，使用B/S架构和开放的地图接口，可以在计算机和各种手机、平板电脑上使用，并和营销系统进行数据对接，动态更新地图上的水表节点信息，实行无缝更新。截至12月27日，落实1.1万块水表的现场勘察、定位、绘图工作，包含滨江明珠、新日世纪城、阳明湖畔、星汇蓝湾等12个小区的智能水表和29区的机械水表。建立分析记录的工具软件，全年查找和修复故障点5936个，检测确认水表光电模块故障1559块，并提交相关部门更换水表或返厂维修，换表466块、维修716块。确认模块故障而暂未更换的智能表，采用人工抄表的方式，全年人工抄表5936次。（詹万军）

常德画墙

【概况】 常德市鼎城区常德画墙事务中心（常德市鼎城区常德画墙博物馆）成立于2019年，2021年1月获常德市委编办批复，核定为区人民政府直属正科级公益一类事业单位，是常德市爱国主义教育基地、文明创建测评点。2021年，常德画墙事务中心围绕工作要点，克服困难，落实各项工作任务。推动机构“三定”方案落实，明确具体职能职责。建立完善工作机制，以业务立身、业务立室的工作理念，完善班子分工、职责设置、人事调入、财务管控、办公室装修等工作。

2021年，常德画墙（局部） （提供：袁林）

宣传接待。制定线路流程、规范接待标准、编写讲解词，提高接待水平。参与湖南省首届文化潇湘旅游节，展示画墙新形象，吸引社会公众参观5万余人次，全年接待游客200余万人次。扩大线上宣传影响力，与区融媒体中心联办新媒体系列报道《常德画墙——壁画里的故事》。11月23日起，推介《一带一路》《常德会战》等作品；以壁画为主题，开展“我是讲解员”活动，将现场教学与理论教学，集中学习与个人自学相结合，提高干部职工素质和业务水平。

2021年5月27日，湖南省政协主席李微微（前排右一）到鼎城区参观考察常德画墙 （提供：袁林）

文化产品。研发制作、推广销售壁画文创产品，定制包装盒、U盘、艺术陶瓷盘摆件、古典古风

折页本等。

乡村振兴。画墙事务中心是十美堂镇同兴村乡村振兴联系点组长单位,驻村与村支“两委”协同后盾单位走访慰问困难家庭 20 户,送去大米和食用油等慰问物资,资助 3 万元用于解决村支“两委”困难。

日常管理。组织清理回收国有资产,成立工作专班清理善德楼、楚望楼等 3 处阁楼一楼临时摊位及善德楼一可美术馆。开放善德楼至楚望楼段壁画,拆除保护围挡,向公众展示壁画。抓壁画安保工作,聘请安保人员,实行三班轮换工作制,全天 24 小时保护巡查壁画,防止壁画被人为破坏。检查检修画墙灯光照明、监控、漏水、檐面瓦片、画框等,实施 3 处阁楼防火防漏电老化排查,全年未发生安全生产事故。组织干部职工参与文明创建工作,制定值班表,由一名班子成员带队,按规定时间在负责区域值班值守,安排保洁员负责卫生责任区,对标对表、责任到人、周末不休。

(袁　林)

2021 年,常德画墙事务中心工作人员督导沅江风光带环境卫生　(提供:袁林)

Traffic & Postal services & Communication

交通·邮政·通信

2021 年 6 月，鼎城区公路建设养护中心开展“查隐患、防事故、保安全”交通问题顽瘴痼疾集中整治行动 （提供：张力倍）

交通运输管理
公路管理
邮政
中国电信股份有限公司常德鼎城区局
中国移动通信鼎城区分公司
中国联通鼎城分公司

交通运输管理

【概况】 2021年，鼎城区交通运输局开展交通运输各项工作,交通综合执法改革工作、为民办实事交通建设工作排名全市第一，通过市级文明标兵单位复查。

公路建管养。启动斗姆湖高速公路收费站改扩建项目并落实招投标工作,10月15日开始全封闭施工建设。石公桥镇乡镇通三级公路、牛鼻滩镇至韩公渡镇旅游路工程完工。建成资源产业路63千米,超省、市考核任务13千米。为谢家铺镇乡村振兴示范片争取计划7千米、为草坪镇教门冲村争取计划2千米,争取上级投资600余万元。实施安防工程19千米,改造栏马口桥、五里溪桥等危桥7座。谢杨线和陬鄂线建设准备就绪。投入1033万元用于道路养护及示范路创建。

2021年,石公桥镇镇通三级公路改造工程完工
(提供:曾可为)

道路运输管理。2021年春运时间为1月28日至3月8日，春运期间，发出公路客运16573班(次),发送旅客39.68万人次,水路渡运旅客0.85万人次，未发生一起旅客滞留现象及客运交通亡人事故,全区国道省道主干道、乡村道公路、水路、桥梁通行顺畅。交通问题顽瘴痼疾整治工作延期1年,通过大数据联合高速交警打击非法营运,保护合法经营，高速交警移交非法营运车辆32台,罚款24万余元。各中队到超载超限企业实行源头管理,禁止超载车辆上路营运。开展“隐患清零”行动,落实运输企业安全生产主体责任,按照“五不两确保”要求,维护运输市场秩序,保障旅客运输安全畅通,形成企业负责、政府监管、行业自律、社会监督的安全生产工作机制，安全生产综合治理能力增强。

路政管理。管理路产路权。每周开展公路巡查不少于2天，及时上报和立案处理发现的违法问题及现象。开展治超工作。为年产超过20万吨的企业安装智能监控平台,接入治超办大数据系统。开展联合治超行动，查处违法车辆3200余台次，卸载货物1700余吨,教育劝返车辆1200余台次，依法打击车辆超限超载和其他违法行为。

工程质量监管。监督产业资源公路、公路安全生命防护工程、白洋湖至特养场旅游资源产业路改造及危桥改造项目安全质量,严格施工程序,进行关键工序和重点部位部件抽芯取样，全年无一起安全责任事故发生。创新监督载体,聘请质量管理社会监督员，组织中间检查65次、专项检查7次,合格率100%。

水运事务管理。鼎城藉省际货运船舶5艘,年审办证率100%,为在册货船生活污水处理系统开展不定期检查，确保营运船舶处理系统处于运行状态。落实客渡船保险工作,燃油补贴申报、发放准确率100%。开展砂石市场清理整顿,取缔500吨级以下的小型货运码头。与常德市海事局直属处、蒿子港航道所开展水上联合整治行动9次,出动执法人员54人次,打击水上违法行为。开展巡港行动45次,出动执法人员300余人次,现场纠正违法行为17次。开展“一湖两水”非法码头整治工作,落实全区11处非法码头(堆场)的关停取缔、恢复坡岸、自然复绿工作。实施玉霞街道办事处大西门渡口北岸趸船提质改造；抓水上交通安全管理工作,到10处渡口码头开展调查研究和监督检查，把存在问题的2处乡镇渡口(3艘渡船)列入撤销名单,全区1985年至2021年水上交通安全无事故。

交通运输综合执法改革。6月,启动交通运输综合执法改革工作,11月,完成机构设置和人员转隶,安置原运管、港航、质监、治超站等部门137人。组织122名执法人员开展封闭式培训和军训;向市局争取400万元资金改造维修中队办公用房7个。

铁路沿线养护。理顺铁路管护机制,交接铁路沿线管理养护工作。落实“双段长”责任制,成立鼎城区铁路沿线设施管理养护事务中心,查处并整改隐患9处,改造公跨铁路桥梁防护栏5座,加固灌溪镇蔬菜大棚3000平方米,新增补充安全防护栏193米。每周开展铁路安全环境巡查不少于3次,在铁路沿线制作宣传横幅40条、宣传盾牌18块、永久性固定标语2处,发放《湖南省铁路安全保护条例》3000册、宣传单4000份,制作各类限高公示牌160余块、“双段长”制公示牌28块。

(陈波　蒋治　王芳　胡帮伦　李昌武　蒋代慧)

【鼎城区开展农村公路桥梁信息公示牌及限载标志更换设置】 2021年6月18日,鼎城区召开农村公路桥梁信息公示牌及限载标志设置工作调度会,传达交通运输部《公路桥梁信息公示牌设置要求》《公路桥梁限载标志设置要求》等文件精神,部署农村公路桥梁信息公示牌及限载标志设置工作。至7月15日,全区设置更换农村公路桥梁331座,信息公示牌及超载超限等标志标牌均更换设置完毕。

(胡帮伦　蒋代慧)

【鼎城区交通运输综合行政执法培训班开班】 2021年12月2日,鼎城区交通运输综合执法人员培训班在区委党校开班,区交通运输局全体班子成员、交通运输综合行政执法局全体人员计122人参加开班仪式。该次培训为期13天,其中业务培训8天、集中军训5天,主要围绕执法办案常用法律法规、交通运输行政执法实务、执法文书制作规范等方面展开。

(左　佑)

2021年12月2日,鼎城区交通运输综合行政执法局培训班开班　(提供:蒋代慧)

公路管理

【概况】 鼎城区公路建设养护中心在职职工196人,下设办公室、政工股、养护股、工程股、机料股、财务股、综治办、后勤办、工会、司机班10个股室,下辖公路养护道班24个、一号大道中心养护站1个,负责全区公路路产路权维护、公路大中修工程、小修保养、桥梁检测等工作,管养全区国道、省道总里程312.89千米。

公路养护。抓日常督促养护工作,建立预防养护体系,根据各条干线公路技术等级和公路状况,细化养护考核方案,建立考核机制,推动干线公路养护工作。整修路肩15千米,公路排水沟清挖8千米,裂缝处置2.5千米,修复钢护栏236米。修补路面坑槽1万余平方米,路面标线补划2000余平方米,混凝土路面清灌缝200千米。抓公路安全生产工作,落实安全生产例会制度,及时处治发现的隐患。

治超路政。抓路政执法工作,牵头开展治超整治行动,制定治超工作方案,组织区交警大队、区交通局、区农机事务中心等部门开展“冬日风暴”治超专项整治、春节期间治超专项整治、非法改拼装车辆专项整治等。发放宣传彩页1000份,张贴海报30张、横幅60条。查处超限运输、抛洒运输行为100余起。驾驶证扣分96分,罚款30余万元,查处非法改拼装车辆117台次。抓路政执法管理,进行环境整治行动20余次，出动执法人员300余人次、执法车辆100台次。拆除违法棚屋54处、横跨公路横幅200条、路障368处，拆除非公路标志牌28块，取缔占道经营84处，拆除乱搭乱建厂棚12间，制止违法建房3处。办理行政审批3件。依法查处路政案件，处理各类路赔处罚等案件20余起，处理货物抛洒违法车辆30余台，非现场执法处理违法车辆105台，收取损坏公路赔补偿费及交通罚没80余万元。

2021年7月28日，鼎城区公路建设养护中心路政大队执法人员查处超限车辆 （提供：张力倍）

工程建设。向上级部门汇报对接，争取省补资金和区级配套资金，推进项目建设工作。投入684万元用于国道319线、省道311共7.11千米的路面中修工程，进行老路面病害处置和全线沥青罩面，年末竣工通车；投入2049万元用于省道244线、省道311共7.5千米公路的大修工程，进行老路面碎石化、沥青混凝土的基层面层摊铺和安防设施安装，主体工程完工。

2021年，鼎城区公路建设养护中心在省道244进行大修工程 （提供：张力倍）

其他工作。落实全区国道、省道绿化补栽任务，抽调机关、各公路道班人员成立100余人的植树队伍，义务植树1.7万棵。实施省道317线唐黄公路约800平方米路面应急修复。 （张力倍）

【交通行政执法体制改革】 2020年10月，鼎城区公路建设养护中心启动交通行政执法体制改革工作重点，成立区公路建设养护中心交通执法体制改革领导小组，到市公路建设养护中心、市区编办咨询改革政策和人员编制问题，对接区委组织部、区人社局，推进改革工作。12月，落实中心路政大队整体转隶、治超站人员分流安置、行政执法职能划转等工作，涉改执法人员76名。 （张力倍）

【鼎城区公路建设养护中心开展交通问题顽瘴痼疾集中整治行动】 2021年6月，鼎城区公路建设养护中心开展“查隐患、防事故、保安全”交通问题顽瘴痼疾集中整治行动，净化辖区公路运输环境，消除安全隐患。该次整治行动采取流动巡逻与设点查缉相结合方式进行，科学划分时间、区域，组织专门力量加大重点路段的巡逻管控，针对超限超载货运车辆出行规律等特点，采取机动灵活的行动方式，通过在集中通行的路段，设立临时执勤点和流动执法小分队，巡查管控超限超载违法货车，查处违规货车超限超载、遮挡号牌绕站驾驶等交通违法行为，形成严管严查的高压态势。该次行动发放治超宣传单300余份，查处违法超限超载和沿路抛洒车辆43台次，卸载货物229.79吨，驾照降级处罚12起，驾驶证扣分计26分。 （张力倍）

2021年6月，鼎城区公路建设养护中心执法人员开展交通问题顽瘴痼疾集中整治行动 （提供：张力倍）

邮　　政

【概况】 中国邮政集团有限公司湖南省鼎城区分公司是中国邮政集团有限公司常德市分公司下属机构，以邮政、快递物流、金融、电子商务等为主业，实行多元化经营。公司及下属机构对国家规定范围内的邮政业务提供普遍服务，按照国家规定办理国家规定的报刊发行，以及义务兵平常信函、盲人读物和革命烈士遗物的免费寄递等特殊服务业务。拥有集“邮政实物运递网”“综合业务计算机网”“实物流、信息流、资金流”于一体的“两网三流”核心竞争力。2021年，鼎城区邮政分公司全体干部职工依托“公众服务”平台，开发新的服务项目。提供现代物流、服务“三农”、商业信函、电子邮政、邮送广告、代理保险与证券、社保卡、代收水电费、代发工资与养老金等服务项目。公司邮路总长度3321千米（单程）；城市投递段道8条，农村投递邮路42条，有邮政报箱2组、邮政信箱信筒40个、信报箱格口1000个；直接投递的妥投点8500个。有邮政车辆8台、邮运投递汽车5台、其他生产用车3台。有ATM自动柜员机37台、邮资机1台。计算机总数266台，其中内部生产用微机30台、营业窗口微机及终端210台、综合管理微机26台。2021年，经营收入8385.4万元。

责任落实。疫情防控期间，在其他快递公司均停业的情况下，该公司秉承“人民邮政为人民”的服务宗旨，扛起“国家队”的责任担当，确保全区范围“最后一公里”通信顺利。为鼎城区第一中学、淮阳中学、阳明中学等学校学生寄达教材0.48万份，确保学生正常学习。号召全体党员参与捐款，党员参与捐款率100%。

防范化解重大风险。开展金融从业人员家访和员工访谈活动；开展“一把手讲合规”，7月组织开展“人人讲合规”演讲比赛；参与“查赌、禁赌”员工宣教活动和参观警示教育寄递活动；开展员工日常行为排查、金融关键岗位人员延伸排查。

活动开展。开展庆祝中国共产党成立100周年系列活动，强化教育成果。参观文甲起义纪念碑并进行党性教育、观看爱国电影《悬崖之上》《长津湖》、参加市邮政分公司、区委组织的歌咏比赛及“我和党的故事”征文等活动。在职工思想政治工作研讨征文活动中，提交论文3篇，宁建民撰写的《关于加强邮政企业意识形态工作的研究》获二等奖，1篇论文获鼓励奖。在“我和党的故事”征文活动中，发动党员撰写征文24篇，占全市征文的40%，其中7篇获奖。

邮政服务。开展普遍服务达标提质活动，倡导绿色邮政，规范网点的日常行为，开展“中国邮政微邮局”的宣传与推广。发现问题及时整改，消除安全隐患。全年，寄递业务边际贡献额68.4万元，县域排名第一。发挥邮政协同优势，开展“邮政助丰收，惠农进万家”系列活动，挖掘农村市场需求，开拓发展潜力，打造邮政惠农生态圈，惠农合作项目排名全市第3名。开展“我为群众办实事”实践活动，围绕“打造行业国家队”发展要求，结合实际生产经营发展，制定任务清单10条。通过与区人民政府开展“互联网+”项目合作，提升人民群众和企业的办事效率，实现便民利民的目标。2021年，邮政服务满意度：97.8分。

（陈　伟　沈美玲）

中国电信股份有限公司常德鼎城区局

【概况】 2021年，中国电信股份有限公司常德鼎城区局（简称区电信公司）以“云改数转”战略引领企业转型、“三高四新” 定位加速企业发展，推进“两深入 两服务”长效机制，深入市场服务客户，深入基层服务员工。把握机遇，以数字化培育新动能、用新动能助力新发展、以新发展实现新作为，推动企业高质量发展上新台阶。

通信建设。中国电信坚持5GSA独立组网引领，打造数字基建新的供给核心能力。区电信公司在光网建设发展总体规划中，完成政府“乡村人居环境整治工程”和“雪亮工程”民生项目，实施农村光网建设工作。5G 建设中，新建 2.1G NR 基站 127 个、3.5G 基站 27 个，室分 10 套，城区 5G MR 覆盖率 95.96%，5G 体验感知良好。

社会事业。以“云桌面”助力国家税务改革，使网络运行更流畅、管理更高效，缓解税务大厅的窗口压力，节约时间成本，提高办税效率。实施“智慧校园”赋能教育信息化改革，通过教育信息化缩短城乡信息化教育差距、平衡城乡教育资源、促进教育公平化的发展。以“明厨亮灶”服务社会餐饮，为餐饮单位厨房所涉及的行为规范、环境卫生等进行全过程实时可视化、智能化监测，为食品安全管理提供有力平台。由企业自主研发的“疫情防控信息监测管理平台”应用在机场、火车站、汽车站、公共聚集场所及各机关单位。落实乡村振兴工作方案，支持十美堂镇同乐村乡村振兴工作，扶持资金 3 万元，结对帮扶 25 户脱贫户、3 户监测户，帮助解决生产生活上的困难，开展送温暖、送科技信息、驻村帮扶、美丽乡村建设等活动，协助当地党委推进村级党组织建设和村务公开，开展维稳及矛盾纠纷调处工作，发展村级经济。

2021 年 12 月 17 日，鼎城区电信公司与区妇幼保健院开通国家“云上妇幼”远程医疗平台会诊项目(提供：戴华)

安全生产。到所辖 21 个支局按季度进行消防安全检查，给予不符合相关要求的责任人处罚。重新装修城区中心机房，完善消防导视系统、快速应急系统、视频监控系统，补充消防应急设备。

（戴　华）

中国移动通信鼎城区分公司

【概况】 2021 年，中国移动通信鼎城分公司以高质量发展为目标，调动员工积极性，攻坚克难，提升市场经营业绩。

2021 年，中国移动通信鼎城分公司开展集团单位权益服务日活动　（提供：许剑剑）

客户服务。建立健全客户投诉分析机制，快速解决投诉问题，杜绝重复投诉、批量投诉。聚集重点客户群体关怀，定期召开投诉客户恳谈会，及时了解客户需求，倾听客户心声。客服人员常态化开展网点服务督查、业务辅导、产品体验，快速发现问题、解决问题。

2021 年，中国移动通信鼎城分公司开展电信日促销活动（提供：许剑剑）

网络建设。家庭宽带建设方面：2020 年 10 月至 2021 年 12 月，新建家庭宽带行政村 77 个，扩建行政村 28 个，投资规模 1217 万元，覆盖率提升

18.1%，当前覆盖率 81.6%，端口利用率从 36.13% 提升到 45.23%，新增宽带用户 4300 余户。投资 43 万元为湖南应用技术学院建设校园宽带。无线建设方面：开通江山如画、武陵监狱、南金城一期和二期、滨江新城、阳明湖畔、星汇蓝湾、灌溪机械配套园、生活配套园、斯盛新能源计 9 个 4G 室分，开通桥南市场、桃花源飞机场、汽车总站等 4 个 5G 室分。开通高新区国力变压器、石板滩烟厂仓库、高新区富强西路 3 个 4G 宏站，开通尧天坪烟云山、双桥坪兴国寺 2 个电普站点，开通 5G 3 期 21 个站点，开通 700 米乡乡通 75 个站点。

关爱员工。组织公司全体员工进行身体检查，为在职女员工开展“两癌”筛查。落实“暖心工程”，根据常德市公司工会相关文件精神，到一线走访调研，听取基层员工意见，将急需要改造的黄土店分局院落、食堂设施、员工减压室、公司透视围墙等问题纳入改造计划。专款专用，使用“暖心工程”建设项目资金改善员工工作、生活环境。

（许剑剑）

中国联通鼎城分公司

【概况】 2021 年，中国联通鼎城分公司推进经营模式转型、规模效益发展，提升盈利能力，改善客户感知，激发内生动力。业务总收入 6170 千万元，比上年同期增长 36.44%；年末移动电话用户 11.0 万户，年度增加 1.19 万户。年末互联网宽带用户 2.23万户。

网络建设。抓 5G 专营店的渠道建设，投资 1000 余万元，增加服务网点，使渠道规模延伸到乡镇及村组，进行整合布局，城区及大型重点乡镇服务门店进行整体形象升级。中国联通公司在鼎城区域内有物理站址 487 座，宽带客户 2.4 万户，传输线路皮长 5200 余千米，固定资产投资 530 万元，每年固定追加投资约 230 万元。

安全生产。组织学习《中华人民共和国安全生产法》和公司有关安全生产规章制度，宣传安全发展指导原则和“安全第一、预防为主、综合治理”方针，通过实地检查与督导执行，全年无一例安全事故发生。

（周宜静）

教育·科技

Education & Science and Technology

2021 年 10 月 27 日，鼎城区第四届体育运动会青少组田径比赛暨第二十九届中小学生田径运动会在阳明中学举行

（提供：区教育局）

教育

鼎城区第一中学

湖南应用技术学院

科技

防震减灾

鼎城年鉴(2022)

教　育

【概况】 2021年,鼎城区有各级各类学校203所,其中学前教育127所,义务教育71所(小学26所、初中15所、九年一贯制17所、点校13所),普通高中4所,教师进修学校1所。有在校学生69979人,其中学前教育17308人,义务教育44993人(小学30944人、初中14049人),高中阶段教育7678人。有在职教职工6604人(幼儿园2219人、小学1507人,初中1015人、九年一贯制953人、高中633人、十二年一贯制277人),其中专任教师5142人(幼儿园975人、小学2003人、初中1473人、高中691人)。有离退休人员4054人,其中退休人员4046人,离休人员8人。

党政重教。全年召开区委常委会、区政府常务会、区委教育工作领导小组会专题议教8次。乡村教师人才津贴、乡补标准提高15%新纳入财政预算,年度教育支出预算8.8亿元。22个乡镇(街道)为教育筹资664.78万元,为校园办实事91项。启动新一轮教育捐赠活动,教育基金存量突破4000万元。

2021年9月2日,鼎城区教育捐赠活动启动仪式现场 (摄影:杨杰)

党建引领。组织党员教师参与党史学习教育,开展庆祝中国共产党成立100周年系列活动,落实省、市、区5大类重点民生实事项目;"党员五照亮"工程形成党建特色品牌。组织师生开展"颂党恩 跟党走"合唱大赛,区教育系统选送曲目获常德市一等奖、区特等奖。全年发展预备党员49人,预备党员转正19人,入党积极分子备案登记19人,选举成立第一届局机关党委,成立鼎城区民办幼儿园联合党支部。1所学校获评市级先进基层党组织,5所学校获评区级先进基层党组织。新增省教育系统优秀党务工作者1人,市级优秀党务工作者1人、优秀共产党员1人,区级优秀党务工作者3人、优秀共产党员4人。系统内评选"百名优秀共产党员"105人。

2021年6月30日,鼎城区教育系统举行庆祝中国共产党成立100周年大会 (摄影:杨杰)

质量建设。全区2183人参加高考,清华大学录取1人,600分以上人数105人,本科录取率68.9%,获评全省高考优秀考区、全省空军招飞工作先进单位;其中鼎城区第一中学本科录取率突破99%,再次被清华大学授予"优质生源中学"称号。学考一次性合格率高一年级100%,高二年级99.88%。1名学生获评省级新时代好少年,8名学生获评市级新时代好少年。开展"城乡结对、促进优质均衡"活动,6所城区公办小学与18所农村学校进行结对帮扶。"五项管理"通过省教育督导办第一轮督导,获评国家义务教育质量监测"县级优秀组织单位"。组织参与"北斗杯"全国青少年大赛,获优秀组织奖。组织开展首届中学生现场绘画大赛、第二十九届中小学生田径运动会、第六届校园足球联赛等赛事,魅力大课间活动在全区推广,师生书法作品全区巡展。"送喜报、送新兵"活动被《人民日报》、中国军网、《科教新报》等媒体报道。永安小学被教育部认定为"书画教育实验基地"指定考点,江南中学被认定为区级青少年羽毛球训练基地。

办学条件。全年投入建设资金1.5亿元,建设项目30个。草坪镇芙蓉学校竣工并通过省级专项督查验收。鼎城区第一中学、阳明中学、江南中学、严家岗小学改造项目完工,推进红云学校建设,规划斗姆湖小学迁址中学新建。落实农村学校建设三年行动计划建设任务,投入建设资金3195万元,新建教师周转房88套、塑胶运动场6个,维修和改扩建学生食堂6141平方米。建设"智慧校园",37所学校安装"校园人脸识别系统"。"班班通"建设投入资金185万元,实验室建设投入资金50万元,5所学校获评市级中小学标准化实验室建设示范学校。

2021年,草坪镇芙蓉学校　　(提供:杨杰)

队伍建设。全年补充新任教师152人(含安置公费定向师范生47人),公费定向师范生培养规模增至130人(初中起点111人、高中起点19人)。开展师德师风建设年活动,进行学科带头人示范展示和新入职教师现场备课大赛,组织教师参与信息技术2.0提升工程、"十四五"继续教育,培训教师1490人次。出台青年骨干教师培养方案,培育青年骨干教师20名。开展"百名教学能手""百名优秀教师"评选活动,在鼎城电视台展播优秀教师事迹11人,61人获市级各类通报表彰,5名教师的教学案例入选省级优秀教学案例。组织教师参与理论研究,1个省级、4个市级课、16个区级课题开题,2个省级、3个市级课题结题;教师论文获省级奖励158篇,市级奖励205篇,区级奖励511篇。《光明日报》以《一千零一夜——90后乡村教师麻小娟用故事点亮孩子心灵》为题头版头条报道蔡家岗中学教师麻小娟优秀事迹,麻小娟入选2021年度湖南十大教育新闻人物。武陵小学李小霞当选湖南省第十二次党代会代表。善卷中学田芳获评全区"十佳善德公民"。钱家坪中学袁力、武陵小学李小霞、善卷中学蒋智萍获评正高级教师,3人被评为基层中小学高级教师,198人被评为资深乡村教师。

光明日报

GUANGMING RIBAO

宁夏石嘴山从人口人才"双流失"窘境中突围

一千零一夜

——90后乡村教师麻小娟用故事点亮孩子心灵

提供平台,才能聚"才"

躺赢不可能

2021年12月28日,《光明日报》头版头条报道蔡家岗镇中学教师麻小娟优秀事迹　　(提供:杨杰)

教育民生。落实"双减"政策,印发《鼎城区关于进一步推动"双减"工作落实和加强"八项管理"工作方案》,修订课后服务工作实施办法,开展校外培训机构专项治理。课后服务向农村推广,修订《鼎城区课后服务工作实施办法》,明确课后服务公益属性。制定《2021年鼎城区中考暨中考改革方案》,采取"等级入围、指标到校"的方式录取新生。推行教育"放管服"改革,推行高考无纸化体检。发放春秋两季资助金1273.3万元,受惠学生23836人次。开展送教上门159人次,义务教育阶段小学巩固率100%,初中巩固率99.9%。

学前教育。全区有幼儿园127所,其中公办园54所,民办园73所(含普惠性民办园49所)。全区在园幼儿17308人,其中公办园在园幼儿8726人,民办园在园幼儿8582人(普惠性民办园6127人),学前三年毛入园率90%。全区在园教职工2666人,其中专任教师983人。全年补充公办幼师6名,全区公办幼师增至121名。实施3所乡镇公办园的提质改造，3 所普惠性民办园转为公办园，普惠性幼儿园在园幼儿占比 85.8%，增加公办园学位 2010 个，公办幼儿园在园幼儿占比 50.4%。有各级各类示范性幼儿园 52 所，其中省级示范性幼儿园 1 所，市级示范性幼儿园 19 所，区级示范性幼儿园 32 所。鼎城区获评全省游戏活动实验区，区实验幼儿园，长岭岗公立幼儿园、沧山公立幼儿园入选全省游戏活动试点园。

民办教育。全区有各类民办教育机构 191 所，其中幼儿园 70 所，小学 2 所，高中 1 所，九年一贯制 1 所，完全中学 1 所，校外培训机构 116 所(学科类 13 所，非学科类 103 所)，在校学生 25505 人，教职工 2303 人，校园面积 551021.76 平方米，总资产 5.44 亿元。全区民办义务教育阶段学生占比 5.64%。校外培训机构管理建立动态白名单制度，组织开展 3 轮校外培训机构专项督查，59 所学科类培训机构转办 28 所、注销 18 所，其余 13 所进入营转非登记程序。淮阳中学党支部被授予“市级‘两新’标杆党组织”“区级先进基层党组织”称号，常德朗州高级中学党支部被授予“市级‘两新’标杆党组织”称号。

安全稳定。落实“三大两严”专项行动，整改校园安全隐患 340 处，投入校园“三防”建设资金 300 万元。组织防溺水、禁毒、消防、血防等各类安全教育宣讲活动 322 次。校车安全督查实行月通报，督查校车 865 台次，定期组织校车驾驶员和随车照管员培训，校车安全管理经验在全省交流发言。联合区市场监督管理局为 64 个学生食堂进行 2 轮食品安全专项督查，下发整改通知书 58 份，检查通报 2 期，全区无一起校园食品安全责任事故发生。实行疫情防控常态化管理，教师新冠疫苗接种率 92%、12—18 周岁、3—11 周岁学生接种率分别为 98%、97%。鼎城区获评 2021—2022 年度省级平安校园建设示范区。（杨　杰）

【2021 年度湖南十大教育新闻人物麻小娟】 麻小娟，女，1993 年 3 月出生，鼎城区蔡家岗镇人。2015 年 6 月毕业于湖南省第一师范学院音乐舞蹈学院。2015 年 8 月到周家店镇中学任教，2016 年 8 月调至蔡家岗镇中学，2021 年任教六年级 3 班英语，一年级 3 个班音乐，担任六年级 3 班班主任。麻小娟扎根农村学校，周一到周四，坚持每晚到学生宿舍，利用睡前半小时打着手电筒为孩子们讲故事，1000 余个夜晚，1000 余个故事，她精心挑选、精心策划，将童话故事、绘本故事、身边的故事、榜样的故事、名人故事等，通过学生喜闻乐见的形式点亮孩子心灵，引导农村留守儿童塑造健全人格和良好道德品质，为学生幸福成长奠基。她撰写的《小学音乐欣赏课策略研究》获省级一等奖；编排参演的《快闪读书活动》获常德市总工会特等奖。麻小娟先后获全镇青年教师演讲比赛特等奖，全镇青年教师比武一等奖，鼎城区优秀班主任，全区教育系统骨干教师培训班优秀学员。被区人民政府授嘉奖 2 次，记三等功 1 次。（杨　杰）

鼎城区第一中学

【概况】 2021 年，鼎城区第一中学教职工 308 人，正高级教师 1 人，特级教师 3 人，市、区骨干教师及学科带头人 63 人。有教学班级 53 个，学生 2798 人。

意识形态。在全校推行“学习强国”学习平台学习，实行学习情况一日一报一周一结，量化评分。1 月 21 日，鼎城区人民政府相关领导、区教育局相关领导，驻教育局纪检组组长到校指导 2020 年度领导班子民主生活会，给予肯定和建议。4 月 22 日，学校召开党委理论学习中心组“学史增信”专题学习研讨会，学校全体班子成员参加，区委党史学习教育第十二巡回指导组组长谭建新到会指导。4 月 10 日，学校组织班子成员、科室主任、科长、年级主任、支部书记及党建专干到石板滩镇红烨红色文化园，开展以“重温革命历史 传承红色基因”为主题的革命传统现场学习活动。4 月 26 日，党史学习教育区委党校宣讲团党史专家作题为《中国共产党的百年历程》的党史讲座。6月30日，在隽新讲堂召开庆祝中国共产党成立100周年党员大会，党龄超过50年的老党员发表演讲，给年轻党员上党课。7月，鼎城一中第二党支部被评为区“优秀基层党组织”。结合《学校中层骨干（副职）增补竞聘》办法，9月，成立新领导班子，选拔中层正职干部6人、中层副职12人；举办《鼎城一中行政干部会议（集体谈话）》2期，修订《鼎城一中行政干部述职测评制度》。

教师管理。起草《鼎城一中教职工岗位目标考核量化细则（草案）》《鼎城一中岗位晋级量化评分细则（草案）》《师德考评细则（草案）》《鼎城一中教职工绩效工资发放方案（草案）》《鼎城一中教学责任事故认定办法（草案）》，修订《鼎城一中申报中、高级量化评分细则（草案）》《鼎城一中教学质量奖励方案（草案）》《鼎城一中教研成果奖励方案（草案）》《鼎城一中班主任津贴发放方案（草案）》。树立师德典型，打造班主任团队、备课组长团队。10月14日，在党员活动室举行“志宏教育基金”优秀教师颁奖仪式，区教育局副局长陈少栋、区教育基金会理事长朱方源、区教育基金会秘书长宋才林、校长蒋金海及学校2021年度“十佳”系列、市级优秀个人计32名教师参加颁奖仪式。

调研交流。接待市、区领导及相关教育行政部门的各项调研工作。6月5日，鼎城区委副书记、区人民政府区长陈远，副区长蒋宏武及部分区政府工作部门负责人考察、指导高考考务工作。8月17日，鼎城区委副书记、区人民政府区长陈远，区委常委、区人民政府副区长李娟，区人民政府副区长边巴次仁一行到学校调研工作，区政府办、区教育局、区卫健局主要领导陪同调研，校长蒋金海等人负责接待。9月24日，鼎城区教育局副局长陈少栋、区教育局相关股室负责人和各中学校长在校参加2022年中考暨中招改革座谈会。10月16日，江口县委常委、县人民政府副县长张弛及当地教育相关人员一行到校考察，鼎城区政协副主席蒋利荣，区教育局副局长刘小韩，校长蒋金海及全体班子成员陪同接待。10月25日，“常德心理健康教育特色学校”检查小组市教育局调研员刘辉、市教科院主任刘忠义等专家一行5人，到学校进行心理辅导站工作省级复核评估，区教育局副局长陈少栋、教研室副主任向乪燕、基教股副股长杨建勇，学校副校长杨有谋、学生科科长彭力娟、副科长殷俊以及心理健康教育专职教师向姣参加迎检与汇报工作。10月28日，区委常委、区人民政府副区长李娟，区人民政府副区长边巴次仁，相关单位责任人参加鼎城一中百年校庆筹备工作推进会，商讨各项筹备工作。3月4日，津市一中纪委书记陈耘一行到校开展课堂教学交流活动，副校长刘凌军、教务科长周晖、高三年级主任向灵芝及相关工作人员参会分享高三教学经验。3月15日，汉寿一中副校长陈爱国一行到学校开展课堂教学交流活动。4月7日，党委副书记、副校长蒋金海参加在凯悦大酒店举行的常德市高三复习迎考工作推进会，作题为《在不断完善中艰难前行》的发言，分享经验。4月8日，常德市教科院政治教研员刘建德、鼎城区政治教研员周晓艺及各区县市教研员和常德市各高中政治教师到校参加常德市高三思政学科二轮复习研讨会，研讨提高二轮复习质量和效益的思路和方法。10月8日，阳明中学、淮阳中学、常沅小学、永安小学等9所学校的心理健康教育负责人到校参加鼎城心理联组活动，区教育局心理健康教育教研员向乪燕、副校长杨有谋、学生科副科长殷俊出席。10月26—27日，常德市第二届高中政治教师（刘建德）工作坊线下研修活动在校举行，市教科院政治教研员刘建德和市各高中政治教师代表参会，学校教师代表胡蓉上展示课。12月21日，深圳北理工莫斯科大学党委书记朱迪俭一行5人到校考察交流，市教育局副局长张林、市考试院院长李高松、区教育局副局长陈少栋、校长蒋金海等陪同接待。12月25日，汨罗市一中副校长黎明一行34人到校进行考察交流。

办学质量。开展一课一研，进行17周集体备课、15周次教研课展示、听课4001人次、研课活动776次，收集研课资料1327课时。开展行政课堂巡查和行政人员听课，落实“走动式管理”，及时发现及时通报。组织教师参加省、市、区的研讨培训，主办常德市物理骨干教师实验操作培训、常德市高中政治工作坊线下活动、鼎城区学科带头人高中组展示等教研活动。加强与长郡中学合作，推动资源平台资料、视频课学习、教学教研活动交流、考试信息等方面的共享。沈忱、严定先的教学课例获市一等奖，叶丽的教学课被评为“省级优课”并由省级推荐到部级参评。物理组的省级重点课题、政治组的省级一般课题、生物组的市级课题、校长牵头的教学管理市级课题均通过中期检查评估，地理组的市级课题拟结题，语文组的市级课题和历史组的区级课题通过开题论证；学校教师发表或获奖的论文105篇。通过校“隽新一三五”工程，李迪、陈倩等15位优秀新教师成长。参加2021届高考850人，一本录取78.1%，二本录取93%，600分以上108人，“985”“211”学校录取率38%；学生尹小玲以文化成绩677分被清华大学录取；2021届学业水平合格性考试合格率100%，人均总分位居全市第二；组织学生参加数理化生竞赛，18人获国家级奖励。被清华大学授予“2021年生源中学”称号，获评2021年度湖南省空军招飞工作先进单位、“常德市理科骨干实验教师技能培训基地”，湖南省“体育道德风尚奖”。

德育建设。开展文明校园创建，获“2021年度市级文明校园”称号。4月5日，学生志愿者及教师代表到鼎城区陈辉烈士公园开展缅怀革命烈士的祭扫活动。团委组织全校学生开展“青年大学习”活动赢得区团委、区委宣传部的认可。开展寝室纪律专项整治，解决学生就寝纪律拖拉、寝室卫生状况欠佳等一系列问题。开展封闭式管理和不在规定区域内就餐的专项整治，杜绝学生隔墙购物和带不洁食品入校等问题；开展交通安全专项整治，消除学生搭乘摩托车、电动车不戴头盔的现象。组建国旗班；开展阳光体育“激情跑操”活动，举办第三十四届学生田径运动会；刘涛在全省中学生田径锦标赛（传统校组）中获U16组男子三级跳远冠军，学校获体育道德风尚奖；4月25日，校党委副书记、副校长蒋金海，教务科科长周晖和全体高三师生参加“青春逐梦 挑战自我”的励志远足活动，缓解高考压力，提升学生自信；开展全国学生体质健康调研工作；召开社团活动8次，开设社团活动17个；在常德市鼎城区首届中学生现场绘画大赛中获优秀组织奖称号；10月，举办并直播校园文化艺术节；10月14日，区文化、教育部门领导，市区书协名家、区中小学师生代表到校参加由区教育局主办该校承办的“鼎城区第三届师生书法作品巡展”。举办525大型心理健康团辅活动，向娇、杨有谋等撰写的论文《点亮生命火花，拥抱身边美好》获全市中小学心理健康月活动案例一等奖。4月28日，鼎城区“5020”公益援助中心的志愿者到校开展爱心捐资助学活动，17名学生受助，党委副书记、副校长蒋金海发表讲话感谢志愿者的奉献。7月12日，举行2021年鼎城区教育捐赠活动仪式，区委书记朱金平、区委副书记王时雨、区人大常委会主任王少贤、区政协主席韩才渊、区人民政府副区长钟科程、区领导许中诚出席仪式，区教育局主要领导、学校党委成员陪同参加。9月29日，举行“一诺匠心拼搏”奖学金发放仪式，区教育基金会理事长朱方源、区教育基金会秘书长宋才林、奖学金捐赠人刘志波、校长蒋金海、副校长杨有谋、学生科科长彭力娟及高三部分学生参加发放仪式。

工会活动。开展第九届教职工代表的换届工作，产生新一届工会委员会，讨论通过《2021年鼎城一中教职工全员竞聘实施方案》《鼎城一中科室工作人员竞聘程序》《鼎城一中中层骨干（含副职）述职、测评办法》《鼎城一中中层骨干（含副职）增补竞聘程序》，选出14人入围二层骨干（副职）补选名单。联合办公室举行退休教师退休仪式，为退休教师发放慰问品和退休纪念杯，拓宽教职员工慰问的范围和项目，构建困难教职工帮扶互助机制，对于患重大疾病、生病住院等教职工进行帮扶救助，年度教职工丧事吊唁慰问、生病住院慰问计1.3万余元。组织全体教职工、退休教职工体检和女教职工妇检，为全体教职工申请医疗互助和教工补充医疗保险，为女教职工参保“两癌”保险，计4680元。参与由湖南省总工会组织的“湘阅读”活动和区教育局牵头的鼎城区第四届运动会，协助市总工会参加常德市第二届青年教师教学竞赛，组织女教工“三八”外出踏青活动、教职工80米迎面接力比赛、教职工户外拓展活动、离退休教职工外出活动。

校庆活动。落实校史初稿编纂，收集校牌、校徽、备课本、领导题词等物件，通过电话联系、上门联络、社会征集等形式收集整理223名优秀校友信息并进行联络，开展部分长沙校友联络走访及联络点筹备，完成设计开发新版本校友录平台，落实校友基础台账录入。

办学条件。装修恒一楼，粉刷求是楼三楼办公室和博雅楼五楼，更换高二教学楼多媒体设备，升级改造隽新大讲堂LED屏，装修体育组办公室，重刷风雨操场主席台立面和钢网钢瓦油漆，更换重建5米三向场地；投资22万元改造校门，拓宽校门，实行人车分流；提质改造食堂供电线路，为食堂二楼扩建2个操作间；落实图书馆迁址，为校史馆建设做准备；完成校园监控系统扩容建设，存储时间由30天增至90天；建设校园“云食堂”，实行学生餐卡网络充值和家长在线监管。为东区青年教师公寓空房进行室内粉刷，改造东区院落；提质改造教工健身房、教工休息室建设和舞蹈房。（向灵芝）

【鼎城区第一中学被清华大学授予“2021年生源中学”称号】 2021年11月，鼎城区第一中学被清华大学授予“2021年生源中学”称号。鼎城区第一中学锐意进取，大胆创新，高考成绩稳步提升，创新拔尖人才培养取得新突破，曾有何润琪、赵深、张瑞、尹小玲等学生考入清华大学。（向灵芝）

2021年11月，鼎城区第一中学被清华大学授予“2021年生源中学”称号（提供：向灵芝）

【鼎城区委书记朱金平一行到鼎城区第一中学视察指导高考备考工作】 2021年5月31日，鼎城区委书记朱金平，区人民政府副区长蒋宏武，区教育局党委书记、局长涂华军到鼎城区第一中学高考考点，考察指导备考工作。朱金平一行实地查看考点的准备情况，听取学校负责人工作准备情况汇报。

考察中，朱金平肯定学校的准备工作。他强调，一年一度的高考是全区教育教学工作中的大事，也关系考生的人生发展，鼎城区第一中学要按以往的成功经验，强化学生心理疏导，做好高考期间各项保障工作，为考生营造安全、安静、有序的考试环境，全力护航高考。（向灵芝）

2021年5月31日，鼎城区委书记朱金平（前排右二）一行到鼎城区第一中学高考考点，考察指导备考工作（提供：向灵芝）

湖南应用技术学院

【概况】 湖南应用技术学院是经教育部批准建立的一所非营利性民办全日制普通本科院校。设东、西2个校区,规划总面积143.07公顷,已建设使用110.47公顷,至2021年9月30日,有建筑总面积462109.91平方米,其中教学行政用房231696.82平方米,教学科研仪器设备资产总值8250万元,馆藏纸质图书144.4万册、电子图书57万册;有专任教师706人,其中具有高级职称教师246人,外聘教师208人;全日制在校学生14563人,其中本科学生11499人、专科生3064人;开设有园林等本科专业22个、数字媒体艺术设计等专科专业13个。学校教育教学、实验(训)、文体、生活设施齐全,专业实验室109个、实验实训中心5个,与行业企业共建实习、实践、实训基地221个,校内外创新创业基地6个,创新创业工作室47个,配套计算机3510台。学校获“中国民办高等教育优秀院校”等称号300余项。《中国教育报》、《人民日报》海外版等国家、省市级新闻媒体进行专题报道,被誉为“应用型、创新型人才培养的摇篮”。

党建工作。开展党史学习教育,开展“千名大学生党员宣誓”、红色基地教育等活动,庆祝中国共产党成立100周年,召开第二次党代会完成党委、纪委换届选举工作。学习党内法规,落实“我为师生办实事”清单15件,加强党的组织、群团及统一战线工作建设,抓党风廉政建设,落实意识形态责任和纪委监督责任,推进思想政治理论课改革,全年组织中心组学习14次,举办入党积极分子培训班3期,发展党员数名,预备党员转正数人。6月,学校第三次团代会暨学代会召开,选举产生第三届团学委员会,7月成立省民办高校首个归国华侨联合会。推进“三全育人”综合改革,优化“千分考核”体系,从学业、德育、体育、双创、美育等方面进行学生综合测评,把思想政治教育融入社会实践、志愿服务等活动中。落实“双培养”工作,加强“五化”建设,所以支部经督查、整改,全部达到合格以上标准。优化校风学风,师生的良好精神风貌和感人事迹被《中国教育报》等主流媒体报道121次,《中国教育报》以《转型创改:民办高校党建的“应用密码”》为题进行专题报道。

教育教学。修订专业人才培养方案,修(制)订教学大纲,涵盖人才培养方案规定的1200余门课程。建设一流课程,政府经济学等3门课程入选省级一流课程,省级一流本科课程计13门,校级一流课程计27门,并在中国大学慕课平台创建该校独立(SPOC)课程30门。支持一流专业建设,1个入选省级综合改革试点专业,新立项5个校级一流专业建设点。11月25日,学校召开教学科技工作大会,出台《关于全面深化教育教学改革 提高应用型人才培养质量的决定》。开展教研教改活动、组织教学竞赛,推动教学方法与手段的改革,通过开设公开课、示范课、教学观摩课,组织教师交流教学经验,推动教学方法与手段的创新;通过开展“人人过教学关”“全校教师教学竞赛”“信息化教学竞赛”等活动,激励教师探索新的教学方法与手段,提高教学水平。全年教研教改课题省级立项19项、校级立项43项;双创项目国家级立项32项、省级立项65项、校级立项65项。学生参加学科竞赛,获一等奖6项、二等奖12项、三等奖32项。

科技工作。成立湖南省高校首个“乡村振兴研究中心”“园林植物与景观设计研究中心”等14个校级特色科研平台。“常德市小浆果产业化工程技术研究中心”被授予首个常德市工程技术研究中心,市级科研平台取得“零的突破”。开展校企、校政产学研合作,与中南林业科技大学等30余家企业、高校、研究院所签订产学研合作协议,为企业提供技术服务。举办学术报告70场,与地方政府和其他院校协同举办校企助力乡村振兴发展峰会。科技特派员由4人增至17人,深入企业,全产业进行扶持。组织近50类项目申报,累计获批省部(厅)级以上科研项目57项,发表学术论文500篇,出版著作(教材)100部,授权专利、软件著作权

400 项。14 名教师被授予专家称号。

2021 年 10 月 22 日，湖南应用技术学院校企助力乡村振兴发展峰会会场 （提供：潘艳艳）

迎评促建。组织专家诊断评估，制定并实施整改方案。开展合格评估工作专题讲座和“说管理、说专业、说学院、学课程”的“四说”活动、评估知识考试、评建工作专题汇报会等，营造迎评氛围。物联网工程等 5 个专业通过新设本科专业办学水平评估，完成教育部“高等教育质量监测国家数据平台”的数据采集与上报工作及学校本科教学质量报告撰写发布工作。

队伍建设。以“师德师风建设年”为契机，以“课程思政教学比赛”为载体，开展“师德师风宣讲”，把师德表现作为教师年度考核、岗位聘任聘用、评优评先的首要标准，实行师德表现一票否决制。全年组织 167 名教师参加教师继续教育培训、353 名新教师入职培训；推选省级访问学者 4 人、青年骨干教师 4 人，16 人参加“湖南省高等学校师德师风高级研讨班”，引进人才 534 名，认定主讲教师 372 名，评选“双师型”教师 39 名。

心系师生。为 2768 名家庭困难学生开通绿色通道，累计金额 2226.35 万元；校内助学金资助学生 871 人，计 58.24 万元；设立优秀学生奖学金，惠及 512 名学生，计 105 万元；春季助学金惠及 2283 人，计 486.64 万元；15 人获国家奖学金，计 12 万元，364 人获国家励志奖学金，计 182 万元；为数名应征入伍在校大学生办理学费补偿申请，计 264.94 万元。为 59 名录取为硕士研究生的学生给予每人 5000 元的现金奖励，累计奖励 34.5 万元。完善教职工收入合理增长机制，开展送温暖慰问活动、组织户外拓展活动，增强教职工归属感和学校凝聚力。

招生就业。为提高生源质量和就业质量，通过校企合作、供需见面会、网上招聘、“一对一”帮扶就业困难学生等方式，拓宽毕业生就业渠道。2021 年本科毕业生 1938 人，毕业率 97.99%。本科新生录取3048 人，报到率 97.31%；专科新生录取 1200 人，报到率 87.91%；录取“专升本”新生 475 人，报到率 96.42%。总计入学新生 4479 人。

继续教育。全年，参加培训考证 27898 人次。自考本科新生报名、注册 387 人；办理自考本科毕业证832 人；成教函授注册新生 2185 人，成教函授报名、报考 1900 余人；完成英语三、四、六级英语考试 14097 人；组织 7140 人次参加常德市鼎城区教师资格考试等。

国防教育。学校配合兵役机关落实“两征两退”改革新要求，从校内入伍义务兵数人，被评为湖南省国防动员先进单位。

校园建设。新建并投入使用教学楼 8 栋、师生公寓 6 栋，总建筑面积 7.49 万平方米。出资 1000 余万元建设 2 条专线和增加变压器等，投资 2000 余万元建设实验室，完成校园绿化和校区道路硬化，升级改造热水供应系统。重视安全管理，建设平安校园。 （潘艳艳）

科　技

【概况】 鼎城区科学技术局位于鼎城区红云街道幸福巷。设办公室、工业科技股、农业与社会发展科技股和 1 个二级事业单位（技术市场事务中心）。2021 年，常德重大成套设备制造创新型产业集群被科技部确立为年度创新型产业集群试点，常德高新技术产业开发区获评科技部科技资源支撑载体优秀单位，湖南旭昱新能源科技有限公司获省创新创业大赛优秀奖，湖南品六生物科技有限公司、常德守护科技有限公司、湖南力乐利环保科技有限公司、常德市淘发源生物科技有限公司获常德市创新创业大赛三等奖。

2021 年 5 月 15 日，全国科普讲解大赛预选赛暨 2021 年湖南省科普讲解大赛颁奖现场　　（提供：王晓艳）

科技创新。全区科学技术研发经费(R&D)17.3 亿元；高新技术产业增加值 86.3 亿元，增速 12.52%；科技型中小企业登记入库 116 家；高新技术企业 91 家，增速 33.82%；新增创新平台 17 家，其中省级 7 家、市级 10 家；产学研合作签约 24 份。

特色活动。4 月，鼎城区承办常德市科技活动周启动仪式暨主题为“百年回望：中国共产党领导科技发展”的常德市科普讲解大赛。鼎城区选手田锋代表常德市参赛获湖南省科普讲解大赛三等奖、常德市科普讲解大赛一等奖。邀请市局领导到常德市天地农耕发展有限公司、精为天生态农业发展有限公司、常德市淘发源生物科技有限公司、常德市中晟农牧有限公司等企业调研。

2021 年 4 月，常德市科普讲解大赛现场　（提供：王晓艳）

科技服务。落实科技金融服务政策，全区有 41 家企业争取省科技厅企业研发奖补资金 2064.26 万元，帮助湖南浩宇建设有限公司获奖补资金 151.56 万元。为辖区高新技术企业和科技型中小企业提供金融贷款 2140 万元。中晟农牧有限公司享受科技贷款 450 余万元。推广农村农业实用技术 132 项。指导常德市淘发源生物科技有限公司获市创新创业大赛三等奖。组织园区外 10 家企业参加“2021 年技术合同认定登记暨科技型中小企业入库工作培训会”。

2021 年 7 月 22 日，鼎城区科技局到湖南浩宇建设有限公司进行科技政策宣传并授牌“高新技术企业”
（提供：刘颖）

队伍建设。公开选调研究生 2 名，公开招聘本科生 1 名，引进外籍科技专家 2 名、省级特派员 1 名、市级特派员 7 名、区级特派员 20 名及省级科技专家服务团成员 81 名。

综治维稳。召开党组会、干部职工大会，安排部署综治民调等工作，利用电子显示屏、盾牌等开展宣传。每月 19 日，组织党员干部到社区向居民宣传扫黑除恶、众创平安、民调知识。全年无信访问题。

安全生产。成立工作领导小组，健全管理制度，开展宣传引导，吸取事故教训，不定期召开安全生产调度会，入户企业普及安全生产知识。督促谢家铺镇落实森林防火工作，全年安全无事故。落实安全生产网络竞赛工作，组织干部职工参加安全生产网络竞赛，明确专人每天督促落实，超额完成指标任务。

乡村振兴。开展农业实用技术培训及专题讲座 23 次，田间技术指导 20 余次，培训 1780 人次、技术骨干 50 余人次，解答各类技术咨询 70 余人次。示范推广农业新技术 18 项，创建示范基地 2 个，推广应用新技术 3 项，推广应用新品种 4个，建立示范试验基地多 266.67 公顷。

（刘　颖）

防震减灾

【概况】 2021年,鼎城区地震局贯彻“预防为主,防御与救助相结合”的工作方针,落实全年目标任务。

震害防御。农村房屋安全隐患排查整治。落实省、市关于开展农村房屋安全隐患排查整治的工作部署,4月,会同区住建局、市场监督管理局组成工作专班,复核全区经营性农房疑似危房,排查存在安全隐患14处,下达整改通知。应急避难场所建设。全年,鼎城区建成地震易发区加固工程避难场所3处,奖补资金197万元。建立检查、验收、认定流程,督导建设单位按照国家标准进行建设,待验收通过后录入应急管理部应急避难场所管理服务系统。地震灾害风险普查。落实地震灾害风险普查资金20万元;细化地震灾害风险普查工作任务,制定工作任务清单。收集整理辖区基本地震、地质、地球物理、小区划等基本资料和安全性评价报告,录入各乡镇、街道一般工程勘察钻孔资料。地震应急预案修订。修订鼎城区地震应急预案,明确各成员单位职责。人员教育培训。4月,到四川省北川县参加全省地震灾害风险管理培训班。系统讲授了地震灾害应急处置知识、房屋建筑抗震设防知识、地震灾害风险防治、地震应急准备等方面内容。农村民居安全示范。区地震局利用科技活动周、防灾减灾日、乡村振兴等工作到乡镇、村开展宣传活动,引导居民建设抗震房屋。确定斗姆湖安置小区为农村民居安全示范点,统一设计、统一施工,并进行全程监督和指导。

防震减灾宣传。地震科普知识宣传。开展科普宣传进学校、进机关,进社区、进工厂、进乡村、进家庭,利用防灾减灾日、安全生产月、国际减灾日、党员志愿者进社区等活动,印制《地震应急三点通》《防震避险知识》《防震减灾知识地震科普》等宣传手册,开设地震知识宣传点,帮助机关干部、市民了解地震相关知识和法律法规。地震应急演练。协调区教育局组织全区43所中小学校进行地震应急疏散演练,现场指导永安小学开展应急演练。

地震监测网络。地震宏观观测点建设。优化宏观观测点布局,在花岩溪镇、黄土店镇、蒿子港镇增加地震宏观异常观测点3处。按照有标牌、有制度、有记录、有监控的标准完善设施。要求各观测员掌握和上报动植物、水位等异常情况,记录日常宏观观测数据,为捕捉短临异常、正确判定震情趋势提供依据。宏观异常监测工作。坚持每周零异常报告制度,及时处置相关异常情况,核实十美堂镇、蒿子港镇、中河口镇等乡镇出现的地面、屋面震动现象。 (谭全于)

文化·体育·旅游

Cultural and sports tourism

2021 年 4 月 30 日，鼎城区举行第十二届中国卫星导航年会“北斗杯”全国青少年体育大赛北斗智慧跑（提供：区文化旅游广电体育局）

概述

广播电视

常德花岩溪国家森林公园

湖南鼎城鸟儿洲国家湿地公园

概　　述

【概况】 2021 年，鼎城区文化旅游广电体育局落实建设现代江南、打造幸福鼎城发展战略，开展文化旅游广电体育工作。真抓实干工作被湖南省文旅厅评为先进。

文化工作。专业文化。创作大戏《碧血颂》、曲艺《兴师问罪》《规划新生活》等剧本 68 个。一批优秀剧本被《常德日报》、湖南公共文化、凤凰网等报纸、媒体、刊物收录刊登。广播剧《十月的歌》被湖南省文联评为优秀剧本。创作生产常德丝弦《抗美援朝第一兵》《家住安源》、湘北大鼓《刑场哺乳》、花鼓戏表演唱《五洲人民齐欢笑》等戏曲曲艺节目。新创大型现代花鼓戏《七里坳》在湖南省艺术节公演。少儿舞蹈《姐姐和妞妞的星空》入围湖南省“欢乐潇湘”决赛。开展艺术交流，选送常德丝弦《陈毅拜师》《一张站票的故事》等节目参加湖南红色故事会曲艺原创作品展演、庆祝中国共产党成立 100 周年优秀舞台剧展演、第十届中部六省曲艺展演。其中，《一张站票的故事》入选中国曲协送欢笑进基层活动。群众文化。落实公共文化服务体系建设五年行动计划，建设图书馆文化馆总分馆和乡村服务点，实现部分区域图书借阅通借通还、文艺培训辅导教学城乡同步。建设“最美潇湘文化阵地”“幸福屋场”，围绕乡村振兴战略发展，组织召开文化站长乡村振兴座谈会，举办乡镇文化专干培训班 2 期，为全区各乡镇、街道的文化专干进行基础业务知识培训。举办以“庆祝中国共产党成立 100 周年”“丝弦声声唱百年”“湖南公共文化进村入户·戏曲进乡村”等为主题的惠民演出 158 场，惠及百姓 20 余万人。举办“聆听红色故事，传承红色基因”、党史学习教育“学史增信”主题读书和读书分享会等活动。开展文化免开公益培训，培训学员 5000 余人次。放映农村公益数字电影 3000 余场。

文化遗产保护。落实文物安全保护责任，面向社会公示全区 66 处区级以上文物保护单位直接安全责任人，指导各乡镇进行安全巡查。挂牌成立索县城址文化研究会，完善《索县城址 2021—2025 年保护规划》并通过国家文物局审批。落实 2021 年常德花鼓戏传承保护工作计划，组织复排《槐荫会》《望江亭》等传统戏剧，结合 2021“文化和自然遗产日”，在大小河街等地举办传统花鼓戏专场演出。展演濒危剧种惠民演出 100 场、“送戏曲进校园”20 场。

2021 年，鼎城区花鼓戏保护中心开展“送戏曲进校园”活动　（提供：严波）

旅游工作。打造“花溪鹭乡 善德鼎城”的鼎城全域旅游形象，发展区内旅游事业。德云景区通过 AAA 级旅游景区评审，稻作源通过五星级乡村旅游服务点评审。对接金融、土地、税收、财政等部门，支持相关景点、旅游企业。指导红烨景区开展省级旅游购物示范点创建，花岩溪景区省级旅游度假区创建。协调青山沟度假村项目建设，汉樱产业园项目建设，红烨景区、花岩溪景区廉政文化进景区建设。组织区内景区参加“中国旅游日”活动及常德都市旅游节系列活动。通过举办第五届云峰竹海竹文化节、第七届十美堂油菜花节等活动，扩宽营销渠道，接待游客 800 万人次，实现综合收入 80 亿元。

体育工作。参加上级体育赛事。组团参加常德市第八届运动会，获成年组团体总分金奖、青少年组金牌总数和团体总分第四名。组队参加“2021 我要上全运湖南省第二届社区趣味运动会”常德市排位赛活动，获团体总分二等奖。郭雨浩在全国第十四届运动会上获男子飞碟多向射击金牌。杨超在东京残奥会上获10米气手枪SH1级金牌。开展各类群众体育活动。以“体育助力防疫，增强全民体质”为主题，举办鼎城区第四届体育运动会，全区4000余名运动员参与赛事。承办“北斗杯”全国青少年体育大赛北斗智慧跑活动，接请省、市、区相关领导出席开幕式。指导和协助承办湖南省乒协“丰彩九里长安”俱乐部联赛、“吾悦之光耀江南”欢乐跑、鼎城区篮球联赛、“吾悦和府杯”湘鄂边乒联暨第二十八届湘北乒乓球俱乐部联赛（鼎城站）、庆祝中国共产党成立100周年“舞动潇湘”万人同跳大型排舞展演等群众体育活动。开展专业技能培训。分别举办健身球、太极拳、乒乓球项目三级社会体育指导员培训，培训社会体育指导员122名，选派20名优秀人员参与上级业务培训。开展青少年体育后备人才培养。与教育部门沟通，在各中小学校、幼儿园选拔游泳、射击、体操、举重、摔跤、柔道、田径等项目优秀体育苗子。

2021年，鼎城区第四届运动会现场　（提供：严波）

广电工作。落实安全播出责任制，开展监测、电话调度、预警信息发布等重要监测和指挥调度系统维护保障工作，组织行业各项安全大检查，明确工作职责，完善应急预案，开展应急演练，保证安全播出。管理广电市场，宣传相关法律法规，抓源头管理，不定期暗访检查电器市场销售门店，防止非法销售和安装卫星电视。联合相关部门开展专项整治行动，使非法销售、安装、使用卫星地面接收设施行为得到遏制。（严　波）

【《七里坳》亮相第七届湖南省艺术节公演】 2021年12月28日，鼎城区花鼓戏保护中心选送的常德花鼓戏《七里坳》亮相第七届湖南艺术节新创大型舞台剧目展演。《七里坳》由国家一级导演贺希娟执导，是鼎城区花鼓戏保护中心打造的乡村振兴题材优秀剧目。（严　波）

2021年12月28日，常德花鼓戏《七里坳》演出剧照
（提供：严波）

【鼎城区举办第四届体育运动会】 2021年7月至11月，鼎城区举办第四届体育运动会。运动会分为青少年组和成年组，分别设置田径、排球、跆拳道、街舞、广场健身舞、太极拳、齐步奔小康等23个大项，近6000名运动员参赛。11月9日，鼎城区第四届体育运动会闭幕。区教育局、十美堂镇、郭家铺街道办分别获区直单位组，乡镇组，街道办事处、区属农林场及驻区单位组第一名，鼎城区第一中学获青少年组高中组第一名，江南中学获青少年组初中组第一名，牛鼻滩镇等10家单位和毛雪平等268名运动员获体育道德风尚奖，向灏杰等25人获评优秀裁判员。（严　波）

【鼎城区举行“北斗杯”青少年智慧跑】 2021年4月30日，第十二届中国卫星导航年会“北斗杯”全国青少年体育大赛北斗智慧跑（常德鼎城站）在江南城区沅江风光带举行，活动吸引800余人参加。该次智慧跑以北斗时空为基准，将科技、体育、文化、娱乐融为一体，赛道全程5.5千米，参赛选手在规定时间内通过北斗卫星导航、跑步完成20个

"寻宝点"任务，北斗、党建等科学知识答题闯关20道，线下闯关任务4个，通过积分之和进行排名。

（严 波）

广播电视

【概况】 2021年，鼎城区融媒体中心围绕"全省一流、全市领先"的目标，讲好鼎城故事、传播鼎城声音、展示鼎城形象，有序开展各项工作。

事业发展。区融媒体中心融合广播、电视、门户网站、手机报、微博、微信、客户端为一体，有电视频道1套，城市广播系统1套，调频广播1套，农村高音喇叭6080只，调频广播听众300余万人，有线网络电视用户10余万户，微信公众号粉丝9万余户，手机报用户6万余户，手机客户端用户10余万户。与《人民日报》、《湖南日报》、红网、今日头条、腾讯、抖音等开展合作，实现新闻信息"一次采集、多种生成、多元传播、全方位覆盖"。

2021年，鼎城区融媒体中心大楼外景 （摄影：刘宏远）

栏目开设。开设有《鼎城新闻》《嘀嘀叭叭上班了》《阳光政务》《大忙小忙人人帮》《热线查牌》《交通现在时》《下班万岁》《1068欢乐颂》《乐来越动听》《咖啡煮音乐》《Touch Music》《超级点唱机》《城市心情》等栏目。《鼎城新闻》是常德市鼎城区融媒体中心（原鼎城区广播电视台）的全年日播新闻资讯类节目，节目开办于1992年1月1日。"桃花源里的城市，柳叶湖畔的声音"，调频FM106.8兆赫——鼎广电台，成立于1952年，是常德市最早独立运作的城市电台，覆盖常德市、益阳市、张家界市等周边城市，有听众近500万人，开通直播栏目13档，全天24小时播音。有政策咨询类节目《阳光政务》、早高峰新闻资讯节目《嘀嘀叭叭上班了》、午高峰公益生活服务类节目《大忙小忙人人帮》、晚高峰娱乐综艺节目《下班万岁》等一批品牌节目。开办有鼎城广播"村村响"田园之声、城市之声（沅江风光带）。

2021年，电台政策咨询节目《阳光政务》直播间 （提供：邵旭伟）

改革路径。探索改革路径，实现相加相融。按照"媒体＋党务＋政务＋商务＋服务"思路，坚持"事业＋产业"双轮驱动，推动媒体融合发展，实现融得有"位"、有"味"、有"为"。3月21日，中共中央政治局委员、中央书记处书记、中宣部部长黄坤明，湖南省委副书记、省人民政府省长毛伟明等领导到鼎城区融媒体中心考察调研。融媒体中心改革经验入选"全国融媒体改革百强案例"，获2021年"全市优秀改革案例展演"一等奖；获评"第九届全国服务农民、服务基层文化建设先进集体""全国先进区县级融媒体中心"。平台先行，实现融合融活。通过《湖南日报》社"新湖南云"技术平台支撑，构建"一中心八平台"的传播架构，形成以多元互动为传播特征的全媒体传播体系，打造"空中信访局"等拳头产品，全年为市民解决难题3000余件。区新时代文明实践中心办公地点设在区融媒体中心，实现"两心相融、心心相悦"。"鼎级传媒"APP开通在线教育、线上缴费、网上商城等30余项便民服务。对外宣传"走出去"。围绕乡村振兴、城市建设等重点工作，结合融媒体新特点、新要求，鼓励记者打破常规，向上级广播电视、纸质媒体及新媒体全方位投稿，与中央电视台、省台、市台沟通联系，重大报道邀请央视、湖南卫视媒体记者到鼎城区采访，围绕亮点工作策划，向上级台传送稿件。在中央电视台发稿12条，湖南卫视发稿1550秒，市台发稿24667秒。对内宣传“优起来”。中心突出主线重点，策划推出《鼎城这五年》《十四五开新局——扛鼎铸辉煌》等系列报道；开办《庆祝中国共产党成立100周年》《中共十九届六中全会精神宣讲》等专栏；制作《鼎城招商片》《鼎新之地》等30余个专题片；策划推出新媒体海报专栏《书记走基层》，横版画报专栏《常德画墙——壁画里的故事》等。“鼎级传媒”APP用户从6万户增至10万余户，APP活力指数位居全省第一。主题宣传“亮起来”。围绕中国共产党成立100周年、党史学习教育等重大主题，推出“学党史 铭初心”知识挑战赛，20余万人参与线上答题；推出历史纪实专栏《党史上的鼎城》，回顾在鼎城区发生的党历史上的重要时刻。10余名电台、电视主持人为班底打造的首部原创红色广播剧《十月的歌》，被中央人民广播电台、新华社、“学习强国”学习平台推介。该剧获“百年风华、视听传颂”马栏山红色视听作品大赛铜奖、湖南省广播电视创新创优扶持奖。

（姚　军）

【湖南大学新闻与传播学院到鼎城区调研指导县级融媒体中心建设】 2021年8月30日，湖南大学新闻与传播学院院长、教授、博士生导师彭祝斌一行到鼎城区，调研县级融媒体中心建设发展情况。彭祝斌带领“我国县级融媒体中心发展报告”课题组湖南调研组，调研涉及全省5家县级融媒体中心，鼎城区融媒体中心作为湖南省典型案例候选对象列入调研计划，调研组拟总结其建设经验，树立具有全国示范意义和推广价值的样板。在座谈会上，与会人员围绕体制机制、人才队伍、核心产品市场竞争力等方面内容及融媒体中心建设中的亮点成效、存在的痛点问题进行交流探讨。（姚　军）

【鼎城融媒广播剧《十月的歌》开播】 2021年9月30日，鼎城融媒广播剧《十月的歌》正式开播。鼎城区相关领导及区党史学习教育领导小组成员单位、区退役军人事务领导小组成员单位，全区各乡镇（场）、街道相关负责人、大中专学生代表参加开播仪式。2020年6月始，区融媒体中心以鼎广电台主持人为班底，创作广播剧《十月的歌》，邀请国家一级演员、湖南话剧院艺术总监王峰担任导演。《十月的歌》分为5集，每集8分钟，讲述鼎城籍烈士、革命诗人陈辉抗日救国的英雄故事。（姚　军）

常德花岩溪国家森林公园

【概况】 2021年，常德花岩溪国家森林公园管理处坚持党建引领，抓疫情防控、安全生产，推进景区建设，有序开展各项工作。固定资产投资2.9亿余元，争取上级投资875万元。

农林发展。抓农业生产，杜绝耕地抛荒，摸排耕地抛荒0.85公顷，均复耕复种。“非粮化”耕地49.71公顷，实行整改，及时翻耕种植。控制农药化肥施用量，减幅近8%。推行“林长制”，实施春季造林7.33公顷，木材战略储备林建设100公顷，实施森林质量精准提升333.33公顷，封山育林33.33公顷，森林抚育60公顷，花岩溪林场获评2021年度全省“十佳林场”。实施生物多样性监测与保护，省级自然保护区获评2021年度优良单位。实施水利安全和水利建设，清理溪沟4千米，修建生态挡土墙300米，实现景区农林可持续发展。

基础建设。协调交通局拆旧建新，保证进入景区道路畅通，高峰村木花溪沟渠治理使用资金30万元，栖凤山村道路改建和5组田园综合体项目基地沟渠整修使用资金80万元，道路硬化投入资金286万元。在陡坡急弯危险路段增设护栏3500米，加装安全警示牌12个、凸面镜3处。

生态保护。开展“创森”工作，保护古树名木。投入资金653万元，建成500平方米的森林城市创建科普宣教中心；建设康养宣传教育中心1处，义务植树 2.5 万株；道路造林 5000 株；投入 18 万元实行古树名木挂牌，明确管护责任人；采取措施人工救治千年古樟；实施 103 棵古树名木的普查建档和挂牌保护工作。持续净化水质，保护水生态环境。投入近 20 万元，清理“两湖”水面生态垃圾，杜绝生活污水直排“两湖”行为。采取投放鱼苗方式，净化生态水质，恢复水生态环境。落实河长制工作，创建样板河，实行“一河一策”，两级河长巡河 168 次。

文旅发展。全国青少年户外体育活动营地——巴家营地，接待全国青少年户外体育活动 5000 余人次，带动景区经济发展，促进景区旅游二次消费。打造具有花岩溪地方特色的体育品牌赛事，组织干部职工参与鼎城区第四届运动会比赛，分别在男子篮球赛、男子登山、男子象棋、齐步奔小康项目中获冠军。以花溪鹭谷项目建设带动花岩溪农家整体提质，提质打造高端民宿——花溪鹭谷，年末一期建设完工。盘活旅游资源，推动旅游发展，推进吉祥山风景区项目建设。

乡村振兴。整合资源，助力乡村振兴。管理处结合各村社基础条件，从村庄规划、产业扶持、项目跟进、队伍建设等方面推进乡村振兴工作。支持花岩溪茶叶基地建设，高峰药材基地建设，建成栖凤山幸福屋场。（金　纯）

【花溪麓谷民宿建成营业】 花溪鹭谷隐奢民宿位于花岩溪旅游度假区观鹭台附近，常德市花溪鹭谷旅游有限公司首期投资 1 千万元，依山搭建情景小木屋、泡泡房等建筑，建设泳池花园、鱼塘、休闲平台等配套设施，实施绿化、花化、亮化景观项目及污水处理等环卫工程。2021 年建成后接待游客 6000 余人，成为周边网红打卡景点。（金　纯）

2021 年，花溪麓谷民宿网红“泡泡屋”和“小木屋”（提供：金纯）

湖南鼎城鸟儿洲国家湿地公园

【概况】 湖南鼎城鸟儿洲国家湿地公园是经常德市人民政府批准成立的正科级全额拨款事业单位，2014 年 12 月成立试点，核定编制 12 名，经过 5 年的试点建设，2019 年 12 月 27 日国家林草局发布《国家林业和草原局关于 2019 年试点国家湿地公园验收情况的通知》文件，鸟儿洲通过国家湿地公园验收，正式成为国家级湿地公园。鸟儿洲国家湿地公园地处湖南省常德市鼎城区东北部，范围包括澧水古洪道沙潮河、牛耳湖、水产养殖场、稻田和周边河堤。地理坐标北纬 29° 6′ 39″ ~ 29° 14′ 34″ 、东经 111° 59′ 5″ ~112° 5′ 25″ ，南北长 15.3 千米，东西宽 11.8 千米。总面积 1641 公顷，其中湿地保育区面积 1167.7 公顷，占 71.16%；湿地恢复重建区面积 200.8 公顷，占 12.24%；湿地宣教展示区面积 2.9 公顷，占 0.18%；合理利用区面积 266.0 公顷，占 16.20%；管理服务区面积 3.6 公顷，占 0.22%。

乡村振兴。2021 年，湖南鼎城鸟儿洲国家湿地公园管理处响应区委、区人民政府决策，主动承担牵头单位责任，从十美堂镇小茅村转岗到十美堂镇庆福村。单位包括临聘人员全员上阵，结对帮扶 83 户脱贫户和 5 户新增监测户，让“输血”转变为“造血”，与村支“两委”想办法、出点子，节省资金支持点村开展脱贫巩固和乡村振兴建设。

2021 年，湖南鼎城鸟儿洲国家湿地公园风光（提供：杨其霖）

蓝天、净土、碧水保卫行动。开展全国文明城市复检和省级森林城市创建工作，进行湿地公园卫生环境整治、户外宣传宣教、乱搭乱建清理、河道通畅专项整治行动,2021年,环保督察和行业监管零督导、零挂牌、零上访。

国有资产清理巡查整改。湿地公园范围由牛耳湖、沙潮河和沙潮河两岸的农田、养殖池塘组成,牛耳湖是西洞庭管理区的行政区划,沙潮河是十美堂镇渔场的经营范围,两岸农田和养殖池塘是村集体土地。为贯彻区委、区人民政府国有资产清理的相关精神,管理处配合巡查整改督办相关职能部门,还原历史真相,叫停沙潮河违规延包行为。

争资争项。管理处提出"项目为王"的发展思路,认定只有通过项目才能发展鸟儿洲。2021年,管理处抓住国家投资向地方专项债倾斜的有利时机,围绕水环境治理、长江经济带绿色高质量发展及重点流域治理等国家相关投资政策,包装策划重大项目5个,涉及发改、环保、林业、财政等部门,总投资10.18亿元。7月,争取到湖南鼎城鸟儿洲生态保护及可持续发展项目地方专项债资金2.3亿元,通过已建项目回补区财政1.7亿元,剩余6000万元项目资金作为拟建项目。根据财政部和国家林草局"中央财政资金原则上只支持国家重要湿地"的意见,管理处提出"创建国家重要湿地,建设AAAAA级国家湿地公园"的目标,开展省级重要湿地和国家重要湿地申报工作。11月18日,湖南省人民政府发布第二批省级重要湿地名录,鸟儿洲国家湿地公园名列第14位;12月初,国家重要湿地申报文件通过省林草局的审核。

(杨其霖)

【世界湿地日宣传活动】 2021年2月2日是第25个"世界湿地日",湖南鼎城鸟儿洲国家湿地公园管理处、常德市鼎城区林业局在湖南鼎城鸟儿洲国家湿地公园开展"湿地与水——同生命,互相依"主题宣传活动,向周边群众派发湿地日宣传资料,测量体温、派发口罩。旨在认识湿地对维持全球淡水储量和水资源的重要贡献,突出湿地和水之间"同生命、互相依"的关系,强调湿地对生态环境和人类生存发展的积极影响和保护湿地的重要性。

(杨其霖)

2021年2月2日,湖南鼎城鸟儿洲国家湿地公园开展第25个"世界湿地日"宣传活动 (提供:杨其霖)

【湖南鼎城鸟儿洲国家湿地公园开展"国际生物多样性日"宣传活动】 每年5月22日是联合国确定的"国际生物多样性日"。2021年是《生物多样性公约》生效28周年,2021年"国际生物多样性日"主题是"呵护自然,你我有份"。为普及生物知识,认清生物保护的必要性和迫切性,提升公众生物多样性保护意识,促进全社会关注并参与生物多样性保护,2021年5月25日,湖南鼎城鸟儿洲国家湿地公园管理处在湿地公园宣教馆采取拉横幅、设置宣教展板、电子屏公益标语等形式开展专题宣教活动。

(杨其霖)

医疗卫生

Health care

2021年5月21日，常德市第四人民医院开展新冠病毒疫苗接种现场突发不良反应事件急救演练（提供：常德市第四人民医院）

鼎城年鉴（2022）

卫生健康

【概况】 2021年,鼎城区卫生健康局(简称区卫健局)抓卫生健康重点工作,保障人民身体健康,推进健康鼎城建设、综合医改,开展公共卫生和基本医疗服务。卫生健康局申报全省医养结合先进区县,获全市献血先进单位;血防工作被湖南省评为先进;局机关获评"全区社会综合治理红旗单位"。

疫情防控。常态化开展新冠肺炎疫情防控,全年,鼎城区未发生感染患者。疫情防控专项监督检查出动监督执法人员211人次,检查各类经营单位1445家次,发出指导性卫生监督意见书155份,下发督查通报11份。集中建设隔离点,启用七天酒店、维也纳酒店、鼎奕君悦酒店3个集中隔离点。居家隔离981人、集中隔离2019人。开展疫苗接种工作,12岁以上目标人群接种总剂次1917058人次;3—11岁儿童接种第一剂65592人次。

综合医改。开展控费用、调结构、降成本、优绩效改革。通过改革控制住院病人平均费用,调整医院收入结构,降低药占比及医院运营成本,优化医务人员绩效分配。启动鼎城区医共体"总医院牵手卫生院"计划,派出5名副高级职称以上的学科带头人到乡镇卫生院担任业务副院长,推动鼎城区医共体联动建设,解决看病难问题。通过挂职专家坐诊,规范临床诊疗,提高医务人员业务水平。常德市第四人民医院心血管内科成功开展医院首例切割球囊冠脉内成形术;推荐泌尿外科为市州级省临床重点专科,心血管内科、骨科、神经内科、消化内科、呼吸内科、护理等为县级省临床重点专科;建设胸痛中心,介入诊疗技术实现突破;在湖南文理学院设立医学类专业实践教学基地。

放管服改革。简化办事流程、减少申报材料,将10项高频事件列入"一件事一次办"流程,护士和医师执业注册申报由6项精减至2项,取消原机构签字盖章,推进数据共享应用,护士和医师首次注册通过国家卫健委相应资格考试即可办理,注册时间提前半年,缩短在职人员晋级时间。全年,区卫健局窗口办结"一件事一次办"666件。

2021年,鼎城区卫健局工作人员为市民提供"一件事一次办"政策咨询服务 (提供:孟杰)

医政管理。开展全区医护人员防治新冠肺炎专题培训,培训人员1300余人次。11月10日,区新冠肺炎疫情防控指挥部开展疫情防控应急演练推演。保障新冠疫苗接种救治,救治处理异常反应19例。指导、督导48家医疗单位3次,规范管理门诊预检分诊、就诊规范、病室病陪人员,预防院感事件发生。清理整顿全区医疗机构,开展医疗机构满意度测评,全区公立医疗机构病人就诊满意率95%以上,医务人员满意率90%以上。申报斗姆湖街道社区卫生服务中心、中河口镇卫生院修缮项目2个,争取省级项目资金98万元。常德市第二中医医院通过"二甲"复审,整体迁建高新区项目有序展开。至年末,全区公立医疗机构诊疗病人350万余人次,其中门诊324万余人次、住院23万余人次。

公共卫生。落实传染病及突发公共卫生事件网络直报工作,直报及时率100%。儿童预防接种、老年人健康体检、慢病管理达考核指标。开展农村适龄妇女"两癌"免费筛查、孕前优生健康检查、婚前医学健康检查等民生实事项目,出生缺陷发生率、孕产妇和5岁以下儿童死亡率均低于全省平均水平。开展流行病学调查和追踪管理,建立传染病报告制度和自查记录,完善相关资料。为辖区适龄儿童建立预防接种证和预防接种卡,建卡率、建证率均达100%,按规定接种第一类疫苗,及时处置疫苗接种反应。各疫苗接种率达国家规定要求,接种信息均实行信息化管理。开展病媒生物防制,阻挡传染病传播途径。上报草坪镇枫林口村和中河口镇中河口村为市级卫生村。抓血防重点工作，查螺面积3070.4422万平方米，无感染性钉螺，管理晚血病人，应治尽治101人。开展职业病防治，保护从业人员身体健康，分别到韩公渡镇、牛鼻滩镇、蔡家岗镇等地开展职业病防治与工作场所职业病危害因素检测工作4次，用人单位职业健康日常监督19家，职业健康检查923人。

健康扶贫。在42家公立医疗机构及2家民营医院实行先诊疗后付费和“一站式”结算，家庭医生签约和慢病服务管理全覆盖，213个行政村卫生室均入驻村级综合服务平台，基层医疗机构服务能力达到健康扶贫要求。

家庭发展。开展全面两孩政策宣传活动，调查审核奖扶、特扶对象，确认奖扶对象34209人、特扶对象1989人、计划生育手术并发症对象262人、独生子女保健费对象5360人、城镇独生子女父母奖励对象9600人。发放特扶、奖扶、保健费等资金6000余万元。实现双岗联系人制度、就医绿色通道、家庭医生签约服务“三个全覆盖”，全区特殊家庭1989人，至少有2名帮扶联系人、家庭医生签约实现应签尽签，服务率100%。上报妊娠信息3721条，出生信息4088条，避孕信息985条。办理生育服务证3208本。实施全面三孩政策，健全完善人口统计监测制度。

计划生育。全区有296个村(社区)计生协会，会员63432人，推荐代表19276人，选举产生理事5432人，常务理事2281人。实施“暖心家园”项目，谢家铺镇唐家铺社区“暖心家园”，为计生特殊家庭建立就近方便、小型化服务、经常性活动的阵地，提供社会关怀、精神慰藉、生活照顾等关怀关爱服务，确定为市级“暖心家园”示范点。落实计划生育特殊家庭人员住院护理补贴政策，为2251名计生特殊家庭人员每人购买150元/份的健康保险，计保险费33.765万元。举办“关爱孕产妇健康”“关爱留守儿童”公益活动2次。（孟　杰）

【鼎城区医共体远程影像诊断中心启用】 2021年9月29日，鼎城区医共体远程影像诊断中心启用。常德市第四人民医院依托医疗云平台，通过医疗云专线实现卫生院与总医院的网络互通，实现“卫生院摄片、总医院阅片、卫生院打印报告”的快捷模式。该中心的启用，解决了乡镇卫生院影像诊断的技术难题。至年末，鼎城区有17家乡镇卫生院具备接入总医院PACS(影像归档和通信系统)系统的硬件条件。卫生院入网后，放射检查由总医院出诊断报告，实现集团内放射诊断质量同质化。（孟　杰）

【湖南省医疗生育保险服务中心调研鼎城区新冠疫苗接种工作】 2021年7月13日，湖南省医疗生育保险服务中心主任李文宗等一行5人到鼎城区调研新冠疫苗接种工作。在鼎城区郭家铺街道社区服务中心，调研组一行现场查看新冠疫苗接种登记、导引、信息录入、接种、接种后观察的相关流程，查阅疫苗药物入库、出库、管理、报损及接种人数等登记台账，了解街道社区卫生服务中心的新冠疫苗接种工作。（孟　杰）

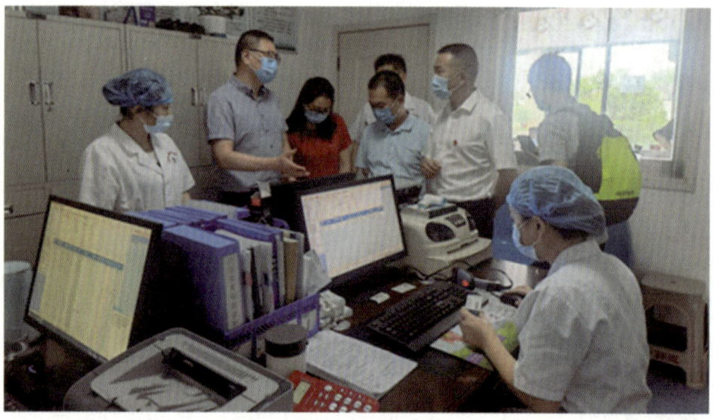

2021年7月13日，湖南省医疗生育保险服务中心调研鼎城区新冠疫苗接种工作　（提供：孟杰）

【鼎城区开展第34个“世界艾滋病日”主题宣传活动】 2021年12月1日，鼎城区卫生健康局组织区疾控中心、区妇幼保健院等单位专业技术人员和志愿服务者，在湖南应用技术学院开展以“生命至上，终结艾滋，健康平等”为主题的“世界艾滋病日”宣传活动。通过设立咨询服务台、摆放宣传展板、悬挂宣传横幅、发放宣传资料和免费避孕药具、科普讲座等形式，向师生们和过往居民宣传

"什么是艾滋病、艾滋病的传播途径、如何有效预防艾滋病"等相关知识,引导社会公众提高自我防范意识和防范能力。开展了艾滋病知识知晓率问卷调查和签名活动,活动接受咨询服务 300 余人,发放各类宣传折页 3000 余份、免费避孕药具 700 余盒、药具健康服务包 200 余个。 (孟 杰)

2021 年 12 月 1 日,鼎城区开展艾滋病宣传进校园活动 (提供:孟杰)

【常德市第四人民医院通过新冠肺炎救治定点医院省级评估】 2021 年 8 月 24 日,湖南省卫生计综合监督局医疗卫生监督处处长王革生,省医院感染管理质量控制中心委员田庆锷,中南大学湘雅医院龚瑞娥,常德市医院感染管理质量控制中心主任周诗孝组成的新冠肺炎定点救治医院评估检查小组一行到常德市第四人民医院进行评估检查,现场督导检查医院预检分诊、发热门诊、隔离病区、普通病区、急诊科、发热病人 CT 检查室、医疗垃圾废弃物处理处等区域,到相关科室,对照标准、查阅资料、逐项指导并评估,决定医院通过新冠肺炎定点救治医院省级评估。 (孟 杰)

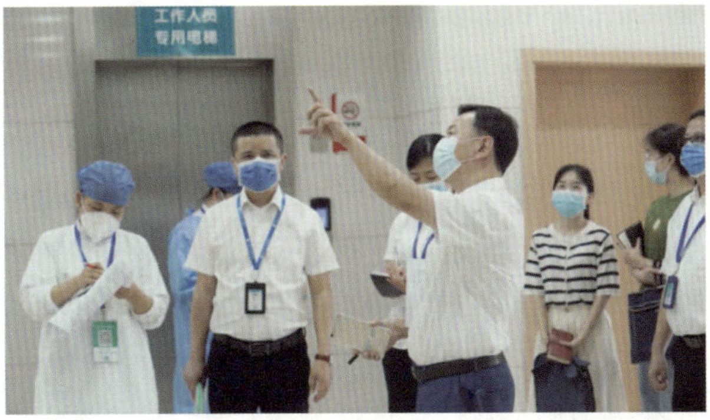

2021 年 8 月 24 日,常德市第四人民医院接受新冠肺炎救治定点医院省级评估 (提供:孟杰)

计划生育协会

【概况】 2021 年,鼎城区计划生育协会(简称区计生协)获评湖南省计划生育协会计生协重点工作优秀单位,获评全市计划生育协会工作优秀单位。全年向鼎级传媒、常德计生协微信公众号和湖南省计生协公众号投稿 40 余条,其中省级计生协网站上稿 18 篇,市级公众微信号上稿 23 篇。

走访调研。春节前,走访计生特殊家庭,计生伤残及困难家庭 79 户,送去慰问金 2000 元 / 人,全区各级计生协慰问 800 余人,送去慰问金及物资 40 余万元。以"5·29"计划生育协会会员日、春节、元旦等重要节日为契机,慰问走访计生特殊母亲、特困户、"三留守"人员,计生特殊家庭中的失能人员计 350 人次,慰问金额 30 余万元。扶助计生困难家庭大学新生 58 人,发放助学金 11.6 万元,连续 15 年开展"金秋助学"活动,资助学生 800 余名,资助资金 160 万余元。4 月 1 日,湖南省卫生健康委员会党组成员、计生协常务副会长康代四一行到草坪镇"会员之家"、稻作源青春健康教育基地、早安东方优生优育示范点观摩指导。5 月 25 日,康代四一行到鼎城区谢家铺镇唐家铺社区——"暖心家园"示范点,观看阵地建设,并与失独家庭成员交流。8 月 1—27 日,开展第五次中国城乡老年人生活状况抽样调查工作,通过组织发动,为全区样本点 40 名督导员、调查员开展宣传与培训,入户调查老年人 400 名,调查内容涉及健康、生活、经济等方面。

争资引项。全年争取省、市项目资金 115.8 万元。新建"区青春健康教育基地"2 处,组建唐家铺社区"暖心家园"示范点(市、区两级示范点),投入资金 20 余万元,引进市计生协资金 10 万元,省级能力建设会资金 4 万元,区计生协配套资金 2 万元,乡村两级自筹资金 8 万元。

民生项目。落实计生特殊家庭住院护理补贴政策,享受补贴人数 441 人次,发放专项资金 37.98 万元,为全区 2251 名计生特殊家庭购买健康保险,每人150元,计保险费33.765万元,理赔率70%。

活动开展。5月,举办“会员心向党,奋斗新时代”主题演讲,全区有23名选手参加选拔赛,推选唐艺、刘斌参加市级比赛,均获二等奖。7月6日,在玉霞街道鼎城社区开展“人口流动,健康同行”主题宣传服务活动。7月20日,在牛鼻滩镇濠洲村“留守儿童之家”开展青春健康知识讲座、“防溺水”知识讲座暨心理团辅活动,留守儿童及家长80多人参加。9月28日,鼎城区计生协举办2021年鼎城区计生协能力建设培训暨重点工作推进会,全区村级计生协秘书长、计生协全体工作人员150余人参会。计生协工作承接政府“六项职能”:宣传教育引导,生殖健康咨询服务,优生优育指导,计生家庭帮扶,计生维权和流动人口服务。4月29日,召开第六届二次理事会暨全区计生协工作表彰大会,表彰郭家铺街道计生协等13个单位。开展暖心家园主题活动,郭家铺街道郭家铺社区和谢家铺镇唐家铺社区“暖心家园”,开展“学党史、办实事、促健康”暖心家园大联谊暨“5·29”会员活动日等宣传服务活动,为居民宣传计生政策、健康常识。（彭　维）

2021年,鼎城区计生协开展宣传服务活动　（提供:彭维）

【鼎城区计生协开展家庭健康主题活动】 2021年11月4日,鼎城区计生协开展健康家庭评选活动,活动覆盖全区23个乡镇(街道)。全年各基层计生协举办家庭健康促进行动主题推进活动17余场,覆盖人数3万余人,制作发放宣传品数量4000余套。（彭　维）

【鼎城区村(社区)计生协换届】 2021年3月,鼎城区计生协请示组织部门,宣传发动村(社区)计生协开展换届工作,出台《关于印发〈鼎城区村(社区)计生协换届选举工作实施方案〉的通知》,指导乡镇、街道计生协按章程换届。全区村(社区)计生协组织296个,会员6.3万余人,理事5432人,常务理事2281人。（彭　维）

疾病预防控制

【概况】 2021年,鼎城区疾病预防控制中心(区疾控中心)以建设“健康鼎城”为目标,防控新冠肺炎疫情,落实免疫规划、传染病疫情网络直报及突发公共卫生事件报告制度,开展职业病防治、公共卫生监测等其他疾病防控工作。鼎城区疾病预防控制中心获评2021年全省疾控系统新闻宣传工作先进单位,在常德市新冠疫情防控应急演练中获第三名。丁勇获评健康报社“生命英雄·免疫英雄”湖南省先进个人,罗献忠获评湖南省“十三五”结核病防治规划先进个人,陶方君获评常德市严重精神障碍管理先进个人。

新冠肺炎常态化防控。区疾控中心开展全区新冠肺炎疫情常态化监测,准确掌握区新冠肺炎疫情现状,研判分析疫情走向,为指挥部出谋划策,为境外返鼎人员及重点地区往来人员进行健康登记管理。至12月23日,全区无新冠肺炎确诊病例、疑似病例、无症状感染者报告。通过协查函和湖南省新冠肺炎疫情防控信息系统调查相关人群1301人,协查转出593人,区内管控708人。其中密切接触者321人,次密接触者932人,一般接触者17人,重点人员31人;核实处理电子健康码申诉3570余人次,为符合要求的人员及时改码。采集冷冻食品经营人员603人次,冷冻食品和环境标本1409份,其中冷冻食品936份,环境标本473份,结果均为阴性,为疫情防控提供精准数据。采集新冠肺炎核酸样品近1万人次,承接全区各乡镇、街道、农林场医疗卫生服务机构报送新冠核酸检测样本，检测近13万份，均为阴性，每天及时上报国家临检中心网站，全年无一天迟报、漏报、错报。为政府指定的集中隔离观察点提供疫情防控技术指导。现场指导隔离点的工作流程、功能分区、工作人员组成、物资保障、垃圾及污水处置等。不定期督导检查全区各乡镇、机关、企事业单位及46个新冠疫苗接种点，发现问题及时提出整改意见。

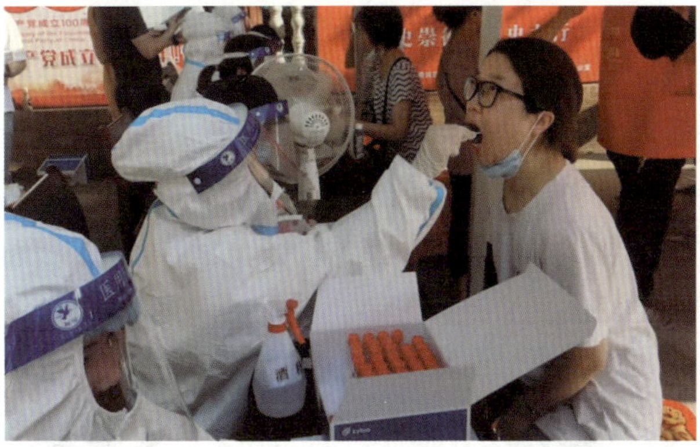
2021年8月2日，玉霞街道开展全员核酸检测(提供:张璐璐)

传染病监测与突发公共卫生事件报告。至年末，传染病监测系统报告全区法定传染病18种2286例，报告死亡11例(艾滋病9例、狂犬病2例)，无甲类传染病报告。其中乙类传染病12种1764例，分别为病毒性肝炎815例、肺结核419例、梅毒440例、艾滋病46例、淋病17例、出血热13例、伤寒副伤寒4例、痢疾3例、布病3例、狂犬病2例、麻疹1例、百日咳1例，丙类传染病6种522例，分别为手足口病352例、其他感染性腹泻病76例、流行性感冒61例、流行性腮腺炎29例、风疹3例、急性出血性结膜炎1例。传染病预警、处置。“传染病自动预警信息系统”发出预警信号121次，经核实初步判定为疑似事件的有38次，分别为麻疹22次、无病原学结果8次、病原学阳性2次、病原学阴性1次、手足口病4次、AFP(甲种胎儿球蛋白)1次。中心结合每起疑似事件进行流行病学个案调查，撰写并上传调查报告，通过现场调查后排除疑似事件34次，判定为暴发或流行4次、手足口病3次、麻疹1次。传染病散发和聚集性疫情。全年，调查处理全区中小学疑似鼻病毒感染引起的呼吸道症状聚集性疫情14起、疑似诺如病毒感染聚集性疫情11起、手足口病聚集性疫情1起、重症手足口病3例、流行性出血热散发疫情12起、狂犬病散发疫情2起、布鲁氏菌病疫情4起、人感染猪链球菌散发疫情1起。重点传染病监测。调查处理流行性出血热散发疫情12起、布鲁氏菌病疫情4起，落实手足口病例采样送检工作；开展霍乱弧菌外环境和食品监测样252份；上送5例禽流感职业暴露人群血清流行病学问卷调查及血样采集；调查处理狂犬病散发疫情2起，均落实相应调查处置。

地方病和寄生虫病监测。开展碘缺乏病监测采样工作，对全区200名学生和100名孕妇的盐碘、尿碘监测进行采样；开展疟疾血检595人，结果均为阴性，全年无疟疾病例报告；制定《鼎城区2021年水源性高碘地区监测方案》，开展水源性高碘地区监测采样工作，开展水源性高碘地区77名学生和35名孕妇的盐碘、尿碘监测采样工作，结果录入国家碘缺乏病监测信息系统。

落实国家免疫规划。疫苗管理及接种。全年为全区44个常规接种点进行冷链运转189次，在疫苗储存、运输全过程实行定时温度监测、记录，发放免疫规划疫苗67061支，非免疫规划疫苗119294支。入学入托接种证查验。开展全区春季、秋季接种查验工作，监测学校、托幼机构167个，应查验24751人，已查验24751人，查验率100%。疑似预防接种异常反应(AEF1)及疫苗针对疾病监测。全区上报AEFI病人51例，一般反应44例，异常反应3例，偶合症4例，其中过敏性皮疹1例，热性惊厥1例，中枢神经系统脱髓鞘病1例。疑似麻疹、AFP(甲种胎儿球蛋白)及乙脑和流脑监测。上报疑似麻疹病例17例，实验室诊断麻疹阳性1例，风疹3例。监测AFP病例3例，调查和样品采集送湖南省疾控中心检测。

卫生监测。城乡生活饮用水监测。全年，采样检测出厂水、末梢水、直饮水、自备水、水样238份，其中检测区自来水公司12次，监测水样72份、合格64份、合格率88.9%。食品安全风险监测。

全区21家监测医院食源性疾病网络报告卡1054例，无零报告单位。报告食源性疾病1270例，均及时审核。1—12月，接到报告的疑似聚集性事件6起，分别为食用毛豆致急性胃肠炎1起(2例)、食用麻辣烫致急性胃肠炎1起(2例)、家庭聚餐引起的疑似食源性疾病事件1起，标本送市疾控中心检测，结果未检出几种主要肠道致病菌；另3起事件为食用野生蘑菇中毒事件。化学污染物和有害因素监测样品数120份，监测率100%；落实省、市关于大米、新鲜蔬菜、稻谷、现制饮料、甜品等样本的监测工作。

职业病防治监测。重点职业病监测。联系辖区内各企业，为13家企业1803名工人进行职业健康检查，个案信息均录入国家平台，在健康检查中未发现疑似职业病。全年随访调查职业性尘肺病病人96人，调查率100%，随访调查结果均录入系统。监测25家用人单位重点行业、重点岗位和重点职业病危害因素。开展粉尘定点监测284份，个体粉尘监测71人；游离二氧化硅监测100份；现场检测噪声工作点89个，个体噪声监测71人。为25家用人单位进行职业病危害因素项目申报或年度更新；监测4家企业工作场所职业病危害因素。设置粉尘定点监测工作点58个、噪声监测工作点71个、有毒物质监测工作点21个。

2021年，鼎城区疾控中心工作人员开展重点行业、重点岗位粉尘、噪声监测 (提供：张璐璐)

居民建档及重点慢性病监测。全区报告居民死亡病例4788例。全区人群前5位死因顺位依次为心脏病、恶性肿瘤、脑血管疾病、呼吸系统疾病、损伤性中毒。至年末，全区65岁以上老年人健康管理建档数100652人，系统年内体检数69021人，体检率68.57%。体检表完整率94.89%；高血压患者健康管理年内管理数48941人，规范管理率73.26%；糖尿病患者健康管理年内管理数14116人，规范管理率70.74%。

严重精神障碍患者管理。全区录入国家严重精神障碍信息系统在册患者3672人，平均报告患病率5.34‰。规范管理人数3016人，全区在册患者规范管理率82.14%，住院93人，居家患者3395人，病情稳定3391人，基本稳定4人，稳定率99.88%，服药人数3568人，规律服药人数2712人。

HIV感染全程管理。至12月23日，全区报告HIV/AIDS 718例，其中存活512人，死亡192人，年度新增83人。鼎城区艾滋病疫情发展趋势是以性传播途径为主，年龄在17—80岁。职业主要是农民、老年人等。HIV/AIDS随访率100%，CD4检测比例97.9%，HIV/AIDS配偶、固定性伴HIV抗体检测比例95.5%，扩大检测人群检测率23%，抗病毒治疗率90.1%，HIV/AIDS结核检测比例98.9%。

结核病防治。截至12月23日，接诊病人1496人，发现病人390例，涂阳252例，其中初治涂阳211例，复治涂阳25例，初治涂阴138人。结核性病胸膜炎0例，仅培阳性13例，仅分子阳3人。肺结核规则服药率94.63%，肺结核治疗管理率99.72%，转诊率99.90%，追踪到位率98.94%，病原学阳性率64.6%，2月末痰菌阴转率96.14%，治疗成功率82%，利福平耐药纳入治疗率100%，新病原学阳性患者耐多药筛查率90.15%，高危人群耐多药筛查率100%。

健康教育与健康促进。开展疫情防控知识宣传，围绕流感、新冠肺炎、结核病、计划免疫、高血压、糖尿病、艾滋病等重大传染病和慢性病，结合各种卫生日主题展开宣传活动；迎接国家卫生城市复检，督导检查9家单位；10—11月，在玉霞街道、石板滩镇、十美堂镇3个监测点发放居民健康素养等问卷调查480份。

学校卫生工作。为全区58所中小学在校学生进行健康体检，全年体检学生 48086 人，体检率 99.4%，其中高中体检学生 5105 人，初中体检学生 18285 人，小学体检学生 24696 人。视力不良总患病率 20.20%，沙眼总患病率 7.79%，龋齿总患病率 8.92%。为城区 10 所学校（4 所幼儿园、2 所小学、2 所中学、2 所高中）开展儿童青少年近视防控调查，筛查 2703 人，其中近视人数 1424 人，近视率52.68%。从 6 所学校（2 所小学、2 所中学、2 所高中）参与筛查的班级抽取 36 间教室进行教室面积、课桌椅分配符合率、黑板尺寸、黑板反射比、黑板面照度均匀度、课桌面照度均匀度、噪声监测。（张璐璐）

【鼎城区启动新冠疫苗接种】 2021 年，鼎城区疾控中心组织新冠疫苗接种专题工作督导 4 次，为全区 43 个新冠疫苗接种单位提供技术指导，开展“接种疫苗，防控疾病，守卫健康，守护一生”等宣传活动，组织新冠疫苗预防接种工作人员专题培训 5 期，培训 980 余人次。12 月 17 日始，成立新冠疫苗接种工作专班，开展接种工作督查 14 次，发布疫苗接种每日简报 14 期，督查通报 14 期。至 12 月 31 日，全区报告接种新冠疫苗 1197131 剂次，其中基础免疫 1103243 剂次，加强针接种 93888 剂次，接种占比 29.27%。全区 60 岁以上人群接种覆盖率 77.37%；3—11 岁儿童接种 92875 剂次；第二剂接种率 78.79%。全区新冠病毒疫苗到货1263810 剂，使用 1197329 剂，疫苗使用进度 94.4%。（张璐璐）

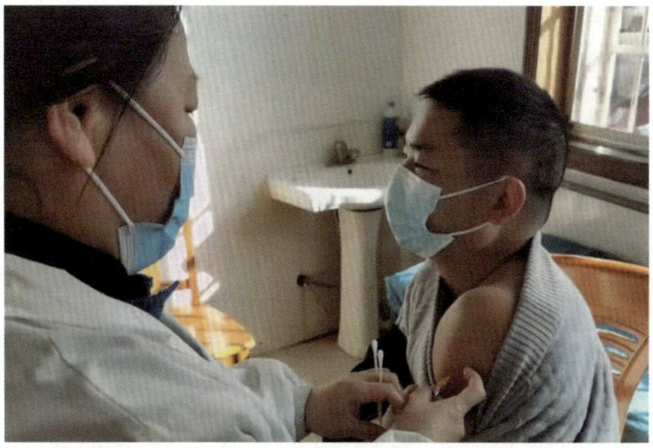

2021 年 1 月 14 日，鼎城区开展首批新冠疫苗接种（提供：张璐璐）

妇幼保健

【概况】 2021 年，常德市鼎城区妇幼保健院有工作人员 226 名，其中在编人员 99 名，临聘人员 127 名，退休人员 38 名 。编制床位 100 张，实际开放 100 张。资产总额 14329.82 万元，其中固定资产 6107.93 万元，占资产总额 42.62%，流动资产 8221.89 万元，占资产总额 57.38%。医疗设备 1202 台（件）。全年总收入 6543.98 万元，其中业务收入 4839.97 万元，收治门急诊 104215 人次，出院 4250 人次，药占比 16.86%，基药占比 46.28%，首次剖宫产率 20.11%，急危重症抢救成功率 100%。

免费检查。全年开展农村适龄妇女“两癌”免费检查 1 万人次，占任务 100%，筛查出宫颈癌 11 例，宫颈癌前病变 88 例，乳腺癌 6 例。免费婚前医学检查 3116 对，婚检率 96.6%，检出疾病795 人，疾病检出率 12.8%，其中指定传染病 236 例，性病 23 例（梅毒确认病例 23 例），影响婚孕者25 例。免费孕前优生健康检查 8467 人，目标人群覆盖率 100.1%，检出风险人群 931 人，风险比例 11%，实验室室间质评结果合格率 100%，早孕随访率 100%，妊娠结局随访率 100%。免费为孕产妇产前筛查人数 2510 人，筛查率 100.04%，目标人群覆盖率 100%，检测出产筛风险 415 例，风险比例 16.6%，高危人群干预诊断率 88.19%，妊娠结局随访率 97.18%。

系统管理。全区全年出生活产 3739 人，产妇 3678 人，早孕建卡 3654 人，早孕建卡率 99.35%；产后访视 3608 人，产后访视率 98.1%，系统管理产妇 3585 名，孕产妇系统管理率 95.88%；全年筛查出高危产妇 2257 人，高危筛查率 56.98%，为高危孕产妇进行分级管理与保健指导，高危孕产妇监护管理与住院分娩均 100%。全区孕产妇死亡率为零；5 岁以下儿童死亡率 3.48‰；3 岁以下儿童系统管理率 92.18%。

预防筛查。开展预防艾滋病、梅毒和乙肝母婴传播项目工作，全年发现 HIV 感染孕妇 1 例，上报梅毒感染孕产妇 24 例，异位妊娠 1 例，人工终止妊娠 6 例，转出孕妇 3 例。梅毒阳性感染产妇分娩 13 人(死胎 1 例)，用药人数 13 例、规范用药 11 例。开展叶酸增补项目工作，发放叶酸 14040 瓶，区级叶酸服用率 97.68%，依从率 95.70%。院内出生新生儿疾病筛查 1214 人次，检测率 99.3%，阳性率0.18%；院内出生新生儿听力筛查初筛 1635 人次，复筛 50 人次，检测率 98.91%。均按要求进行阳性召回、复查与追访。全年儿童保健中心预防接种门诊服务 34965 人次。对全区 54 家托幼机构进行评价及评估，其中合格机构 33 家，不合格机构 21 家，合格率 61.11%。全年全区幼师体检 1744 人次，筛查率 79.3%。

宣传走访。全年在院外开展健康宣讲 38 次，覆盖目标人群 7000 人次，发放宣传折页 3 万余份。入户面访孕产妇 498 人次、新生儿 149 名，利用微信群开展线上微课堂 5 次，听课人数 610 人次，开展微信个性化咨询指导 1 万余次。(丁陵勇)

【鼎城区妇幼保健院儿童眼保健视光中心开诊】 2021 年 3 月 1 日，鼎城区妇幼保健院儿童眼保健视光中心开诊，湖南省儿童医院眼科专家、汉寿县妇幼保健院、鼎城区卫健局、区疾控中心、区妇幼保健院相关负责人出席开诊仪式。区妇幼儿童眼保健中心的开设，旨在为少年儿童提供眼保健卫生医疗服务，促进眼科医疗水平提升，保障少年儿童健康成长。 (丁陵勇)

2021 年 3 月 1 日，鼎城区妇幼保健院儿童眼保健视光中心开诊仪式现场 (提供：丁陵勇)

【鼎城区妇幼保健院举行新生儿复苏技能比武】 2021 年 9 月 16 日，由鼎城区卫健局组织，鼎城区妇幼保健院协办的新生儿复苏培训及新生儿复苏技能比武在鼎城区妇幼保健院举行。全区各助产医疗机构产科、产房、(新)儿科、麻醉科专业技术人员 50 余人参加培训，邀请常德市妇幼保健院新生儿科主任杨柳进行理论授课并担任操作比武评委。鼎城区妇幼保健院、常德市第四人民医院的复苏团队进行新生儿复苏技能比武，选手根据模拟情景进行复苏操作。 (丁陵勇)

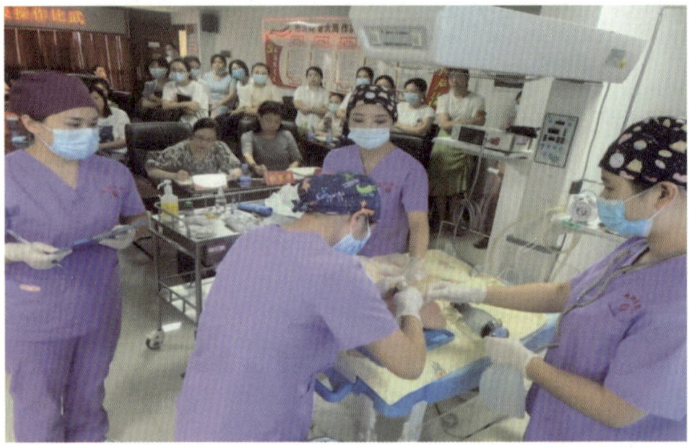

2021 年 9 月 16 日，新生儿复苏技能比武现场 (提供：丁陵勇)

常德市第四人民医院

【概况】 常德市第四人民医院是集医疗、教学、科研、预防保健和社区医疗服务于一体的三级综合医院，2021 年，在职医生 251 人、护士 456 人，有高级职称 112 人、中级职称 113 人、初级职称 126 人。该医院设病床 997 张，配有核磁共振成像仪、64 排 CT、16 排 CT、双排螺旋 CT、日立螺旋 CT、数字化 X 线摄影系统、四维彩超、全自动生化分析仪、等离子体电切镜，高功率绿激光手术系统、电子胃镜、电子肠镜等医疗设备。全年，医院诊疗病人 273709 人次，出院 40673 人次，开展手术 10164 台次，出院者平均住院日 7.5 日。

新冠肺炎疫情防控。坚持疫情防控常态化管理，组织召开联防联控调度会，要求医务、护理、院感、门诊、检验、设备、保卫、物业等部门严守岗位，执行预检分诊、“四查一询”、一患一陪等措施。5月17日，医院在南区召开疫情防控调度会，落实“外方输入、内防反弹”防控策略，抓医院常态化疫情防控工作。

公益服务。3月16日，医院开展春季植树活动。3月20日，医院团委组织12名志愿者，到鼎太敬老院开展健康知识讲座、义诊服务活动，并送去慰问物资。10月28日，医院开展中国男性健康日公益义诊活动，科普医学知识。全年，工会组织职工参与无偿献血437人次，献血144400毫升，被国家卫健委、中国红十字会评为“全国无偿献血促进单位”。

活动开展。2月2日，医院党委联合工会，慰问医院老同志、困难党员、战残军人、战退军人及劳模。3月6日，医院工会组织召开第二届一次职工代表大会暨工会会员代表大会，会议产生新一届工会委员会、经费审查委员会、女职工委员会，成立工会小组47个，收集整理有效议案28份。6月26日，医院举行“颂歌献给党 唱响新时代”合唱大赛。医院兴趣小组经常性参加市级、区级体育赛事，羽毛球、篮球、乒乓球团队在比赛中取得成绩。12月11日，医院工会开展文娱体育活动，组织全院职工冬季晨跑。医院建立职工文体活动中心，开展“金秋助学”活动，为困难职工建档立卡，被常德市总工会评为常德市模范职工之家。

学科建设。4月11日，医院承办“2021年潇湘基层男科高峰论坛暨常德市医学会男科学专业委员会第二届选举暨常德市医学会男科学专业委员会第三届学术年会”，医务部、科教科牵头落实“全科医学科”各项准备工作。8月22日，医院成功开展首例全3D腹腔镜下肝叶切除术；8月25日，医院成功开展首例切割球囊冠脉内成形术；年内，介入诊疗技术实现新突破，更多心血管疾病患者受益。医院组织查房90余次，手术安全核查20余次，全院多学科会诊20余次。12月18日，中国胸痛中心总部为医院授牌。

深化改革。巩固各项改革举措，与设备、药剂、信息等科室配合，清理全院药品、耗材商品名称、入库名称、收费名称等，统一管理，合理收费。开展DIP付费（按疾病种类分值付费）改革，医院医保物价科上报全院医护人员信息，进行互联网互通物价匹配对码4000余条，统计上报DIP试点工作领导小组相关医疗数据，统一治理医保物价“贯标”数据，组织院级领导、中层骨干、大内科、普通外科、大骨科开展DIP付费专题培训。5月28日，医院特邀中山大学附属第一医院教授、医保管理中心副主任马路宁进行授课，授课内容为新形势下医保支付方式的改革。9月9日，湖南省卫生改革与发展研究中心研究员、国家医疗保障局首批DIP国家质控组专家汪荣华应邀到医院讲学。（周语琴）

【常德市第四人民医院申报省级重点专科】 2021年4月15日，常德市第四人民医院组织相关职能科室和学术委员会进行自审自评，推荐市州级省临床重点专科泌尿外科，县级省临床重点专科心血管内科、骨科、神经内科、消化内科、呼吸内科、护理等，进行申报准备工作。（周语琴）

【常德市第四人民医院签约湖南文理学院医学类专业实践教学基地】 2021年8月4日，湖南文理学院校长刘宇文，副校长肖小勇，党委委员、教务处处长郭杰荣，发展规划与学科建设处处长王云到医院交流医学类专业实践教学基地合作事宜，该次交流合作，使双方搭建学习交流平台，为实践教学、科研合作、共同培养优秀公共卫生人才提供新领域、新途径。（周语琴）

2021年8月4日，常德市第四人民医院签约湖南文理学院医学类专业实践教学基地 （提供：周语琴）

【常德市第四人民医院清廉医院建设】 2021年9月，常德市第四人民医院党委组织各科室负责人进行集体廉政约谈。通过约谈，加强行风建设，抵制腐败诱惑，营造清廉医保、清廉从医、清廉行政、清廉文化的政治生态。11月16—18日，医院分科室召开清廉医院建设集中宣讲会，集中宣讲25场次，全院干部职工1000余人参加会议。（周语琴）

常德市第二中医医院

【概况】 常德市第二中医医院是以中医药为主、中西结合的二级甲等中医医院，全院设定编制168人。2021年，在编96人、临聘52人；有高级或中级以上职称56人、初级职称60人。医院编制床位110张，实际开放病床145张，设有针灸推拿康复科、外伤科、妇产科、五官科、肛肠科等7个临床科室和检验、放射、影像、心电等医技科室。该医院配备有16排CT、特定蛋白分析仪、进口彩超、动态心电图、全自动生化分析仪、全数字放射诊断设备椎间孔镜等医疗设备。2021年，常德市第二中医医院党总支定期召开专题会议，每季度开展中心组学习，严肃民主生活会，落实“一岗双责”。支部落实党员教育，设立积分管理台账，11月完成支部“五化”建设提质验收。严肃党员发展流程，培养年轻优秀业务骨干，发展党员、入党积极分子。开展党史学习教育，3月召开全院党史学习教育动员大会，制定实施方案，督促党员开展自学，书写心得体会。3—6月以主题党日、党员大会形式，围绕“学史明理”“学史增信”“学史崇德”“学史力行”主题开展学习研讨、读书分享、红色革命教育、上党史专题党课等活动。支部党员以义诊、众创平安等形式，到乡镇、社区开展为群众办实事活动。在鼎城区卫健系统庆祝中国共产党成立100周年表彰中，4名党员被评为优秀共产党员，退休支部书记被评为优秀党务工作者，临床支部获优秀基层党组织称号。1人入选市党代表，1人入选区党代表，1人入选区政协委员。

安全管理。增设五病室(治未病科)，调整全院临床科室布局。加强医政管理，提高临床医疗质量，每周进行业务查房，每月组织业务授课和疑难病例讨论。加强执业监督，开展各类培训、考核，将“巡查、督导、点评、约谈、处罚、通报”制度落到实处。落实责任制整体护理，规范临床护理工作。7月，启动病案首页填报工作，并落实医保系统新平台上线对接前期准备。全年组织4次下乡义诊，接诊800余人次，发放健教、宣传资料2000余份，免费发放药物2万余元。

2021年，常德市第二中医医院开展中医药适宜技术推广义诊　（提供：粟伟丽）

业务发展。改善就医环境，改造临街门面和原住院楼一楼，将诊室和医技科室布局调整，扩大门诊范围。升级信息系统，在原有HIS(医院信息系统)系统的基础上增添电子病历、LIS(实验室信息系统)系统。加强人才储备，引进专技人员10名。筑牢廉政机制，执行中央八项规定，规范“三公”经费管理。开展医疗行风、医德医风自查自纠专项整治行动，完善医德医风考评的长效制度。药品、高值医用材料阳光挂网采购，网内采购率100%。开展清廉医院建设，落实大型医院巡查工作。3月，召开职代会，职工代表为医院发展建言献策。举办“我爱我科，我爱我院”演讲比赛，促进科室进步。

（粟伟丽）

社会生活

Social Life

2021 年，常德市兴隆劳务有限责任公司现场三部精包班组成员进行流水作业

（提供：常德市兴隆劳务有限责任公司）

人力资源和社会保障
就业服务
社会保险
工伤保险
住房保障
医疗保障工作
常德市兴隆劳务有限责任公司

鼎城年鉴(2022)

人力资源和社会保障

【概况】 2021年，全区城镇新增就业5957人，新增农村劳动力转移就业5218人，城镇登记失业率3.39%。开展补贴性职业培训4125人，完成率103%；重点民生实事考核任务职业技能培训完成4125人，完成率147%，农村转移就业劳动者3110人，完成率259%；新型学徒72人，完成率120%，充分就业社区（村）培训245人，创业培训527人。拨付职业培训补贴3202人，拨付资金587万元。参加企业养老、机关养老、失业、工伤保险85627人、12973人、34078人、49238人，城乡居民养老保险缴费人员192455人，分别征缴基金60073万元、22654万元、1378.78万元、2991万元、12235.24万元，征缴职业年金7717万元。劳动人事争议调解率81%，劳动人事争议到期结案率、劳动保障监察举报投诉案件结案率均100%。2021年，鼎城区城乡居民养老保险管理中心被湖南省城乡居民社会养老保险管理服务中心评为“2020年度城乡居保经办管理服务工作优秀单位”、曾桢被人社部评选为“2021年党旗下的社保人”，鼎城区就业服务中心彭菊华、李阳、李向春获2021年全国创业培训讲师大赛佳作奖，鼎城区就业服务中心被评为2021年度就业宣传先进集体，鼎城区创业孵化基地2021年被省人社厅认定为省级创业孵化基地。鼎城区“就业超市”工作被中央电视台《新闻联播》栏目（《财政货币政策齐发力 护航国计民生》）、《人民日报》客户端（《湖南鼎城：“就业超市”牵线 退养户“家门口”再就业》）等媒体推介。

2021年4月6日，鼎城区第一期网络创业培训班在十美堂镇人民政府开班 （提供：闵杨）

就业。精准“输出”农民工。开展“湘融湘爱”农民工专题活动，3722人成功兑换相应活动奖励补贴计4.73万元。联合工会、妇联、工信、交通、民政等6个部门开展宣传服务工作，帮助农民工实现就业。抓服务促进就业。制定重点企业用工服务工作方案和农民工返岗复工工作方案，开通“直通包车”精准组织外出务工人员返岗复工。结合“就业援助月”“点亮万家灯火”等主题就业服务活动，及时为就业者提供企业用工信息。举办招聘活动。开展春风行动、点对点、送岗下乡等线上线下招聘活动33场次，达成初步就业意向3191人次。帮扶重点群体就业。开发公益性岗位702个，启动24个充分就业社区（村）建设点工作。

石板滩镇“点对点”用工服务专车 （提供：高兴国）

社会保障。完善社会保障制度，落实《企业职工基本养老保险遗属待遇暂行办法》（人社部〔2021〕18号）文件规定，按《关于调整全省机关事业单位工作人员死亡后遗属生活困难补助费标准的通知》规范遗属生活困难补助发放管理工作。监测失业动态，为1799人（14283人次）发放失业金2069.02万元，为2671人（5867人次）发放失业补助金212.97万元。推进工伤保险制度体系建设，开展工伤鉴定和劳动能力鉴定。机关养老保险新增参保465人，企业养老保险新增参保6278人，城乡居民养老保险新增参保5000人，被征地农民新增参保752人。开展基金管理风险排查工作，根据湖南省人社厅《关于开展全省社会保险基金管理风险排查专项行动的通知》要求，制定《鼎城区基金管理风险自查专项行动方案》,成立区专项整治工作领导小组,组织精干力量从内部控制、业务审批、业务经办等方面开展自清自查,下发疑点数11636笔,全部整改。开展冒领资金的追缴工作,应整改金额认缴率100%。通过短信通知、悬挂海报、发放宣传册等形式进行宣传,营造推广使用社会保障卡发放养老金的氛围。

人事管理。规范流程,推进人事管理工作。完成事业单位调入人员聘用手续(含公开招聘人员)529人次、抽借调人员手续32人、调出人员手续36人次、退休(辞退)人员备案手续321人次、岗位异动人员手续1941人次、事业单位岗位设置和调整27家。完成编制全会通过的拟调人员调动手续61人次;落实事业单位系统内人员调动手续31人次,连人带编划转人员手续16人次。落实2020年度审核报批的部分乡镇事业站所等第二批事业单位公开招聘26人、区殡仪馆公开招聘工作人员4人、2020年度从服务基层人员中招聘乡镇(街道)事业单位工作人员22名;开展2021年上半年全区事业单位公开招聘岗位计划98名;完成2021年下半年全区事业单位公开招聘岗位计划22名。完成2021年基层中小学正高级职称1人、副高级职称3人职称评审工作和符合中小学资深乡村教师高级职称评审条件198名教师的职称评审工作。开展人才培养引进。落实湖南省人社局关于引进100个关键人才实施方案,制定2021年度引才目标,支持中小微企业、民营企业、高新技术企业等引进高层次关键人才。与株洲新希望职校合作为中联重科建筑起重机械公司培训铆焊工,40名学员入职中联重科建筑起重机械公司。规范评比表彰。向省市人社部门申报全区评比达标表彰奖励项目——鼎城区十佳善德公民评选活动,获批开展实施;向省、市人社部门推荐全国"最美基层高校毕业生",区公安局戴贝贝获全国"最美基层高校毕业生"称号。

2021年12月13日,鼎城区开展事业单位新聘用工作人员岗前线下集中培训 (提供:肖敏)

劳动维权。推进"互联网+调解"平台的建设工作,建立乡镇(街道)、社区劳动争议调解组织23个,企业劳动争议调解组织5个,形成乡镇(街道)、社区、企业调解网络。加强劳动监察执法。组织开展人力资源市场清理整顿,落实劳动保障常态化巡查机制,收取新开工项目农民工工资保证金523万元。劳动监察处理电话来访615件,热线、信访回复72件,立案查处举报投诉案件3起并向区公安机关以拒不支付劳动报酬罪移送,协调处理举报投诉49件,兑付金额715.5万元。抓依法行政工作,参与行政诉讼案件2件、受理承办信访事项130件,其中办理省、市交办件1件,处理上级交办信访案件1件,有关部门转送信访件3件,处理个人来信2件,直接接待来访人员14人次,市长热线107件,区长信箱、区长热线、业务咨询、网上投诉计8件。无重大群体上访事件,未发生赴省进京上访。 (杨 珺)

【鼎城区开展"就业超市"就业服务平台运行试点工作】 为实施就业优先政策,巩固拓展脱贫攻坚成果,助力乡村振兴,2021年,鼎城区突出"帮扶重点群体就业",针对企业"用工难"问题,打造村(社区)"就业超市"就业服务平台。以村为单位,建立"人力资源数据库",求职者根据自身需求,找到最合适的岗位,并且快速上岗。通过建立重点群体人力资源数据库、提升村(社区)公共就业服务能力、激活农村劳务经纪人队伍,发挥平台的纽带作用,把就业岗位信息和群众就业培训意向进行融合匹配，为群众在家门口找工作开辟新通道。至年末，鼎城区在十美堂、尧天坪、谢家铺、蔡家岗等乡镇开展“就业超市”就业服务平台运行试点，累计1000余人通过“就业超市”找到工作。

（杨　珺）

就业服务

【概况】 2021年，鼎城区城镇新增就业5957人，其中失业人员再就业2750人，就业困难人员再就业1048人。城镇登记失业率要求控制在4.5%以内，当前登记失业率3.39%。就失业登记7926人次，全部及时审核，无1例延迟或错误审核。开发公益性岗位751个，其中：大学生30个，劳务经纪人400个，贫困劳动力80个，服务类15个，退捕渔民49个，其他对象177个。可享受就业帮扶的劳动年龄阶段退捕渔民转产就业363人，其中自主创业45人、灵活就业213人、单位就业56人、公益性岗位就业49人。新增就业见习116人，新增农村劳动力转移就业5218人。为281名脱贫劳动力发放交通补贴8.3万元。建成乡村振兴车间74家，开发各类就业岗位1110个，吸纳脱贫人口、加缘易致贫人口或突发严重困难人口就业411名。全年，开展各类培训4125人，完成率103%。其中岗位技能提升255人、就业技能培训3341人、充分就业社区培训245人、创业培训527人、企业新型学徒制培训72人。开展创业担保贷款工作，发放创业担保贷款91笔，发放金额3280万元，占全年任务109%，直接带动就业111人，间接带动就业2583人（其中小微企业6家：宏源食品300万元，国文轮胎200万元，湘沅物流200万元，星科液压200万元，巨头网络200万元，捷芯微公司200万元）。开展创业带动就业工作，基地免费入驻企业36家，全年为入驻企业减免房租35.3万元、水电费5.6万元。举办区级创业创新大赛1场，开展创业讲座7场，开展创业者拓展交流活动4期，11月举办创业大讲堂活动，全年为4家企业申报一次性开办费补贴11.5万元。推荐12家企业获评市级创业带动就业示范典型，奖补创业企业资金48万元，推荐6家企业获评区级创业带动就业示范典型，奖补企业资金16.5万元。开展失业保险工作，全年失业保险参保34078人；实际缴费单位1425家，其中事业单位291家，企业1134家，实际缴费人数31078人；失业保险费收入1490万元；普通企业稳岗返还91家，补贴金额149.24万元，稳岗人数4345人；困难企业稳岗返还2家，补贴11.09万元；为1799人（14283人次）发放失业金2069.02万元；为4610人次发放价格临时补贴16.93万元；为2671人（5867人次）发放失业补助金212.97万元。注重宣传报道工作，在省级以上新闻媒体发表稿件11篇、市级以上发表新闻媒体稿件19篇，通过公共网站登载推送工作信息35篇。

（高　姗）

2021年11月24日，鼎城区2021年度创业大讲堂开讲

（提供：高姗）

社会保险

【概况】 鼎城区社会保险服务中心是鼎城区人力资源和社会保障局下属的副科级公益一类事业单位，受鼎城区人民政府委托，主管全区基本养老保险工作。内设机构有办公室、参保登记组、基金财务组、稽核内控组、个人账户一组、个人账户二组、待遇计发一组、待遇计发二组、职业年金组、社保档案组10个部门。主要职责是参与拟定养老保险

经办工作规划、服务办法，并组织实施；参与指导全区社会保险经办事务性工作。负责规定范围内的机关事业单位工作人员、城镇职工以及城乡居民养老保险经办服务工作；负责全区统筹外待遇的经办和给付工作；负责规定范围内被征地农民养老保险的经办工作。参与拟订全区基本养老保险基金的收支计划和预、决算。承担全区养老保险基金和统筹外代发资金的经办工作。负责全区机关事业单位职业年金基数申报、基金归集、经办工作。负责全区基本养老保险的参保登记工作；负责全区基本养老保险参保对象的个人账户管理、权益记录和关系转移接续工作。负责全区参保对象待遇标准的确定和给付；承担全区离退休人员的社会化服务工作。负责全区基本养老保险业务统计相关事务和养老保险信息系统运行维护工作。负责全区基本养老保险档案管理和全区公共信息查询服务。承担区人力资源和社会保障局交办的其他事项。2021 年，全区机关事业单位养老保险参保单位 244 家，在职人员 12973 人，新增 465 人，征缴养老保险费 22654 万元，征缴职业年金 7717 万元。全区企业养老保险参保人员 85627 人，实际缴费 78869 人，新增 6278 人，征缴基金 60073 万元。全区城乡居民基本养老保险新增参保 5000 人，参保缴费人数 192455 人（含补缴），征缴基金 12235.24 万元，人均缴费 635 元。全区机关事业单位退休人员 9040 人，新增 305 人，减少 143 人，支付基本养老金 52000 万元。为 8910 名退休人员调整基本养老金，人均增加 165.7 元 / 月，调增后人均基本养老金 4776.66 元 / 月。机关社保代发：离休人员代发 22 人 163 万元，中华人民共和国成立初期参加工作退休人员生活补贴 10 人 9.9 万元，事业单位死亡退休人员遗孀生活补助 3 人 2.4 万元。合计 175.3 万元。全区企业离退休人员 46129 人，新增退休人员 2843 人，发放基本养老金 109573.5 万元。死亡 775 人，支付丧抚金 4070 万元。为 44547 名退休人员调整基本养老金，人均增加 106 元 / 月，调增后人均基本养老金 1985 元 /月。企业社保代发：独生子女代发 9228 人 919 万元，军转干部职级补助代发 172 人 274 万元，退役士兵补助代发 10 人 15 万元，国有企业职教幼教退休教师生活补贴代发 7 人 10 万元，鼎城中华人民共和国成立初期退休干部生活补助代发 3 人 2.8 万元，鼎城部分事业单位人员生活补贴代发 717 人 1355 万元，鼎城区 1953 年军转干部解困金代发 9 人 6.4 万元，鼎城伤残军人工资补差代发 20 人 28 万元，工残特工军转提前退休补调代发 1077 人 43 万元，退捕渔民补助代发 239 人 101.8 万元。合计代发 2755 万元。全区城乡居保待遇领取人员 13.11 万人，年度发放养老金 1.90 亿元，人均 120.77 元 / 月，100%足额发放。城乡居保代发：独生子女代发 19786 人 95.08 万元，乡村教师代发 86837 人 393.29 万元，乡村医生代发 31033 人 164.67 万元，放映员代发 3014 人 15.09 万元，核工业家属代发 20 人 0.43 万元。合计代发 668.56 万元。

退休人员管理服务。建立乡镇、社区老年人服务窗口和阵地，开辟老年人服务“绿色通道”，为老年人提供爱心专座、老花镜、清凉油等，在政务服务窗口设立老年人一站式办事窗口，凭本人身份证（或社会保障卡）即可办理参保登记等多项业务。建短信平台服务，与信息技术公司签订协议建立合作关系，对每月即将到龄人员进行缴费和资格认证短信提示，告知参保人及时缴费，及时认证等，确保其及时领取待遇。开展多渠道认证服务，推行手机自助认证、他人协助认证、信息采集认证、微信协助认证、大数据比对认证、现场活动认证等多种认证方式，待遇领取人员可根据实际情况选择适合的认证方式。考虑到老年人普遍不会使用智能手机及退休人员年龄大、居住分散的特点，该中心借助社区就近帮助老年人开展资格认证。针对部分居住在外地的老人，利用乡镇网络微信平台，进行手机视频认证。针对社区（村）敬老院、农村高龄老人、重度残疾人、重病老人或因年代久远智慧眼系统无法识别的待遇人员建立台账，要求乡、村各级经办机构或经办人员主动公布联系方式，及时关注服务需求。

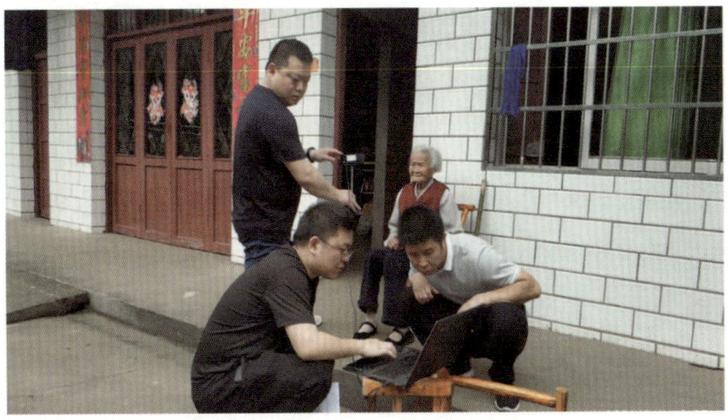

2021年6月1日，鼎城区社会保险服务中心工作人员上门为高龄人员进行养老金资格认证　　（摄影：钟志峰）

稽核工作。抽验基本信息修改人员35人，签章查阅修改资料及相关行政审批；抽查个人账户补登账、无基金转入登账及省外转入登账23人次，均未发现问题。抓养老保险基金支付稽核工作，全年稽核重复缴费、终止参保及丧抚费申领材料565份，书面稽核材料42份，未发现申报资料与实际不符的情况。开展养老金领取资格认证工作，采用多种形式的认证方式，为特殊群体进行预约服务、上门服务。全年机关社保认证率100%，企业社保认证率95%，城乡居保认证率99.68%。清理核查疑点数据，根据《关于开展社会保险疑点信息专项核查行动的通知》要求，清理各类疑点数据20578笔，梳理并进行整改核查中发现的问题。

职业年金管理。推进税务征收工作，职业年金税务按月征收。开展数据核查，保障虚账记实，制定年金虚账记实工作方案，优化经办流程，从2014年10月至2021年年末，全区申请虚账记实人员506个（该区2014年10月至2021年年末调出辞职辞退在职死亡人员），记实金额954万元。启动年金发放，确保足额支付，全年职业年金待遇定期发放3226人，发放金额620380.98元，历年累计发放10945258.32元。开展在职、退休死亡人员的年金一次性支付工作，联系各个参保单位核实领取人信息，完成167人的职业年金个人账户一次性继承工作，支付4567509.15元。

关系转移。加强组织领导，提升经办水平，抽调工作人员负责养老保险关系转移接续工作。宣传关系转移政策，推广网上办理，通过发放宣传单、微信平台推送等方式宣传关系转移政策，引导群众通过“国家社会保险公共服务平台”和“掌上12333”APP申请办理养老保险关系转移业务。改进工作作风，提供优质服务，简化经办流程，全年办理企业养老保险关系转移9526人次，其中跨省转移1879人次，省内转移7647人次；办理机关社保转移接续292人次，其中转出63人，转入229人。

政策宣传。通过区人社局举办的大型招聘会集中宣传，分别于4月22日、5月25日、6月22日、9月8日、11月16日，在蔡家岗镇、沅江风光带、中河口镇、尧天坪镇、许家桥乡通过设置政策咨询台、张贴标语、悬挂横幅、播放广播、发放宣传资料等方式进行政策宣讲。利用《人民日报》客户端、湖南民生网、《常德日报》、常德尚一网、鼎广电台、鼎级传媒等媒体进行政策宣传，全年发表报道30余篇。利用村（社区）居民文娱活动进行宣传，成立城乡居保政策宣传舞蹈队，在跳广场舞时穿着城乡居保政策宣传文化衫。开展被征地农民参保工作，全区累计启动征地项目152个，参加灵活就业养老保险的被征地农民24952人，全年新增参保752人，续保11025人，收缴基金9482.72万元，支付补贴3179.19万元；2021年办理退休619人，被征地农民累计待遇领取人员9382人，月发放养老金1437.36万元，办理丧葬抚恤金结算1098人，人均养老金1532.04元/月，按时发放率100%。已参加城乡居保9105人因本人未提供相关征地资料暂未享受补贴。为保证被征地农民合法权益，该中心抓宣传引导，调动群众参保热情，借助区人社局举办新春招聘会，通过当面讲解、发放宣传手册和宣传袋、播放广播及悬挂条幅等方式向到场人员宣传社保政策。组织乡镇、村工作人员走村串户为被征地农民宣传社保政策，通过发放催缴通知书等措施，及时提醒被征地农民按时参保。抓资格审核，要求每一新增项目上报资料必须齐全，启动参保前必须进行参保调查、参保资格公示、参保资格集中审核、领导审批等步骤。在资格审核时核对参保人员信息，对于户籍信息有异动记录的人员，除正常婚迁外一律要求村或社区出具土地承包经营权证明，对于个别疑点较大人员进行调查核实。抓权益保障，为落实被征地农民缴费补贴，实行精准测算、汇报，参保缴费被征地农民24952人，做到应补尽补。抓服务提质，应对征缴业务划归税务产生的问题，完善被征地农民业务经办流程，调整财政补贴返还方式，方便群众办事。

城乡居保工作。开展资格认证工作，抓资格认证授权，制定资格认证方案，将资格认证纳入年底绩效考核。坚持一周一结账、一周一督导，形成常态化。取消经办机构认证，从源头上控制风险。全区应认证132693人，已认证132268人，手机认证129867人，手机认证率97.87%，总资格认证率99.68%。每月及时实行待遇发放，社会发放率100%。每月根据乡镇上报参保终止、死亡申报、疑似死亡人员情况进行参保终止。开展新增到龄人员资格认证，将新增到龄不欠费人员进行待遇发放公示，通知到龄欠费人员及时进行补缴。每月提取省中心比对疑似死亡人员名单下发乡镇核实。

政府代缴工作。召开城乡居保防返贫致贫工作专项会议，制订工作方案，全年，代缴10518人，其中石门桥代缴531人。对于60岁以上易返贫致贫人员、低保对象、特困人员和重残人员的月基础养老金在113元的标准上，每人每月调增5元，达118元，全年调标部分均发放到位。

长江退捕渔民工作。全区参加城乡居保专业渔民175人，其中待遇人员41人，享受补贴892.5万元。

代发工作。独生子女、民办教师、乡村医生、放映员按照政策执行，坚持“代发资金不到位不发放”的原则，避免基金垫付的现象。

社保卡待遇入卡工作。10月12日发送社保卡领待短信8000余条，10月19日印制宣传海报500份，在乡镇、街道、社区、村人群密集处进行张贴，10月20日通过鼎级传媒网络宣传等形式进行宣传。要求已持卡人员必须用社保卡领待，无卡人员到银行申办社保卡并用新卡领待。12月起，该中心组织力量，对于仍未使用国家社保卡的领待账户，进行系统批量切换，为相关待遇人员推送短信进行告知。

养老保险防风险堵漏洞工作。开展养老保险基金管理风险排查工作，根据省人社厅《关于开展全省社会保险基金管理风险排查专项行动的通知》要求，制定《鼎城区基金管理风险自查专项行动方案》，成立区专项整治工作领导小组，组织力量从内部控制、业务审批、业务经办等7个方面开展自清自查，下发的疑点数据11636笔均整改到位。开展养老保险待遇核查“回头看”工作。根据省市主要领导重要指示、《全省养老保险待遇核查“回头看”工作方案》相关要求，7月18日，启动养老保险待遇核查“回头看”工作。召开“回头看”全区动员大会，动员全体区级领导、乡镇党员干部、驻村工作组组长、区业务指导组、银行行长，按照区级领导包乡镇（街道）、乡镇（街道）干部包村（社）、村（社区）干部包组、组长包户的模式，进村入户进行全覆盖“地毯式”核查。摸清社保卡持卡人情况、遇发放人员情况、社保卡去向情况、风险卡上资金流量情况、风险背后的原因，建立风险台账，形成《鼎城区养老保险待遇核查“回头看”情况分析报告》。开展养老保险待遇核查“回头看”整改工作。根据省市要求，制定方案，安排部署，采取“先扣再收后追”的方式，开展冒领资金追缴，企保应整改问题人员68人，应追缴资金25.92万元，整改68人，追缴资金25.92万元。城乡居保应整改问题人员10045人，应追缴资金453.08万元，整改问题人员10045人，追缴资金453.08万元。

（钟志峰）

2021 年 7 月 19 日，鼎城区养老保险待遇核查“回头看”工作动员会会场 （摄影：钟志峰）

工伤保险

【概况】 2021 年，鼎城区工伤保险新增扩面 2745 人，累计参保单位 1069 家，参保人数 49238 人，征缴工伤保险基金 3013 万元，其中企业 1451 万元，机关事业单位 768 万元，建筑项目 794 万元。工伤保险费利息收入 1.3 万元，基金收入计 3014.3 万元，基金总支出 3668 万元。全年享受工伤待遇 2682 人，支付 3337.2 万元，其中：工伤保险医疗待遇 2111 人，支付 862.41 万元；一次性医疗待遇 477 人，支付 2322.37 万元（一次性伤残待遇 1084.25 万元、一次性医疗待遇 597.94 万元、鉴定费 9.28 万元、工亡待遇 630.9 万元）；长期待遇 94 人，支付 152.42 万元。工伤预防费支出 62 万元，其他支出 33 万元，上解省级调剂金 203 万元。截至 12 月 30 日，结余 -716 万元，累计基金结余 2124.5 万元。

工伤预防。引入工伤预防三方服务机构。根据人社部《工伤预防五年行动计划（2021—2025 年）实施方案》及省、市要求，引入第三方机构常德市三才企业管理咨询有限公司进行工伤保险预防服务工作。通过分析全区工伤预防相关数据及各联席会议成员推荐筛选，确定制造业和建筑行业为工伤预防重点行业。11 月，整体推进第三方机构为 10 家参保企业进行“一对一”精准培训。落实工伤预防联席会议制度。12 月 21 日，召开鼎城区工伤预防联席会议，向全体成员单位汇报 2021 年工伤预防工作情况及工伤预防第三方服务机构精准培训等相关工作，各成员单位负责人展开关于落实《工伤预防五年行动计划》的讨论，为完善信息交换、数据共享机制，提出意见，形成工伤预防“一盘棋”的架构格局。

2021 年 12 月 22 日，工伤预防第三方服务机构调研参保企业 （摄影：熊凌颖）

政策宣传。创新线上工伤保险宣传形式。与鼎城区融媒体中心合作，利用电视、电台、新媒体、LED 户外大屏、“鼎级传媒”APP 等开展线上活动。鼎城区融媒体中心大屏宣传制作工伤保险的宣传海报，在江南城区各大屏滚动播出；在“鼎级传媒”APP 上面开设《工伤保险条例》专栏，介绍工伤保险条例相关内容，并开设互动留言区域，方便市民进行咨询提问；5 月 14 日，在鼎城电台栏目《阳光政务》开展工伤保险专访节目；在电台栏目《滴滴叭叭上班了》进行工伤保险知识问答。丰富线下工伤业务培训方式。结合重点行业专项治理及“三进”活动开展线下宣传活动。3 月 29 日，在常德技师学院为常德高新区 54 家企业的工伤保险经办人进行工伤保险业务培训；4 月 27 日，为全区 50 家在建工程项目参保单位进行工伤预防集中培训；6 月 1 日，在善德楼广场开展工伤预防进社区路演宣传活动；6 月 11 日，结合学党史，举办全区第二届工伤保险杯以“练兵比武强技能，人社服务树新风”为主题的工伤保险知识竞赛；6 月 22 日，在十美堂镇开展工伤预防进乡村宣传活动；8 月，授牌湖南南方水泥有限公司“工伤预防示范单位”“工伤预防教育基地”；12 月 23 日，在南方水泥公司开展鼎城区工伤预防培训示范现场会。

2021年6月11日，鼎城区举办第二届工伤保险杯知识竞赛 （摄影：熊凌颖）

先行支付。推进先行支付，开展应付尽付保障工作。快速受理，申报单位只要资料齐全，符合相关先行支付政策，当日必须受理。简化程序，优化审批环节，按照3个工作日目标完成审批程序。加大宣传，组室办公室门牌、宣传标语要求紧贴工作实际。量化任务目标，开展应缴尽缴全覆盖工作。根据上级下达的工伤保险扩面征缴目标，按照市级统筹管理考核体系的要求，制定《目标考核责任制》，明确每个组室、每个工作人员的任务和职责，量化标准。在抓好高危行业和重点领域的同时，把建设项目参加工伤保险工作作为征缴的重点，与安监、建设部门、水利局、交通衔接，建筑项目参保率100%。调整费率，开展应降尽降减负工作。1月1日开始，一至八类行业基准费率下调至0.6%、0.9%、1.2%、1.4%、1.7%、2.1%、2.4%、2.6%；5月1日开始，一至八类行业基准费率下调至0.48%、0.72%、0.96%、1.12%、1.36%、1.68%、1.92%、2.08%。完善补录，开展建设项目补录登记工作。先行支付组按照"源头严防、过程严管、后果严惩"的工作思路，现场实地稽核59个项目补录登记业务，其中启宏高新城项目工程二期项目情况不属实，告知不符合补录登记条件。

待遇管理。提升服务标准。提高工伤康复工作服务质量，在全区进行重伤工伤职工的筛选，为具有康复价值的工伤职工，联系康复评估机构上门服务，减轻参保单位负担。提高常德市鼎城区血吸虫病专科医院因公感染血吸虫病患者治疗费用标准：慢性血吸虫2800元/两年，晚期血吸虫5800元/年。实行待遇监管。进行长期待遇领取人员生存状况认证，落实老工伤待遇工作，规范管理、完备手续。全区400余人老工伤伤残人员进入系统统筹管理。实行协议医院管理。落实11家协议医疗机构年度考核，并根据考核结果续签当年度《工伤医疗机构服务协议》。医疗审核工作按照有关要求进行审核，医疗档案实行规范管理。

基金管理。规范执行基金管理负责制。一把手负总责，分管领导负主责，经办人员负专责，每月组织基金安全形势分析和风险评估，加强基金监管。建立待遇支付会审制度，工伤保险基金支出操作流程：工伤保险股出具《认定工伤决定书》，待遇审核经办人编制《待遇拨付单》《工伤保险基金支出单》，由各股室负责人及分管领导审核后报主任审批支付；重点案件支付、疑点案件支付、大额案件支付由中心务会集体研究决定后按程序支付，确保基金支付经办程序规范。规范执行基金专户管理制。按规定实行"收支两条线"，税务部门征缴的工伤保险费及其利息通过区国库直接划缴至市级财政专户，市工保中心按上月工伤保险费收入拨付。基金支出每一笔支出由基金事务组把握审核、支出关口，每一笔基金的支出都通过银行直接转账支付，按月与银行核对账目，做到账实相符、账账相符，防范工伤保险基金流失。

稽核内控。开展工伤保险内部稽核和内控管理工作，重点监督（缴费基数、缴费记录、先行支付和追偿、待遇资格认定、待遇审核、待遇支付、费用结算、基金财务等）各业务环节。每月从各个业务组室随机抽取1～2例案例，设置稽核业务台账，每季度形成稽核报告并进行定期通报。执行国家在基金及财务方面的政策法规和制度，合理设置财务工作岗位，加强票据、印章和基金专户的管理。建立健全涉及基金监督、财务管理、业务经办等21项内控制度。整改在业务经办、信息系统内控等方面涉及的不相容岗位分离、双岗双审等方面存在的问题并落实。开展关于参保单位及协议定点医疗机构的实地稽核工作。监督管理已签订医疗服务协议的11家协议医疗机构。进行重点工伤案例特别是建筑项目工伤事故案例进行提前介入稽核和跟踪稽核，为已发生工伤事故的28家建筑项目单位受伤人员进行补登的情形进行实地稽核，以确定其主体资格，确保建筑项目稽核率100%。在实地稽核过程中，发现有个别参保建筑项目存在的申报工伤事故情况不属实，现场拒绝进行补录登记。 （熊凌颖）

住房保障

【概况】 2021年，鼎城区住房保障服务中心（原鼎城区房地产管理局）抓棚户区改造、老旧小区改造，开发建设房地产，开展小区物业管理、公租房建设与管理等工作。

棚户区改造。全年改造任务467户，其中拆迁项目3个205户，改扩翻建项目2个262户。改扩翻建项目完工，实施浦沅筒子楼改造项目（103户）拆迁，鹤王三期、严家巷地块（102户）暂停施工，调整为农业银行储备地块和桥头公园以东储备地块项目，全年考核任务达标。

老旧小区改造。全年改造11个项目1616户，其中5个项目纳入省民生实事，8个项目纳入市民生实事，所有项目均已竣工验收，启动12个老旧小区改造项目，实行“订单式”改造，实施污水管网、小区道路硬化、小区园林美化、屋顶维修、外立面改造、小区整体视觉美化等工程。

商品房开发。固定资产投资42.19亿元，比上年同期增长1.6%；新建商品房销售61.17万平方米，销售额33.07亿元，创税4.3亿元。其中商品房住宅销售4701套，销售面积55.03万平方米，销售额28.46亿元，均价5172元/平方米；商品房库存139.89万平方米，住宅8946套，去化周期28个月，销售量、价环比下降，商品房库存增加、去化周期加长。

物业管理。落实《湖南省物业管理条例》和市、区城市管理考核评比要求，通过物管小区卫生文明城市复审工作，配合城管部门整治“楼顶圈地占用”。开展市民生实事考核及物业信访突出问题落实情况检查，落实物业管理全覆盖的8个老旧小区考核任务达标。及时处理化解回复物业服务各类问题。归集房屋维修资金4.6亿元，建立资金管理信息系统，启动维修资金首次派息，落实110个小区的派息工作。

公租房建设与管理。全年公租房建设任务6个项目272户，至年末，完工项目1个，开工项目1个，另4个项目由新建调整为政府购买，已购买签约并支付购买费用。通过法律手段清退拖欠租金、转租转借、不符合入住要求的对象。为江南城区8套不符合入住条件的住户发放腾退通知，已清退并重新分配入住4套；追缴原未足额缴纳租金的126套住户历年拖欠租金50余万元。为1500户发放402万元租赁补贴资金。 （代彩凤）

【鼎城区物业专项维修资金开启首次计算派息】 2021年，鼎城区住房保障服务中心升级物业专项维修资金管理软件，采用以物业管理区域为单位设总账、以幢为单位设分幢账、按房屋户门号设分户账的资金专户模式，启动鼎城区物业专项维修资金管理工作。至年末，区住房保障服务中心为100个小区近10年的维修资金数据进行建档立册。 （代彩凤）

医疗保障工作

【概况】 鼎城区医疗保障局于2019年2月28日挂牌成立，整合原城乡居民和城镇职工基本医疗、生育保障、新型农村合作医疗、药品和医疗服务价格管理、医疗救助等职责，落实医疗保障工作要求，负责全区 70 余万名参保群众和职工的医疗保险、生育保险、医疗救助等医疗保障和组织实施药品、医用耗材和医疗服务项目、医疗服务设施等医保目录和支付标准，监督管理纳入医保范围内的医疗服务行为和医疗费用，依法查处医疗保障领域违法违规行为，承担近 7 亿元医疗保障基金监督及支付职责。全局有 55 名编制，其中行政编制 8 名；所属副科级事业单位事业编制 44 名；所属正股级事业单位事业编制 3 名。2021 年，鼎城区医疗保障局被评为湖南省医保乡村振兴工作表现突出区县，获评鼎城区平安建设优秀单位。袁伟杰撰写的《一次终生难忘的“一线”经历》一文收录至中国统计出版社出版的《为了历史和人民的检验——国家脱贫攻坚普查征集作品汇编》一书中。

监督监管。鼎城区医保局依法打击欺诈骗保行为，处理违规医药机构 37 家，暂停协议 4 家，终止协议 1 家，约谈 14 家医药机构的负责人，挽回医保基金损失 219.75 万元、行政处罚 42.2 万元。开展打击欺诈骗保宣传活动，向市民发放《打击欺诈骗保举报有奖》等宣传资料 20 万份；通过电视、广播等新闻媒体网站上传宣传报道 20 余篇；督促经办机构、医药机构通过横幅、展板、电子显示屏开展宣传；建立欺诈骗保有奖投诉举报机制，畅通投诉举报渠道，动员社会各界参与医保基金监管。成立区（县）级医疗保障基金核查和大数据中心，开展基金运行分析工作，重点核查医药机构大额费用、超协议指标、均次费用高、转诊率高、重复住院率高等异常情况。建立完善日常巡查、专项检查、飞行检查、重点检查、突击检查等检查制度，健全“双随机、一公开”检查机制，常态化开展监督检查。全区有定点医药机构 198 家，全年稽查定点医药机构 216 家次，下发通报 3 期、协议处理决定书 24 期、行政处理决定书 1 期，超额落实定点医药机构全覆盖稽查。开展医疗保障领域法治化建设，制订《常德市鼎城区医疗保障局案件审理委员会制度》，保证基金监管合法合规程序，所处理处罚案件未发生一起行政复议、行政诉讼事件。开展部门联合执法，共享部门间信息，规范欺诈骗保线索移送程序。全年，开展医保、卫健、纪委监委、市场监管等部门联合专项行动 4 次，向区纪委监委等部门移交线索 8 条，组织处理处分 11 人、立案审查 1 人，行政处罚区市场监督管理局移送的问题。

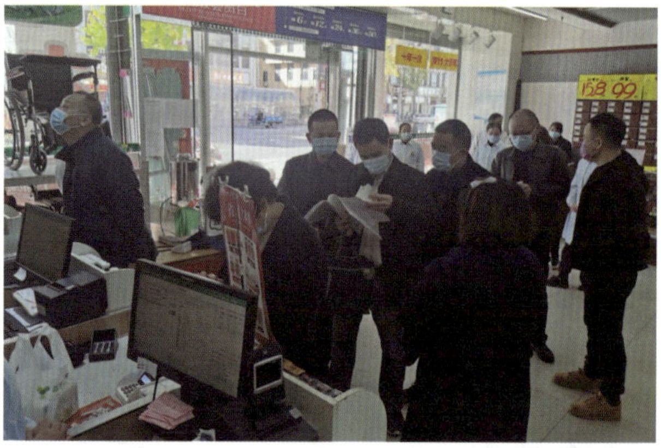

2021 年 11 月 24 日，湖南省集中整治工作督导组到鼎城区督导集中整治工作 （提供：傅芳）

参保筹资。全年城乡居民参保人数 652314 人，超额落实全年参保任务。其中特困、重残、孤儿全额减免参保人员 14185 人，城乡低保、建档立卡贫困户半额减免 48196 人，按政策补贴 25%边缘户 581 人。城镇职工医保参保单位 841 家，参保 44905 人，在职 27317 人，退休 17588 人。配合税务部门将企业、社会团体等单位移交税务征收，处理移交过程中的问题。启动 2022 年城乡居民医保参保缴费工作，调整落实医保待遇政策、脱贫攻坚成果衔接乡村振兴战略政策。

2021 年 8 月 27 日，鼎城区启动 2022 年城乡居民医保参保缴费工作 （提供：袁伟杰）

乡村振兴。核实困难群众参保情况，应保尽保。通过比对锁定疑似未参保人员，分门别类整理相关情况，应保尽保。按照户籍地分类造册，逐人核实是否参保。落实困难群众参保资助，应资尽资。按资助顺序比对资助困难群体，全区困难群众均参保。全区城乡居民医保参保资助62962人，发放资助金额1027.56万元。落实困难群众惠民政策，应报尽报。开通“一站式”结算服务，1—8月，年结算15060人次，基本医疗报销4244.78万元，大病保险报销金额313.32万元，扶贫特惠保报销金额109.86万元，民政补充医疗保险报销金额54.92万元，医疗救助金额220.67万元，财政兜底金额311.96万元，救助兜底金额63.07万元，“一站式”合计结算金额1073.79万元。

政策享受。普通门诊待遇惠及参保居民48.50万人次，城镇职工门诊购药49.17万人次，特殊病种门诊9.9万人次，大病特药0.41万人次，意外伤害0.55万人次，大病保险1.1万人次，单病种住院0.67万人次，城乡居民医疗救助0.13万人次。

经办服务。实行区医保局服务大厅领导带班制和“一门式”服务，择优配强窗口工作人员，成立服务大厅考核领导小组，出台《服务大厅管理制度》，按日从工作纪律、业务办理、服务态度等方面量化考核大厅工作人员行为规范。开展“政策执行零差错、业务经办零失误、热情服务零投诉、群众满意百分百”服务承诺活动，每季度评选窗口“优质服务明星”，推行业务办理“好差评”。

（唐振华　郑萌　傅芳　袁伟杰　丁敬权）

常德市兴隆劳务有限责任公司

【概况】 2021年，常德市兴隆劳务有限责任公司收入2.17亿元；纳税2212.36万元，排名全区百强纳税大户第15名；上缴职工五险4521.32万元；发放工资15402.53万元。公司被中华全国总工会授予“工人先锋号”；获评湖南省人力资源和社会保障厅“金牌调解组织”奖、常德市“平安企业”、鼎城区“区级文明单位”；安德保安公司获评鼎城区“平安企业”。

疫情防控。落实各项常态化疫情防控措施，按照新冠疫苗接种操作规范、时间节点，组织开展员工疫苗接种工作，掌握接种进度，保证员工疫苗接种全覆盖。落实防护措施，生产一线员工按照常态化防控要求，严查入境人员相关信息，坚持佩戴口罩、错峰就餐等。利用微信公众号、电子屏等方式宣传新型冠状病毒感染的肺炎疫情预防知识，疫情防控形势人人知晓，防控行动人人参与。

制度建设。落实党风廉政建设责任制，公司党委与各支部签订党风廉政建设责任书，级级分解，层层夯实；开展廉政教育，组织党员干部集中观看警示教育片，邀请教授上廉政教育课；开展经常性警示谈话，严肃处理“懒、散、慢”等行为，全年，无违纪违规案件发生。建设制度体系，用制度规范约束全员行为。抓内部管理，减少非生产性支出，控制接待经费、办公经费；抓业务需求管理，了解常德卷烟厂生产情况，及时安排、合理调配上岗员工，保障正常生产秩序；抓公司发展管理，公司党委对症下药，革新思想观念，转变发展理念，摒弃惯性思维，统一思想行动，实现全年工作目标，推进公司改革进程，提升管理水平。落实常德卷烟厂发展战略部署，对接经营需求，按照各项规范管理，争取常德卷烟厂全部劳务外包业务，承接常德卷烟厂及涉烟企业的非涉烟专卖业务。根据常德卷烟厂技改搬迁需求，及时组织员工进行技术培训，适应新技术和操作流程，扩大延伸常德卷烟厂服务产业链。

市场拓展。公司党委科学研判市场前景，拓展市场，培育新型产业。抢抓机遇争夺社会劳务市场，发挥兴隆公司国企品牌、管理体系、员工素质、经济势力等优势，寻求与央企、大型企业集团、特殊行业联姻，拓展劳务输出，实现新的劳务用工模式，2021年与2家大型企业达成意向性协议。创办非劳务产业，筹备酒店经营、投资经营学前教育项目；发展租车平台、安德保安2家全资子公司。

技能提升。发挥工会作用，履行工会教育建设职能，强技能、提素质，弘扬工匠精神，开展劳动竞赛活动，在公司掀起“比、学、赶、超”工作热潮。公司组织现场各部开展劳动竞赛，工会制定劳动竞赛方案，明确竞赛内容、方法、规则，评选技术标兵34名，给予物质奖励和精神奖励，并安排带薪学习考察。公司通过微信公众号、相关媒体宣传，带动企业员工整体素质和业务技能的提高。

2021年，常德市兴隆劳务有限责任公司职工在劳动竞赛中获奖 （提供：刘立军）

安全保障。公司结合全国第二十个安全生产月活动，开展“消除事故隐患，筑牢安全防线”主题宣传活动。公司与各部签订安全生产责任书，落实安全员责任，分管负责人到车间检查安全生产工作，邀请常德卷烟厂安全管理专家进行专题讲座，组织安全员进行安全生产知识培训考试，开展消防应急演练、隐患排查治理，从源头上防范生产安全事故发生，精准管控风险。全年，公司未发生1起安全事故。

2021年，常德市兴隆劳务有限责任公司举办安全知识培训班 （提供：刘立军）

活动开展。全年，公司推送各媒体新闻报道32篇，微信公众号推送“兴隆道德讲堂”类文章10余篇。年初，公司举办“企业发展论坛”，邀请常德市知名艺术家讲座、艺术创作。公司创办文学、艺术爱好小组，并创刊发行《世外联珠》。12月12日，兴隆公司现场三部工会在白马湖文化馆举行年会暨文艺会演活动，展现员工面貌。 （刘立军）

2021年，常德市兴隆劳务有限责任公司现场三部举办文艺会演年会 （提供：刘立军）

Villages and Towns & Neihbrohood

乡镇·街道·场

2021 年，石公桥镇三堰口村史馆建成　　（提供：区委党史研究室）

玉霞街道
红云街道
郭家铺街道
斗姆湖街道
蒿子港镇
中河口镇
十美堂镇
牛鼻滩镇
韩公渡镇
石公桥镇
周家店镇
镇德桥镇
双桥坪镇
灌溪镇
石板滩镇
蔡家岗镇
花岩溪镇
尧天坪镇
许家桥回族维吾尔族乡
黄土店镇
草坪镇
谢家铺镇
芦苇场

鼎城年鉴（2022）

玉霞街道

【概况】 玉霞街道地处鼎城城区中心地带，2021年，下辖常沅社区、鼎城社区、临江社区、迎宾社区、永安社区5个社区和家电城、财富广场2个市场，辖区总面积5.5平方千米，户籍人口5.94万人。全年，玉霞街道工业产值3亿元，工业利税0.2亿元，工业固定资产投资2亿元，规模以下样本小型企业产值0.54亿元，农产品加工实现0.45亿元，社零产值1.2亿元。

党建工作。抓党的理论学习，党工委书记带头、各基层党组织书记讲党课50余场，累积参训党员1050余人，党员参训率100%，同步开展党员慰问实践活动覆盖7个党组织。抓党史学习教育，各级党组织开展专题学习100余次，中心组专题研讨4次，组织读书分享会3次，党史学习教育区委宣讲团宣讲报告会1次，中共十九届六中全会精神宣讲会1次，“夜话忆初心” 面对面宣讲20余次，“我为群众办实事”在办事项11件。抓支部“五化”建设，谈心交心100余次，查摆问题115个，制定整改措施189余条，吸收预备党员18人。打造1个非公党建示范点——金旺地桥南商业街党支部，打造5个小区党建示范点——滨江明珠、金山宾馆、金江南、恒华国际、捌海公馆小区党支部。

2021年，玉霞街道常沅社区举办“中国共产党成立100周年·文艺巡礼”主题会演 （提供：张雅琴）

廉政建设。开展城市社区腐败和作风突出问题专项治理，集中整治社区干部在惠民政策执行、专项资金管理、集体“三资”管理、征地拆迁、危旧房改造、工程建设、为民服务等方面存在的问题。运用“互联网＋监督”平台，开展居务监督委员会队伍建设，发挥“末端”监督作用，“清风连心桥”微信监督群发布各类信息350余条。累积谈话269次379人，办理信访件1件，立案3件。

城市治理。开展城市管理长效机制建设，规范市容秩序，落实“门前三包”责任制。5月，玉霞街道协调城管、国土、社区等部门集中整治常沅社区原严家岗五组德源路空置地，清除违规种菜2000平方米，拆除窝棚近1000平方米，清运积存垃圾200余车。第一季度、第三季度，常沅社区、永安社区相继被评为全市“十佳社区”。改造老旧小区6个，建设精致片区3个，惠及居民681户2472人、面积58100平方米。拆除违法建筑面积约1700平方米，下达整改通知书28件，维修加固房屋16户。规范物业小区管理，筹备、协调、选举会议70余场次，组织并指导紫龙花苑小区（首届）等22个小区业主委员会开展选举工作，沟通化解矛盾70余起。开展环保巡查，骨干带队24小时巡查辖区内秸秆、垃圾焚烧等情况，处理居民反馈、投诉的环境问题10起。

疫情防控。核查涉外及涉国内中高风险区的人员3.5万余人次，上报健康管理人员470余人。推进新冠疫苗清零行动，核酸采样5万余人，接种疫苗15万余剂次，接种人数近7万人。推动无疫社区建设，工作划分到社区网格，干部、党员、居民、干警、医生、志愿者等力量均下沉开展工作。

安全生产。开展安全隐患集中整治，推进“强执法防事故”行动和安全生产领域“打非治违”工作，开展“三大两严”安全集中整治行动。全年，开展安全检查800余次，下达交办单63张，排查安全隐患场所123家，出动120人次开展打非治违行动10次，整治“多合一”场所1130家，开展防溺水巡查510人次，救助落水、走失居民2人。开展“防灾减灾”“安全生产月”宣传活动，发放宣传册7000余份，张贴宣传标语400余条，设立宣传牌60余块。“三大两严”行动中，关停废品收购站3家，查封扣押居民楼内非法存放售卖3吨多危化燃料，行政拘留3人，整改经营场所55家，关停并拆除省安委办交办的联托运仓库。

综治维稳。化解矛盾纠纷235起，化解积案6起，巡防重点行业及场所53处。众创平安志愿者2015人，志愿服务次数600余次。开展禁毒宣传教育、“禁种铲毒”行动和涉毒人员帮教管控工作，分类管理社会面涉毒人员，建档并定期抽查管理社区戒毒社区康复人员。

社会保障。确定低保对象316户487人，特困供养对象28户，享受残疾人两补待遇对象456人，高龄老人补贴59人，社救对象11人，失能半失能服务补贴对象7人，计发放民政待遇1397574元，其中低保发放资金1304710元，特困供养对象发放资金89490元，临时生活救助105个家庭，发放救助资金4.1万元。组织500余人参加招聘会3次，城镇新增就业1120人，申报残疾人创业扶持对象1名、创业基金近1万元。城乡居民医保参保23361人，筹资金额745520元。发放289名移民生产资料补偿金68800元、生产资料补助金30800元，发放困难移民慰问金3000元，物资折价11700元。办理生育登记证148本，出生统计上报176人，申报独生子女父母奖励196人，新增计生特扶家庭6人，慰问计生特扶对象10户，组织妇女免费“两癌”筛查1次。

文化生活。玉霞街道参加鼎城区庆祝中国共产党成立100周年“学党史 铭初心”学习挑战赛并进入复赛，参加鼎城区“颂歌献给党·唱响新时代”歌咏比赛获三等奖，参加“常德市鼎城区第四届体育运动会”获团体总分第二名，广场舞获街道(场)、驻区单位组一等奖，齐步奔小康及拔河比赛获街道(场)、驻区单位组三等奖。街道及各社区开展“我们的节日”春节、元宵、清明、端午、中秋等主题活动40余次。 （郭　婧）

【“三员”模式治理小区】 玉霞街道金山宾馆小区隶属湖南辰州矿业怀化金山房地产有限责任公司，占地规模1.72万平方米，是鼎城区实施老旧小区改造项目的第一个小区，涉及改造总户数150户，改造总建筑面积1.15万平方米。改造内容包括基础类改造、拆除违章建筑、扩宽消防通道、合理绿化布局、增设停车位、增设非机动车停车棚、增加健身器材及休闲广场。玉霞街道以该小区为试点，在项目完工后，由鼎城社区指导居民成立业主委员会，充实业主委员会的党员力量，引导党员发挥作用，参与小区管理，实行党员引领、业委会成员参与、网格员协调的“三员”管理模式，该模式被中组部、《湖南日报》等官方媒体推荐。 （郭　婧）

【打造“五心家园”小区】 滨江明珠小区于2015年建成，有业主504户，常住人口1200余人，2020年11月成立滨江明珠小区党支部，是鼎城区首个城市居民小区党支部。支部有党员36名，党支部委员3名，支部分为3个楼栋党小组，分工协作。滨江明珠小区以党的建设为引领，以支部为平台，构建业主与物业之间的沟通桥梁，督促物业主动解决问题服务小区居民，化解潜在矛盾，形成党员带头作表率、有事找党员的氛围，解决居民生活中的难点问题，形成“责任共担，利益共享”的氛围，打造贴心、暖心、安心、乐心、孝心的“五心家园”。2021年11月，玉霞街道、临江社区及滨江明珠小区物业联合改造小区环境，打造物管小区示范点，被《常德日报》头版推荐。 （郭　婧）

红云街道

【概况】 红云街道办事处位于工业园路以北、阳明路以西与沅江合围的区域，驻地停车场社区。总面积10.8平方千米，辖花船、德安、停车场、红云、福广、西站6个社区，总人口44605人。2021年，红云街道获全省垃圾分类示范街道第二名；红云街道党工委被授予常德市先进基层组党组织称号；红云街道桥头公园以东地块项目被评为常德市征地拆迁控违拆违“冬季攻势百日会战”十佳项目、建新河项目被评为常德市征地拆迁控违拆违“春雷行动百日会战”十佳项目；红云街道被评为无上访村（社区）良好乡镇（街道）；红云街道西站社区被评为平安村（社区）；红云街道被评为市级安全生产示范街道。

党建工作。街道党工委以增强基层党组织政治功能和组织力为重点，抓基层党建工作，抓班子队伍建设工作，抓亮点工作。优化升级平台，推进政务服务下沉，推进政务功能的有机融合，落实“党建引领、三务合一”工作要求，围绕政务服务事项“一窗式”受理、监管及事后评价体系建设，统一和融合办事、服务功能入口，推动服务和办事流程的规范、优化。实施社区党组织带头人整体优化提升行动，加强小区党支部建设，组织指导相关社区在鼎卫豪苑小区、华邦国际小区、忆江南·畅安佳苑小区、江南明珠小区成立党支部，在业委会换届和物业管理方面加强党的领导，推动业委会换届选举，促进小区规范化管理。开展社区“两委”换届工作，配齐配强支部班子，落实社区党组织书记区级备案管理制度和社区干部“凡进必审”机制，实行区级部门联审把关。加大从高校毕业生、返乡务工能人、党建联络员等优秀党员中选拔村党组织书记力度。

2021年12月1日，红云街道办事处在鼎卫豪苑小区组织开展第二届业主委员会委员竞选演讲活动（摄影：成浩）

纪检监察。建立党工委书记、班子成员全面从严治党责任清单和风险防控措施，党工委书记主持谈心谈话35次，纪工委书记开展谈心谈话37次，其他班子成员与下属开展谈心谈话平均不低于30次，针对违纪苗头及时提醒，施行诫勉谈话1人次。纪检业务工作与党工委中心工作形成双线联动，街道纪工委每周至少到社区调度3次。

项目建设。红云街道把征拆工作作为项目落地发展的重点，组织专门队伍维护和整治施工环境，协调处理辖区内在建项目各类矛盾10余个，落实建新河、红云社区储备地块、C17地块、鼎城西路等项目的征拆，征收土地20.47公顷，征收房屋201栋。联合区安置办、社区、公安、卫生、公证处等单位，开展红云安置小区二期、阳明湖畔的摸号选房工作，涉及拆迁安置户500余户。

控违拆违。2021年，红云街道城管执法大队组织大型强拆行动4次，督促违建业主自行拆除违法建设30余处，强制拆除违建40余处，累计拆除违建面积约5000平方米。

综治维稳。按照“预防为主、教育疏导、依法处理、防止激化”的原则，街道综治办化解矛盾纠纷100余件；按照区委要求，开展“三大两严”专项行动，到辖区内重点部位、重点企业进行安全生产大检查大管控大整治，检查单位200家次，打击非法行为2起，开展重点部位经常性检查，隐患检查全覆盖，至年末，排查出隐患80条，提出整改意见120余条，下发各社区交办函23封。在中国共产党成立100周年和国庆节期间，按照“五包一”的工作原则，开展矛盾纠纷排解7件。邀请消防专业人员组织各社区开展防灾减灾、消防安全知识培训各1次，利用微信、宣传栏、横幅标语等方式，宣传安全知识，发放防电信诈骗宣传材料1.5万余份，红云派出所刑拘涉诈嫌疑人14人。

城市创建。推进城市建设和管理，贯彻落实“环境就是民生，青山就是美丽，蓝天也是幸福”思想，平衡城市发展与生态环境关系，完善城市外在形象和内在功能。制定创建全国文明城市长效机制工作方案，成立领导小组，明确职责，形成多部门联动的有效工作机制，通过宣传，营造人人有责、人人参与的氛围，整治环境卫生、集贸市场、道路交通环境，通过周总结、月回头的监督机制，进行工作组、责任部门、责任人的创建工作跟踪问效。

疫情防控。召开骨干、联社区干部、社区主职会议，落实市、区新型冠状病毒感染的肺炎疫情防控指挥部的各项指令、规定。组织街道卫生服务中心、派出所、市场监督管理所、社区、小区物业、居民为一体的联动排查网络。2021年，红云街道卫健办排查大数据比对重点地区返回人员信息7900余条，依规转出管理信息7200余条，发放宣传资料3万余份，登记国内重点地区往返人员数人，集中隔离数人，国(境)外返回人员数人，组织核酸检测379850余人次。

社会保障。结合惠民"一卡通"问题专项自查工作，通过入户摸底清退不符合低保标准人员14人。落实居民医保缴费16958人次，给予困难家庭临时生活救助68人次，发放救助金9.2万元。残疾人两项补贴标准提高到每人每月75元，为新增的57名残疾人进行免费上门购买服务、2名残疾人进行免费康复训练服务，为32人免费配备助听器、轮椅、假肢、腋拐、盲人辅具，为23名贫困精神残疾人免费发放药物。健全完善区、街道、社区三级就业服务网络，发挥街道资源优势，及时传达用工信息，多渠道扩大就业岗位。城镇增加就业人数1464人、失业人员再就业699人，办理就业失业登记证60本，就业困难对象再就业10人、初次就业755人，组织人员参加现场招聘会2场，提供就业岗位200余个。

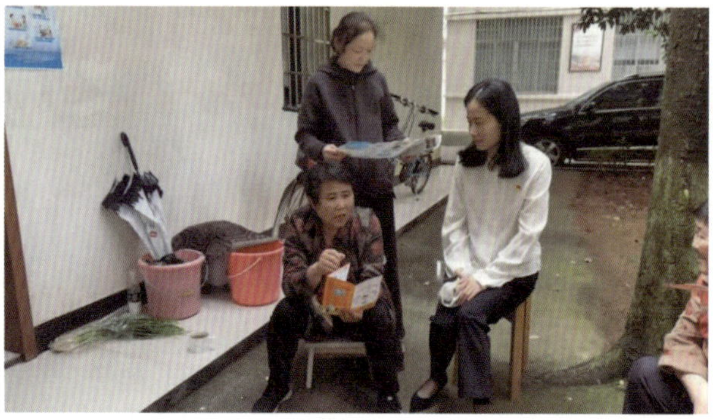

2021年10月，红云街道新时代文明理论宣讲志愿分队入户开展城乡居民基本医疗保险政策理论宣讲 (摄影:李丹妮)

环境保护。实行条块结合，开展由骨干带队、全办人员参与的24小时不间断、节假日无休式秸秆禁烧巡逻，做到监管不留死角、不留盲区、不留隐患。进行环境保护法律法规政策宣传，通过联社区干部包社区、社区干部包组、党员组长包户的包保责任制，压实大气污染防控责任，为每一个种植户上门进行面对面的政策宣传，并签订大气污染防治责任书。推进垃圾分类试点工作，在全省垃圾分类示范片区评比中，红云街道获全省第二。

2021年11月5日，红云街道开展垃圾分类集中宣传 (摄影:康兴阶)

武装建设。坚持以习近平强军思想为指导，宣传、贯彻、落实相关法规条例，通过街道设点和上门采集结合的方式，落实退役军人、现役军人家属信息采集和录入工作，悬挂光荣牌数块。慰问各类优抚对象，发放慰问金。 (李丹妮)

【红云街道开展防汛抢险演练活动】 2021年4月27日，红云街道为加强防汛责任意识，提升抗灾应急能力，保护人民群众生命财产安全，组织50名基干民兵，成立"防汛抢险突击队"，在沅江大堤西站社区滨江大道段开展抗灾防汛演练活动。27日上午8时，街道办主任廖建湘、街道办武装部部长牟家富带领防汛抢险突击队伍到演练基地开始演练，9时40分，演练活动结束。该次演练提高了防汛抢险突击队的抗洪抢险能力，为汛期的到来提前打下安全防护基础，让群众的生产、生活得到更有效的保障。 (李丹妮)

2021 年 4 月 27 日，红云街道开展防汛抢险演练活动
（提供：李丹妮）

郭家铺街道

【概况】 郭家铺街道地处江南城区南部，东西邻沅江，与德山接壤，辖区面积 2113.9 公顷，其中耕地面积 844.6 公顷。辖王家铺、孔家溶、三滴水、郭家铺、三叉湖、报国、鲁易、大禾场 8 个社区，共 104 个居民小组，常住人口 4.5 万人。隆腾物流园、湘西北五金机电市场、水产大市场，南方新材料科技有限公司、辰州锑品有限公司，湖南应用技术学院，鼎城融媒体中心坐落于辖区内，是鼎城区城市规划发展的重要区域，阳明湖板块城市建设中心的主战场。2021 年，郭家铺街道获评“湖南省卫生健康基层依法办事示范窗口”，获全市平安街道、全市平安建设优秀街道、全市安全生产和消防工作优秀单位等称号，禁毒工作获评“全区三年禁毒工作先进单位”。

党建工作。树立“围绕中心抓党建，抓好党建促发展”的工作思路，开展理论学习，推动作风转变，推进基层建设。开展习近平新时代中国特色社会主义思想学习教育，把学习贯彻习近平新时代中国特色社会主义思想作为街道党工委会议的第一议题、理论学习中心组学习的主要内容、“三会一课”的重点、党员干部教育的主体课程；开展党史学习教育，激活学党史、悟思想、办实事、开新局的生动局面。传承红色文化、赓续红色血脉，结合鲁易烈士生平事迹陈列馆开展现场教学。树立“大抓支部”的导向，推进全街道 33 个党支部“五化”建设 “提质升级”。开展小区党建、“红色物业”建设，围绕“找党员、建组织、强物业”的整体思路，打造朗泰·尚象郡小区党支部示范点。打造“红色品牌”，挖掘区域内红色教育资源，建设鲁易烈士生平事迹陈列馆，提升“红色基因”党性教育基地品质。开展“党课开讲了”“我为群众办实事”等活动，探索实践“党建 +”模式，发挥党员在围绕中心、服务大局中的示范引领作用。

城市建设。郭家铺街道作为江南城区的核心区域，把创新作为引领城市发展的第一动力，用“扛鼎精神”激发城市发展的内生动力。推进项目建设。落实江南片区棚改四期木材市场地块房屋征收工作，征收国有土地 1.12 公顷，房屋 14 户 2248 平方米；落实 C17、C18、C19 及巷道四个项目的征拆工作，征收集体土地 7.57 公顷，红线范围内房屋拆迁 4 户，发放土地、青苗、附属设施等补偿；落实 220 千伏变电站建设项目剩余 5 户的征地拆迁安置补偿工作，拆迁总建筑面积 1715.32 平方米；解决 220 千伏配套线路工程涉及报国社区、三叉湖社区、三滴水社区道路损毁、隐患整改、江南大道施工红线内居民土地占用增补及德安路房屋震损鉴定补偿等问题；开展王家铺储备地块的前期入户调查、永安碚排污工程零星地块征拆腾地、孔家溶改扩翻建棚改项目工作；协调处理征拆矛盾纠纷 183 件，没有发生一起因项目建设、征地拆迁引发的上访事件。提升城市品位。落实国家园林城市、国家卫生城市、国家城市文明指数测评工作。争取上级专项资金460万元用于孔家溶社区廉租房小区的旧改工作；协调处理名郡国际小区历史遗留问题，并指导成立业主委员会；摸底并报送老旧小区加装电梯63处，启动既有房屋加装电梯工作；落实辖区内9234处房屋建筑和市政设施普查工作，完成率、合格率均位居全区前列；推进“三建三拆”工作，落实辖区内150米围墙拆除工作；经过查阅规划，现场查勘、测绘，报送2处直升机起落点。开展环境整治。开展“蓝天保卫战”，成立59支禁烧巡查队伍，常态化开展秸秆禁烧巡查，通过拉横幅、标语，巡逻广播宣传车，送达《致居民朋友一封信》宣传单，签订《禁烧承诺书》等方式宣传，全年零火点。定期开展环保专项整治行动和“回头看”，检查已经取缔的10余家“散乱污”企业，防止死灰复燃。开展防洪大堤、险工险段重点检查，管控违法违规现象，落实“河长制”工作，开展长江流域禁捕工作。

惠民利民。推进“我为群众办实事”实践活动。优化政务服务，推动基层公共服务（一门式）落实落地，开展“一枚印章管审批”工作试点，61项便民服务事项实现“刷脸办”，政务服务窗口创建为全区示范窗口。落实社会保障，巩固拓展脱贫攻坚成果，建立健全防返贫动态监测机制；提升社会救助水平，定期认定清理低保对象，全年发放各类救助资金52万元；探索创新养老模式，运行报国社区城市活力老人自助式养老服务、三滴水社区免费居家养老服务。发展社会事业。落实疫情防控常态化管理，创建“无疫社区”，落实辖区全民核酸检测、疫苗接种，建立防疫屏障。计划生育协会工作获评湖南省计生协会先进单位，“中国计生协妇女维权点”落户该街道。

综治维稳。推进法治建设，创新“警司联调”、矛盾纠纷调处“五诊法”工作机制，全年调处矛盾纠纷案件246件，警司联调117件，成功率100%。9月18日，常德市政法系统县域安全稳定风险防控现场会在街道召开。10月27日，湖南省委政法委委员何志光一行到郭家铺街道调研。禁毒工作获评“全区三年禁毒工作先进单位”，11月4日，湖南省禁毒办副主任邓远良一行到郭家铺街道检查禁毒工作，肯定街道禁毒工作中社区（康复）戒毒人员工作。落实并通过退役军人体系建设工作的省级暗访检查。开展安全生产“三大两严一奖”集中行动和岁末年初安全生产百日大会战行动，开展各类安全整治专项检查1000余次，开展安全生产月、应急演练和知识培训等活动20余次，做到隐患排查无“真空”、隐患整治无“漏洞”、监管执法无“盲区”，确保事故不发生。开展“两车”整治活动，强制拆除遮阳伞600余把，罚款100余人，劝导教育违法行为人近5000人次，提升群众骑行安全意识和电动车火灾防控意识。

2021年9月18日，常德市政法系统相关人员到郭家铺街道调研政法工作　（摄影：曾建民）

党风廉政建设。以“亮剑”精神担纲监督职责，以作风建设为突破口，强化执纪监督，盯住问题线索，盯住财务、人事、项目建设等问题多发、易发领域，提前介入，全程监督。　（张　宏）

【郭家铺街道开展宪法宣传周活动】 2021年12月3日，郭家铺街道为加强宪法学习宣传，弘扬宪法精神，维护宪法权威，推动宪法全面实施，教育引导社会增强走中国特色社会主义法治道路的自信和自觉，启动“以习近平法治思想为指引，坚定不移走中国特色社会主义法治道路”为主题的宪法宣传周活动，街道党工委书记蒋华带领街道平安办、司法所工作人员向居民发放《中华人民共和国宪法》《以案释法》《农民工工资支付保障条例》《疫情防控法律知识》《中华人民共和国长江保护法》等相关读本，并进行相关法律法规讲解，利用展板向居民展示防电信诈骗和禁毒、戒毒、艾滋病预防等相关知识，发放各类读本、宣传单700份，接待群众咨询100余人次。（张　宏）

2021年12月3日，郭家铺街道开展宪法宣传周活动
（提供：张宏）

斗姆湖街道

【概况】 斗姆湖街道位于湖南省常德市主城区西南10千米处，2021年，下辖社区11个，区域总面积41.6平方千米，耕地面积1466.67公顷，总人口4.13万人。街道东至江南城区，南望花岩溪国家森林公园，西邻桃花源，北抵沅水，与常德市城区隔江而望。常张、常吉高速在境内交错互通，国道319线、国道207线横贯全境，沅水四桥直通江北，连接常德一号大道。千吨货运港口与桃花源机场在境内，斗姆湖是常德市水陆空交通的枢纽。街道主要商品有粮、棉、油、猪和鱼，有规模的种养业有常德市鼎城区农村种养协会、鼎城区临沅特种水果种植基地，街道有常德穗香米厂、斗姆湖万利米厂、斗姆湖中心米厂等6家稻米加工企业，年生产优质稻米5万吨，拥有国泰香米、江南丝苗、中健香米等品牌。全年斗姆湖街道农业总产值10828.96万元，农作物播种面积3974.8公顷，其中粮食播种面积2474公顷，粮食总产量15857.24吨；经济作物播种面积1500.8公顷。

党建工作。开展社区"两委"换届工作，配强社区班子力量，优化干部队伍结构，实现年龄、学历"一降一升"。全年发展党员23名。建立"联社区骨干"下沉指导、党建工作列入社区绩效考评等工作机制，落实党员管理积分制度。坚持"点上提升"和"面上推广"相结合，通过组织社区支部书记开展观摩学习、经验交流，提升党建工作业务能力；注重先进党支部评选，形成互学互促、比学赶超、进位争先的工作氛围。为无职党员设岗定责，组织无职党员志愿者服务队伍，开展政策宣讲、文明教育、乡村振兴、治安巡逻、扶贫帮困、矛盾化解等志愿服务活动。制定党员干部联系服务群众"五个到户"工作方案，建立"社区党组织—村民小组党组织—党员联系户"党组织体系，发挥党员先锋模范作用。

乡村振兴。开展专项扶贫工作。制定防止贫动态监测工作方案，为街道4754户16585人农村人口开展摸底排查、建立工作台账，逐户说明摸排出的脱贫户、低保特困户、重病重残户、因灾因意外户不纳入监测对象（1785户6256人）的原因；为277户脱贫户（含监测户）精准计算家庭收入并征得认可签字，联合斗姆湖农商行落实22户110万元存量小额信贷的管理工作，确保户贷户用、发展生产、零逾期，落实鼎城区下达的20万元指导计划。开展脱贫攻坚档案归档工作，整理归档"一户一档"材料278册，脱贫攻坚30年材料355册、永久材料963册。开展"三保障"工作。教育保障方面，与学校配合，保证"五类对象"学生教育助学到位；制定"三帮一"劝返方案，街道全年无"三帮一"劝返对象；按照现行政策，为红星社区1人开展送教上门并建立工作台账；落实春季、秋季雨露计划发放工作（春季17人、秋季19人）并建立工作台账。医疗保障方面，与劳保站配合落实脱贫户（含监测户）277户785人家庭人口参保及补贴政策工作。住房保障方面，与城建办配合常态化监测脱贫户(含监测户)、特困供养户住房情况,做到“危房不住人,住人无危房”。饮水安全方面,与水利站配合常态化监测脱贫户(含监测户)饮水情况,保障安全饮水。就业扶贫方面,落实脱贫人口的稳定就业,务工人员超过上年总数。开展公益性岗位稳岗就业工作,全年公益性岗位数量不低于上年。2021年,斗姆湖街道获评市级脱贫攻坚优秀街道。

社会保障。清理整顿城乡低保及特困对象,取消城乡特困对象10人、新增3人,取消城乡低保5人、新增13户19人。全年累计临时救济对象246人,发放临时救助20余万元。新增城镇就业700人,新增农村劳动力转移就业220人,组织参加各类招聘会7场,申报小额贷款4人,发放贴息贷款80万元,办理失业就业登记50人。城乡居民养老保险参保7134人,缴费金额2140200元,养老保险“回头看”稽核退款157人,稽核金额138501.9元。手机视频认证3394人,完成率99.5%。城乡居民医疗保险已参保19760人;城乡居民医疗保险特殊病种申报125人,医疗救助申报12人。退休人员资格认证区直退休人员1226人,市直退休人员86人,机关退休人员35人,健全和完善劳动保障台账、岗位申报、就业与社会保障联运等机制。改善街道居民居住环境,为辖区内26户农村居民办理建房审批。为临港新区规划严控区内10户居民办理住宅建设申报审批。抓疫情防控不放松,构建科学防控体系,建立疫情防控网络,落实疫苗接种33047针次17477人次。

农业生产。落实街道党工委书记66.67公顷(1000亩)示范片1个,各社区支部书记6.67公顷(100亩)示范片10个。全年引进水稻优质品种3个,油菜品种2个,用于示范试验与推广。发布病虫情报12期,发放技术资料1200份,农业稳产与增收,辖区内未发生重大病虫害造成减产失收现象。实施早稻1133.33公顷,一季稻133.33公顷,晚稻1200公顷,粮食总产量15857.24吨。绿肥播种面积200公顷。成立斗姆湖街道农机安全领导小组,建立农机安全台账,签订2021年农机安全生产责任状,开展联合整治行动5次。全年开展抽查检测样品2300余个,未发现农残超标现象。

综治维稳。按照综治中心标准化指引要求,建设综治办、司法所、禁毒办、安监站、道交办、交管站等部门联动的社会治理综治中心。严格执法、广泛宣传,开展法制宣传教育3次。实现矛盾纠纷不出社区、街道,没有群体性事件发生。落实区级以上转交信访件4件;“12345”市长热线网上回复78批次;排查矛盾纠纷115起,调解成功110起,形成调解卷宗的99起,化解积案2起。集中开展禁毒宣传2次,入户宣传2轮,发放折页3000份。2021年,斗姆湖街道获评市级平安建设优秀街道。

环境治理。投入40余万元,建立“蓝天卫士”监控平台,进行全天候24小时火点监测。成立室外巡逻组,开展全区域秸秆垃圾禁烧巡逻工作,节假日不休。改善人居环境,摸底调查企业排放标准,上门宣传和暗访抽查搅拌站、黄市港采砂场等存在环保隐患的企业,限时整改调查出的问题。配合鼎城区环保执法大队,停工整顿科宇建材等污染排放标准不过关的企业。接上级交办件、群众情况反映案例等10余起,所有案例均在第一时间调查处理,并将情况反馈给上级部门和相关群众,确保群众问题处理“零延时”,环境保护工作“零上访”。利用横幅标语、宣传车、屋场会等形式,制作横幅24条,发放宣传资料8000份,出动宣传车12台次。

安全生产。开展各类安全生产宣传活动,发放宣传资料1000余份,悬挂横幅标语60余条,开展普法宣传,提高居民安全意识。严格执法,整治各类安全隐患。制定行政执法计划,采取集中专项整治与日常监管相结合,分类整治、突出重点的工作思路。重点开展消防、加油站、加工厂等行业领域安全生产隐患大排查、大整治工作,严厉打击非法违法生产经营行为。开展安全生产专项整治、三年行动集中攻坚、“打非治违”专项行动、“查隐患、消隐患、防事故、庆‘七一’、保安全”大排查大整治大督查行动及“多合一”场所排查整治行动,排查一般隐患37处，整改37处，重大隐患5处，整改5处。收缴销毁两处非法烟花鞭炮，取缔无证经营的幼儿园2家，拆除废弃沼泽池1处。2021年，斗姆湖街道成功创建市级安全发展工作示范街道。

重点工程建设。建成街道完美社区服务中心，开展斗姆湖高速出口改扩建征拆和征地工作，棚改三期项目、机场社区和平巷老旧小区改造项目、工商所宿命改造项目完工。启动陈家港安置小区三期、五期附属工程建设项目，开展辖区内所有房屋建筑普查工作。 （罗 辉）

【斗姆湖街道成功创建省级乡村振兴重点帮扶村、示范创建村】 2021年，斗姆湖街道成功创建省级乡村振兴重点帮扶村1个（葛麻山社区），省级乡村振兴示范创建村1个（新建社区）。该街道综合地理条件、社情民意等因素合理规划，利用机场旁地理优势，引导新建社区打造通航小镇、葛麻山社区打造八仙秘境（绣球花海，以生态观光旅游为重点），因地制宜开发建设生态停车场、共享菜园等特色文旅项目。投入近200万元用于约3千米的道路"白改黑"，投入近100万元用于沟渠清淤、道路清障、绿化、花台建设等基础设施的新建和改造。 （罗 辉）

2021年，斗姆湖街道被评为省级乡村振兴示范创建村

（提供：罗辉）

【斗姆湖街道综治中心投入使用】 斗姆湖街道综治中心，于2021年8月动工改造，10月交付使用。综治中心面积约220平方米，整合平安办、信访办、司法所、禁毒办、安监站、交管站等力量，联合办公，为打造治安零发案、居民零上访、安全零事故的"三零"街道提供平台。 （罗 辉）

【斗姆湖街道完美社区服务中心建成】 2019年，斗姆湖街道完美社区服务中心新建项目启动，2021年3月开工建设，主体工程于2021年12月竣工验收。服务中心占地面积约600平方米，是集党建、行政审批、社会保障、消防和交通安全、自然资源、应急指挥中心等功能为一体的综合性服务中心，拟于2022年1月正式投入使用。 （罗 辉）

蒿子港镇

【概况】 蒿子港镇位于鼎城区东北部，地处洞庭湖区澧水下游南岸，东与安乡县隔河相望，南与十美堂交界，西与西洞庭毗邻，北与中河口接壤。全镇辖7个建制村、5个社区，总人口约3.6万人，其中城镇人口1.2万人。镇域总面积53.98平方千米，其中城镇规划区域面积2.75平方千米，建成城镇区域面积1.76平方千米。蒿子港镇于1995年被建设部列为小城镇建设试点镇，1996年被列为湖南省农村综合改革试点镇，2001年继续被列为国家建设部小城镇建设试点镇，2002年被列为湖南省第二轮农村综合改革试点镇，2004年被建设部、国家发改委、民政部、国土资源部、农业部、科技部列为全国重点镇，2014年再次被住建部等7部委列为全国重点镇。

社会保障。健全社会保障体系。12597人参加城乡医保，上缴医保基金400余万元，参保率50%以上；开展养老保险待遇核查"回头看"工作，核实冒领养老保险待遇人员537人，涉及资金147125元；为38名贫困精神病患者免费提供药品，投资7000元为1名残疾人实施生活条件无障碍改造；

享受临时救济对象130余人,发放救助资金20余万元;落实中心敬老院扫尾工程,2021年10月正式试运行。发展文化事业。以全国文明城市迎检为契机,宣传文明乡风系列公益内容,使文明宣传全覆盖;新建镇级新时代文明实践所、村级新时代文明实践站,打通宣传群众、教育群众、关心群众、服务群众的"最后一公里";开展读书活动,组织学习中共十九届五中全会精神及中共中央总书记习近平关于学习党史的重要论述。培育和践行社会主义核心价值观,加强思想道德和社会诚信建设,利用乡村大舞台,开展全民健身运动和群众文化活动,筹备"我们的节日"、庆"七一"等活动,推进全镇文明创建工作的整体发展。推进健康工程。结合"5·29"计划生育协会活动,与蒿子港镇医院开展义诊。为各村建档立卡贫困户免费体检。上报计生家庭奖扶对象57人,奖扶转特别扶助5人,准确率100%。落实"两癌"普查100人、免费产前筛查45人、优生检查60人,发放生育服务证97本。推进教育事业发展。建成蒿子港镇中学塑胶运动场;搭建学生劳动实践基地——草莓园。开展"助学圆梦公益行"活动,捐资10万元为100个家庭的优秀学子送温暖。

农业发展。粮食生产。成立粮食生产工作领导小组,制止耕地"非农化",防止耕地"非粮化"。双季稻推广面积933.33公顷,创建高档优质稻733.33公顷,办成早稻集中育秧示范片。由农综站指导找点育机插秧,逐村落实面积,落实机插秧133.33公顷。农产品质量安全监管检测。组织到生产经营主体、投入品经营主体等责任单位监管巡查48次,抽样检测基地农产品1200个样,2021年辖区内未发生1起农产品质量安全事故。植树造林。全年工程造林2300株,落实宇福路、镇中学路口,建设街等地绿化1500米。

项目建设。结合省道313公路改造,投资1300万元进行振兴街街道、人行道、排水管网、绿化、兆化配套建设。争取4期国家棚改专项投资近3500万元,其中第一、第二期竣工,第三期在建设中,第四期拟挂网招标。利用国家洞庭湖污水治理项目,治理河口街的青茅港支流哑河污水,投资300余万元。投资近300万元修建乡镇首座污水处理厂。投资1.34亿元建设省市重点工程建设项目蒿子港千吨级码头。

环境治理。抓责任主体关键点,落实镇村两级书记抓乡村振兴工作责任制,建设人大代表实践站,投入25万元高标准打造幸福屋场,疏浚河道、修整沟渠、加固坡面、拆除违建、新植花草,打造长安村"水清、岸绿、景美"风光带。落实饮用水源规范化建设工作,邱家村水厂、庆丰水厂、福美村水厂在5月下旬全部按质按量落实规范化建设。实施垃圾分类与垃圾减量,及时清运保底线。完善垃圾清运处理体系,安排37名专业人员进行日常清理。农村改厕落实120户。打造"门面",党政负责人分段包保,以青茅港河"生态长廊打造工程"带动辖区整体发展质量大幅提升。整治"侧面"。通过环境卫生大整治、道路"六乱"大清除、河湖"四乱"大清理、绿化美化亮化洁化大配套等专项行动,补齐农村人居环境突出短板。

疫情防控。抓新型冠状病毒感染的肺炎疫情防控常态化摸排管控,重点进行节假日前后返蒿人员的摸排,询问往返行程,做好台账登记,属于境外,国内高、中风险区人员的,立即上报区防疫指挥部,并落实相应管控措施。落实18周岁以上人群疫苗接种清零任务,按照《湖南省新冠病毒疫苗接种禁忌和注意事项指引》,保证应接尽接,年末全镇户籍人员禁忌证及暂缓接种人员590人,占比不到4%。加强境外回蒿人员的全程闭环管理,抓重点疫情发生地区返回人员的追踪、筛查、登记和管控,落实"五包一"监管制度,全年计排查出从疫区返抵辖区人员174人。强化外来进口食品和货物的管控,开展从业人员疫苗接种,冷链食品索票索证、采样检测等常态化防控措施,定期开展消杀、抽检等工作。

社会治理。开展无上访村建设。健全矛盾纠纷多元化解机制,落实领导坐班接访制度,排查调处矛盾纠纷106起，调解成功106起，成功率100%；受理各类信访件2件，办结率、反馈率均100%。开展普法宣传活动，在特护期期间，要求各村（社）进行矛盾纠纷“一日一排查”，做到小事不出村、大事不出镇。开展“安全生产月”、“一盔一带”安全守护、道路交通顽瘴痼疾整治行动。网格化管理促进精细化服务。在10个村（社）建立60个平安网格联户微信群，包片干部为群主，确保人员全覆盖。开展金融风险防控、维稳等活动，通过张贴公告、播放电子屏宣传语等方式，防范重大风险，让居民了解更多安全知识和防范技巧，强化防范风险的能力。在网格微信群中，包片干部进行防电信诈骗宣传全覆盖、禁毒宣传无疏漏，提供便民服务计48件。抓安全生产工作。开展“三大两严”行动，邀请第三方安全评估公司，编制完善安全生产应急救援预案。采取暗查暗访、联合执法等方式，按照集中专项整治与日常监管相结合、分类整治、突出重点的工作思路，进行道路交通消防、危险化学品、烟花爆竹、建筑施工、工贸企业、食品卫生等行业领域排查及专项整治。全年计检查生产经营单位312家次，排查各类隐患17项，隐患整改率100%，责令停产停工整改4起，罚款2000余元，取缔无证经营烟花爆竹店7家，没收烟花爆竹50余千克。上报各类安全工作信息20余篇。组织消防拉练11次，应急演练培训2次。组织防汛备汛，保障汛期安全。新修订防汛抗旱预案，提高预案的操作性、实用性，针对性地备足防汛人员与物资。进行防灾自救宣传，丰富群众防灾减灾知识。全年，没有出现重大险情，没有出现人员伤亡等情况。

（刘梁皓）

【蒿子港镇青年夜学助力年轻干部成长】 为促进基层青年干部健康成长成才，2021年11月22日晚，在蒿子港镇道德讲堂，青年干部第四期夜学准时开课，由蒿子港镇党委书记担任夜学班班长。全镇50余名青年干部参与学习。夜学班以基层党建、乡村振兴、公文写作、党章党规等内容为培训重点，以播放视频、导读领学、专题演说、以案释法、学习交流、课题讨论、组织主题实践活动等为授课学习方式，关注课上课余、线上线下的形式，建立微信班级群，分享好文章、好书目等，让青年干部联系紧密，充分利用课间和课余时间，充电学习。夜学班不仅有“文化课”，还有“体育课”，班级规定每月最后一周的夜学时间集中组织文体娱乐活动，让干部娱中学、学中娱，如篮球比赛、羽毛球比赛、趣味运动会、演讲比赛、文娱节目竞赛等。

（刘梁皓）

2021年11月22日，蒿子港镇青年夜学开班仪式现场

（提供：刘梁皓）

中河口镇

【概况】 中河口镇位于常德市鼎城区东北部，总面积73平方千米，辖1个社区、10个行政村，115个村民小组。2021年末，总户数7978户，其中农业户7551户；总人口3.2万人。耕地面积4353.33公顷。全年总产值13.58亿元，同比增长13.6%。其中，工业产值3.13亿元，增长17.6%；农业产值8.58亿元，增长18.1%。

党建工作。贯彻落实“党要管党、从严治党”要求，落实党委书记抓党建主体责任，坚持带头学习习近平新时代中国特色社会主义思想，引导全镇党员树牢“四个意识”、坚定“四个意识”、做到“两个维护”；组织开展党员冬春训、“三会一课”等组织生活，举办党史学习教育专题组织生活会、党史学习教育专题党课、开展专题学习，邀请区委宣讲团进行集中授课；组织全体党员集中观看庆祝中国共产党成立100周年大会。开展新一届村（社区）"两委"干部73人，平均年龄42岁，比上一届降低11岁，交叉任职比例67.1%。推选115名镇党代表，通过无记名投票方式选举产生9名镇党委委员。选出镇人民政府镇长1名、副镇长3名，镇人民代表大会主席1名，所有候选人满票当选。成立镇青年干部学习班，通过理论学习、实践学习、参观学习相结合方式，提高青年干部"听说读写"能力。连续5年收集好人好事3000余件，"党旗'微光彩'为民'大创举'"案例被评为湖南省思想政治工作创新案例。

重点工作。全年固定资产投资项目入库1.2亿元。引进管道燃气建设项目，长度1200千米，投资额1.2亿元。年末，主管网建设15千米，支管20千米，入户安装15户。投资500万元实施振兴街西段道路提质升级工程，振兴街西段道路长1300米、宽6米，沟渠浆砌护坡1270米。道路主体工程完工，年末正式通车。投资18万元在集镇圩场安装太阳能路灯129盏。打造团洲村幸福屋场乡村振兴示范点。全镇流转土地3666.67公顷，发展农业新型经营主体，规划常德天富生态农业发展有限公司、常德南盛木业有限公司、常德中旺环保科技有限公司3家企业。有农民农业合作社83家、家庭农场275家、种养大户125家。农业新型经营主体面积3040余公顷，占全镇面积70%。有种粮大户107户，双季稻种植面积1333.33公顷，优质稻种植面积2333.33公顷，全镇优质稻种植面积占98%，其中高中档优质稻种植面积1666.67公顷，建立千亩双季稻高产示范片2个、百亩双季稻高产示范片31个，实现"一村一品"格局；发展高档优质稻虾种养，稻虾种养户100户，种养面积800公顷(1.2万亩)，每亩增值2000余元；莲藕种植户12户，种植面积333.33公顷(5000亩)，每亩增值2300余元；葡萄种植户18户，种植面积106.67公顷（1600亩），每亩收益4000余元。

2021年，中河口镇团洲村幸福屋场建成 （提供：徐丽）

社会治理。每月召开安全生产工作部署会1次，在全镇范围重点行业进行摸排，向存在安全隐患的单位企业下达整改交办函，及时消除问题隐患；开展安全生产常识等法律法规及防灾减灾知识宣传。推进平安创建，突出矛盾纠纷排查化解，抓"大防控，大调解"，开展平安创建志愿者活动11次，治安巡逻150余次，调解各类民事纠纷127起，调处成功125起，调处成功率99%。优化整合网格53个，把党的建设、综合治理、重点人员管控、应急管理、社会保障等工作纳入基础网格体系，利用网格化管理发放民调宣讲等资料2万余份，与全镇村民签订《反电信诈骗承诺书》6500余份。整修道路断板35处，新设减速带、警示牌若干，整治交通道路顽瘴痼疾15起，取缔马路市场2处；开展"两车"整治活动，拆除违规安装的遮阳棚800余个，排查安全隐患126处，均落实整改。

乡村振兴。全镇脱贫及监测人口821户2464人，其中脱贫户789户2378人，监测序列有84户163人，其中非脱贫户32户86户。开展脱贫质量"回头看回头查回头帮"行动2次，落实户户结对，按期跟踪监测，实行重点对象定期检查、动态管理，持续跟踪收支、"两不愁三保障"及饮水安全变动状况，清理整治疑似问题，确保政策不漏一户。全年争资争项乡村振兴衔接项目15个，其中产业项目2个、基础设施项目13个，投入资金149万元。

社会保障。推进新冠肺炎疫苗接种工作，至年末，12周岁以上第一剂次接种13446人、第二剂次接种12520人、第三剂次接种3484人；3—11周岁新冠肺炎疫苗第一剂次接种1181人，第二剂次接种168人，计接种30799剂次。组织计生协会开展精准帮扶贫困计生家庭活动，发放助学成才资金2000元，贫困慰问资金3500元，帮助16名特殊家庭住院护理补贴金14300元。全镇计划生育家庭1634人，为农村扶助对象、城镇扶助对象、特扶对象、独生子女家庭发放奖励资金213.46万元，新增计划生育家庭74人。关爱弱势群体，复核认定低保户246户478人，发放低保资金145万元；走访调查751名残疾人，发放两项补贴资金42.66万元，发放残疾人用品用具53件；为221名五保户发放资金138万元。组织22人参加技能培训，定期推送就业、培训等政策信息10700条，组织334名劳动力参加5场招聘会，成功签约21名。鼓励创业191人，创办实体208个，带动就业645人。

环境治理。坚持“月检查、月考核评比”常态化管理机制，改善人居环境。开展秸秆禁烧常态化巡查，确保宣传全覆盖，遏制焚烧秸秆污染环境违法行为。抓环境违法问题查处，处理环保投诉案件10起，下达停业整改通知15次，均已整改。开展植树造林，补植绿化苗木6215株，3月，实施创森造林工程8.53公顷3740株，植树6.6万株。

（徐　丽）

【中河口镇“好家风”家庭教育公益课堂开讲】 中河口镇为贯彻落实中共中央总书记习近平“注重家庭、注重家教、注重家风”的重要指示精神，弘扬新时代家庭观，2021年12月31日，镇妇联邀请鼎城区家庭教育服务指导基地讲师李双艳到镇开展《孝福之道》家庭教育公益讲座。全体机关干部、村（社区）妇联主席、妇联副主席、妇联执委代表计110余人参加。

（张　文）

2021年12月31日，中河口镇“好家风”家庭教育公益课堂开讲　（提供：张文）

十美堂镇

【概况】 十美堂镇位于鼎城区东北端，与汉寿、西洞庭、西湖、安乡接壤，距常德市区约60千米，由原十美堂镇、黄珠洲乡、黑山嘴乡合并组建。辖18个行政村、5个社区，计1.8万户约6.5万人，镇域面积140平方千米。东临澧水洪道外滩，5千米沙潮河斜贯镇境，水草丰茂，盛产优质富硒水稻，甲鱼、龙虾、黄鳝等各类水产远近闻名，是名副其实的鱼米之乡。国家AAA级鸟儿洲生态旅游景区、鸟儿洲国家湿地公园镶嵌在境内，享有“全国乡村特色产业亿元村镇”“全国‘一村一品’示范村镇”“中华诗词之乡”“湖南最美乡镇”“湖南省农业示范点”的称号。2021年，十美堂镇工农业总产值13亿元，农作物播种面积1.60万公顷，其中粮食播种面积1.27万公顷，粮食总产量9035吨；经济作物播种面积691.2公顷。工业固定资产投资1.1亿元，同比增长10%。

党建工作。开展党史学习教育，专题集中研讨4次，观摩红色教育基地2次，落实为民办实事、解难事750余件。全年发展党员数人，培养入党积极分子，发放光荣在党50年纪念章。培养村（社）后备干部69人，在全区“五类人员”比选中，1名选调生、1名站所负责人，1名村支部书记被提拔。落实“三重一大”“一岗双责”，坚持民主集中集体决策，强化从严治党主体责任，抓党员干部管理，全年开展谈心谈话 252 次、各类廉洁警示教育 4 次、作风督查 3 次,查办信访案件 8 起、立案调查 2 起,给予党纪处分 1 人,开除党籍处分 1 人、批评教育 4 人。优化“一门式”基层公共服务,办理事项 3879 条,办结率 100%;推行“导师帮带制”,14 名导师与 24 名学员结对,形成“以老带新、共同进步”的局面;扩面提质“两新”党组织,由领导挂点联系、党建指导员上门孵化,有针对性地破解“两新”组织发展难题。强化党建引领。坚持党管武装,输送兵员,落实退役军人事务管理站和基层人民武装部达标建设,组织基干民兵整组点验。农业产业发展事宜被中央电视台《新闻联播》报道。通过媒体平台及时发布宣传乡村振兴、疫情防控、产业发展、社会治理等相关新闻 120 余篇。利用全镇 88 个微信网格群及各种宣传阵地进行宣传。全年未发生重大舆情事件。开展村支“两委”换届工作,落实镇党委、人民代表大会、人民政府换届工作。

2021 年,十美堂镇农业产业发展事宜被中央电视台报道
(提供:周晶)

乡村振兴。巩固脱贫攻坚成果,因人因地施策,推进专项扶贫资金、危房改造、政策扶持等工作,确保全镇已脱贫户及 70 户监测户不出现新致贫,实现“一保两防”的目标。落实危改 17 户,新增转移就业 420 余人,创业贷款审批 18 户,贷款金额 480 万元。开展城乡低保和社会保障救助家庭的异动、调整工作,新增低保户 67 户 180 人,清退低保 178 人,新增五保转低保 16 人、低保转特困 10 人。筹措资金 47 余万元,救助和慰问特困群体、党员、贫困学子等。开展幸福屋场建设,在紫流村、一港村、秧田村试点,至年末,全镇建设幸福屋场 3 个,正在建设 20 个。

2021 年,十美堂镇紫流村同富幸福屋场 (提供:周晶)

现代农业产业。规划建设高标准良田,打造“1511”模式,建成早稻集中育秧基地。十美堂镇被评为第十一批全国“一村一品”示范镇,同兴村被评为全国乡村特色产业亿元村。在紫流村建设油菜绿色高质高效示范基地,与省农科院对接,筹备建设全省一流油菜籽深加工生产线——万华油脂,正式投产。完善油菜产业链,提升菜籽油品质,油菜产业园获批 2021 年省级农业特色产业园项目。与湖南农大、深圳商会合作,在上河口村建立鳝鱼种苗繁育基地。搭建电商平台,建立线上、线下全覆盖的销售网络,在上河口村成立巾帼创业就业示范基地。落实防汛抗旱工作,按照河长制要求落实“两长两员”,巡河无死角,确保农业旱涝保收。升级改造水利设施设备,整改一港、信阳湖、黄珠洲等镇管大型机埠,整治修复险工险段 8 处 3600 米、渍堤及涵闸 5 处,拉网式检查河堤、沟渠,及时养护维修出现损毁的工程,扫障近 100 千米,清理保洁渠道 79 条 428 千米。投资 1323.49 万元进行 282 条机耕道建设、管路、养护。

综治维稳。调处矛盾245件，挽回经济损失420余万元，社会治理指数得分排名居全市前列，未出现1起到市以上非访登记。落实安全生产监管责任，开展安全生产“三大两严一奖”行动，检查码头、液化气站、加油站、学校、超市、娱乐场所、危险路段等90余次，消除和整改各类安全隐患35处，开展宣传教育培训12次，接请区消防大队讲师进行安全生产培训，防范和化解安全风险。

项目建设。投入近400万元建设镇级平台便民服务中心并投入使用，计1400平方米，占地面积470平方米，内设14个办公室、便民服务中心、能容纳300人综合性大会议室、党委会议室、小型接待室。投资2300万元建设13个村高标准良田工程；投资1200万元进行一港、信阳湖、黄珠洲3个镇管大型机埠及80余处村级电排电气设备升级改造，投资5000余万元在牛屎湖防洪堤段建成长度7400米的防洪墙，加固南干渠防洪堤段3000余米，硬化牛屎湖出水闸和机关北院的砌墙护坡300余米；解决近万人的汛期安全问题。落实道路“白改黑”5千米，修复庆复村、沅阳社区、黑山农场道路6千米。

2021年，十美堂镇镇级平台便民服务中心大楼

（提供：周晶）

美丽乡村建设。营造绿色生态，落实河湖长制管理，建立河渠保洁长效机制，实行沟渠主干沿线水面清障。建立林长制，植树造林16万株，公路主干沿线栽种鸡冠花5千米，除杂30千米。落实耕地保护，推进珍珠退养、畜禽退养、封洲禁牧、湿地治理，实行澧水河段禁捕退捕管理，清除网箱，防止反弹。抓农村乱占耕地整治工作，实行大棚房整治。改善人居环境，落实污染防治“三清理三整治四提升”，指导各村（居）成立爱卫协会，筹措卫生费近105万元，用于各村（居）环境整治。联合国家电网为700余户甲鱼养殖户进行煤改电。

文旅融合。发展乡村旅游，2021湖南油菜花节鼎城分会场设在十美堂镇，被湖南省农业农村厅评为湖南十大最美油菜花乡村旅游点。建成十美美丽庭院，打造鸟儿洲、正和、紫流、兴镇、同乐、同兴、秧田红色文化墙和鸟儿洲湿地诗廊。挖掘湖湘文化底蕴，确定“中共湘西特委游击队北上洪湖会议”“常德农民二五减租运动”“中共陈家嘴区委地下联络站”遗址。通过中华诗词学会的验收，被授予“中华诗词之乡”称号，十美堂镇中学、兴镇社区被评为“中华诗教先进单位”，在第四届农民运动会上获乡镇组团体第一名。

2021年，十美堂镇油菜花海　（提供：周晶）

疫情防控。动员网格员开展疫情防控工作，摸底排查，梳理可疑人员，加强后勤保障，落实防控举措，做到内防反弹、外防输入。全年排查各种信息9000余条，集中隔离数人。召开党委会，研究部署新冠病毒疫苗接种工作。压实责任，坚持“党员带头、干部先行、群众参与”的工作模式。发动机关干部职工、村支“两委”干部、党员及亲属的带头作用，通过自身实际，正面宣传

引导；发挥“小手拉大手”作用，教师示范带动学生家长接种疫苗。摸排在家可接种对象、在外务工人员、流动人员等信息，在规定时间内落实摸排登记工作。全镇疫苗接种50352人，疫苗接种工作经验在全区推介。（周　晶）

【十美堂镇被湖南省农业农村局评为湖南十大最美油菜花乡村旅游点】 2021湖南油菜花节鼎城分会场设在十美堂镇，于2021年3月举行。2021年，十美堂镇被湖南省农业农村厅评为湖南十大最美油菜花乡村旅游点。十美堂镇利用“油菜花节”乡村旅游名片，让文化与旅游、农业与旅游、产业与旅游有机结合，完善农村一、二、三产业融合市场，变“看风景”为“卖产品”，至2021年连续举办7届油菜花节，累计吸引游客230万人次，带动旅游及农产品销售收入2.9亿元。搭建电商平台，建立线上、线下全覆盖的销售网络，促进农民就地就近就业增收，实现农民离土不离乡。（周　晶）

2021年3月，湖南省第二届油菜花节开幕式现场
（提供：周晶）

【十美堂镇同兴村被认定为全国乡村特色产业亿元村】 2021年11月3日，中华人民共和国农业农村部发布《关于公布第十一批全国“一村一品”示范村镇及2021年全国特色产业十亿元镇亿元村名单的通知》，十美堂镇同兴村被认定为全国乡村特色产业亿元村。十美堂镇同兴村是以水稻、油菜、蔬菜、淡水养殖等产业为主的农业大村，通过转方式、调结构、推进供给侧结构性改革，发展主导产业，形成特色产业布局。有甲鱼产业升级农业产业化龙头企业1家、甲鱼养殖专业合作社1家、生态甲鱼养殖观光产业园1个、甲鱼加工企业1家，带动养殖户213户，全村甲鱼产业相关从业人员709人。甲鱼产业成为十美堂镇同兴村的第一大产业，产品销往全国23个省（自治区、直辖市）。（周　晶）

牛鼻滩镇

【概况】 牛鼻滩镇隶属湖南省常德市鼎城区，南滨沅水，东与贺家山原种场接壤，西抵常德市芦山乡。2021年，镇域面积约89平方千米，耕地面积4014公顷，其中水田2716公顷、旱地1298公顷，另有养殖水面1432.87公顷。全镇下辖行政村10个，社区2个，总人口3.53万人，其中，农业人口8949户31945人。全年牛鼻滩镇获评2021年度常德市“无访乡镇”先进单位，2021年度安全生产和消防工作区级优秀单位；牛鼻滩镇同春垸村获评常德市“无上访村（社区）”先进单位。

党建工作。开展村（社）“两委”与镇人民代表大会、人民政府换届工作，选举产生党组织书记12名、村主任12名、镇第十四次党代会代表128名、镇第十四届委员会委员9名、纪律检查委员会委员7名、出席中国共产党鼎城区第十三次代表大会代表11名。邀请鼎城区委党校教师、常德市社科联副主席等专家为全体镇村干部宣讲百年党史。利用干部职工大会、主题党日活动，组织镇村干部学习中共十九届六中全会及省、市、区党代会等会议精

神 20 余次。镇党委、镇人民政府结合民情民生、民众诉求，开展“我为群众办实事”活动，在六栏公路修建错车台 10 个，疏通解决白洋湖附近 6 个村近 2 万人入场出行“错车难”问题。开展“夜话忆初心”活动 12 次，察民情、访民意，办实事 20 件。

乡村振兴。制定防止返贫动态监测和帮扶工作方案，常态化开展监测对象识别、人口自然增减，落实帮扶措施、跟踪帮扶成效并及时消除风险。摸排辖区农村人口 10118 户 32122 人并建立台账，识别脱贫户、监测户 704 户，“一对一”开展精准帮扶，实现“应纳尽纳、应扶尽扶、应消尽消”。鼓励以“支部 + 合作社 + 农户”模式发展集体经济，引导该镇产业结构向阳光玫瑰、黄桃、花椒、香橼、金银花等特色种植业优化升级，引导养殖主结合实际转向甲鱼、鲑鱼、台湾泥鳅及玉臂藕等特色养殖。推进幸福屋场建设，同春垸村作为牛鼻滩镇乡村振兴示范村，采取村集体筹资、乡贤助力等方式筹集资金 117 万元保障花湖湾幸福屋场建设，实施绿化、亮化、美化工程。该幸福屋场覆盖同春片 4 组至 6 组，辐射周边人口近 1000 人。

民生福祉。开展农村低保 288 户 490 人、城镇低保 72 户 111 人的保障金提标工作，通过财政打卡发放农村低保保障金 157.10 万元，城镇低保保障金 50.98 万元，发放五保供养金 250 户 275 人、175.88 万元。为全镇 3 名 100 岁的高龄老人发放保障金 1.62 万元；办理临时救助 345 人次，发放资金 35.79 万元；落实计生奖励政策，发放计优奖扶及补贴 192 万元；发放一、二级重残疾护理补贴 311 人、27.99 万元。核查全镇 3.53 万人的养老保险待遇，数据异常 1431 人，整改 1431 人，整改率 100%。组织 40 名居民参加常德高新区重点企业用工服务专场招聘会，签约 20 人，辖区新增就业人员 60 人，为创业实体申请贴息贷款 80 万元。落实 2300 公顷早稻生产任务，推进集中育秧、“压单扩双”和化肥减量工作，建设乡镇粮食生产千亩示范片和各村百亩示范点，建设高标准农田项目433.33 公顷。

社会治理。化解矛盾纠纷 80 起，调处率100%。抓网格化建设，组建网格 59 个。开展宪法法律宣传月活动，展出展板 20 块，发放各类宣传单 3000 余份。开展反电信诈骗宣传，展出展板 10 块、横幅 12 条，发放宣传材料 4000 余份。推进安全生产集中攻坚专项整治三年行动，抓排查整治。全年开展安全检查 116 次，排查隐患 33 处，整改 33 处，整改率100%。

2021 年，牛鼻滩镇开展安全生产检查 （摄影：朱春红）

生态文明。落实珍珠湖水环境问题整改和饮用水源保护区问题整治销号，配合中央第六环保督察组关于群众反映问题的回复工作。落实河（湖）长制工作，镇村两级河长全年开展巡河 372 次，发现问题 12 个，交办 12 个，整改 12 个，整改率 100%。组织开展常态化禁捕巡查 70 余次，驱离沅江岸线垂钓人员 150 余人，立案查处 2 人。组成巡查小组 9 个、机动组 2 个，进行 24 小时全覆盖巡查。开展“6·5”环境保护宣传、环保宣传进校园等宣传活动。开展农村人居环境集中评比检查，抽调各村（居）环保专干进行交叉互检 12 次，户与户、组与组互评 50 余次，镇整治办不定期明察暗访，改善村庄环境。 （龚明瑶）

韩公渡镇

【概况】 韩公渡镇位于常德市鼎城区东部，东与西洞庭管理区、汉寿县罐头嘴镇接壤，南邻贺家山原种场、牛鼻滩镇，西接柳叶湖旅游度假区白鹤镇，北抵镇德桥镇、石公桥镇。冲柳高低两水穿境而过，沅、高、低三水防汛堤长 52 千米。全镇总面积145.3平方千米，辖17个行政村、3个社区、8个镇属渔场、1个园艺场，总人口5.3万人。地区生产总值3.67亿元，地方固定资产投入1.1亿元，农民人均收入9850元，耕地面积8176公顷，水面养殖面积87.8公顷。

党建工作。开展党委和人大换届工作。召开党委会研究部署换届工作，开展换届宣传活动。强化思想学习教育，提高党员干部纪律意识，学习党内纪律和要求。注重组织程序的严谨性和合法性，确保党员权利的充分行使，保障党员意愿的充分表达。加强与党员的沟通交流，及时传达上级指示精神。开展政治理论学习，围绕"学史明理、学史增信、学史崇德、学史力行"主题每月开展专题学习研讨。组织镇村党员参加主题党日活动、参观红色教育基地等提高党员干部的责任感和使命感。发动镇村党员参与"鼎级传媒"APP线上党史知识竞赛活动，举办"学百年党史，讲红色故事"支部书记演讲比赛和"学百年党史，抒家国情怀"青年干部演讲比赛。

2021年，韩公渡镇"学百年党史，抒家国情怀"青年干部演讲比赛 (提供：金榕)

乡村振兴。结合常断线"白改黑"项目，推进"一带两区三点"建设，抓常断线沿线的人居环境整治。推动保护开发，促进文化振兴。作为全区唯一一个全国重点文物保护单位索县汉代城址，其保护规划按照程序报请国家文物局审核通过。创新体制机制，激发内生动力。探索新乡贤示范引领作用，建立韩公渡镇新时代乡贤人士库，出台《韩公渡镇鼓励全社会力量参与乡村振兴意见》，调动群众助力乡村振兴的积极性。建设幸福屋场，根据屋场"居民集中、关系密切、相互影响"等特点，在全镇20个村(社)建设"幸福屋场"，提升农村社会的生活品质。

生态环境。推进美丽乡村建设，营造人人爱护环境的氛围。贯彻落实检查评比、奖、罚制度，结合每季度的卫生评比，开展爱国卫生运动，提高群众爱卫意识，整治露天焚烧秸秆垃圾现象，明确秸秆禁烧奖惩措施和值班包保制度。开展"我为群众办实事"实践活动，设立秸秆粉碎集中点，下发粉碎秸秆帮扶资金，从源头上避免秸秆焚烧现象，提升人民群众满意度。落实"河湖长制"，加快生态园林建设。开展河湖渠塘十大专项整治行动，打击非法养殖排污，实施农村户厕改造，控制粪污直排现象，净化农村生态环境。参加"创森"义务植树3万余人次，植树10万余株，成活率、保存率均90%以上。

2021年3月，韩公渡镇植树活动 (提供：金榕)

农业产业。开展耕地"零抛荒"专项行动，双季稻应种尽种。抓部办示范点建设、高产创建及粮食基点的工作，全镇高档优质稻种植面积2933.33公顷，粮食产量7.5万余吨，获评区粮食生产先进单位。抓农产品质量安全，联合农教办开展水稻种植技术培训，指导农民科学用药，保障粮食增产增效，获评市级农产品质量安全乡镇。抓农机安全整治行动，常态化开展安全隐患整改落实情况"回头看"，促进农机安全生产工作上新台阶，创建湖南省"农机平安"示范乡镇。

惠民工程。开展农田水利基本建设，投资1400万元，更新改造2560千瓦镇属泵站11处。投入资金50万元，维修与管护水渠渠道损坏部分。新增流花口水厂取水井1口，解决村民安全饮水问题。开展防汛抗旱工作，落实防汛责任制，各村建立健全防汛工作领导小组，明确职责，防汛河堤段与各村(居)负责人签订责任状，加强巡查。按时值班，及时向领导提供雨情、水情、灾情，确保无漏岗现象，确保全镇安全。开展"空心房"整治工作，调查摸底出20个村(社区)的闲置房、危旧房、违建房和违章房等"空心房"，拆除可拆除"空心房"392栋，增加耕地面积约40公顷。

综治维稳。坚持系统治理、依法治理、源头治理，加强社会治理体系和治理能力现代化建设。召开党委会议专题研究，成立工作专班，开展专题培训，统一思想，形成共识。公共服务镇村联动，将政务服务中心、综治中心和警司联调中心集中办公，形成"办事一站式服务、上访一门式办理、问题一次性解决" 的基层公共服务新格局。推进创建工作，开展安全生产宣传进校园、进社区、进企业宣传活动，开展应急演练，发放宣传手册。安监员、村(居)安全监管员以网格为骨架，以村组为元素，发现并上报安全隐患。打击违法犯罪，全年接警126起，群众求助35起，调解纠纷27起，破获行政案件1起，破获刑事案件9起，刑事拘留5人。开展禁毒知识进校园、进村社宣传行动，提高群众防毒禁毒意识。开展应急演练，提升应急处突能力。建立健全防汛责任制，明确职责，与各村(居)负责人签订责任状。组织镇、村干部进行防汛抗灾应急演练。

社会保障。落实惠民政策，推进农村低保制度和扶贫开发政策衔接。全镇享受城镇和农村低保户676人，发放金额200万元。慈善救助、医疗救助、残疾人保障等惠民政策，全镇五保户345人，发放供养金215万元；临时生活救助600余人，发放52万元；享受困难残疾人生活补贴221人，发放金额20万元；享受重度残疾人护理补贴513人，发放金额46万元；发放优抚资金265万元，采集退役军人信息，发放光荣牌数块。城乡居民新型养老保险和城乡居民医疗保险全覆盖，发展民生保障事业，新增创业主体72个，新增扶持帮扶车间2个，新增各类就业534人；公益性岗位安置贫困人口97人，受理创业小贷申请8人次，发放贷款160万元。全镇医疗保险参保3.7万人，完成率90.55%。（金 榕）

2021年，鼎城区委书记朱金平(中)调研韩公渡镇帮扶车间 （提供:金榕）

【刘国龙为鼎城区韩公渡镇镇村干部上党课】 2021年7月27日，常德市委常委、市委政法委书记刘国龙到鼎城区韩公渡镇，为全体镇村干部上党史学习教育专题党课。刘国龙以《掀起学习贯彻中共中央总书记习近平"七一"重要讲话热潮，努力开创韩公渡镇乡村振兴、平安建设新局面》为题，从充分认识百年大党取得的辉煌成就、乡村振兴的重大意义和实现路径、平安建设的基本内容和治理模式三个方面内容，为党员干部授课。刘国龙指出，学习好、领会好、贯彻好中共中央总书记、国家主席习近平"七一"重要讲话精神是一项长期的政治任务。下一步，韩公渡镇党委、人民政府要按照党中央和省委、市委、区委的部署要求，进一步抓实抓细，持续掀起学习贯彻热潮，切实把思想和行动统一到中共中央总书记、国家主席习近平重要讲话精神上来，以更加奋发有为的状态，更加扎实有力的举措，在更高起点上，深入推进乡村振兴、平安建设工作，让人民生活更幸福、更舒心。课后，刘国龙到韩公渡镇派出所查看综治中心整体建设运行情况。（金 榕）

石公桥镇

【概况】 石公桥镇位于常德城区东北部，地处太阳山东麓、洞庭湖西滨、东抵西洞庭管理区、西接双桥坪镇、南临镇德桥镇、北靠周家店镇，距常德市区30千米，属于湖区与丘陵区接合地带。镇以桥为名，1956年设石公桥乡，1958年改公社，1984年置镇，1995年冲天湖乡并入、2018年园艺场并入。全镇土地面积114平方千米，辖12个行政村、3个社区、1个渔场，计143个村民组。2021年末总户数12855户，总人口39648人。2021年，石公桥镇三堰口村申报为省级乡村振兴示范创建村。在平安建设工作中，石公桥镇获评区级优秀乡镇；三堰口村获评市级“无上访村”优秀村。

党建工作。开展党史学习教育活动，同步抓好党风廉政建设工作。开展党委换届、人大换届工作，换届结果“零矛盾”“零举报”“零上访”，开展村支“两委”换届后各项工作。开展党史学习教育活动，制定“我为群众办实事”清单，组织镇、村党员干部开展环境整治、防疫宣传、安全生产排查等实践活动，坚持扬正气、提精神、重实干、开新局，落实“我为群众办实事”活动成效，强化干部担当意识、纪律意识，确保基层治理风清气正。利用微信网格群等方式，宣讲党的理论、传播党的声音。落实帮扶政策，确保党员联户落到实处，打通服务群众“最后一公里”。坚持把党风廉政建设与业务工作同研究、同考核、同问责，做到“两手抓、两手硬”。

2021年6月23日，石公桥镇组织全体机关干部、职工及各村(社区)支部书记到蔄伯赞故居、浯溪河战役旧址开展“追寻红色足迹，感悟初心使命”党史学习教育活动　（提供：雷蕾）

乡村振兴。巩固脱贫攻坚成果，落实帮扶政策，通过市区两级年末考核。对接乡村振兴，稳定粮食基本盘，建立高档优质稻基地1733.33公顷，其中常德香米333.33公顷。加快发展产业，争取乡村振兴产业项目13个，投入资金560万元，开展国有和集体资产清查工作，村集体收入增加近200万元。新打造鳜鱼鲶鱼养殖基地66.67公顷、猕猴桃基地13.33公顷、大头盖菇基地3.33公顷；落实各村村庄规划编制工作，打造石公桥镇幸福屋场示范点，挖掘特色，建成全区第一家村史馆。坚持主动担当，敢于作为，向上争资争项，全年争取近60个项目投入资金4000余万元。投资2200万余元，提质改造石公桥镇灌区农田水利设施，维修养护9处机埠，进行60口骨干山塘清淤扩容，完成移民后扶项目25个。投入1000万元实施丁马线石公桥墟场近4千米沥青路面改造，自筹资金修建产业发展路2.5千米。

2021年，石公桥镇三堰口村幸福屋场　（提供：雷蕾）

社会保障。抓防返贫检测和帮扶长效机制落实，安排后盾单位领导和镇骨干结对47户监测户，强化帮扶力量、制定帮扶措施。动态调整项目库2次，落实20个项目的资金拨付。完成小额信贷140万元。开辟公益性岗位80余个。落实城乡低保、临时救助政策，经清理整顿，全镇低保352户698人、特困供养对象234户262人，合计每月发放低保金和特困供养金32.5万元。每月发放优抚金36万余元，“两节”期间发放解困资金近10万元，慰问物品发放近600件。加强创业就业帮扶，发放创业担保贷款80万元，核实辖区内的1.8

万余名(男 16—60 岁,女 16—55 岁)劳动力信息和务工信息,组织 200 余人参加鼎城区委、区人民政府组织、人社局主办的各种专场招聘会,城镇新增就业 150 人,新增劳动力转移 350 人。推进“两保”征缴,城乡居民保险 12465 人参保缴费,缴费总金额 6868600 元,参保率 97.6%,基金征缴率 117.68%,新增参保扩面 80 人。

生态环保。全年,镇生态环保办巡查 60 余次,接受处理投诉事件 30 余起,下达整改通知书 10 余次,关停非法挖砂取土点 5 家;开展水污染防治行动,按要求完成冲天湖水环境问题整改和饮用水源保护区问题整治销号。进行环境卫生的宣传推广,组织开展户与户、组与组互评 40 余次,农户生活垃圾分类教育覆盖率 90%,村民垃圾分类知识知晓率 90%。坚持执行巡查制度,抓秸秆、垃圾禁烧工作,疏堵结合,开展秸秆回收利用工作,从根本上解决秸秆去向问题。

疫情防控。推进新型冠状病毒感染的肺炎疫苗接种工作,构建免疫屏障,建立疫苗接种动态台账,摸清底数。发送接种信息,确保宣传到位。设立流动接种点,避免老人多跑路。排查返乡人员信息核准工作。针对上级通报的疫情最新情况,开展关于最新通报的中高风险地区人员的排查登记工作,为从中高风险地区返回人员实施相关检查,并明确人员从事医学观察服务追踪工作。明确镇、村干部包网格管理责任制,实现防疫工作无缝隙、全覆盖、零遗漏。

综治工作。推进平安乡镇、无上访村(社区)创建,获评平安建设工作区级优秀乡镇,三堰口村成功创建市级优秀“无上访村”,园艺场社区等 8 个村(社区)成功创建区级合格“无上访村”。开展矛盾纠纷大排查大化解,化解矛盾纠纷 100 余起。解决信访疑难问题,开展打击电信诈骗、禁种铲毒活动,推进法治政府建设。开展安全生产专项整治三年行动、“打非治违”,开展安全监督检查 200 余次,督办整改安全隐患 120 余处,全年未发生安全生产事故。 (雷　蕾)

2021 年 12 月 30 日,石公桥镇进行企业安全生产检查
(提供:雷蕾)

【石公桥镇三堰口村史馆建成开馆】 2021 年 12 月 9 日,石公桥镇三堰口村史馆建成开馆,为修建村史馆,在寻找场地时,老支部书记陈德兴主动提出将自家老房子改造成为村史馆。该馆坐落于三堰口村幸福屋场的中心位置,毗邻文化广场和陈家祠堂,占地面积 750 平方米,建筑面积 120 平方米,陈展面积 280 平方米,总投资约 50 万元。村史馆分为 4 个展厅,陈列该村参加抗美援朝、抗美援越、中越边境自卫还击战的有功人士,在党 50 年的老党员,三堰口村大事记和文化遗存,村史村情,历届支部书记和当前村党支部党员,村规民约,传统主要经济作物,传统用具,传统农具及当代有功人士等,借助实物、文字、图片等载体,呈现三堰口村的“前世今生”。 (雷　蕾)

周家店镇

【概况】 周家店镇位于常德市的东北部,距市区 30 千米。北与津市药山镇相连,南与石公桥镇抵界,东望西洞庭管理区,西邻双桥坪镇。总面积 134.67 平方千米。总户数 10575 户,人口 34378 人,其中农业户籍 9367 户 32919 人、非农户籍 1208 户 1459 人。辖樊溪、闵泉 2 个社区,恒丰垸、荷花、濠口、娥公桥、大砖桥、白鹤寺、阳陂庵、团垱坪、新时堰、瓦屋垱、太平寺、武岗寨 12 个村,计

155个村民小组。2021年，周家店镇财政收入5161.14万元。其中镇本级2529.64万元，村居3191.64万元。全年总支出5721.28万元。其中镇本级2529.64万元，村居3191.64万元。

党建工作。镇党委书记到村上党课10余次，开展谈心谈话40余次，全年召开专题党委会研究党建工作20余次，量化党建考核内容30余条，组织主题教育学习近10次，接请区委党史研究室专家宣讲党史3次，联村党员到村上党课每季度1次。摸排满足调查条件党员人数144人，经过镇自查、区交叉检查发现问题线索57人，经镇、村核查组核实确有问题人员5人，落实整改。完善村(社)党组织管理，制定《村(社)干部岗责考核与报酬挂钩制度》《末位淘汰制度》《综合业务知识考试制度》等制度。开展换届选举工作，村(社)换届选举中，新任支部书记8名、新任支委成员13名、新任村委委员15名，新招录党建联络员9名，村(社)干部中，35岁以下干部33名，大专及以上学历53名，"90后"支部书记1名，新任支部书记3名为新经济人士。

产业发展。突出优势农产业，粮食生产工作跨入全区第一梯队序列。落实上级下达466.67公顷早稻集中育秧任务，实际落实573.33公顷，并通过验收；落实"双季稻轮作"绿色高质高效示范片和"1521"工程早稻办点示范；"压单扩双"早稻落实面积2600公顷。镇党委书记聂君利千亩示范片被评为千亩先进示范片，娥公桥村、大砖桥村被评为先进村，瓦屋垱水稻专业合作社和诚兴水稻专业合作社被评为先进合作社。开展"全国五星乡镇农机推广机构"复评工作，并通过评审。全年油茶新造11.33公顷，油茶抚育管护24.67公顷，实施创森工程，落实区林业局下达的造林任务，造林3280株。推进畜禽粪污资源化利用项目建设，发酵床20户，发酵罐22户。组织开展全镇粮食生产考核验收，抓农产品质量安全监管工作。落实区级监管服务平台建设，实施农残检测样本2500个。推进动物防疫、动物检疫、血防工作等工作，抽检瘦肉精样本2800个，并到养殖场每季度巡查1次。

社会保障。开展劳动就业和社会保障工作，组织220名求职者参加3次招聘会，农村新增劳动力转移225人。2021年，全镇农村低保户412户，保障人口703人，发放低保救助资金170.5万元；五保户239户计274人，发放五保救助资金172万元。开展低保、五保对象入户调查2次，五保新增6人，清退38人。低保清退40户75人，新增39户80人。低保动态管理合格率100%。临时医疗救助325人，发放救助资金36.5万元。享受高龄补贴百岁老人3人、90以上老人104人，发放高龄补贴14.2万元。开展救助工作，发放五保救助资金、低保救助资金，为310人发放临时医疗救助资金34.3万元。参加区四运会获乡镇单位第六名，在《常德日报》、新华社视频、省市两级《新闻联播》、新湖南等平台上稿60余篇。开展兵役登记工作，登记数人。

综治工作。推进平安创建工作，创建"无上访村(镇)"。获评区级优秀"无上访"乡镇，全年无非访、无集访、无越级上访等情况发生，协调化解矛盾事件20余起，其中化解重大案件6起，化解1起遗留15年的移民上访问题，社会治理指数全年12个月均为满分，位居全市前列。"雪亮工程"在线率位居全区前列，镇禁毒办获评区级先进单位。实施网格化管理，网格由79个重新划分为62个，另2个专属网格(学校与医院)，将工作落实到网格，主要通过联村社骨干、镇干部—支部书记—网格长—网格员逐层传达工作精神，重要工作事项召开网格屋场会，落实到家家户户。开展提质综治民调工作，依托"千名干警大走访、法律知识进万家"活动进行宣传，36名联镇干警、镇网格指导员到相应网格召开网格会议，进行走访入户宣传。5月上旬，各村社以网格为单位上报100个群众样本/网格，反馈民调电话2个省、16个市。促进安全生产，通过"三大两严"集中攻坚，查处违规经营的烟花爆竹店6家，收缴货物200千克，取缔烟花爆竹临时经营店2家，查处关停非法烧制青砖厂1家，消除敬佩粮油存在3年的地磅安全隐患，2021年，周家店镇获评区级安全生产和消防工作优秀单位。

生态环保。制定实施《周家店镇生态环境污染防治工作方案》，处理回复中央环保督察组交办问题3件，销号处理省环保督察"回头看"问题2件。制定实施《周家店镇2021年农村人居环境整治工作实施方案》，组建村级爱卫协会，制定爱卫协会职责职能，由爱卫协会牵头，村干部协助，在组与组、户与户之间开展环境卫生检查评比，并进行奖惩。围绕幸福屋场建设推进人居环境整治，以点带面推进环境卫生整治工作，启动14个幸福屋场建设。推进改厕工作，改厕155座，落实验收及系统录入工作。

社会事业。完善基础设施建设，改造机埠2座，完成第二批水库除险加固的勘探设计，为52口山塘实施清淤，新修柏油公路约6千米，新增及改造配电宽载变压器63台次，新增及改造高低压线路19.35千米。开展燃气安全排查，针对5处违规储气站下达整改通知书，并督促整改。拆除乱搭乱建2处。维护维修省道311路段的太阳能路灯10盏。抓污水处理厂和污水管网建设的后续工作，整修群众反映强烈的六中门口积水和菜市场旁边下水道堵塞的2处地段。开展农村住房安全排查，排查农房8544户，复核疑似危房93户，纳入2021年农村危房改造21户，落实危房改造21户，发放危改补贴资金51.1万元。开展房屋安全隐患普查工作，调查图斑2万余个，逐户上门核实并录入系统。协助村民建房的住房安全宣传和督促91户。推进卫生健康事业，新冠疫苗接种16岁以上第一剂接种位居全区第12名，60岁以上第一剂接种位居全区第4名，全程接种位居全区第1名。推进村级卫生服务向健康管理转型，结合扶贫结对帮扶，开展计生特殊家庭家庭医生签约服务，签约121人。

（李隽豪）

【周家店镇获"中国长寿之乡"称号】 周家店镇辖12个村、2个街道居民委员会。人口34378人，其中60岁以上老人7393人，80岁以上老人1704人，90岁以上老人278人，100岁以上老人4人。周家店镇居民注重养生保健，成立老年摄影协会、老年书法协会、老年保健协会、老年诗词协会、老年科技协会等涉老组织，促进养老行业发展，实现老有所养、老有所乐、老有所医，老年人的获得感、幸福感和高质量生活得到提升，全镇人口平均预期寿命79.7岁。2021年10月，通过常德市创建"中国长寿之乡"活动领导小组的评审，周家店镇通过考核，获"中国长寿之乡"称号，鼎城区委副书记、区委统战部部长王时雨为其授牌。 （李隽豪）

2021年10月，周家店镇"中国长寿之乡"授牌仪式

（提供：李隽豪）

镇德桥镇

【概况】 镇德桥镇位于区境中北部，东连石公桥镇，西接柳叶湖旅游度假区白鹤镇，南邻韩公渡镇，北抵双桥坪镇和（原）区园艺场，距鼎城区人民政府驻地20千米，总面积43.2平方千米，辖6个行政村、3个社区。2021年，全镇总户数5789户，总人口1.9万人，农用地总面积3241.2公顷，其中耕地2290.07公顷，林地251公顷，养殖水面540公顷。

党建工作。换届工作。3月，全镇9个村（社）开展"两委"换届；5月，召开中国共产党镇德桥镇第十四次代表大会，新一届党委委员、纪委委员、书记、副书记均满票当选；8月27日，召开镇第十九届人民代表大会，新一届镇人民政府、人大班子满票当选。红色教育。镇德桥镇党校被常德市委组织部确定为“党性教育现场教学点”，全年接待参观调研指导团队150余批次、到访党员群众1万余人次。4月19日，迎接湖南省委组织部副部长赵凯明到镇调研；6月24日，迎接湖南省委组织部部长王成到镇调研指导；11月2日，迎接湖南省委组织部副部长、省委编办主任刘越高到镇调研指导。党员教育。全年开展党史学习教育专题学习讨论4个，组织现场教学，实地参观尧天坪镇文甲农民起义纪念碑、草坪镇乡村振兴示范点、石板滩镇红烨红色文化园等。6月24日，邀请湖南文理学院马克思主义学院黄向阳教授，为全镇党员干部进行“学史力行”专题授课。干部管理。表彰全镇优秀党组织、优秀共产党员和优秀党务工作者。组织召开村干部岗前培训、财务培训、安全生产培6期。出台《村干部考核细则》，按季度进行考核排名，追责到人。

2021年5月29日，中国共产党镇德桥镇第十四次代表大会留影 （提供：莫青）

乡村振兴。农业生产。推进“压单扩双、禁止抛荒”，水稻种植面积3500公顷（早稻面积1566.67公顷，一季稻面积266.67公顷，晚稻面积1666.67公顷），迎接湖南省粮食生产检查2次（省国调队）。早稻集中育秧540公顷，推广优质稻666.67公顷。粮食生产实现丰收，早稻亩产450千克，一季稻亩产650千克，晚稻亩产500千克。在现代农业产业园核心园区新建3000平方米育秧工厂1座，铺设沥青路面1500米，新建机耕道3500米，修建沟渠5000米，安装诱捕灯200盏。启动冬季农业试点，在刘家桥村推广种植羊肚菌、大球盖菇等新品种，助力群众增收。在“鼎级传媒”等网络平台上推介甘蔗、草莓等农产品。全年迎接省市农业生产调研12次，承办全区农业生产现场会2次。环境整治。实行冲柳低水马家吉河流域片区系统综合治理；开展“化肥减量”工作，悬挂宣传横幅20余条，张贴宣传标语500余份，每村设立化肥施用量监测点1个。抓农村人居环境整治，发挥协会牵头监督作用，将秸秆禁烧纳入人居环境考核，进行宣传巡逻。城建工作。排查房屋4979栋，涉及未用作经营自建房存在安全隐患房屋5户，其中1户纳入危改，4户自行整改。摸底街道污水管网入户支网建设，督促社区居民将污水排入主管网。水利建设。全年泵站检修14台（套）、1600千瓦，沟渠清淤维管46千米，大堤、水库大坝清障除杂22.5千米，开展防汛抢险知识培训1场，防汛应急演练、堤段点交1场，组织汛前检查6次，督促推进涉农涉水工程完工投产8项。

安全维稳。安全生产。全年开展网上执法120余例，查出隐患37处，下达责令限期整改指令书32份，落实整改任务37处。实施宣传演练，开展森林防火演练、防地震灾害应急演练、防汛抗旱应急演练，“5·12”宣传、安全生产月宣传、食品安全宣传、交通安全宣传，消防安全知识培训、农产品质量安全培训等。实施“三大两严”集中行动月活动，排查镇域安全隐患，按期实施整改。联合交警开展两车整治行动17次，拆除雨棚、遮阳罩近300个。维稳工作。制定《2021年镇德桥镇信访维稳包保责任表》，开展隐患排查化解。实行“五包一”包保责任制，一日一调度，一日一摸排，一日一管控，一日一总结，抓日常联系和管理，进行走访慰问，帮助困难对象申请救助。专项行动。开展禁毒宣传"进校园、进村社"行动3次，悬挂宣传横幅22条，张贴宣传标语360张，发放宣传单页2000余份；开展"反电信诈骗"宣传专项行动，组织政法干部进社区、进校园实施宣讲；开展"情暖家庭"、"5·19"志愿者活动，协调处理纠纷矛盾近20起。

社会事业。社会保障。医保征缴1.6万余人。城乡居民养老保险新增12人，死亡申报80人，为3950名居民进行资格认证工作。帮助企业社保人员年审620余人，办理特殊病种新增72人，年审217人；办理医疗救助6人；新增民政低保2户3人。民生服务。下乡办理残疾证11人次、改办第三代残疾证19人次。为26名精神残疾病人发药，发放残疾人辅具46人次。办理新增满60岁退役军人待遇，走访特困退役军人。登记城镇新增劳动力80人，处理贫困劳动力就业系统310条，推送贫困劳动力就业500余次。办理就业失业登记证12本。与珈珍养老服务有限公司签订协议，实施敬老院社会化托管，争创中心敬老院。常德市海乘职业技术学校迁址扩建项目落户该镇。脱贫攻坚。定期动态调整脱贫户人口和边缘易致贫人口，审核统计防返贫监测信息系统务工信息。4月，开展脱贫攻坚成效"回头看"排查工作，防止返贫风险发生。开展脱贫攻坚档案整理工作。卫生健康。开展"三留守"慰问、"我为群众办实事"、"5·29"计生协活动，关心、慰问特扶困难家庭3次，了解42个特扶对象、5个手术并发症对象的身体状况和生活状态。开展常态化新冠肺炎疫情防控工作，建立摸排工作台账与"三包一"责任台账，不漏一户，不落一人。

（莫　青）

双桥坪镇

【概况】 双桥坪镇位于鼎城区西北部，与津市、临澧县接壤，跨沅水、澧水水系。2021年，全镇土地面积115平方千米，辖14个行政村(社)，其中社区3个，计142个村民小组，总人口3万余人。全镇林地4933.33公顷，耕地3000公顷，水域面积933.33公顷。境内交通便捷，二广高速、省道313穿境而过，高速互通2千米直达集镇。双桥坪镇属丘陵地带，亚热带季风气候，以农业生产为主，是典型的"农业大镇"。

党建工作。开展村(社)党组织换届工作，召开中国共产党双桥坪镇第十三次代表大会，选举产生党员代表115名，选举产生中共双桥坪镇第十三届委员会委员9名，纪律检查委员会委员7名，村(社)支部委员会成员68名。督促党员按规执行各项制度，按时交纳党费、参加支部组织学习教育活动。围绕"学史明理""学史增信""学史崇德""学史力行"4个主题开展党史学习教育活动，班子成员带头学，利用中心组学习平台开展学习研讨，开展专题学习5次，专题学习1次，专题研讨4场次，撰写专题研讨发言36篇，心得体会12篇。

农业。抓早稻生产工作，全镇早稻种植面积1666.67公顷，其中专业化集中育秧466.67公顷，4.35公顷耕地抛荒均复耕复种，无新增耕地抛荒和耕地"非粮化"。抓秸秆禁烧工作，召开秸秆禁烧专题会议，部署秸秆禁烧工作，与各村签订秸秆禁烧责任状，各村(社)与所辖区域内所有农户签订秸秆禁烧协议，进行秸秆禁烧巡查。开展农业实用技术培训和农作物办点示范，全年开展种植、养殖大户、贫困户培训5次，培训人员1000余人，发放技术资料2万余份；推广水稻新品种5个，油菜新品种3个，推广优质稻2333.33公顷；承担省市项目再生稻基地建设2个，千亩油菜示范基地2个，推广测土配方施肥3333.33公顷，绿色防控专业化统防统治2333.33公顷。抓农产品质量安全监管工作，每月开展农产品质量巡查3次以上，全年检测蔬菜1500个样，瘦肉精抽检2500个样，上报检测情况至区农产品质量监管平台。抓动物防疫工作，春防免疫生猪口蹄疫苗1.7

万份,免疫家禽(高致病禽流感)65.6 万羽。生猪出栏 4.3 万头,存栏 2.4 万头,落实区定任务数。所有生猪养殖场均进行大清洗、大消毒。实行规模养殖场粪污污染整治,落实农业部禽畜粪污污染整治项目 28 户,其中发酵床 12 户,粪污储存灌 16 户。开展拖拉机顽瘴痼疾专项整治,组织农机安全生产检查,保证拖拉机、联合收割机入户率、年检率、驾驶人持证率 90%以上。

林业。落实 67.67 公顷的造林任务,其中油茶造林 40 公顷,花椒 26.67 公顷,生态廊道建设 21 公顷。义务植树 7 万株,封山育林 80 公顷,油茶低改管护 306.67 公顷。全镇无重大林业案件发生。实施"三山"保护面积 1333.33 公顷,涉及双堰堤村、祝家垱村、大龙站居委会、兴国寺村、全家坪村 5 个村(居)。

水利。为朱家冲水库除险加固投入 190 万元,小水源工程投入 90 万元,移民基础建设投入 120 万元;拟为所有小(2)型水库安装水情、雨情监控设施;群力水厂提质改造工程完工。落实值班坐岗制度,填写值班情况,提供雨情、水情、灾情数据。落实河长制工作要求,沙溪河、南洋河、甘蔗河、各水库及小微水体按照河长制管理要求,抓河道、水库堤防管理,抓河道保洁工作,进行大堤除杂,保持大堤整洁。制定"七无三有"的工作目标(污水无直排,水域无障碍,堤岸无损毁,河底无淤积,河面无垃圾,绿化无破坏,河道无障碍,堤岸有公示,治理有方案,管理有队伍)。

安全生产。坚持日常检查,突出专项整治。排查各类行业、企业 42 家,查出隐患 55 处,下达安全隐患下达限期责令整改指令书,建立台账,落实整改责任人、整改期限、整改措施,责令限期整改,整改 53 处。规范化管理马路市场,解决上级交办的安全隐患,排查全镇 108 个"多合一"场所安全隐患,当场警示教育企业 48 家,责令限期整改。培训自然灾害信息员,上报自然灾害信息。重点查处非煤矿山"三超"、危险化学品"三违"、烟花爆竹"三超一改" 等违法违规行为。依法制作文书 118 份,处罚企业 22 家。

综治维稳。联合卫生院摸底排查全镇精神病人,登记在册精神病人 165 名,其中 3 级及以上人员 50 名。摸底排查吸毒人员,进行风险评估,建立底数台账、一人一档,落实管控。制作固定橱窗 4 个,宣传标语 30 条,在学校、墟场、各村(社)组织开展毒品预防教育和禁种铲毒工作,建设无毒乡镇。接待到镇来访人员 75 批次,回复市长热线 200 余条。

民政劳保。开展城乡居民养老保险领取人员生存认证,手机网上认证 2577 人。开展城乡居民养老保险政策落实和征缴工作,至 11 月 20 日,缴费11610 人,占任务的 71.17%。完善就业登记制度,贫困劳动力信息核实 1248 人,已就业 1079 人,未就业 128 人。新增城镇就业 120 人,失业再就业 80 人,困难再就业 20 人。

卫生、计生工作。关爱特殊困难家庭,为特扶对象申请住院护理补贴 2 万余元。开展生育服务登记工作,办理生育服务证登记 115 本、三孩出生证明 4 本。完善利益导向机制,审核上报农村计划生育家庭新增奖励扶助对象 82 人,特扶 11 人,录入国家奖扶系统。规范奖扶人员档案管理,归档新增 82 名奖扶对象相关资料。全年申报对象 5 例,争取护理补贴 1 万余元。

综合文化。投资 100 余万元修建双桥坪镇文化广场,年末工程竣工。管理维修"村村响广播"。制定"村村响广播"维修方案,定期巡查,投入 1 万余元指定专人维修并签订维修协议。

道路交通。常态化开展治理超载、超限工作,成立治超领导小组,建立进货、出货台账,24 小时安排专人值守。抓校车安全管理,开展校车日常检查 40 余次,每月召开一次校车驾驶员、照管员安全培训会,督查学校每天进行一次校车安全检查。协调省道 313 后续问题处理。

人居环境整治。清理存量垃圾,镇村干部下组到户,清捡、托运垃圾。加大人居环境整治投入,新修大型垃圾收集点 1 个,聘请垃圾清运车,每日将各村垃圾收集至基准点,统一清运至垃圾处理厂。

各村聘请保洁员负责垃圾清运和街道卫生清扫，明确保洁义务，与各家各户签订协议，规定房前屋后环境整治责任。

乡村振兴。召开专题会议部署幸福屋建设工作，各村选取幸福屋场建设示范点，年末，建成幸福屋场3个。召开双桥坪桥镇第十八届人民代表大会第九次会议，表决通过2021年度民生实事候选项目名单，小里堰、新堰水库除险加固工程，群力水厂扩建工程、镇文化广场建设工程、花椒产业基地建设工程均竣工。 （郭少华）

2021年，南洋坪村幸福屋场建成 （提供：郭少华）

灌溪镇

【概况】 灌溪镇地处常德市西北郊，距常德城区5千米。东界武陵区南坪街道；西邻桃源县陬市镇；南接武陵区河洑镇；北抵石板滩镇。2021年，区域面积64平方千米，其中林地1230.8公顷，耕地1627.67公顷，水面303.93公顷。辖10个行政村、2个社区，计198个村（居）民小组。总人口31106人，其中城镇人口8103人、农业人口23003人。2017年，常德国家级高新技术产业园区在该镇落成。2021年，该镇获评常德市安全生产和消防工作优秀乡镇、常德市平安建设工作平安乡镇、常德市平安建设工作优秀乡镇、常德市“春雷行动百日会战”控违拆违“十佳项目”、常德市“夏季风暴百日会战”控违拆违“十佳项目”、鼎城区建设“无上访村（社区）”优秀乡镇、鼎城区征地拆迁安置工作红旗单位、鼎城区征兵工作先进单位。

党建工作。落实党管武装，灌溪镇武装部被常德市军分区授予“基层人民武装部全面建设星级达标考核评定四星级”奖牌。落实党支部阵地建设，升级村（社）服务中心。开展换届选举工作，换届后12名村（社）党组织书记中大专及以上学历10人、1990年后出生4人，村级后备人才36名。落实省委“1+5”文件精神，村干部基本待遇和健康体检均保障到位。

项目建设。开展征地拆迁工作，太阳大道、油茶基地、高新大桥、金丹路、响箭重工等16个项目完工，交地55公顷，发放征拆资金2亿元。

农业农村建设。落实扶贫政策，全镇建档立卡贫困户367户1099人均脱贫。进行耕地抛荒整治，水稻播种面积从1246.67公顷扩大到1305.67公顷，超额落实粮食生产指标任务。改善农村基础设施，2月，西线公路9.4千米道路“白改黑”工程完工；实施三星垱河等防汛风险点的排查和除险加固；投入300余万元用于河东部分主干道路升级改造，方便群众出行；投入100万元用于灌白公路全线亮化。整治人居环境，6月，获评全区人居环境整治“五好乡镇”，第四季度，获评常德市人居环境整治“十佳乡镇”。发展特色产业，扩大大华军事文化园规模和影响力，民琛田园综合体项目落户该镇，持续发展河西产业带。全镇建成“幸福屋场”12个。

2021年，灌溪镇白马岗村李家楼湾幸福屋场
（提供：刘雅琴）

城镇建设。投资3500余万元用于浦灌大道扩改翻建、棚户区改造，生资路、和谐花园道路“白改黑”、基础设施配套及强弱电入地工程。依法拆除各类违法建筑8200起1.3万余平方米，其中存量违法建筑12起5000余平方米。依法拆除交投公司逾期临建和存量违法建筑。整治环境卫生，开展镇区和村主干道路环卫保洁统一购买社会化服务工作。

2021年，灌溪镇实施城镇提质改造　（提供：朱玉函）

安全建设。全年侦破刑事案件20余起，刑事拘留30余人，办结行政案件40余起，行政拘留20余人。实施“雪亮工程”，全镇新设一批监控探头。开展反电信诈骗等宣传工作，电诈案件比例降低。开展安全生产专项整治行动，查处事故隐患385起，取缔“三合一”场所5家，关闭瓷砖胶厂2家，非法柴油加油站1家，汽车喷涂作坊1家；每月开展消防演训1次，消防出警19次。

生态环保。通过“宣传＋签约”“人防＋技防”工作方式，利用“村村响”广播、横幅标语等渠道开展立体式宣传活动，全年有2个月在全市高速环线内组空气质量考核中进入前6名。常态化开展“河长制”工作，实施河段清淤除杂、除险加固，整合镇人民政府、派出所、村居力量，查处电打鱼行为，保护境内水域生态健康。

民生事业。投入教育资金150万元，开展小学校舍维修、塑胶操场整修等工作，灌溪中学教学成绩位居全区前列。为40名生活困难居民申请临时救助，发放临时救助资金6万元；组织263名失业、无业人员参加大型招聘会，为198人提供就业岗位。开展新冠肺炎疫情防控，进行全民疫苗接种。发展群团事业，支持工会、团委、妇联、志愿者工作，开展关爱留守儿童和空巢老人等活动。

（刘雅琴）

【湖南省公安厅调研灌溪镇农村交通安全工作】 2021年7月15日，湖南省公安厅党委委员、副厅长、一级警务专员汤向荣率省公安厅一行到鼎城区灌溪镇调研农村交通安全工作，常德市人民政府副市长、市公安局局长余良勇，灌溪镇相关负责人陪同。汤向荣一行在富贵坪村涵洞、溪沿社区九组飞龙大道等地进行现场调研，听取灌溪镇道路交通安全工作讲解，查看灌溪镇道路交通安全工作资料，询问相关业务知识并了解拖拉机、摩托车等车辆数据和“两站两员”开展情况。（朱玉函）

2021年7月15日，湖南省公安厅调研灌溪镇农村交通安全工作　（摄影：刘雅琴）

石板滩镇

【概况】 石板滩镇位于鼎城区中北部，北纬29°16′、东经111°64′。东靠太阳山常德林场，西抵桃源县架桥镇，南接灌溪镇，北连蔡家岗镇，沅澧快速干线1号大道穿境而过。因境内渐水河中有一条长约900米的石板河滩而得名。镇人民政府驻石板滩社区居委会，距常德市城区12千米，距鼎城区人民政府驻地19千米，距灌溪高速入口3千米。全镇总面积 64.50 平方千米，总人口 21653 人，辖 6 个村、4 个社区，属常德高新技术产业开发区范围，是鼎城区工业重镇，也是湘西北最大的花卉苗木产销基地，有“花木之乡”之称。2021 年，石板滩镇获评市级文明乡镇、脱贫攻坚二类乡镇、“无上访村（社区）”优秀乡镇，石板滩镇荷花堰社区、常水社区获评市级文明社区，石板滩镇毛栗岗村获评全国文明村镇。

党建工作。围绕“学党史、悟思想、办实事、开新局”要求，抓学习教育，发挥党委核心作用，落实“三重一大”民主决策。开展村支“两委”换届工作，实现年龄、学历“一降一升”。选举产生中共石板滩镇第十七届委员会委员 9 名，纪律检查委员会委员 7 名，选举产生新一届区人大代表、镇人大代表、镇人大主席。规范党员队伍建设，将“党员积分管理”列为党建工作目标责任和党员岗位目标责任管理内容；红烨红色文化园“两新”党组织获评市级标杆党组织、市级党性教育现场教学点。

乡村振兴。推进幸福屋场建设，规划幸福屋场 15 个，建成 5 个。监测返贫动态，实现脱贫攻坚与乡村振兴衔接。规范千人以上饮用水源建设，制作界标 39 块，宣传牌 9 块，警示牌 13 块，整改饮用水源 1 处；与农户签订禁烧承诺书 6500 余份。至 11 月末，有脱贫户 372 户 1130 人，监测户 15 户 25 人。监测户中有 10 户 14 人为原建档立卡脱贫户，其余 5 户 11 人为一般农户。

生态环保。宣传“文明祭祀”，出动宣传车全天候轮回广播，悬挂标语 10 条，赠送鲜花 600 余盆，劝阻25 余人次，收缴烟花爆竹 30 余卷。开展“6·5”世界环境日活动，发放环保宣传资料 2000 余份，展出展板 20 块，悬挂横幅 10 条，张贴环保标语 200 条，为居民进行环保答疑解惑 50 人次。开展石煤矿区治理，出动机械 3.8 万台次、劳动力 4.6 万人次。通过 CK02、CK03、CK04、CK05 号矿坑实施覆土及复绿工程，恢复矿区生态环境功能。引进教授雷学军团队碳汇草种植项目，在 CK02 号矿坑区域栽种碳汇草 4 公顷。

项目建设。至年末，新金鼎砖厂、兴隆路、天宇建材、宏坤建材 4 个项目交地；兴隆路与邓榜路、监管中心二期、天宇建材放坡补征、富力达木业，成诚汽车，永欣机械 6 个项目财评未交地。

安全稳定。开展“强执法、防事故”“安全生产月”“三大两严”“百日大会战”等专项行动，全年集中开展安全生产检查 293 次，检查企业、单位、门店 912 家次。排查调处矛盾纠纷 63 起，调处成功 61 起，调解成功率 96.8%。全镇 110 个监控探头均联网接入，视频巡查工作形成常态。

农业生产。整治耕地抛荒 23.73 公顷，粮食生产双季稻实现新突破，全镇双季稻推广面积 233.33 公顷。全年，检测瓜果蔬菜 2400 余例，检测合格率 100%；农业投入品巡查 48 次。发送病虫情报 7 期，召开农业专题会议 6 次。全镇“两有”贫困户 58 户，督导 2 家帮扶合作社发放产业扶贫物资折价 2.9 万元。

社会保障。宣传新冠肺炎疫情动态，动员居民接种新冠疫苗。至 11 月，全镇接种新冠疫苗 13792 人 2.8 万余针剂。办理残疾证 5 人；为 17 名肢体残疾病人发放轮椅，33 名视力残疾病人发放收音机；为患有精神疾病且有康复需求的残疾病人发放精神病药物；为 2 名肢体残疾病人发放腋拐，2 名肢体残疾病人安装假肢，3 名肢体残疾病人发放坐便椅，5 名听力残疾病人发放助听器。更新 553 名残疾人动态。开展企业退休职工认证工作，审核、认证领取养老金离退休职工 659 人。

（黄　群）

【石板滩镇开展“奋斗百年路·启航新征程”活动】 2021 年 6 月 28 日，石板滩镇开展“奋斗百年路·启航新征程”庆祝中国共产党成立 100 周年系列活动，表彰先进党组织 5 个、优秀党务工作者 5 名、优秀共产党员 90 名。镇党委书记梅小清为全体党员上党史学习教育专题党课。活动还进行文艺会演、红歌合唱、舞蹈表演等。（黄　群）

2021年6月28日,石板滩镇开展"奋斗百年路·启航新征程"庆祝中国共产党成立100周年系列活动　(摄影:胡宝华)

【石板滩镇毛栗岗村幸福屋场建成】 2021年5月,石板滩镇毛栗岗村幸福屋场启动建设,8月建成。该幸福屋场以花木种植发源地郑家冲组为中心,改造建设进村沿线道路和庭院环境,扩宽道路1000米,道路岩彻护坡130立方米,安装道路庭院立石400米,更换太阳能电池145盏,设立移风易俗、村规民约宣传广告牌,投入建设资金51.2万元,惠及居民60户。　(黄　群)

蔡家岗镇

【概况】 蔡家岗镇位于常德市城区以北19千米处,西抵桃源县盘塘镇,北靠临澧县太浮镇。石长铁路、国道207(一号大道)南北穿镇而过,省道313公路横贯东西,是2016年鼎城区规划确定的4个中心镇之一。2021年,全镇总面积156平方千米,辖13个行政村、4个社区。全镇总户数13266户,总人口42617人。耕地面积4453公顷,其中水田面积3768.6公顷,旱地面积683.8公顷,林地面积6168.4公顷。中型水库1座,小(1)型水库6座、小(2)型水库10座,山塘2376口。

产业发展。助推优势资源企业转型升级,扶持规范湘北水泥、隆程建材、郑湾碎石场等建筑企业提质升级,延伸产业链条助推地方经济发展。花圃苗木专业人才利用园林专业知识,发展高端花木产业,有花木栽种面积2666.67公顷,涉及品种300余个,公司、合作社50余家,黄山峪村花木产业规模超1333.33公顷,每年带动经济效益近4000万元。油茶改造119.33公顷,其中新造58公顷,油茶低改61.33公顷,封山育林133.33公顷,生态廊道建设15.6公顷。建成省级认定油茶育苗基地2个。樱悦枫晴生态旅游开发项目初具规模,种植樱花树木6000余株,红枫500株,花草0.67公顷,带动周边农户收入增加4.1万元。

民政劳保。落实城乡低保政策,优抚678人,发放优抚金461万元。特殊病种申报203人,年审735人,开展社保人员年审、城乡居民人员年审,征缴城乡居民养老保险10900人,申报农村劳动力转移150人、城镇新增就业120人,各项培训49人,参加区招聘会3场,参加人员900人次,组织招聘会1场。

卫生健康。制作宣传横幅110条,张贴宣传标语2500条,发放宣传折页3000份,宣传常态化疫情防控工作、新冠疫苗接种知识、爱国卫生运动相关知识、计生奖扶政策及各项计生优惠政策等。上报出生人口288人,办理生育服务证162本,老年优待证75本;各类扶助对象新增169人,年审退出115人;申请计生特殊家庭大病护理补贴25人次28650元。落实计生系保险70900元,老年保险21000元。组织三个片区义务献血138人55200毫升。开展疫情防控,电话排查2321个,排查入境返乡人员14人、国内中高风险地区返回212人。

"文创"工作。安装电子阅览系统1套;参加鼎城区"颂歌献给当党、唱响新时代"歌咏比赛;参加鼎城区第四届全民运动会,申报比赛项目11个。组织各村(社)广场舞队伍参加市区各项比赛。修订完善村规民约,成立红白理事会,倡导移风易俗。

平安建设。建设"平安之星协会",组织志愿者开展"平安家庭"创建活动,建设平安乡镇;开展校园安全巡逻守护活动,定期开展视频巡查,排查、整治学校及周边环境,检查安全隐患,减少校内安全隐患;联合平安之星志愿者、辅警、学校保安、值班教师等落实学校上下学时段的值守工作。召开屋场会80余次,受理市长热线179件,办理网信案件14件,司法所调解案件117件。

2021 年 11 月 25 日，蔡家镇到蔡家岗中学开展交通安全知识讲座 （提供：谭侦）

安全生产。发放《致全镇人民群众的一封信》5500 余份、《安全生产知识》1500 余份，制作横幅 70 余条，更新宣传栏 17 处，通过电子显示屏、“村村响”、标语等形式向民众宣传安全常识。开展明察暗访，突击检查可能引发事故的重大隐患和严重违法违规行为。重点查处非煤矿山“三超”、危险化学品“三违”、烟花爆竹“三超一改”等违法违规行为。

基础设施建设。抓防汛抗旱工作，开展水库汛前检查，投入资金 10 余万元实施水毁工程 5 处，落实所有水库清基扫障。按“行政、技术、防守”三级责任人体系确定防汛岗责，制定水库预案和调度规程，组建 100 人防汛抢险队伍，组织 13 个山洪灾害易发村的山洪灾害紧急转移演练。

人居环境整治。抓农村生活垃圾、污水、农业废弃物等治理工作；开展“最美庭院”评比，引导“爱卫协会”发挥协会作用；落实河长制和林长制；推进污染防治，严禁焚烧秸秆，开展扬尘治理。 （谭 侦）

【北嘉山全民义务植树】 2021 年 3 月 11 日，鼎城区委、区人民政府、区人大、区政协、区人武部领导到蔡家岗镇的北嘉山全民义务植树基地开展示范植树活动，该次活动种植金丝楠木、罗汉松、银杏、樱花、红叶李、紫薇等苗木品种计 1500 余株。 （谭 侦）

【蔡家岗镇实施集镇容貌提质工程】 2019—2021 年，蔡家岗镇投入资金 4000 余万元，实施集镇容貌提质工程，建成农商广场、春樵广场、春樵园、春樵书吧等居民休闲场所，改造集镇街道及两侧房屋立面，新建镇区道路 2 条，并进行亮化和美化，实施污水处理厂新建及地下网络连通工程。 （谭 侦）

2021 年，蔡家岗镇春樵广场 （提供：谭侦）

花岩溪镇

【概况】 花岩溪镇由原港二口镇、逆江坪乡合并成立，位于鼎城区西南 40 千米，与桃源县、安化县接壤，毗邻花岩溪国家森林公园，与桃花源、乌云界风景区山水相连。2021 年，全镇总面积 113.8 平方千米，耕地面积 2466.67 公顷，水域面积 520 公顷，山林面积 9186.67 公顷。总人口 2.56 万人，辖 8 个行政村、4 个社区、102 个村（居）民小组。

农业生产。出台 2021 年粮食生产措施 21 条，细化明确禁止抛荒、压单扩双、大户激励机制和工作保障机制。创办镇级千亩早稻示范片 3 个、村（社区）支部书记百亩早稻示范片 11 个。采用早稻专业化集中育秧，早稻集中育秧大田面积 280 公顷，超额落实任务。通过市级农产品质量安全乡镇达标验收。

林业产业。春季造林 200 公顷，义务植树 6 万株，油茶新造 7.47 公顷。开展森林防火宣传，开展防灭火演练 2 次，全镇未发生 1 起森林火灾。执行木竹采伐限额管理制度，管护公益林，发放公益林生态补偿资金 578832 元，全镇无林业案件发生。开展预防松材线虫病宣传和春秋季普查工作，实行月报制度，清理病死松树 1872 株。

乡村旅游。坚持“生态立镇、旅游活镇”发展思路，推进3个重点生态旅游项目建设。升级改造“五星级乡村旅游点”花溪湾乡村度假客栈，建成集养殖、种植、农业观光、垂钓休闲、旅游度假于一体的综合性农业生态旅游休闲地，具备同时接待400人的综合服务能力，成为带动乡村振兴龙头企业。推进汉樱生态产业园、青山沟度假村项目建设，硬化汉樱生态产业园1.63千米旅游道路，接请区领导及相关部门实地考察青山沟项目建设事宜，召开专题会议，指派专人跟踪项目建设。

城乡建设。实施渠道清淤58千米，维修党家庵机埠，解决91.53公顷农田灌溉用水问题。整修彤栏坝工程、茄子冲村山塘2口，处理险工险段6处，维修蔑仙溪水库启闭器拉杆、闸门，保证水库安全防汛及农业灌溉。改善跃进水库、映山副坝2处饮用水源保护区水质，为水源保护区陆域217户住户进行生活污水改造。改厕164座，督促养殖户新建大型畜禽粪便处理池13处，实施畜禽粪便无害化消毒。

乡村振兴。在湖南省防返贫监测系统中消除风险问题125个。依托5家产业扶贫帮扶主体，为脱贫户提供技术培训，提高增收能力。通过直接帮扶，发放价值53600元的种禽、化肥、农药等产业扶贫物资，户均价值400元；委托帮扶分红9280元，户均160元。落实8个乡村振兴项目。利用资源，因地制宜，就地取材，坚持“党建引领 群众建设”模式，以“小投入实现大变化”，建设党家庵村赵家嘴幸福屋场。

2021年，党家庵村赵家嘴幸福屋场擂茶宴（提供：何梦黎）

文明创建。建立新时代文明实践所、实践站；开展经常性志愿服务活动100余次。开展“最美庭院”“好婆婆好媳妇”等文明评比活动，推报获评市级三八红旗手1人、区善德公民1人。

文化活动。开展“我们的节日”系列精神文明创建活动，进行儿童关爱保护政策宣讲、老年人防诈骗、残疾人助演等；联系上级部门开展“送戏下乡”活动6场；组织全镇各党支部以“党的光辉指引我一生”为主题讲授微党课，推出庆祝中国共产党成立100周年“双百双颂”电视专题片——《百名党员诵党史》《党组织书记颂百年》12期；参加“颂歌献给党·唱响新时代”红歌传唱活动，获乡镇组第一名。

2021年6月23日，花岩溪镇参加鼎城区“颂歌献给党·唱响新时代”歌咏比赛（提供：何梦黎）

社会管理。取缔非法经营托幼机构，53名幼儿入园公立学校。取缔港二口片区马路市场，投入40余万元建成可容纳100个摊位的临时市场。整治交办安全隐患5处，排查隐患路段13处，加装护栏1000余米。发挥村级“平安花溪协会”作用，协助公安机关处置各类治安案件63起。

疫情防控。花岩溪镇常态化开展疫情防控工作，利用网格管理微信群开展疫情防控宣传，挨家挨户排查重点人群，上报风险预警信息；设立防疫卡点，组织网格员志愿者值班守卡，登记排查过往车辆，实时监测记录人员体温。推介优秀典型，编发美篇4篇，红网、“鼎级传媒”采用刊发文章9篇。

2021年7月30日，花岩溪镇设立防疫卡点

（提供：刘巧林）

民生保障。新增农村劳动力转移就业271人次、城镇劳动力转移就业125人次。申报青山沟度假村有限公司等5家中小企业（合作社）为市“乡村振兴车间”。城乡居民养老保险缴费率94%，开展养老保险待遇“回头看”专项整改行动，稽核870人次30.8万元。城乡低保对象由442户863人增至502户941人。

社会事业。争取残疾人助学资金1万元，上级下乡评残25人次。港二口中学修建的1200平方米宿舍楼交付使用，修建200米塑胶跑道、塑胶篮球场、排球场，优化教学环境。逆江坪中学投入200余万元建设教师周转房，解决教师住房难问题。维护妇女、儿童权益，开展2021年低收入妇女“两癌”救助对象申报，通过4个救助名额，资助困境母亲，收到捐款4840元，全镇有20名困境妇女获益。联系志愿者，上门走访资助全镇20名贫困学生。接请常德市第四人民医院副主任医师坐诊镇中心卫生院，为居民提供医疗服务。

党建工作。开展镇村两级换届，推选区级优秀共产党员3名、党务工作者2名、先进党组织2个、五四优秀奖章获得者1名。2021年，镇党委获评“常德市先进基层党组织”。落实工作责任，履行“一岗双责”，领导班子成员开展谈心谈话382次433人。

（何梦黎）

【花岩溪镇召开2021年度经济工作会议】 2021年3月14日，花岩溪镇召开2021年度经济工作会议。会议通报表彰2020年度党建工作、脱贫攻坚、农业农村工作、人居环境整治、疫情防控等领域成绩突出的35个先进集体和171名先进个人，镇领导为受表彰单位和个人颁发奖牌、奖杯及荣誉证书。

（何梦黎）

2021年3月14日，花岩溪镇2021年度经济工作会议会场

（提供：刘巧林）

【花岩溪镇临时市场启动运营】 2021年8月22日，花岩溪镇临时市场启动运营，原墟场两侧的设点摆摊商贩均“搬家”至临时市场。为彻底解决墟场乱设摊点、占道经营、出店经营等顽瘴痼疾，规范市场经营秩序，保障民众出行畅通、交通安全和消费便利，花岩溪镇规划整治，按照“统筹规划、合理布局、节约用地、方便群众”的原则，在原马路市场300米处规划建成临时市场，容纳摊位150个，以满足附近居民生活需求。

（何梦黎）

2021年8月22日，花岩溪镇临时市场启用

（提供：何梦黎）

尧天坪镇

【概况】 尧天坪镇地处鼎城区西南端，属丘陵地区，东临常德花岩溪国家森林公园，西连桃花源旅游区。全镇总面积122.88平方千米，辖11个行政村、3个社区、138个村民小组，全镇总户数9178户，总人口3.16万人。2021年，全镇生产总值4.35亿元，比2020年同期增长3.6%，人均收入13766元。尧天坪镇按照“弘扬扛鼎精神、打造现代江南、建设幸福鼎城”的总要求，围绕“擦亮红色文化名片、传承红色血脉基因、打造绿色发展标杆、建设生态农旅强镇”的目标，推进各项工作。2021年，尧天坪镇被区退役军人事务工作领导小组办公室评为区退役军人事务工作先进单位，被常德市委市人民政府评为常德市平安建设优秀乡镇、市级文明单位，被湖南省文化厅评为“湖南省民间文化艺术之乡”，镇老干支部被湖南省委评为湖南省优秀基层党组织。

基础设施。建设机关院落，修建总建筑面积2300平方米的农村综合服务平台（机关办公楼）及文化活动中心（食堂、职工之家），新建机关院落附属工程（含机关院落铺设油砂路面6000余平方米，机关院落亮化、下水管网建设、挡土墙、文化墙建设等）及高标准应急避难场所，建成并投入使用40套高标准公租房。建设道路基础，改造修建牌南线1千米路面，补板维修17千米路面，提质改造集镇墟场2.39千米桃花公路，实现“白改黑”及周边美化、绿化、亮化，年末完工。改造修建万寿山村口至文甲农民起义纪念碑的1千米道路并实行“白改黑”。建设幸福屋场，挖掘红色资源和生态农旅，助力乡村振兴。修建尧天坪镇文甲农民起义陈列馆，建成万寿山村黄金机埠、喜洋村阳耳冲、尧天坪村小蜜蜂、花莲冲村钟家湾4个幸福屋场。

2021年，尧天坪镇万寿山村常德文甲农民企业纪念碑
（摄影：秧诗雨）

安全生产。排查镇辖区内企业和生产经营门店。全年，领导带队检查37次、生产企业检查153次，排查出安全隐患35处，处罚生产企业12家、烟花鞭炮4家，处罚金额3000元。

乡村振兴。巩固拓展脱贫攻坚成果，与乡村振兴衔接，建立防返贫致贫常态化管理机制，摸排低收入人群，小额贷款125万元，申报乡村振兴项目13个81万元；指导朱家冲村投资30万元成立绿乡蔬菜农民专业合作社、绿众水果农民专业合作社，种植8.67公顷蔬菜、脐橙，与“小蜜蜂”家庭农场合作，采取线上线下相结合的销售形式，为村集体收获稳定收益并带动周边农户就业和生产；指导喜洋村租赁、流转农户山林、水面入股常德市九真文化旅游开发有限公司，建成13.33公顷果园、3.33公顷垂钓水面，采用“公司+集体+农户”模式发展果园采摘、水面垂钓、休闲民宿。抓人居环境提档提质，推进人居环境整治常态化。在全镇、村级开展日常值班管理，每日巡查秸秆禁烧。举办专场招聘会和就业政策宣传10余次；申报“乡村振兴车间”3个，建立就业超市试点1个，带动就业380人次。举行“我们的节日·中秋”主题文艺演出活动、机关干职运动会和推介民间传统文化——舞龙舞狮进校园等文化活动5场。2021年，尧天坪镇获评“湖南省民间文化艺术之乡”，获评市级文明单位，下辖4个村社被评为市级文明村。

2021 年 9 月，尧天坪镇专场招聘会现场

（摄影：秧诗雨）

综治维稳。排查调处矛盾纠纷 115 起，处理突发事件 3 起。无越级上访，实现“无上访”乡镇建设，被评为平安建设工作区级优秀单位、“无上访村（社区）”区级优秀乡镇，被评为常德市平安建设优秀乡镇。

文化建设。全年，在区相关媒体刊登信息 55 条、市相关媒体刊登信息 13 条、省级媒体刊登信息 2 条、中央媒体刊登信息 2 条。尧天坪镇凭借龙狮项目被授予“中国民间文化艺术之乡”称号。9 月 16 日，尧天坪镇组织工作人员和排舞协会文化志愿者到敬老院举办“情系中秋节，爱驻敬老院”文艺会演活动，与敬老院老人们共庆中秋。

民生保障。按区民政局统一部署，进行全镇社会救助对象精准救助工作，开展农村低保和社会保障兜底脱贫对象动态管理工作，实施应保尽保、应退尽退。全镇有农村特困供养对象 378 人，农村低保 716 人，核定全镇特困对象失能人员 21 人，半失能人员 28 人，重残护理补贴发放 310 人，困难残疾人生活补贴发放 115 人，残疾人两项补贴新增 32 人。全镇城乡居保缴费 9000 人，征缴率 92.78%，位居全区第四位。年末，落实医保任务 25716 人，位居全区第 12 位。在 14 个村（社）建成规范化乡村卫生室，为疫情防控等工作的落实提供组织保障。

教育工作。9 月 9 日，庆祝第 37 个教师节座谈会在尧天坪镇中学召开。开展教师节优秀教师和“六一”儿童节困难学生的慰问。通过督促学校召开家长会、转发微信群、电子显示屏、“村村响”、《致全镇中小学生家长的一封信》等线上、线下形式开展防溺水宣传工作，在主要路口、人口密集区域、重点水域悬挂防溺水宣传横幅、宣传挂图，设立警示标志。

党建工作。开展“两节”走访慰问活动，投入资金 4.31 万元，慰问困难党员、80 岁以上老党员、革命烈士后人、100 岁老人。开展村（居）“两委”换届工作，成立换届选举工作领导小组，召开动员会、碰头会，提前开展村级财务审计，规范选举程序、把握候选人入口，执行“两推一选”。严肃党内组织生活，召开党员领导干部民主生活会，开展批评与自我批评，各党支部落实“三会一课”、主题党日、组织生活会和民主评议党员等组织生活制度，将党建工作要求与当前重点任务统筹结合。开展软弱涣散党组织排查，抓整改工作，结合花莲冲村的实际情况，按照“拿一套整顿方案、定一名联点领导、派一支工作队伍、配一名第一书记、选一批帮扶项目、建一个坚强班子”的“六个一”工作法要求，制定软弱涣散基层党组织整顿方案和有关台账。发展村级集体经济，确定适合该村的村级集体经济项目，增强村级造血功能。加强村级平台管理维护，落实村干部坐班值班制度，镇党建办不定期通过慧眼望乡平台进行检查，通过智慧党建平台引领融合“互联网 + 政务服务”一体化平台，借助视联网现代信息技术，确保所有村（社区）均能提供“一门式”办理、“一站式”服务，群众办事“只跑一次、只进一门”。5 月 29 日，召开中共尧天坪镇第十四次代表大会，选举产生尧天坪镇第十届委员会、尧天坪镇纪律检查委员会和鼎城区第十三次代表大会代表。抓智慧党建系统新平台的使用，各党支部智慧党建系统管理员熟练掌握系统操作，进行党组组织和党员基础信息日常维护。利用党史学习教育，抓党性教育基地建设，挖掘文甲起义历史和潘振武将军事迹。加强党员发展和教育管理，吸纳预备党员数名。开展“七一”系列活动,慰问困难党员,召开表彰大会。表彰优秀党员、优秀党务工作者,为数名老党员颁发纪念章。开展排查整顿农村发展党员违规违纪问题工作,排查2011—2021年发展的党员数人。（韩　信）

【尧天坪镇两位老人被评为鼎城区第七届十佳“善德公民”】 2021年11月11日，鼎城区举行第七届十佳“善德公民”颁奖典礼,10名在助人为乐、见义勇为、敬业奉献、孝老爱亲、自强不息等领域有突出表现的楷模登上舞台,接受表彰,其中2名来自尧天坪镇。全国劳模李正大,91岁。30余年不忘初心、牢记使命,永葆共产党员的先进性。获常德市健康之星、鼎城区优秀党员、阳光之星,奉献之星、最美老干部等称号。干部群众称他是济公式的热心人、菩萨心肠的老干部。莫纯清,曾被评为鼎城区百优党支部书记、常德市“四好”老干部、常德市优秀党员,2020年获评常德市最美新乡贤,2016年获评湖南省优秀老科技工作者,2018年他的家庭获评鼎城区离退休干部最美家庭。2014年,常德市老干局、常德市电视台为莫老录制名为《一面飘扬在山乡的党旗》的电视短片。近20年,莫老获各种奖励68次,被干部群众称为获奖“专业户”。（韩　信）

2021年11月11日，鼎城区第七届十佳“善德公民”颁奖典礼（提供:韩信）

许家桥回族维吾尔族乡

【概况】 许家桥回族维吾尔族乡是鼎城区唯一的少数民族乡,位于常德市西南部,国道319线、常吉高速公路贯穿而过,距市区17千米。2015年12月将原丁家港乡合并到许家桥回族维吾尔族乡后,辖行政村13个、社区3个,总面积116.6平方千米。全年,实现生产总值125504万元,比上年增长6%;其中一、二、三产业增加值分别实现60216万元、39800万元、25488万元，分别比上年增长4%、7%和8%;农民人均纯收入20030元,比上年增长7.8%。2021年,许家桥回族维吾尔族乡获评“全市安全生产和消防工作优秀乡镇”“市级文明村镇”,许家桥回族维吾尔族乡五宝山村党支部获评“湖南省脱贫攻坚先进集体”,民族村获评“全市民族团结进步示范单位”。

疫情防控。利用线上线下方式宣传疫情防控,“村村响”广播循环播放、宣传车流动宣传防疫政策和知识,管控公共场合,控制人员密集流动。将疫情防控纳入常态化工作,全年摸排外省入湘返湘人员5000余人次,落实相应管控110人次。在辖区内2所卫生院均设立专人负责疫苗接种工作，至12月末,全乡接种加强针4610人,第一针剂接种22612人次,第二针剂接种21439人次,第三针剂接种7012人次。

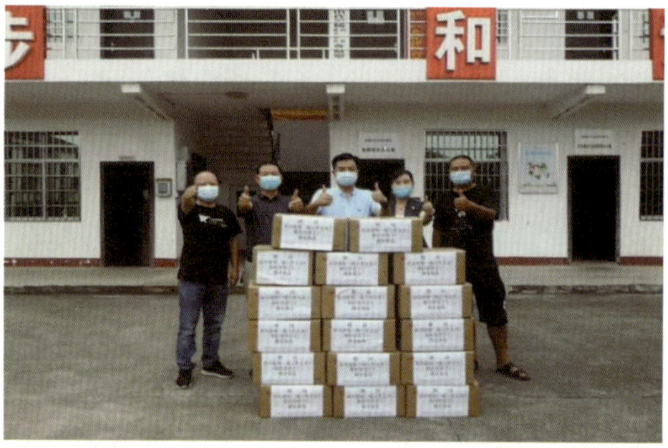

2021年8月9日，宏源食品公司为许家桥回族维吾尔族乡捐赠防疫物资（提供:马亦如）

党建工作。开展16个村(社)“两委”换届,新当选的总支委员平均年龄43岁，比上届年轻9岁，大专以上学历占比56.25%，比上届提升22.27%;调整站所负责人5名。全年,备案入党积极分子72人，发展党员3批34人，转正党员10人。规范党内政治生活,执行“三会一课”、主题党日、组织生活会、民主评议党员等党内组织生活制度，开展“导师帮带制”工作，全乡有导师16人，学员32人。开展党史学习教育，将党史学习教育纳入党委理论学习中心组年度学习计划，领导班子成员以集中领学、研讨交流形式推动集体学习。开展专题活动，4月22日、10月14日，分别组织党员到常德文甲起义纪念碑、赵必振纪念馆，开展“追寻红色记忆，传承革命精神”主题活动。组建党史学习教育宣传小组，通过主流媒体发布党史学习教育工作动态报道50余篇，制作网络版党史学习教育宣传，通过微信发布推文15期，阅读量1.3万余次。结合“党课开讲了”主题活动，开展党史学习教育专题党课授课活动9期。组织党员干部为民众开展“夜话忆初心”面对面宣讲活动80余次，乡妇联举办“巾帼心向党·奋斗新征程”专题党史宣讲活动3次，辖区内中学、小学开展“国旗下、讲台上、广播里”党史学习教育宣讲40余次。组织聚焦“我为群众办实事”活动，组织党员干部为群众办实事、做好事、解难事，为基层、企业、群众解决困难251件次。

农业产业。开展农业生产工作，因地制宜发展油茶产业、优质稻种植。全乡有油茶面积3866.67公顷，年均总产量400余吨，油茶收入6000万元。全乡2公顷(30亩)以上种粮大户106户，农机合作社5家，水稻专业合作社11家，水稻种植家庭农场13家，水稻种植面积5973.33公顷，双季稻播种面积比上年同期增长20%，其中早稻播种面积2520公顷，晚稻播种面积2573.33公顷，优质稻播种面积1433.33公顷，亩产0.45吨。全乡农作物推广测土配方施肥技术8333.33公顷。实施养殖业与种植业共同发展，发展规模养殖大户2户，全年出栏生猪33286头，出栏肉牛1368头，出栏山羊1530只，出笼家禽56万羽，禽蛋产量5540吨，发展水产养殖135.87公顷，出产水产品2150吨。

安全稳定。全年网格成功调处各类矛盾162起，党政联席会议调处突出问题和矛盾53起，化解信访积案2件。常态化开展安全生产“三大两严”集中行动，全年检查生产企业156家次，排查整治安全隐患120起。开展安全出行宣传和车辆乱停乱靠交通秩序整治，发放宣传资料2000余份，拆除摩托车车棚500余顶。

乡村振兴。建立防返贫致贫监测动态管理机制，开展脱贫质量“回头看”工作2次，将有返贫致贫风险的人员纳入监测，符合政策的监测户应纳尽纳。关注脱贫户、边缘户稳岗就业，提供就业信息，督促返岗复工，录入信息务工人数1091人，公益性岗位安置71人，务工人数比上年增长6%。壮大村集体经济，采取“村集体+公司”运营模式，为赤家岗村常德荣发农业发展有限责任公司投入50万元发展资金，发展苗木、花卉产业；投入44万元财政专项资金，用于完善10个村(社)乡村道路、水利、农业、亮化等基础建设。

人居环境整治。成立环境保护工作领导小组，一级抓一级，层层抓落实。开展农村生活垃圾治理、厕所革命、露天禁烧、水域治理等工作。清理沟塘、河渠32千米，清理山塘60余口，清理牛皮癣125处，清运垃圾5000余吨；改厕201户，农作物推广测土配方施肥技术8333.33公顷、农药减量技术8600公顷；出动秸秆禁烧和挖砂取土巡查3000余人次，阻止挖砂取土、焚烧秸秆近100人次。

社会事业。全乡城乡居民医保参保人数29856人，金额955.39万元。全年临时救助326人次，发放救助金22.8万元，低保对象340户740人，农村特困人员372人。发展教育事业，改善许家桥回族维吾尔族乡校园环境、设施保障，筹资70余万元，为许家桥中小学校道“白改黑”，为许家桥中学安装空调；开展“金秋助学”活动，筹资近3万元，资助高考学生28名，建立许家桥教育基金，募捐20万元，持续开展助学圆梦活动。倡导“治陋习、树新风”，执行婚事新办、丧事简办、余事不办，劝导简办喜、丧事27起，不办小事21起，折算减轻群众负担金额90余万元。推动李氏锔瓷非遗文化保护与合理开发利用，乡村两级同步开展新时代文明实践站建设，设置文化服务中心17个。(马亦如)

【许家桥回族维吾尔族乡建设幸福屋场】 2021年,许家桥回族维吾尔族乡按照"党建引领、乡村主导、村民主体、乡贤赞助、分步实施"的工作思路,通过选址规划,绿化美化环境、水域,完善基础设施,全年,建成幸福屋场11个。投入50余万元,提质改造乡村公路7千米,改造危桥2座,幸福屋场既为基层治理提供重要阵地,也为民众提供优质的文化娱乐场所,辐射带动周边居民建设小庭院、小菜园、小花园。 (马亦如)

【许家桥回族维吾尔族乡举行"金秋招聘月"招聘会】 2021年11月16日,常德市2021年"金秋招聘月"服务活动——许家桥现场招聘会在许家桥回族维吾尔族乡文化活动广场举行。招聘会以"助力乡村振兴、服务企业用工"为主题,重点为困难人员、高校毕业生、返乡农民工等群体搭建就业服务平台,促进就业。中联恒通机械、嘉士力食品等30家知名企业提供就业岗位1000余个,600余人参加招聘会。 (马亦如)

2021年11月16日,"金秋招聘月"服务活动现场
(提供:马亦如)

黄土店镇

【概况】 黄土店镇总面积220平方千米,辖21个行政村、3个社区。全镇总户数13467户,其中农业户1.32万户;总人口5.33万人,其中农业人口4.59万人,是"中国长寿之乡",享有"擂茶之乡,醉美边城"的美誉。2021年,黄土店镇获全区落实党风廉政建设责任先进单位、全省示范离退休干部党支部、全区人大工作先进单位、鼎城区2021年度先进政协联络处等荣誉。被中央电视台《焦点访谈》、湖南卫视等主流媒体宣传推介20余次。

党建工作。完成乡镇党委、纪委、人大换届和村(社区)"两委"换届工作。改造政府机关院落,建成"两代表一委员"工作室,创建镇机关老干党支部,配备镇机关"五小"设施,建成全区首个边远山区人大新时代文明实践站,做法受到全市现场推介和表彰。规范建成村(社)综合服务中心23处,改建1处,24个村(社)完成支部"五化"建设。选优配强基层干部队伍,各村(社)"两委"干部平均年龄优化到45岁左右,均配备35岁以下、大专以上学历的党建联络员。在疫情防控、脱贫攻坚等工作中,发现并任用一批表现优异的基层党组织书记和站办所负责人。推动"一门式"服务全覆盖。全镇24个村(社)便民服务中心均在新建、改扩建的基础上,完善10个功能室的设置,3个村配置自助服务终端设备,56项便民服务事项全部在村实现"刷脸办",开展"我的常德"APP推广使用工作,软硬条件全部达标。推进省委加强基层建设"1+5"文件精神落实落地,全镇58个党支部达到"五化"标准,各支部落实"三会一课"、组织生活会、主题党日、"双述双评"、议事决策、党务村务公开、经费保障、村干部坐班、值班等制度,并建立工作台账,明确专人实行全程纪实、痕迹化管理。把政治标准放在首位,开展新一届村(社)"两委"成员集中培训工作。

疫情防控。第一时间召开会议传达上级有关指示精神和工作部署,研究和安排疫情防控工作,及时分析研判,成立疫情防控领导小组负责疫情防控工作,制定专项疫情防控措施、应急预案等。通过镇村干部、网格员、志愿者等开展排查,要求防控包保人员及时做好相应防控处理,保障人民的生命安全。在各村主要路口和高速出口、与益阳市安化县交界处设立卡点,筛查过往人员和车辆,进行详细询问、体温检测及信息登记,确保不漏一人;协同公安、卫生院、市场监督等相关人员到各经营场所、各村进行检查、监督。

乡村振兴。云峰竹海、沧山景区带动100余户贫困户人均增收3000元以上。组织贫困劳动力参与就业培训和招聘8次以上，为该地贫困户劳动力开展油茶低改、水稻种植、家禽养殖、月嫂、护工等技能培训76人次，落实“五个一批”扶贫措施，提高脱贫质效，确保全镇建档立卡贫困户真脱贫、不返贫。建成云峰山、红岩嘴幸福屋场，其余村(社区)的幸福屋场在规划建设中。云峰山村被评为“市级美丽乡村”。

2021年，黄土店镇红岩嘴幸福屋场建成　(提供：彭程)

基础设施。建设通村道路60余千米。投入700余万元，实施城镇改、扩、翻立面改造及绿化、亮化工程。实施高标准农田建设和枉水灌区水利设施建设，建设机耕道40余千米。建设农业基础设施，整修山塘30余口，硬化渠道15千米。

人居环境。落实河长制，在沧水、枉水和13座小型水库开展沿河湖卫生清理整治行动。推行“首厕过关制”标准，改厕100座，沧山村通过市级美丽乡村验收，常态化推进农村人居环境整治工作。开展沿207国道路肩培护工程，推进村(社)美丽庭院建设。围绕“三面五清”推进环境卫生整治，设立整治办负责日常工作，健全“一月一评比”的农村人居环境整治评比机制，添置垃圾桶2000余个。

安全稳定。抓收入、压支出，化解政府债务，推进国有和集体资产处置。抓安全生产，组织高危企业消防安全培训，开展消防演练5次；开展安全生产“两大一严”行动，行政处罚17起，立案1起，处罚3300余元。开展基层治理，打击“黄赌毒”现象。抓禁毒工作，实施“雪亮工程”，化解信访积案。

文化旅游。抓粮食生产等传统农业，形成“镇有主业、村有产业、户有就业”的局面。抓农产品加工制造产业，以竹木加工为主导，拓展产业链，推动恒康竹业、沧浪森利木业、和鑫宇科技、航众商砼、帝黄精等优质企业落户建成投产。抓文旅融合发展，承办各类活动及登山赛事，举办第五届竹文化节。

民生保障。开展残疾人生活无障碍化改造，为266人落实大病救助60余万元，为1200余户家庭落实临时救助170余万元。为贫困人口开发公益性岗位26个，提质改造黄土店中心敬老院，让高龄老人和困难群体老有所依。发展教育事业，发放奖学金10余万元。提高卫生服务水平，建成村(社)卫生室23处，配备村医，改善3所卫生院基础设施，提升基层卫生服务能力。规范化设置镇便民服务中心。　(彭　程)

【“常德鼎城第五届竹文化节”】 2021年5月9日，“常德鼎城第五届竹文化节”在鼎城区黄土店镇云峰竹海景区举办，吸引近5000名游客。为庆祝中国共产党成立100周年，在“十四五”规划的开局之年实施好乡村振兴战略，常德市文旅广体局和鼎城区人民政府依托云峰山村的自然资源优势和历史文化特色，举办常德鼎城第五届竹文化节，坚持以“学党史、悟思想、办实事、开新局”为主线，开展党史知识竞赛、讲红色故事、重走长征路，及农特产品展销、直播带货、文艺展演、摄影大赛、亲子手工竹制品等系列活动，宣扬竹文化，传承红色基因。　(彭　程)

【黄土店镇云峰山村人大代表实践站建成】 2021年2月，黄土店镇建成云峰山村人大代表实践站，按照鼎城区人民代表大会常务委员会的建站目标，开展实践活动，实现“建成一个站、改变一个村”的效果。该实践站是鼎城区人民代表大会常务委员会主导建成的第3个人大代表实践站，实践站建设以村(社)屋场为依托，选配4名具有产业、专业、技术、资金等特长优势的人大代表入驻，引导和帮助村民开展助力乡村振兴的各项工作。实践站的设立，为人大代表联系群众提供平台，为代表助力乡村振兴搭建舞台，为推动基层民主法治建设打通渠道。（彭　程）

2021年2月，黄土店镇云峰山村人大代表实践站建成（提供：彭程）

草坪镇

【概况】 草坪镇位于常德市鼎城区南郊，紧邻桃花源机场，面积76.2平方千米，辖8个村、2个社区，总人口25863人。2021年，草坪镇获评“中国楹联文化乡镇”，省级全域美丽乡村示范镇，常德市文明标兵单位，《草坪镇乡风文明扮靓美丽乡村》入选全国文明城市创建典型案例。三角堆村获评全国乡村治理示范村、湖南省省级精品乡村、湖南省乡村振兴示范创建村；枫林口村获评全国乡村治理示范村、湖南省美丽乡村示范村、市级休闲农业集聚发展示范村、市级科普教育基地；放羊坪村获评湖南省最美潇湘文化阵地、湖南省乡村振兴示范创建村、湖南省楹联文化示范村、常德市三八红旗集体；兴隆街村获评湖南省乡村振兴示范创建村；教门冲村获评市级美丽乡村；先锋村获评市级美丽乡村。

党建工作。草坪镇开展第十四届党委班子及党代表换届，推选出正式党代表100名，各条战线先进模范人物代表6名，占6%；生产和工作一线的各类专业技术人员代表15名，占15%。草坪镇实施村（社区）“123”后备人才培养计划，村支“两委”班子成员56人，大专及以上学历38人，村干部平均年龄为40.6岁。

农业生产。落实“双早”任务2466.67公顷，发展优质稻2533.33公顷，总产量3.35万吨以上。草坪镇指导各村发展集体经济，各村集体收入10余万元。三角堆村发展优质稻、黄花菜和火龙果等产业，实现村级集体收入50万元。枫林口村建立千亩油茶新造示范基地，种植黄桃、中药材、优质稻，集体经济年收入20余万元。

乡村振兴。草坪镇以全域美丽乡村创建为突破口，发挥该地人文资源，因地制宜发展特色产业，推进一、二、三产业融合。6月，草坪镇为全省人居环境整治推进会提供现场。7月，全国政协调研组、国务院政策研究室相关领导到草坪镇调研指导乡村振兴工作。10月，湖南省全域美丽乡村“一市十县百镇”示范创建培训学员分两批到草坪镇进行现场考察交流。11月，湖南省人大常委会党组书记、副主任刘莲玉到草坪镇调研民生实事项目人大代表票决制工作。

2021年1月4日，草坪镇美丽乡村一隅（提供：杨超）

综治维稳。草坪镇成立由党委书记、村支部书记任组长的镇、村“无上访村（社）”建设、信访矛盾多元化调解工作领导小组。探索推行警司联调机制，联合派出所、司法所、法庭等相关职能部门和第三方社会力量资源，丰富警司联调和三调联动的内涵。草坪镇三角堆村创建常德市“无上访村”，夹溪岭村、放羊坪村、陡惠渠、兴隆街村、教门冲村创建鼎城区“无上访村”。

民生保障。实施兴垸大堤除险加固工程，修建机耕道 6 千米、修复和改造受损的灌渠 5 千米、整修山塘 10 座，基部维修 12 处。兴修沟渠 40 千米，毛渠清淤 23.5 千米。实施草坪北路、杜鹃湖旅游资源产业路、草坪中路、教门冲乡道 669 线资源产业路等道路提质改造工程，美化乡道 35 千米。清理不符合条件的低保户 26 户，增加低保户 18 户，有城乡低保 238 户 537 人，五保户 297 人，发放临时救助 25 万元。为 76 名残疾人发放辅具器，42 名重度精神病患者发放药品。

社会治理。草坪镇各村协会以"屋场会""堂屋会"等形式，不定期召集村民共商发展、共议村务。组织引导村级协会带领居民参与自我服务，拓展村级服务功能。探索养老新模式，邀请老党员、老教师、老战士牵头建立互助养老协会，改造闲置学校、旧村部为娱乐室、阅览室、医务室等，为留守老人建立"幸福屋"。

文化艺术。草坪民间歌舞剧团从 31 个发展至 37 个，成立演艺集团 3 家，从业人员从 600 余人增加至 900 余人，全镇演出收入 5000 余万元。草坪镇获评 "中国民间文化艺术之乡""中华诗词之乡""中国楹联文化乡镇"。枫林口村村民自排自演的节目《英雄归来》参加常德市百团大赛，获三等奖。草坪演艺集团编排的《幸福屋场》在"中国农民丰收节"参加全国农民文化艺术展演。

（杨　超）

【草坪镇获评"中国楹联文化乡镇"】 2021 年，草坪镇在楹联文化继承、发展、弘扬过程中，注入现代文化元素，创造出反映草坪镇地域特色的楹联作品。在草坪镇放羊坪村迎宾大道，200 余户村民创作楹联，并悬挂于大门口。草坪镇结合美丽乡村建设，在各村幸福屋场设立楹联文化门、文化墙、文化廊、文化亭、楹联文化展览室。至年末，赠送春联 5000 余幅，悬挂家风家训联 500 余幅。2021 年 3 月 28 日，草坪镇获评"中国楹联文化镇"。

（杨　超）

2021 年 3 月 28 日，草坪镇获评"中国楹联文化镇"

（提供：杨超）

谢家铺镇

【概况】 谢家铺镇位于鼎汉两区县交会处，距市城区 20 千米，是有名的商贸重镇、农业强镇、油茶大镇，石长铁路、长常高速、319 国道贯穿其中，交通便捷，地理位置优越。总面积 128.5 平方千米，辖 17 个行政村、2 个社区。2021 年，该镇被确定为鼎城区乡村振兴示范片，按照"一园一片两屋场、三线四品五村庄"的工作思路，推动乡村振兴战略发展。时任湖南省人民政府副省长隋忠诚到谢家铺镇调研粮食生产工作，并就粮食生产工作接受中央广播电视总台的专访。常德市人民政府市长周振宇到谢家铺镇调研乡村振兴产业及幸福屋场建设情况，并给予肯定。2021 年，该镇被评为市级优秀区县（市）委书记示范片，被确定为省级田园综合体试点，申报为省级全域美丽乡村示范创建镇；施家陂村、官桥坪村、向家巷村、雷轰山村申报为省级乡村振兴示范创建村，施家陂村、鹿角坪村申报为省级美丽乡村示范村创建村，匡家桥村获评为市级美丽乡村。在平安建设工作中，该镇获评市级优秀乡镇，施家陂村、葛藤桥村获评市级"无上访村"优秀村。在人居环境整治工作中，第二、三季度，该镇获评市级"十佳乡镇"，匡家桥村获评省级村庄清洁行动先进单位。该镇官桥坪村党总支部获评市级先进基层党组织。2021 年，该镇老年互助幸福屋模式在重阳节被中央电视台《新闻联播》报道,产业发展、幸福屋场建设等乡村振兴工作经验被省、市媒体推介。

党建工作。2021年,该镇围绕"学史明理、学史增信、学史崇德、学史力行"四个主题开展党史学习教育活动,通过屋场会、基层党员座谈会等形式收集群众意愿,制定"我为群众办实事"清单。利用智慧党建平台,开展实施党支部"五化"提质工程,制定出台"一件事、一次办"等便民服务的具体措施,整合服务场所、规范各村(社)综合服务平台挂牌,推动基层公共服务(一门式)全覆盖。利用微信网格群、"村村响"等方式,宣讲党的理论、传播党的声音。全镇81名镇干部加入所联系村(社)网格微信群,宣传委员加入所有网格微信群,实行村(社)群众网络舆情监管。开展村支"两委"、镇党委换届工作,选举产生新一届村(社)"两委"班子,35岁及以下37人,大专及以上学历51人,4名党建联络员考录为事业编。实施党建引领示范片建设,按照"产业兴旺、生态宜居、乡风文明、治理有效、生活富裕"总要求,实施乡村振兴示范片"一园一片两屋场、三线四品五村庄"的工作思路。各村(社)支"两委"主动寻求乡村发展新出路,发展特色种养、食用菌基地、蔬菜基地、药材基地、农副产品深加工等产业。

2021年6月3日,谢家铺镇全体干部职工在林伯渠故居开展党史学习教育 (提供:谢栩宇)

乡村振兴。2021年,该镇以基础设施建设为重点,完善水、电、路及公共基础设施建设。全镇衬砌、清淤扩容山塘30口,灌排渠、斗毛渠衬砌、清淤除杂80千米,修建山塘2座,小(2)型水库除险加固2座,建成高标准农田1333.33公顷,示范片完成18千米道路拓宽硬化工程,重点打造"三纵两横"美丽乡道,各村(社)都有1条以上示范精品路线。以"一拆二改三清四化"为重点,整治农村人居环境。抓"空心房"整治、"厕所革命"、生活垃圾处理、水生态修复保护和绿化美化亮化,卫生厕所普及率100%,生活垃圾基本实现"日产日清",污水处理能力600吨/日。上墙乡风文明和农耕文化手绘画1.2万平方米。开展"蓝天保卫战",打击非法挖砂取土等涉环整治工作。以产业发展锻长板,做大主导产业为重点,建成高标准"常德香米"优质稻万亩示范片,打造产量高地、技术洼地、示范基地。全镇粮食生产总面积6266.67公顷,总产量4.8万吨。以唐家铺茶油产业为重点延伸油茶产业价值链,打造葛藤桥"云溪谷"油茶小镇全国一流油茶生产加工示范基地建设。雷轰山村、港中坪村等村发展"休闲农业",种植养心菜、黄花菜、葡萄、桑葚66.67公顷;官桥坪村发展"设施农业",建设设施完备大棚6.67公顷。拓展"村集体+公司+合作社+农户"等紧密型利益联结机制,推动资源变资产、资金变股金、农民变股东,壮大村级集体经济,促进村民共同富裕。以"幸福屋场"树样板为重点,立足村(社)自然景观和人文资源,推进"幸福屋场"建设。采取向上争取,镇、村投入、群众参与和新乡贤赞助为主的模式,以点带面助力乡村振兴。年末,全镇落实施家陂村老屋园幸福屋场、雷轰山村陈家冲幸福屋场、匡家桥村白羊幸福屋场等11个幸福屋场的建设。

民生事业。2021年,该镇落实上级关于做好巩固脱贫攻坚成果暨乡村振兴有效衔接工作,抓防返贫检测和帮扶长效机制落实,安排后盾单位领导和镇骨干结对19户监测户,强化帮扶力量、制定帮扶措施。完成项目库动态调整2次,落实20个项目资金拨付,落实小额信贷147万元。开辟98个公益性岗位,岗位补贴29万元,申报乡村振兴车间4个,解决20个贫苦劳动力就业问题。落实义教阶段教育助学补助510人次,落实"雨露计划”政策 102 人次、15.3 万元。筹措整合各类资金 3000 万元，用于改善乡村振兴示范片产业发展、基础设施建设、人居环境整治等。推广“一门式服务”，下沉行政事项 17 项，办理行政事务 153 件，打通服务群众的“最后一公里”。居民养老保险缴费到账12187 人次，占全年任务 90%，特困、重残、低保等政府代缴 581 人，落实城乡居民养老保险待遇领取人员资格认证工作，手机认证率 99%以上。建立特殊困难群体关爱帮扶长效机制，摸排农村低保 345 户 777 人，城镇低保 16 户 36 人；居民医保参保人数 32373 人，医保资助对象参保率 100%。重视教育事业，镇财政全年投入 25 万元，全部用于教育事业发展，全年奖励优秀教师 10 人、优秀中学生 120 人次，“985”“211” 院校录取考生 18 人。

生态环保。定期巡查涉污企业 50 次，不定期突击检查 40 次，下达整改意见书 30 份，从源头上遏制污染源外排。开展蓝天保卫战，开展秸秆禁烧专项行动，全年组织巡查 208 天，查处违规露天焚烧秸秆和垃圾行为 16 起。推进治砂治超专项治理，配合区直主管部门，在各临时取土场、洗砂厂安装 24 小时监控探头，明确具体责任人。开展洪春轩、旭宸养殖场复垦复绿 13.33 公顷。组织到洗砂厂、临时取土场、盗采点巡逻巡查 100 余次，遏制非法盗采行为。开展治超治限打击，在关键路口设卡设点，安排人员 24 小时值守，劝返超载车辆。改善农村人居环境，落实厕所革命、建成镇污水处理厂、落实河长制，改善农村水体。建成垃圾中转站 2 个，通过镇村考评、保障垃圾高效清运、建立长效机制、发挥协会作用、引导群众参与等方式，该镇人居环境在全区被评为五佳乡镇，其中 4 月至 9 月被评为市十佳乡镇。

疫情防控。按照以块为主、条块结合、重心下移、落实责任的原则，明确镇、村干部包网格管理责任制，实现防疫工作无缝隙、全覆盖、零遗漏，疫情零输入、居民零感染、工作零失误、舆情零负面，确保排查、管控、宣传工作到位，提升疫情防控工作规范化、精细化水平。排查返乡人员信息核准，针对上级通报的疫情最新情况，开展最新通报的中高风险地区人员的排查登记工作，做好从中高风险地区返回人员相关检查，明确人员开展医学观察服务追踪工作，落实居家隔离数人，定点隔离数人。推进新冠肺炎疫苗接种工作，宣传发动村民群众接种新冠疫苗。

安全稳定。按季度召开安全生产例会，实行一企一档、“四级”包保、星级管理，落实企业安全生产主体责任。坚持领导带头，书记、镇长每季度开展 1 次，分管骨干每月开展 1 次安全生产检查。开展安全生产专项整治和百日大会战等安全生产主题行动，组织各线口、各行业、各村居到辖区内生产经营单位进行拉网地毯式安全隐患大排查，全年排查各类生产经营单位 157 家，下达整改指令 80 余份，排查隐患 160 余项，关停企业 9 家，行政拘留 1 人，警示约谈企业负责人 6 人，治理消除重大隐患 73 处。开展“5、6、7”入户走访、党政骨干实行坐班接访接待来访群众，及时化解矛盾纠纷，重视处置突发性和群体性事件，排查矛盾纠纷 145 起，调解 141 起，处理群众来信来访 43 件，收转办市长热线电话 138 件、网上信访 11 件，镇骨干坐班接访 48 人次，全年无一人越级访。重症精神病人数人、社区戒毒康复及社会面吸毒人员数人，按照要求管控，无一脱管、漏管。打击“黄赌毒”违法行为，取缔涉赌茶馆 9 个，教育训诫茶馆老板 13 人。

（谢栩宇）

【常德市春耕生产暨早稻生产全程机械化推进会现场会在谢家铺镇举行】 2021 年 4 月 16 日，常德市春耕生产暨早稻生产全程机械化推进会现场会在谢家铺镇召开，常德市人民政府副市长龚德汉、省农机事务中心副主任黄育忠、省农业农村厅农机处副处长赵峰，市直相关部门领导，区县市政府分管农业负责人，农业农村局、畜牧水产事务中心、农机事务中心负责人及相关现代农机合作社示范社、粮食加工龙头企业、果菜茶企业、种粮大户等150余人参会。向家巷村早稻生产全程机械化作业、葛藤桥村油茶宜机化改造点及泽丰农机专业合作社发展经验得到推介。　（谢棚宇）

2021年4月16日,常德市春耕生产暨早稻生产全程机械化推进会现场会在谢家铺镇举行

（提供:谢棚宇）

芦苇场

【概况】 鼎城区芦苇场场部位于蒿子港镇建设社区,有干部职工273人(其中退休职工158人),辖9个股室(站、队)。澧水鼎城段滩洲面积2646.66公顷(其中生产面积1973.33公顷),沿线跨中河口镇、蒿子港镇、十美堂镇,长35千米。

党建工作。利用周五主题党日活动,重点学习《毛泽东　邓小平　江泽民　胡锦涛关于中国共产党历史论述摘编》《习近平论中国共产党历史》《中国共产党简史》《习近平新时代中国特色社会主义思想学习问答》等内容。以支部为单位开展"学史明理""学史增信""学史崇德""学史力行"专题学习教育,建立导学、比学、述学、督学、评学机制。组织党员开展批评与自我批评,活动参加率95%以上,各项党建资料规范完整。组织党员观看红色电影、参观红色纪念馆,接受红色教育;到常德烈士陵园、烈士公墓,开展继承先烈遗志缅怀活动,重温入党誓词。

安全工作。开展碍洪杨树清理工作,4月25日至5月17日,与阳城垸修防会水政中队清理澧水鼎城段行洪区域违法栽种的欧美杨树。6月18日,再次进行碍洪杨树清理。至12月20日,清理碍洪杨树面积213.33公顷,占总任务的80%;剩余53.33公顷涉事滩涂拟启动司法程序解除终止承包合同。抓院内消防安全及林区防火工作责任管理,成立消防安全志愿者队伍、林区消防工作领导小组、林区消防救援队等机构,消防安全志愿者负责场部院内定点定户上户服务,每月进行消防安全大检查1次,发现安全隐患及时责令整改。配备林区消防器材10套、举办林区防火知识培训2次、制作防火宣传横幅及标语,与林地承租户签立防火责任状。清理6个林区防火隔离带与林区公路两侧杂草,明确防火工作责任。

国资清理。清理公租房与滩洲承包合同,梳理核实公租房占用、以息代租款收取未缴及滩洲资源情况,结合存在问题,逐一与当事人交涉商谈。湖洲国有林场中心管护用房建设纳入省级项目储备入库申报,拟修建办公楼,与公租房集资款未上缴当事人签订还款承诺书;与滩洲承租户进行座谈,启动司法程序解决,保证国有资产不流失。

增收节支。规范财务管理制度,落实票据分级审批报账制度,杜绝白条入账,规范资金运行。盘活滩涂资源、向上级争取部门资金偿还历史债务305.9万元(退休职工退休金180万元、社会借款本金58万元、支付江南美景物业费37.9万元、公租房工程款28万元),化解历史债务与矛盾。芦苇场全年收入490万元,人员工资支出330万元,医社保支出150万元,压缩非必要支出,保障职工工资按月发放、医保社保按月缴纳,维持芦苇场正常运转。　（彭群阳）

人物

Personages

2021 年 11 月 11 日，鼎城区第七届十佳“善德公民”颁奖典礼现场

（提供：区融媒体中心）

全国五一劳动奖章获得者
湖南省第八届道德模范
常德市第五届道德模范
鼎城区第七届十佳“善德公民”

鼎城年鉴（2022）

全国五一劳动奖章获得者

【杨建国】 杨建国，1963 年 3 月出生，中共党员，湖南常德牌水表制造有限公司设备维修班班长。他数十年如一日，扎根基层，为公司生产项目尽心尽力，奉献了自己最美好的青春年华。1990 年 7 月，获得机电部颁发的钳工七级技术证书。20 世纪 80 年代初，被评为“我最喜爱的年轻人”。由于工作业绩突出，多次被表彰为“优秀员工”“先进工作者”“技术能手”“年度先进个人”“优秀班组长”“优秀共产党员”。2018 年 4 月 28 日，获得常德市“劳动模范”称号。杨建国始终秉承着“精益求精、专注敬业、推陈出新”工匠精神，长期工作在车间一线，从模具的维护、维修，到产品的模具开发。每年维修模具的频次 500 次以上，经维修后的模具配件回用率 60%以上，每年为公司节约成本 300 余万元。他身先士卒，每年公司接到防汛通知时，他总是主动请缨要求作为防汛领导小组的抢险组成员。2020 年在新冠肺炎疫情防控中，他挺身而出作为一名志愿者和所有医护人员一起守护生命的防线。2021 年，杨建国被授予“全国五一劳动奖章”。（龚　婷）

湖南省第八届道德模范

【张开秀】 张开秀，女，1950 年 10 月生，汉族，常德市鼎城区中河口镇东北湾村 10 组普通村民，她一生清苦，因母亲患有精神病，出嫁后她一直照顾到老人离世，随后其大女儿又因白血病去世。1998 年张开秀的丈夫在整修房屋时不慎坠地，脊椎骨断裂导致下半身瘫痪，生活不能自理。此后，她便成了丈夫的脊梁，几十年如一日地照顾瘫痪在床的丈夫，用自己瘦小的肩膀撑起整个家。她用坚定执着的爱鼓励着丈夫开心地活下去；她用善良和朴实告诉女儿自我奋斗的意义；她用积极乐观的生活态度感染着街坊四邻。她于 2016 年被评为鼎城区十佳“善德公民”，2018 年 1 月入围“中国好人榜”候选人，2020 年 4 月荣登湖南好人榜单，2021 年被评为湖南省第八届道德模范。

（提供：鼎城区委宣传部）

常德市第五届道德模范

【姚高峰】 姚高峰，男，汉族，籍贯慈利，1964 年 10 月出生，大学学历，中共党员，高级政工师，曾在慈利二中、慈利教师进修学校、桥南市场管委会、常德花岩溪国家森林公园管理处、鼎城区旅游局等单位工作，当前任常德市卫生职工中等专业学校支部书记、校长、鼎城区政协委员、侨联秘书长、十美堂镇上河口村第一书记、工作队长。

姚高峰自 2017 年 6 月开始，到洞庭湖西滨的水窝窝、软弱涣散贫困村上河口村驻村帮扶近 4 年。他知难而进，风雨兼程，拄拐而行一年半；他克服缺资金、没资源等困难，以文结“缘”，以文化“缘”，引进各类资金 200 余万元，用于基础设施建设、产业发展和民生改善；他始终守牢“两不愁三保障”底线，抓住产业扶贫关键，实现全村贫困户全部高质量脱贫；他是常德花鼓戏《七里坳》主人公易耕经的原型，其执着、“一根筋”成为主人公名字的缘起和最重要的性格特征；其系列扶贫日记，由广东人民出版社结集成《扶贫手记》出版。

姚高峰于 1983 年参加工作，多次被评为优秀共产党员、先进工作者，3 次荣立 3 等功，获评 2018 年常德市脱贫攻坚先进工作者、2019 年常德市优秀共产党员和最美扶贫人、2019 年 8 月榜“湖南好人”，2020 年获常德市五一劳动奖章，2020 年 12 月获常德市事业单位脱贫攻坚专项奖励记功等，2021 年获评常德市第五届道德模范。

（提供：鼎城区委宣传部）

【袁大义】 袁大义，男，50 岁，中共党员，1971 年 9 月出生，当前任湖南省常德市鼎城区公路建设养护中心斗姆湖道班班长。因工作表现突出，2006 年 3 月记三等功，2009 年 3 月记三等功；2010 年 6 月被市直机关评为优秀共产党员，2011 年 2 月被评为全省十佳养路工，2013 年 7 月获评优秀共产党员，2016 年 4 月记三等功；2017 年 2 月评为全省十佳养路工，2017 年 5 月提名市“最美交通人”人选；2018 年 5 月被评为市级劳动模范，2019 年提名善德公民人选，2019 年记个人三等功，2021 年获评常德市第五届道德模范。

袁大义是奋战在基层一线的优秀党员和敬业奉献模范杰出代表，他政治思想纯洁，立场坚定，始终保持入党时初心，在基层一线默默奉献 28 年，任劳任怨，兢兢业业，在他身上集中体现了当代一线养路工人的优秀品质和责任担当，体现了爱岗敬业、争创一流、艰苦奋斗、勇于创新、淡泊名利、甘于奉献的伟大精神。

（提供：鼎城区委宣传部）

鼎城区第七届十佳“善德公民”

【刘绪友】 刘绪友是许家桥回族维吾尔族乡广成山村原党支部书记。2005 年卸任后，他担任许家桥回族维吾尔族乡敬老院院长。16 年的时间，他兢兢业业，尽职尽责地管理敬老院，全心全意为敬老院的孤寡老人服务，真正做到了让他们老有所依、老有所养，被老人们称为“比亲人还亲”。

（提供：鼎城区委宣传部）

【李正大】 李正大，鼎城区尧天坪镇的“李劳模”，远近闻名的“公益大使”。李正大的人生经历坎坷，年幼时随父母讨米为生长达 8 年，曾担任村党支部书记、乡党委副书记、原常德县信用联社副主任等职，1984 年，被授予“全国金融劳动模范”称号。李正大对于学生们特别上心。每年“六一”儿童节，他都会购买书包、文具、图书等礼物，前往尧天坪中心小学、长茅岭中心小学免费送给小学生们。为了勉励学生珍惜时光、刻苦学习，他会在图书、作业本的扉页上工工整整地写上：好好学习，天天向上！简单的话语，寄托着李正大最朴实的愿望。尧天坪镇长寿山村的曹志洪自小失去母亲，2018 年父亲病故，他和奶奶相依为命，家中经济条件十分困难。李正大担心曹志洪会辍学，每年都去看望他，给他送去 1000 元助学金。2020 年，曹志洪考上常德职业技术学院，特意租了一辆小汽车送他去上学，还给他购置了新衣服。2019 年，鼎城区信用社领导登门看望李正大，赠送了 3000 元慰问金。李正大与妻子商量后，分批次将全部慰问金送给为抗美援朝的退伍军人罗明章、因病卧床的老人罗明忠、九旬高龄老党员王春阶、特困老人张志红。

（提供：鼎城区委宣传部）

【田芳】 田芳，鼎城区善卷中学的一名普通语文教师，扎根教育一线 23 年，教师是她最响亮的名片；侍奉老人、乐于助人、家庭和美是她最漂亮的“成绩单”。她用自己的善良、坚持、初心、孝顺，在平凡的人生中谱写了最动人的乐章。2014 年，学校组织学生投票评选最受欢迎老师，田芳高票当选语文组“最受欢迎教师”。多次被记功，获得“教书育人标兵”“师德先进个人”“常德市优秀教师”等称号。田芳是远近闻名的贤惠媳妇，是整个大家族中的女性楷模。丈夫石明家中条件不好，公婆一直体弱多病。从成家开始，考虑到公婆的身体状况，田芳一直和他们住在一起，便于照顾。公公过世后，婆婆李春梅成天一人在家。每天晚上，她坚持给婆婆准备好第二天的午饭，让行动不便的婆婆只需用微波炉加热就可以吃。近几年，婆婆患上了严重的慢肺阻，隔三岔五要住院治疗。田芳学校、医院两头奔波，每天都去医院里给婆婆洗澡、洗头、送饭，嘘寒问暖。时间紧张，田芳只得把备课本、作业带去病房，利用陪伴的间隙时间批改作业。丈夫的哥哥体弱多病，她负责了哥哥的生养死葬；把自己农村的房子让出来给侄儿成家居住；丈夫的姐姐一家到城里打工，她腾出了一间客房；儿时伙伴的妻子因难产住院，她主动送去了 1 万元救命钱……

（提供：鼎城区委宣传部）

【姜又华】 姜又华是视力一级残疾人,国家高级按摩技师、常德首届“名师名家”获得者,是常德市1483名残疾人的“脱贫领路人”,现为鼎城区社区康复站法人兼按摩师。他将双手化作眼睛,发奋拿到国家颁发的医疗按摩资质;他将技能变成金饭碗,无私地赠予自己的盲人兄弟姐妹。由于患上了先天性视网膜色素变性,1983年出生的姜又华从小视力就极弱,小学时连读书都要依靠放大镜,到初三时,他的眼睛就彻底看不见了。

1998年,姜又华到长沙求学,就读于湖南省特教中专康复专业。2003年,进入长沙特殊教育职业学院针推系按摩专业5年制大专学历深造,系统地学完了生理、病理、中药、方剂等16门课程,毕业后成为当时常德市首名盲人高级按摩技师。2011年,他成功考取医疗按摩职业医师。姜又华开创自己的盲人按摩店,取名“常德姜华推拿理疗专科”(姜华是他的常用名),主打医疗按摩,主攻颈肩腰腿疼、头痛、小儿食欲不振、腹泻等病症。2015年,店内床位增至27张,营业额超160万元,聘请残疾人员工27名,成为全省首批盲人按摩进社区规范机构。

创业的成功,让他萌生了投入残疾人公益事业的想法。近几年,他将一半的精力花在鼎城区残疾人社区康复中心上,专门提供康复服务,鼎城区残联通过“以奖代补”的形式予以支持。每天接待30余人进行康复治疗,有残疾人,也有中风患者。2001年,被邀请担任常德市首届盲人按摩培训班教师。一干就是20年,累计开设盲人按摩培训班24期,培训1483人。姜又华被授予湖南省残疾人自强模范、湖南好人、常德市劳动模范等称号。

(提供:鼎城区委宣传部)

【刘慧】 刘慧,1989年出生,2011年大学毕业。毕业后外出打工后回家,担任村会计。2016年,草坪镇原枫林口村、连三桥村、伍家坪村和官庄陂村4个村合并,他当选为草坪镇枫林口村党支部书记。几年间,枫林口村争取项目资金1000余万元,硬化拓宽村组公路23千米,整修山塘13口,疏通主渠3千米,全村改造厕所553个,清除“空心房”21栋,村主干道安装路灯456盏。千亩高效油茶基地和中药材基地初具规模,以“文甲起义策源地”为背景的娄家咀幸福屋场风景如画;百姓大舞台、文化墙、荷花池等配套设施一应俱全……枫林口村从泥泞小路到宽阔的水泥路,从“垃圾围村”到美丽乡村,从村集体经济为零到突破50万元……枫林口村被评为市级美丽乡村示范村、湖南省文明村、第二批全国乡村治理示范村。刘慧获评首届“全国乡村振兴青年先锋”。

(提供:鼎城区委宣传部)

【熊勇】 熊勇,鼎城区环卫服务中心中转站站长,负责江南城区所有垃圾中转站、21座公共厕所的正常运转。他多年如一日,任劳任怨,恪尽职守,无私奉献,以真诚之心对待同事,以赤诚之心对待工作,用自己的行动诠释着“宁愿一人脏,换来万人洁”的行业精神。有一次,全城停电,为确保城区生活垃圾及时清运,他从早上6点就去中转站发电,一直工作到晚上8点还没有吃晚饭,中午也只是简单吃了个盒饭。20余年来,在工作中,他总是冲锋在前,勤勤恳恳、踏踏实实地做好本职工作,以自己的实际行动诠释着当代环卫工人的风采。曾获市、区“城市优秀美容师”“优秀共产党员”等称号。

(提供:鼎城区委宣传部)

【莫端枝】 莫端枝,鼎城区花岩溪镇青龙嘴社区居民,曾担任社区妇联主席。莫端枝热情地为留守老人服务、帮助社区姐妹,她带头成立“金扫把”志愿队,3年时间,志愿队从最初的6人发展到17人。沿线公路旁、居民房前屋后、辖区内的沟渠堰塘,都成为“金扫把”志愿队的清扫范围。2020年12月,莫端枝被评选为“湖南好人”。

(提供:鼎城区委宣传部)

【宋丙辉】 宋丙辉,鼎城区蒿子港镇邱家村保洁员,曾经是一名建档立卡贫困户,但凭借自己勤劳的双手,不仅成功脱贫,还为女儿树立了榜样,成为村民们心目中的好组长。2014 年经全村民主评议,宋丙辉一家成为建档立卡贫困户,儿子宋鹏享受低保和残补,女儿宋子仪享受教育助学政策,申请了蒿子港教育基金会助学金。2020 年,宋丙辉主动请缨,成为村保洁员,每月获 3300 元公益岗位工资。为脱贫致富,宋丙辉还申请小额信贷 5 万元,用于扩大开展农副产品的收购。2020 年,他家全年实现总收入 43392 元。 (提供:鼎城区委宣传部)

【莫纯清】 莫纯清,鼎城区尧天坪镇退休干部,现任尧天坪镇老干支部副书记、老科协会长、老促会会长、诗词学会会长、关心下一代工作委员会主任。他经常走进校园,为尧天坪镇中心小学学生作报告,告诫他们要系好人生第一粒扣子。他创新性地在党支部开展“晒奉献账”活动,主要记录热心公益、传播正能量、关心下一代等 8 个方面的先进事迹,并记载于统一印制的“党性存折”上,激发 20 余名老干部的奉献精神,获得良好社会反响。莫纯清还以社会主义核心价值观为内涵,制定家规家训 12 条,设置个人晚年生活展览室,成立家庭党小组,给子女留下了丰富的精神财富。2020 年春节,莫纯清牵头组建“抗疫”宣传队,带领尧天坪镇老干支部的党员们与镇村干部一起走村入户,宣传政策,协助公安机关查禁以赢利为目的的茶馆 10 余场次,劝说 20 余户村民取消红白酒宴,在疫情防控中发挥着老干部、老党员的先锋模范作用。他花费了 10 余年时间,四处奔波,寻找与文甲起义有关的遗址、遗迹,收集当时的文物,整理流传下来的历史资料,为常德文甲起义纪念碑的筹划、设计、施工出谋划策。每逢“六一”儿童节、“五四”青年节,他都组织青少年到常德文甲起义纪念碑开展革命传统教育,缅怀革命先烈,传承红色基因。近 20 年,他在各种报纸杂志上发表近 100 篇文章,并有数篇获奖。《长茅岭党旗飘飘》被《求是》杂志学习实践科学发展观专辑采用刊登。 (提供:鼎城区委宣传部)

【伍成斌】 伍成斌,郭家铺派出所辅警。他负责户籍工作,热心服务群众,耐心解答群众疑问;危急时刻,义不容辞,跳水救人,面对激流漩涡,毫不退缩,救助一名花季少年脱离险境。2020 年 8 月 12 日晚 8 时许,正在江南城区沅江风光带散步的伍成斌和同事孙鼎华听到了岸边群众呼救。他来到岸边,看见 50 米远的水中,一个小男孩正抱着“跟屁虫”大哭。水流湍急,男孩跟着水流往下游飘去,人影越来越远……他随即将手机和车钥匙往岸上一甩,连鞋和衣服都没有脱,就跳进水里。晚 8 时 27 分,男孩被成功救上了岸。但是伍成斌由于体力耗损过大,无法发力了,他只能抓着好心市民扔来的救生圈,顺着水流往下游漂去。大约 10 分钟过后,现场人员用绳索将伍成斌拉上了岸。随之赶来的“120”急救人员对他进行急救。直到 8 月 13 日 0 时 30 分,伍成斌才完全恢复。

(提供:鼎城区委宣传部)

附录

Appendix

2021 年 8 月 25 日，鼎城区 2021 年全国文明城市创建工作调度会会场

（摄影：张鹏）

2021 年度全区综合绩效评估考核结果

综合绩效评估考核结果与全国文明城市创建检查结果挂钩单位

2021 年度全区综合绩效评估考核结果

一、优秀单位(33 个)

灌溪镇　郭家铺街道　红云街道　谢家铺镇
周家店镇　蒿子港镇　区农业农村局　区发改局
区文旅广体局　区委组织部　区委宣传部(区文联)　区委政法委
区科协　区商务局　区财政局　区信访局
区乡村振兴局　区公安局(区森林公安局)　民主阳城垸水利管理委员会
区委党校　区税务局　区电信局
区委办(区接待服务中心、区档案馆)　区水利局
区林业局　区总工会　区政府办
区纪委监委(区委巡察办)　区交警大队
区人大办公室　区人大联工委　区政协办公室
区政协经济科技和外事委

二、良好单位(56 个)

斗姆湖街道　十美堂镇　石公桥镇　中河口镇
镇德桥镇　许家桥乡　黄土店镇　花岩溪管理处
市生态环境局鼎城分局　区市场监管局　区融媒体中心　区检察院
区委党研室　区退役军人局　区委统战部(区侨联、区工商联)
区卫健局(区计生协会)　区医保局　区审计局　区委编办
区农经站　区残联　区招商中心　区疾控中心
区城管执法局　区妇联　区法院　区民政局
区公路养护中心　区人社局　区司法局　区国资中心
区统计局　区交通局　区畜牧水产中心　团区委
区农机事务中心　区一中　鸟儿洲管理处　区工信局
区科技局　桥南市场管委会　区住建局(区征收办)　市四医院
枉水管理局　区行政审批局　区住保中心　区教育局
区供销社　区住房公积金管理部　区应急局(区消防大队)区环卫中心
区人大监察和司法委　区人大财经委　区人大教科文卫委
区政协委员学习联络委　区政协社会法制和民族宗教委

综合绩效评估考核结果与全国文明城市创建检查结果挂钩单位

共计 24 个:

玉霞街道	红云街道	斗姆湖街道	郭家铺街道
灌溪镇	区交警大队	区城管执法局	区交通局
区商务局	区市场监管局	区市场服务中心	区住建局
区文旅广体局	区教育局	区卫健局	区工信局
区行政审批局	区应急局	区消防大队	区环卫中心
区住保中心	区卫计监督执法局	桥南市场管委会	区政府办(区金融办)

索　引

说明：

一、本索引把年鉴条目的内容用主题分析的方法，按汉语拼音字母顺序排列；第一字相同，按第二字音序排列，依次类推。

二、标引词后的阿拉伯数字表示内容所在的页码，所有表格按序号排列，以类目提取的索引用黑体字区分。

三、本年鉴的“专题”“特载”“大事记”“重要文件”“表格”“附录”“随文图片”均未作索引。